D1666162

Brigitta Roth

Die *Frau* in *Zitaten* der Welt

Brigitta Roth

Die *Frau* in *Zitaten* der Welt

DAS GROSSE HANDBUCH

Mit einem Vorwort
von Dr. Eberhard Puntsch

Bechtle

© 1995 by Bechtle Verlag Esslingen · München
Alle Rechte vorbehalten
Schutzumschlag: Adolf Bachmann, Reischach
Satz: Fotosatz Völkl, Puchheim
Druck: Jos. C. Huber KG, Dießen
Binden: Thomas Buchbinderei, Augsburg
Printed in Germany
ISBN 3-7628-0533-4

Inhalt

Vorwort von Dr. Eberhard Puntsch

Ich möchte zwei Fragen beantworten, die Sie nicht gestellt haben, aber stellen könnten: Warum macht sich jemand die Mühe, eine solche Zitatensammlung zu schaffen? Und: Wie können Sie das Buch nutzen?

Die Autorin war fasziniert von der Fülle der gedanklichen Edelsteine, die sich, aphoristisch geschliffen, in größeren literarischen Werken, in Briefen und Aufsätzen, in Gesprächen und Interviews zu dem von ihr bevorzugten Thema befinden. Sie löste diese kleinen kunstvollen Einheiten aus dem Umfeld, das sie verbirgt, heraus, um sie, da sie in Substanz und Form lebenskräftig sind, gesondert zu präsentieren.

Sie will diese Gedanken, Einsichten, Meinungen, Fragen einem größeren Kreis von Menschen zugänglich machen, nicht nur jenen, die gerade den jeweiligen Fundort passieren. Sie will das Thema in seiner Dringlichkeit und Zeitnähe dokumentieren, Aufmerksamkeit und Aufgeschlossenheit erwirken, sensibilisieren und verantwortbare Urteile erleichtern.

Den Fundstücken hinzugefügt wurden themengerechte Sentenzen und Maximen, die bereits als Aphorismen existieren.

So entstand diese nach Weite und Dichte einzigartige Gedankensammlung zum Thema „Frau". Sie hat kein Vorbild und keinen Doppelgänger.

Die Sammlung ist Nachschlagewerk und Lesebuch.

Sie bietet Ihnen kluge Meinungen an, wenn Sie über einen bestimmten Aspekt des Themas gründlicher nachdenken. In dem entsprechenden Abschnitt finden Sie Äußerungen aus vielen Blickwinkeln – einander ergänzend, einschränkend, widersprechend. Sie können Ihren eigenen Standort prüfen, korrigieren, festigen.

Das reichhaltige Meinungsangebot entsteht, weil die Sammlung nach Sachgebieten geordnet ist, nicht nach Stichworten. Die Stichwortordnung faßt Zitate zusammen, die in den ersten Sätzen einen bestimmten Schlüsselbegriff enthalten; Zitate ohne diesen Schlüsselbegriff fehlen, obwohl sie zur gleichen Sache sprechen. Hier steht nebeneinander, was zusammengehört, unabhängig von der Formulierung.

Gute Dienste leistet Ihnen das Buch, wenn Sie für Reden und Aufsätze Anfänge, Beglaubigungen, Bekräftigungen, Fermaten, Schlüsse brauchen. Das entsprechende Sachgebiet macht Ihnen Vorschläge. Richtig gesetzte Zitate werten jeden mündlichen oder schriftlichen Vortrag auf, haben schon manchen Schulaufsatz gerettet.

Zum Lesebuch wird die Sammlung, weil die Zitate auch innerhalb der Sachgebiete eine sinnvolle Reihenfolge einhalten. Die meisten Stücke stehen im geistigen Bezug zu ihren Nachbarn. Sie schaffen auf diese Weise einen Dialog, dem zu folgen Ihnen Spannung, Freude und Gewinn bringen wird.

Dr. Eberhard Puntsch

Vorwort der Herausgeberin

Mit 5000 Zitaten, Aphorismen und Sprichwörtern bietet dieses Buch eine Sicht der Frau in Familie, Gesellschaft, Kultur, Wirtschaft, Religion, Recht, Beruf, Politik, Wissenschaft, Kunst und Kirche. Aus allen Teilen der Erde über drei Jahrtausende. In 45 Kapiteln wurden 360 Sachgebiete nach Inhalt und Themen zusammengefaßt. Die Auswahl der Zitate sagt nichts über deren Wahrheitsgehalt, sondern wie typisch sie für bestimmte Gedankengänge oder Epochen waren.

Der überwiegende Teil der Zitate und Aphorismen stammt von Männern, es sind die Erfahrungen, Erwartungen und Wünsche der Männer, die das Bild der Frau prägten. Sie erfahren beim Lesen der Sammlung daher nicht nur etwas über die Frauen, sondern gleichwohl auch über die Männer. Die verschienen Rollen der Frauen finden ihre unterschiedliche Bewertung. Die größte Verklärung erfährt die Frau als Mutter, diszipliniert wird sie mit der Überhöhung des Jungfrauentums; als Ehefrau liegt ihr Wirken in ihrer Dienstbarkeit. Das junge Mädchen erfreut sich großer Idealisierung und findet als »gefallene« Frau und als Hure die vernichtendste Verachtung.

Es bedarf noch einiger Korrekturen und Komplettierung von seiten der Frauen, damit ihre Beiträge zur Humanisierung der Welt sichtbarer werden. Das Bild der Frau wird dann erst der Lebenswirklichkeit entsprechen, wenn die Frau nicht nur als Frau sondern als Mensch verstanden wird.

Ich danke Herrn Dr. Eberhard Puntsch für seine Unterstützung bei dieser Arbeit.

München/April 1994

Brigitta Roth

I. Kapitel

Gott
Religion
Glaube
Frömmigkeit
Kirche
Maria
Nonne
Priester
Paradies
Engel
Sündenfall
Teufel
Hölle

Gott

Wenn Gott ein Mann wäre, wäre er
keine Frau, also unvollständig.

Luise Rinser

Gott ist Mensch geworden, sei's!
Der Teufel Frau!

Victor Hugo, Ruy Blas, II. 5

Gott gibt jedem Mann seinen Tag der
Heiligkeit und jeder Frau ihren Tag der
Teufelei.
Aus Australien

Wenn Frauen gut wären, würde der
liebe Gott eine genommen haben.

Georgisches Sprichwort

Auch Gott hat gelernt. Man merkt das
an den Verbesserungen bei der Erschaffung der Frau.
Zsa Zsa Gabor

Gleich als hätte Gott zuletzt noch
In sein schönes Haus, die Schöpfung,
Deshalb nur die Frau geführet,
Daß durch sie und für sie alles,
Alles je geschehen sollte,
Sonder Schein, daß sie es tut.

Herder, Der Cid, B. 1. Ges. 12

Noch heute bildet sich jedem Mann das
Weib aus »seiner Rippe«. Nicht jeder
aber läßt es sich nochmals von Gott
zuführen.

Joh. Wilhelm Ritter, Fragmente aus
dem Nachlaß eines jungen Physikers

O, welch ein Wunder hat unser Herrgott in der Frauen Herz gelegt, wenn
sie bloß von der richtigen Art sind!
Wie ein Druckfehlerverzeichnis hat er
sie an sein großes Weltbuch, in welches
ihm der Teufel so viel Unverständlich-
keiten und falsche Wörter und Zahlen
gesät hat, angehängt!

Wilhelm Raabe, Prinzessin Fisch

Haus und Habe sind das Erbe der Väter,
doch eine verständige Frau kommt vom
Herrn.
Sprüche 19, 14

O Gott, geb du eym jden
Das jm sein Eva werd!

Johann Fischart, D. Philosophisch Eh-
zuchtbüchlein, Tanz Liedlin, Schlußv.

Es ist ausgemacht, daß Gott die Weiber
nur geschaffen hat, um die Männer zu
zähmen.
Voltaire

Nun, man erzählt wohl nicht viel Neus,
Berichtet man vom Vater Zeus,
Wie der die Hera hat betrogen
Und wie er überall rumgezogen.
Für einen Gott war's keine Kunst,
Zu kommen in der Weiber Gunst.
In ausgewählter Garderobe
Stellt' er die Tugend auf die Probe.

Eugen Roth, Die Frau in der
Weltgeschichte

Wem Gott helfen will, der verliert seine
Frau.
Aus Frankreich

Habe mit Ausnahme des Vaters keinen
Abgott,
außer der Mutter keine Götzen!

Aus der Mongolei

Strindberg fordert von Gott die Rippe
des Mannes zurück, denn Gott ist ihm
die Seele des Weibes schuldig geblieben.
Die Schöpfung ist ihm im Manne beschlossen, alles Weitere ist Minderung.

Karl Kraus, Auswahl aus dem Werk,
August Strindberg

Weise verfuhr ja der Schöpfer des
Alls, doch irrte er zweimal:
Einmal, da er das Gold – und ein ande-
res Mal, als er das Weib erschuf.

Aus Indien

Got müeze wibes eren pflegen,
Daz ist min staeter morgensegen;
Got müez ir sel' und lip bewarn,
Got laz' sie nimmer misse varn.

Ulrich von Lichtenstein,
D. Frauen B.

Religion

Allen Frauen, denen die Sitte und die
Scham die Befriedigung des Geschlechts-
triebes untersagt, ist die Religion als
eine geistigere Auslösung erotischer
Bedürfnisse etwas Unersetzbares.

Nietzsche, Nachlaß
(Unschuld des Werdens) 2

Und das Weib will Propheten, weil
es auch im Denken sich hingeben,
d. h. glauben will, weil es auch jene
höchste Bindung der Seele will, die
Religion heißt, und die echteste
Philosophie des Weibes wird immer
Religion bleiben.

Carl Joel,
Die Frauen in der Philosophie

Das Passiv-Empfangende des Weiblichen, in dem die antike Philosophie
das rein Negative sah, erscheint in der
christlichen Gnadenordnung als das
Positiv-Entscheidende.

Gertrud von le Fort, Die ewige Frau

Hält man sich an den eigentümlichen
Charakterzug des Christentums, der es
von allen monotheistischen Religionen
unterscheidet, so liegt er in nichts anderem als in der Aufhebung des Gesetzes
oder des Kantischen Imperativs, an
dessen Stelle das Christentum eine freie
Neigung gesetzt haben will. Es ist also
in seiner reinen Form Darstellung
schöner Sittlichkeit oder der Menschwerdung des Heiligen und in diesem
Sinne die einzige ästhetische Religion;
daher ich es mir auch erkläre, warum
diese Religion bei der weiblichen Natur
so viel Glück gemacht und nur in
Weibern noch in einer gewissen erträg-
lichen Form angetroffen wird.

Schiller, Brief an Goethe,
Jena, 17.8.1795

Das Religiöse stehet der weiblichen
Bescheidenheit sehr wohl; es gibt der
Schönheit ein gewisses edles, gesetztes
und schmachtendes Ansehen. (Adraft)

Gotthold Ephraim Lessing,
D. Freigeist, Au. 4. Sz. 3

Es ist daher eine wichtige Sache, daß Ihre Tochter sofort zu einer verständigen Einfalt zurückgebracht werde. Es genügt, wenn sie so viele Kenntnisse von der Religion hat, daß sie sie glaubt und im Leben genau befolgt, ohne sich je ein kritisches Urteil darüber zu erlauben.

Fénelon, Rat an eine Dame von Stand
wegen der Erziehung ihrer Tochter

Die Religion läßt die Frau sich selbst nachgeben, sie gibt ihr den Führer, den Vater, den Liebhaber, den göttlichen Vormund an die Hand, den sie sehnsüchtig braucht.

Simone de Beauvoir,
Das andere Geschlecht

Maria ist also nicht allein Gegenstand der religiösen Verehrung, sondern sie ist auch selbst das Religiöse, durch das Gott verehrt wird, die Hingebungsgewalt des Kosmos in Gestalt der bräutlichen Frau.

Gertrud von le Fort,
Die ewige Frau

Die Frauen brauchen eine Religion: Frauen, richtige Frauen müssen sein, um die Religion zu erhalten.

Simone de Beauvoir,
Das andere Geschlecht

Schöne Frauen, die keine Religion haben, sind wie Blumen ohne Duft; sie gleichen jenen kalten, nüchternen Tulpen.

Heinrich Heine

Die Frauen sind die Hauptträger der religiösen Überlieferung, die treuen Hüter der Sitte wie der Unsitte, die fanatischen Verteidiger der ererbten Vorurteile und Mißbräuche.

Eduard von Hartmann, Phänomenologie des sittlichen Bewußtseins

Die Rolle der mütterlichen Frau als Bewahrerin der Kultur vollendet sich erst in ihrer Rolle als Bewahrerin der religiösen Güter.

Gertrud von le Fort, Die zeitlose Frau

Ohne Frage hat der Stifter des Christentums der Frau in der Ehe eine bessere Stellung zugewiesen als das mosaische Gesetz.

Franz Brentano, Von der Ehe, § 122

Gefängnisse werden aus den Steinen der Gesetze errichtet, Bordelle aus den Ziegeln der Religion.

William Blake, Die Hochzeit
von Himmel und Hölle

Glaube

Ich muß gestehen, von den drei Erlebensfeldern Glaube, Liebe und Hoffnung ist bei mir der Glaube am wenigsten entwickelt.

Uta Ranke-Heinemann

Ich sehe nicht ein, weshalb es schwieriger sein sollte, die Auferstehung des Fleisches, die Empfängnis der Jungfrau zu glauben als die Schöpfung?

Pascal, Gedanken

Es ist beinah albern, zu der Erklärung
genötigt zu sein, daß man nicht an die
jungfräuliche Geburt und die Himmel-
fahrt glaubt.
                              Arnulf Overland

Beschäftigen Sie Ihre Tochter mit einer
weiblichen Arbeit, welche für das Haus
von Nutzen ist und sie daran gewöhne,
den gefährlichen Verkehr mit der Welt
zu entbehren; aber lassen Sie nie zu,
daß sie zur großen Gefahr für ihren
Glauben über Theologisches urteile.

Fénelon, Rat an eine Dame von Stand
      wegen der Erziehung ihrer Tochter

Jede Frau darf beten. Ein Mann, der
betet, muß sehr dumm oder sehr weise
sein.

Kurt Tucholsky, Bei den Damen

Schwärmer und Mystiker wenden sich
am liebsten an Weiber, und ich glaube,
sie haben es dem Teufel abgelernt, der
sich auch nicht an Adam, sondern an
Eva wandte

Karl Julius Weber, Demokritos II, 16

Was zehn schlechte Weiber einem
Manne vom Glauben an die Menschheit rauben, kann ein edles Weib
hundertfach ersetzen.

Otto von Leixner, Aus meinem
Zettelkasten (1896)
Weib, Liebe, Ehe

Viel Frauen, viel Aberglauben
                              Talmud

Nichts ist stärker als der Mutter Gebet.
Maternis precibus nihil fortius.
(Wahlspruch)

Joh. Georg, I. v. Sachsen, Kurfürst

Weiber sind im Betgelübde katholisch,
sie halten mehr auf die Werke als auf
den Glauben.
                              Aus Deutschland

Die feurigsten Mystiker waren Weiber.

Jean Paul, Levana oder Erzieh-Lehre
Bd. 2, Bruchstück 4, K. 3. § 83

… die Mädchen machen es mit dem
Glauben wie die reichen Leute mit der
Speise – sie nehmen nur das zu sich,
was ihnen angenehm schmeckt.

Christian Dietrich Grabbe,
Don Juan u. Faust

Sie litt an starkem Aberglauben.
Man mühte sich, ihn ihr zu rauben,
und mehr als eine riet der Schönen,
sie möge sich ihn abgewöhnen.
Allein sie sprach: »Das geht nicht gut.
Er steckt mir so in Fleisch und Blut,
daß ich zum Beispiel meinen Mann
am Freitag nicht betrügen kann.«

Artur Pserhofer,
Die Abergläubische

Das Weib liegt heute noch auf den
Knien vor einem Irrtum, weil man ihm
gesagt hat, daß jemand dafür am Kreuze
starb. Ist denn das Kreuz ein Argument?

Friedrich Nietzsche,
Der Antichrist 53

Frömmigkeit

Zwar lebt die Gute jetzt als strenge
Büßerin,
nur kam im Alter erst ihr diese Eifers-
Glut;
Sehr wider Willen ward sie schließlich
fromm.
Solange Männer anzulocken ihr noch
möglich war,
Ging sie mit ihren Reizen wenig
sparsam um.
Doch nun, da ihrer Augen Glanz
erloschen ist,
Entsagt sie einer Welt, die ihr den
Laufpaß gab;
Und in dem Prachtgewande strenger
Ehrbarkeit
Hüllt sie die Reste längst verblühter
Schönheit ein. (Dorine)

Molière, Tartüff, I. 2

Das weibliche Geschlecht muß einmal
lieben und tändeln, und wenn es nichts
Solides haben kann, so tändelt und liebt
es mit Schoßhündchen, Katzen, Vö-
geln, Tauben und Hühnern oder mit
seinem Putze, endlich gar mit Geistern,
mit dem lieben Gott oder Jesus, Maria
und Joseph.

Karl Julius Weber, Demokritos, II, 16

Achtet zunächst darauf, daß junge Leute, Greise, Frauen und Dummköpfe vor
allen anderen an heiligen Handlungen
und religiösen Gebräuchen Gefallen
finden und sich darum auch stets so
dicht wie möglich an den Altar drängen.

Erasmus von Rotterdam,
Lob der Torheit

Jedes Weib will lieber schön als fromm
sein.

Aus Deutschland

Ein von Bellinghausen, der 1618 sein
Geschlechtsregister schrieb und die
Unfälle eines gewissen Fräulein
Gertrud erzählte, schließt zum Trost
mit dem gottseligen Reim:
Weil Gott die Seinen nicht verläßt,
starb sie hernach bald an der Pest.

Karl Julius Weber, Demokritos, II, 10

Ein einzger Biedermann wird immer
noch gesehen;
Doch wandre einer mir ums weite
Erdenrund
Nach einem frommen Weib, er wird
vergebens gehen!

Christoph Martin Wieland,
Oberon, Ges. 6, Str. 87

Plus une femme est sainte, plus elle est
femme.

Léon Bloy

Schön und fromm stehen selten in
einem Stall.

Sprichwort

Oft ist der Weiber Andachtsglut nichts
weiter als verliebtes Blut.

Friedrich v. Sallet, Epigrammatisches u.
Lasterhaftes Nr. 19

Ein fromme frou sol haben gberd,
Ir ougen schlagen zu der erd
Und nit hofwort mit iederman
Trieben und ieden gäfflen an,
Noch hören als, das man ir seit.

Sebastian Brant, D. Narrenschiff,
Nr. 32. V. frouen hueten

Die Frau sucht zunächst in der göttlichen Liebe, was die Liebende von der Liebe des Mannes verlangt: die Apotheose ihres Narzißmus.

Simone de Beauvoir,
Das andere Geschlecht

Wenn die Weiber nicht beten dürfen und die Augen verdrehen und dann und wann etwas weniger zerknirscht sein, so schmeckt ihnen die Sünde nicht mehr.

Robert Hamerling,
Danton u. Robespierre

Die Schönheit ist der schönen Weiber Feind,
Wenn frommer Sinn sich nicht mit ihr vereint.

Friedrich von Logau,
Deutsche Sinn-Getichte

Zur Beichte geht Aurella oft,
daß man sie fromm soll zählen.
Doch wer so oft zu beichten hat,
der muß auch oftmals fehlen.

Friedrich von Logau, Aurella

Die Frömmelei des einen Teils der vornehmen Weiber fließt aus derselben Quelle wie die Koketterie des andern Teils: Müßiggang und Langeweile. Sie vertrödeln den Tag an der geistlichen Toilette wie die andern an der leiblichen. Der Beichtvater ist ihre Marchande de modes, die Beichte ihr Ankleidspiegel, Kirchgänge ihre Rendezvous, Haß und Verfolgung Andersdenkender ihre Eifersüchteleien und Dépits amoureux.

Grillparzer, Aphorismen

Wahr ist, die Beichte ist mißbraucht worden und wird mißbraucht, und es gibt schlechte Betschwestern. Aber es gibt auch gute, denen es Ernst ist, die keine Heuchelei treiben, die redlich und ernstlich sich bemühen, durch die öftere Beichte eine immer größere Einigkeit ihrer Seele zu erzielen, und diese guten, so hoffen wir zu Gott, sind in größerer Anzahl vorhanden als die schlechten.

Westermayer, Bauernpredigten,
Vom Beichten

Die Frauen ergeben sich Gott, wenn der Teufel mit ihnen nichts mehr zu schaffen haben will.   *Sophie Arnould*

Frömmigkeit ist die letzte Koketterie der Frauen.

St. Evremont, Charles de Marquetel de Saint-Denis, Marquis

An hastigem Trank und an einem Weib, das ständig Kreuze schlägt, muß die Seele erkranken.   *Aus Spanien*

Ich meine, man wird auch nicht mehr bestreiten, daß die Söhne einer Frau, die Gibbon und Schiller, liest, mehr Geist haben werden als die Kinder derjenigen, die den Rosenkranz betet ...

Stendhal, Über die Liebe, 2, 55

Dabei war für die wirklich Frommen in Rom auch sonst ein Unterkommen.
Wen niemand mochte zur Gemahlin, die wurde eben dann Vestalin.

Eugen Roth, Die Frau in der Weltgeschichte

Wenn eine Betschwester einen Betbru-
der heiratet, so gibt das nicht immer ein
betendes Ehepaar.

Lichtenberg

Ein fromme fraw zeugt offt ein hur.

Alter deutscher Spruch

Frauen finden eine Predigt gut, wenn
sie auf ihren Mann paßt.

Verfasser unbekannt

Es ist keine Mutter so bös,
sie zöge gern ein fromm Kind.

Sprichwort

Kirche

Das wackere Weib spinnt, schließt sich
in seinen Haushalt ein, schweigt, glaubt
und gehorcht; es disputiert nicht gegen
die Kirche

Fénelon, Rat an eine Dame von Stand
wegen der Erziehung ihrer Tochter

Eine Frau eignet sich nicht als Kirchen-
diener.   *Aus Finnland*

Mulier taceat in ecclesia.
(Das Weib schweige in der Kirche)

1. Korinther 14, 34

Jungfraun und Weiber! o nehmt Euch
die Edlen zum Beispiel!
Und vertreibt uns doch wieder die
Theologie.

Ludwig Feuerbach, Aufruf an das
schöne Geschlecht

Das Apostolat der Frau in der Kirche
ist in erster Linie das Apostolat des
Schweigens.

Gertrud von le Fort, Die zeitlose Frau

Wo eine Frau pfeift, zittern sieben
Kirchen.   *Aus der Tschechoslowakei*

Maria

Die ersten Kirchenväter – Origenes,
Tertullian, Hieronymus – waren noch
der Meinung, Maria sei mit Blut und
Unreinigkeit niedergekommen wie die
anderen Frauen; aber die Ansicht des
hl. Ambrosius und des hl. Augustin hat
sich durchgesetzt. Der Schoß der Jungfrau ist geschlossen geblieben.

Simone de Beauvoir,
Das andere Geschlecht

Maria milt,
O mutter zart!
Sey du mein schilt
Zur hinefart!
Gib mir die Gnad,
Das ich da find
Des lebens pfad
Zu deinem Kind!

*Spruch in einem Fenster im
Schloß Amras (1609)*

Hingebung als metaphysisches Geheimnis, Hingebung als Erlösungsgeheimnis ist also nach der katholischen Dogmatik das Geheimnis der Frau, in einzigartiger, aller Kreatur unendlich überlegener Vollkommenheit anschaubar im Bildnis der allerseligsten Jungfrau und Mutter.

Gertrud von le Fort, Die ewige Frau

Alle Mißverständnisse der Marienverehrung beruhen – wenigstens in nichtkatholischen Kreisen – auf dem Irrtum, man habe die Jungfrau zu einer Art Göttin erhoben – das Gegenteil ist der Fall.

Gertrud von le Fort, Die ewige Frau

Der höchste Sieg der Männlichkeit vollendet sich im Marienkult: Er bedeutet die Rehabilitierung der Frau durch die Vollkommenheit ihrer Niederlage.

Simone de Beauvoir, Das andere Geschlecht

Der Anruf Mariens bedeutet nicht den Anruf einer Göttin, sondern es geht um die Anrufung menschlicher Bereitschaft und Hingebung – also um die Einsicht in das Geheimnis der Mitwirkung mit dem allein wirkenden Gott.

Gertrud von le Fort, Die ewige Frau

Das marianische Dogma bedeutet, auf eine kurze Formel gebracht, die Lehre von der Mitwirkung der Kreatur bei der Erlösung.

Getrud von le Fort, Die ewige Frau

Was ist Wunders hier geschehen!
Daß eine Magd ein Kind gebar
Herr über aller Engel Schar,
War das nicht ein Wunder gar?

Walther von der Vogelweide, Gedichte, 15, 9–12

Maria als Vertreterin der gesamten Kreatur vertritt gleicherweise Mann und Frau.

Gertrud von le Fort, Die ewige Frau

Der Glaube an Maria als die Überwinderin des religiösen Abfalls ist darum nur die Spitze des Glaubens an Maria als »immerwährende Hilfe«.

Gertrud von le Fort, Die ewige Frau

O du heilige
Hochbenedeite,
Süße Mutter der Liebe!
Trösterin im Leiden,
Quelle der Freuden,
Hilf uns, Maria!

Johann Gottfried von Herder, Stimmen der Völker in Liedern

Kein Feind noch Übel fürchten wir.
Weil Maria ist ob der Tür.

Spr. an einem Hause in Ötz (1852)

Adam war monogam aus Neigung und Notwendigkeit, und Eva war ein Stück von ihm. Schon seine Söhne hatten die Wahl unter seinen Töchtern und zuweilen die Konkurrenz der Engel. Maria erlag dem Heiligen Geist.

Hermann Kesten

O Maria mit deinem Kind,
Segne mein Haus, Vieh und Gesind,
Und bewahr' mich zu Jesu nach dem
Tod!

Spr. an einem Hause in Schwandorf

Du (Maria) bist eine Jungfrau rein,
Und an dir ist Makel kein;
Du bist keusch und unbefleckt
Und von keiner Schlang geheckt.

Spr. an einem Hause in Nauders

Das Röslein, das ich meine,
Davon Jesaias sagt,
Hat uns gebracht alleine
Marie, die reine Magd.

Text Mainz um 1587/88

Du Mutter (Jungfrau Maria), aller
Gnaden Born,
Du reine Rose sonder Dorn,
Du sonnenklare Krone!

Walther von der Vogelweide

Nonne

In den überfüllten Omnibussen oder Untergrundbahnen, wo heute die Männer Frauen mit Kindern im Arm ruhig stehen lassen – denn Frauen verdienen doch Geld, nicht wahr? –, wird immer noch der Barmherzigen Schwester Platz gemacht.

*Margaret Mead, Mann und Weib,
Die beiden Geschlechter im heutigen
Amerika*

Liegt einer im Bette
bei einer im Kloster,
so singen sie schwerlich
das Paternoster.
Aus Deutschland

Es gibt Frauen, die ihre Männer mit einer ebenso blinden, schwärmerischen und rätselhaften Liebe lieben wie Nonnen ihr Kloster.

Marie von Ebner-Eschenbach

Wenn die Äbtissin ein Kind hat,
so hat jede Nonne zwei.

Aus Frankreich

Ja die Nonnen haben nicht allein ein strenges Gelübde der Keuschheit getan, sondern haben auch noch starke Gitter vor ihren Fenstern.
A. O. durch das Gelübde wollten wir wohl kommen, wenn wir nur durch die Gitter wären.

Georg Christoph Lichtenberg

Weiber werden im sechzigsten Jahr
keusch, Nonnen im siebzigsten.

Aus Österreich

Wenn alle Träum und Wünsch wahr
wären,
so war kein Nonn nicht.

*Christoph Lehmann,
Politischer Blumengarten 2, Traun*

Jeder Griff bei Nacht ist mißlich,
sagte der Pater,
als er zur Nonne ins Bett schlüpfte
und darin den Abt umarmte,
der bereits bei ihr lag.

Aus Österreich

Zwing' mich, sprach die Nonne,
so begeh' ich keine Sünd'.
Aus Polen

Die Teufel weinen nicht, wenn die
Nonnen tanzen.
Aus Rußland

Priester

Im Himmel keine Ehen?
Wie soll ich das verstehen?
Es ist mit einem Wort,
Kein Frauenzimmer dort.
In Mengen! – Zum Vermählen
Soll's nur an Priestern fehlen.

Johann Christoph Friedrich Haug,
Sinngedichte, Exegese

Es schadet Frauen, schadet Pfaffen,
wenn sie mit dem Bösen gehen.

Walther von der Vogelweide

Lügt das Sprichwort wohl, daß Mönch
und Weib und Weib und Mönch des
Teufels beide Krallen sind?
(Tempelherr)

Lessing, Nathan der Weise I, 6

Wo der Teufel nicht hin darf, da schickt
er einen Mönch oder ein altes Weib hin.
Aus Deutschland

Überhaupt sind Mannspersonen, die im
Zölibat leben, im Durchschnitte gottlos; ehelos gebliebene Frauenzimmer
aber fromm.

Theodor Gottlieb v. Hippel,
Über die Ehe, I

Was eine Frau erzieht und ein Mönch
bildet, das ist wie für den Teufel.

Aus Polen

Eine Unze Mutter ist eine Tonne
Priester wert.
Aus Spanien

»Ich danke dir, Gott, daß du mich zu
einem Vater der Kirchen schufest.
Priester ist der Mann, aber dem Weibe
ward gegeben, sich zu opfern.«
(Baumeister Pierre de Craon)

Paul Claudel

Schicke deine Tochter nicht in einen
Tempel, in dem Mönche sind.

Aus China

Liebe Brüder, es ist gut, daß ein Weib
man habe,
Jedermann sein eigenes Weib, und sich
an ihr labe,
Und daß jeder Priester auch seine
eigene habe.

Joh. Gottfried von Herder,
Stimmen d. Völker in Liedern Abt. 2,
B. 3, Nr. 51

Paradies

Der Koran sagt, im Paradies sei Wein
Der fromme Lohn und holde
Mägdelein.
Dann sei schon hier mir Lieb und Wein
erlaubt,
Wenn's droben doch dasselbe soll nur
sein.
Omar Khajjam, 128 Rubal

Der Himmel ist zu den Füßen der
Mütter.
Aus Persien

Fort! Adam, aus dem Paradies! -
Der Sünder ging und trug's gelassen.
Doch als der Engel nun auch seine Frau
verwies,
Da wußt' er sich vor Jammer nicht zu
fassen.
Johann Christoph Friedrich Haug,
Sinngedichte, Zur

beliebigen Erklärung
Manche Ehefrau steht lebenslang mit
dem feurigen Schwert neben ihrem
Gatten, um von ihm fernzuhalten, was
nur irgend noch ans verlorene Paradies
erinnern könnte.
Karl Gutzkow

Frauen sind das Paradies der Augen,
das Fegefeuer des Beutels und
die Hölle der Seele.
Aus Spanien

Ich mag nicht in den Himmel, wenn es
da keine Weiber gibt. – Was soll ich mit
bloßen Flügelköpfchen?
Albrecht Dürer

Das Paradies kann man nur finden auf
dem Rücken eines Pferdes und in den
Armen seiner Geliebten.
Aus Arabien

Engel

Schade, daß es von Engel keine weibliche Form gibt! Denn da Engel doch
reine Geister sind, sehe ich nicht ein,
warum man von ihnen stets in der
männlichen Form spricht, sofern das
nicht geschieht, um der uneingestandenen Päderastie der Menschen
genugzutun.
Henry de Montherlant, Erbarmen mit
den Frauen, Die jungen Mädchen

Trau keinem Freunde sonder Mängel,
und lieb ein Mädchen, keinen Engel!
Lessing, In ein Stammbuch

Die Weiber gegen uns sind Engel.
Nur taugen, wie ein Kenner will,
Drei kleine Stück'
– und die sind zu erraten –
An diesen Engeln nicht gar viel!
Gedanken, Wort' und Taten.
Gotthold Ephraim Lessing,
Schriften, Sinngedichte B. 2. Nr. 39,
Lobspr. d. schönen Geschlechts

Frauen, ihr Engel der Erde! Des
Himmels lieblichste Schöpfung!
Ihr seid der einzige Strahl, der uns das
Leben erhellt.
Lamartine

Jener suchte eine Magd mit den Tugenden eines Engels. Aber mit einem Male
wurde er die Magd eines Weibes, und
nun tät es not, daß er darüber noch
zum Engel werde.

Nietzsche, Zarathustra, I

... die Mädchen mögen immer Engel
heißen – es gibt sich.

Karl Jul. Weber, Demokritos, Teufel
und Hölle, Engel u. Himmel

Genau bei Weibern weiß man niemals,
wo der Engel aufhört und der Teufel
anfängt.

Heine, Atta Troll, Kap. 19

Ein junger Engel wird oft ein alter
Teufel.   *Alter deutscher Spruch*

Frauen sind Engel stets, geworben.
(Cressida)

Shakespeare, Troilus und Cressida, I, 2

Sündenfall

So ist denn der Segen wegen des Weibes
dem Mann von Gott gegeben worden,
und das Gesetz wegen des Mannes, das
Gesetz, sage ich, des Zorns und des
Fluches, und nicht der Eva, denn Gott
wollte, daß sie immer frei wäre, von
Anfang ihrer Erschaffung. Demnach
hat der Mann gesündigt, als er von dem
verbotenen Apfel aß, und er hat den
Tod in die Welt gebracht, nicht aber das
Weib, denn wie der hl. Paulus sagt: Wir
haben in Adam gesündigt, und nicht in
Eva, und wir haben uns alle die Erbsünde auf den Hals geladen, nicht von
dem ersten Weibe, sondern von dem
ersten Manne unter den Lebendigen.

Agrippa von Nettesheim,
Von dem Vorzug des weiblichen vor
dem männlichen Geschlecht, § 23

Wann die frown nider falt,
So hilfft kein hut noch kein gewalt;
Verloren ists als eins juden sel.

Thomas Murner, Narrenbeschwerung,
Nr. 51, D. dryspoitz in sack stossen

Deswegen hat Gott in seinem Gesetz
verordnet, daß die Männer beschnitten
würden und nicht die Weiber, um die
Erbsünde zu bestrafen, nur an dem Geschlecht, das sie begangen hat. (...) und
deswegen ist auch zur Schlange gesagt,
daß des Weibes Samen ihr den Kopf
zertreten sollte, und nicht des Mannes
Samen.

Agrippa von Nettesheim,
Von dem Vorzug des weiblichen vor
dem männlichen Geschlecht, § 24

Doch ist es, glaub ich, wenn die Frauen
fallen,
Der Männer Schuld. Bald, schlapp in
ihrer Pflicht,
Schütten sie unsern Schatz in fremde
Schürzen,
Bald brechen sie in kindischen
Argwohn aus
Und tun uns Zwang an oder schlagen
uns
Und knappen uns im Zorn am frühren
Aufwand. (Emilia)

Shakespeare, Othello, IV. 3

Aus dem Beichtstuhl aber, meine Lieben, wissen wir Geistlichen, daß von
hundert Weibspersonen neunundneunzig im Nachhausegehen vom Tanzen
zum Fall kommen.

Westermayer, Bauernpredigten,
Von der Schändlichkeit des Tanzens

Von einer Frau nahm die Sünde ihren
Anfang, ihretwegen müssen wir alle
sterben.
Jesus Sirach, 25, 24

Weib, du bist die Pforte zur Hölle. Du
hast den überredet, den der Teufel nicht
von vorne anzugreifen wagte. Deinet-
wegen hat Gottes Sohn sterben müssen.
In Trauer und Lumpen solltest du ein-
hergehen.
Tertullian

Die Schöpfung ist in ihrer weiblichen
Substanz gefallen, denn sie fiel im Reli-
giösen; darum schreibt die Bibel mit
Recht Eva und nicht Adam die größere
Schuld zu.

Gertrud von le Fort, Die ewige Frau

Die Frau darf fallen, fehlt's an Kraft
dem Mann. (Lorenzo)

Shakespeare, Romeo und Julia, II. 3

Im tieferen Sinne ist die Frau schuld an
jedem Abfall, und zwar nicht nur deshalb, weil sie die Mutter ist, in deren
Schoß die Abfallenden wachsen, sondern weil jeder Abfall, auch der des
Mannes, sich innerhalb der im besonderen Sinne der Frau anvertrauten Sphäre
vollzieht.

Gertrud von le Fort, Die ewige Frau

… kommt ein Weib zu Falle,
So schilt man auf sie alle.

Freidank , Bescheidenheit
Nr. 37 v. minne u. wiben

Verführung ist Eigenwille, Gegenteil
von Hingabe; wie der abgefallene Engel
schrecklicher ist als der abgefallene
Mensch, so ist auch die abgefallene
Frau schrecklicher als der abgefallene
Mann.

Gertrud von le Fort, Die ewige Frau

Hingegen lobenswert ist jene
Bekannte Marie Magdalene.
Wie liegt doch so ein süßer Sinn
In einer schönen Büßerin!*

Eugen Roth, Die Frau in der
Weltgeschichte

* Und wir betrachten sie mit Muße
Vom Busen bis hinab zur Buße.

Und ach! (die Frau) einmal fällt, die
fällt für allemal.

Christoph Martin Wieland,
Oberon, Ges. 6, Str. 51

Wenn ein Weib einmal vom rechten
Wege ab ist, dann geht es auch blind
und rücksichtslos auf dem bösen fort.

Goethe, zu Riemer, 8.8.1807

Ein Mädchen, das allein mit seiner
Mutter lebt, kommt beinahe todsicher
zu Fall.
Ein Junge desgleichen. So machtlos
sind die Mütter, sofern ihre Macht sich
nicht übel auswirkt.

Henry de Montherlant,
Erbarmen mit den Frauen

Teufel

Der Teufel verführt alle – und die hübsche Frau verführt den Teufel.

Aus Montenegro

Wozu der Teufel ein ganzes Jahr braucht, das vollbringt ein böses Weib in einer Stunde.

Aus Mauretanien

Selbst der Teufel bittet um Schutz vor jungen Mädchen.

Aus Indien, Punjab

Der Teufel verschluckte eine Frau, aber er konnte sie nicht verdauen.

Aus Polen

Der Teufel nimmt alles fort, nur kein böses Weib.

Jüdisch

Der Teufel weiß alles außer den Platz, wo Frauen ihre Messer schärfen.

Aus Bulgarien

Wo ein Weib ist, da ist der Teufel überflüssig.

Aus Rußland

Mit bösen Weibern kannst du den Satan aus der Hölle jagen.

Aus Portugal

Mit einem bösen Weib fängt man den Teufel im freien Feld.

Aus Deutschland

Hölle

Mutterangst und Mutterweh bricht die Pforten der Hölle.
Mutterschrei dringt zu Gottes Ohr und ruft ihn vom Himmelsthrone herab – zum Schutze oder zur Rache.

Bogumul Goltz, Zur Charakteristik und Naturgeschichte der Frauen

Sicherlich gibt es in der Hölle weibliche Dämonen, die uns begehren, ohne daß wir sie begehren. Es ist ausgeschlossen, daß ein Gott, der auf Quälereien versessen ist, nicht auf diesen Gedanken gekommen sein sollte.

Henry de Montherlant

Nieman um ein todtes Weib fährt zur Höll' in unseren Jahren;
Aber um ein lebend Weib wil zur Hölle Mancher fahren.

Friedrich von Logau, Deutsche Sinn-Getichte, V. Orpheo u. Eurydice

Eyn bös Weib ließe sich gebrauchen wenn man wolt die Hölle stürmen.

Alter deutscher Spruch

Wer hat die Hölle schon auf dieser Welt?
Der Gatte einer bösen Frau.

Talmud

Ist amal aner g'wesen,
Der hat nie ane g'liebt,
In die Höll ist er 'kömmen,
Und Schläg hat er kriegt.

Tiroler Schnaderhüpfl

… früher ohne Weib
War die Hölle keine Hölle.

Heinrich Heine, Neue Gedichte,
Romanzen, Unterwelt Nr. 1

II. Kapitel

Welt
Erde
Natur
Tiere
Blumen

Welt

Der Anfang des Seins der Welt heißt
die Mutter der Welt.
Wer seine Mutter findet, um seine
Kindschaft zu erkennen,
Wer seine Kindschaft erkennt, um seine
Mutter zu bewahren.

Laotse, Tao Te King,
Rückkehr zum Ursprung

Ich möchte eine andere Welt, eine Welt,
die nicht aus dem Bedürfnis des
Mannes nach Macht entsteht, die der
Ursprung ist für den Krieg und die
Ungerechtigkeit. Wir müssen eine neue
Frau schaffen.   *Anaïs Nin*

Ein Frauenwesen beraubt uns der weiten Welt, stiehlt uns die Welt, errichtet
eine Schranke zwischen der Welt und
uns. Alles trinkt dieses Wesen in sich;
das herrliche All hört auf zu existieren.

Henry de Montherlant, Erbarmen mit
den Frauen, Der Dämon des Guten

Ich bringe geziemend zur Kenntnis,
daß meine teure Frau und Mitarbeiterin
entschlafen ist, die seit 25 Jahren
zwischen mir und der Welt stand.

*Anzeige für den Schweizerischen
Buchhandel, 10.6.1937*

Es kommt die Stunde,
Wo dir der Donna Anna (des Weibes)
Busennadel
Weit mehr verschließt, als dir die Welt
kann geben! (D. Ritter)

Christian Dietrich Grabbe,
Don Juan und Faust A. l, Sz 2

Die Welt bedarf der mütterlichen Frau;
denn sie ist weithin ein armes, hilfloses
Kind.

Gertrud von le Fort, Die ewige Frau

Wenn die Menschen die Welt für die
Frauen so eingerichtet haben, dann soll
man nicht behaupten, daß sie anders
eingerichtet ist.

George Bernard Shaw,
Frau Warrens Gewerbe

Die Männer beherrschen unsere Welt
nicht, sie verwalten sie nur.
Beherrscht wird sie von den Frauen.`

Esther Vilar

Die Welt dreht sich wunderbar, wenn
die Frau den Mann in der Gewalt hat.

sagen die Wenden

Was der heutigen Welt trotz allen äußeren Glanzes, ihrer Erfindungen und
Wirtschaftswunder fehlt, ist jenes Min-
destmaß an Güte, Mütterlichkeit, Erbarmen, Takt und Zartgefühl, welches
der Welt des Mannes durch die Frau
zugeordnet ist.   *Gertrud von le Fort*,
Die Frau in der Zeit

Denn die Welt kann zwar durch die
Kraft des Mannes bewegt werden,
gesegnet aber im eigentlichen Sinne des
Wortes wird sie immer nur im Zeichen
der Frau.

Gertrud von le Fort, Die ewige Frau

Die Frauen haben keinen Zugriff auf die
Welt der Männer, weil ihre Erfahrung sie
nicht lehrt, mit Logik und Technik umzugehen. Umgekehrt versagt die Macht
der männlichen Werkzeuge an den
Grenzen des weiblichen Bereichs.

Simone de Beauvoir,
Das andere Geschlecht

Die Frau nimmt gegenüber dem männlichen Universum eine achtungsvolle,
gläubige Haltung ein: Gott in seinem
Himmel erscheint ihr kaum weniger
weit als ein Minister, und das Mysterium der Genesis gleicht jenem elektri-
scher Kraftwerke.

Simone de Beauvoir,
Das andere Geschlecht

In der Welten Ring
Nichts ist so reich,
Als Ersatz zu muten dem Mann
Für Weibes Wonne und Wert.

Richard Wagner, Rheingold, 2

Was hat die Welt zu geben Liebers als
ein Weib
Das ein sehnend Herze besser freuen
möge?   *Walther von der Vogelweide*

Die ganze Welt ist eitel Truggefüge!
Willkommen Weib, du einzig lebenswerte Lüge!

Spitteler, Olympischer Frühling

Der Mann hat eine Liebe – die Welt.
Die Frau hat eine Welt – die Liebe.

Peter Altenberg

Der Jurist mit seinem Buch,
Der Jud mit seim Gsuch,
Und was unter der -Frauen Fürtuch,
Dieselben 3 Gschirr
Machen die ganze Welt irr.

Spr. an einem Hause in Wasserburg
(15.-16.Jahr.)

Erde

Die Frau ist nicht eine unnütze Wieder-
holung des Mannes, sondern der ent-
rückte Ort, an dem sich die lebendige
Verbindung des Menschen mit der Natur
vollzieht. Wenn sie verschwände, so
wären die Männer allein, wie Fremde
ohne Reisepaß in einer eisigen Welt. Sie ist
die Erde selbst, auf die Höhe des Lebens
getragen, die Erde, die in ihm empfin-
dend und heiter geworden ist; ohne sie ist
die Erde für den Mann stumm und tot.

W. Liepmann, Jugend und Eros

Der Erde Paradies und Hölle, liegt in
dem Wort Weib.

Seume, Gedichte: Der große Mut

… und es keine Frau'n
Auf Erden gäbe, glücklich wäre rings
die Welt. (Kreusa)

Euripides, Medea, V, 398

In Wasser, Erd und Luft
Lassen will nichts von Lieb und Weib.

Richard Wagner, Rheingold

Erde, du gleichst dem Kerker,
und du, o Himmel, der Mauer,
Sünde, der Wächter bis du –
was ist die Fessel? Das Weib.

Moritz Doering, Gedichte

Was wär' die Erde ohne Frauen?
Das fühlt das Herz, ist's Auge blind;
Ein Garten wär' sie anzuschauen,
In welchem keine Blumen sind.

Justinus Kerner,
Dichtungen,Okt. Nr. 25

Unsere Erde ist vielleicht ein Weibchen.

Georg Christoph Lichtenberg,
Aphorismen

Natur

Mein Bestes, schwur einst Frau Natur,
Im Weibe mögt ihr's schauen:
Mit Lehrlingshand schuf ich den Mann,
Mit Meisterhand die Frauen.

Engl.:
Auld Nature swears, the lovely dears
Her noblest work she classes:
Her prentice han' she try'd on man,
An' then she made the lasses.

Robert Burns,
Gedichte u. Lieder, Bd. 1, Nr. 33

Natur kann nichts Vollkommenes
gestalten,
Weil die Natur wird für ein Weib
gehalten.

Giordano Bruno, Von der Ursache

Der Mann sucht in der Frau das andere
– gleichzeitig als Natur und als seinesgleichen.
Simone de Beauvoir,
Das andere Geschlecht

Immer war mir das Feld und der Wald
und der Fels und die Gärten
nur ein Raum, und du machst sie,
Geliebte, zum Ort.

Goethe, Vier Jahreszeiten, 22

Die Natur hat den Frauen so viel
Macht verliehen, daß das Gesetz ihnen
klugerweise sehr wenig belassen hat.

Dr. Samuel Johnson

Die Frau ist buchstäblich Isis, die
fruchtbare Natur. Sie ist der Fluß und
das Flußbett, die Wurzel und die Rose,
die Erde und der Kirschbaum, der
Rebstock und die Traube.

Michel Carrouges

Eure Weiber sind euch ein Acker.
Gehet zu eurem Acker, von wannen ihr
wollt.
Koran, 2, Die Kuh, 223

Wir müssen Gott danken, daß er die
Frau geschaffen hat. Die Natur ist gut,
da sie ja den Männern die Frau gegeben
hat.
Simone de Beauvoir,
Das andere Geschlecht

Das ist die Weisheit der Natur:
Auch noch das dümmste Weib
kann einen Sohn haben.

Roda Roda

Tiere

Die Möwen sehen alle aus, als ob sie
Emma hießen. (Möwenlied)

Chr. Morgenstern, Galgenlieder

Ein Lamm? du magst die Weiber
kennen,
Ja nun, man kann sie doch insoweit
Lämmer nennen,
Als sie von selbst ins Feuer rennen.

Gotthold Ephr. Lessing, Schriften,
Gereimte Fab. u. Erz. Nr. 13, D. Eremit

Frauen und Hühner verlieren sich
leicht, wenn sie zuviel laufen.

Aus Italien

Sobald eine Frau aus einem Mann einen
Esel gemacht hat, redet sie ihm ein, er
sei ein Löwe.   *Balzac*

Man fragte einen Maulesel: »Wer ist
dein Vater?«
Er antwortete: »Meine Mutter ist ein
Pferd.«
Aus der Türkei

Erst eine Schlang' ist unter zehnen
giftig,
doch an der Haut kannst du's nicht unterscheiden,
und dieser Grund allein, mein Sohn, ist
triftig,
die ganze Rasse zu vermeiden.

Friedrich Rückert

O allmächtige Liebe! die auf gewisse
Weise das Vieh zum Menschen macht
und auf andere den Menschen zum
Vieh! So wardst du, Jupiter, ein Schwan
aus Liebe zu Leda. (Falstaff)

Shakespeare, Die lustigen Weiber
zu Windsor, IV, 5

Das Weibchen ist bei allen Tieren
besser, außer beim Menschen.,

Aus Arabien

Die Naturforscher sagen, daß bei allen
Tierarten die Degeneration bei den
Weibchen beginne.
Die Philosophen können die Moral aus
dieser Beobachtung für die zivilisierte
Gesellschaft verwenden.

Chamfort, Maximes et pensées, 6

Da werden Weiber zu Hyänen und
treiben mit Entsetzen Scherz.

Fr. Schiller, Das Lied von der Glocke

Auch eine Hauskatze kann sich in ein
Krokodil verwandeln.   *Aus Bengalen*

Katzen und Frauen verschlingen allzeit
Ratzen und Mannsleut,
wenn sie sie kriegen können.

Aus Luxemburg

Wer Katzen liebt, bekommt eine
schöne Frau.
Aus Persien

Blumen

Wenn die Rose selbst sich schmückt,
schmückt sie auch den Garten.

Friedrich Rückert, Welt und Ich

Die Nase rümpft oft vor verblühten
Rosen, wer vor der Knospe kniete.

Shakespeare, Antonius und Kleopatra

Alle Weiber sind die Sträuche,
darauf vor Zeiten Rosen stunden;
Ob die Rosen sind verblichen,
werden doch die Dörner wissen.

Friedrich von Logau,
Deutsche Sinn-Getichte, Ein alt Weib

Eine schöne Blume lockt die Bienen an.

Aus Rußland

Schöne Blumen sind schnell vergriffen.

Aus England

Je schöner die Blume, desto mehr
Schmetterlinge fliegen herbei.

Aus China

Eine Lilie unter Disteln ist meine
Freundin unter den Mädchen.

Das Hohelied 2, 2

Das Weib erzieht ein Bäumchen um
der Blüten willen, der Mann hofft
auf Früchte.

August von Kotzebue, Leontine

Rosen willst du brechen und drückst
dafür die Dornen in die Brust!

Grillparzer, Sappho

Eine Rose gebrochen,
ehe der Sturm sie entblättert. (Emilia)

Lessing, Emilia Galotti

III. Kapitel

Zeit
Zeitalter
Nacht
Jahreszeiten
Dauer

Zeit

Rosalinde: Die Zeit reiset in verschiedenem Schritt mit verschiedenen Personen.
Ich will Euch sagen, mit wem die Zeit den Paß geht, mit wem sie trabt, mit wem sie galoppiert und mit wem sie stillsteht.
Orlando: Ich bitte dich, mit wem trabt sie?
Rosalinde: Ei, sie trabt hart mit einem jungen Mädchen zwischen der Verlobung und dem Hochzeitstage. Wenn auch nur acht Tage dazwischen hingehn, so ist der Trab der Zeit so hart, daß es ihr wie acht Jahre vorkommt ...

Shakespeare, Wie es euch gefällt, III, 2

Die Zeit galoppiert mit dem Verbrecher zur Richtstätte und schleicht mit der Braut zum Brautgemach.

Aus Deutschland

Der Mehrzahl der Frauen ist Frau zu sein kaum eine Lebensstunde lang gegönnt, und die Männer sind nur in Momenten Don Juan.

José Ortega y Gasset, Triumph des Augenblicks – Glanz der Dauer

Doch eine Frau aus ihrem Staat zu bringen,
Wieviel erfordert dies nicht Zeit!

Christian Fürchtegott Gellert,
Fab. u. Erz. V. I. D. kranke Frau

Die erste Tugend einer Liebenden ist Pünktlichkeit. Alles übrige ist sekundärer Natur.

Henry de Montherlant,
Erbarmen mit den Frauen

Die Weiber, die Weiber! Man vertändelt gar zu viel Zeit mit ihnen. (Clavigo)

Goethe, Clavigo, I, 1

Ein schönes Weib ist der schönste Zeitvertreib.

Aus Deutschland

Alles hat seine Zeit, nur die alten Weiber nicht.

Aus Deutschland

Vor der Mutter endet jedes Zeitprogramm, weil die Zeit keine Macht über die Mutter besitzt.

Gertrud von le Fort, Die zeitlose Frau

Zeitalter

Auf alle Fälle sehn wir grausend,
daß selbst im klassischen Jahrtausend
die Welt ein wohlgerüttelt Maß
von unsympathischen Fraun besaß.

Eugen Roth,
Die Frau in der Weltgeschichte

Was waren das für schöne Zeiten:
In Ecclesia mulier taceat!
Jetzt, da eine jegliche Stimme hat,
Was will Ecclesia bedeuten?

Goethe, Zahme Xenien, Nr. 7

Wir sehn: die Vorzeit, sie war grau
Auch in Beziehung auf die Frau.

Eugen Roth,
Die Frau in der Weltgeschichte

Die Epochen, in denen die Frau am
aufrichtigsten geliebt worden ist, waren
nicht die Zeiten der höfischen Minne
und nicht das galante 19. Jahrhundert,
sondern die Zeitalter, das 18. Jahrhundert z. B., in denen die Männer in ihren
Frauen gleichgestellte Wesen sahen; da
herrschte wahre Romantik …

Simone de Beauvoir,
Das andere Geschlecht

Ein neues Zeitalter hat begonnen. Ein
besseres, freieres, toleranteres.
Und es gehört der reifen Frau.

Susanna Kubelka, Endlich über vierzig

Drei große Machtbewegungen geben
unserer Zeit ihr spezifisches Gepräge,
auch auf pädagogischem Gebiet:
nämlich die Arbeiter, die Frauen- und
die Jugendbewegung

M. T. Vaerting, Die Macht der
Massen in der Erziehung

Die Zukunft ist weiblich!
Unzuverlässig, trügerisch, hübsch an-
zusehen, aber schwer zu ertragen.

Verfasser unbekannt

Denn die mütterliche Frau ist ja gerade
die zeitlose Frau, die in allen Epochen
und in allen Völkern gleiche.

Gertrud von le Fort, Die zeitlose Frau

Nacht

Wenn die Nacht anbricht, sind alle
Frauen schön.
Aus Sizilien

In der Nacht sind alle Kühe schwarz,
auch die blonden.

Karl Kraus, Sprüche,
Widersprüche, Weib, Phantasie

Eine Frau ist etwas für eine Nacht.
Und wenn es schön war, noch für die
nächste!
Gottfried Benn

Meine Liebesfähigkeit kennt keine
Grenzen. Das vollkommene Glück
wäre für mich eine Nacht, die nie endet
und erhellt ist von strahlendem
Sonnenschein.
Brigitte Bardot-Sachs

Wenn ich schlafe, bin ich lieber allein.

Brigitte Bardot

Meistens sind nur schöne Weiber
Männern nütze bei der Nacht;
Ihre Werke bei dem Tage sind nur
Müßiggang und Pracht.

Logau, Sinngedichte, 2, 8, 82

Die Lotosblume ängstigt sich vor der
Sonne Pracht,
und mit gesenktem Haupte erwartet sie
träumend die Nacht.

Heinrich Heine

Ohne Frauen würde es weder Tag noch
Nacht.

Aus Japan

Jahreszeiten

Manch schöne Frau gemahnt mich an den Mai,
wie ihn besingen tausend deutsche Strophen:
Von seiner Lieblichkeit geht ein Geschrei –
in Wahrheit heizt noch jeder seinen Ofen.

Rudolf Presber

Es gibt nichts Seltsameres und Köstlicheres als das süße Föhnfieber, das in der Föhnzeit die Menschen der Bergländer und namentlich die Frauen überfällt, den Schlaf raubt und alle Sinne streichelnd reizt.

Hermann Hesse, Peter Camenzind

Frühling ist ein Mädchen, Sommer eine Mutter, Herbst eine Witwe und Winter eine Stiefmutter.

Aus Polen

Frühling ist die Zeit, in der auch die Männer an das zu denken beginnen, woran die Frauen immer gedacht haben

Willy Forst

Mädchen sind Frühling, solange sie Mädchen sind;
aber der Himmel verändert sich, wenn sie Frauen werden. (Rosalind)

Engl.:
Maids are May when they are maid, but the sky changes when they are wives.

William Shakespeare,
Wie es euch gefällt, IV, 1

Wann d' a Diendl willst lieb'n,
Mueßt im Frühling anfang'
's ist nix mit der Winterlieb,
Dauert nit lang.

Kärntner Schnaderhüpfl

Dauer

Der Mann kommt zur Frau wie zu einem Fest und einem Rausch, wie zu einer Ekstase, welche die Eintönigkeit des Lebens durchbrechen soll, und findet ein Wesen, das nur bei einer regelmäßigen Beschäftigung glücklich ist, handle es sich nun darum, Wäsche zu stopfen oder zum Tanztee zu gehen.

José Ortega y Gasset, Triumph des Augenblicks – Glanz der Dauer

Die Mutter ist die zeitlose Frau, denn sie ist, wo sie noch anwesend bleibt, unwandelbar.

Getrud von le Fort, Die zeitlose Frau

Doch eines ist, was dauert im Wechsel und nicht wankt in der Bewegung
– die Liebe …
und dieser Liebe Wort und Offenbarung ist das Weib.

Ludwig Börne

Noch nie fand ich das Weib, von dem ich Kinder mocht,
es sei denn dieses Weib, das ich liebe:
denn ich liebe dich, o Ewigkeit!

Nietzsche, Also sprach Zarathustra,
Das andere Tanzlied 6

Der Mann vertritt die jeweilige
geschichtliche Situation, die Frau
vertritt die Generation.

Gertrud von le Fort,.
Die Frau in der Zeit

Die Überzeugung einer Frau ist nicht
so veränderlich; sie entsteht langsam,
nicht leicht; entstand sie aber einmal, so
ist sie weniger leicht zu erschüttern.

Bismarck, Rede an Damen in
Friedrichsruh, am 19.4.1894

Die Unbeständigkeit der Frauen, die
ich liebe, ist gerade so groß, wie die
niederträchtige Beständigkeit der
Frauen, die mich lieben.

George Bernard Shaw, Der Liebhaber

Die Mutter ist das Bild der irdischen
Unendlichkeit – an ihrem Glück wie an
ihrem Schmerz ziehen die Jahrtausende
spurlos vorüber.
Die Frau ... findet einen unbegreifli-
chen Genuß in der Alltäglichkeit. Sie
schmiegt sich wohlig in althergebrachte
Sitten, und wenn sie kann, macht sie
aus dem Heute ein Gestern.

José Ortega y Gasset,
Triumph des Augenblicks –
Glanz der Dauer

Der Mann bedeutet den Ewigkeitswert
des Augenblicks, die Frau die Unendlichkeit des Ablaufs der Geschlechter.

Gertrud von le Fort,
Die Frau in der Zeit

IV. Kapitel

Mensch
Geschlecht
Wesen
Charakter
Eigenschaft
Anlage
Menschenkenntnis
Menschenbeurteilung
Menschenwert

Mensch

Wir nehmen uns das Recht, nicht länger weiblich zu sein, sondern menschlich.

Alice Schwarzer

Frauen sind eine Art Mittelstufe zwischen Kind und dem Manne, als welcher der eigentliche Mensch ist …

Arthur Schopenhauer

So sind die Mädchen, die ihr meint, Denn keine Menschen? »Nein, mein Freund!«
Was sind sie denn, Herr Mädchenkenner?
»Lebend'ge Puppen für die Männer.«

Johann Wilhelm Ludwig Gleim

»Mann« und »Weib« spricht das Urwort aus …
»Mann« und »Weib« ist der ewige Mensch …

Bo Yin Râ, Brevier

Die großen Schöpfungen des Rechts und der Regierung, der Religion, der Kunst und der Wissenschaft werden zu etwas, das um seiner selbst willen hoch bewertet wird. In den Händen der Männer wurden sie zum Zeichen männlichen Menschentums, und die Männer waren auf diese Errungenschaften sehr stolz. In dem Maße, in dem die Frauen von ihnen ausgeschlossen blieben, verlor ihr Menschentum an Bedeutung.

Margaret Mead,
Mann und Weib, Die beiden
Geschlechter im heutigen Amerika

Das unmittelbare, natürliche, notwendige Verhältnis des Menschen zum Menschen ist das Verhältnis des Mannes zum Weibe. Aus dem Charakter dieses Verhältnisses folgt, inwieweit der Mensch als Gattungswesen, als Mensch sich geworden ist und erfaßt hat; das Verhältnis des Mannes zum Weib ist das natürlichste Verhältnis des Menschen zum Menschen. In ihm zeigt sich also, inwieweit das natürliche Verhalten des Menschen menschlich oder inwieweit das menschliche Wesen ihm zum natürlichen Wesen, inwieweit seine menschliche Natur ihm zur Natur geworden ist.

Karl Marx – Marx/Engels, Gesamtausgabe I. Abteilung Bd. 3 Ökonomischphilosophische Manuskripte, 1844

»Mache einen anständigen Menschen aus mir, aber bitte keine anständige Frau!«

Ninon de Lenclos, auf die Frage, welche Bitte sie an den Herrgott richte

Gott will den Mann als Mann und die Frau als Frau und will, daß jeder von ihnen Mensch sei.

Theophrastus Paracelsus,
Mensch und Schöpfung

Denn nur beide Geschlechter vollenden das Menschengeschlecht, wie Mars und Venus die Harmonie erzeugten. Der Mann tut's, indem er die Kräfte aufregt, die Frau, indem sie Maß und Harmonie unter ihnen erhält.

Jean Paul,
Levana oder Erzieh-Lehre

Der Hahn ist kein Vogel,
und das Weib ist kein Mensch.

Aus Rußland

Mann und Weib zusammen machen
erst den wirklichen Menschen aus;
Mann und Weib zusammen ist die Existenz der Gattung – denn ihre Verbindung ist die Quelle der Vielheit, die
Quelle anderer Menschen.

Feuerbach,
Das Wesen des Christentums, 7

Es gibt zwei Begriffe, sie gehören zu
den ältesten der Menschheit, mit denen
diese ihr geistiges Leben seit Anbeginn
zur Not gefristet hat() den Begriffen
Mann und Weib.

Otto Weininger,
Geschlecht und Charakter

Wer unverehelicht bleibt, verdient nicht
den Namen Mensch; denn es heißt:
Mann und Weib schuf er sie, und er
nannte ihren Namen Mensch.

Talmud

Geschlecht

Was heute auf Erden »Mann« ist, war
immer, auch vor Ewigkeiten, männlich-
polarer Art von ursprünglicher Geist-
natur, und was heute auf Erden als
»Weib« lebt, war ewig weiblich-geisti-
ger Richtung. In gegenseitiger Durch-
dringung ist im Geiste alles in Ver-Eini-
gung, was sich nur jemals auf der Erde
hier in wahrer Liebe fand!

Bo Yin Râ, Brevier

Also Mann und Weib sind wie zwei
Substanzen, die in verschiedenem
Mischungsverhältnis (...) auf die
lebenden Individuen verteilt sind.

Otto Weininger,
Geschlecht und Charakter

Die Gegensätzlichkeit der Geschlechter
zielt auf die Ergänzung, es ist daher
keineswegs erlaubt, Mann und Frau als
zwei einander widersprechende Wesen
zu sehen, die zwangsläufig miteinander
konkurrieren und im Streit liegen.

Ignace Lepp, Psychoanalyse der Liebe

Kein Vogel, kein Fisch, kein Mensch ist
ganz und gar männlich oder ganz
und gar weiblich. Der Kampf der Geschlechter wäre undenkbar, wenn alle
Angriffslust auf der einen Seite und alle
Unterwürfigkeit auf der andern läge.
Was von vornherein feststeht, wirkt nur
noch langweilig.

N. J. Berill

Das Weibliche steht dem Kosmischen
näher. Es ist der Erde tiefer verbunden
und unmittelbarer einbezogen in die
großen Kreisläufe der Natur. Das
Männliche ist freier, tierhafter, beweg-
licher, auch im Empfinden und Verstehen wacher und gespannter.

O. Spengler, Untergang des Abendlandes, II, Kap. 4, Der Staat, 1, 401

Für den Mann ist die Geschlechtlichkeit sozusagen ein Tun,
für die Frau ein Sein.

Georg Simmel, Das Relative und das
Absolute im Geschlechter-Problem

Haben wir die Geschlechtsunterschiede erst einmal weitgehend abgebaut, so wird sich der Körper der Frau dem des Mannes angleichen, sehr bald aber auch der Körper des Mannes dem der Frau. Das bedeutet keinen Abbau des Geschlechtsverkehrs, sondern nur dessen Entlastung von den Bürden der Menstruation und Schwangerschaft. Es bedeutet, daß die Frau endlich jene sexuelle Befriedigung erlangen kann, die sie bisher nur in den matrilinearen Gesellschaften der Vorgeschichte erreicht hat.

Ernest Borneman, Das Patriarchat

So wollen wir, ohne zu erröten, von der Frau wieder ruhig als vom »schwachen Geschlecht« sprechen. Ja wir wollen dies sogar in einem noch radikaleren Sinne tun.

José Ortega y Gasset,
Der Mensch und die Leute

Der Stand der Frauen, wahrlich, ist ein harter Stand
Den Männern gegenüber. (Kreusa)

Euripides, Jon V 398

Ferner das männliche Geschlecht ist stärker als das weibliche; es herrscht, während dieses gehorcht.

Aristoteles, Politik, B. 1. K. 5

Wesen

Verborgen ist des Weibes Wesen wie im Wasser des Fisches Weh.
Die Wahrheit gilt ihr gleich Lüge;
der Lüge gleich ihr Wahrheit gilt.

Upanishaden, 2, 8, 431

Der Mann ist ein wilder Fluß – die Frau ein stiller See.

Aus Kurdistan

Die Frau als Tal. Tal in der Umarmung, Tal in ihren Organen, Tal ihrem Wesen nach, von der Welt abgeschieden, nichts wahrnehmend, als was sich in ihrer Reichweite befindet, von Mauern umschlossen, die bisweilen ihre Liebe und bisweilen nicht einmal das sind. Und das blutarm machende Klima der Täler.

Henry de Montherlant,
Erbarmen mit den Frauen,
Die Aussätzigen

Jedenfalls ist es nicht das Tun, sondern das Wesen, womit die Frau den Mann zu sich hinzieht.

José Ortega y Gasset, Vom Einfluß
der Frau auf die Geschichte

Die weibliche Natur ist wie das Meer: Es gibt dem leisesten, schwächsten Drucke nach und trägt doch die schwersten Lasten.

Rasmus Nielsen

Die Ideen von Gerechtigkeit, Tugend, Laster, Güte, Bosheit schwimmen an der Oberfläche ihrer (Frauen) Seele. Eigenliebe und Egoismus dagegen haben sie in ihrer ganzen natürlichen Kraft erhalten. Sie sind zwar äußerlich zivilisierter als wir; aber innerlich sind sie wahre Wilde geblieben, mindestens ganze Machiavellisten.

Denis Diderot, Über die Frauen

O Zeus, wie (unselig) hast der Frauen
Art erschaffen du! (Eteokles)

Äschylus, Sieben vor Theben V 238

Welch' wunderlich Gemisch von gut
und böse ist doch das Weib,
gebraut aus Gift und Honig! (Adam)

Emerich Madách,
D. Tragödie d. Menschen, Sz. 8

Typologie der Frauen: solche, die ausbeuten, und solche, die sich ausbeuten
lassen.
Die ersten sind honigsüß, wohlgesittet,
Damen.
Die zweiten sind schroff, schlecht
erzogen, unfähig, sich zu beherrschen.
(Das, was ungeschliffen und heftig
macht, ist der Durst nach Zärtlichkeit.)

Cesare Pavese, Handwerk des Lebens

Weiberart ist's, allzu schnell entflammt
zu sein. (Klytämnestra)

Äschylus, Die Orestie,
Agamemnon 592

Das Weibliche ist das Dauernde,
das Männliche das Schöpferische

Oswald Spengler, Urfragen, 1965

Zarte Birken sind die Mädchen,
harte Eichen sind die Burschen.

Aus Rußland

Der Mann hat wohl einen Kopf, aber
kein Herz; die Frau hingegen – ein
Herz, aber keinen Kopf.

Aus Japan

Der Mann ist der Fels, auf dem die
Zeit ruht; die Frau ist der Strom,
der sie weiterträgt.

Gertrud von le Fort,
Die Frau in der Zeit

Männer knüpft die Tat zu ernster
Innung,
Frauen das Gemüt und die Gesinnung.

Feuchtersleben

Denn gewiß ist es, daß Männer von
Natur bloß heiß oder kalt sind: zur
Wärme müssen sie erst gebildet wer-
den. Aber die Frauen sind von Natur
sinnlich und geistig warm und haben
Sinn für Wärme jeder Art.

Friedrich Schlegel, Lucinde

Des Weibes Natur ist Beschränkung,
Grenze, darum muß sie ins Unbegrenzte streben; des Mannes Natur ist das
Unbegrenzte, darum muß er sich zu
begrenzen suchen.

Hebbel, Tagebücher

Die große Weberin, die das Gewand der
Welt und aller Geschicke webt, führt
den Namen »Harmonia«. Justitia und
aequitas gelten als eingeborene Eigenschaften des weiblichen Naturprinzips.

Ludwig Klages,
Der Geist als Widersacher der Seele

Kein Mann das Weib erkennen soll,
Das Weib erkennt die Männer wohl;
Man nehme ihre Tugend wahr,
Ihr Wesen wisse niemand gar!

Freidank, Bescheidenheit

Der Mann ist lyrisch, die Frau episch,
die Ehe dramatisch.
                                    Novalis

Das Herz aus Wachs und das Köpferl
aus Eisen – das ist der Grundriß der
weiblichen Struktur.
                                    Johann Nestroy

Charakter

Das weibliche Geschlecht hat mehr gut
Gemüt und Herz als Charakter.
                    Immanuel Kant, Nachlaß

Der weibliche Charakter wird so oft
nicht verstanden, eben weil es die schöne Natur des Weibes ist, seine Seele zu
verhüllen wie seine Reize.
                    Friedrich von Schlegel,
                    Studien d. klassischen Altertums

Wer meint, Psychologie treiben zu können, ohne der besonderen Position der
Frau sein allergrößtes Interesse zuzu-
wenden, betreibt ein weltfremdes
Handwerk. Trägt er ihr aber gebührend
Rechnung, dann kann ihm nicht ver-
hohlen bleiben, daß, was man als typisch
weiblichen Charakter anspricht, ein
Produkt der gesellschaftlichen Situation
und nicht der organischen Natur ist.
                    Manès Sperber,
                    Individuum und Gemeinschaft

Grundfehler des weiblichen Charakters:
Ungerechtigkeit.
                    Arthur Schopenhauer,
                    Über die Weiber, § 366

Weiber, die in der Jugend Charakter
haben, werden Schälke, wenn die
Liebhaber sich verlieren.
                    Goethe, zu Riemer, 27.4.1814

Es gibt keinen sogenannten weiblichen
Charakterzug, den man nicht auch an
ungezählten Männern finden könnte,
keinen sogenannten männlichen Charakterzug, den man nicht an ungezählten Frauen finden könnte. Betrachtet
man den einzelnen Charakterzug im
Zusammenhang der ganzen Persönlichkeit, dann erkennt man, wie sehr er
durch Entwicklungsfaktoren bestimmt
ist.
                    Manès Sperber,
                    Individuum und Gemeinschaft

Ich bleibe dabei, daß der Charakter
einer Frau sich zeigt, nicht wo die
Liebe beginnt, sondern wo sie endet.
                    Rosa Luxemburg

Der Charakter der Weiber leidet die
größte Änderung in den Jahren, wo
unserer schon fest ist, mehr in als vor
der Ehe.
                    Jean Paul

Die Frau ist kein Beweis für die Angeborenheit des Charakters, hingegen
sind die bisherigen Auffassungen über
die Frau ein sicherer Beweis dafür, zu
welchem Aberglauben, zu welch ver-
derblichen Irrtümern die Theorie von
der Angeborenheit des Charakters verführen kann, wenn die gesellschaftliche
Ordnung es verlangt und fördert.
                    Manès Sperber,
                    Individuum und Gemeinschaft

Wenn ich Hunderte von Malen nach einigen Monaten oder einigen Jahren eine junge Frau wiedertraf, die ich als Mädchen gekannt hatte, war ich von der Banalität ihres Charakters, von ihrem bedeutungslosen Leben betroffen.

Marcel Prévost

Arrogant ist, wer Sinn und Charakter zugleich hat und sich dann und wann merken läßt, daß diese Verbindung gut und nützlich sei. Wer beides auch von den Weibern fordert, ist ein Weiberfeind.

Friedrich Schlegel,
Athenäum-Fragmente

Häuslichkeit, des Weibes charakteristische Würde, so wie es des Mannes charakteristische Würde sein soll, Charakter zu sein.

Sören Kierkegaard, Das Frauenideal

Wer ist reich?
Wer eine schöne Frau hat; schön besonders an Charakter.

Talmud

Der Charakter der Frau liegt in dem Mut, ihre Anschauungen zu ändern und gegen ihre Grundsätze zu handeln.

Lawrence Durell

Eigenschaft

Die Frauen haben nicht diese oder jene Eigenschaft, sondern ihre Eigenheit beruht darauf, daß sie gar keine Eigenschaften haben.

Otto Weininger, Geschlecht und Charakter, Die emanzipierten Frauen, Teil II

Demokos: Du hast gewiß schon von Symbolen sprechen gehört und bist Frauen begegnet, welche dir auf den ersten Blick die Intelligenz, die Harmonie, die Sanftmut zu verkörpern schienen. Hektor: Ich bin solchen Frauen begegnet. Demokos: Was hast du dann getan? Hektor: Ich trat ihnen näher, und es war zu Ende.

Giraudoux, Kein Krieg in Troja, I, 6

Die Frau ist in weit höherem Maße mit den passiven Eigenschaften der Keuschheit, Bescheidenheit, Hingebung und Opferfähigkeit begabt als der Mann.

Rabindranath Tagore, Über die Frau

Spinnen, weynen, klapffen, liegen (lügen)
Und ihre beste freundt betriegen,
Das findt man an der weiber viell,
Von allen doch nicht sagen will.

Alter Spruch, Deutschland

Ein schönes Weib in der Ehe muß sehr viele gute Eigenschaften haben, um darüber hinwegzuhelfen, daß sie schön ist.

Nietzsche, Nachlaß (Unschuld des Werdens), I, 881

Es ist unmöglich, Argumente zur Befreiung der Frau beizubringen, solange keine Gewißheit über den Grad der Inferiorität oder der naturlichen Abhängigkeit als unveränderbare Eigenschaften der Frau besteht.

Germaine Greer,
Der weibliche Eunuch

Tatsache ist, daß die Eigenschaften, die aus Gründen des Fortschritts und der Größe der Menschheit an dem Mann am meisten geschätz werden, die Frau erotisch keine Spur interessieren.

José Ortega y Gasset,
Die Liebeswahl VI.

Nächst der Klugheit aber ist Mut eine für unser Glück sehr wesentliche Eigenschaft. Freilich kann man weder die eine noch die andere sich geben, sondern ererbt jene von der Mutter und diese vom Vater.

Arthur Schopenhauer,
Paränesen und Maximen

Anlage

Entschiedene, eingreifende Aktivität ist dem Manne von Natur zugewiesen; passives Weben und Leben dem Weibe. Beide Gesetze dürfen nicht ungestraft überschritten werden.

Ernst von Feuchtersleben

Will man die Herkunft großer Begabungen kennenlernen, so muß man von den Söhnen nicht zu den Vätern, sondern zu den Müttern hinabsteigen.

Gertrud von le Fort,
Die Frau in der Zeit

Dieser Helfergeist, der noch heute so viele edle Frauen in den Heildienst treibt als ihren naturgeborenen Beruf ist urtief organisch im Menschen angelegt.

Carl Joel, Wandlungen

Den Willen, kann man sagen, hat der Mensch sich selbst gegeben: Denn der ist er selbst. Aber der Intellekt ist eine Ausstattung, die er vom Himmel erhalten hat – d. h. vom ewigen, geheimnisvollen Schicksal und dessen Notwendigkeit, deren bloßes Werkzeug seine Mutter war.

Schopenhauer,
Aphorismen zur Lebensweisheit

Die Frau hat mehr Witz;
der Mann mehr Genie.
Die Frau beobachtet;
der Mann zieht Schlüsse.

Jean-Jacques Rousseau, Emile

Vom Vater hab' ich die Statur, des Lebens ernstes Führen, von Mütterchen die Frohnatur und Lust zu fabulieren.

Goethe, Zahme Xenien, 7

Wenn man die ursprünglichen Lebensgesetze befragt, so empfängt man durch die biologische Forschung die Bestätigung, daß die Frau die großen, geschichtlich wirksamen Begabungen zwar nicht selber darstellt und ausübt, daß sie aber doch deren verschwiegene Trägerin ist.

Gertrud von le Fort,
Die Frau in der Zeit

Der Mann verbraucht und erschöpft sich im Werk, er schenkt sich in seiner Begabung hin; die Frau schenkt die Begabung selbst hin, nämlich in die kommende Generation.

Gertrud von le Fort,
Die Frau in der Zeit

Der Vater hat nicht die Fähigkeit, das Kind durch die ersten Erlebnisse zu leiten. Der Mann schaut auf das Vollendete, Ganze. Nur die Mutter besitzt dem Kinde gegenüber das Talent einer genialen Geduld, ein Talent, das dem Manne nur für die Kulturleistung eignet.

Kolbenheyer, Klaas,
Y der große Neutrale

Nicht einer bestimmten Frau, sondern den Frauen überhaupt bestreite ich die Talente der Männer.

Jean-Jacques Rousseau,
Brief an d'Alembert, 20.3.1758

Im Gehirne der Frau muß es wohl ein Fach weniger, in ihrem Herzen dagegen ein Fiber mehr geben als bei den Männern.   *Chamfort,* Maximen VI

Bei Frauenzimmertalenten … habe ich immer gefunden, daß sie mit der Ehe aufhörten. Ich habe Mädchen gekannt, die vortrefflich zeichneten, aber sobald sie Frauen und Mütter wurden, war es aus, sie hatten mit Kindern zu tun und nahmen keinen Griffel mehr in die Hand.   *Eckermann,* Gespräche mit Goethe am 18. Jan. 1825

Hat eine Frau kein besonderes Talent, so ist dies bereits eine besondere Tugend.

Aus China

Eine Frau, die Geist und Talent hat, steht unter ihrem Geschlecht einsam. Vergebt ihr, wenn sie sich zu den Männern flüchtet!   *Karl Gutzkow*

Wenn deine Seele nun in Regionen schweift,
Zu denen sonst wohl nur der Flug der Forscher streift,
So sucht die meine sich auf irdischen Bezirken
Ein Feld, um still und froh im engen Kreis zu wirken.
Drum stören wir doch ja des Himmels Weisung nicht
Und folgen der Natur, die aus uns beiden spricht.
Bewohne du, vom Fluß des Geists emporgetragen,
Der Weisheit steile Höhn, die zu den Wolken ragen,
Dieweil mein schwächrer Geist, vom Irdischen durchtränkt,
Sich auf das traute Glück des Ehestands beschränkt. (Henriette)

Molière, Die gelehrten Frauen I, 1

Menschenkenntnis

Es gibt Mädchen, welche der feinste Weltkenner nicht erraten kann; man muß auf ihre Ehe warten. Überall sind die Weiber verständlicher als die Mädchen, Männer aber unverständlicher als Jünglinge.

Jean Paul, Gedanken

Den Enthusiasmus für irgendeine Frau muß man einer andern niemals anvertrauen. Sie kennen sich untereinander zu gut, um sich einer solchen ausschließlichen Verehrung würdig zu halten.   *Goethe,*
Wilhelm Meisters Wanderjahre

Seltsam ist's, Zarathustra kennt wenig
Weiber, und doch hat er über sie recht!
Geschieht dies deshalb, weil beim
Weibe kein Ding unmöglich ist?

Friedrich Nietzsche, Zarathustra

Nur wer die Liebe kennt, der kennt die
Frauen.
Leopold Schefer,
Laienbrevier, Feb. Nr. 13

Frauen sind nie, wie sie sind; sie sind
immer nur, wie man sie sieht. Und man
sieht sie stets nur so, daß man sich
selber dabei gefällt.

Alexander Lernet-Holenia

Man hat der Frau bis in ihr Geschlecht
hinein »Vorschriften machen«, nicht
aber sie »vorbestimmen« können bis in
ihre Lust hinein, und das ist es, was den
Mann beunruhigt. Er ist sich nicht
sicher, ob er sich ein richtiges Bild von
der Frau gemacht hat, und solange sie
nichts sagen will, wird er weiter nichts
von ihr wissen.

Christiane Olivier, Jokastes Kinder

Der sogenannte Frauenkenner kennt
meistens nur Frauen, die er besser nicht
kennen würde, und schließt daraus auf
Frauen, die er nie kennen wird.

Verfasser unbekannt

Wenn die Männer wüßten, wie dumm
Frauen sein können, so würden sie sie
bedauern, anstatt sie zu zerfleischen.

Henry de Montherlant,
Erbarmen mit den Frauen

Eine Frau oder Geliebte lernt man in
einer Stunde mit einer dritten Person
besser kennen als mit sich in zwanzig.

Jean Paul

Ein Schiff und ein Weib sind schwer
einzuschätzen.
Aus Spanien

Es gibt niemand, der weiß, was ein
Weib vermag!

Ibsen, Nordische Heerfahrt, 2

Was ist eigentlich eine Frau? Um dies
zu definieren, müßte man sie kennen.
Und wenn man heute mit dem Definie-
ren beginnen wollte, würde man frü-
hestens beim Weltuntergang damit zu
Ende kommen.
Pierre de Marivaux,
Charlet de Chamblain

Um von einer Frau etwas zu wissen,
brauchst du nur bei anderen Frauen
anzufragen.
Abchasisch

Die Gattung Mensch hat es augen-
scheinlich nötig, daß die Frauen überschätzt werden. Wohin kämen wir,
wenn der Mann darauf verfiele, in der
Frau nur das zu sehen, was sie ist!

Henry de Montherlant, Erbarmen mit
den Frauen, Der Dämon des Guten

Junger Mann, die Frauen kennen
Ist dir nützlich; dieses Wissen
Übersteiget jedes andre;
Doch zu weithin – forsche nicht.

Joh. Gottfr. von Herder,
D. Cid, B. 1. Ges. 12

Eine Frau zu studieren ist meist reiz-
voller, als sie zu kennen.

Graham Greene

An den Kindern erkennt man die
Mutter.

Wendisch

Kennt eine Frau nur einen Mann, dann
kennt sie keinen. Sie muß sich mit dem
guten Glauben trösten, alle Männer
seien gleich.

La Fontaine

So, wie die Frau sich über ihren Mann
täuscht, hegt sie auch irrige Ansichten
über ihr Kind (Mädchen oder Junge;
selbstverständlich in weit höherem
Maße über den Jungen).

Henry de Montherlant,
Erbarmen mit den Frauen

Du siehst es an den Sprößlingen, ob die
Mutterpflanze gut ist.

Bantuweisheit

Menschenbeurteilung

Entgegen einem sehr verbreiteten Vorurteil ist in der Einschätzung wenigstens von Personen die Frau durchweg
objektiver als der Mann

Ludwig Klages, Grundlagen der
Charakterkunde

Alles, was Männer über die Frauen
geschrieben haben, muß verdächtig
sein, denn sie sind zugleich Richter
und Partei.

Poulain de la Barre

Wie schlecht auch ein Mann über die
Frauen denken mag: Es gibt keine Frau,
die darin nicht noch um einiges weiter
ginge als er.

Chamfort, Maximen VI

Die Weiber müßten nur lieben oder
hassen; da wären sie ganz charmant.
Die Männer aber müßten weder lieben
noch hassen. So käme alles wieder ins
Gleichgewicht.

Goethe, zu Riemer, 17.5.1807

Der reine Mann ist das Ebenbild
Gottes, das absolute Etwas, das Weib,
auch das Weib im Manne, ist das Symbol des Nichts: Das ist die Bedeutung
des Weibes im Universum.

Otto Weininger, Geschlecht und Charakter, Die emanzipierte Frau, Teil II

Ein Urteil über die Frauen nach ihrem
verdorbenen Charakter in der Zivilisation entspräche einem solchen über
die Natur des Menschen nach dem
Charakter des russischen Bauern, der
weder von der Ehre noch von der
Freiheit eine Vorstellung hat.

Charles Fourier, Über die Liebe und
Ehe III. Die Fehler des Systems der
Unterdrückung der Liebe

Vom Weibe denkt gemein und urteilt
streng
Ein jeder, der es viel mißbraucht hat.

Robert Hamerling Ahasver in Rom
Ges. 2, Das Bacchanal

Die Frauen jammern und stöhnen, sie würden falsch beurteilt. Aber warum lassen sie es geschehen, daß immer nur der Auswurf ihres Geschlechts in den Vordergrund tritt? Und warum heißen sie so behend alle Einflüsse der Männer willkommen, die darauf gerichtet sind, sie zu etwas Gemeinem und Groteskem zu machen? Warum verkennen sie so sehr ihre Interessen?

Henry de Montherlant,
Erbarmen mit den Frauen

Frauen sind Extreme: Entweder besser oder schlechter als Männer.

Jean de la Breyère, Über die Frauen

Das Publikum, das ist ein Mann,
Der alles weiß und gar nichts kann;
Das Publikum, das ist ein Weib,
Das nichts verlangt als Zeitvertreib;
Das Publikum, das ist ein Kind,
Heut' so und morgen so gesinnt.

Ludwig Robert, Gedichte,
Das Publikum

Ex socio (an seinem Gefährten) wird man nicht halb so gut erkannt wie ex socia (an seiner Gefährtin). *Lichtenberg*

Sieh dir an, wie die Frau aussieht, und du kennst ihren Mann. *Aus Spanien*

Für mich gibt es nur zwei Arten von Frauen – Göttinnen oder Fußmatten.

Pablo Picasso

Wenn du ein Weib wählst, steig eine Stufe hinab, wenn du einen Freund wählst, eine Stufe hinauf. *Talmud*

Allen Männern sind alle Frauen bloß *eine* Frau, und allen Frauen bedeutet *ein* Mann alle Männer.

Alexander Lernet-Holenia

Männer können analysiert werden, Frauen nur angebetet. (Mrs. Cheveley)

Oscar Wilde, Ein idealer Gatte I

Durch Dich habe ich einen Maßstab für alle Frauen, ja für alle Menschen, durch Deine Liebe einen Maßstab für alles Schicksal.

Goethe, an Frau von Stein, 17.6.1784

Beurteile ein Mädchen am Backtrog und nicht beim Tanze. *Aus Dänemark*

Der Mann ist ein Kind der Zeit, die Frau ist ein Kind des Raumes.

Coudenhove-Kalergi,
Held und Heiliger

Menschenwert

Ist die Frau weniger wert als der Mann? Wer diese Frage beantwortet, muß auch sagen, ob Feuer mehr wert ist als Wasser.

Carl Ludwig Schleich

Wieder mehr Jungen als Mädchen. Positive Bevölkerungsentwicklung in den weißblauen Landkreisen.

Aus dem Rhön- und Streuboten

Der Einwand, es sei dem kleinen
Mädchen doch wohl nicht spürbar, was
in der Erwachsenenwelt das Frauenproblem ausmacht, ist falsch. Nach-
weisbar gibt es ungezählte Riten und
Zeremonien, die die größere Freude
über die Geburt eines Sohnes mani-
festieren sollen. Lange bevor der Geschlechtsunterschied dem Kinde selbst
bewußt werden kann, wird er, mit
Wertungen belastet, in sein Leben
hineingetragen.

> *Manès Sperber,* Individuum und
> Gemeinschaft

Der Wert des Mannes gründet sich auf
das, was er tut, der des Weibes auf das,
was es ist.

> *José Ortega y Gasset,* Triumph des
> Augenblicks – Glanz der Dauer

Sind die Frauen gut, so stehen sie zwischen dem Mann und dem Engel; sind
sie schlecht, so stehen sie zwischen dem
Mann und dem Teufel.

> *Kotzebue,* Ildegerte

Gold wird durch Feuer geprüft, die
Frau durch Gold, der Mann durch die
Frau.

> *Aus den USA*

Jede Frau ist feiner als ihr Stand.

> *Jean Paul,* Hesperus

... an der Braut, die der Mann sich
erwählt, läßt gleich sich erkennen,
Welches Geistes er ist und ob er sich
eigenen Wert fühlt.

> *Goethe,* Hermann und Dorothea

Nicht vom Adel, nicht vom Stande,
Was man sonst so hoch verehrt,
Nicht von einem Ordensbande
Hat mein Mädchen ihren Wert.

> *Volkslied u. -weise (um 1800)*

Lernst eine zweite Braut du kennen, so
erkennst du auch den Wert der ersten.

> *Aus Korea*

Alle Wertungen weiblicher Charaktere
sind von Männern aufgestellt worden,
Männer haben die weiblichen Tugenden und die weiblichen Laster zu
Tugenden und Lastern gestempelt, und
aus dem Munde der Männer wissen
wir, wie sie die Frauen haben wollen
und wie sie sie verabscheuen.

> *Gina Kaus*

Das Weib ist nichts, es ist nur Materie.

> *Otto Weininger,* Geschlecht und Cha-
> rakter, Die emanzipierten Frauen Teil II

Meine Frau gebe ich dir umsonst,
meinen Maulesel aber kannst du mir
um keinen Preis abkaufen.

> *Aus Armenien*

Ein treuer Hund, ein treues Pferd
sind mehr als tausend Weiber wert.

> *Aus Deutschland*

Eines Manns Verlust fällt schwer dem
Hause, doch ein Weib wird leicht entbehrt. (Iphigenie)

> *Euripides,* Iphigenie auf Tauris

Tausend Frauen wiegt das Leben eines
einzigen Mannes auf. (Iphigenie)

Euripides, Iphigenie auf Tauris

Eine arische Hure ist immer noch besser als eine jüdische Mutter.

Joseph Goebbels

Einen Vater kann man aufgeben, und
trüge er auch noch so hohe Würden;
eine Mutter aber niemals, und wäre
sie selbst eine Bettlerin.   *Aus China*

Die Mutter steht höher als jeder
Würdenträger und Potentat.

Lakisch (Daghestan)

Die Mutter ist wertvoller als der Vater.

Tamil

Wenige sind wie Vater, keiner wie
Mutter.
                                    Aus Island

Die Wohltaten des Vaters übersteigen
die Berge,
die Wohltaten der Mutter sind größer
als das Meer.
                                    Aus Japan

Eine kahlköpfige Tochter ist immer
noch besser als sieben schlechte Söhne.

Tatisch (Daghestan, Aserbaidschan)

Ein oft gesehenes Mädchen und ein oft
getragenes Kleid verlieren an Wert.

Aus Großbritannien

Die immer schön war und hoffärtig nie,
Die gut bei Zunge war und doch nie
schrie,
Die Gold besaß und tat den Putz nicht
an,
Die ihre Lust mied und doch sprach:
ich kann,
Die zornig und wenn Rache war zur
Hand,
Die Kränkung trug und ihren Groll
verwand,
Die ihre Weisheit nie verlor so ganz,
Daß sie den Dorschkopf nahm fürn
Salmenschwanz,
Die denken konnt und es für sich
behielt,
Wenn Freier folgten, nicht nach hinten
schielt,
Solch Stück wär wert, daß – gäbs ein
solches hier – (Jago)

Shakespeare, Othello, II. 1

Wir lassen alle Blumen stehen
Und schauen an das werte Weib.

Walther von der Vogelweide

Kein Mann ist imstande, den Wert eines
Weibes zu fühlen, das sich zu ehren
weiß.

Goethe, Wilhelm Meisters Lehrjahre

Die Geliebte hat einen Preis,
die Frau nur einen Wert.

Ludwig Börne,
Fragmente u. Aphorismen Nr. 10

Es gibt wenig Frauen, deren Wert ihre
Schönheit überdauert.

La Rochefoucauld

Wenn die Frau genau wüßte, was ein Apfel tatsächlich wert ist, würde sie niemals einen davon einem Manne geben.

Aus Frankreich

Den seelischen Wert einer Frau erkennst du daran, wie sie zu altern versteht.

Morgenstern, Stufen, Psychologisches

V. Kapitel

Weib
Altes Weib
Weiblichkeit
Mythos
Das Ewigweibliche
Damen
Männer
Mann ohne Frau
Weibischer Mann
Gentleman

Weib

Ein Weib zu sein, ist etwas so Seltsames, so Gemischtes, so Zusammengesetztes, daß kein Prädikat es ausdrückt, und die vielen Prädikate, wenn man sie brauchte, einander so widersprechen, daß nur ein Weib es aushalten könnte.

Sören Kierkegaard

Weib muß immer sein der Frauen
höchster Nam'
Er ehret mehr denn Frauen, nehm' ich
an.

Walther von der Vogelweide,
Gedichte

Das Weib wird wohl wieder in Kurs kommen müssen, wo sonst das Weibchen blinkerte.

Ernst Barlach

Das Weib bildet den Horizont der Menschen, an dem Himmel und Erde zusammentreffen. Engel und Teufel vertragen sich in ihm wie sonst nirgend. Die sanfteste, edelmütigste Frau besitzt von der Hölle wenigstens ein volles Kohlenbecken, und es ist keine so ruchlos, die nicht einen kleinen Winkel des Paradieses in ihrem Herzen trüge.

Ludwig Börne, Erz. Reisen. Verm. Aufsätze, Nr. 25. Fastenpredigt über die Eifersucht

So ist das Weib, der Schönheit holde Tochter,
Das Mittelding von Macht und Schutzbedürfnis,
Das Höchste, was sie sein kann, nur als Weib. (Primislaus)

Grillparzer, Libussa, IV, 2

Altes Weib

Ja es ist hart,
Ein altes Weib zu sehen, das mehr Geschichten
Im Maul als Zähne führt. (Leonardo)

Lope de Vega, Reichtum und Armut

Wie höch'r der Turm,
Wie schöner das G'läut,
Wie älter die Weiber,
Wie zacker (zäher) die Häut'.

Tiroler Schnaderhüpfl

Wenn du eine alte Frau mit einem Rosengarten sieht, so wisse, daß sie wahrhaftig ein Teufel ist.

Aus Mauretanien

Ein altes Weib zu Haus und ein Hügel vor dem Haus machen einen Mann müde.

Abessinisches Sprichwort

Das walt Gott – und kei alt Wiib.

Aus der Schweiz

Alte Weiber und stumpfe Besen
Sind in ihrem Leben noch nix gewesen.

Spruch an einem Hausgerät

Ein Greis im Hause – eine Bürde im Hause; eine Greisin im Hause – ein Schatz im Hause.

Talmud, Erachin 19a

Ein alts Wyb, wo tanzet, macht viel
Staub.
Aus der Schweiz

Was der Teufel in einem Jahr zustande
bringt, leistet ein altes Weib in einer
Stunde
Aus Mauretanien

Auch wenn du verhungerst,
iß nicht den Reis einer Katze;
auch wenn du erfrierst,
ziehe nicht die Kleider einer alten
Frau an.
Aus China

O Gott, behüt' vor jüdschem gsuch
Und vor des apothekers buch
Vor einem alten bösen weib
Und auch vor einem kranken leib.
Th. Murner, Narrenbeschwerung, 30

Man kann mit Hamlet sagen:
Nehmt alles in allem,
es war ein altes Weib, wir werden noch
so oft seinesgleichen haben!
Heine, Das Buch Le Grand, Kap. 6

Alter Weiber Fröhlichkeit
ist des Teufels Lustbarkeit.
Aus Deutschland

Wenn en alti Schüür brennt,
se isch nid quet lösche.
Aus der Schweiz

Was der Teufel nicht mag erdichten,
Das muß ein altes Weib verrichten.
Rollenhagen, Froschmeuseler 2, Buch,
2. Teil, 8. Kap., 21/2

Weiblichkeit

Was ist häßlicher als die überladne
Weiblichkeit, was ist ekelhafter als
die übertriebene Männlichkeit, die in
unsern Sitten, in unsern Meinungen, ja
auch in unsrer bessern Kunst herrscht?
Friedrich Schlegel,
Prosaische Jugendschriften

Überwindung der Weiblichkeit ist das,
worauf es ankommt.
Otto Weininger, Geschlecht und
Charakter, Die emanzipierten
Frauen Teil II

Ein Weib soll ihre Weiblichkeit nicht
ausziehen wollen.
Goethe, An Charlotte von Stein,
21.9.1785

Die Weiblichkeit ist immer bereit, sich
zu verteidigen. Das kommt daher, daß
sie nur allzu gern sofort ans Mögliche
denkt. Sie ist in Gedanken bereits zu
weit gegangen.
Martin Kessel,
Gegengabe, Aphoristisches
Kompendium für hellere Köpfe

Mit Hilfe des himmlichen Vaters kann
die Frau die Glorie ihrer Weiblichkeit
mit gutem Recht gegen den Mann für
sich beanspruchen.
Simone de Beauvoir,
Das andere Geschlecht

Weiblichkeit ist die Achse der Erde und
die Milchstraße am Himmel.
Ludwig Börne

Der Erwerb eines Kleides, einer Einrichtung ist die Antwort auf die Wünsche nach Weiblichkeit und Modernität.
Die Waren werden von den Frauen mit
ihren Träumen ausgestattet. Der Gebrauch dieser Zeichen besteht im Gese-
henwerden, in der Konstruktion einer
Person in den Augen der anderen.

Ulrike Prokop,
Weiblicher Lebenszusammenhang

… die schöne und reine Weiblichkeit
sollte nur durch die schönste und
reinste Männlichkeit angezogen
werden.

Wilhelm Freiherr von Humboldt,
Briefe an eine Freundin, 26. Mai 1823

Die wahre historische Aufgabe des
Weibes tritt nicht klar genug hervor,
weil man vergißt, daß weder die Gattin
noch die Mutter, noch die Schwester
noch die Tocher den Inbegriff des
Frauentums darstellt. Diese gesamten

Eigenschaften sind nichts anderes als
Niederschläge der Weiblichkeit,
Formen, die das Weib annimmt, wenn
es keines mehr oder noch keines ist.

José Ortega y Gasset, Vom Einfluß der
Frau auf die Geschichte

Nur selbständige Weiblichkeit, nur
sanfte Männlichkeit ist gut und schön.

Friedrich Schlegel, Über die Diotima

Heute ist das Weib mehr Weib, als es
sein sollte; es ist beladen mit einer
Weiblichkeit, die stärker ist als es selber; es ist das Erzeugnis einer gewissen
gesellschaftlichen Konvenienz, das Resultat eines gewissen Spiels, das auf gewisse Art den Mann und das Weib auf-
einander abstimmt – bis schließlich dieser Tanz, unaufhörlich anwachsend,
mörderisch wird.

Witold Gombrowicz,
Das Tagebuch des W. G.

Mythos

Die heutige Frau steht im Begriff, den
Mythos vom Frauentum zu erschüttern. Sie beginnt, ihre Unabhängigkeit
in die Tat umzusetzen.

Simone de Beauvoir,
Das andere Geschlecht
(Gelebte Erfahrung)

Die Existenz der »Frau« kann nur
über die Entheiligung der »Mutter«
erreicht werden. Ihre Herrschaft hat
die Frauenfeindlichkeit des Mannes
und die Eifersucht der Fau erzeugt.

Christiane Olivier,
Jokastes Kinder

Tristan ist das Epos des Ehebruchs. Die
Epoche, die etwa um 1900 den Mythos
der Frau aufs neue geschaffen hat, ist
gleichzeitig diejenige, in der die gesamte
Litertur den Ehebruch zum Thema hat.

Simone de Beauvoir,
Das andere Geschlecht

Die Nymphen und Feen sind in der
christlichen Welt durch weniger sinnliche Gestalten ersetzt worden: aber
Heim und Herd, Landschaft, Städte und
sogar Individuen bleiben von einem
ungreifbaren Frauenwesen bewohnt.

Simone de Beauvoir,
Das andere Geschlecht

Ich seh' die Philologen,
Sie haben dich so wie sich selbst betrogen.
Ganz eigen ist's mit mythologischer Frau:
Der Dichter bringt sie, wie er's braucht,
zur Schau. (Ciron)
                              Goethe, Faust

Der Mythos ist einer der Fallstricke der
falschen Objektivität, in die der bieder-
männische Geist blind hineintappt. Es
handelt sich auch hier wieder darum, das
eigene Erlebnis und die selbständigen
Urteile, die es verlangt, durch ein starres
Götzenbild zu ersetzen. An die Stelle einer echten Beziehung zu einem selbständig handelnden Existierenden setzt der
Mythos vom Weibe die unbewegliche
Projektion einer Fata Morgana.

                              Simone de Beauvoir,
                              Das andere Geschlecht

Das Schwanken des Mannes zwischen
Angst und Verlangen, zwischen der
Furcht, sich an unkontrollierbare Kräfte zu verlieren, und dem Willen, sie sich
zu unterwerfen, spiegelt sich in ein-
drucksvoller Weise in den Virginitäts-
mythen wider.
                              Simone de Beauvoir,
                              Das andere Geschlecht

Der Mythos der Frau ist ein Luxus. Er
kann immer nur dann auftauchen, wenn
der Mann nicht dem unmittelbaren
Zwang der Lebensnotwendigkeiten un-
tersteht. Je konkreter Beziehungen erlebt werden, desto weniger werden sie
idealisiert.

                              Simone de Beauvoir,
                              Das andere Geschlecht

Das Ewigweibliche

Nicht die emanzipierte, dem Mann
gleichgestellte Frau, sondern das
Ewigweibliche wird eine große
Bedeutung gewinnen.
                              Berdjajew

Wie wir alle vom Weibe sind,
so zieht es zum Weib uns stets zurück
mit Allgewalt. (Siegfried)

                      Emanuel Geibel, Brunhild

Der Geist der Tiefe stirbt nicht.
Das ist das Ewigweibliche.
Des Ewigweiblichen Ausgangspforte
ist die Wurzel von Himmel und Erde.
Endlos drängt sich's und ist doch wie
beharrend.
In seinem Wirken bleibt es mühelos.

                      Laotse, Das Werden der
                      Formen – Tao Te King.

Alles Vergängliche ist
nur ein Gleichnis;
das Unzulängliche,
hier wird's Ereignis;
das Unbeschreibliche,
hier ist's getan;
das Ewigweibliche zieht uns hinan.

                              Goethe, Faust 2, V

Wenn ihre Funktion als »Weibchen«
nicht genügt, um die Frau zu definieren, und wenn wir es gleichfalls ablehn-
nen, sie durch das »Ewigweibliche« zu
erklären, aber doch andererseits zuge-
stehen, daß es vorläufig wenigstens
Frauen auf Erden gibt, so müssen wir
uns doch wohl einmal die Frage stellen:
Was ist eine Frau?

                              Simone de Beauvoir,
                              Das andere Geschlecht,
                              Sitte und Sexus der Frau

Es ist das Weibliche die dunkle Frage,
Die jedem, der hinaus ins Leben stürmt,
Als ernster Prüfstein sich entgegen-
türmt,
Ob früh, ob spät, für jeden wird am Ende
Das Weibliche zur Lebenssonnenwende.

Prinz Emil von Schönaich-Carolath,
Die Sphinx

Das Ewigweibliche zieht uns hinab.

Nietzsche, Jenseits von Gut und Böse

Die Frau ist der wahre Gral.

Auguste Rodin,
Die Kathedralen Frankreichs

Damen

Die Dame, dies Monstrum europäi-
scher Zivilisation und christlich-germa-
nischer Dummheit, mit ihren lächerlichen Ansprüchen auf Respekt und Verehrung, kommt aus der Welt, und es
gibt nur noch Weiber, aber keine unglücklichen Weiber mehr, von welchen
jetzt Europa voll ist.

Arthur Schopenhauer

Die eigentliche europäische Dame ist
ein Wesen, welches gar nicht existieren
sollte; sondern Hausfrauen sollte es
geben und Mädchen, die es zu werden
hoffen und daher nicht zur Arroganz,
sondern zur Häuslichkeit und Unterwürfigkeit erzogen werden.

Arthur Schopenhauer,
Über die Weiber, § 369

Es hat noch niemals »gesprudelt«, und
es würde mich mißtrauisch machen,
wenn es das thäte. Nur bei Damen und
Dilettanten sprudelt es, bei den Schnell-
zufriedenen und Unwissenden, die
nicht unter dem Druck und der Zucht
des Talentes leben.
Thomas Mann,
Brief an Katja, August 1904

Gerade weil es Damen gibt in
Europa, sind die Weiber niederen
Standes, also die große Mehrzahl des
Geschlechts, viel unglücklicher als im
Orient.

Arthur Schopenhauer,
Über die Weiber, § 369

Eine Dame ist eine Frau, mit der man
weder vorher noch nachher darüber
sprechen kann.

Sigmund Graff, Lächelnde Weisheiten

Damen haben insgeheim nur eine
Sache, nämlich ihre Schönheit, bei der
kaum irgendeine Schmeichelei zu grob,
ist, die sie nicht verdauen könnten.

Chesterfield, Briefe an seinen Sohn,
London 16.10.1747

Das Stocktragen der Damen ist eine
gefährliche Mode. Man stützt sich auf
und schlendert, was auf das Gesamt-
gefühl nicht ohne Einfluß bleibt. Man
ist kleinen Abenteuern günstig und in
Stimmung, ohne Ekstasen zu sündigen.
Übrigens eine schöne Zeit für Leute,
die sich auf eine Décadence freuen und
Hoffnung haben, sie noch jung zu ver-
leben. Vorderhand ist bei den Damen
noch vieles Pose, aber deutet nicht jede
Pose auf innere Tatsachen?

Robert Musil

Eine Dame scheint wohl wie die Sonne, darf aber mit ihr schon darum nicht verwechselt werden, weil sich die Sonne mit so vielen an einem Tage abgibt, während die Dame von Gott geschaffen ist, um einem einzigen Bankdirektor warm zu machen, womit sie auch alle Hände voll zu tun hat, so daß sie sich gar nichts anderes verlangt, indem sie weiß, daß es ihr so lange zugute kommt, bis sie kalt wird und bis auch der Bankdirektor das Bedürfnis fühlt, zur Sonne zu gehen, die sich mit so vielen an einem Tage abgibt. Amen.

Karl Kraus, Auswahl
aus dem Werk,
Geschlecht und Lüge.

»Ein Diplomat, der ›ja‹ sagt,
meint ›vielleicht‹, der ›vielleicht‹ sagt,
meint ›nein‹ und der ›nein‹ sagt,
ist kein Diplomat.
Eine Dame, die ›nein‹ sagt,
meint ›vielleicht‹, die ›vielleicht‹ sagt,
meint ›ja‹ und die ›ja‹ sagt,
ist keine Dame.«

Talleyrand zu Madame de Staël
über den Unterschied zwischen
einer Dame und einem
Diplomaten

Du eine Dame, ich eine Dame,
wer treibt die Schweine aufs Feld?

Aus Spanien

Rom stand in voller Jugendkraft,
Solang das Weib dort tugendhaft.
Doch diese Kraft muß bald erlahmen,
Wenn aus den Frauen werden Damen,
Die sinnlos sich die Zeit vertreiben,
Romane lesen, Briefchen schreiben,
Fast jeden Tag im Zirkus sitzen
Und sonst dergleichen Kinkerlitzen,
Nachts ausgehn, dann bis Mittag schlafen,
dafür den Mann zum Arbeitssklaven
Erniedrigen; der soll es zahlen,
Wie sie sich schmücken und bemalen.

Eugen Roth, Die Frau in der
Weltgeschichte

Sieh dort die ziere Dame!
Ihr Antlitz weissagt Schnee in ihrem Schoß.
Sie spreizt sich tugendlich und dreht sich weg,
hört sie die Lust nur nennen.
Und doch sind Iltis nicht und hitzige Stute
so ungestüm in ihrer Brunst.
Vom Gürtel nieder sind's Centauren.
(Lear)

Shakespeare, König Lear, IV ,6

Männer

Die Frau will, daß der Mann ein Kind bleibt, aber daß er aussieht wie ein Mann.

Henry de Montherlant

O Freunde, laßt uns Männer Männer sein,
So werden unsere Weiber Weiber sein!

Friedrich Leopold Graf zu Stolberg

Wo das Weib aufhört, fängt der schlechte Mann an.

Heinrich Heine,
Verm. Schriften, Gedanken und
Einfälle Nr. 5. Frauen, Liebe und Ehe

Ihr andern liebt meistenteils an den Männern, was Männer an sich unter einander nicht leiden können.

Goethe, Triumph der Empfindsamkeit I

»Gelobt seist du, Gott, unser Herr und Herr aller Welt, der mich nicht zu einem Weibe gemacht hat« – sagen die Juden in ihrem Morgengebet.

August Bebel, Die Frau und der Sozialismus

Im echten Manne ist ein Kind versteckt; das will spielen. Auf, ihr Frauen, so entdeckt mir doch das Kind im Manne!

Nietzsche, Zarathustra I, Von alten und jungen Weiblein

Mann ohne Frau

Ohne die Frauen würde der Mann roh, grob, einsam sein und die Anmut nicht kennen.

Chateaubriand

Männer, die sich vom Umgang mit Frauen fernhalten, hören auf, liebenswürdig zu sein.

Joseph von Ligne

Das Weib ist Wolke, Mond der Mann, Gewölk verfinstert Mondenlicht; Am besten ist's daher dem Mann,. Bedarf er eines Weibes nicht.

Emveri, Auf die Weiber

Der Mann ohne Frau ist ein Baum ohne Laub und Zweige.

Aus Korsika

In der Öffentlichkeit wirkt eine Frau ohne Mann verlassen, aber ein Mann ohne Frau romantisch.

Aus Deutschland

Denn ein Mann ohne Frau ist in unserer Gesellschaft allemal ein Mann, eine Frau ohne Mann aber keine Frau.

Alice Schwarzer

Am besten mit Frauen kommen diejenigen Männer aus, die ebenso gut ohne die Frauen auskommen.

Charles Baudelaire

Was ein Elefant ohne Führer, das ist ein Bursche ohne Ehefrau. *Aus Vietnam*

Ein Mann ohne Sattel ist bei Tage ein Habenichts; ein Mann ohne Frau ist ein Bettler über Nacht.

Aus Spanien

Ein Mann ohne Frau – ein Wasser ohne Damm. *Aus Rußland*

Weibischer Mann

Ein Weib, das unverschämt und männlich war, ist nicht so widrig wie ein weibischer Mann. (Patroclus)

Shakespeare, Troilus und Cressida, III

Ein weibischer Mann ist unendlich unerträglicher als ein männliches Weib.

Theodor Gottlieb von Hippel, Über die Ehe. K. 6. Zum Besten der Jünglinge

Über ein altes Weib geht nix als ein Mann, der ein altes Weib ist. (Peter)

Nestroy, Der Unbedeutende, I, 23

Weibliche Männer haben oft ein ungemein starkes Bedürfnis zu heiraten, mögen sie (…) materiell noch so glänzend gestellt sein.

Otto Weininger, Geschlecht und Charakter, Charakterologie und Morphologie

Weibliche Männer sind ihrer Weiblichkeit gemäß auch körperlich eitler als die anderen unter den Männern.

Otto Weininger, Geschlecht und Charakter, Charakterologie und Morphologie

Unser Väter Geist ist tot,
Und das Gemüt der Mütter lenket uns,
Denn unser Joch und Dulden zeigt uns weibisch. (Cassius)

Shakespeare, Cäsar, I, 3

Gentleman

Ein Gentleman ist ein Mann, der einer Frau gegenüber nicht aus dem Rahmen fällt, auch wenn er über sie im Bilde ist.

Werner Finck

Ein Gentleman ist ein Mann, in dessen Gesellschaft die Frauen zu blühen beginnen. *Jeanne Moreau*

»Ein Diplomat, mein liebes Kind, ist ein Mann, der das Geburtsdatum einer Frau kennt und ihr Alter vergessen hat!«

Kurt Tucholsky, Französischer Witz 1925

Wer behauptet, die Frauen zu kennen, ist kein Gentleman.

George Bernard Shaw

Gib dich jeder Frau gegenüber so, als seist du in sie verliebt, und jedem Manne, als sei er dir überlegen! Bald wirst du dich im Rufe des vollendeten Gentleman befinden. *Oscar Wilde*

Heutzutage gilt ein Mann schon als Gentleman, wenn er die Zigarette aus dem Mund nimmt, bevor er eine Frau küßt. *Barbra Streisand*

VI. Kapitel

Genialität
Größe
Heldentum
Gleichheit
Ungleichheit
Überlegenheit

Genialität

Weiber können bedeutendes Talent,
aber kein Genie haben: Denn sie
bleiben stets subjektiv.

> Schopenhauer, Die Welt als
> Wille u. Vorstellung

Die Mutter ist der Genius des Kindes.

> Hegel

Du liebst in dem Geliebten nur den
eigenen Genius.

> Bettina Brentano, Goethes
> Briefwechsel mit einem Kind

Sagen wir es rundheraus: Die Frau hat
sich niemals für die genialen Männer
begeistert, es sei denn, daß es per acci-
dens geschah, das heißt, wenn sie mit
der Genialität des einen Mannes Cha-
rakterzüge verband, die mit ihr wenig
verträglich sind.

> José Ortega y Gasset,
> Die Liebeswahl VI.

Die Frau ist kein Genie, sie ist
dekorativer Art. Sie hat nie etwas
zu sagen, aber sie sagt es so hübsch.

> Oscar Wilde

Wenn man in der Geschichte so wenige
geniale Begabungen unter den Frauen
findet, so kommt es daher. daß die
Gesellschaft ihnen jedes Ausdrucks-
mittel versagt.

> Stendhal

Alle genialen Begabungen, die als
Frauen auf die Welt kommen, sind für
das Glück der Allgemeinheit verloren.
Die schwerste Behinderung, mit der
sie fertig werden müssen, besteht in der
Erziehung, durch die sie abgestumpft
werden.

> Stendhal

Wenn Frauen Genie haben, dann,
glaube ich, ist es bei ihnen origineller
als bei uns.

> Denis Diderot, Über die Frauen

Größe

Weil die Frauen keine Gedankentiefe
und keine Logik besitzen, können sie
nicht zu Großem bestimmt sein.

> George Sand

Die Größe des Weibes liegt in der
Demut und in der Geduld.

> August Mahlmann

Der Strahl eines Sternes glühe in eurer
Liebe! Eure Hoffnung heiße: »Möge
ich den Übermenschen gebären!«

> Friedrich Nietzsche, Von alten und
> jungen Weiblein

Es brennt in mir ein Verlangen, in
Einfachheit groß zu werden.

> Paula Modersohn-Becker

Oft freit der Adler eine Gans;
Das war das Schicksal auch des Manns,
Der sich die Welt warf untern Thron:
Der mächtige Napoleon.
Er trennte sich von Josephin'
Und holte sich ein Weib aus Wien,
Das seine Größe nie begriff
Und auf die Weltgeschichte pfiff.

Eugen Roth, Die Frau in der
Weltgeschichte

Ein Mann wird zur Krone der
Schöpfung durch die Frau.

Robert Stolz

Wer Weib und Kinder besitzt, hat
dem Schicksal Geiseln gegeben,
denn sie sind Hindernisse, wo etwas
Großes unternommen werden soll,
entweder Gutes oder Böses. Bekanntlich sind die besten und für das
Gemeinwohl verdienstvollsten Werke
von ehelosen oder kinderlosen
Menschen ausgegangen, die sowohl
mit ihrer Zuneigung wie mit ihrem
Vermögen gleichsam die Allgemeinheit
geehelicht und versorgt haben.

Francis Bacon

Heldentum

Bist du erst einmal Witwe geworden,
dann verleihst du deinem Mann auch
Orden.
Aus Rußland

Was im Lebensgange dem Gatten seine
Gattin fesselnd eignet, ein Sicherheits-
gefühl, ihr werd es nie an Rat und
Trost, an Schutz und Hilfe fehlen,
das flößt im Augenblick ein kühner
Mann dem Busen des gefahrumgebenen
Weibes durch Wagetat auf ewge Zeiten
ein.

Goethe, Die natürliche Tochter, IV, 2

Solange der Mann einer Frau am Leben
ist, ist er ein Held, ist er aber gestorben,
so war er der Held aller Helden.

Grusinisch

Jedes Weib hat ein Recht, von jedem
Mann zu verlangen, daß er ein Held sei.
(Judith)

Hebbel, Judith und Holofernes, III

Der Mann kann sich nur als Held
zeigen, indem er angreift, das heißt
indem er Schmerzen zufügt. Die Frau
dagegen zeigt ihr Heldentum, indem
sie die Schmerzen erträgt.

Ernest Borneman, Das Patriarchat

Da die Frau sich vermännlicht, sucht
sie instinktiv einen Männertyp, der
weiblicher ist als die früheren Helden.

Marcello Mastroianni

Der Ritter, der zu neuen Unternehmungen aufbricht, beleidigt seine
Dame, doch verachtet sie ihn, wenn
er zu ihren Füßen liegenbleibt.

Simone de Beauvoir,
Das andere Geschlecht

… sie (die Weiber) lieben tapfre Männer,
Die zerstreuen, haun und spalten.

Joh. Gottfried von Herder, Stimmen d.
Völker in Liedern, Abt. 1. B. 5. Nr. 15
Zaida an Zaid Span.

Frauen hassen den Krieg, aber lieben
die Sieger.
                        Richard Rogler

Ein Held – hochheiliger Ernst der
Natur; eine Heldin – Spiel der Natur.

            Marie von Ebner-Eschenbach

Frauen lieben die Besiegten, aber sie
betrügen sie mit den Siegern.

                    Tennessee Williams

War nun kein Feldkrieg grade offen,
Sah man die Ritter meist besoffen
Am flackernden Kamine hocken
Und greulich fluchen und tarocken.
Die Frau mußt ihre Zeit benutzen,
Und Tag und Nacht die Waffen putzen,
Die Lederkoller und Gamaschen.
Die Panzerhemden mußt sie waschen,
Die schwer zu bügeln, weil sie schuppig
Das Leben, kurz, war rauh und ruppig.

                            Eugen Roth,
            Die Frau in der Weltgeschichte

Gleichheit

Gleich Mann, gleich Magd, gleich
Ehestand;
Die Gleichheit ist der Liebe Band

                    Georg Rollenhagen,
            Froschmäuseler, Bl., T 1, K 8

Doch im Herrn gibt es weder die Frau
ohne den Mann noch den Mann ohne
die Frau. Denn wie die Frau vom Mann
stammt, so kommt der Mann durch die
Frau zur Welt; alles aber stammt von
Gott.
                        1. Kor. 11, 11

Daß aber die Tugenden des Mannes
nicht andere sind als die der Frau, läßt
sich leicht begreifen. Verstand haben
muß der Mann, doch ebensosehr die
Frau. Denn was taugte ein törichter
Mann oder eine törichte Frau? Und
gerecht sein im Leben müssen beide
Geschlechter, das eine so gut wie
das andere.

                    C. Musonius Rufus,
            Ob man die Töchter ähnlich
            wie die Söhne erziehen soll

Und Plato gibt dem Weibe volle
Gleichheit mit dem Manne, aber nur,
um es gleich dem Manne in Gehorsam
zu binden in seinem hierarchischen
Sozialstaat.
                            Carl Joel,
                Die Frauen in der Philosophie

Männer und Frauen müssen sich in der
Unterschiedlichkeit der Geschlechter
zu einer Rollengleichheit bereit finden,
damit das Kind begreifen kann, daß die
Unterschiedlichkeit der Körper keinen
Machtunterschied erzeugt, denn der ist
die Grundlage für den Krieg zwischen
Männern und Frauen.

                    Christiane Olivier,
                        Jokastes Kinder

Und der Mensch sprach:
Das endlich ist Bein von meinem
Bein und Fleisch von meinem Fleisch.
Frau soll sie heißen;
denn vom Mann ist sie genommen.

            Gen. 2, Das Paradies 23

Wer aber hat je behauptet, die Natur
sei mit den Gemütern der Frauen
mißgünstig verfahren und habe ihre
Tugenden auf enge Grenzen beschränkt? Sie haben, glaube mir, gleiche
Kraft, gleiche Fähigkeit zu dem Sittlich-
guten, wenn sie nur wollen; Schmerz
und Anstrengung ertragen sie, wenn
sie sich daran gewöhnt haben, auf
gleiche Weise.

Lucius Annaeus Seneca,
Trostschrift an Marcia 16

Was kann dümmer und schädlicher für
die Frauen sein als die modernen
Gespräche von der Gleichheit der
Geschlechter oder sogar von der Über-
legenheit der Frauen gegenüber den
Männern?
Leo Tolstoi,
Über die Ehe

Sprechen Frauen über die Frau,
so schwebt ihnen stets die eigene
Person vor.
Bertrand Russell,
Unpopuläre Betrachtungen

Es scheint mir, daß das Sprichwort,
gleich und gleich gesellt sich gern, in
der Ehe selten eintrifft; denn oft sieht
man, daß einem wohlqualifizierten
Manne eine Gans zuteil wird und
umgekehrt eine vernünftige Frau einen
Narren zum Manne hat. (Liguriuo)

Machiavelli, Die Mandragora, 1, 3

Der Mann verlangt den Mann. Er würde sich einen zweiten erschaffen, wenn
es keinen gäbe. Eine Frau könnte eine
Ewigkeit leben, ohne daran zu denken,
sich ihresgleichen hervorzubringen.

Goethe, Die Wahlverwandtschaften, II, 7

Der Herr schämt sich vor seiner
Dienerin, die Dienerin schämt sich
vor ihrem Herrn; nur unter Gleich-
gestellten fühlt man sich frei:
Wie konnte sie wissen, was Liebe ist!
Wo Furcht herrscht, da ist keine Liebe.

Nicolai G. Tschernyschevsky, Traum

Das Band der Gegenseitigkeit,
auf dem die Ehe beruht, hat niemals
zwischen Männern und Frauen
bestanden, sondern zwischen
Männern durch das Mittel der
Frauen, die nur der Hauptanlaß
dazu sind.
Claude Lévi-Strauss

Ich würde mit Freuden zugeben, daß
die Frauen uns überlegen sind, wenn
sie nur den Versuch lassen wollten,
uns gleich zu sein.
Sacha Guitry

Beim ersten Erblicken einer Schar von
Frauen, wenn man sieht, wie alle das
gleiche sagen und über das gleiche
lachen usw., hat man den Eindruck, sie
seien eine Masse aus untereinander
auswechselbaren Bestandteilen.

Henry de Montherlant,
Erbarmen mit den Frauen

Wenn man die Kerze fortnimmt, sind
alle Frauen gleich.
Aus Griechenland

Denn nur die Starke kann die Freundin
sein des starken Mannes. (Dunois)

Schiller, Die Jungfrau
von Orleans, III, 1

Der Lehm der Frau und des Mannes
sind demselben Trog entnommen.

Aus Persien

Heute sehen viele Mädchen aus wie
Männer, die wie Mädchen aussehen.

John Wayne

Ungleichheit

Zwei Hälften gibt's in der Gesellschaft
allerdings,
Jedoch die beiden sind deshalb noch
lange nicht gleich:
Hoch steht die eine, tief die andre unter
ihr.
Die muß der Hälfte, die regiert, gefügig
sein. (Arnolf)

Molière, Die Schule der Frauen, III, 2

Der Unterschied zwischen Mann und
Frau ist der des Tieres und der Pflanze:
Das Tier entspricht mehr dem Charakter des Mannes, die Pflanze mehr dem
der Frau, denn sie ist mehr ruhiges
Entfalten, das die unbestimmtere Einigkeit der Empfindung zu seinem Prinzip
erhält.

Georg Wilhelm Friedrich Hegel,
Philosophie des Rechts, § 166

Bin ich nicht glücklich vermählt? Ich
heiße Herkules' Ehweib,
und mit dem schnellen Gespann
donnert im Himmel mein Schwähr.
Aber wie an den Pflug ungleiche Stiere
nicht taugen,
ist dem geringeren Weib drückend der
große Gemahl.

Ovid, Deianira an Herkules

Ich liebe nicht von gleich zu gleich,
weil ich in der Frau das Kind suche.
Ich bringe weder Begierde noch Zärtlichkeit gegenüber einer Frau auf, in
der ich nicht das Kind wittern kann.

Henry de Montherlant,
Erbarmen mit den Frauen

Als die Natur das Menschengeschlecht
in zwei Hälften spaltete, hat sie den
Schnitt nicht gerade durch die Mitte
geführt.

Schopenhauer

Die zeugende Kraft ist mehr zur
Einwirkung, die empfangende mehr
zur Rückwirkung gestimmt. Was von
der ersteren belebt wird, nennen wir
männlich, was die letztere beseelt,
weiblich. Alles Männliche zeigt mehr
Selbsttätigkeit, alles Weibliche mehr
leidende Empfänglichkeit

Wilhelm von Humboldt,
Über den Geschlechtsunterschied

Die ständige Residenzpflicht der Frau
am Wohnort des Mannes, die hinter
allen Wandlungen des Erbrechtes bestehen bleibt, bekundet die grundlegende
Ungleichheit der Geschlechter, die für
die menschliche Gesellschaft charakteristisch ist.

Claude Lévi-Strauss

Die Frauen halten zumeist viel mehr
an den Standesunterschieden fest als
die Männer. Nur wenn beide kranke
Kinder haben, verstehen sie sich
sogleich. Die Mütterlichkeit beseitigt
den Standesunterschied.

Otto von Leixner, Aus meinem
Zettelkasten, Weib, Liebe Ehe

Der Mann darf das Sinnliche in vernünftiger Form, die Frau das Vernünftige in sinnlicher Form begehren. Das
Beiwesen des Mannes ist das Haupt-
wesen der Frau.

Novalis, Fragmente

Überlegenheit

Überlegenheit im Umgang erwächst allein daraus, daß man der andern in keiner Art und Weise bedarf und dies sehn läßt. Dieserwegen ist es ratsam, jedem, es sei Mann oder Weib, von Zeit zu Zeit fühlbar zu machen, daß man seiner sehr wohl entraten könne: Das befestigt die Freundschaft; ja, bei den meisten Leuten kann es nicht schaden, wenn man ein Gran Geringschätzung gegen sie, dann und wann, mit einfließen läßt: Sie legen desto mehr Wert auf unsere Freundschaft.

Schopenhauer, Aphorismen
zur Lebensweisheit

Jeder Mann von wohltemperierter Feinfühligkeit hat schon einmal angesichts einer Frau den Eindruck gehabt, etwas Fremdem und unbedingt Überlegenem gegenüberzustehen.

José Ortega y Gasset, Vom Einfluß der
Frau auf die Geschichte

Das dürftigste Schicksal, das kläglichste, entwickelt sich in den Ehen, in welchen das Weib höher steht als der Mann.

Johann Ludwig Tieck,
Vittoria Accorombona

Die Frauen sind in der Tat im allgemeinen den Männern durch eine größere Entwicklung des Mitgefühls und der Geselligkeit ebenso überlegen wie sie ihnen an Einsicht und Vernunft unterlegen sind.

August Comte, 7. Kapitel: Soziale Statik
oder Theorie von der natürlichen
Ordnung der Gemeinschaften

Frauen sind unüberwindlich, wenn sie verständig sind, daß man nicht widerstehen kann; liebevoll, daß man sich gern hingibt; gefühlvoll, daß man ihnen nicht weh tun mag, und ahnungsvoll, daß man erschrickt.

Goethe, Die Wahlverwandtschaften

Ein Teil muß im Fortgange der Kultur auf heterogene Art überlegen sein: der Mann dem Weibe durch sein körperliches Vermögen und seinen Mut, das Weib aber dem Manne durch ihre Naturgabe, sich der Neigung des Mannes zu ihr zu bemeistern; dahingegen im noch unzivilisierten Zustande die Überlegenheit bloß auf der Seite des Mannes ist.

Immanuel Kant, Anthropologie
der Charakter des Geschlechts

Denn was für den Leib die Wärme, das ist für den Geist das wohltuende Gefühl der Überlegenheit; daher jeder, so instinktmäßig wie dem Ofen oder dem Sonnenschein, sich dem Gegenstande nähert, der es ihm verheißt. Ein solcher nun ist allein der entschieden Tieferstehende, an Eigenschaften des Geistes, bei Männern, an Schönheit, bei Weibern.

Schopenhauer, Aphorismen
zur Lebensweisheit

Leichter ist's oft, zehn Männer besiegen,
Als einem Weib – nicht unterliegen.

Peter Sirius, Tausendundein Gedanke,
Mann und Weib

... Sobald das Weib
An Macht und Glanz dem Gatten
überlegen ist,
Erfreut der Mann sich keiner Achtung.
(Elektra)
              Euripides, Elektra, V, 936–37

Nicht möcht ich freien, die höher steht
als ich. (Doloe)

              Euripides, Rhesos, 168

Die Frau wünscht den Mann überlegen, aber ihr Mittel, um seine Überlegenheit anzustacheln, ist der Versuch,
ihn zu unterjochen. Läßt er sich unterjochen, so ist es um ihn geschehen;
ie kann ihn nur mehr verachten. Aber
gleichzeitig findet auch das Umgekehr-
te statt: der Drang des Mannes, die
Frau zu seinem Eigentum zu machen.
Läßt sie das geschehen, so verliert er
das Interesse an ihr und wendet sich,
zumindest in seinem Verlangen,
anderen Eroberungen zu.

              Troller, Pariser Gespräche 1

Hätt ich mal einen Mann,
dann säh ich's grade gern,
Zeigt er, wie sich's gehört,
im Haushalt mir den Herrn;
Denn ein Pantoffelheld
kann mich just nicht begeistern,
Und sucht ich mit Gekeif
mal meinen Mann zu meistern,
So wär es angebracht,
verstopft' er mir, nicht faul,
Mit wohlgezieltem Schlag
das allzu lose Maul. (Martine)

              Molière, Die gelehrten Frauen, V, 3

....daß die Weiber doch so gern den
Mann zu sich herunter hätten!(Saladin)

              Gotthold Ephraim Lessing, Nathan d.
              Weise A.3.Sz.4

Denn der Mann stammt nicht von
der Frau, sondern die Frau vom Mann.
Der Mann wurde auch nicht für die
Frau geschaffen, sondern die Frau für
den Mann.

              1. Kointher 11, 8f

Obgleich daher in dem gegenwärtigen
Stadium der Geschichte der Mann seine
männliche Überlegenheit behauptet
und seine Kultur mit Steinblöcken
aufbaut, ohne sich um das Prinzip des
wachsenden Lebens zu kümmern, so
kann er doch die Natur der Frau nicht
ganz in Staub zermalmen oder in totes
Baumaterial umwandeln.

              Rabindranath Tagore, Über die Frau

Die Männer sind die Stärkern doch
Und zwingen leicht ein Weib ins Joch.

              Paul Heyse, Syritha

In gewissen Gegenden des muselmani-
schen Algerien – und auch im französischen Süden, scheint es – will es der
Brauch, daß im Verlauf einer Zeremo-
nie der Bräutigam der Braut leise auf
die Fußspitze tritt, um anzudeuten, er
werde in der Ehe der Überlegene sein.

              Henry de Montherlant, Erbarmen mit
              den Fauen, Die Aussätzigen

Die Männer sind den Weibern überlegen wegen diesem, was Allah den
einen vor den andern gegeben hat, und
weil sie von ihrem Geld (für die Weiber) auslegen. Die rechtschaffenen
Frauen sind gehorsam und sorgsam in
der Abwesenheit (ihrer Gatten), wie
Allah für sie sorgte. Diejenigen aber,
für deren Widerspenstigkeit ihr fürchtet – warnet sie, verbannet sie in die
Schlafgemächer und schlaget sie.

              Koran, 4. Die Weiber, 38

VII. Kapitel

Leben
Erinnerung
Schicksal
Bestimmung
Freiheit
Entscheidung
Selbständigkeit
Abhängigkeit
Unterordnung
Unterdrückung
Sklaverei

Leben

Die Mutter gibt dem Kinde nicht das Leben,
Wie man wohl sagt. Sie nährt den jungen Keim.
Das Leben zeugt der Vater.
Sie bewahrt es
Als Pfand, wie einem Gastfreund, wenn ein Gott
Es nicht versehrt ...

Äschylus, Oresteia

Wenn in der Stunde der Geburt nur das Leben der Mutter oder das des Kindes zu retten ist, so fordert sie (Kirche) von der Frau – hier weit heroischer als die weltliche Ethik –, das ihre darzubringen.

Gertrud von le Fort,
Die zeitlose Frau

Die Frauen leben wie Schaben oder Eulen, und sie sterben wie Würmer.

Herzogin von Newcastle

Des Mannes Lieb' ist nicht des Mannes Leben,
Sie ist des Weibes Welt!

George Gordon Lord Byron,
Don Juan 1, Ges.1, Str. 194, V 1

Das Fürchterliche und für die Leerheit und Nullheit der Frauen Entscheidende ist vielmehr dies, daß sie nicht einmal vor dem Tode zum Problem des Lebens, ihres Lebens gelangen; weil in ihnen nicht ein höheres Leben der Persönlichkeit realisiert werden wollte.

Otto Weininger, Geschlecht und Charakter, Die emanzipierten Frauen Teil II

Bei den Frauen lernt der junge Mann »die Welt kennen« und jene komplexe Wirklichkeit, die man »das Leben« nennt. Sie ist eines der markantesten Ziele, nach denen der Held, der Abenteurer, der Individualist strebt.

Mallarmé

Doch so viel ist gewiß, daß sowohl das Leben an der Seite eines Weibes als auch ohne Weib trübselig ist, und daß, wenn sie auch noch so gut gerät, der süße Kelch viel Bitterkeit enthält.

Comenius,
Das Labyrinth der Welt, 8, 9

Es ist nicht wahr, daß man ohne eine Frau nicht leben kann. Man kann bloß ohne eine Frau nicht gelebt haben.

Karl Kraus, Sprüche und
Widersprüche, Weib, Phantasie

In höherm Sinne ist das Leben des Mannes Ruhm, das Leben der Frau Liebe.

Honoré de Balzac

Die Lieb umfaßt des Weibes volles Leben, Sie ist ihr Kerker und Himmelreich;
Die sich in Demut liebend hingegeben, Sie dienet und herrscht zugleich.

Chamisso, Lebenslieder, Nr. 19

Das Weib lebt nur, wenn es liebt;
es findet sich erst, wenn es sich in einen Mann verliert.

Börne, Verm. Aufsätze, Fastenpredigt

Man kann nur von der Liebe leben.

Edith Piaf

An allen Geschäften des Lebens ist das Weib mit seinem Geschlecht beteiligt. Zuweilen selbst an der Liebe.

Karl Kraus, Sprüche und Widersprüche

Die Frau, ohne die man nicht leben konnte, ist manchmal dieselbe, mit der man nicht leben kann.

Charles Boyer

Die Frau, noch schärfer ausgedrückt, vielleicht, die Ehe ist der Repräsentant des Lebens, mit dem du dich auseinandersetzen sollst.

Franz Kafka

Das menschliche Dasein bietet die Wahl zwischen einer mehr animalischen – also tierähnlichen, niederen Existenz und einer geistigen. Die Frau wählt fraglos die animalische.

Esther Vilar, Der dressierte Mann

Erinnerung

Männer leben vom Vergessen – Frauen von Erinnerungen.

T. S. Eliot, Ein verdienter Staatsmann

Frauen sind das verkörperte Gedächtnis und schleppen immerfort das Vergangene wie ein Neunmonatsbäuchlein mit sich herum, während der Mann das ewige Vergessen ist, die männliche und kindliche Kraft zum Vergessen.

Henry de Montherlant, Erbarmen mit den Frauen

Keine Frau sollte mit der Gabe, sich zu erinnern, behaftet sein. Eine Frau, die sich erinnert, neigt bereits dazu, sich zu vernachlässigen. Man sieht es dem Hut einer Frau an, ob sie in Erinnerungen lebt.

Oscar Wilde

Jede Frau wird das Andenken des Mannes bewahren, der sie heiraten wollte, jeder Mann das Andenken der Frau, die es nicht tat.

V. B. Shore

Schicksal

Das einzige annehmbare Schicksal für eine Frau ist die glückliche Ehe.

Henry de Montherlant, Erbarmen mit den Frauen, Die jungen Mädchen

Gold schafft uns Land, das Schicksal unsere Frauen. (Fluth)

Shakespeare, Die lustigen Weiber von Windsor, V, 4

Das Schicksal, das die Gesellschaft herkömmlicherweise für die Frau bereithält, ist die Ehe. Auch heute noch sind die meisten Frauen verheiratet, sie waren es, sie bereiten sich auf die Ehe vor, oder sie leiden darunter, daß sie nicht verheiratet sind.

Simone de Beauvoir, Das andere Geschlecht

Der Mann erlebt das Schicksal und begreift die Kausalität, die Logik des Ge-
wordenen nach Ursache und Wirkung.
Das Weib ist Schicksal, ist Zeit, ist die
organische Logik des Werdens selbst …
Der Mann macht Geschichte, das Weib
ist Geschichte. In geheimnisvoller Weise
enthüllt sich hier ein doppelter Sinn
alles lebendigen Geschehens: Es ist
kosmisches Dahinströmen an sich, und
dann doch wieder die Reihenfolge der
Mikrokosmen selbst, die das Strömen in
sich faßt, schützt und erhält.

Oswald Spengler, Untergang des
Abendlandes, II, Kap. 4, Der Staat 1, 401

Die Oberpriesterin: Unmöglich,
da nichts von außen sie,
kein Schicksal hält,
nichts als ihr töricht Herz?
Prothoe: Das ist ihr Schicksal!
Dir scheinen Eisenbanden unzerreißbar,
nicht wahr?
Nun sieh: Sie bräch sie vielleicht
und das Gefühl doch nicht, das du
verspottest.
Kleist, Penthesilea, 9

Doch da ein Weib uns zufällt,
wie's das Los bestimmt,
Muß man es halten, sag ich,
wie beim Würfelspiel:
Wenn die von uns gewünschte Zahl
nicht fallen will,
Versuche man mit Umsicht und
Gelassenheit,
Wie man den Zufall meistert durch
geschicktes Spiel. (Chrysald)

Molière,
Die Schule der Frauen, IV, 8

Man kommt nicht als Frau zur Welt,
man wird es. Kein biologisches, psy-
chisches, wirtschaftliches Schicksal
bestimmt die Gestalt, die das weibliche
Menschenwesen im Schoß der Gesellschaft annimmt. Die Gesamtheit
der Zivilisation gestaltet dieses
Zwischenprodukt zwischen dem
Mann und dem Kastraten, das man
als Weib bezeichnet.

Simone de Beauvoir, Das andere
Geschlecht, Gelebte Erfahrung

Bestimmung

Die Natur rüstet das weibliche Geschlecht zur Liebe, nicht zu Gewalt-
seligkeiten aus; es soll Zärtlichkeit,
nicht Furcht erwecken; nur seine Reize
sollen es mächtig machen; nur durch
Liebkosungen soll es herrschen und
soll nicht mehr beherrschen wollen, als
es genießen kann.

Lessing, Hamburgische Dramaturgie

Die Bestimmung der Frau und ihr ein-
ziger Ruhm liegt darin, das Herz der
Männer schlagen zu lassen.

Balzac, Physiologie du Mariage

Die Natur bestimmt euch (die
Weiber), Mütter zu werden; ihr sollt
mit eurem Leibe die Natur preisen
und den Staat bereichern.

Theodor Gottlieb von Hippel,
Über die Ehe

Als Gattin und als Mutter nur erreicht
Ein Weib das ihr gesteckte Ziel,
und wertlos,
Wie eine taube Frucht vom Baume fällt,
Stirbt eine Frau, die beides nie gewesen.

Ernst Raupach. Die Schule
des Lebens, A. 1, Sz. 3

Herrschen nicht und auch nicht dienen,
Freundlich, hilfreich, tröstlich sein,
Dies geziemt allein den Weibern,
Ist ihr Amt und Ruhm allein.

Friedrich von Logau,
Deutsche Sinn-Getichte

Jede Frau trägt das Bild eines Mannes
vorgezeichnet in ihrer Seele, aber sie
weiß nicht, daß sie es in sich trägt.

José Ortega y Gasset, Triumph des
Augenblicks, Glanz und Dauer

Gar oft schon fühlt' ich's tief,
des Mädchens Seele
Wird nicht sich selbst, dem Liebsten
nur geboren.

Joseph Freiherr von Eichendorff,
Gedichte, Frühling u. Liebe,
Mädchenseele

Die Frau ist für einen Mann geschaffen,
der Mann für das Leben, und zumal für
alle Frauen.

Henry de Montherlant, Erbarmen mit
den Frauen, Die jungen Mädchen

Die Natur hat das Weib unmittelbar
zur Mutter bestimmt, zur Gattin bloß
mittelbar.
Jean Paul, Levana 2, 4, 3

Bewahren soll das Weib, das ist offenbar seine besondere Bestimmung; mit
seiner stärkeren Naturgebundenheit
bewahren soll es das, was den Geist des
im wesentlichen zum Abenteurertum
der Tat bestimmten Mannes noch vor
der aller Tat naturhaft einwohnenden
Hybris zu schützen vermag.

Peter Wust, Dialektik des Geistes

Dich, o Weib! trägt Deine Natur, die
Eins ist mit Deiner Bestimmung,
Und nur erstrebt und begehrt, was
Dir die Pflicht selbst gebeut.
Eins ist in Dir von Natur, was der
Mann durch die Tat erst verbindet:
Glückliches Weib! Du bedarfst darum
des Glaubens auch nicht.

Ludwig Feuerbach,
Das augenfällige Mysterium

Die Liebe ist der Frau als höchste
Sendung zugewiesen worden, und
wenn sie sie einem Mann zuwendet,
sucht sie in ihm Gott.

Simone de Beauvoir,
Das andere Geschlecht

Das Weib hat alles, wenn sie Mann und
Kind hat; darüber hinaus hat nie ein
Weib etwas verlangt, und wenn sie den
Mann nachher zu pflegen und erfreuen
sucht, so ist das vor dem sittlichen Gesetz durchaus nicht mehr, als wenn sie
als Mädchen den Blumenstrauß, der ihr
gefiel, mit Wasser begoß. Es geschieht,
damit die Blumen ihr um so länger
duften.
Hebbel, Brief an Elise
Lensing, 6.2.1845

Frauen sind Männersache!

Verfasser unbekannt

Denn wozu dient eine Frau, wenn
nicht, um gepflückt zu werden?

Paul Claudel

Welche Mission hat die Frau?
Zum ersten, zu lieben;
zweitens, einen einzigen zu lieben,
und drittens, immer zu lieben.

Jules Michelet, Die Liebe

Durch die Liebe zu beglücken und zu
nützen
Und in dem Kreise, welchen um sie her
Die Liebe schafft, ihr eignes Glück zu
finden,
Das ist der Frau'n Bestimmung.

Ernst Raupach, Die Schule
des Lebens 1, Sz. 3

… die Frau ist zur Vesta oder Vestalin
des Hauses, nicht zur Ozeanide des
Weltmeers bestimmt.

Jean Paul, Levana oder Erzieh-Lehre
Bd. 2, Bruchstück 4, K. 4, § 100

Die Mission der Frau ist: des Mannes
Herz zu erquicken. Von ihm beschützt
und ernährt, nährt sie ihn mit Liebe.
Die Liebe ist ihre Arbeit, und eigentlich
die einzige, die sie zu verrichten hat

Jules Michelet, Die Liebe, K. 3

Die Weiber kommen mit der
Bürde zur Welt, ihren Männern
zu gehorchen, und wenn es auch
ausgemachte Tölpel sind.

Aus Spanien

Die Frau ist geschaffen, sich einzu-
finden und sich zu binden; der Mann
ist geschaffen, etwas zu unternehmen
und sich loszulösen; sie beginnt zu
lieben, wenn er fertig ist.

Henry de Montherlant,
Erbarmen mit den Frauen,
Die jungen Mädchen

Nur weil die Frau einen Uterus besitzt,
ist die Konklusion noch lange nicht
statthaft, das Vollgießen von Suppen-
terrinen sei deswegen a priori eine ur-
weibliche Tätigkeit.

McBride, Das normal verrückte Dasein
als Hausfrau und Mutter

Freiheit

Die erste bedeutende Entdeckung auf
unserem Weg zur Freiheit wird sein,
daß die Männer nicht frei sind, und sie
werden versuchen, dies als Argument
dafür zu benutzen, warum niemand frei
sein sollte. Wir können nur antworten,
daß Sklaven ihre Herren zu Sklaven
machen, und indem wir unsere eigene
Freilassung sichern, mögen wir den
Männern den Weg zeigen, den sie begehen könnten, wenn sie einmal vor ihrer
eigenen Tretmühle abgesprungen sind.

Germaine Greer,
Der weibliche Eunuch

Freiheit verdirbt auch ein gutes Weib.

Aus Rußland

Sollen endlich alle Möglichkeiten der
Ehe ausgeschöpft werden, dann müssen
Mann und Frau begreifen lernen, daß
beide in ihrem persönlichen Leben frei
sein müssen, wie auch das Gesetz sich
dazu stellen möge.

Bertrand Russell,
Marriage and Morals 10

Die Frau muß Spielraum und Bewe-
gungsfreiheit haben, eine Moral zu entwickeln, die sie für das Außerordentliche nicht ungeeignet macht, und eine
Psychologie, die sie nicht zum Status
eines geistigen Krüppels verurteilt-

Germaine Greer,
Der weibliche Eunuch.

Das Weib wird durch die Ehe frei; der
Mann verliert dadurch seine Freiheit.

> *Kant,* Anthropologie, 2, B

… Meine Freiheit ist mir eine Last,
ich mag meine Unabhängigkeit nicht …
Freie Frauen sind keine Frauen.

> *Sidonie-Gabrielle Colette,* Claudine

Ich bin ein Mädchen aus Samoa. Wir
gingen mit Schmuckketten und einem
Schurz bekleidet, die Tiere des Waldes
haben uns um unsere Schönheit benei-
det – wir waren frei wie sie.

> *Kurt Tucholsky,*
> Mädchen aus Samoa, 1928

Es gibt für die Frau keinen andern Ausweg, als an ihrer Befreiung zu arbeiten.

> *Simone de Beauvoir,*
> Das andere Geschlecht

Daß eine Freifrau wirklich frei war,
Glaubt wohl nur der, der nicht dabei
war.

> *Eugen Roth,*
> Die Frau in der Weltgeschichte

Konserven und Waschmaschinen haben
mehr zur Befreiung der Frau beigetra-
gen als alle Revolutionen.

> *Jean Duche*

Sobald ein Mann uns freie Hand läßt,
nehmen wir uns nur so viel heraus, als
nötig ist; es ist damit ebenso wie mit
denen, die uns ihren Geldbeutel hinhal-
ten und sagen: Da nimm! Wir bleiben
dann in Schranken und begnügen uns
mit dem, was recht ist. Wer uns aber
schurigelt, dem ziehen wir das Fell
übers Ohr, und ohne Barmherzigkeit.
(Claudine).

> *Molière,* George Dandin, II, 1

Den Frauen, kurz gesagt, ist jeder
Zwang verhaßt,
Drum ist's gewagt, wenn man mit Arg-
wohn sie verfolgt.
und gar versucht, sie einzusperren.
(Isidora)

> *Molière,* Der Sizilier, V, 6

Auch ihr Geschlecht genießt ein
bißchen Freiheit gern,
Durch zu viel Strenge hält man sie nur
schwer im Zaum,
Denn nicht durch Mißtraun noch auch
Schloß und Gitter wird
Der Frauen oder Mädchen Sittsamkeit
beschützt.
Das Ehrgefühl allein hält sie bei ihrer
Pflicht,
Und nicht die Härte, die man sie
verspüren läßt. (Arist)

> *Molière,* Die Schule
> der Ehemänner, I, 2

Die Furcht vor der Freiheit ist stark in
uns.

> *Germaine Greer,*
> Der weibliche Eunuch

Einem trotzigen Weib soll man die
Leine locker lassen.

> *Aus Spanien*

Gib dem Wasser keinen Abfluß und
einer schlechten Frau keine Freiheit!

> *Jesus Sirach,* 25, 25

… so kann man mit Recht sagen, daß
die Frau im Zustand der Freiheit den
Mann in allen geistigen und körperlichen Tätigkeiten übertreffen wird,
soweit die letztern nicht Ausfluß
physischer Stärke sind.

> *Charles Fourier,* Über die Liebe und
> Ehe III. Die Fehler des Systems der
> Unterdrückung der Liebe

Ohne Freiheit und Zartheit zum
Genusse gedeiht den Frauen keine
Lebensstunde.

Wilhelm Freiherr von Humboldt

Der Phallus ist das, was die Frau
absolut und endgültig unfrei macht.

Otto Weininger,
Geschlecht und Charakter,
Die emanzipierten Frauen, Teil II

Wenn wir (Weiber) am hitzigsten für
unsere Freiheit streiten,
So fühlen wir bereits des Feindes
Zärtlichkeit. (Phyllis)

Karl Christ. Gärtner,
Die geprüfte Treue, A. 4

Die Freiheit, aus der eine Frau den
höchsten Gewinn schöpft, ist jene,
die sie einem anderen nimmt.

Alfred Polgar

Ganz offensichtlich waren stets die
Nationen die besten, die ihren Frauen
die meiste Freiheit gewährten, man hat
das bei den Barbaren und Wilden ebenso wie bei den Zivilisierten beobachtet.

Charles Fourier, Über die Liebe und
Ehe II, Die Erniedrigung der Frauen in
der Zivilisation

Eine kluge Frau läßt ihrem Manne
gerade so viel Freiheit, daß er nicht
auf die Idee kommt, diese Freiheit zu
mißbrauchen.

Ann Morrow-Lindbergh

Wer allezeit mit Fleiß bedenkt, daß sein
Wesen immer wieder und wieder einem
Weiberschoß einverleibt wird, der ist
wirklich und wahrhaft frei.

Mahâbhârata, Buch 12

Denn auch nach Freiheit strebt das
Weib, wenn nur der Meister da ist,
der es führt.

Carl Joel, Die Frauen
in der Philosophie

Die Frau muß auch die gleiche Freiheit
haben wie der Mann, sich darauf vor-
zubereiten und den gebührenden Vorteil aus den Kenntnissen und Geschick-
lichkeiten, welche sie erwirbt, zu
ziehen.

Herbert Spencer,
Die Rechte der Frau

Allgemein ausgedrückt: Der soziale
Fortschritt und der Anbruch neuer
Epochen vollzieht sich entsprechend
dem Fortschritt der Frau zur Freiheit,
und der Verfall der Gesellschaftsordnung vollzieht sich entsprechend der
Verminderung der Freiheit der Frau.

Charles Fourier

Versperrt dem Witz eines Weibes die
Türen, so muß er zum Fenster hinaus.
Mach das zu, so fährt er aus dem
Schlüsselloch. Verstopf das, so fliegt er
mit dem Rauch aus dem Schornstein.,
(Rosalinde).

Shakespeare,
Wie es Euch gefällt IV, 1

Entscheidung

Als Frau muß man sich in der Liebe
entscheiden, ob man recht haben oder
geliebt werden will.

Gerardo Diego Cendoya

Des Mannes ›ja‹ ist ›ja‹;
des Weibes ›ja‹ ist oft ›nein‹.

Bantu

Jeder Mann hat ein ›aber‹, das
Weib aber hat deren hundert.

Aus Spanien

Will man heiraten, muß man sich
meistens entscheiden zwischen
irdischem und himmlischem Geflügel;
Gans oder Engel.

Curt Goetz

Eine ehrenwerte Frau lebt nicht
mit zwei Männern zusammen; ein
ehrenwerter Mann dient nicht zwei
Regierungen.

Aus der Mongolei

Eine Frau sagt nein und nickt ja.

Aus Japan

Man fragte Sokrates, was doch das
Beste wäre,
Zu freien oder nicht zu frei'n?
Der Weise gab darauf die Lehre:
Tut, was ihr wollt, so wird es euch
gereun.

Barthold Heinrich Brockes,
Irdisches Vergnügen in Gott

Selbständigkeit

Wie falsch ist es für die Frau, zu erwarten, daß der Mann die Welt errichtet,
die sie sich wünscht, anstatt selbst
daranzugehen, sie zu erschaffen. Das ist
der Grund für die Rebellion der Frau,
für ihre Hilflosigkeit und Abhängigkeit. Ich mache mich daran, meine
eigene Welt zu erschaffen, und erwarte
nicht, daß der Mann sie für mich
erschafft.

Anaïs Nin, Tagebücher, 5. Band

Vermutlich will die Frau ihr eigenes
Leben leben und der Mann das seine.
Und jeder versucht, den Anderen in
die verkehrte Richtung zu ziehen.

George Bernard Shaw, Pygmalion

Das Weib will selbständig werden:
und dazu fängt es an, die Männer
über das »Weib an sich« aufzuklären –
das gehört zu den schlimmsten Fort-
schritten der allgemeinen Verhäß-
lichung Europas.

Friedrich Nietzsche, Jenseits von Gut
und Böse, Unsere Tugenden 232

Gute Katzen treiben sich nicht auf
dem Friedhof herum, gute Mädchen
nicht im Kaffeehaus.

Aus Vietnam

Ein Mädchen, das allzuviel auf der
Straße ist, geht verloren.

Aus Frankreich

In der Liebe gibt sich das Weib ganz
hin und macht sie zum Zielpunkte
seines Lebens, während der Mann
seine Selbständigkeit dabei behauptet
und anderweitige Zwecke verfolgt.

Karl Friedrich Burdach,
Anthropologie für das
gebildete Publikum

Denn meine Argumente, Sir, werden
von einem unwohlwollenden Geist in
Frage gestellt – ich plädiere für mein
Geschlecht, nicht für meine Person.
Lange habe ich die Unabhängigkeit für
den größten Segen des Lebens gehalten,
für die Grundlage aller Tugend – und
Unabhängigkeit werde ich mir immer
sichern, indem ich meine Bedürfnisse
vertraglich festlege, und wenn ich auf
einer kahlen Heide leben müßte.

Mary Wollstonecraft,
A Vindication of the
Rights of Women

Man wird erst wissen, was die Frauen
sind, wenn ihnen nicht mehr vorge-
schrieben wird, was sie sein sollen.

Rosa Mayreder

Die Enttäuschung, die das Bild der
leistungswilligen weiblichen Erwerbstätigen hervorruft, hängt mit dem
Verlust an Hoffnung zusammen, dem
Verlust des Gegenbildes der autonomen
Frau, die der Liebe und des Gewährens
fähig ist, ohne sich zu unterwerfen.

Ulrike Prokop, Weiblicher
Lebenszusammenhang

Ist sie (die Frau) verehelicht, so erhält
sie durch ihren schriftstellerischen
Ruhm eine von ihrem Gatten unabhängige Selbständigkeit, die das eheliche
Verhältnis nothwendig entkräftet und
zu lösen droht. Oder sie wird getadelt,
so empfindet sie den Tadel als eine
ihrem Geschlechte zugefügte Beleidigung, und ihre und ihres unschuldigen
Gatten Tage werden verbittert.

Johann Gottlieb Fichte, Folgerungen
auf das gegenseitige Rechtsverhältnis
beider Geschlechter überhaupt
im Staate, § 38

Was hat mir mein Vater einst als Vermächtnis mitgegeben? Er hat gesagt:
»Du bist groß und häßlich genug, um
selbst auf dich aufzupassen.«

Germaine Greer

Eine Frau ohne Mann ist wie ein Fisch
ohne Fahrrad.

Aus den USA

Der junge Mann weiß, daß seine Zukunft so werden wird, wie er will; das
junge Mädchen weiß, daß seine Zukunft so werden wird, wie ein Mann
es will.

Henry de Montherlant, Erbarmen mit
den Frauen, Die jungen Mädchen

Sei selbst ein Mann; wo nicht, such
eines Mannes Schutz!
Den Stamm des Baumes macht die
Ranke sich zunutz.

Rückert, Weisheit des
Brahmanen, Bd. 5, S. 354

Abhängigkeit

Abhängigkeit ist das Los der Frauen.
Macht ist, wo die Bärte sind.

> *Molière,* Die Schule der Frauen

Das Weib liegt unten, es wird seit
langem dazu abgerichtet. Ist immer
greifbar, immer gebrauchsfähig, ist
die Schwächere und ans Haus gefesselt.

> *Ernst Bloch,* Kampf ums Neue Weib

Das Weib ist wie der Efeu, der
nur dann gedeiht,
Solang er sich um einen festen
Baumstamm rankt,
Doch, von ihm losgetrennt, unfehlbar
welken muß. (Zote)

> *Molière,* Sganerell II

Den Frauen ist zumute, als kämen sie
aus einem wunderlichen Gefängnis, das
die Männer für sie erfunden hatten;
wobei der Psychoanalytiker unter
ihnen vielleicht der gefährlichste ist:
Hat nicht er, vor allen anderen, die
Gitterstäbe verstärkt und aus der Jagd-
lust des Vogelfängers die Lust des
Vogels am Gefangenwerden gemacht?

> *Christiane Olivier,* Jokastes Kinder

Das Weib soll sich nicht selber
angehören.
An fremdes Schicksal ist sie fest
gebunden.
Die aber ist die beste, die sich Fremdes
Aneignen kann mit Wahl, an ihrem
Herzen
Es trägt und pflegt mit Innigkeit und
Liebe. (Gräfin)

> *Schiller, Die* Piccolomini, III, 8

Eine Frau kann sich niemals gänzlich
verwirklichen: Sie ist allzusehr
vom Mann abhängig.
Daher träumt sie unablässig von dem,
was ihr unmöglich ist.

> *Henry de Montherlant,*
> Erbarmen mit den Frauen

Der Gatte zieht sein Weib unwiderstehlich
in seines Kreises abgeschlossne Bahn.
Dorthin ist sie gebannt, sie kann sich
nicht
aus eigner Kraft besondre Wege
wählen:
Aus niedrem Zustand führt er sie
hervor,
aus höhern Sphären lockt er sie
hernieder. (Eugenie)

> *Goethe,* Die natürliche Tochter, IV, 4

Das emotionale Wohlbefinden eines
Mädchens ist so abhängig vom Verhalten der Männer ihr gegenüber, daß sie
durch eine emotionale Bindung ihre
akademischen Chancen sehr wohl über
den Haufen werfen kann.

> *Germaine Greer,*
> Der weibliche Eunuch

Daß das Weib seiner Natur nach zum
Gehorchen bestimmt sei, gibt sich
daran zu erkennen, daß eine jede,
welche in die ihr naturwidrige Lage
gänzlicher Unabhängigkeit versetzt
wird, alsbald sich irgendeinem Mann
anschließt, von dem sie sich lenken und
beherrschen läßt, weil sie eines Herrn
bedarf. Ist sie jung, so ist es ein Liebhaber, ist sie alt, ein Beichtvater.

> *Schopenhauer,* Parerga und
> Paralipomena, I, 27, § 371

Luxustier und Haustier, das ist heute die Frau fast ausschließlich. Vom Manne ausgehalten, wenn sie nicht arbeitet, wird sie auch noch von ihm »gehalten«, wenn sie sich totschindet.

Karl Marx, Das Kapital

Eine Frau ohne Ehemann – ein Sandkörnchen in der Wüste.
Tamil

Ich bin wohl reich genug, daß ich drum eine Frau
Heiraten will, die alles mir zu danken hat
Und voller Demut, weil sie sich abhängig weiß,
Nicht stets mit Geld und Herkunft aufzutrumpfen wagt. (Arnolf)

Molière, Die Schule der Frauen I, 1

Schön ist die Frau mit ihrem Mann, ohne Mann aber ist sie keine Frau-

Aus Rußland

Eine Frau ohne Ehemann – ein ödes Brachfeld.
Sumerisch

Ohne Mann ist die Frau eine Waise.

Aus Rußland

Das wirtschaftliche Privileg, das die Männer besitzen, ihre soziale Geltung, die Vorrangstellung der Ehefrau, der Nutzen männlicher Protektion, das alles bringt die Frauen dazu, daß sie sich glühend wünschen, den Männern zu gefallen. Im großen ganzen befinden sie sich noch im Zustand der Hörigkeit.

Simone de Beauvoir,
Das andere Geschlecht

Im gesamten Tierreiche benötigt das Kleine nahezu ständige Übung, und gemäß diesem Winke sollten auch kleine Kinder diese Phase mit unschuldigen Spielen verbringen, welche die Gliedmaßen üben und nicht in jedem Augenblick eine Anleitung von seiten der Oberen oder die ständige Überwachung einer Kinderfrau erfordern ... (Aber) das Kind wird nicht für einen Moment sich selbst überlassen – dies gilt besonders für das Mädchen –, und so in Abhängigkeit gebracht – ja, Abhängigkeit wird natürlich genannt.

Mary Wollstonecraft, A Vindication of the Rights of Women

Keine noch so fortschrittliche Ehegesetzgebung kann die körperliche Abhängigkeit der Frau aus der Welt schaffen. Es ist Sache des Mannes, aus dieser Tatsache keine Demütigung werden zu lassen.
Friedrich Sieburg,
Die Lust am Untergang

Jede Frau ist eine gefangene Königin, aber jede Mehrheit von Frauen ist ein ausgebrochener Harem.

Gilbert Keith Chesterton

Die ganze Welt kennt ihre Unvollkommenheit;
's ist weiter nichts als Launen, Vorwitz, Eigensinn;
Voll Bosheit steckt ihr Geist, voll Wankelmut ihr Herz;
Es gibt nichts Dümmres, nichts Gebrechlicheres, nichts
Treuloseres auf Erden, aber gleichwohl tut
Ein jedes Mannsbild brav, was solch ein Tierchen wünscht.

Molière, Die Schule der Frauen, V, 5

Mit dem, was man eine gute
Heirat nennt, werdet ihr das
Anhängsel einer Frau werden,
eine Art von Prinz-Gemahl oder
der Gatte einer Königin.

Jules Michelet, Die Liebe

Der Mann – ein Fichtenbaum.
Die Frau – ein Wistaria (Glyzine,
Kletterstrauch).

Aus Japan

Wer sich an die Weiber hängt, der bleibt
wie die Fliege im Honig kleben.

Alter deutscher Spruch

Unterordnung

… das Weib ist nicht unterworfen, so
daß der Mann ein Zwangsrecht auf sie
hätte, sie ist unterworfen durch ihren
eigenen fortdauernden nothwendigen
und ihre Moralität bedingenden
Wunsch, unterworfen zu seyn. Sie
dürfte wohl ihre Freiheit zurücknch-
men, wenn sie wollte; aber gerade hier
liegt es; sie kann es vernünftigerweise
nicht wollen. Sie muß, da ihre Verbindung nun einmal allgemein bekannt ist,
allen, denen sie bekannt ist, erscheinen
wollen, als gänzlich unterworfen dem
Manne, als in ihm gänzlich verloren.

Johann Gottlieb Fichte, Folgerungen
auf das gegenseitige Rechtsverhältnis
beider Geschlechter überhaupt
im Staate, § 34

Die Frauen seien ihren Männern unter-
geben wie dem Herrn. Denn der Mann
ist das Haupt für die Frau, wie Christus
das Haupt für die Kirche ist: er, der Erlöser seines Leibes. Wie die Kirche
Christus untertan ist, so seien es in allem auch die Frauen ihren Männern.

Paulus

Solange sich die Frauen im Zustand
der Unterordnung befanden, wagten
sie nicht, ehrlich ihre eigenen Gefühle
zu offenbaren; sie bekannten sich
vielmehr zu denen, die dem Manne
gefielen.

Bertrand Russell, Ehe und Moral

Lieber noch unter dem Huf eines
Pferdes als unter dem Absatz einer
Frau.   *Aus Rußland*

Weiter sprach Gott zu Abraham:
Deine Frau Sarai sollst du nicht mehr
Sarai nennen, sondern Sara (Herrin)
soll sie heißen.   *Genesis 17, 15*

Der Fürst verklärt die Gattin, die er wählt,
die Königin erniedrigt den als Mann,
den wählend sie als Untertan erhöht.
(Primislaus)   *Grillparzer,* Libussa, III

Die Frau ist dem Mann untergeordnet,
weil im Mann die geistigen Fähigkeiten
vorherrschen.   *Thomas von Aquin*

Ihr Weiber, seid untertan euren
Männern in dem Herrn, wie sich's
gebühret!   *Kolosser,* K. 3, V, 18

Sitze nie an demselben Platze mit
dem Mann, der zu dir sagen kann:
»Steh auf.«   *Aus Arabien*

Frau (Nü Dsi) bedeutet die »Ähnliche«,
(...) Die Frau ist also die, die durch
Belehrung dem Mann »ähnlich« wird,
der über dem Aufbau ihrer Pflichten
waltet. Darum heißt sie Ehefrau
(Fu Jen).
Ehefrau (Fu Jen) ist die dem Manne
Unterworfene (Fu Yü Jen). Darum hat
sie nicht das Recht auf selbständige
Entscheidung, sondern die Pflicht zu
dreifachem Gehorsam.
Zu Hause ist sie dem Vater unterworfen, in der Ehe dem Gatten und
nach dem Tode des Gatten dem
ältesten Sohn. Sie wagt in nichts, ihrem
eigenen Kopf zu folgen. Ihre Befehle
dringen nicht über die inneren Gemächer hinaus. Ihre Beschäftigung
beschränkt sich auf Zubereitung des
Essens.

Konfuzius, Vom älteren und jüngeren
DAI – Das Buch der Sitte,
Mann und Frau

... der Mann jedoch muß die Auslagen
bestreiten. Als Entgelt dafür erhält der
Mann ein anderes Gut, und dieses besteht darin, daß er über die Frau zu befehlen hat, während sie jedoch nicht
über den Mann herrscht.

Avicenna, Ibn Sina

In ihrer Arbeit kennt sie (Ehefrau) kein
eigenmächtiges Handeln, in ihrem Tun
kein eigenmächtiges Werk. Sie berät
sich, ehe sie sich bewegt, und prüft, ob
es richtig ist, ehe sie rede.

Konfuzius, Vom älteren und jüngeren
DAI – Das Buch der Sitte,
Mann und Frau

Der Ausspruch »Er soll dein Herr
sein« ist die Formel einer barbarischen
Zeit, die lange vorüber ist.

Goethe, Die guten Weiber

Unterdrückung

Aber der Mann kann durch seinen
Machtwillen die Frau nicht ein für allemal zum bloßen Zierstück herabwürdi-
gen. Denn sie ist der Kultur nicht weniger notwendig als er, vielleicht mehr.

Rabindranath Tagore, Über die Frau

Und gerade weil die Frau von dem
Mann beiseite gedrängt war und gewissermaßen im Dunkel lebte, wird ihr
jetzt in der kommenden Kultur volle
Entschädigung werden.

Rabindranath Tagore, Über die Frau

Die Frau und der Arbeiter haben seit
alter Zeit gemein, Unterdrückte zu
sein.

August Bebel

Die Geschichte der Frau ist die Geschichte der schlimmsten Tyrannei, die
die Welt je gekannt hat. Die Tyrannei
der Schwachen über die Starken. Es ist
die einzig dauernde Tyrannei.
(Lord Illingworth)

Wilde, Eine Frau ohne Bedeutung, III

Was die wilden Horden angeht, so
würde ihre Überprüfung beweisen,
daß die am lasterhaftesten sind, die
die geringste Nachsicht gegenüber
dem schwachen Geschlecht zeigen
und bei denen die Lage der Frauen am
elendesten ist.

Charles Fourier, Über die Liebe und
Ehe II. Die Erniedrigung der Frauen
in der Zivilisation

Je mehr die Frauen durch die Gesetze geknechtet worden sind, desto gefährlicher ist jeweils ihr Einfluß gewesen … Er würde nachlassen, wenn die Frauen weniger Interesse an seiner Erhaltung hätten, wenn er für sie nicht mehr das einzige Mittel wäre, sich zu verteidigen und der Unterdrückung zu entgehen.

Condorcet

Die Bahn des sozialen Fortschritts ist also leicht zugänglich und bekannt, und man könnte sie sofort betreten, wenn man sich von dem Unterdrückungssystem der Philosophen gegenüber den Frauen entfernte.

Charles Fourier, Über die Liebe und Ehe III. Die Fehler des Systems der Unterdrückung der Liebe

Oh, junge Mädchen, wann werdet ihr uns wie Brüder, wie eng verbundene Brüder ohne einen Hintergedanken der Ausbeutung sein, wann werden wir uns wirklich die Hand reichen können?

Jules Laforgue

Wo immer die Frau unterdrückt wurde, geschah es niemals, weil sie schwach war, sondern weil sie als mächtig erkannt und gefürchtet wurde – mit Recht.

Gertrud von le Fort, Die ewige Frau

Ebenso kann man beobachten, daß die lasterhaftesten Nationen die Frauen immer am stärksten unterjochen. Dafür dienen die Chinesen als Beispiel, die Hefe der Erdbewohner, das schurkenhafteste, feigste und gierigste aller industriellen Völker. Sie sind deshalb auch am eifersüchtigsten und unduldsamsten in Liebesangelegenheiten.

Charles Fourier, Über die Liebe und Ehe II. Die Erniedrigung der Frauen in der Zivilisation

Und da sie (die Frau) immer ihrem Herrn unterlegen ist, wie sollte sie sich gegen die Unterdrückung ohne Lüge und ohne Heuchelei wehren? Sie soll also ohne Furcht ihre Waffen benutzen, die ihr von der Natur gegeben sind, um sich gegen alle Handlungen ihrer Unterdrücker zu verteidigen.

Marquis de Sade

Sklaverei

In früheren Zeiten war die Mehrzahl des männlichen Geschlechts ebenso gut Sklaven wie das gesamte weibliche Geschlecht. Und es verflossen viele Jahrhunderte, und unter diesen manches Jahrhundert hoher Kultur, ehe ein Denker kühn genug war, das Recht und die absolute Notwendigkeit der einen oder der anderen Sklaverei in Frage zu ziehen.

John Stuart Mill, Die Hörigkeit der Frau 1. Kapitel

All diese nun, die so den Glanz der ehelichen Treue und Keuschheit zu verdunkeln trachten, sind es auch, die als Lehrer des Irrtums den treuen und ehrenvollen Gehorsam der Frau gegen den Mann gern erschüttern möchten. Einige Verwegene gehen noch weiter und bezeichnen diesen Gehorsam als eine entwürdigende Versklavung des einen Eheteils durch den anderen.

Pius XII., Emanzipation der Frau

Sind die Weiber nicht untertan, so sind
Männer ihre Sklaven; denn sie müssen
entweder gehorchen oder herrschen.

Tatarisch

Die verheiratete Frau ist eine Sklavin,
die man verstehen muß auf einen
Thron zu setzen.

Balzac

Nein, die Frau ist nicht unsere
Schwester. In unserer Bequemlichkeit
und Verderbtheit haben wir aus ihr ein
besonderes, unbekanntes Wesen gemacht, das keine weitere Waffe als ihr
Geschlecht besitzt. Das bedeutet nicht
nur einen ständigen Krieg, sondern
auch eine Waffe in einem ungruten
Krieg. – Sie betet an oder haßt, sie ist
aber kein aufrichtiger Kamerad, sie ist
ein Wesen, das zu Tausenden Korps-
geist, Freimaurergeist besitzt -mit dem
ewigen Mißtrauen einer kleinen
Sklavin.

Jules Laforgue

Wie könnte sich eine Frau damit zufrie-
dengeben, den ganzen Tag mit der Nadel in der Hand dazusitzen oder Kla-
vier zu spielen, allein, völlig allein zu
sein, wenn sie bedenkt, daß ihr Mann
sie nicht liebt und sie für immer versklavt hat?

Sophie Tolstoi

Alle Männer, nur mit Ausnahme der
tierisch rohesten, wollen in der mit
ihnen auf das innigste verbundenen
Frau keine gezwungene, sondern eine
freiwillige Sklavin, oder besser nicht
eine Sklavin, sondern eine Favoritin
haben. Zu diesem Zwecke ist alles
angewendet worden, um den weiblichen Geist niederzuhalten.

John Stuart Mill,
Die Hörigkeit der Frau 1. Kapitel

Wir Frauenzimmer können nur zwischen Herrschen und Dienen wählen,
aber die höchste Wonne der Gewalt ist
doch nur ein elender Behelf, wenn uns
die größere Wonne versagt wird, Sklavinnen eines Mannes zu sein, den wir
lieben. (Lady)

Schiller, Kabale und Liebe, II, 1

Bin ich Euch wohl zu Dank
verpflichtet,
Wenn Ihr mein Sklavenlos von früher
In ein noch härteres verwandelt,
Mich keine Freiheit je genießen laßt
und mir
Mit Eurer Überwachung ständig
Zur Last fällt, wie man leider sieht?
(Isidora)

Molière, Der Sizilier, V, 6

Das Weib traktiert aufdringlich mit seiner Schönheit, die es stundenlang vor
dem Spiegel vervollkommnet hat. Es
weiß nicht, was das ist: Diskretion. Alle
Augenblicke verrät es sich in seiner Gefallsucht – also ist es nicht Königin,
sondern Sklavin.

Witold Gombrowicz,
Aus dem Tagebuch des W. G.

Wir Völker des Westens haben alles
verdorben, indem wir die Frauen zu
gut behandelt haben. Wir haben sie
sehr zu Unrecht nahezu zu unseresglei-
chen gemacht. Die Völker des Orients
haben mehr Geist und Blickschärfe; sie
haben sie zum Eigentum des Mannes
erklärt, und tatsächlich hat die Natur
sie zu unseren Sklavinnen erschaffen.
Einzig durch unsere geistige Verschro-
benheit haben sie behaupten können,
sie seien unsere Beherrscherinnen.

Henry de Montherlant, Erbarmen mit
den Frauen, Epilog

… wie sich zuerst meine Seele mit Weibern beschäftigte, dachte sie sich immer
Sklavinnen, durch allerlei Arbeiten be-
drückt, tausend Martern gepeinigt, auf
die verächtlichste Weise behandelt.

Wilhelm von Humboldt,
Aus dem Reisetagebuch

Drückt man das geschichtliche Verhältnis der Geschlechter einmal kraß als
das des Herrn und des Sklaven aus, so
gehört es zu den Privilegien des Herrn,
daß er nicht immer daran zu denken
braucht, daß er Herr ist, während die
Position des Sklaven dafür sorgt, daß er
seine Position nie vergißt.

Georg Simmel, Das Relative und das
Absolute im Geschlechterproblem

Die Sklaverei der Frau besteht gerade
darin, daß die Männer entschlossen
sind, sie als Mittel zu ihrem Vergnügen
auszunutzen und sich dazu berechtigt
glauben.

Leo Nikolajewitsch Tolstoi,
Die Kreutzersonate

Gern mag ich mich dem armen Tier
vergleichen, das ja, wie ich, die Sklaven-
kette trägt, und Hündinnen nur sind
wir Christenweiber auch in den Augen
unserer harten Treiber.

Wilhelm von Humboldt,
Die Griechensklavin

Die Ehe ist die einzige wahre Form von
Leibeigenschaft, die unser Gesetz noch
kennt. Es gibt außer den Herrinnen des
Hauses keine Sklaven mehr.

John Stuart Mill,
Die Hörigkeit der Frau

Erst die vollkommen befreite Frau wird
den Aberglauben an die Inferiorität des
weiblichen Geschlechts vollkommen
beseitigen. Noch ist die Frau mehr oder
minder Sklavin, und die Verführung, es
zu bleiben, ist angesichts des wenigen,
das ihr die heutige Befreiung zu bieten
vermag, sehr groß.

Manès Sperber, Individuum und
Gemeinschaft, Versuch einer sozialen
Charakterologie

VIII. Kapitel

Geburt
Jugend
Mädchen
Altersstufen
Alter
Altersmerkmale
Tod
Begräbnis
Erbe

Geburt

Es ist vielleicht recht bezeichnend, daß in den polynesischen Gesellschaften, in denen der Mann als Gatte und nicht als Magier oder Priester der Entbindung beiwohnt, eine äußerst einfache und unkomplizierte Einstellung zur Geburt vorherrscht, die Frauen schreien nicht, sondern arbeiten mit, und die Männer brauchen hinterher keine selbstauferlegten Sühnemaßnahmen.

> *Margaret Mead,* Mann und Weib,
> Die Geburt als kulturelles Bild

Wenn eine Frau niederkommt und einen Knaben gebiert, ist sie sieben Tage unrein, wie sie in der Zeit ihrer Regel unrein ist.
Wenn eine Frau niederkommt und wenn sie ein Mädchen gebiert, ist sie zwei Wochen unrein wie während ihrer Regel.

> *Buch Levitikus* 12, 2, 5

Wer aber die ihm zukommende Zeit wohl verlebt, der wird wieder nach dem Wohnsitze des ihm verwandten Sternes zurückwandern und ein glückseliges, seinem früheren entsprechendes Leben führen, verfehle er das aber, dann werde er bei seiner zweiten Geburt in die Natur des Weibes übergehen.

> *Platon,* Timaiios 14. Erschaffung
> der menschlichen Seelen

Ich bin recht froh, daß das erste eine Tochter ist, aber wenn es auch eine Katze gewesen wäre, so hätte ich doch Gott auf meinen Knien gedankt in dem Augenblick, wo Johanna davon befreit war; es ist doch eine arg verzweifelte Sache.

> *Bismarck*

Die mütterliche Frau, die sich bis zur Todesbereitschaft den Gewalten der Natur ausliefert, um unter allen Umständen ihrem Kinde das Leben zu geben, sie stellt gerade in diesem Ausgeliefertsein an die Natur, in ihrem vollen Untergetauchtsein in sie einen Teil der Demut der Natur dar.

> *Gertrud von le Fort,* Die zeitlose Frau

Die Anstrengungen der Geburt können so übertrieben dargestellt werden, daß der Vater sie teilen muß und nachher neben seinem Weib liegt, »um auszuruhen«, oder nach dem Verlassen des Warteraums in der Klinik eine Reise nach den Bermudas machen muß.

> *Margaret Mead,* Mann und Weib,
> Die Geburt als kulturelles Bild

Alte Weiber können den Kindern so viel von Schmerzen und Hexerei erzählen, daß sie vor Schrecken einschlafen, wenn im Haus eine Geburt stattfindet; andernorts rennen die Kinder durchs Dorf, um bei einer interessanten Geburt zuzuschauen.

> *Margaret Mead,* Mann und Weib,
> Die Geburt als kulturelles Bild

Preis jeder Stunde, wo gegeben
Gott dieser Welt ein weiblich Kind
Zu lichtem, warmem Frauenleben,
Und wenn es noch so viele sind!

> *Justinus Kerner,* Lyrische Gedichte.
> Frauen, Schlußv.

Die Frau hat die Geburtswehen, und der Mann feiert die Beschneidung.

> *Jüdisch*

... du sollst mit Schmerzen Kinder
gebären.

1. Mose, 3, 16

Das Kind, das am Tage geboren wird,
gleicht dem Vater, das bei Nacht
geborene der Mutter.

Aus Japan

Unter den als Männer geborenen
gingen die Feiglinge, und die während
ihres Lebens Unrecht übten, der Wahrscheinlichkeit nach, bei ihrer zweiten
Geburt in Frauen über.

Platon, Timaios 44, Entstehung der
Frauen und Bildung der Geschlechts-
organe, die übrigen Lebewesen

Man mag von der spanischen Inqui-
sition sagen, was man will, keine Frau,
die ein Kind bekommen hat, dürfte sie
fürchten. Sie war ein Kinderspiel
dagegen.

Isadora Duncan

Mit Schmerzen sollst du Kinder ge-
baren, sagte Gott zu dem pflichtverges-
senen Weibe. Aber was haben ihm die
Weibchen der Tiere getan, die auch mit
Schmerzen gebären?

Denis Diderot, Philosophische
Gedanken

Hart sind die Wehen der Gebärerin;
Drum lieben alle Mütter so die Kinder!

Schiller, Sz. a. d. Phönizierinnen
des Euripides

Wenn es den Frauen eines Tages gelingt, ihre Kinder schmerzlos zur Welt
zu bringen, dann lieben sie sie nicht
mehr.

Henry de Montherlant, Erbarmen mit
den Frauen, Die Aussätzigen

Die schön geboren wird, wird verheiratet geboren.

Aus Italien

Was Krieg für den Mann ist, ist Kinds-
geburt für die Frau.

Aus Indien

Überständ' ich doch weit lieber, traun,
Dreimalige Feldschlacht als ein einzig
Wochenbett! (Medea)

Euripides, Medea, V, 250/251

Qual ist Gebären! Mächtiger Zauber
zwingt daher
Jedwede Mutter, daß sie für die Kinder
kämpft.

Euripides, Iphigenie in Aulis,
V, 917/918

Die Mutter macht noch kein Bett fertig
für ein Kind, das noch nicht geboren
ist.

Pygmäen

Sie hat ein Kind geboren
Zu höchstem Glück und tiefstem Leid,
Und ist nun ganz verloren
In seine stumme Lieblichkeit.

Friedrich Hebbel

Geboren wird nicht nur das Kind
durch die Mutter, sondern auch die
Mutter durch das Kind.

Gertrud von le Fort, Aphorismen

Wir erwachen am Weibe zum andern-
mal nicht minder schmerzlich, als das
Kindlein sich dem Mutterleib entringet.

Kolbenheyer, Meister Joachim
Pausewang

Mutter, gib mir Glück bei der Geburt,
und dann wirf mich, wenn du willst, auf
den Kehrrichthaufen.
Aus Bulgarien

Mütter vergessen gerne, daß die Nabel-
schnur schon mit der Geburt getrennt
wird.
Vera Caspar

Jugend

Eine jede will jung sein.
Wann sie schon Haar auf dem Kopf hat
wie unseres Nachbauren Schimmel,
sie will gleichwohl jung sein.
Wann sie schon eine Stirn wie die
Schwizerhosen, sie will gleichwohl
jung sein.
Wann sie schon ein Paar Wangen wie
eine zerlechzter Feuerkübel, sie will
gleichwohl jung sein.
Wann sie schon ein Maul wie eine aus-
gebrannte Zündpfanne, sie will gleichwohl jung sein.
Wann sie schon Zähn wie ein gestumpf-
ter Rechen, sie will gleichwohl jung sein.
Wann sie schon eine Nase wie ein alter
Brunneneimer, der immerzu im Wasser
stehet, sie will gleichwohl jung und
schön sein, eine schöne Höllena sein.
Dessenthalben andere Haar auf dem
Kopf, dessentwegen eine Schnur Perl
um den Kopf, dessentwegen auf die
Wangen ein neues Poliment, dessentwegen ein Maul falscher Zähn, dessentwegen auf die Lefzen ein rotes Gemäl,
dessentwegen im ganzen Gesicht ein
angestrichenes Fell. O du nobilitierter
Madensack!
Abraham a Sancta Clara

Auch in Frauen bewahrt das Alter vieles, was man in ihrer Jugend vergebens
suchen würde.
Wilhelm von Humboldt,
Briefe an eine Freundin, 2, 22

Frauen rauben den Männern die
Jugend.
Anton Tschechow

Man liebt an dem Mädchen, was es ist,
und an dem Jüngling, was er ankündigt.
Goethe

Denn bei dem Volk, wie bei den
Frauen, steht immerfort die Jugend
obenan. (General)
Goethe, Faust

Es gibt eine geheimnisvolle Neigung
jüngerer Männer zu älteren Frauen.
Goethe, Wilhelm Meisters
Wanderjahre, II, 10

Jede Neigung zu verschließen,
Hart und kalt zu sein wie Stein,
Schöne Augen nicht zu grüßen,
Fleißig und allein zu sein,
Keiner Bitte nachzugeben:
Heißt das wohl ein Jugendleben (für
Mädchen)?
*Novalis,*Schriften, Heinr. v. Ofter-
dingen, Klage der Mädchen

Im Leben einer Frau zählt nur die
Jugend.
Henry de Montherlant,
Erbarmen mit den Frauen

Junge Leute sind bei Frauen verschäm-
te Reiche, und die Greise freche Bettler.
Antoine Rivarol,
Maximen und Gedanken

Mädchen

Mit den Mädchen hat es die Natur auf das, was man im dramaturgischen Sinne einen Knalleffekt nennt, abgesehen, indem sie dieselben auf wenige Jahre mit überreichlicher Schönheit, Reiz und Fülle ausstattete, auf Kosten ihrer ganzen übrigen Lebenszeit, damit sie nämlich während jener Jahre der Phantasie eines Mannes sich in dem Maße bemächtigen könnten, daß er hingerissen wird, die Sorge für sie auf zeitlebens in irgendeiner Form ehrlich zu übernehmen; zu welchem Schritte ihn zu vermögen die bloße vernünftige Überlegung keine hinlänglich sichere Bürgschaft zu geben schien.

Schopenhauer, Parerga und Paralipomena II, Über die Weiber

Gott schuf die Mädchen zur Liebe,
Pflanzte die seligsten Triebe
Tief in den Busen uns ein.

August Mahlmann, Gedichte, Aufmunterung zur Freude

… wenn alle Mädchen so sind, wie ich mich jetzt fühle, so sind wir – sonderbare Dinger. – Zärtlich und stolz, tugendhaft und eitel, wollüstig und fromm (D. Fräulein)

Gotthold Ephraim Lessing, Minna v. Barnhelm, A. 2, Sz. 7

Aus Leichtsinn, Unbestand und Flatterhaftigkeit,
Betrug, Verstellung, List, Stolz, Witz und Eitelkeit
Spann künstlich die Natur mit äußerst feinen Fädchen
Ein Flitterding und nannt' es Mädchen.

Moritz Gottlieb Saphir, Poesien

Kein Basar ohne Diebe, kein Mädchen ohne Liebe.

Aus Rußland

Ein Mädchen wird nie als erste der platonischen Liebe überdrüssig.

Henry de Montherlant, Erbarmen mit den Frauen

Die jungen Mädchen sind wie die herrenlosen Hunde, denen man keinen freundlichen Blick zuwerfen darf, ohne daß sie glauben, man habe sie gerufen, man wolle sie mitnehmen, und dann kommen sie wedelnd an und legen einem die Vorderpfoten auf die Hose.

Henry de Montherlant, Erbarmen mit den Frauen, Die jungen Mädchen

Wie der Hopfen die Stange sucht, so das Mädchen den Burschen.

Aus Rußland

Ein Mädchen ist wie der Schatten: folgst du ihm, so flieht es vor dir, fliehst du aber vor ihm, so folgt es dir.

Aus Rußland

Ein Mädchen zieht mehr als ein Drahtseil.

Aus Spanien

Hübsche Mädchen und alte Röcke bleiben überall hängen. *Aus Deutschland*

Das beste aller Mädchen kommt aus einer armen Hütte.

Turkmenisches Sprichwort

Das Mädchen ist ganz gut, man muß
nur einen andern Rahmen drum
machen lassen.

Georg Christoph Lichtenberg

Alle Öffnungen des Leibes oberhalb
des Nabels sind rein, alle unterhalb sind
unrein. Nur beim Mädchen ist der
ganze Körper rein.

Gesetzbuch des Manu

Nase des Hundes, Ellbogen des Mannes und des Mädchens Knie sind immer
kalt.

Aus Irland

Ein Mädchen gleicht einer noch nicht
aufgeschnittenen Wassermelone.

Aus Armenien

Altersstufen

X Jar Kindischer Art
XX Jar ein Jungfrau zart
XXX Jar im Hauß die Frau
XL Jar ein Matron genau
L Jar ein Großmuter
LX Jar deß Alters Schuder
LXX Jar als Ungestalt
LXXX Jar, wüßt und erkalt
XC Jar ein Marterbildt
C Jar das Grab außfüllt.

Johann Friedrich Fischart, Reimspr.
(16 Jahrh.), D. zehen Alter d. Weiber

Die schwierigsten Jahre im Leben einer
Frau sind zwischen zwanzig und
dreißig. In dieser Zeit hat man die ersten wichtigen Begegnungen mit Männern, verliert die große Illusion von
Liebe und Treue, meist heiratet man,
das Leben ist plötzlich begrenzt, und
die Erfüllung läßt auf sich warten.

Susanna Kubelka, Endlich über vierzig

Jungfrauen sind der Wehrstand: Sie
wehren sich.
Frauen der Nährstand: Die müssen wir
ernähren.
Und Witwen der Lehrstand: Sie wissen
gar mancherlei.

Karl Julius Weber, Demokritos, II, 24

Eine geistreiche junge Frau gestand
uns: »Wenn doch die Frauen nur begreifen wollten, wie bequem und angenehm es ist, 31 Jahre alt zu sein, wir
würden uns nicht so lange mit den
Demütigungen plagen, die mit dem
Schein von 29 Jahren verbunden sind.«

Karl Gutzkow

Ein fünfundfünfzigjähriger Ehemann
befindet sich, sofern er kein fühlloser
Stumpfbold ist, auf der Höhe seiner
Leistungskraft: Kann er sich da mit
einer fünfzigjährigen Frau begnügen,
ohne lasterhaft zu sein?

Henry de Montherlant, Erbarmen mit
den Frauen, Der Dämon des Guten

Eine Frau ist ein Engel mit zehn,
eine Heilige mit fünfzehn,
ein Teufel mit vierzig,
und eine Hexe mit achtzig.

Aus England

Die Frau der Zukunft wird mit vierzig
jugendlich und erfahren zugleich,
mütterlich und leidenschaftlich sein.

Walter B. Pitkin, Das Leben
beginnt mit vierzig

Wer mit siebzig eine reizvolle alte
Dame sein möchte, muß als 17jähriges
Mädchen damit anfangen!

Agatha Christie

Jung: beblümtes Höhlenhaus.
Alt: ein Drache fährt heraus.

Friedrich Nietzsche, Jenseits von Gut
und Böse, Unsere Tugenden, 237

Mit fünfzehn stecken sie sich das Haar
auf (entsprechend der Männerweihe),
mit zwanzig werden sie verheiratet ...
Findet eine Hochzeit statt, so wird das
Mädchen Hauptfrau; wenn sie ohne
Feier Aufnahme findet, so wird sie Nebenfrau.

Konfuzius, Vom älteren und
jüngeren DAI – Das Buch der Sitte,
Die Lebensalter, Unterricht

Mit sechzehn Jahren muß ein junges
Mädchen daran denken, sich einen
Gatten zu suchen, und von ihrer Mut-
ter richtige Vorstellungen von Liebe,
Ehe und der geringen Redlichkeit der
Männer empfangen.

Stendhal, Über die Liebe, 2, 56

Die Altersgrenze, innerhalb deren eine
Frau ihrem ergebenen Diener begeh-
renswert erscheint, beträgt nach oben
sechsundzwanzig Jahre.

Henry de Montherlant, Erbarmen mit
den Frauen, Der Dämon des Guten

Manche Frau gäbe gern zwanzig Jahre
ihres Lebens, wenn sie dadurch um
zehn Jahre jünger werden könnte.

Aus Deutschland

Schon damals hat die Frau, wie heut,
Das Mittelalter arg gescheut;
Auch Frau Europa träumte nur
Von Schönheit und Verjüngungskur.

Eugen Roth,
Die Frau in der Weltgeschichte

Für mich ändert die Frau mit sechsundzwanzig oder siebenundzwanzig Jahren
das Geschlecht, sie wird etwas anderes
als eine Frau, sie wird etwas, das man
nicht mehr begehrt.

Henry de Montherlant, Erbarmen mit
den Frauen, Der Dämon des Guten

Ich bin eine schmerzerfüllte Seele, eine
Frau von dreißig Jahren, nervös, unglücklich, und ich verfüge nicht über
die Ablenkungsmittel der Männer:
flüchtige Liebschaften, Reisen,
Geschäfte, Eitelkeit, Ehrgeiz.

Henry de Montherlant, Erbarmen mit
den Frauen, Die jungen Mädchen

Eine Frau ist wie ein Gummibaum. Ist
sie älter als dreißig Jahre, taugt sie
nichts mehr.

Achmed Sukarno

Wenn Mädchen sechzehn Jahre zählen,
So werden sie schon selber klug.

Seume, Adelaide

Wer vierundzwanzig zählt, hat nichts
mehr zu verpassen. (Sophie)

Goethe, Die Mitschuldigen I, 4

Die Frauen sind unserer Kindheit
Stütze, unserer Jugend Freude, unseres
Alters Trost.

Pietro Aretino

Alter

Ich habe stets großes Mißtrauen gegen das Alter gehabt und meinte, ein anständiger Mensch müßte sich aus dem Leben begeben, bevor er ein trauriger Abklatsch seiner selbst aus der guten Zeit ist. Und nun erlebe ich, daß ich schon ein gut Stück auf absteigendem Wege – das Leben mir klarer, erträglicher ist als in der Jugend, ja daß es mir immer besser darin gefällt. Wenn das so fortgeht, werde ich mich wohl hüten, bei eintretender Altersschwäche mich aus dem Leben zu begeben, und werde eine höchst vergnügte Greisin werden.

Käthe Kollwitz

Mit dem Tag, an dem die Frau sich mit ihrem Altern abfindet, ändert sich die Situation. Bis dahin war sie noch eine junge Frau, kämpfte sie erbittert gegen ein Übel, das sie in geheimnisvoller Weise mitnahm und verunstaltete. Nun wird sie ein anderes, ein geschlechtsloses, aber vollendetes Wesen, eine alte Frau.

Simone de Beauvoir,
Das andere Geschlecht

Das Alter der Weiber ist trüber und einsamer als das der Männer: Darum schont in jenen die Jahre, die Schmerzen und das Geschlecht! – Überhaupt gleicht das Leben oft dem Fang-Baume mit aufwärtsgerichteten Stacheln, an welchem der Bär leicht hinauf zum Honig-Köder klettert, wovon er aber unter lauter Stichen wieder zurückrutschet. (Titan)

Jean Paul, Die zehn Verfolgungen des Lesers

Das Alter der Frau beginnt dort, wo ihre Liebe aufhört.

Aus Deutschland

Alter schützt vor Liebe nicht, aber Liebe vor dem Altern.

Coco Chanel

Jung sein ist schön, alt sein ist bequem.

Marie von Ebner-Eschenbach

Alter spielt sich im Kopf ab, nicht auf der Geburtsurkunde.

Martina Navratilova

Einer Hure und einem Possenreißer geht es schlecht, wenn sie alt werden.

Aus Spanien

Ich habe noch nie eine Frau kennengelernt, die so über ihr Alter gestöhnt hätte wie etliche Männer, die ich kenne.

James Thurber

Lange vor ihrer endgültigen Verstümmelung wird die Frau in ihren Vorstellungen vom Schrecken des Alterns verfolgt.

Simone de Beauvoir,
Das andere Geschlecht

Man muß immer älter werden, immer stiller und endlich einmal etwas schaffen.

Paula Modersohn-Becker, Briefe und Tagebücher

Altersmerkmale

Je mehr wir Frauen altern, desto klarer erkennen wir, was Männer sind: Heuchler, Aufschneider, Böcke! Je mehr die Männer altern, desto beflissener behängen sie uns mit allen Tugenden. Jede Hure, die an einer Straßenecke steht, wird in eurer Erinnerung ein Geschöpf reiner Liebe. (Hekuba)

Giraudoux, Kein Krieg in Troja, I, 6

Wie aber den Frauen der Augenblick, wo ihre bisher unbestrittene Schönheit zweifelhaft werden will, höchst peinlich ist, so wird den Männern in gewissen Jahren, obgleich noch in völligem Vigor, das leiseste Gefühl einer unzulänglichen Kraft äußerst unangenehm.

Goethe, Wilhelm Meisters Wanderjahre II, 4

Die Frau verliert im Alter nur die Schönheit, der Mann jedoch den Willen und die Freiheit. *Aus der Türkei*

Nichts macht die Frauen heutzutage so altern wie die Anhänglichkeit ihrer Bewunderer. (Mrs. Cheveley)

Oscar Wilde, Ein idealer Gatte, I

Der Mann trägt die Jahre in den Knochen, die Frau im Gesicht.

Aus Deutschland

Je älter man wird, desto durchsichtiger werden die Männer und desto undurchsichtiger werden die Frauen.

François Mauriac

Und die alten Matronen? Die häßlichen entschädigt das Alter für ihre Jugend; denn sie verlieren das nicht, was die schönen und galanten Weiber verlieren. Bei diesen vergaß man sogar die größten Albernheiten, die sie sagten, und da sie solche fortsagen, so fallen sie jetzt erst recht auf. *Karl Julius Weber,* Demokritos, III, 2

Die Frauen beschäftigen sich viel zu früh mit dem Problem des Alterns, die Männer zu spät. Die Frauen sind naturnäher und merken daher schon die Anfänge des Prozesses, während die Männer erst vor seinen Resultaten erschrecken. *Sigmund Graff,* Vom Baum der Erkenntnis

Frauen wie Männer haben verlernt, in Schönheit und Würde alt zu werden. Eine allgemeine Unsicherheit hat sich breitgemacht. Man ist sich seines Wertes nicht bewußt und hat vergessen, daß der Sinn des Lebens in der Reife liegt.

Susanna Kubelka, Endlich über vierzig

Alternde Frauen sollten bedenken, daß ein Apfel nichts von seinem Wohlgeschmack verliert, wenn ein paar Fältchen die Schale kräuseln.

Auguste Brizeux

Gott ist leider nicht galant. Sonst hätte er uns die Falten an die Fußsohlen gemacht und nicht ins Gesicht.

Ninon de Lenclos

Ich bin stolz auf die Falten. Sie sind das Leben in meinem Gesicht.

Brigitte Bardot

Staatsmänner und schöne Frauen haben kein Gefühl für ihren allmählichen Verfall.

Chesterfield

Falten machen einen Mann männlicher, eine Frau älter.

Jeanne Moreau

»Döscht gspäßig«, hot derseal gsait, »wie mehner Zäh' daß mei Alte verliert, um so bissiger wird se.«

Aus dem Allgäu

Tod

Das Gesetz verpflichtet die Witwen zu einem Trauerjahre, und gewiß ist eine solche Epoche, die den Wechsel aller irdischen Dinge in sich begreift, einem fühlenden Herzen nötig, um die schmerzlichen Eindrücke eines großen Verlustes zu mildern. Man sieht die Blumen welken und die Blätter fallen, aber man sieht auch Früchte reifen und neue Knospen keimen.

Goethe, Wilhelm Meisters Wanderjahre, 1, 2

Die Trauer der Braut drei Wochen war,
Die Trauer der Schwester, die war drei Jahr,
Die Mutter hat der Trauer gepflegt,
bis müde sie selbst ins Grab sich gelegt.

Adelbert von Chamisso,
Der Sohn der Witwe

O, daß der Tod von hier
So früh dich (Mutter) fortgenommen!
Es wäre wohl mit mir
Sonst nicht so weit gekommen.

Nikolaus Lenau, Faust, D. Abschied

Durch Gesundheit des Viehs und das Sterben der Frauen kommt einem armen Mann zuweilen Hilfe.

Aus Italien

Ach! des Hauses zarte Bande
Sind gelöst auf immerdar;
Denn sie wohnt im Schattenlande,
Die des Hauses Mutter war.

Schiller, Das Lied von der Glocke

Wem die Frauen gut sterben und die Bienen gut schwärmen, der wird bald reich.

Aus Deutschland

Ein altes Weib und ein neuer Pflug sind am besten in der Erde.

Aus Deutschland

Nachbarn weiß man erst zu schätzen, wenn sie nicht mehr da sind;
Ehefrauen, wenn sie gestorben sind.

Aus der Mongolei

Die Weiber sind die größte Zier der Erden,
Ich mein: alsdann, wenn sie hinein-geleget werden.

Hoffmannswaldau, Weiberzier

Der Tod der Mutter ist wie ein Sitz von Stein, den man mit der Zeit immer härter spürt.

Aus Abessinien

Sämtliche Krokodile der Welt haben
nicht so viele Tränen wie eine
Schwiegertochter beim Tode ihrer
Schwiegermutter.

Telugu

Stirbt die Mutter, so wird der Vater
zum Onkel.

Aus Indien, Tamil

Der Tod einer Mutter ist der erste
Kummer, den man ohne sie beweint.

Petit-Senn, Geistesfunken und
Gedankensplitter

Mütter, die ihre Kinder verloren haben,
kommen einander näher, als dies unter
anderen Frauen möglich ist.

Aus Arabien

Stirbt der Vater, so weinen die Kinder
einen Tag lang, stirbt aber die Mutter,
so weinen sie mehr als tausend Tage.

Turkmenisch

Stirb in jenem Haus, in das du als junge
Frau eingezogen bist.

Aus Korea

Stirbt die Mutter, so fällt die Verwandtschaft auseinander.

Aus Indien

Laß mir lieber siebenmal den Vater
sterben als auch nur einmal die Mutter.

Lakisch (Daghestan)

Eine Frau, die den Verlust eines Kindes
durchgemacht hat, erschrickt nicht
mehr.

Talmud, Kethuboth, 62 a

Dort auch kein Streit und keine Trauer,
wo keine Frau steht auf der Lauer.

Aus Persien

Einer Witwe Trauer hält nicht länger,
als bis sie einer aufnestelt.

Aus Frankreich

Begräbnis

Am Grab der Gattin sprach zum
trauernden Geleite
Der Leichenredner viel vom Wieder-
sehn
Beim Heimweg sprach der Mann zum
Pastor: »Scherz beiseite,
Wird meine Frau denn wirklich auf-
erstehen?«

Gottlieb Konrad Pfeffel,
Poetische Versuche

Hier liegt mein Weib. In ihrer Ruh'
Ist ihr so wohl und mir dazu.

Grabspruch

Hier unter diesem Leichenstein
ruht eine Jungfrau: Rosa Klein.
Sie suchte lang vergebens einen Mann;
zuletzt nahm sie der Totengräber an.

Grabschrift in Wien

Lies, Wandrer, eines Eh'manns
Schmerzen!
Schön war mein Weib und jung!
O blicke her!
Jetzt liegt ein Stein auf ihrem Herzen. -
Auf meinem keiner mehr!

Joh. Christoph Friedrich Haug,
Sinngedichte, Grabschrift

»Sehr heilsam fand ich alter Knabe
Die Promenade hin und her«,
Sprach Orgon bei der Wiederkehr
Von seines Weibes Grabe.

Johann Christoph Friedrich Haug,
Sinngedichte, Motion

Bach, als seine Frau starb, sollte zum
Begräbnis Anstalt machen. Der arme
Mann war aber gewohnt, alles durch
seine Frau besorgen zu lassen; dergestalt, daß, da ein alter Bedienter kam
und ihm für Trauerflor, den er einkau-
fen wollte, Geld abforderte, er unter
stillen Tränen, den Kopf auf einen
Tisch gestützt, antwortete: »Sagt's
meiner Frau!«

Heinrich von Kleist, Anekdote

Wie? Hundert Gulden wollt ihr haben,
um meine Frau mir zu begraben?
Das ist zu arg, bei meiner Ehre,
fast wünscht' ich, daß sie nicht
gestorben wäre.

Castelli, Begräbniskosten

Hier ruht die ehr- und tugendsame
Jungfrau Genovefa Roggenhuberin,
betrauert von ihrem einzigen Sohne.

Grabschrift in Kitzbühel

Hier liegt begraben
die ehrsame Jungfrau J. B.
Gestorben ist sie im siebzehnten Jahr,
just als sie zu brauchen war.

Grabschrift im Oberinntal

Der kleine Spaziergang hat mir wohl-
getan, sagte die Frau, als sie vom
Begräbnis ihres Mannes zurückkam.

Aus Frankreich

In diesem Grab liegt Anich Peter,
Die Frau begrub man hier erst später;
Man hat sie neben ihm begraben;
Wird er die ewige Ruh' nun haben?

Grabschrift in Oberperfuß

Jung ging sie aus der Welt, zwar ohne
Genuß, dafür aber ohne Reue.

Franz Grillparzer,
Grabinschrift für Marie von Piquot

Wenn seine Kindheit auch ganz ver-
stummt wäre – einmal wird sie wieder
aufwachen und zu ihm sprechen:
an der Bahre der Mutter. *Peter Sirius*

Erbe

Wer eine alte Tante zu beerben gedenkt,
der mache ja keine Satiren auf Frauenzimmer über fünfzig, aber desto derbe-
re auf alle unter vierzig. *Lichtenberg*

Mein Vaterland für Emma, Lady
Hamilton.

Nelson, Aus Nelsons Testament

In salischen Landen erben die Weiber
nicht.
In Terram Salicam mulieres ne succedant.

Shakespeare, Heinrich V., 1, 2

Gib dich nicht mit einer Dirne ab, damit sie dich nicht um dein Erbe bringt.

Jesus Sirach, 9, 6

Wenn ein Mann zwei Frauen hat, eine,
die er liebt, und eine, die er nicht liebt,
und wenn beide ihm Söhne gebären, die
geliebte wie die ungeliebte, und der
erstgeborene Sohn von der ungeliebten
stammt, dann darf er, wenn er sein Erbe
unter seine Söhne verteilt, den Sohn der
geliebten Frau nicht als Erstgeborenen
behandeln und damit gegen das Recht
des wirklichen Erstgeborenen, des Sohnes der ungeliebten Frau, verstoßen.

Buch Deuteronomium, 21, 1517

Jedenfalls aber möchte ich dem, ‚der ein
armes Mädchen heiratet, raten, sie nicht
das Kapital, sondern eine bloße Rente
erben zu lassen, besonders aber dafür
zu sorgen, daß das Vermögen der
Kinder nicht in ihre Hände gerät.

Schopenhauer, Aphorismen zur
Lebensweisheit

Was ihr euch, Gelehrte, für Geld nicht
erwerbt,
Das hab ich von meiner Frau Mutter
geerbt.

Bürger, Gedichte:
Der Kaiser und der Abt

Die mütterliche Frau ist eingesetzt zur
stillen Verwalterin dieses ungeheuren,
nie aufzehrbaren Erbes an Notdurft
und Mühsal.

Gertrud von le Fort, Die zeitlose Frau

Jede Tochter, die Anspruch auf Erbbesitz in einem israelitischen Stamm hat,
muß einen Mann aus einer Sippe ihres
väterlichen Stammes heiraten, damit bei
den Israeliten jeder im Erbbesitz seiner
Väter bleibt.

Buch Numeri, 36, 8

IX. Kapitel

Speise
Mahlzeit
Kochen
Getränke
Trinken
Kleidung
Schleier
Mode
Schmuck
Putz
Schminken
Spiegel
Auto

Speise

Die Feministinnen wollen uns davon überzeugen, daß Vegetarismus eine Abkehr vom Patriarchat bedeutet und daß Vegetarier friedfertige, vertrauenswürdige Leute sind. Schon möglich. Andererseits sollte man nicht vergessen, daß Hitler Vegetarier war.

Auberon Waugh

Wenn so ein gutes Weib kocht, brät und schürt
Und in den Topf den Wunsch des Herzens rührt,
Daß es den Gästen schmecke und gedeihe,
Das gibt den Speisen erst die rechte Weihe! (Schmid)

Nikolaus Lenau, Faust, D. Schmiede

Der Hausfrau soll es nicht an Kohl noch an Rüben oder sonst einem Gemüse im Topf ermangeln, damit dem unseligen Kartoffelgenuß nur einigermaßen das Gleichgewicht gehalten werde.

Goethe, Wilhelm Meisters Wanderjahre, I, 6

Dem Topf voll Butter gleicht das Weib, der Mann der Kohle voller Glut:
Ob, wer Verstand hat, Butter wohl mit solchem Brand zusammentut?

Narájana, Hitopadesa, 1.5.90

Des Konditors Tochter scheint süßer zu sein als die des Salzlieferanten.

Tatisch (Aserbeidschan)

Frauen sind die Würze des Lebens.

Aus Afrika

Was für das Essen der Geschmack, das ist für die Frau die Schönheit.

Tamil

Ein Mädchen ohne Schönheit ist wie ungesäuertes Brot.

Darginisch

Das Weib ist eine Nuß,
die man aufbeißen muß.
Dem Manne Gott genad,
der keine Zähne hat!

Peter Rosegger, Die Nuß

Schon an der Suppe erkennt man die Hausfrau. Eine Suppe kann lachen.

Thomas Niederreuther, Aphorismen

Frauenzimmer und Suppen soll man nicht warten lassen. Sie werden sonst kalt.

Aus Schweden

Birnen und Weiber sind dort am süßesten, wo sie am schwersten sind.

Aus Japan

Man sucht von Weibern und von Fischen das Mittelstück gern zu erwischen.

Aus Italien

Auch in der Liebe haben die feinsten Austernesser manchmal Appetit auf a paar Knödl und a G'selchts.

Nestroy

Eine gute Hausfrau kann aus der Kartoffel viele Gerichte machen.

Aus Deutschland

Der Schönheit wird man eines Tages überdrüssig, jedoch nicht der guten Kohlsuppe.

Aus Rußland

Diejenige, die Essig ansetzen will, muß sauer dazu sehen und bös' sein, sonst gerät der Essig nicht.

Aus Deutschland

Mahlzeit

Wie sollte es nun jemand, ohne lächerlich zu erscheinen, wagen, in der Tat auch die Frauen zu nötigen, daß ihr Verzehr von Speisen und Getränken als öffentlicher mit Augen gesehen wird? Denn es gibt nichts, wozu dies Geschlecht unwilliger sich bequemen würde; ist es doch gewöhnt, versteckter und im Dunkel zu leben, und wird mit Gewalt an das Licht gezogen, durch Entgegensetzung jeglichen Widerstrebens einen entschiedenen Sieg über den Gesetzgeber davontragen. Dieses Geschlecht würde also anderwärts, wie ich sagte, nicht einmal das In-Vorschlag-Bringen des Rechten sich, ohne das ärgste Geschrei zu erheben, gefallen lassen; aber vielleicht hier.

Platon, NOMOI, 6. Buch, 21. Schwierigkeit, auch für die Frauen gemeinsame Mahlzeiten einzurichten

Da noch meine Alt' am Leben –
an dem Tag war sie Schaffner, Kellner, Koch,
Hausfrau und Magd, empfing, bediente jeden,
sang ihren Vers, tanzt' ihren Reihn, bald hier,
zuoberst an dem Tisch, bald in der Mitte,
auf den gelehnt und den, ihr Antlitz Feuer,
durch Arbeit und durch das, womit sie's löschte;
denn allen trank sie zu.
(Der alte Schäfer)

Shakespeare, Ein Wintermärchen, IV, 3

Ob aber ein fröhliches Mahl überhaupt ohne Frauen denkbar ist, lasse ich unentschieden. Ich führe nur die Tatsache an, daß jeder Schmaus, der durch die Torheit nicht belebt wird, der lieblichsten Würze entbehrt.

Erasmus von Rotterdam,
Lob der Torheit

Wo leer zur Essenszeit im Hause sind die Töpfe,
Die werfen Mann und Frau einander an die Köpfe.

Friedrich Rückert, Die Weisheit der Brahmanen, B. 14; Nr. 7 Spr. 9 Stufe 7, Erkenntnis Nr. 136. Spr 26

Zusammen mit einer Frau essen ist wie mit dem Teufel frühstücken.

Aus Madagaskar

Vergißt die Frau sehr oft das Mittagessen, so küßt sie wohl unterdessen der Nachbar.

Aus Rußland

Statt zu warten, bis das Licht ausgeht, sollte eine Frau gelernt haben, wie sie ihren Mann auch am Abendbrottisch glücklich machen kann.

Henry Miller

Ein Küken gibt noch kein Mittagessen, ein Mädchen noch keine Ehefrau.

Tamil

Kochen

Das ist ein gemarterter Mann,
des Weib und Magd nichts weiß
in der Küchen. Es ist das erste Übel,
woraus sehr viele folgen.

> *Martin Luther,* Tischreden oder
> Colloquia Nr. 43, Tischreden v.
> Ehestande, § 32 V Einigkeit oder
> Uneinigkeit zwischen Eheleuten

Die Dummheit in der Küche; das Weib
als Köchin; die schauerliche Gedanken-
losigkeit, mit der die Ernährung der
Familie und des Hausherrn besorgt
wird! Das Weib versteht nichts, was die
Speise bedeutet: und will Köchin sein!
Wenn das Weib ein denkendes Geschöpf wäre, so hätte es ja, als Köchin
seit Jahrtausenden, die größten physio-
logischen Tatsachen finden, insgleichen
die Heilkunst in ihren Besitz bringen
müssen!

> *Nietzsche,* Jenseits von Gut
> und Böse, 7, Unsere Tugenden, 234

Ich nahm 'ne Witwe – arg von bösen
Zungen
Gschmäht – als Perl' der Kochkunst
anerkannt.
Ja, wer nie einen guten Tisch errungen,
Der knüpfe, denk' ich, nie der Ehe
Band.

> *Franz Bernhard Heinrich Wilhelm
> Freiherr von Gaudy,* Lieder

Junge Frau, schlechter Koch.

> *Aus Madagaskar*

Der Herd ist nicht erniedrigend; er
kann ein Thron werden, von welchem
eine Frau die Welt regiert.

> *Aus Ungarn*

Ohne die Küche meiner Frau wäre ich
nicht so alt geworden

> *Sir Winston Churchill*

Eine verliebte Frau versalzt die Suppe
und versüßt das Schlafengehn.

> *Aus Frankreich*

Hier liegt mein Weib Anne,
Bei Lebzeit hat sie die Küchl verbrennt
in der Pfanne;
Sie lebte in Tugend und Zucht
Und starb plötzlich an der
Wassersucht.

> *Grabschrift*

Schönheit bringt den Topf nicht zum
Kochen.

> *Aus Irland*

Seyden Kleyder machen ein kalte
Küchen,
leschen das Fewer auffm Heerd.

> *Christoph Lehmann,* Politischer
> Blumen-Garten T. 1. Kleyder, Nr. 38

Wirf einen Blick in die Küche, und du
kennst das Gesicht der Hausfrau, ohne
sie gesehen zu haben.

> *Aus Vietnam*

In der Küche zeigt sich das Talent der
Frau.

> *Aus Korea*

Vom Streit des Tags durch ihren Herd
geschieden,
Sei sie (die Frau) den Ihren Freude,
Trost und Frieden.

> *Paul Heyse,* D. Braut v. Cypern, Ges. 6

Das Weib gleicht einem Topf:
Was man auch hineingibt,
es wird kochen und sieden.

Aus Rußland

Köchinnen sind grausam,
Und Menschlichkeit wächst nicht in
einer Küche.

Theodor Storm, Von Katzen

Getränke

Ihr seid der Wein
Am Tisch der Welt, ein süßer Überfluß.
Zuviel des Guten zwar soll schädlich
sein,
Und manchem stieg zu Kopf ein
Weiberkuß.

*Paul Heyse,
D. Feenkind, Ges. 3*

Wein und Weiber machen das Herz
zügellos; wer sich an Dirnen hängt,
wird frech.

Jesus Sirach, 19, 2

Bei einer jungen Frau und altem Wein
ist's gut fröhlich sein.

Aus Deutschland

Bier und Mädchen haben viel Glück:
das Bier trinkt man ohne Durst,
und die Mädchen heiratet man
ungeprüft.

Aus Finnland

Der Kaffee muß heiß sein wie die Küsse eines Mädchens am ersten Tag, süß
wie die Nächte in ihren Armen und
schwarz wie die Flüche der Mutter,
wenn sie es erfährt.

Aus Arabien

Bayrisch Bier aus Bayerns Malz,
Wein und Mädel aus Bayerns Pfalz,
Sind drei schöne Dinge, dächt' ich
Wer eins hat – ei, schmeckst du
prächtig.

*Inschrift im
Berliner Ratskeller, Bierlokal*

Wein macht die Männer zu Böcken
und die Weiber zu Geißen.

Aus Deutschland

Wenn eine Frau dem Mann reinen Wein
einschenkt, dann ist es bestimmt eine
Spätlese.

Peter Frankenfeld

Trinken

Streck dich nicht mit einer Verheirateten zum Weingelage hin, sitz nicht
berauscht mit ihr zusammen, damit
du ihr nicht dein Herz zuneigst und
verblutend ins Grab sinkst.

Jesus Sirach, 9, 9

Trunken Weib, gemein Weib.

Aus Deutschland

Ein trunkenes Weib ist eine große
Plage, denn sie kann ihre Schande nicht
decken.

Jesus Sirach, 26, 11

Nichts ist schlimmer als ein armer
Jude, mageres Schweinefleisch und
eine betrunkene Frau.

Aus Ungarn

… wollt' ein Dirnlein fein
Mir gar die Schenkin sein,
Mir wär's, als schwämmen Rosen
Wohl auf dem klaren Wein.

Emanuel Geibel, Jugendgedichte, B. 4.
Escheberg, St. Goar Lieder eines fah-
renden Schülers, Nr. 1

Dem lieben Trunk entsagte Molina,
Als er sein Weib im Rausche doppelt
sah.

Johann Christoph Friedrich Haug,
Sinngedichte, Grund zur Besserung

Wenn die weiber wöllen denen
trunckenen Mennern vil predigen
so lernen Kannen und Leuchter fliegen
und regnet es maulschellen.

Alter deutscher Spruch

Wein trinken hat viele fromme Weiber
auf den Rücken geworfen.

Aus Kroatien

Trinkt der Mann, brennt das halbe
Haus;
trinkt die Frau, geht das ganze Haus in
Flammen auf.

Aus Rußland

Ein trunken Weib ist ein Engel im Bett,
aber ein Satan im Haushalt.

Aus Irland

Das Frauenzimmer verrät sich nicht
leicht, darum betrinkt es sich nicht.
Weil es schwach ist, so ist es schlau.

Immanuel Kant

Kleidung

Die sowjetischen Frauen sollen versuchen, sich so anziehend zu machen, wie
die Natur und der gute Geschmack es
irgend erlaubt. Nach dem Kriege
sollen sie sich als Frauen kleiden und
als Frauen bewegen … Man muß den
Mädchen sagen, sie sollten sich wie
Mädchen betragen und bewegen, und
deshalb wird man sie wahrscheinlich
sehr enge Röcke tragen lassen, die sie
zu einem anmutigen Gehen zwingen.

Olga Mischakowa

Eine Frau soll nicht die Ausrüstung
eines Mannes tragen, und ein Mann soll
kein Frauenkleid anziehen, denn jeder,
der das tut, ist dem Herrn, deinem
Gott, ein Greuel.

Buch Deuteronomium, 22, 5

Oh, drei- und viermal sei gesegnet das
Edikt,
Das allen Luxus in der Kleidung
untersagt!
In Zukunft mindert es der Ehemänner
Qual
Und legt der Gier der Frauen einen
Zügel an. (Sganarell)

Molière, Die Schule der
Ehemänner, II, 8

Die schönsten Abendkleider würden
nur nach der praktischen Funktion (also
bedecken und warmhalten) schlecht abschneiden, denn sie enthüllen mehr, als
sie bedecken, und wenn Wärme erzeugt
wird, dann eher beim bewundernden
Gegenüber.

Philip Rosenthal,
Über die Funktion des Designs

Daß eine Frau so frei gewesen,
Wie wir es von Johanna lesen,
War damals einfach unerhört
Und alle Welt war tief empört.
So mancher, der ihr sonst gewogen,
Sprach:»Daß sie Hosen angezogen,
Das geht zu weit, das ist zu stark!«
Und drum verbrannten sie Jeanne
d'Arc.
Eugen Roth,
Die Frau in der Weltgeschichte

Der Grund, warum ich die Mode der
Slacks nicht liebe: Die Frau schreitet
jetzt wie ein Mann, Zigarette im Mund,
die Mundwinkel nach unten, die Stirn
gefaltet: wie der Herr dieser die Natur
zertretenden Zivilisation.

Max Horkheimer, Falsche Hosenrolle

O wie mancher gute Rat verdirbt in
eines Armen Mund
Und manches grüne Gras in einem
tiefen Grund
Auch manches gute Holz auf einer
breiten Heide
Und manches schöne Mägdelein in
einem geringen Kleide.
Alter Spruch

Diese soziale Bedeutung der Toilette
gestattet der Frau, durch ihre Art, sich
zu kleiden, ihre Haltung gegenüber der
Gesellschaft zum Ausdruck zu bringen..
Simone de Beauvoir,
Das andere Geschlecht

Frauen sollten durchaus mannigfaltig
gekleidet gehen, jede nach eigener Art
und Weise, damit eine jede fühlen lerne,
was ihr eigentlich gut stehe und wohl
zieme.
Goethe,
Die Wahlverwandtschaften, II, 7

Was der Bikini heut verspricht,
was in der Renaissance die, ach!
so freigelegte Brust versprach
wie auch Frau Tallien, die Kanaille
mit der empirisch hohen Taille,
versprach dem Biedermeiergecken
der Knöchel unter langen Röcken,
versprach der nach der Gotik Brauch
so zierlich vorgestreckte Bauch
und hielt es auch!

Herman Mostar, In diesem Sinn Dein
Onkel Franz, Sechste Epistel

Die Schuhfabrikanten machen Frauen-
schuhe zum Stehenbleiben. Dabei
brauchen wir eher Schuhe zum
Davonlaufen.
Alice Schwarzer

Die Bauernmädchen gehen barfuß und
die vornehmen Damen barbrust.

Lichtenberg

Ein Mädchen mit baumwollenen
Strümpfen sieht niemals Mäuse.

Aus den USA

Eine Frau mit der Handschuhgröße
siebendreiviertel weiß sowieso nicht
viel über irgend etwas. (Mrs. Cheveley)
Oscar Wilde, Ein idealer Gatte, III

Des Schuhmachers Weib und des
Schmiedes Pferd haben allezeit
zerrissene Schuhe.
Aus Schweden

Aus dem Bewußtsein, gut angezogen
zu sein, empfängt eine Frau mehr
innere Ruhe als aus religiösen Über-
zeugungen.
Ralph Waldo Emerson

Ein Kleid ist etwas Lebendiges. Ein
Mannequin kann kein Kleid tragen,
niemals. Mannequins sind wandelnde
Kleiderständer; sie legen keine Seele in
das Kleid. Ein gutes Kleid muß man
zum Leben erwecken können. Nur die
eigenständige Frau kann das, die Persönlichkeit.

Simonetta Fabiani, 1969 zu Georg
Stefan Troller

Frauen verraten vieles, das sie sonst ge-
heimhalten, durch ihren Anzug, woran
nie das Geringste ganz ohne Überlegung hinzugetan oder weggelassen ist.

Hugo von Hofmannsthal

Ein Weib, das sich nicht kleiden kann,
Mag schön auch die Gestalt sein,
Ist, was kein Dichter leiden kann,
Und sollt er noch so alt sein!

Bodenstedt, Die Lieder des Mirza
Schaffy, Tifus, 2

Die Frauen zeigen mehr Geschmack,
wenn sie eine andere, als wenn sie sich
selbst anzukleiden haben, aber eben,
weil es ihnen mit ihrem Körper geht
wie mit ihrem Herzen: Im fremden
lesen sie besser als im eigenen.

Jean Paul, Levana, II, 4, 3

Ein Mann, der seine Frau liebt, achtet
nicht auf ihr Kleid, sondern auf seine
Frau. Fängt er an, auf die Kleidung zu
achten, hat seine Liebe schon nach-
gelassen.

Henry Miller

Die Garderobe einer Frau ist die
Visitenkarte des Mannes.

Aus Frankreich

Gut zurechtgemacht fürs Ausgehen ist
eine Frau dann, wenn ihr Begleiter
lieber mit ihr zu Hause bliebe.

Olga Tschechowa

Ihre Kleider ziemten ihr; sie umhüllten
jedes Glied, ohne es zu zwängen, und
die reichlichen Falten des Stoffes wie-
derholten, wie ein tausendfaches Echo,
die reizenden Bewegungen.

Goethe, Wilhelm Meisters
Lehrjahre I, 8

Alle Frauenkleider sind nur Variationen
des ewigen Streites zwischen dem ein-
gestandenen Wunsch, sich zu kleiden,
und dem uneingestandenen Wunsch,
sich zu entkleiden.

Lin Yutang

Ihre Kleider sollten so eng anliegen,
daß man sieht, Sie sind eine Frau, und
so lose, daß man sieht, Sie sind eine
Dame.

Verfasser unbekannt

Ein Spitzenverkäufer ist ein Mann, der
seiner Frau klarmacht, daß es eine
Schande wäre, wenn sie ihre wunder-
schöne Figur unter einem Nerzmantel
verbergen würde.

Verfasser unbekannt

Den Ochsen hält man bei den Hörnern,
den Mann beim Wort
und die Frau beim Rock.

Aus Deutschland

Die Liebe der Frau zu ihrem Mann läßt
sich an dessen Gewand ablesen.

Aus Spanien

Keine Frau ist häßlich, wenn sie gut
angezogen ist.
                        Aus Portugal

Ihr Unterrock war rot und blau, sehr
breit gestreift, und sah aus, als wenn er
aus einem Theatervorhang gemacht
wäre. Ich hätte für den ersten Platz viel
gegeben, aber es wurde nicht gespielt.

                        Lichtenberg

Viele Frauen verzichten lieber auf ein
Fest, als daß sie schlecht gekleidet
hingingen, selbst wenn sie gar nicht
aufzufallen brauchen.

                    Simone de Beauvoir,
                    Das andere Geschlecht

Wem im Glück ich dankbar bin? Gott!
– und meiner Schneiderin.

            Friedrich Nietzsche, Jenseits von Gut
                    und Böse, Unsere Tugenden, 237

Heirate ein Weib und kaufe Kleider!

                                Bantu

Je mehr Geist oder Raffinement eine
Frau aufs Anziehen verwendet, um so
mehr tut sie es auch beim Ausziehen.

                    Jewgenij Jewtuschenko

Ein elegantes Negligé ist das, was beim
Soldaten »unter Waffen sein« heißt.

            Karl Julius Weber, Demokritos, II, 18

Wenn eine Frau zu ihrem Mann wie ein
Buch spricht, braucht sie bestimmt
einen neuen Einband.

                        Eberhard Seybold

Es gibt zweierlei Mädchen, die einen,
die Pullover stricken, und die anderen,
die sie ausfüllen.
                        Daliah Lavi

Seide wurde erfunden, damit die Frau-
en nackt in Kleidern gehen können.

                        Aus Arabien

Die Frau ist ein menschliches Wesen,
das sich anzieht, schwätzt und sich
wieder auszieht.
                        Voltaire

Ein Mann, der den Ankleideraum
seiner Frau betritt, ist entweder ein
Philosoph oder ein Narr.
                        Balzac

Der einzige, der einen Ozelotpelz
wirklich braucht, ist der Ozelot.

                        Bernhard Grzimek

Hinter jeder Frau im Nerz steht eine
andere, die darüber witzelt, wo sie ihn
herhat.
                        Inge Meysel

Der Schick eines Badeanzuges besteht
darin, daß er wie ein Sonnenbrand sitzt.

                        Esther Williams

Ein neues Kleid ist fast schon eine neue
Frau.
                        L. M. Poiret

Kleide eine Katze schön an, und sie
wird eine Braut.
                        Aus Tunesien

Ein schönes Mädchen bleibt auch in
einem alten Kleid schön.

                        Tschetschenisch

Schleier

Wenn ein Mann betet oder prophetisch redet und dabei sein Haupt bedeckt hat, entehrt er sein Haupt. Eine Fau aber entehrt ihr Haupt, wenn sie betet oder prophetisch redet und dabei ihr Haupt nicht verhüllt. Sie unterscheidet sich dann in keiner Weise von einer Geschorenen.

1. Korinther, 11, 4f

Der Schleier ist das Symbol des Metaphysischen auf Erden. Er ist aber auch das Symbol des Weiblichen – alle großen Formen des Frauenlebens zeigen die Gestalt der Frau verschleiert.

Gertrud von le Fort, Die ewige Frau

Alle großen Formen des Frauenlebens zeigen die Frau verhüllt; – die Braut, die Witwe, die Nonne sind Trägerinnen des gleichen Symbols.

Gertrud von le Fort, Die ewige Frau

Wenn eine Frau kein Kopftuch trägt, soll sie sich doch gleich die Haare abschneiden lassen. Ist es aber für eine Frau eine Schande, sich die Haare abschneiden oder sich kahlscheren zu lassen, dann soll sie sich auch verhüllen.

1. Korinther, 11, 6

Der Mann darf sein Haupt nicht verhüllen, weil er Abbild und Abglanz Gottes ist; die Frau aber ist der Abglanz des Mannes.

1. Korinther, 11, 7

Ein liebend Weib soll einen Schleier tragen.

Fürst zu Lynar, Die Mediceer, I, 5

Die Enthüllung der Frau bedeutet stets den Sturz ihres Mysteriums.

Gertrud von le Fort, Die ewige Frau

Mode

Ich glaube, die Oberfläche hat eine große Zukunft. In den kultivierten Ländern gibt es keine Mode. Es ist eine Ehre, den Vorbildern zu gleichen. Ich freue mich, daß in den Varietés die Tanzmädchen immer mehr gleichförmig aufgemacht werden. Es ist angenehm, daß es viele sind und daß man sie auswechseln kann.

Bertolt Brecht

Über die Mode von gestern lächelt man, aber für die Mode von vorgestern begeistern wir uns, wenn sie die Mode von morgen zu werden verspricht.

Marlene Dietrich

Fast immer werden die Moden von den häßlichen Frauenzimmern aufgebracht, und die hübschen sind töricht genug, sich unterzuordnen.

Rousseau

Die Frauen, die jede Modeschöpfung unbedingt zuerst tragen wollen, sind meist jene, die es bleiben lassen sollten.

Yves St.-Laurent

Die Mode ist weiblichen Geschlechts, hat folglich ihre Launen.

Karl Julius Weber, Demokritos 8, 6: Die Satire der Neueren

Der Charakter der Herrenmode ist
vorwiegend Zweckmäßigkeit, den Charakter der Frauenmode bestimmt vorwiegend Phantasie, aber die moderne
Frau ist ein wenig unsere Kameradin
geworden, sie ist nicht mehr bloß
Hüterin des Hauses und Herrin des Sa-
lons, wo sie, auf französische Manier
unpraktisch und hübsch angezogen,
die Huldigungen derer entgegennimmt,
die von draußen aus der rauheren Welt
des Mannes kommen: Sie ist selbst bei
vielem dabei, sie treibt zum Beispiel
Sport.
Oskar A. H. Schmitz,
Brevier für Weltleute

Den Einfall, Unterhosen anzuziehen,
kann man in Frankreich bei einem
Mädchen nur als sehr ungebührlich bezeichnen, falls es nicht ein Pferd bestei-
gen muß; und selbst dann verzichtet ein
bürgerliches Mädchen auf Hosen und
begnügt sich damit, ihre Röcke richtig
zu ordnen ...
Casanova

Frauen unterwerfen sich willig der
Mode; denn sie wissen, daß die Ver-
packung wechseln muß, wenn der
Inhalt interessant bleiben soll.
Noel Coward

Steigt der Teufel ins Wasser, bringt er
den Frauen eine neue Mode mit.
Aus Rußland

Die Mode gestattet es jeder Dame, aufzufallen, ohne als Dame mißdeutet zu
werden.
Graff

Eine Frau bekommt deshalb einen
Mann so schnell satt, weil dieser sich
nicht mit der Mode ändert.
Aus Polen

Aber nicht nur schminken sich die
Frauen, sie erliegen auch weiterhin den
Versuchungen der Mode und, im Bereich der Kulturindustrie, der Persona-
lisierung, den Ideologien der Liebe und
dem Terror der Schlankheit; ihr Interesse gilt Amouren und Königshäusern.
Ulrike Prokop, Weiblicher
Lebenszusammenhang

Das einzige, was einer Frau gestattet,
die Mode zu mißachten, ist ihr
Charme.
Graff

Schmuck

Des Mannes höchstes Opfer: für seine
Sache selbst sein Leben hinzugeben; des
Weibes einziges Tun und Trachten: sich
für den zu schmücken, den sie liebt.
Aus Japan

So wie der Schmuck, und sei er auch
noch so schwer, den Frauen keine Bürde, so ist es auch die Waffe niemals für
den Mann.
Puschtu

Lieblichkeit
Bedarf des Schmuckes fremder Hilfe
nicht,
Ganz ungeschmückt, am herrlichsten
geschmückt.
James Thomson,
Die Jahreszeiten, Der Herbst

Durch Purpur und Juwelen kauft der
Mann des Mädchens Herz.
Plautus, Das Hausgespenst, 280

Von Kind auf unterwiesen, daß Schönheit das Zepter der Frau sei, formt sich der Geist nach dem Bilde des Körpers; flatternd in seinem güldenen Käfig, sucht er allein, sein Gefängnis zu schmücken.

Mary Wollstonecraft, A Vindication of the Rights of Women

Die Kleider und der Schmuck der Frau sind der Preis für den häuslichen Frieden.

Bantu

Ich wünsche, daß sich alle Frauen meines Reiches hübsch machen, damit es ihre Männer leichter haben, treu zu bleiben.

Ludwig der Heilige

Gute Perlen sind teuer, daher man mehr künstliche sieht. Welcher Mann würde aber nicht gern seiner Hälfte selbst echte Perlen kaufen, wenn sie ihr das würden, was sie der Perlenmuschel sind – Verwahrungsmittel gegen das Eindringen des Feindes.

Karl Julius Weber, Demokritos

Ein Mann schmückt sich nicht für, sondern durch die Frau.

Graff

O Perle meiner Werke, Weib! (Zeus)

Schiller, Semele

Der Mann ist eine feste Schale, Worin das Weib als Perle ruht.

Karl Ferd. Dräxler-Manfred, Gedichte

Edelsteine und Weiber werden zwar leichter, aber auch schöner durchs Schleifen.

Aus Arabien

Ein Ring in der Nase – Barbarin – Zwei Ringe im Ohr. – Dame.

Verfasser unbekannt

Wohlerzogenheit ziert ein Mädchen mehr als der kostbarste Schmuck der Welt.

Aus Arabien

Mädchen, wie Perlen und Pfauen, schätzt man nach keiner anderen Farbe als der weißesten.

Jean Paul, Levana oder Erzieh-Lehre, Bd. 2. Bruchstück 4, 3, § 91

Es ist doch immer dasselbe. Frauen brüsten sich mit Pelzen und Juwelen und Männer mit weisen Aussprüchen und Zitaten.

Maurice Chevalier

Putz

Auch die Möbel gehören zum weiblichen Anzug, z. B. ein schwarzes Kanapé ist ein gutes Unterfutter für einen weißen Arm.

Jean Paul, Trümmer eines Ehespiegels, Herbstblumine

Die Toilette ist deshalb für viele Frauen so sehr wichtig, weil sie ihnen die Welt und ihr eigenes Ich zugleich in der Illusion liefert.

Simone de Beauvoir, Das andere Geschlecht

(Götter, Frauen?) Bilder, die mit
Gewand und Schmuck zum Anschauen
in die Augen stechen, aber es fehlt
ihnen das Herz.

Demokritos, Fragmente 195

Mann und Weib im ganzen verglichen,
darf man sagen: Das Weib hätte nicht
das Genie des Putzes, wenn es nicht
den Instinkt der zweiten Rolle hätte.

Friedrich Nietzsche, Jenseits von
Gut und Böse, Sprüche und
Zwischenspiele 145

Das Frauenzimmer hat ein angeborenes
stärkeres Gefühl für alles, was schön,
zierlich und geschmückt ist. Schon in
der Kindheit sind sie gerne geputzt und
gefallen sich, wenn sie geziert sind.

Immanuel Kant, Beobachtungen

Drei Tiere, die an ihre Toilette die
meiste Zeit wenden, sind Katzen;
Fliegen und Frauen.   *Aus Frankreich*

Für wen eigentlich putzt sich eine Frau,
deren Mann blind ist?   *Aus Spanien*

A scheens Leit braucht koan Putz.

Aus Bayern

Wenn wir schön sind, sind wir unge-
putzt am schönsten. (Franziska)

Lessing, Minna von Barnhelm, II, 7

Je größer eines Mägdleins Putz,
je minder ist sie (!) selber nutz.

Aus Deutschland

Als die Messe gesungen war, da war die
Frau geschmückt.   *Aus Frankreich*

Das ist die Art der Frauen: bis sie mit
ihrem Putz in Gang kommen und fertig
werden, dauert's ein Jahr. (Klitipho)

Terenz,
Heautontimorumenos, 2, 1, 1/11

Drei Zehntel vom guten Aussehen
dankt die Frau der Natur und sieben
Zehntel dem Putz.   *Aus China*

Der Puder ist, so wie der Rock, für alt'
und graue Weibchen. (Junge Hexe)

Goethe, Faust

Wenn Lilla bei Tage Spaziergänge
macht,
so strahlt sie in herrlichster Jugend-
pracht,
doch wenn ihr sie abends zu Hause
erblickt,
wo keiner der künstlichen Reize sie
schmückt,
da schwindet so schnell die erborgte
Pracht,
und also verändert zeigt sich die Lage,
daß jedermann sagen wird: Lilla bei
Nacht
sei nur die Großmutter Lillas bei Tage.

Castelli, Die Großmutter ihrer selbst

Sie (Frauenzimmer) haben viel teilnehmende Empfindungen, Gutherzigkeit
und Mitleiden, ziehen das Schöne
dem Nützlichen vor und werden den
Überfluß des Unterhalts gerne in Sparsamkeit verwandeln, um den Aufwand
auf das Schimmernde und den Putz zu
unterstützen.

Immanuel Kant, Beobachtungen

Schminken

Die Damen,
die sich gerne schminken,
Die lassen sich wohl selbst bedünken,
Da wo Natur an ihren Gaben
Muß etwas übersehen haben.

Friedrich von Logau, Deutsche Sinn-
Getichte, Geschminkte Weiber

Sehr viele Weiber scheinen nur.
Mit eben der Leichtigkeit, mit der sie
die Wangen schminken, schminken sie
auch ihre Seele.

August von Kotzebue, Der deutsche
Mann und die vornehmen Leute

Je weniger eine Frau ihre Küche reinigt,
desto mehr beschmiert sie ihr Gesicht.

Aus Korea

Die Unnahbarkeit der Frauen ist ein
Kleid und eine Schminke, die sie ihrer
Schönheit hinzufügen.

La Rochefoucauld, Reflexionen

Die Weiber haben wenigstens Toiletten.
Aber womit decken die Männer ihre
Leere?

Karl Kraus,
Sprüche und Widersprüche

Jede Frau kann so schön sein wie vor
zehn Jahren, nur dauert es ein bißchen
länger.

Olga Tschechowa

Oft ist das Make-up teurer als das
Gesicht.

Hans Reimann, Hans Reimanns
100jähriger Kalender

Sie trug gestern abend zuviel Rouge
und zuwenig Kleid. Das ist bei Frauen
immer ein Zeichen von Verzweiflung.
(Lord Goring)

Oscar Wilde, Ein idealer Gatte, II

Wenn der Mann die Frau nicht liebt,
wozu dann eigentlich Rouge und
Schminke?

Kirgisisch

Schmieren und Salben
hilft allenthalben;
hilft's nicht beim Mädchen
hilft's doch beim Rädchen.

Aus Deutschland

Vitus nennt sein Weib »Gemahlin«.
Billig! Weil sie sich so malt,
daß für Weißes und für Rotes
jährlich er viel Taler zahlt.

Logau, Auf Vitum

Kosmetik ist die Lehre vom Kosmos
des Weibes.
Karl Kraus

Sie war noch ungeschminkt auf Stirne,
Hals und Wangen;
das fragt ich Julchen selbst: »Ist Julchen
ausgegangen?«

Friedrich Haas, Verzeihlicher Irrtum

Wenn sich Weiber schminken, ist es wie
ein Winken, daß man aufgenommen,
wolle man nur kommen.

Friedrich von Logau, Sinngedichte

Statt daß sich die Range wusch,
schmiert sie auf die Wange Rouge.

> *Franz Mittler,* Macht man denn
> aus Kalk die Terzen

Gezwungene Liebe und
gefärbte Schönheit halten
nicht Farbe.

> *Aus Deutschland*

Spiegel

Ein Mädchen von ihren Jahren hat
immer zwei Spiegel zugleich, den
wahren und ihren Bewunderer. Die
gefällige Geschmeidigkeit des letzteren
macht die rauhe Offenherzigkeit des
ersteren wieder gut. Der eine rügt eine
häßliche Blatternarbe. Weit gefehlt, sagt
der andere, es ist ein Grübchen der
Grazien. (Lady)

> *Schiller,* Kabale und Liebe, IV, 7

Selbst die sanftesten, bescheidensten
und besten Mädchen sind immer sanfter, bescheidener und besser, wenn sie
sich vor dem Spiegel schöner gefunden
haben.

> *Lichtenberg*

Frauenzimmer sind wie ein heller
Spiegel, der auch von dem geringsten
Hauche anläuft.

> *Theodor Gottlieb von Hippel*
> Über die Ehe, K. 7. Für die Mädchen

Nein Kleopatra, nein! Dein Spiegel,
glaube mir, trügt; sähest du dich, wie
du bist, sähest du nimmer hinein.

> *Johann Gottfried Herder*

Stolzes Mechten (Mädchen),
o beschaue
Hier in diesem Spiegel dich,
Nicht zuviel auf Schönheit baue,
Du zerfällst einst sicherlich.

> *Grabschrift in Lanersbach Dux*

Frauen haben über Jahrhunderte hinweg als Spiegel gedient mit der magischen und köstlichen Kraft, das Bild
des Mannes in doppelter Größe wie-
derzugeben. (...) Deshalb bestehen
Napoleon und Mussolini beide so
nachdrücklich auf der Unterlegenheit
der Frauen, denn wenn sie nicht unterlegen wären, würden sie aufhören zu
vergrößern. Das hilft teilweise zu erklären, warum Frauen für Männer oft
so notwendig sind.

> *Virginia Woolf*

Die Weiber von hoffertigem leibe
thun ihren raht im Spiegel treiben.

> *Alter deutscher Spruch*

Junge Däns (Dirnen, Mädchen) biädet
(beten) am leiwsten vüör'n Spiegel.

> *Sprichwort (münsterisch)*

Ein hüpsche fraw sihet einn spigel
hüpsch an,
eine heßliche heßlich.

> *Alter deutscher Spruch*

Ein häßliches Mädchen haßt den
Spiegel.

> *Jüdisch*

Es gibt keine Frau, die noch etwas
Verstand besitzt, wenn sie in den
Spiegel schaut.

> *Aus Spanien*

Wenn die Frau so oft mit dem Wasser verglichen worden ist, so unter anderem auch deswegen, weil sie der Spiegel ist, in dem der männliche Narziß sich bewundern kann: mit mehr oder weniger Selbstvertrauen neigt er sich über sie.

Simone de Beauvoir,
Das andere Geschlecht

Ein Mädchen vor dem Spiegel ist die Frucht, die sich selber ißt.

Hebbel, Tagebücher 1839

Ein Jüngling – der Spiegel jeder holden Schönen.

Kurdisch

Weiber erfanden ganz sicher den Spiegel.

Karl Julius Weber,
Demokritos, Die Mode

Der Spiegel ist der Frauen Seele.

Aus Japan

Eine eitle Frau braucht einen Spiegel. Ein eitler Mann ist sein eigener Spiegel.

Françoise Sagan

Auto

Wo der Mann einer Frau die Autotüre öffnet, ist entweder die Frau neu oder das Auto.

Verfasser unbekannt

Frauen am Steuer versuchen erst gar nicht, den Motor zu verstehen, deswegen imponiert er ihnen auch nicht.

Ugo Tognazzi

Die Liebe des Mannes geht duch den Magen. Die Liebe der Frau geht durch den Wagen.

Gerhard Grüninger,
Sie und Er

Die gefährlichsten Unfälle entstehen, wenn eine Frau den linken Richtungsanzeiger betätigt und tätsächlich nach links abbiegt.

Ein Verkehrspolizist

Heutzutage träumen viele Mädchen davon, unter eine hübsche Motorhaube zu kommen.

Hans Söhnker

Und immer und ewig im Taxi, denn selbstverständlich kann eine Frau sich nicht anders fortbewegen als im Auto.

Henry de Montherlant, Erbarmen mit
den Frauen, Die Aussätzigen

X. Kapitel

Augen

Gefühl

Leib

Gestalt

Busen

Antlitz

Haar

Seele

Gemüt

Herz

Verstand

Vernunft

Phantasie

Intuition

Instinkt

Geist

Denken

Logik

Augen

Die Augen eines Frauenzimmers sind
bei mir ein so wesentliches Stück, ich
sehe oft danach, denke mir so vielerlei
dabei, daß, wenn ich nur ein bloßer
Kopf wäre, die Mädchen meinetwegen
nichts als Auge sein könnten.

Lichtenberg

Aus Frauenaugen zieh' ich diese Lehre;
Sie sind der Grund, das Buch, die hohe
Schule,
aus der Prometheus' echtes Feuer glüht.
(Biron)
Shakespeare,
Liebes Leid und Lust, IV, 1

... nein, eine Schlacht,
Um schöne Augen einer Frau verloren,
Wiegt eure Sieg' auf, Roms Triumpha-
toren!
George Gordon Lord Byron,
Don Juan, Ges. 6, Str. 4, V. 5

Blick' einem Weibe, das dich liebt,
Ins Auge, und dein Gram zerstiebt,
Die Welt wird sich dir freundlich
zeigen,
Es werden all' die Stimmen schweigen,
Die dich zum Abgrund lockend
riefen;
Du blickst in heitre Gottestiefen.
(Isenburg)
Nikolaus Lenau, Faust,
Der Jugendfreund

Allein
Um unserer schönen Augen willen
seufzt kein Mann,
Und wenn er uns den Hof macht,
heischt er seinen Lohn. (Arsinoe)
Molière,
Der Menschenfeind, III, 5

Die leichtfertige Frau erkennst du
sogleich an ihren Augen, die anständige
an dem, was sie spricht.
Kirgisisch

Stünden nicht Mädchen mit feurigem
Aug' am Wege des Lebens,
Wahrlich! es wandelte dann ohne
Gefahr sich dahin!
Peter von Bohlen,
Bhartriharis Spr.

Wer der Frauen Auge scheut,
Hat die Freude nie geschaut.
Friedrich Rückert, Haus und Jahr.
Erste Reihe, Kleines Frauenlob

Mägdelein, schlag die Augen nieder!
Blicke, die zu heftig steigen,
plaudern alles fälschlich wieder,
was die Lippen zart verschweigen.
Mägdelein woll die Augen senken
nach dem Schlüssel an der Erde;
sie wird ihn der Demut schenken,
daß der Himmel offen werde.
Clemens Brentano,
Mägdelein, schlag die Augen nieder

Es gibt Männer, welche die Beredsamkeit weiblicher Zungen übertreffen.
Aber kein Mann übertrifft die Beredsamkeit weiblicher Augen.
Weber, Demokritos III, 8

Das sittsamste Mädchen bleibt nicht
Herr seiner Augen. Wer kann den Wein
im Glase hindern, daß seine Perlen auf-
wärts steigen?
Kotzebue, Der Deutsche Mann und
die vornehmen Leute

Du tratest durch die Augen in mich ein
Und zwangst mich so, mich mächtig
auszubreiten.

Michelangelo, Sonetten an Vittoria
Colonna

Auf eine Frau mit frechem Blick gib
acht; sei nicht überrascht, wenn sie dir
untreu wird.
Wie ein durstiger Wanderer den Mund
auftut und vom ersten besten Wasser
trinkt, so läßt sie sich vor jedem Pfahl
nieder und öffnet den Köcher vor dem
Pfeil.

Jesus Sirach, 2 b,11f

Noch kein Dichter hat die schönen
Augen seiner eigenen Frau schön
besungen.

Börne, Kritiken

Ein getrewe mutter sihet mehr mit
eynem dann der vather mit zehen
Augen.

Alter deutscher Spruch

Mit den Frauen verständigt man sich
durch die Augen, dann mit den Lippen,
und die Worte kommen höchstens
hinterhergeseufzt.

Sigismund von Radecki, Als ob das
immer so weiterginge ...

Wir armen Frauen, wir dürfen's nicht
verhehlen: Des Augs Verirrung lenkt
zugleich die Seelen. (Cressida)

Shakespeare, Troilus und Cressida, V, 2

Lohnt es nicht den Versuch, die Welt
oder die Wirklichkeit mit den Augen
der Frauen zu betrachten? Sie sind
doch viel wertbeständigere Wesen.

Hans Erich Nossack

Die lüsterne Frau verrät sich durch
ihren Augenaufschlag, an ihren
Wimpern wird sie erkannt.

Jesus Sirach, 2 b, 9

Die Liebe dringt beim Mann durch
die Augen ein, bei der Frau durch
die Ohren.

Aus Polen

Wenn einer Frau Lippen sagen
»Genug« so schaut sie dich an, und ihre
Augen sagen »Noch einmal.«

Aus China

Die Frauen machen sich nur deshalb so
hübsch, weil das Auge des Mannes
besser entwickelt ist als sein Verstand.

Doris Day

Der Weiber Freundlichkeit, nicht
schöne Augen,
Gewinnt mein Herz. (Hortensio)

Shakespeare, Der Widerspenstigen
Zähmung

Mit den Augen fragt, nimmt, verachtet
und tötet ein Weib.   *Aus Spanien*

Gefühl

Als die Natur Männer und Weiber
schuf, da warf sie zwei Lose in den
Glückstopf; wir zogen die Vernunft
und ihr das Gefühl. (Duport)

August von Kotzebue, Der weibliche
Jakobinerklub, A. 1, Sz. 3

Aber, wie leise vom Zephyr erschüttert
Schnell die äolische Harfe erzittert,
Also die fühlende Seele der Frau.
Zärtlich geängstigt vom Bilde der
Qualen,
Wallet der liebende Busen, es strahlen,
Perlend die Augen vom himmlischen
Tau ...

Schiller

Mann und Frau waren im Gefühlsleben
nicht füreinander geschaffen, sie waren
es nicht einmal physiologisch. Der
Mann genoß, die Frau genoß nicht;
auch das mußte der Mann sie erst lehren; die Natur, die sich gegenüber der
Frau ohnehin schon geizig gezeigt hatte, hatte auch dafür nicht gesorgt.

Henry de Montherlant, Erbarmen mit
den Frauen, Der Dämon des Guten

Es kostet die Frauen wenig, zu sagen,
was sie nicht fühlen; noch weniger aber
kostet es die Männer, zu sagen, was sie
fühlen.   *La Bruyère,* Charaktere, 3

... der Mann will verstanden, die Frau
gefühlt werden.

Dr. Hans Groß, Kriminalpsychologie
Nr. 1, Allgemein Differenzierendes,
Einzelne Eigenschaften d. Frauen,
Gemüt u. Verwandtes

Es ist unrichtig, wenn es heißt, bei der
Frau herrsche das Gefühl, bei den Männern der Verstand; sondern so vielmehr
verhält es sich: Für die typische Frau ist
ausschlaggebend das personelle Gefühl,
für den typischen Mann das generelle
Gefühl.

Ludwig Klages,
Grundlagen der Charakterkunde

Frau und Mann sind niemals frei.
Stets ist ein Gefühl dabei.
Und die Dummen sind gewöhnlich alle
zwei!

Kurt Tucholsky

Die Natur hat die Frauenzimmer so geschaffen, daß sie nicht nach Prinzipien,
sondern nach Empfindungen handeln
sollen.   *Georg Christoph Lichtenberg*

Denn das ist und bleibt wahr,
eine Frau, so schwach sie ist,
ist durch das Gefühl, das sie einflößt,
stärker als der stärkste Mann.

Casanova

Das Fräulein stand am Meere und
seufzte lang und bang, es rührte sie so
sehre der Sonnenuntergang.

Heine, Neue Gedichte,
Seraphine Nr. 11

Liebe oder Haß – ein Drittes kennen
die Frauen nicht.

Publilius Syrus, Sentenzen

Wo nicht Liebe oder Haß mitspielt,
spielt das Weib mittelmäßig.

Nietzsche, Jenseits von Gut und Böse

In dem gegenwärtigen Stadium der
Kultur, wo die Verstümmelung von
Individuen nicht nur geübt, sondern
verherrlicht wird, schämen sich die
Frauen ihres Gefühls.

Rabdranath Tagore, Über die Frau

Die Sentiments der Weiber sind Ader-
lässe, und wie wir durch erhöhtes Emp-
finden gewinnen, so verlieren sie. Das
Weib ist wie der Weinstock, soll er
Trauben bringen, so darf er nicht
bluten.
Hebbel, Brief an
Gravenhorst, 19.2.1837

Der Mann ist öfter ernst, das Weib
meist nur selig oder verdammt, lustig
oder traurig.

Jean Paul, Levana oder Erzieh-Lehre,
Bd. 2, Bruchstück 4, K. 3, § 82

Die Frau hat weibliche Empfindungen
für den überlegenen Mann, männliche
für den unterlegenen.

Robert Musil, Der Mann ohne
Eigenschaften

Eine gefühllose Frau ist eine Frau, die
den Mann den sie lieben muß, noch
nicht gesehen hat.

Jean La Bruyère, Charaktere III

Ich untersuche nicht, ich fühle nur.
(Iphigenie)

Goethe, Iphigenie auf Tauris, 4, 4

Traun! der seligen Triebe!
Wann ein Mädchen vor Liebe
Und Empfindsamkeit stirbt ...

Joh. Heinrich Voß,
Mailied eines Mädchens

Leib

Nicht die Frau verfügt über ihren Leib,
sondern der Mann. Ebenso verfügt
nicht der Mann über seinen Leib,
sondern die Frau.
1. Korinther, 7, 4

Wo entgegennimmt das Weib, da
verpfändet es seinen Leib.

Aus Spanien

Weshalb ist unser Leib zart, sanft und
weich, kraftlos für Müh' und Ungemach der Welt, als daß ein weiches
Herz, ein sanft Gemüte als zarter Gast
die zarte Wohnung hüte? (Catharina)

Shakespeare,
Der Widerspenstigen Zähmung, V, 2

Ihr Leib (Mädchen) sowohl als ihr
Geist ist weniger kräftig und ausdau-
ernd als der der Männer; dafür hat
ihnen die Natur Fleiß, Sauberkeit,
Sparsamkeit verliehen für die stille
Beschäftigung im Hause.   *Fénelon*

Welchen Wert, sprich, hat Dein Leib,
wenn ihn des Geliebten Arme nicht
umfangen?   *Friedrich von Bodenstedt*

Des Weibes Leib ist ein Gedicht,
Das Gott der Herr geschrieben
Ins große Stammbuch der Natur,
Als ihn der Geist getrieben.

Heinrich Heine

– Kein Mittelweg ist in der Ehe;
Entweder hebt das Weibchen euch
Hinauf zur höchsten Himmelshöhe,
Wo nicht – stürzt ihr ins Höllenreich;
Denn Gott und Teufel hat im Leib
Zugleich das Weib.

Ignaz. Frz. Castelli

Die … Überempfindlichkeit ihres Organismus bringt es mit sich, daß für die
Frau der Körper viel mehr vorhanden
ist als für den Mann.

José Ortega y Gasset,
Der Mensch und die Leute

Die Innenwelt, die wir im weiblichen
Körper entdecken … präsentiert sich
uns sogleich als eine der männlichen
unterlegenen Form des Menschseins.

José Ortega y Gasset,
Der Mensch und die Leute

Daß das Weib sinnlicher ist als der
Mann, zeigt schon die Bildung ihres
Leibes.

Sören Kierkegaard,
Begriff der Angst 2, Kapitel § 3

Im Verhältnis zu der Art, wie die Frau
konstitutiv ihren eigenen Leib erlebt –
wie sie sich in ihm fühlt und weiß –,
führt der Mann den seinen so distan-
ziert mit sich, wie wenn es ein
Hündchen an der Leine wäre.

Max Scheler,
Mensch und Geschlecht

Ein Weib
Hat Hände, Wangen, Busen und
Verstand;
Anpacken kann man sie an hundert
Stellen. (D. Ritter.)

Christian Dietrich Grabbe,
Don Juan und Faust, A. 4, Sz. 3

Der schönste Leib – ein Schleier nur,
in den sich schamhaft Schönres hüllt.

Friedrich Nietzsche

Man vergißt allzu leicht, daß der
weibliche Körper mit einer lebhafteren
Sensibilität begabt ist als der männliche.
Das heißt, daß unsere innerkörper-
lichen Organempfindungen ver-
schwommen, ja geradezu stumpf sind
im Vergleich mit denen der Frau.

José Ortega y Gasset,
Der Mensch und die Leute

Ein jeder liebt den Leib, der Ursprung
ihm gegeben. (Perikles)

Shakespeare, Perikles, 1, 1

Die Frauen müssen sich zuallererst
über ihren eigenen Körper informieren,
das Studium der Gynäkologie und
Geburtshilfe selbst in die Hand
nehmen und, nicht zuletzt, ihr eigenes
Vorurteil zugunsten männlicher Ärzte
überwinden.

Germaine Greer,
Der weibliche Eunuch

Gestalt

Ein mannbares Mädchen, dessen
Naturbestimmung ist, Kinder zu
gebären und Kinder zu säugen, wäre
nicht schön ohne gehörige Breite des
Beckens und ohne gehörige Fülle der
Brüste. Doch wäre auch ein Zuviel
nicht schön, denn das würde über das
Zweckmäßige hinausgehen.

Goethe, zu Eckermann, 18.4.1827

Wenn wir die Frauenkörper als ästheti-
sches Objekt ohne Funktion behandeln, deformieren wir sie und ihre
Besitzerinnen. Ob die aufgezwungenen
Kurven die überquellenden Arabesken
einer Tittenkönigin sind oder dürre
Spiralen aus dem Jugendstil, sie sind
immer Deformationen des dynami-
schen, individuellen Körpers und
Einschränkungen der Möglichkeit,
weiblich zu sein.

Germaine Greer,
Der weibliche Eunuch

Mit den schlanken Frauen geben die
Männer an, aber die molligen nehmen
sie mit nach Hause.

Régine

Sie (die Pariserinnen) sind, was die Gestalt betrifft, allerhöchstens annehmbar
und im allgemeinen eher übel als gut.

J. J. Rousseau,
Die Neue Heloise II, XXI

Das populärste Bild von der Frau
besteht trotz der Forderungen der
Bekleidungsindustrie aus Titten und
Hintern, einem Wunschtraum aus
Kurven und Rundungen.

Germaine Greer,
Der weibliche Eunuch

Madame Goulou ist tätowiert
vom Ausschnitt bis zum Spann.
Und jeder, der sie engagiert,
sieht sich die Bilder an.
Die Nachttischlampe bei Goulou
brennt bis zum Morgengrau,
und keinem falln die Augen zu,
so spannend ist die Schau.

Fritz Grasshoff, Die große Halunken-
postille, Madame Goulou

Ist's möglich, ist das Weib so schön?
Muß ich in diesem hingestreckten
Leibe den Inbegriff von allen
Himmeln sehn?

Goethe, Faust

Bei den sexuellen Vorlieben existiert
eine Art Klassenunterschied. Der Liebling der Arbeiterklasse ist immer
noch kurvenreich und mollig, aber die
modebewußte Mittelklasse bewundert
Schlankheit und sogar Magerkeit.

Germaine Greer,
Der weibliche Eunuch

Zwar lieb ich auch große Fraun und
bin kein Kostverächter,
doch tauscht man sie für kleine,
so ist der Tausch kein schlechter.

Juan Ruiz, Von den Vorzügen
der kleinen Frauen

Das niedriggewachsene, schmalschultri-
ge, breithüftige und kurzbeinige Geschlecht das schöne nennen konnte nur
der vom Geschlechtstrieb umnebelte
männliche Intellekt.

Schopenhauer, Parerga, Teil II

Dem kurvigen Mädchen, das dünn sein soll, und dem dünnen Mädchen, das kurvig sein soll, werden mehr oder weniger gefährliche Rezepte zur Erreichung dieses Ziels angeboten. In jedem Fall stutzt sich die Frau zurecht, um einem Käufermarkt zu imponieren; ihr kritischster Käufer mag ihr Ehemann sein, der ihre Annäherung an das akzeptierte Bild zur Voraussetzung seiner künftigen Begierde und seines künftigen Stolzes auf sie macht.

Germaine Greer,
Der weibliche Eunuch

Jedes Weib sieht aus der Entfernung größer aus als in der Nähe. Bei den Weibern ist also nicht nur die Logik und die Ethik, sondern auch die Optik auf den Kopf gestellt.

Karl Kraus, Sprüche und Widersprüche, Weib, Phantasie

Das Mädel ist schön, schlank, führt einen netten Fuß. Unterm Dach mag's aussehen, wie's will. Darüber guckt man bei euch Weibsleuten weg, wenn's nur der liebe Gott parterre nicht hat fehlen lassen. (Miller)

Schiller, Kabale und Liebe I, 1

Die Taille wird übertrieben, damit die äußeren Kurven von Brust und Hintern besser hervortreten: Sie ist kaum eine natürliche Erscheinung. In allen Epochen, wo sie de rigeur war, mußten die Frauen eine besondere Apparatur tragen, um sie zu betonen, und in ganz ähnlicher Weise, wie ein Bündel Metallreifen den Hals der Bantudamen verlängert, ist die Taille zustande gekommen.

Germaine Greer,
Der weibliche Eunuch

Daß eine einen Buckel hat, dessen muß sie sich nicht bewußt sein. Aber daß sie einen Zwicker hat, sollte sie nicht leugnen.

Karl Kraus, Sprüche und Widersprüche, Weib, Phantasie

Der Anblick der weiblichen Gestalt lehrt, daß das Weib weder zu großen geistigen noch körperlichen Arbeiten bestimmt ist. Es trägt die Schuld des Lebens nicht durch Tun, sondern durch Leiden ab, durch die Wehen der Geburt, die Sorgfalt für das Kind, die Unterwürfigkeit unter den Mann, dem es eine geduldige und aufheiternde Gefährtin sein soll. Die heftigsten Leiden, Freuden und Kraftäußerungen sind ihm nicht beschieden, sondern sein Leben soll stiller, unbedeutsamer und gelinder dahinfließen als das des Mannes, ohne wesentlich glücklicher oder unglücklicher zu sein.

Schopenhauer,
Parerga und Paralipomena II,
Über die Weiber

Glauben Sie mir, Striptease regt die Frauen auf. Natürlich nicht sexuell, außer sie sind Lesbierinnen. Aber sie werden beunruhigt. Jede Frau wird vom Körper einer anderen Frau beunruhigt, verwirrt.

Alain Bernardin, zu Georg Stefan Troller, in Pariser Gespräche 4

Welcher Frevel, Freund! Abtrünnig
wirst du deiner fetten Hanne,
und du liebst jetzt jene spinnig
dürre, magre Marianne!
Läßt man sich vom Fleische locken,
das ist immer noch verzeihlich;
aber Buhlschaft mit den Knochen,
diese Sünde ist abscheulich!

Heinrich Heine

Halbpornographische Magazine bringen immer noch Anzeigen für Strumpf-
halter mit eingearbeiteten Kissen für
unzulängliche Ärsche, aber im ganzen
gesehen ist die bibbernde Großfläche
aus wogendem Schenkel und Arsch-
backen, die unsere Großväter erregte,
der Vergessenheit anheimgefallen. Statt
dessen nimmt der freche Popo in engen
Hosen, eher knabenhaft, die Aufmerksamkeit sichtlich in Anspruch.

Germaine Greer,
Der weibliche Eunuch

Ein Weib ist wie ein Riese.

Aus dem Sudan

Füße und Unterarme einer Frau
müssen von exhibitionistischer
Schönheit sein.

Salvador Dalí

Frauen, das Böse und Gurken,
je kleiner desto besser.

Aus Ungarn

Drei kleine Dinge sind am besten: eine
kleine Bienenwabe, ein kleines Schaf
und eine kleine Frau.

Aus Irland

Busen

Welcher Busen, Hals und Kehle!
Höher seh' ich nicht genau.
Eh' ich ihr mich anvertrau',
Gott empfehl' ich meine Seele.

Heinrich Heine,
Neue Gedichte, Diana 1

Das Kind säugt ihr ein ander Weib,
Damit die Brüst an ihrem Leib
Stets bleiben mögen zart und rein;
Drum ihrKind ein Narr muß sein.

Murner, Narrenbeschwörung 4

Wenn sie sich mit den seidnen Blusen
bücken,
soll tief man in die vollen Busen
blicken.
Ihr Herz ist nicht mehr weiß wie
Linnen eben,
drum zeigen sie auch soviel.
Innen-Leben.

Gerhard Schumann,
Freundliche Bosheiten, Urlaubs-Idylle

Wird an der Mutter Brust das Kind
nicht satt, so saugt es an des Vaters
Finger.

Aus Bengalen

Das Schönschte, Höchschte, Erha-
benschte in der plaschtischen Kunscht
ischt der weibliche Bruschtkaschte mit
allem, was drum und dran hängt.

Ein schwäbischer Professor
der Kunstgeschichte

Bedecken Sie den Busen, den ich nicht
darf sehn;
Gar leicht bringt so etwas die Seelen in
Gefahr
Und weckt in uns Gedanken, die
höchst sündhaft sind. (Tartüff)

Molière, Tartüff, III, 2

Selig sind ... die Brüste, die nicht
gesäugt haben.

Lukas 23, 29

Aus Rom
Einige fürnehme und sehr schöne Damen als sie vor etlichen Tagen in einer
Lehn-Gutschen spaziren fahren wollen
sind von denen Sibirris auf der Straße
angehalten und gefangen genommen
worden weilen sie dem publicirten
Verbot des Pabst zuwider ihre Brüste
zuweit entblößet getragen.

Sonntagischer Mercurius, 1680, Hans
Reimanans 100jähriger Kalender

Ihre schlafenden Brüste hab' ich
berührt , und ihres Busens Pracht tat
sich mir auf ...
                            Garcia Lorca

Ganz nackt, ganz nackt. Deine Brüste
sind zarter noch als jeder Duft betauten
Grases, und tragen deine Schultern
doch.
                            Paul Eluard

Die Frau der Zukunft ignoriert die
Brust, die sanft geebnet wird.
                            Cesare Biki

Ein voller Busen ist in Wirklichkeit ein
Mühlstein am Hals der Frau: Er macht
sie bei Männern beliebt, die aus ihr ein
Mammchen machen wollen, aber sie
darf niemals annehmen, daß die Glotz-
augen der Männer sie selber sehen.
                            Germaine Greer,
                    Der weibliche Eunuch

Traue niemand, den der Anblick einer
schönen weiblichen Brust nicht außer
Fassung bringt.
                            Auguste Renoir

Diese schönen Gliedermaßen kolossaler
Weiblichkeit sind jetzt ohne Widerstreit
meinen Wünschen überlassen.
Ein voller weiblicher Busen übt einen
ungemeinen Reiz auf das männliche
Geschlecht aus: weil er, mit den Propa-
gations(Fortpflanzungs-)funktionen
des Weibes in direktem Zusammenhan-
ge stehend, dem Neugeborenen reich-
liche Nahrung verspricht.

                            Arthur Schopenhauer,
                    Metaphysik der Geschlechtsliebe

Der Grad der Aufmerksamkeit, den
Brüste erregen, und die Verwirrung
über die tatsächlichen Wünsche der
Brustfetischisten machen Frauen in
übertriebenem Maße brustbewußt.
                            Germaine Greer,
                    Der weibliche Eunuch

Und ihr Leib und ihre Brüste, Trauben
seid ihr meiner Rebe.
                            Baudelaire

Die hängenden Gärten der Semiramis
waren ein Weltwunder. Nur ungern
läßt die Dame von Welt auch heute
ihren Büstenhalter auf dem zierlich
gedeckten Frühstückstisch liegen.
                    'Kurt Tucholsky, Werbekunst oder: Der
                    Text unserer Anzeigen (1927)

Der Rohkostfimmel der Frauenbewegung hat einige Brüste aus der Herrschaft von Schaumstoff und Draht
befreit. Eine Möglichkeit, den Fortschritt in der gleichen Richtung weiter-
zutreiben, könnte sein, daß wir die
Männer daran erinnern, daß auch sie
empfindsame Nippel haben.
                            Germaine Greer,
                    Der weibliche Eunuch

Antlitz

Das Weib hat einen bedeutenden Augenblick, in welchem das Schicksal, auf den unbedeutendsten Augenblick des Mannes angewiesen zu sein, einen Gesichtsausdruck gewinnen kann, der, entrückt und entsetzt, eine wahrhaft tragische Wonne spiegelt.

Karl Kraus, Auswahl aus dem Werk, Geschlecht und Lüge

Die heißen Rosen auf der Weiber Wangen
Gehören mir! Das sind der Hölle feinste
Und schlimmste Flammen. (D. Ritter)

Christian Dietrich Grabbe, Don Juan und Faust, A. 2, Sz. 2

Die holde Gewalt ihrer Züge verbarg scheu einen Reichtum an menschlichen Regungen.

Friedrich Sieburg über Greta Garbo, Die Lust am Untergang

Denn Liebe gleicht der scheuesten der Frauen;
Ihr eigen Antlitz schämt sie sich zu schauen,
Ein Rätsel will sie bleiben oder sterben.

Theodor Storm

Aus der bezaubernden Einfalt der Züge (der Frauen)
Leuchtet der Menschheit Vollendung und Wiege,
Herrschet des Kindes, des Engels Gewalt.

Schiller, Gedichte, Würde d. Frauen (Nur in d. ersten Fassung des Gedichtes enthalten)

Es ist keine Kraft in der Naur, die auf dem Antlitz eines Weibes die verlorene Unschuld ersetzt.

August von Kotzebue, Die kluge Frau im Walde

Mädchengesichter ... noch unbewohnte Gesichter, der Wille hat noch nicht Zeit gehabt, sie zu verhärten und sie zur Festung zu machen.

Henri Michaux, Gesichter junger Mädchen

Einer Dirne schön Gesicht
Muß allgemein sein, wie's Sonnenlicht. (Zweiter Jäger)

Schiller, Wallensteins Lager, 7

Dem schönsten Antlitz fehlt zur höchsten Zierde
Oft nur ein Blattergrübchen, eine Narbe. *Christian Dietrich Grabbe,* Don Juan, u. Faust A.3.Sz.2

Aus eines schönen Weibes Antlitz blickt dem Manne, was er ewig sucht und nie findet.

Wilhelm Heines, Tagebuch

Ein huriges Weib kennet man bei ihrem unzüchtigen Gesichte und an ihren Augen. *Jesus Sirach,* 26, 12

Auf dem Gesicht einer Schönen reifen keine Ähren, und auf ihren Schultern wachsen keine Äpfel.

Darginisch

Wenn man das zierlichste Näschen
von seiner liebsten Braut
durch ein Vergrößerungsglas
näher beschaut,
dann zeigen sich haarige Berge,
daß einem graut.

Ringelnatz,
Genau besehn

Ihre Züge führten einen unregel-
mäßigen Lebenswandel.

Karl Kraus,
Sprüche und Widersprüche

Mein Gesicht ist eine Leinwand,
auf die man alles malen kann.

Isabella Rossellini

Über den Gesichtszügen manch
reizender Frau liegt der Abglanz einer
niemals begangenen Torheit.

Martin Kessel, Gegengabe, Aphoristisches Kompendium für hellere Köpfe

Von einem schönen Gesicht kann man
kein Wasser trinken.

Aus Rußland

Welche Frau hat einen guten Mann,
Der sieht man's am Gesicht wohl an.

Goethe

Am meisten lieb' ich mir die vollen
frischen Wangen. (Mephisto)

Goethe, Faust I

Die Schönheit des Gesichts ist
schwache Zierde nur,
Und sie vergeht so rasch wie Blumen
auf der Flur.
Dort haftet sie auch bloß am äußeren
Gewande,
Doch Seelenschönheit ist von
dauerndem Bestande. (Philaminte)

Molière, Die gelehrten Frauen, III, 4

Haar

Wie daß das Frauenvolk so lange
Haare führen?
Sie sind der Zaum, womit der Mann
sie kann regieren.

Friedrich von Logau,
Deutsche Sinn-Getichte, Weiberhaare

Eine Frau wird zweimal verrückt:
Wenn sie liebt, und wenn sie anfängt,
grau zu werden.

Aus Polen

Die gute Galatee! Man sagt, sie
schwärz' ihr Haar, da doch ihr Haar
schon schwarz, als sie es kaufte, war.

Lessing, Auf die Galatee

Den Himmel schmücken die Sterne,
den Mann ziert der Bart, die Frau –
das Haar.

Tatarisch

Vorzeitig ergraut des Mannes Bart, hat
seine Frau Haare auf den Zähnen.

Tatisch (Daghestan u. Aserbeidschan)

Ein Frauenhaar zieht mehr als ein
Glockenseil.

Aus Deutschland

Bekommt die Tante einen Bart, so wird
sie zum Onkel.

Tamil

Seele

Die Frau ist ein verstümmelter
Mann ... Es gibt eine Sache, die die
Frau nicht hat, das Prinzip der Seele ...

Aristoteles

Eine Frau hat mehr Seelen in ihrer
Brust als Haare auf ihrem Kopf.

Abchasisch

Allem haucht ihr (Weiber) eine leben
dige Seele ein; wer euch hört und klug
ist, merkt auf euch.

Theodor Gottlieb von Hippel, Über die
Ehe, K. 7, Zum Besten der Mädchen

... Brüderchen, drei Dinge
Sind zu einem Weibe nötig:
In ihr eine zarte Seele,
Goldne Zung' in ihrem Munde,
Angenehmen Witz im Haupte.

Johann Gottfried von Herder,
Stimmen d. Völker in Liedern, Abtei-
lung l, B. 1, Nr. 6, Die Hagestolze,
Ein esthnisches Lied

Die Frau hat tausend Seelen.

Jüdisch

Wer die Seele einer Frau sucht, ist
nicht immer enttäuscht, ihren Körper
zu finden.

Jean Paul

Der Mann ist das Haupt,
die Frau die Seele.

Aus Rußland

Die Seele des Kriegers wohnt
im Schwert
die Seele der Frau im Spiegel.

Aus Japan

So winzig sind der Frauen Seelen,
daß mancher annimmt, daß sie
gänzlich fehlen.

Samuel Butler d. Ä.,
Miscellaneous Thoughts

Die Frau ist der Hüter der Seele ihres
Mannes.

Aus Arabien

Die Sterne sind nur der Vater deines
Schicksals. Die Mutter ist deine eigene
Seele.

Johannes Kepler

Gemüt

Oberfläche ist des Weibes Gemüt, eine
bewegliche stürmische Haut auf einem
seichten Gewässer.
Des Mannes Gemüt aber ist tief, sein
Strom rauscht in unterirdischen
Höhlen: Das Weib ahnt seine Kraft,
aber begreift sie nicht.

Friedrich Nietzsche, Zarathustra

Aber die Gabe, die zartesten Laute der
Natur innig zu vernehmen und rein
mitteilen zu können, ist doch, wo es auf
Kenntnis des Gemüts und der Sitten
ankommt, von unschätzbarem Wert;
und wer mag sie den Weibern
absprechen?

Friedrich Schlegel, Über die Diotima

Das ist unselige Minne,
Wenn Weiber das Herz dir rühren,
Bei denen Gemüt und Sinne
Getrennte Wirtschaft führen.

Paul Heyse, Spruchbüchlein, Frauen

Es gibt nichts Beglückenderes
für einen Mann als die unbedingte
Ergebenheit eines weiblichen Gemüts.

Wilhelm Freiherr von Humboldt,
Brief an eine Freundin, 18. 12.1814

... was die Sehnsucht fordert,
Was in Eden grünt und blüht,
Jene Glut, die züchtig lodert,
Zeigt sich nur im weiblichen Gemüt.

Max von Schenkendorff,
Leben und Liebe, Frauenlob

Alles Wissens beste Blüte
Trägt beschlossen im Gemüte
Ein geliebtes holdes Weib.

Paul Heyse, Marion

Noch nie hat mir ein Weib durch Tiefe
des Geistes imponiert, aber wohl durch
Tiefe des Gemüts. Im Gemüt wurzelt
die Kraft des Geschlechts, mag die
Kraft einzelner Individuen auch allerdings im Geist wurzeln, Reizenderes
gibt es nicht, als das weibliche Gemüt
durch den weiblichen Geist beleuchtet
zu sehen.   *Hebbel,* Tagebücher, 1846

Wie beim Manne der äußere Adel
zum Genie, so verhält sich die
Schönheit der Frauen zur Liebesfähigkeit, zum Gemüt.

Friedrich Schlegel, Ideen 116

Herz

Das Herz vieler Frauen scheint von
Schnee zu sein: Es ist kalt und schmilzt
leicht.
                Dorothea von Schlegel

Das Herz einer Frau ist ein Teil des
Himmels,
Aber wie das Firmament wechselt es
auch Tag und Nacht.

George Gordon Lord Byron,
Don Juan, Ges. 2, Str. 214, V 1

Es gibt zweierlei Frauen in der Welt:
solche, die ein Herz haben, und diese
lieben einen, dann solche, welche kein
Herz haben, und diese lieben Hunderte.

Jos. Baron von Eötvös, Gedanken

Ein weiblich Herz
Voll treuer Neigung bietet sich nicht an,
Erraten will es sein und alles nur
Der unbestochnen Wahl der Liebe
danken. (Helene)

Geibel, Ein Sprichwort: Echtes Gold
wird klar im Feuer, 4. Auftr.

Das Weib ist's, das ein Herz sucht,
nicht Genuß.

Robert Hamerling, Ahasver in Rom,
Ges. 2, Das Bacchanal

Das Herz der Frau ist das am meisten
Verwundbare.

Aus China

Das Herz der Frauen wird leer geboren, und nichts darin hat dem Bilde eines geliebten Mannes erst den Platz zu räumen. Aber die Seele des letzteren ist voll und belebt, und er muß eine Welt verdrängen, um den Gegenstand seiner Liebe aufzunehmen.

Ludwig Börne, erz. Reisen, verm. Aufsätze Nr. 25, Fastenpredigt über die Eifersucht

Das Herz eines Mädchens gleicht einem dunklen Wald. *Aus Rußland*

Bei Weibern ist alles Herz, sogar der Kopf. *Jean Paul*

Bei dem Mann liegt die Kraft im Gehirn, bei der Frau im Herzen; und wenn der Kopf auch regiert, so ist es doch das Herz, welches gewinnt.

Samuel Smiles, Der Charakter, K. 11, Genossenschaft in der Ehe

Wenn eine Frau ihr Herz ausschüttet, fragt sie nicht lange, wohin.

Helmut Käutner

Das Herz spricht zum Herzen, und die ganze Sittlichkeitslehre eines Schulmeisters wiegt nicht soviel wie das liebevolle, zärtliche Geplauder einer verständigen Frau, der man von Herzen zugetan ist. *Rousseau*, Emile

Wenn mein Herz nicht spricht, dann schweigt auch mein Verstand, sagt die Frau.
Schweige, Herz, damit der Verstand zu Worte komme, sagt der Mann.

Marie von Ebner-Eschenbach

Dem Manne ist die Welt das Herz.
Dem Weibe ist das Herz die Welt.

Grabbe

Die Frauen tragen ihre Beweise im Herzen, die Männer im Kopfe.

August von Kotzebue, Falsche Scham

Die Ehe erschöpft bald den weiblichen Kopf, aber kein Herz ist zu erschöpfen.

Jean Paul, Vorschule d. Ästhetik, A 3

Es hat der Mann, sein müdes Haupt zu betten,
Zwei Orte nur, die ihn vor Stürmen retten,
Dahin er still nach jedem Schiffbruch kehrt:
Der Mutter Herz, die beten ihn gelehrt,
Das Herz der Frau, die still in Jugendschimmer
und Jugendliebe sein war, sein für immer.

Prinz Emil von Schönaich-Carolath, Don Juans Tod

Das Herz einer Frau sieht mehr als die Augen von zehn Männern.

Aus Schweden

Auch der Stumme spricht beredt, wenn ein Weib sein Herz bewegt.

Aus Korea

Gott hat das Weib nicht aus des Mannes Kopf geschaffen, daß sie ihm befehle, noch aus seinen Füßen, daß sie seine Sklavin sei, sondern aus seiner Seite, daß sie seinem Herzen nahe sei.

Talmud

Verstand

Gab dir die Mutter nicht schon Verstand mit ihrer Milch, so gibt dir später auch der beste Lehrer keinen mehr.

Udmurtisch

Als ob die Liebe etwas mit dem Verstande zu tun hätte! Wir lieben an einem jungen Frauenzimmer ganz andere Dinge als den Verstand. Wir lieben an ihr das Schöne, das Jugendliche, das Neckische, das Zutrauliche, den Charakter, ihre Fehler, ihre Kapricen und Gott weiß was alles Unaussprechliche sonst. Aber wir lieben nicht ihren Verstand.

Goethe, zu Eckermann, 2.1.1824

Weiberverstand sitzt nicht im Kopf, sondern im Bauch. *Aus Rußland*

Was soll die Frau mit ihrem befreiten Verstande? Sie wartet am Ende doch immer auf den, der mehr hat, der sie bezwingt auch im Verstande – so, immer wieder, kommt ihr das große Erbeben, das Entsetzen vor ihrem Wachsein, ihrem Alleinsein, ihrem Unbehütetsein! das verzweifelte Heimweh nach dem Herrn, dem lachenden Unterdrücker, der vor ihr kniet, dem wirklichen Mann – Sehnsucht nach der verlorenen Peitsche, Heimweh nach der Gewalt, die ihre tiefste Erfüllung ist und ihr heimlicher Sieg! ...

Max Frisch, Die Schwierigen oder J'adore ce qui me brûle (1970)

Die Frauen sind darauf angewiesen, daß die Männer den Verstand verlieren.

Peter Bamm

Der Verstand der Frau befindet sich nicht in ihrem Kopf, sondern in ihren Locken.

Assyrisch

Der Verstand der Frau sitzt in ihrem Rockschoß.

Darginisch

Der Verstand der Frau ist noch kürzer als der Schwanz eines Frosches.

Tschetschenisch

Das schöne Geschlecht hat ebensowohl Verstand als das männliche, nur ist es ein schöner Verstand; der unsrige soll ein tiefer Verstand sein. Und nur ein tiefer Verstand befähigt zu tiefen Einsichten.

Immanuel Kant

Der Intellekt der Weiber zeigt sich als vollkommene Beherrschung, Gegenwärtigkeit des Geistes, Benutzung aller Vorteile. Sie vererben ihn als ihre Grundeigenschaft auf ihre Kinder, und der Vater gibt den dunkleren Hintergrund des Willens dazu. Sein Einfluß bestimmt gleichsam Rhythmus und Harmonie, mit denen das neue Leben abgespielt werden soll; aber die Melodie desselben stammt vom Weibe.

Nietzsche, Menschliches, Allzumenschliches, Weib und Kind, 411

Die Schönheit des Mannes liegt in seinem Verstand.
Der Verstand der Frau liegt in ihrer Schönheit.

Maurisch

Also soll auch eines Weibs verstand
Nicht reichen über jhren stand,
Soll, wie man in eim Sprüchwort redt,
Wie ein Schwein für sich sehen stät.

Johann Friedrich Fischart, D. Philosophisch Ehzuchtbüchlin, D. Schiltkrot
art v. eygenschafft

Die typische Frau hat einen anderen
Verstand als der typische Mann,
wovon eine wichtigste Ursache darin
liegt, daß ihr Erfassen und Denken
vorwiegend lebensabhängig ist,
das des Mannes vorwiegend geistes-
abhängig.

Ludwig Klages, Grundlagen der
Charakterkunde

Wenn der Mann das Amt hat und
die Frau den Verstand, dann gibt es
eine gute Ehe.
Marie von Ebner-Eschenbach

Stümperhafte List des Mannes versagt
vor dem Verstand eines Weibes

Aus Vietnam

Schönheit und Verstand sind selten
verwandt.
Aus Deutschland

Die schöne Frau hat so viel Verstand
mitbekommen, daß man alles zu ihr
und nichts mit ihr sprechen kann.

Karl Kraus, Sprüche und
Widersprüche, Weib, Phantasie

Im allgemeinen wird man sagen
dürfen, daß die geistige Kraft des
Mannes stärker ist, nicht als wären die
Frauen weniger gescheit, wohl aber
sind die meisten von geringerer Aus-
dauer in geistiger Arbeit.

Franz Brentano, § 122

Vernunft

Der Mann bringt alles, was in ihm und
für ihn ist, auf deutliche Begriffe (…).
Das Weib hat ein natürliches Unter-
scheidungsgefühl für das Wahre, Schick-
liche, Gute; nicht etwa daß ihr dasselbe
durch das bloße Gefühl gegeben werde
(…). Man kann sagen, der Mann muß
sich erst vernünftig machen; aber das
Weib ist schon von Natur vernünftig.

Johann Gottlieb Fichte,
Folgerungen auf das gegenseitige
Rechtsverhältnis beider Geschlechter
überhaupt im Staate, § 38

Ob die Weiber so viel Vernunft haben
wie die Männer, mag ich nicht entscheiden, aber sie haben ganz gewiß nicht so
viel Unvernunft.
Seume, Apokryphen

Gilt's Frauen zur Vernunft zu bringen,
So laß den allgemeinen Ton;
Wie klug sie reden von den Dingen,
Sie meinen stets nur die Person.

Emanuel Geibel, Gedichte und
Gedenkblätter, Spr. Nr. 36

Frauen und kleine Leute sind den
Begründungen der Vernunft nicht
zugänglich.
Aus Japan

Das Weib ist ein vernünftiges Märchen.

Peter Hille

Eine vernünftige Frau genügt, damit die
Verrücktheit der ganzen Welt sich an ihr
die Zähne ausbeißt.
Jean Giraudoux,
Die Irre von Chaillot

Phantasie

Ricarda (Huch) fehlt – obwohl sie eine Frau ist – die geistige Grazie, die ihr sagen müßte, daß das Ausschöpfen aller Einzelheiten auf einen feiner empfindenden Menschen ermüdend und beleidigend wirkt, während wenige künstlerisch gewählte Züge die Phantasie des Lesers anregen und von ihm selbst zu einem geschlossenen Bild abgerundet werden. Genau wie im Privatverkehr geistreicher Menschen leichte Andeutungen viel genußreicher sind als plumpe Deutlichkeit.

Rosa Luxemburg, Briefe an Freunde

Ein Weib, das nicht erzählen kann, sollte nicht heiraten, und ein Mann, der nicht erzählen kann, nicht Schulmeister werden dürfen.

Christian Friedrich Dinter,
Ausgewählte Schriften

Die Phantasie des Mannes ist die beste Waffe der Frau.

Sophia Loren

Man sagt gewöhnlich: Die schönste Frau der Welt kann nicht mehr geben, als sie hat. Das ist ganz falsch. Sie gibt gerade so viel, als man zu empfangen glaubt; denn hir bestimmt die Phantasie den Wert der Gabe.

Chamfort, Maximen VI

Frauenphantasie ist wunderbar; …
Wenn sie einmal entzückt sind, sind die Damen
So große Meisterinnen im Verklären,
Als ob sie lauter Raffaele wären.

George Gordon Lord Byron,
Don Juan, Ges. 15, Str. 16, V. 3

Intuition

Intuition ist der eigenartige Instinkt, der einer Frau sagt, daß sie recht hat, gleichgültig, ob das stimmt oder nicht.

Oscar Wilde

Intuition ist das, was eine Frau befähigt, zwei und zwei zusammenzuzählen und zu jedem Ergebnis zu kommen, das ihr paßt.

Verfasser unbekannt

Alle Weiber, sogar die ohne Geist, sind über Dinge, die sie näher angehen, die feinsten Zeichendeuterinnen und prophetischen Hellseherinnen.

Jean Paul, Siebenkäs

Nur die Frau steht nie den Dingen gegenüber, sie springt mit ihnen und in ihnen mit sich nach Belieben um.

Otto Weininger,
Geschlecht und Charakter,
Die emanzipierten Frauen, Teil II

Der Mann fragt Bücher, Freunde, Welterfahrung; das Weib vernimmt des Herzens Offenbarung.

Geibel, Neue Ged., Mann u. Weib

Die ersten Gedanken der Weiber und die zweiten Gedanken der Männer sind die besten.

Aus Deutschland

Die Frauen sind silberne Schalen, in die
wir goldene Äpfel legen. Meine Idee
von den Frauen ist nicht von den Er-
scheinungen der Wirklichkeit abstra-
hiert, sondern sie ist mir angeboren
oder in mir entstanden, Gott weiß wie.
Meine Frauencharaktere sind daher
auch alle gut weggekommen. Sie sind
alle besser, als sie in der Wirklichkeit
anzutreffen sind.

Goethe, zu Eckermann, 22.10.1828

Nelly Sachs ist eine Seherin, eine
Prophetin neuer Beziehungen zwischen
den Rassen.
Rolf Italiaander

Die Frau sollte ihre Gabe gebrauchen,
durch die Oberfläche hindurch ans
Herz der Dinge zu gelangen, wo in
dem Geheimnis des Lebens ein
unendlicher Reiz verborgen liegt. Der
Mann hat diese Gabe nicht in dem
Maße.
Rabindranath Tagore,
Über die Frau

Ahnend sagt dir ein weiblich Gemüt,
was gut und was schön sei, doch
mißtraue der Frau, wenn sie mit
Gründen dir kommt!
Geibel,
Kleinigkeiten

Instinkt

Manche Autoren glauben den Mutter-
instinkt dadurch bewiesen, daß manche
Mütter in den ersten Monaten nach
der Geburt mit ihrem Kinde in einem
ununterbrochenen Kontakt stehen –
sie erwachen, sobald das Kind erwacht,
und dergleichen mehr. Es braucht nicht
erst bewiesen zu werden, daß es sich
um keinen besonderen Instinkt handelt,
sondern um eine automatisierte Einstellung. Wer Krankenpflege ausgeübt
hat, weiß, wie solche Phänomene zustande kommen. Denken Sie an den
Automatismus der Selbstweckung, den
sich ungezählte berufstätige Menschen
aneignen; sie erwachen auf die Minute
genau, als ob sie eine Uhr in sich
trügen.
Manès Sperber,
Individuum und Gemeinschaft

Der mütterliche Instinkt veranlaßt die
Frau, den zehnten Teil eines erstklassi-
gen Mannes dem ausschließlichen Besitz eines Mannes dritten Ranges
vorzuziehen.
George Bernard Shaw

Die ursprüngliche Mutterliebe
ist, wie bei den Thieren, so auch
im Menschen, rein instinktiv, hört
daher mit der physischen Hülflosigkeit
der Kinder auf.
Die Liebe des Vaters zu seinen
Kindern (…) beruht auf einem Wieder-
erkennen seines eigenen innersten
Selbst in ihnen, ist also metaphysischen
Ursprungs.
Arthur Schopenhauer,
Über die Weiber, § 371

Frauen besitzen einen wunderbaren
Instinkt: alles entdecken sie, nur das
Nächstliegende nicht.

Wilde, Lehren und Sätze
zum Gebrauch für die Jugend

Der vielgerühmte weibliche Instinkt
gleicht einem Seismographen, der den
Sturz eines Blumentopfes anzeigt, aber
beim Ausbruch des Ätna versagt.

Anna Magnani

Wo ein Mann nach einem Ausweg
sucht, hat ihn die Frau meist schon
gefunden.
Peltzer,
An den Rand geschrieben

Es gibt gewisse Dinge, wo ein Frauenzimmer immer schärfer sieht als
hundert Augen der Mannspersonen.

G. E. Lessing, Der Freigeist, 2, 3

Die eine große Banalität des Lebens ist
die Liebe ... eine weitere große Banalität ist der mütterliche Instinkt.

Sidonie-Gabrielle Colette

Der Mann kann reden, was er will;
das Wort ist für ein richtiges Frauenzimmer keine geistige Macht. Sie hört
nicht auf Gründe, sie gelten ihr als
eine unausstehliche Zumutung, als
eine Beeinträchtigung ihres Gefühls
und ihrer Herrschaft durch
weiblichen Instinkt.

Bogumil Goltz, Zur Charakteristik
und Naturgeschichte der Frauen

Frauen haben einen schärferen Blick
für den Charakter von Gästen als
Männer.

Talmud

Geist

Für die wirkliche Erblichkeit des
Intellekts von der Mutter würde die
Zahl der Belege viel größer seyn, als
sie vorliegt, wenn nicht der Charakter
und die Bestimmung des weiblichen
Geschlechts es mit sich brächte, daß
die Frauen von ihren Geistesfähigkeiten
selten öffentliche Proben ablegen,
daher solche nicht geschichtlich
werden und zu Kunde der Nachwelt
gelangen.   *Arthur Schopenhauer,*
Erblichkeit und Eigenschaften

Frauen sind der Triumph der Materie
über den Geist, so wie Männer den
Triumph des Geistes über die Moral
darstellen.

Wilde, Das Bildnis des Dorian Gray

Man hält das Weib für tief – warum?
weil man nie bei ihm auf den Grund
kommt. Das Weib ist noch nicht einmal
flach.   *Nietzsche,* Götzendämmerung

Es läßt sich nicht behaupten, daß das
Weib an Geistestalenten unter dem
Manne stehe; aber das läßt sich behaupten, daß der Geist beider von Natur
einen ganz verschiedenen Charakter
habe.   *Fichte,* Grundlage des
Naturrechts nach Prinzipien
der Wissenschaftslehre

Die Mütter geben unserem Geist
Wärme und die Väter Licht.

Jean Paul, Der Jubelsenior

Jawohl, selbst eine Dumme, häßlich
wie die Nacht,
Zög ich der Schönsten vor, die zu viel
Geist besitzt. (Arnolf)

Molière, Die Schule der Frauen, I, 1

Eine gescheite Frau hat Millionen ge-
borner Feinde – alle dummen Männer.

Marie von Ebner-Eschenbach

Der Geist des Mannes ist sonnenlichter
Tag. Der Geist des Weibes gleicht
mondheller Nacht, und der trübste Tag
ist heller als die hellste Nacht. Aber der
Tag verdunkelt die Sterne und macht
das Leben irdisch, und die Nacht ruft
alle Welten hervor und macht das
Leben himmlisch. Der Tag bringt Glut
und Dürre und Haß. Die Nacht aber
bringt Milde, Tau und Liebe.

Börne, Fragmente und Aphorismen

Wie die weibliche Kleidung vor der
männlichen, so hat auch der weibliche
Geist vor dem männlichen den Vorzug,
daß man sich da durch eine einzig küh-
ne Kombination über alle Vorurteile
der Kultur und bürgerlichen Konven-
tionen wegsetzen und mit einemmale
mitten im Stande der Unschuld und im
Schoß der Natur befinden kann.

Friedrich Schlegel, Lucinde

Du sagst, der Frauengeist sei stark?
Nun wohl, es kann schon sein;
Doch nur der Männer Geist bricht
Bahn,
Das Weib – folgt hinterdrein!

Gertrud Triepel, In stiller Stunde,
Frauen, Liebe, Freundschaft,
D. Stärkere

Der weibliche Geist ist in der Regel
noch schwächer und neugieriger als der
der Männer; auch ist es nicht zweck-
mäßig, sie in Studien einzuführen,
welche ihren Kopf ganz einnehmen
könnten. *Fénelon*

Die Frau hat mehr Geist, der Mann
mehr Genie. Die Frau beobachtet, der
Mann schließt. *Rousseau,* Emile

Mich packt ein heißer Zorn zu sehen,
wie man dreist
Uns unser Recht verkürzt mit Hinsicht
auf den Geist.
Und rächen will ich uns am männlichen
Geschlechte,
Das bis zum Sklavenrang uns gern
hinunterbrächte,
Das zur Alltäglichkeit den Geist
herniederzerrt
Und, wo es geht, das Tor des Wissens
uns versperrt. (Philaminte) *Molière,*
Die gelehrten Frauen III, 2

Die Frauen legen in der Regel eine
noch größere Leidenschaft darauf,
ihren Geist zu schmücken, als ihren
Leib. Diejenigen, welche zu Studien
befähigt sind und die Hoffnung hegen,
auf diesem Wege sich auszuzeichnen,
gehen ihren Büchern mit noch
größerem Eifer nach als ihrem Putz.

Fénelon

Ein starker Geist in einem zarten
Leib,
Ein Zwitter zwischen Mann und
Weib,
Gleich ungeschickt zum Herrschen
und zum Lieben,
Ein Kind mit eines Riesen Waffen,
Ein Mittelding von Weisen und von
Affen (die gelehrte Frau) …

Schiller, Gedichte,
Die berühmte Frau

Noch immer ist es ein Handicap für
eine Frau, ausgeprägt intellektuell zu
sein, solange sie von Männern umgeben
ist, denen diese Qualität den Mut zur
Partnerschaft raubt.

Manès Sperber, Individuum und
Gemeinschaft

Wenn eine Frau Gescheitheiten sagt,
so sagt sie sie mit verhülltem Haupt.
Aber selbst dann ist das Schweigen
eines schönen Antlitzes noch
anregender.
Karl Kraus,
Sprüche und Widersprüche,
Weib, Phantasie

»Ist sie auch geistreich?« fraget ihr
zumeist. Was wollt ihr denn?
Herz heißt des Weibes Geist.
Wird sie unendlich lieben können,
dürft ihr getrost sie geistreich
nennen.
Theodor Vischer

In der Liebe haben alle Frauen Geist.
Honoré de Balzac,
Physiologie d. Ehe

Die Geister unter den Weibern haben
keine Leiber und Leiber keine Geister.
Grillparzer

Ich glaube, daß durch das Gefühl dem
Geist einer Frau alles offenbar wird;
nur bleibt es oft nicht darin haften.
Maupassant, Unser Herz, I. Teil, I

Eine Frau wird sich lieber vom Geist
eines Mannes gefangennehmen lassen
als von seinem Körper. Schön ist sie
selber.
Curt Goetz

Der Geist der Frauen gleicht dem
Quecksilber, ihr Herz dem Wachs.
Aus China

Geist macht Frauen alt.
Nietzsche,
Unschuld des Werdens 1, 906

Die Frauen: Mißgeburt aus Schönheit
ohne Geist oder aus Geist ohne
Schönheit.
Guillaume Augier,
Victor Emile

Eine Frau die Geist und Talent hat,
steht unter ihrem Geschlecht einsam.
Vergebt ihr, wenn sie sich zu den
Männern flüchtet.
Gutzkow, Das Geschlecht

Denken

Frauen denken selten, kommt es aber
doch einmal vor, so denken sie nicht
weiter als bis zur Nasenspitze.
Aus Japan

Männer denken über Frauen nach.
Frauen denken darüber nach,
was die Männer über sie denken.
Peter Ustinov

Weibergedanken eilen immer ihren
Handlungen voraus.
Shakespeare, Wie es euch gefällt IV, 1

Die Überzeugung einer Frau ist nicht
so veränderlich; sie entsteht langsam,
und ist weniger leicht zu erschüttern.
Otto von Bismarck
zu Damen a. Baden, Hessen
u. d. Pfalz in Friedrichsruh
30. März 1894

Einer Frau Gedanken sind nach-
trägliche Gedanken.
Aus Japan

Der typische Mann ist mehr »Denker«
als das typische Weib; so denken denn
Frauen öfter an etwas als über etwas,
Männer meist umgekehrt ...

> *Ludwig Klages,* Der Geist als
> Widersacher der Seele

Der kleine Unterschied: Er denkt beim
Lieben; sie liebt beim Denken.

> *Oliver Hassencamp*

Das Weib ist viel rascher zu bösen
Gedanken als der Mann.

> *Demokritos,* Fragmente 273

Wie kann ein Mann ein Ding lieben,
das ihm zum Trotze auch denken will?
Ein Frauenzimmer, das denkt, ist ebenso ekel als ein Mann, der sich schminkt.

> *Gotthold Ephraim Lessing,*
> Emilia Galotti

Wenn ein Mann über eine Frau nach-
zudenken beginnt, gehört er ihr schon
halb.

> *Marcel Pagnol*

Die Frauen denken entweder an nichts
oder an etwas anderes.

> *A. Dumas der Jüngere*

Logik

Der Mann fühlt sich zur Logik
verpflichtet, die Frau nicht.

> *Otto Weininger,*
> Geschlecht und Charakter,
> Die emanzipierten Frauen, Teil II

Die Frauen haben zuviel Phantasie
und Erregbarkeit, um viel Logik zu
haben. Frauen sind gründefest.

> *Ludwig Börne*

Die Logik der Frauen beruht auf der
Überzeugung, daß nichts unmöglich ist.

> *Maurice Chevalier*

Frauensinn ist wohl zu beugen,
Ist der Mann ein Mann und schlau –
Aber nicht zu überzeugen:
Logik gibt's für keine Frau;
Sie kennt keine andren Schlüsse,
Als Krämpfe, Tränen und Küsse.

> *Friedrich von Bodenstedt,*
> D. Lieder d. Mirz-Schaffy,
> Verm. Lieder u. Spr., Nr. 40

Die Ungleichheit der Positionen
beider Geschlechter in der Männer-
herrschaft macht für sie (Frau)
verschiedene Verhaltensweisen
»logisch« bzw. »unlogisch«. Würde
die Frau, die zur Abhängigkeit verurteilt ist, trotzdem die Pflichten
der Selbständigkeit ohne die Vorteile
der Unabhängigkeit auf sich nehmen,
so würde sie unlogisch, d. h. gegen
ihre Anpassungsinteressen handeln.

> *Manès Sperber,*
> Individuum und Gemeinschaft

Einer stets logisch handelnden und
argumentierenden Frau wäre der durchschnittliche Mann nicht gewachsen.
Es ist mit hoher Wahrscheinlichkeit
anzunehmen, daß eine solche Frau in
ihren Beziehungen zu Männern schwere
Konflikte erleben würde, denen sie
wurde unterliegen mussen, weil die
Macht auf seiten des Mannes liegt.
Wo die Macht ist, ist auch das Recht
und die »Logik«.

> *Manès Sperber,*
> Individuum und Gemeinschaft

XI. Kapitel

Wahrheit
Geheimnis
Rätsel
Klugheit
Urteil
Schläue
Verstehen
Weisheit
Bildung

Wahrheit

Die Frau denkt nicht eigentlich, daß die Wahrheit etwas anderes ist, als was die Männer behaupten. Sie denkt eher, daß es keine Wahrheit gibt.

Simone de Beauvoir,
Das andere Geschlecht

Unter Frauen. – »Die Wahrheit? O Sie kennen die Wahrheit nicht! Ist sie nicht ein Attentat auf alle unsere pudeurs?«

Friedrich Nietzsche,
Götzen-Dämmerung,
Sprüche und Pfeile, 16

Das Weib hat keinen Eifer für die Wahrheit – darum ist es nicht ernst –, darum nimmt es auch keinen Anteil an Gedanken.

Otto Weininger,
Geschlecht und Charakter,
Die emanzipierten Frauen, Teil II

Wenn ein Weib damit nicht einen neuen Putz für sich sucht – ich denke doch, das Sichputzen gehört zum Ewig-weiblichen? –, nun, so will es vor sich Furcht erregen – es will damit vielleicht Herrschaft. Aber es will nicht Wahrheit: Was liegt dem Weibe an Wahrheit!

Friedrich Nietzsche,
Jenseits von Gut und Böse

Vorausgesetzt, daß die Wahrheit ein Weib ist – wie? ist der Verdacht nicht gegründet, daß alle Philosophen, sofern sie Dogmatiker waren, sich schlecht auf Weiber verstanden?

Friedrich Nietzsche,
Vorrede, Jenseits von Gut und Böse

Weiber sagen nur gezwungen, zögernd und widerwillig die Wahrheit, sobald sie ihren Interessen, Launen und Leidenschaften widerspricht. Sie lieben die Unumwundenheit, die geraden Wege und Lebensarten fast nie; ihnen erscheint die Wahrheit zu einfach und plump.

Bogumil Goltz,
Zur Charakteristik und
Naturgeschichte der Frauen

Im richtigen und tiefen Seelengefühl des Wahren übertreffen die Frauen, welche unverdorben und zum Guten und Schönen gebildet sind, bei weitem die meisten Männer.

August Wilhelm von Schlegel

Der Mann sagt, was er weiß, die Frau, was gefällt; der eine bedarf, um zu sprechen, der Kenntnisse, die andere des Geschmackes. Ihre Reden sollen keine Formen miteinander gemein haben als die der Wahrheit.

Jean-Jacques Rousseau, Emile

Der Mann erkennt das Wesen der Wahrheit und bildet sie aus dem Grunde seiner Seele heraus, die Frau allein erfaßt sie mit Leidenschaft.

Alphonse de Lamartine,
Geschichte der Girondisten

Den Männern sag' ich dies: es gibt keine Kraft ohne Wahrheit, und den Frauen sei es gesagt: ohne Wahrheit gibt es keine Anmut.

Ernst Freiherr von Feuchtersleben,
Zur Diätetik der Seele,
K. 10, Natur, Wahrheit

Die Wahrheit ist immer etwas
Genierliches, wenn sie an den Tag
kommt, nicht nur bei Frauenzimmern,
bei allen Menschen, und besonders
beim Staate.
Friedrich Dürrenmatt,
Grieche sucht Griechin

Wenn ich mit einem Fuß im Grabe
stehe, werde ich die Wahrheit über die
Frauen sagen. Ich werde sie sagen, in
meinen Sarg springen, den Deckel über
mich ziehen und rufen: »Jetzt macht,
was ihr wollt!«
Leo Tolstoi

Geheimnis

Das Geheimnis der Frauen rührt von
ihrer traurigen Unfähigkeit her,
klarzusehen in ihren Herzen. Sie
überlassen sich den verworrenen
Regungen ihrer Triebhaftigkeit.
François Mauriac,
Das Gewand des Jünglings

Das Symbol der Frauen im allgemeinen
ist das der Apokalypse, über der geschrieben steht: Mysterium. Wo wir
eine eherne Mauer sehen, ist für sie oft
nur ein Spinnennetz.
Denis Diderot, Über die Frauen

Die Frauen sind ein liebliches Geheimnis: nur verhüllt, nicht verschlossen.
Novalis

Einheit von Geist und Natur nennt,
ihr Philister! Geheimnis:
Schauet doch an nur das Weib;
offen vor euch es hier liegt.
Ludwig Feuerbach,
Das augenfällige Mysterium

Da die Frau für den Mann ein
Geheimnis ist, gilt sie als Geheimnis
an sich.
Simone de Beauvoir,
Das andere Geschlecht

Es ist nichts Geheimnisvolles an
den Frauen. Die Männer haben sie
zu dem Glauben gebracht, es sei an
ihnen etwas Geheimnisvolles, einmal
aus Galanterie, zum andern, um sie
zu ködern, weil der Mann nun
einmal die Frau begehrt.
Henry de Montherlant,
Erbarmen mit den Frauen

Auswendig hast du sie gekannt
wie einen schönen Spruch.
Und plötzlich bist du wie gebannt:
Es steht noch mehr in dem Buch.
Schlimm oder heiter –
lies leise weiter!
Gerhard Schumann,
Stachelbeeren-Auslese, Nach Jahren

Wie manches regt sich in der Brust
der Frauen, das für das Licht des
Tages nicht gemacht. (Prothoe)
Heinrich von Kleist,
Penthesilea, 13

Der ist noch nicht geboren,
der des Weibes dunklen Sinn ergründet.
Aus Rußland

Die Zwiebel hat sieben Häute,
ein Weib neun.
Aus Deutschland

Dies Geheimnis ist – der Weiber
Macht auf unsere Männerherzen.
Dies Geheimnis steckt in ihnen
Tief verborgen. Gott dem Herren,
Glaub' ich, selber unerforschlich.

Johann Gottfried von Herder,
Der Cid, B. 1., Ges. 12

Jedes Mädchen ist die Verwalterin
der weiblichen Mysterien.
Es gibt Stellen, wo Bauernmädchen
aussehen wie Königinnen;
das gilt von Leib und Seele.

Lichtenberg, Beobachtungen
über den Menschen

Rätsel

Wie die Frauen den Rätseln darin
gleichen, daß sie unverständlich sind, so
stimmen sie mit ihnen auch darin überein, daß sie uns nicht mehr gefallen,
wenn wir sie einmal recht kennen.

Alexander Pope, Gedanken über
verschiedene Gegenstände

Frau'n sind oft Rätsel von jener Art,
Die, wenn wir die Lösung wissen,
Bereuen lassen, daß wir so hart
Die Zähne daran zerbissen.

Paul Heyse, Spruchbüchlein, Frauen

Sind Frauen tief? Daß man einem
Wasser nicht auf den Grund blicken
kann, beweist noch nicht, daß es tief ist.

Egon Friedell

Wenn ich sage, daß ich die Frauen
kenne, meine ich, daß ich weiß, daß ich
sie nicht kenne. Jede Frau, die ich
kennengelernt habe, ist mir und
zweifellos auch ihr selbst ein Rätsel.

Thackeray, Mr. Brown's Letters

Die Frauen sind Sphinxe ohne Rätsel.

Oscar Wilde

Im besten Falle bleibt das Weib ein
Widerspruch.   *Pope,* Moral Essays II

Da siehst du, Kamerad, wie gut und
ehrlich
es die Prinzeß mit ihrem Freier meint,
daß sie die Rätsel vor der Hochzeit
aufgibt.
Nachher wär's noch viel schlimmer.
Löst er sie jetzt nicht, ei nun,
so kommt er schnell und kurz
mit einem frischen Gnadenhieb davon.
Doch wer die stachelichten Rätsel nicht
auflöst, die seine Frau ihm in der Eh'
aufgibt, der ist verlesen und verloren.
(Truffaldin)   *Schiller,* Turandot, II, 1er

Es bleibt die große Frage, die nie beantwortet worden ist und die ich trotz
dreißig Jahre langen Forschens in der
weiblichen Seele nicht habe beantworten können: Was will das Weib?

Sigmund Freud

Frauen sind wie Kreuzworträtsel:
Senkrecht und waagrecht zusammen
ergeben erst die Lösung. *Henry Miller*

Eine Frau, die nicht rätselhaft ist,
ist keine.
Fontane

Die Frau ist die Rätselecke in Gottes
großer Weltzeitung. *Marcel Achard*

Nichts ist unergründlicher als die
Oberflächlichkeit des Weibes.

Karl Kraus, Die Grotte

Klugheit

Die Frau ist da, damit der Mann
durch sie klug werde. Er wird es nicht,
wenn er aus ihr nicht klug werden
kann. Oder wenn sie zu klug ist.

Karl Kraus,
Beim Wort genommen

Für die Frauen hat die Schönheit den
Vorteil, daß sie sowohl auf dumme
wie auf kluge Männer wirkt. Die
Klugheit dagegen ist nur bei den
klugen Männern zu gebrauchen.
Und die sind selten!
Peter Bamm,
Die kleine Weltlaterne

Dumme Frauen werden mit gescheiten
Männern fertig, aber es bedarf einer
sehr klugen Frau, um einen Dummkopf
zu lenken.
Rudyard Kipling

Für die dummen Frauen hat man die
Galanterie; aber was tut man mit den
Klugen? Da ist man ratlos.
Heinrich Mann,
Zwischen den Rassen

Die Klugheit der Frauen ist allem
männlichen Spintisieren überlegen.
Aus Rußland

Eine schöne Frau erfreut das Auge,
eine kluge die Seele.   *Tatarisch*

Eine kluge und ordentliche Frau
ist das Schmuckstück der Familie.
Aus Frankreich

Nichts schärft das Auge des Menschen
mehr, als wenn man ihn einschränkt.
Darum sind die Frauen durchaus
klüger als die Männer; und auf niemand
sind Untergebene aufmerksamer als
auf den, der befiehlt, ohne zugleich
durch sein Beispiel vorauszugehen.

Goethe, Unterhaltung Deutscher
Ausgewanderten

Hinter einer langen Ehe
steht immer eine sehr kluge Frau.
Ephraim Kishon

Es ist kein Rock noch Kleid,
das einer Frau oder Jungfrau übler
ansteht, als wenn sie klug sein will.
Martin Luther, Tischreden
oder Colloquia

Ein Mädel, das klug,
kein Bursch holt die ein.
Josef Freiherr von Eichendorff,
Gedichte Frühling u. Liebe, Übermut

Es ist angenehm, auf eine schöne Frau
zu schau'n, auf eine kluge aber kann
man bau'n.   *Aus Rußland*

Die Frauen sind klüger als die Männer,
weil sie weniger wissen und mehr
verstehen.   *James Stephens*

Frauenklugheit ist mehr wert
als aller Männer Gescheitheit.
Aus Rußland

Die klugen Frauenzimmer zeigen sich
in der Regel in Liebes- und Heirats-
angelegenheiten als die kopflosesten
und geraten deshalb an die absurdesten
und dümmsten Mannsexemplare, die in
Stadt und Land aufzutreiben sind.

Bogumil Goltz, Zur Charakteristik
und Naturgeschichte der Frauen

Ein Mann mit einem eisernen Schädel
ist immer noch besser als eine Frau mit
einem goldenen Köpfchen.

Aus Kasachstan

Eine kluge Frau vermag auch eine
Festung zu erstürmen.

Aus Vietnam

Ein Hund ist klüger als eine Frau,
er bellt seinen Herrn nicht an.

Aus Rußland

Die kluge Frau freut sich,
wenn man sie für schön hält.
Die schöne Frau freut sich,
wenn man sie für klug hält.

Aus Norwegen

Wenn eine sehr kluge Frau geliebt
werden will, muß sie ihre Klugheit ein
bißchen verbergen.

Noel Coward

Am besten fährt noch jener, der ein
fades Weib,
Ein Schattenbild, in seinem Ehetempel
hat.
Hinweg mit klugen! (Hippolytos)

Euripides, Hippolytos, V, 638–640

Viel Kluges kam doch schon von
Frauen. (Theseus)

Euripides,
Iphigenie in Aulis, 5, 5

Urteil

Die Frau zeichnet sich dadurch aus,
daß sie mit ihrer Phantasie und ihrem
Herzen alles vergrößert, alles heiligt,
während der Mann mit seinem
kritischen Geist, d. h. mit seiner
naturgegebenen Kleinlichkeit
alles herabsetzt.

Henry de Montherlant,
Erbarmen mit den Frauen,
Die jungen Mädchen

Im dunklen Gefühl des Richtigen
übertreffen vielleicht Frauen, die
unverdorben und zum Guten und
Schönen gebildet sind, viele Männer.

Friedrich Schlegel,
Über die Diotima

Hört auf der klugen Frauen Urteil;
denn ihnen schenkten die Götter
die Gabe, mancherlei zu schauen,
was unserem Auge entgeht. Sind
unsere Blicke auch klarer, so sind sie
in die Weite gerichtet; ihre Blicke aber
sind schärfer für das, was im Umkreis
geschieht.

Horaz

Frauen vermengen unaufhörlich das
Geringfügigste mit dem Wichtigsten,
die Nebensache mit der Hauptpointe,
die Person und die Sache.

Bogumil Goltz,
Zur Charakteristik und
Naturgeschichte der Frauen

In schwierigen Angelegenheiten,
nach Weise der alten Germanen,
auch Weiber zu Rathe zu ziehen,
ist keineswegs verwerflich: (...)
Hiezu kommt, daß die Weiber
entschieden nüchterner sind als wir;
wodurch sie in den Dingen nicht
mehr sehen, als wirklich da ist; während wir, wenn unsere Leidenschaften
erregt sind, leicht das Vorhandene
vergrößern oder Imaginäres
hinzufügen.

Arthur Schopenhauer,
Über die Weiber, § 366

Die Männer richten nach Gründen;
des Weibes Urteil ist seine Liebe:
wo es nicht liebt,
hat schon gerichtet das Weib.

Schiller,
Weibliches Urteil

Dem Dichter ist das Weib die liebste
Richterin, besonders wenn sie selbst
ist keine Dichterin.

Rückert,
Weisheiten des Brahmanen

Des Mannes Schlußfolgerungen werden
durch Mühen erreicht; die Frau erreicht
dasselbe durch Zuneigung.

Ralph Waldo Emerson

Was die Weiber lieben und hassen,
das wollen wir ihnen gelten lassen
wenn sie aber urteilen und meinen,
da will's oft wunderlich erscheinen.

Goethe, Zahme Xenien

Am unbarmherzigsten im Urteil über
fremde Kunstleistungen sind die
Frauen mittelmäßiger Künstler.

Marie von Ebner-Eschenbach

Schläue

Weißt du nicht, daß Frauenlist
Doppelt ist?
Vierfach zählt zu jeder Zeit
Ihre Unbesonnenheit.
Achtfach wirkt bei jung und alt
Ihrer Liebe Allgewalt.

Leopold Jacoby, Tunita

Weiberlist geht über alle List.

Jesus Sirach, 25, 18

Du kannst einem Tiger entgehen,
einem Erdbeben oder einem Taifun,
aber nicht einer Frau,
die es auf dich abgesehen hat.

Malaialám, Tamil

Es gibt Gänse, die einen Fuchs zur
Strecke bringen.

Aus Litauen

Weiber! Weiber! Was geht über euch
und eure List!
In einem Schaltjahr beschreiben drei
Schreiber
Die Kniffe und Pfiffe nicht, die ihr
wißt. (Wachtel)

Theodor Körner,
D. Nachtwächter, Sz. 4

Die Schliche des Weibes,
die dem Manne bekannt sind,
sind neunundneunzig,
und selbst Satan hat den hundertsten
nicht entdeckt.

Sprichwort der Haussa (Nordnigeria)

Eine Frau kann jederzeit hundert
Männer täuschen,
aber nicht eine einzige Frau.

Michèle Morgan

Wer aber frouen tun wil recht,
Der muß sin etwan me dan knecht;
Dan sie gar oft durch blödikeit
Me tun dan durch ir listigkeit.

Sebastian Brant,
D. Narrenschiff, Nr. 92,
Überhebung d. Hochfart

Doch wann's Matthä' am letzten ist
trotz Raten, Tun und Beten,
so rettet oft noch Weiberlist
aus Ängsten und aus Nöten.

Bürger, Die Weiber
von Weisberg

Mans list ist behend,
Frawenlist hat kein end;
Selig ist der Man,
Der sich for Frawnlist behüten kan.

Alter Spruch

Verstehen

Ein Mann, der nicht gerade auf
den Kopf gefallen ist, liest in jeder
beliebigen Frau wie in einem offenen
Buch: Er sieht sämtliche Gefühle sich
in ihr regen, wie man die Fische hinter
der Glasscheibe eines Aquariums
sich bewegen sieht. Aber auch die
intelligenteste Frau mag das Wesen
Mann umkreisen, soviel sie will, mag
verstohlene Blicke werfen, an der Tür
des Mannes lauschen; der Mann ist und
bleibt für sie undurchschaubar.

Henry de Montherlant,
Erbarmen mit den Frauen,
Der Dämon des Guten

Wohl, doch merke das eine:
Je mehr du die Weiber durchschautest,
Desto weniger, Freund, wirst du
verstehen – das Weib.

Otto Erich Hartleben,
Meine V. Gemeinplätze, Nr. 2

Das Weib sieht tief. Der Mann sieht
weit.

Grabbe

Richtig verheiratet ist ein Mann erst
dann, wenn er jedes Wort versteht,
das seine Frau nicht gesagt hat.

Alfred Hitchcock

Und hast du studiert auch bei Tag und
bei Nacht,
und hast du es auch zum Gelehrten
gebracht,
Zwei Dinge erfassest du nimmer und
nie;
Die Frau'n und die deutsche
Orthographie.

Fritz Singer, Schwere Dinge

Der Kerl versteht nichts von Frauen.
Den feinen Damen bietet er Geld an,
und auf die Huren macht er Gedichte.
Und damit hat er auch noch Erfolg!

Kurt Tucholsky

Für einen Mann ist es oft viel billiger,
die Frauen nicht zu verstehen.

Hubert Ries

Frauen sind Bilder, Männer sind
Probleme. Wenn Sie wissen wollen,
was eine Frau wirklich meint – was
nebenbei immer eine gefährliche Sache
ist –, so sehen Sie sie an, aber hören Sie
ihr nie zu.

Oscar Wilde

Ach, Luise, laß – ... das ist ein zu
weites Feld.

Theodor Fontane, Effi Briest

Wie vertraut ein Mann mit Frauen sei,
es bleibt viel Fremdes doch dabei.

Freidank, Bescheidenheit, 37

Heute gibt es eine Rasse von Frauen ...
man weiß nicht mehr, bei welchem
Ende man sie packen soll.

Pablo Picasso

Unter den unverstandenen Frauen gibt
es viele, die sich gewaltig schämen
müßten, wenn sie verstanden würden.

Aus Deutschland

... also kann man einigermaßen sagen,
daß der Mann ein Werk der Natur ist
und das Weib ein Werk Gottes;
darum ist das Weib oft geschickter
als der Mann, die göttlichen
Geheimnisse zu verstehen.

Agrippa von Nettesheim,
Von dem Vorzug des weiblichen
vor dem männlichen Geschlecht, § 8

Ich habe nie verstanden, warum Frauen
an talentierten Männern zunächst deren
Fehler und an Narren deren Verdienste
sehen.

Pablo Picasso

Niemand ist hier, der Verständnis für
mich im Ganzen hat. Einen haben,
der dieses Verständnis hat, etwa eine
Frau, das hieße Halt auf allen Seiten
haben, Gott haben.

Franz Kafka, Tagebücher 1910

Frauen sind da um geliebt,
nicht um verstanden zu werden.

Oscar Wilde,
Lehren und Sätze zum Gebrauch
für die Jugend

Der Mann, Herr dieser Schöpfung,
hat noch anderes
Zu tun als Liebeständelei.
Ein Weib versteht das nicht
und ist zur Last nur. (Adam)

Emerich Madách,
D. Tragödie d. Menschen, Sz. 15

Frauen verstehen nicht, was Männer in
einem Manne sehen.

Estländisches Sprichwort

Besser als ein Mann versteht das
Weib die Kinder, aber der Mann
ist kindlicher als das Weib.

Friedrich Nietzsche,
Von alten und jungen Weiblein

Die Frauen hören mit Vorliebe etwas,
was man auch anständig auslegen
kann.

Sigmund Graff,
Vom Baum der Erkenntnis

Wenn du die Männer verstehen willst,
studiere die Frauen.

Aus Frankreich

Ein Weib, das mehr versteht,
als sonst ein Weib wol sol,
Die mag wol was verstehn,
brauchts aber selten wol.

Friedrich von Logau, Deutsche
Sinn-Getichte, Kluge Weiber

Mann und Frau stehen einander gegenüber, und die Gesellschaft sagt zu ihnen:
»Du verstehst nicht das mindeste von
ihm?« – »Du verstehst nicht das mindeste von ihr?« – »Nun, dann versteht
euch trotzdem! Vorwärts, seht zu, wie
ihr miteinander fertig werdet.« So daß,
wäre nicht die Umarmung, jedes Geschlecht seinen eigenen Weg ginge.

Henry de Montherlant, Erbarmen mit
den Frauen, Die jungen Mädchen

Zwischen genialen Männern und den
echt weiblichen Frauen wird immer eine
ganz natürliche Verbindung bestehen.
Die Stärke des echten Weibes ist die Genialität des Verstehens, daher die immer
wiederkehrende Erscheinung, daß die in
Art und Unart bedeutenden Männer
einen so starken Zug zu den Frauen
gehabt und gerade im Verkehr mit ihnen
ihr Bestes und Edelstes gezeigt haben.

Treitschke, Politik, 1, 7: Die Familie

Die Geschlechter täuschen sich
übereinander: das macht, sie ehren
und lieben im Grunde nur sich selbst
(oder ihr eigenes Ideal, um es
gefälliger auszudrücken). So will der
Mann das Weib friedlich – aber
gerade das Weib ist wesentlich
unfriedlich, gleich der Katze, so gut
es sich auch auf den Anschein des
Friedens eingeübt hat.

Friedrich Nietzsche,
Jenseits von Gut und Böse,
Sprüche und Zwischenspiele, 131

Die naturgemäße Neigung der Frauen
zu ruhigem, gleichmäßigem, glücklich
zusammenstimmendem Dasein und
Verkehr, das Ölgleiche und
Beschwichtigende ihrer Wirkungen
auf dem Meere des Lebens arbeitet
unwillkürlich dem heroischeren
inneren Drange des Freigeistes entgegen. Ohne daß sie es merken,
handeln die Frauen so, als wenn man
dem wandernden Mineralogen die
Steine vom Wege nimmt, damit sein
Fuß nicht daran stoße – während er
gerade ausgezogen ist, um daran zu
stoßen.

Friedrich Nietzsche, Menschliches,
Allzumenschliches,
Weib und Kind, 431

Weisheit

Dam und Simson,
David und Salomon,
Die hatten Weisheit viel
und Kraft,
Doch zwang sie Weibes
Meisterschaft.

Freidank, Bescheidenheit, Nr. 37,
V. Minne u. Wîben

So gewiß in der Vorzeit
nicht anders als heute
Wille und Tat Sache des Mannes war,
so gewiß war Sache des Weibes
Weisheit und Reichtum!

Ludwig Klages,
Der Geist als Widersacher
der Seele

Von Männern großgezogen und
gepflegt,
genährt vorzeitig mit der Weisheit
Früchten,
selbst seine Ehe treibend als Geschäft,
kommt ihm zum erstenmal das Weib
entgegen,
das Weib als solches, nichts als ihr
Geschlecht,
und rächt die Torheit an der Weisheit
Zögling. (Garceran)

Grillparzer, Die Jüdin von Toledo, III

Da Ihr, trotz Eurer jetzigen Romantik,
geborne Klassiker seid, so kennt Ihr
den Olymp. Unter den nackten
Göttern und Göttinnen, die sich dort,
bei Ambrosia, erlustigen, seht Ihr eine
Göttin, die, obgleich umgeben von
solcher Kurzweil, dennoch immer
einen Panzer trägt und den Helm auf
dem Kopf und den Speer in der Hand
behält. Es ist die Göttin der Weisheit.

Heinrich Heine

Lange Weisheit ermüdet.
Und daher werfen wir uns so gerne
der weiblichen Torheit in die Arme,
um die Weisheit wieder reizend zu
finden.

Karl Julius Weber, Demokritos, I, 17

Einer Frau Weisheit ist unter ihrer
Nase.

Aus Japan

Wir Mädchen sehn doch immer mit
Vergnügen
Die Weisheit eines Manns zu unsern
Füßen liegen.

Christoph Martin Wieland,
Musarion

Eine Frau, die ihren Mann ehrt,
erscheint allen als weise,
eine Frau, die ihn verachtet,
wird von allen als ruchlos erkannt.

Jesus Sirach, 26, 26

Bildung

Frauen können wohl gebildet sein, aber
für die höheren Wissenschaften, die
Philosophie und für gewisse Produk-
tionen der Kunst, die ein Allgemeines
fordern, sind sie nicht gemacht.

Georg Wilhelm Friedrich Hegel,
Philosophie des Rechts, § 166

Willst du ins Große wirken, so
entzünde und bilde die Jünglinge und
die Frauen. Hier ist noch am ersten
frische Kraft und Gesundheit zu
finden, und auf diesem Wege wurden
die wichtigsten Reformationen
vollbracht.

Friedrich Schlegel, Ideen 115

Die einzigen Länder, welche
Komponisten ersten Ranges selbst
unter dem männlichen Geschlechte
hervorgebracht haben, sind
Deutschland und Italien, Länder,
in welchen die Frauen sowohl
hinsichtlich der allgemeinen wie der
speziellen Bildung weit hinter Frankreich und England zurückgeblieben
sind, indem sie im allgemeinen – mag
dies ohne alle Übertreibung gesagt
werden – wenig Erziehung genießen
und kaum eine der höheren geistigen
Fähigkeiten ausbilden.

John Stuart Mill,
Die Hörigkeit der Frau,
III. Kapitel

Mag mich der Himmel bewahren vor
hochgelehrter Gemahlin!

>Martial(is) M. Valerius,>
>Epigramme>

Ich liebe die gelehrten Frauen nicht.
Wohl seh' ich's gern, wenn eine Dame
Einsicht
In alles hat; allein mich stört die
Sucht,
Gelehrt zu sein, nur um dafür zu
gelten. (Clitandre)

>Molière, Die gelehrten Frauen, I, 3>

Die meisten gelehrten Frauen gleichen
einem Kaufmann, der alle Waren in
die Schaufenster stellt und den Laden
leer hat.
>Otto von Leixner>

Eine gelehrte Frau gleicht einer
kostbaren Waffe, die zwar kunstvoll
ziselierte Arbeit und bewunderns-
werten Schliff aufweist, aber weder
im Kriege noch auf der Jagd zu
gebrauchen ist.
>La Bruyère>

Lieber ein bärtiges Weib
als ein gelehrtes.
>Aus Deutschland>

Ein Wachsgepräg ist deine edle Bildung,
Wenn sie der Kraft des Manns
abtrünnig wird. (Lorenzo)

>Shakepeare, Romeo und Julia, III, 3>

Für passend gilt es nicht,
und zwar aus gutem Grunde,
daß jedes Ding ein Weib erforsche
und erkunde. (Chrysale)

>Molière, Die gelehrten Frauen, II, 7>

Spätestens mit zwölf Jahren – einem
Alter, in dem die meisten Frauen
beschlossen haben, die Laufbahn von
Prostituierten einzuschlagen, das heißt,
später einen Mann für sich arbeiten zu
lassen und ihm als Gegenleistung ihre
Vagina in bestimmten Intervallen zur
Verfügung zu stellen – hört die Frau
auf, ihren Geist zu entwickeln.

>Esther Vilar, Der dressierte Mann>

Ich bin bequemen Sinns, und was man
hier bespricht,
verlangt, daß man sich nur vor Geist
den Kopf zerbricht.
Ein solcher Ehrgeiz liegt auch nicht in
meinem Blute;
Und hält man mich für blöd, ich trags
mit frohem Mute.
Weit lieber bleib ich drum im Reden
hübsch banal
Und falle mir nicht selbst mit
Geistreichtun zur Qual. (Henriette)

>Molière, Die gelehrten Frauen, III, 4>

Die Schönen werden in der Geschichte
sich nicht den Kopf mit Schlachten und
in der Erdebeschreibung mit Festungen
anfüllen; denn es schickt sich für sie
ebensowenig, daß sie nach Schießpulver, als für die Mannesperson, daß
sie nach Bisam riechen sollen ...

>Immanuel Kant, Beobachtungen,>
>Gegen weibliche Gelehrsamkeit>

Ach, Weib, wie eng ist doch dein
Horizont!
Und dies g'rad zieht den stolzen Mann
zu dir. (Adam)
>Emerich Madách,>
>D. Tragödie d. Menschen, Sz. 4>

Ich beherrsche nur drei Worte
französisch: Yves Saint-Laurent.

>Prinzessin Diana>

Eine Frau, die nach den Sternen sieht,
vergißt den Küchentopf.

Aus Deutschland

Die Henne, welche zur Frühmesse
kräht, und das Weib, das Latein
versteht, nehmen nie ein gutes Ende.

Aus Spanien

Als eine Frau lesen lernte, trat die
Frauenfrage in die Welt.

Marie von Ebner-Eschenbach

Wir müssen unverzagt an unsern
Gittern rütteln,
Um allen Geisteszwang auf immer
abzuschütteln. (Belise)

Molière, Die gelehrten Frauen, III, 2

Jedoch beweisen wir gewissen Herrn
es nun,
Die dünkelhaft auf uns herabzuschaun
geruhn,
Daß auch die Frauen sich am
Forschungsdrang entzünden
Und wohl imstande sind, Vereine zu
begründen. (Philaminte)

Molière, Die gelehrten Frauen, III, 2

In zielbewußter Art verknüpfen wir
mit Fleiß,
Was leider anderswo man nur zu
trennen weiß.
Wir planen, Redekunst und Wissen
auszutauschen,
Empirisch der Natur die Rätsel
abzulauschen.
Wir lassen jegliche Doktrin nach freier
Wahl
Zur Untersuchung zu und bleiben
selbst neutral. (Philaminte)

Molière, Die gelehrten Frauen, III, 2

Es muß doch ein Gefühl der Unbill in
uns wecken,
Will unserm Urteil man solch enge
Grenzen stecken,
Daß wir mit Kleiderputz, Brokatstoff,
Häkelei
Und Mantelwurf uns nur befassen
dürfen. (Armande)

Molière, Die gelehrten Frauen, III, 2

Die Mädchen, anstatt sich für ihren
Überfluß Schuh, Strümpfe, undurch-
sichtige Halstücher und solche üppigen
Plunder anzuschaffen, lasen die gelehrte
Zeitung und errichteten eine Lesegesell-
schaft, bliesen Oden und lauschten auf
das Brausen des Genies in den Wolken.

Georg Christoph Lichtenberg,
Aphorismen

Er macht es wie alle Männer,
spottet über gelehrte Frauen
und bildete unaufhörlich an mir.

Goethe,
Wilhelm Meisters Lehrjahre, VI

Die Bildung der Frauen geschieht,
man weiß nicht wie, gleichsam durch
die Atmosphäre der Vorstellung,
mehr durch das Leben als durch
das Erwerben von Kenntnissen,
während der Mann seine Stellung
nur durch die Errungenschaft des
Gedankens und durch viel technische
Bemühungen erlangt.

Georg Wilhelm Friedrich Hegel,
Philosophie des Rechts, § 166

Laß dich gelüsten nach der Männer
Kunst, Weisheit und Ehre.

Friedrich Daniel Ernst Schleiermacher,
Idee zu einem Katechismus
der Vernunft für edle Frauen,
Die zehn Gebote, X.

Freilich, es gibt genug blödsinnige
Frauenfreunde und Weibsverdreher
unter den gelehrten Eseln männlichen
Geschlechts, die dem Weibe anraten,
sich dergestalt zu entweiblichen
und alle Dummheiten nachzuahmen,
an denen der »Mann« in Europa,
die europäische »Mannhaftigkeit«
krankt – welche das Weib bis zur
»allgemeinen Bildung«, wohl gar
zum Zeitunglesen und Politisieren
herunterbringen möchten.

Friedrich Nietzsche

Die Frauen (Griechenlands) nehmen
teil an den Gesellschaften der Männer
und werden mit Achtung behandelt;
ganz das Gegenteil von morgen-
ländischer Einsperrung und deren
Folgen. Ja sie nehmen teil an der
heroischen Bildung dieses Zeitalters
der Ritter und Barden, wenngleich
die Bildung der Männer vom Zeitalter
mehr begünstigt wird als die der
Frauen.

Friedrich Schlegel, Über die Diotima

Ehemals verlangte man nur, daß die
Mädchen schön wären, heutzutage
auch noch, daß sie gescheit aussehen
sollen.

Georg Christoph Lichtenberg,
Aphorismen

Kurz und gut,
Sie soll im allerhöchsten Grad
unwissend sein;
Und unumwunden sag ich: es genügt
für sie,
Wofern sie mich nur liebt, fest betet,
näht und spinnt. (Arnolf)

Molière, Die Schule der Frauen, I, 1

Was das Mädchen nicht weiß,
das gerade ziert es.
Aus Rußland

Der Gürtel der Grazien ist das
siegreichste Wehrgehänge um die
weiche, liebliche Bildung des Weibs.

*Christ. Ernst Karl Graf von
Bentzel-Sternau,* Weltansichten

Und wahrlich, auch tapferer muß eine
wahrhaft gebildete Frau sein als eine
ungebildete, und ganz besonders die
philosophische weit mehr als eine
gewöhnliche Frau. So daß sie weder
aus Angst vor dem Tode noch aus
Scheu vor Arbeit Schimpfliches
erleidet und sich niemandem hingibt,
mag er auch aus adligem Geschlecht
oder ein Mächtiger sein oder ein
reicher Mann oder gar, beim Zeus,
ein Tyrann!

C. Musonius Rufus, Daß auch
die Frauen philosophieren sollten

XII. Kapitel

Dummheit
Narrheit

Dummheit

Die Frau ist so dumm wie ein Huhn
und die Intelligente so dumm wie deren
zwei.

Konfuzius

Schöne Frauen haben seit undenk-
lichen Zeiten das Vorrecht, dumm
sein zu dürfen.

Ida Gräfin von Hahn-Hahn,
Ulrich, Bd. 2

Natürlich ist der Schluß, daß schöne
Frauen dumm, schöne Männer noch
dümmer seien, ein ideeller Racheakt
der Benachteiligten.

Manès Sperber, Individuum
und Gemeinschaft

Eine dumme Frau kann dir mehr
schaden als dein klügster Feind.

Aus Arabien

Eine Frau kann so dumm sein, wie sie
nur will – der Mann wird trotzdem zu
ihr aufsehen und nicht auf ihre
Gesellschaft verzichten wollen.

Esther Vilar,
Der dressierte Mann

Dumme Mädchen und häßliche Frauen
sind unschätzbare Kostbarkeiten.

Aus China

Wenn die Männer die Schönheit einer
Frau mehr schätzen als ihre Intelligenz,
so hat das seinen Grund darin,
daß es auf Erden mehr Dummköpfe
gibt als Blinde.

Louise de Vilmorin

Dumme Weiber und aufsässige Kinder
sind durch nichts im Zaum zu halten.

Aus China

Es ist das Schrecklichste, mit einer
dummen Frau Konversation zu führen.
Nicht weil sie dumm ist, sondern weil
man ihr ununterbrochen beweisen
muß, daß man sie für gescheit hält!

Peter Altenberg, Fechsung

… die Weiber sind so dumm, – nur
Dummheit
Kann sie besiegen. Mit den Wölfen
heulen
Und bei den Weibern frömmeln,
tanzen, lügen! (Don Juan)

Christian Dietrich Grabbe,
Don Juan u. Faust, II, 1

Für eine Frau wird das Leben
verdrießlich, wenn man ihr keine
Dummheit mehr zutraut.

Sidonie-Gabrielle Colette

Begeh' immer nur Dummheiten, die dir
wirklich Freude machen.

Colettes Mutter zu ihrer Tochter

Die Dummheit des Mannes wird nicht
so bekannt wie die der Frau.

Aus Ghana

Eine Frau muß so gescheit aussehen,
daß ihre Dummheit eine angenehme
Überraschung bedeutet.

Karl Kraus, Nachts, Eros

's gibt keine Dummen,
wenn sie schön nur sind:
Grad mit der Dummheit
kriegen sie ein Kind. (Jago)

Shakespeare,
Othello, II, 1

… ein Weib, das nichts spricht,
ist in der Regel dumm; beim Manne
ist der Fall oft umgekehrt.

Karl Julius Weber,
Demokritos,
D. Schwätzer

Wie dumm immer ein Mannsbild auch
sein mag, es wird immer noch etwas
klüger sein als ein Frauenzimmer.

Aus Schweden

Eine dumme, einfältige Frau ist ein
Segen des Himmels.
Voltaire

Eine Frau macht es stolz, die Ursache
einer Dummheit zu sein, zu der ein
Mann sich hinreißen läßt.

Sidonie-Gabrielle Colette

Narrheit

Glück und Weiber haben ihre Lust an
Narren.
Christoph Lehmann,
Politischer Blumen-Garten,

Willst du durchaus heiraten, nimm
einen Narren; denn gescheite Männer
wissen allzu gut, was ihr für Ungeheuer
aus ihnen macht. (Hamlet)

Shakespeare,
Hamlet, III, 1

Keine Frau kann aus einem Narren
einen Weisen machen. Aber jede Frau
kann aus einem Weisen einen Narren
machen.
Aus Argentinien

Wan man die wisheit ganz
durchgründt,
Kein bitrer krut uf erd man findt
Dan frouen, der herz ist ein garn
Und strick, darin vil doren farn.
(Toren fahren)
Sebastian Brant,
D. Narrenschif, Nr. 64,
V. bosen Wibern

Torheit, du regierst die Welt, und dein
Sitz ist ein schöner weiblicher Mund.

Heinrich von Kleist,
Michael Kohlhaas

Eine Mutter braucht zwanzig Jahre,
um aus ihrem Jungen einen Mann
zu machen, und eine andere Frau
macht aus ihm in zwanzig Minuten
einen Narren.
Robert Frost

Der Geist der meisten Frauen dient
ihnen bloß dazu, ihre Narrheit zu
stärken, anstatt ihre Vernunft.

La Rochefoucauld,
Réflexions morales, 340

Ein hübsch frou, die ein närrin ist,
Ist glich eim roß, dem oren gbrist;
Wer mit derselben eren (ackern) wil
Der machet krumber furchen vil.

Sebastian Brant,
D. Narrenschif, Nr. 32,
V. frouen hueten

Für jede Frau, die aus ihrem Mann
einen Narren macht, gibt es eine andere,
die imstande ist, ihn wieder zu heilen.

Aus den USA

Weiber sind klug von Natur
und Närrinnen aus Neigung.

Aus Deutschland

Selbst gebildete Frauen vertragen
nicht immer andauernd gleich-
mäßiges Glück und fühlen einen un-
begreiflichen Antrieb zu Teufeleien
und Narrheiten, durch die Abwechslung ins Leben kommt.

Bogumil Goltz,
Zur Charakteristik und
Naturgeschichte der Frauen

XIII. Kapitel

Güte
Hilfe
Schenken
Dienen

Güte

... wenn eine Welt von Männern
Mit aller Rednerkunst nichts
ausgerichtet,
Hat eines Weibes Güte übermeistert.
(Talbot)

> *Shakespeare,* König Heinrich VI.,
> T. 1, II, 2

Ich hoffe jedenfalls, daß die Güte das
ist, was die Frauen auszeichnet. Denn
wir wollen mit ihrer Hilfe die Wahlen
gewinnen.

> *Konrad Adenauer,*
> Ausspruch 1965

Der Frauen Geist und Treue sind gering;
Trau' sorglos nie auf solch ein flüchtig
Ding;
Bau' nicht auf sie, wenn schlecht sie im
Gemüte,
Und sind sie gut, bau' nicht auf ihre
Güte!

> *Dschâmî,* Beharistan

Güte ist das erste und letzte Gut der
Frauen; und (erlauben Sie dem Freunde
die Bemerkung) geben Sie Ihrer künftigen Gattin ein Hauswesen voll Haus-
sorgen, und sie wird darin glücklich
sein; denn den Guten ist ihr Haus ihr
Königreich.

> *Adalbert Stifter,*
> an Gustav Heckenast, 24.12.1851

»Güte«, »Nachsicht«, »Verzeihen«,
ganz nett von einem Gatten! Aber wem
gegenüber? Bei der »Kreuzotter«, so
schön gefleckt sie auch ist, ein Blödsinn!
Wie macht sie es, nicht zu beißen?
(Splitter)

> *Peter Altenberg,* Mein Lebensabend

Das Weib ist unsäglich viel böser als
der Mann, auch klüger; Güte am
Weibe ist schon eine Form der
Entartung.

> *Friedrich Nietzsche,* Ecce Homo,
> Warum ich so gute Bücher schreibe, 5

Jedoch mit heiterem Gemüte
Gedenk ich höchster Frauengüte
Auf Elsa Brandström ich verweis'
Die sich in Rußlands Nacht und Eis
Der Kriegsgefangenen angenommen -
Sonst wären viel mehr umgekommen!

> *Eugen Roth,*
> Die Frau in der Weltgeschichte

Wohltätige Frauen sind oft solche,
denen es nicht mehr gegeben ist,
wohlzutun.

> *Karl Kraus,* Sprüche, Widersprüche,
> Weib, Phantasie

Schönheit ohne Güte ist ein Haus ohne
Tür, ein Schiff ohne Wind, eine Quelle
ohne Wasser.

> *Aus Italien*

Eine Frau von innerer Güte ist immer
liebenswürdig befunden worden, und
eine, die noch nach drei Tagen häßlich
gefunden wird, ist gewiß nicht liebenswürdig.

> *Börne,* Aphorismen

Wirkliche Schönheit kann ohne Güte
nicht existieren; denn es sind nicht
die Züge allein, sondern es ist der
Ausdruck, der den Zügen ihren
übernatürlichen Reiz gibt.

> *August Strindberg*

Schönheit reicht oft nur bis zum Abend, Güte aber bis zum Tode.

Tschetschenisch

Nicht Strenge legte Gott ins weiche Herz des Weibes. (Talbot)

Schiller, Maria Stuart II, 3

Gerechtigkeit ist mehr die männliche, Menschenliebe mehr die weibliche Tugend. Der Gedanke, Weiber das Richteramt verwalten zu sehen, erregt Lachen; aber die barmherzigen Schwestern übertreffen sogar die barmherzigen Brüder.

Arthur Schopenhauer, Die beiden Grundprobleme der Ethik

Eines Vaters Güte ist höher als ein Berg; einer Mutter Güte tiefer als das Meer.

Aus Japan

Mütterliche Güte – ein uferloses Meer, unendliche Tiefe.

Aus Rußland

Manche Mutter braucht glückliche, geehrte Kinder, manche unglückliche: sonst kann sich ihre Güte als Mutter nicht zeigen.

Friedrich Nietzsche, Menschliches, Allzumenschliches, Weib und Kind, 387

Das Gesetz der Milde ist auf ihrer (Frauen) Zunge.

Buch der Sprüche

Hilfe

Es gibt kein Elend, moralisch oder äußerlich, welches die Frau nicht zu lindern vermöchte. *Benjamin Disraeli*

Die Zeit ist gekommen, wo die Verantwortung der Frau größer ist als je zuvor, wo ihr Arbeitsfeld weit über die Sphäre häuslichen Lebens hinausreicht. Die Welt ruft durch ihre geschmähten Individuen ihre Hilfe an.

Rabindranath Tagore, Über die Frau

Die Anwesenheit des weiblichen Moments bedeutet die Anwesenheit eines verborgenen Hilfreichen, Mitwirkenden, Dienenden.

Gertrud von le Fort, Die Frau in der Zeit

Gegen Menschen, hilft der Mensch nicht.
Gegen Männer helfen Frauen.

Wolf Biermann, Romanze von Rita

Weh' dem Mann, der Rettung begehrt
Vom Weib, er ist verloren,
Eh' fänd' er die vors Drängers Schwert,
Im Pantherrachen und bei wilden
Mohren.

Friedrich (Maler) Müller, Balladen

Wer sich sein eigenes Leiden klagt,
klagt es sicherlich vergeblich.
Wer es der Frau klagt,
klagt es einem Selbst, das helfen kann
und schon durch die Teilnahme hilft.

Lichtenberg, Bemerkungen vermischten Inhalts, 3

Du, Mutter, halt den Alten jung:
es kann ihm gar nicht schaden.
Du, Frau, trägst viel Verantwortung.
Und hoch ertönt im neuen Schwung
das Lied – das Lied vom guten
Kameraden –!

Kurt Tucholsky,
Fragen an eine Arbeiterfrau

Ein schilt für allez herzeleid,
Daz bis du frowe, saelic wig.

Wartburg-Spruch
Margarethengang

Sie (die Frauen) sind die Mütter des
Menschengeschlechts, und sie haben
ein lebendiges Interesse an den Dingen,
die sie umgeben, eben an den Dingen
des alltäglichen Lebens; wenn sie dies
Interesse nicht hätten, müßte die
Menschheit untergehen.

Rabindranath Tagore, Über die Frau

Frauen trösten uns über jeden Kummer
hinweg, den wir ohne sie nicht hätten.

Jean Anouilh

Schenken

Lenbach bat die auf Ernst von
Wolzogens »Überbrettl« gastierende
australische Tänzerin Saharet, ihm
zu einem Porträt zu sitzen. Sie wußte,
daß der Maler handfeste Preise
schätzte, und fragte, was er verlange.
»Sie schöne Frau«, erwiderte Lenbach,
»male ich umsonst.« »Das«, entschied
die Künstlerin, »ist zu teuer.« Das
Porträt kam dennoch zustande.
Ein Mensch, der etwas geschenkt kriegt,
denke:
Nichts zahlt man teurer als Geschenke!

Eugen Roth, Mensch und
Unmensch, Kleinigkeiten

Den Frauen ist es vor allem lieb,
wenn man sich ihretwegen in
Unkosten stürzt. (Dorante)

Molière, Der Bürger
als Edelmann, III, 6

Wenn's einem kein Vergnügen macht,
eine Frau zu beschenken, unterlasse
man es. Es gibt Frauen, gegen die ein
Danaidenfaß die reinste Sparbüchse ist.

Karl Kraus

Jede Frau, der man eine Handtasche
schenkt, öffnet sofort das Portemon-
naie darin.

Aldous Huxley

Die Frauen behelligen einen in einem
fort, bis man ihnen etwas geschenkt
hat. Aber man kann ihnen etwas ganz
Beliebiges schenken. Zum Beispiel ein
bißchen Mitleid. Das verschenken die
Männer übrigens tatsächlich, doch
ohne sich dessen bewußt zu sein.
Sie nennen ihr Mitleid Liebe.

Henry de Montherlant,
Erbarmen mit den Frauen

Dienen

Das Weib muß dienen und gehorchen,
scheiden von jeder eignen Lust, und
sonder Klage
im sauren Dienst der Stirne Schweiß
vergeuden.
Beginne drum die mühevollen Tage
geduldig, Rose, wein dich satt im stillen,
wenn, wie des Regens Flut, die saure
Plage
mit jedem Kindbett wächst. Du weißt,
den Willen
nicht bloß dem Mann, dem Amtmann
auch, dem Schreiber,
dem Herrn, der gnädigen Frau müssen
erfüllen
wir, wenn nicht unsre unbarmherzgen
Treiber
mit Schmerz und Hohn, nach strengen
Rechtes üben,
bedecken sollen unsere armen Leiber.
Vergiß nie: zu dulden und zu lieben
den, dem sie dienet, ist das Weib
geboren.
Denn sie ist nicht zum Glück nach
eignen Trieben,
zu fremden Vorteils Werkzeug nur
erkoren.
Wilhelm von Humboldt,
Weibertreu, 15

Eine Folge der technisierten Massen-
gesellschaft: Die Konkurrenz der Frau
um die männlichen Arbeitsstellen.
Die Frau hört auf zu dienen und wird
Angestellte.
Max Horkheimer,
Emanzipation als Anpassung

Dienen lerne beizeiten das Weib nach
ihrer Bestimmung; denn durch Dienen
allein gelangt sie endlich zum Herrschen, zu der verdienten Gewalt, die
doch ihr im Hause gehöret. (Erato)
Goethe,
Hermann und Dorothea

Solange Frauen gezwungen sind, aus
zweiter Hand, das heißt durch die Männer, zu leben, müssen sie schuften, um
sich unentbehrlich zu machen, und das
ist ein Ganztagsjob, den man allgemein
und zu Unrecht Altruismus nennt.
Germaine Greer,
Der weibliche Eunuch

Dienet die Schwester dem Bruder doch
früh, sie dienet den Eltern,
und ihr Leben ist immer ein ewiges
Gehen und Kommen
oder ein Heben und Tragen, Bereiten
und Schaffen für andre.
Wohl ihr, wenn sie daran sich gewöhnt,
daß kein Weg ihr
zu sauer wird und die Stunden der
Nacht ihr sind wie die Stunden des
Tages,
daß ihr niemals die Arbeit zu klein und
die Nadel zu fein dünkt,
daß sie sich ganz vergißt und leben mag
nur in andern!
Denn als Mutter, fürwahr, bedarf sie
der Tugenden alle,
wenn der Säugling die Krankende
weckt und Nahrung begehret
von der Schwachen, und so zu
Schmerzen Sorgen sich häufen.
Zwanzig Männer verbunden ertrügen
nicht diese Beschwerde,
und sie sollen es nicht; doch sollen sie
dankbar es einsehen.
Goethe,
Hermann und Dorothea, 7

Wie das Weib den Mann durch
Sanftmut besiegt, durch Hingabe
gewinnt, so gewinnen die Großen
durch Dienen die Kleinen und die
Kleinen die Großen. Dienen läßt
gewinnen; Dienen macht überlegen.
Lao-Tse, Tao-Teh-King, 61

Was sind denn Weiber? – Eitel üppig
Volk,
Geboren, zu gebären und zu dienen!
(Ingomar)
Friedrich Halm,
Der Sohn der Wildnis, A 2

Die Frauen wollen dienen und haben
darin ihr Glück: und der Freigeist will
nicht bedient sein und hat darin sein
Glück.
Nietzsche,
Menschliches, Allzumenschliches,
Weib und Kind, 432

Die Rolle der Frau in der Industrie
spiegelt ihre Rolle als Dienerin, wie sie
sie draußen verkörpert.
Germaine Greer,
Der weibliche Eunuch

Kein Wissenschaftler, kein Künstler
kann seinen Auftrag erfüllen, wenn
nicht selbstlose Frauenhände seinen
Alltag behüten; kein noch so genialer
Arzt kann seine Patienten heilen, wenn
die treue Pflegerin fehlt – auch keine
Geselligkeit kann blühen, kein Heim
eine Stätte der Geborgenheit darstellen,
wenn die stille Betreuung dienender
Frauenhände fehlt.
Gertrud von le Fort,
Die Frau in der Zeit

Wenn ihre kleinsten Mädchen sich mit
Puppen herumtragen und einige
Läppchen für sie zusammenflicken,
wenn ältere Geschwister alsdann für
die jüngeren sorgen und das Haus sich
in sich selbst bedient und aufhilft: dann
ist der weitere Schritt ins Leben nicht
groß, und ein solches Mädchen findet
bei ihrem Gatten, was bei ihren
Eltern verließ.
Goethe,
Die Wahlverwandtschaften, II, 7

Durch nichts erleichtern bedeutende
Frauen ihren Männern, falls diese berühmt und groß sind, das Leben so sehr
als dadurch, daß sie gleichsam das
Gefäß der allgemeinen Ungunst und
gelegentlichen Verstimmung der
übrigen Menschen werden. Die Zeit-
genossen pflegen ihren großen Männern viel Fehlgriffe und Narrheiten, ja
Handlungen grober Ungerechtigkeit
nachzusehen, wenn sie nur jemanden
finden, den sie als eigentliches Opfer-
tier zur Erleichterung ihres Gemütes
mißhandeln und schlachten dürfen.
Nicht selten findet eine Frau den Ehrgeiz in sich, sich zu dieser Opferung
anzubieten, und dann kann freilich der
Mann sehr zufrieden sein – falls er
nämlich Egoist genug ist, um sich einen
solchen freiwilligen Blitz-, Sturm-,
und Regenableiter in seiner Nähe
gefallen zu lassen.
Nietzsche,
Menschliches, Allzumenschliches,
Weib und Kind, 430

Eine tüchtige Frau pflegt ihren Mann;
so vollendet er seine Jahre in Frieden.
Jesus Sirach, 26, 2

Frauen und Dienerinnen sind schon für
die Heiligen schwer zu behandeln gewesen, um wieviel mehr müssen sie es
für den gewöhnlichen Menschen sein!
Kaibara Ekiken

Dienen und der Zwang zu gefallen sind
im weiblichen Leben verwandt, denn
das Gefallen macht gleichfalls dienstbar.
Ernst Bloch, Kampf ums Neue Weib

Eine Freundin sei die Frau dem Mann,
aber keine Dienstmagd. *Aus Rußland*

Dem Mann zur liebenden Gefährtin ist
das Weib geboren. Wenn sie der Natur
gehorcht, dient sie am würdigsten dem
Himmel. (Erzbischof)

Schiller, Die Jungfrau
von Orleans, III, 4

Die Frau kommt dem Mann nur gleich,
wenn sie aus ihrem Leben ein ständiges
Opfer macht, wie das des Mannes eine
ständige Tätigkeit ist.

Honoré de Balzac

Keine Tugend ist doch weiblicher
als Sorge für das Wohl anderer,
und nichts dagegen macht das Weib
häßlicher und gleichsam der Katze
ähnlicher als der schmutzige Eigennutz, das gierige Einhaschen für den
eigenen Genuß.

Heinrich von Kleist, Brief an seine
Braut (Wilhelmine), Sept. 1800

Eine Frau kann einem Mann das Leid,
das er ihr angetan hat, verzeihen, aber
sie kann ihm nie die Opfer verzeihen,
die er für sie gebracht hat.

William Somerset Maugham

Nichts kommt einem Mann so teuer zu
stehen wie die Opfer, die eine Frau für
ihn bringt.
Jules Romains

Die Leidenschaft des Weibes, in ihrem
unbedingten Verzichtleisten auf eigene
Rechte, hat gerade zur Voraussetzung,
daß auf der anderen Seite nicht ein
gleiches Pathos, ein gleiches
Verzicht-leisten-Wollen besteht.

Friedrich Nietzsche,
Die fröhliche Wissenschaft, 5. Buch

Mit Weibern und Menschen kommt der
zu nichts oder hat sicher das geringste
Glück, der sie mit ungeheuchelter,
warmer Liebe liebt und seine Interessen
den ihren hintansetzt.

Giacomo Leopardi, Werke, Gedanken

Wie Mann und Weib verschieden von
Natur,
Wird dir ihr Opfermut enthüllen:
Es opfert sich der Mann erkannten
Zwecken nur,
Das Weib des bloßen Opfers willen.

Paul Heyse, Spruchbüchlein, Frauen

Um eines Weibes willen opfre nie,
Durch Lust betört, den weisen Sinn,
mein Sohn! (Kreon)

Sophokles, Antigone, V, 644–645

Das Weib, das dahin erhoben ist, ihrem
Kind im vollen Sinn des Wortes ganz
zu leben, d. h. ihr Leben für dasselbe
hinzugeben, dieses Weib opfert sich
nicht bloß für ihr Kind, es opfert sich
für das Menschengeschlecht auf.

Pestalozzi, An die Unschuld, den Ernst
und den Edelmut meines Zeitalters

Keine bedeutende Bewegung wurde je
ins Leben gerufen, ohne daß die Gestalt
einer aufopfernden, faszinierenden
Frau eine Rolle gespielt hätte.

Henry Miller, Land der Erinnerung

Ich weiß, daß Weiber lieben können,
weiß,
Daß sie der Liebe alles opfern können,
Weiß, daß sie sterben können für die
Liebe.
Rob. Hamerling, Ahasver in
Rom, Ges. 2, Das Bacchanal

Für ihre Liebe opfern die Frauen alles,
ihr eigenes Wesen, sogar ihre Gedanken
können sie denen des Mannes unter-
ordnen, dem sie gehören wollen.

Gabor von Vaszary

Wenn strahlende Schönheit, wenn
Glück ihr fehlen, entscheidet sich die
Frau für die Rolle des Opfers.

Simone de Beauvoir,
Das andere Geschlecht

Es gibt nichts Unsinnigeres auf der
Welt als die Raserei, mit der sich die
Weiber aufopfern. (Einstein)

Friedrich Dürrenmatt, Die Physiker

Die Hausfrau lebt auf dem Niveau des
Nützlichen, und sie schmeichelt sich
selbst damit, nichts weiter als ihren
Angehörigen nützlich zu sein.

Simone de Beauvoir,
Das andere Geschlecht

XIV. Kapitel

Schule
Rat
Erziehung
Kindererziehung I.
Kindererziehung II.
Lernen
Ausbildung
Selbstbewußtsein
Entwicklung
Veränderung
Vervollkommnung

Schule

Wenn ein Knabe schreit, wird er mehr
ausgescholten als ein Mädchen, das
schreit; wenn es ihn überholt, wird
ihm gesagt, das sei schlimmer, als wenn
ihn ein Knabe überflügelt hätte, selbst
wenn es doppelt so groß ist wie er; und
dazu wird ihm noch gesagt, er dürfe es
nicht schlagen, weil es ein Mädchen sei.
Es sitzt da, fordert ihn heraus und besiegt ihn wenigstens die Hälfte der Zeit,
und oft sogar mehr als die Hälfte –
bis die höhere Schule die gesegnete
Erleichterung mit wissenschaftlichen
Spezialfächern bringt, bei denen Mädchen nicht mehr länger ermutigt
werden, Erfolg zu haben.

Margaret Mead, Mann und Weib,
Die beiden Geschlechter im
heutigen Amerika

Daß eine Frau lehrt, erlaube ich nicht,
auch nicht, daß sie über ihren Mann
herrscht; sie soll sich still verhalten.

1 Tim, 2, 12

Den Knaben erzieht eine vieltönige
Welt, die Schulklassen, Universitäten,
die Reisen, die Landsmannschaften und
die Bibliotheken; die Tochter bildet der
Muttergeist.

Jean Paul, Levana, oder Erzieh-Lehre,
Bd. 2, Bruchstücke 4, K. 3, § 81

Um alles in der Welt nicht noch unsere
Gymnasialbildung auf die Mädchen
übertragen! Sie, die häufig aus geistrei-
chen, wißbegierigen, feurigen Jungen –
Abbilder ihrer Lehrer macht!

Nietzsche, Menschliches, Allzumenschliches, Weib und Kind, 409

Eine Mutter ist soviel wert wie hundert
Schulmeister.
Deutsches Sprichwort

In der Schule zeigen sich die Mädchen
anfangs stets intelligenter als die
Knaben. Das hört erst in jenem Alter
auf, in dem die Mütter der bürgerlichen
Gesellschaft ihnen klarmachen, ihre
Intelligenz darauf zu richten, einen
möglichst reichen Mann einzufangen
und ihn nicht durch Anzeichen größerer
Intelligenz zu verängstigen.

Ernest Borneman, Das Patriarchat

Wenn ein Weib gelehrte Neigungen
hat, so ist gewöhnlich etwas an ihrer
Geschlechtlichkeit nicht in Ordnung.

Friedrich Nietzsche,
Jenseits von Gut und Böse

Wie doch die Gelehrsamkeit den
Mädchen schaden kann!
Noch sind die Musen ohne Mann!

Johann Christoph Friedrich Haug,
Sinngedichte, Gelehrte Mädchen

Wenn es nur vernünftige Männer auf
der Welt gäbe, so bliebe jedes gelehrte
Mädchen ihr Leben lang alte Jungfer.

Jean-Jacques Rousseau, Emile

»Gelehrte« Frauen brauchen ihre
Bücher etwa so wie ihre Uhr,
bloß um sie zu tragen, damit sie
gesehen werde, obschon sie meist
stille steht oder doch nicht nach der
Sonne richtig gestellt ist.

Immanuel Kant, Anthropologie

Frauen stünde gelehrt sein nicht?
Die Wahrheit zu sagen, nützlich ist es:
Es steht Männern so wenig wie
Frauen.
Heinrich von Kleist,
Eine notwendige Berichtigung

Rat

Der Witz der Männer, wahrlich, käme
spät zum Ziel,
Wenn's unserem eigenen Frauenwitz
an Rat gebricht! (Amme)

Euripides, Hippolytos, 2, 2, 480

Ich habe keine wesentliche Entscheidung getroffen, ohne den Rat meiner
Frau einzuholen.

Sir Winston Churchill

Der Rat, den dir ein weibliches Herz
erteilt, wird immer der klügste sein.

Karl Gutzkow, Gesammelte Werke

Frauenrat soll keiner verschmähen,
ein wenig Hilfe will das Glück gern
haben.
Aus Norwegen

Frauenrat kostet zuviel oder ist zu
schlecht.
Aus Italien

Der Rat einer Frau ist geringfügig, und
wer ihn befolgt, ist ein Narr.

Aus Spanien

Mit einer Frau berate dich, doch tue
stets das Gegenteil von dem, was sie
dir rät.
Tschetschenisch

Der Frauen Rat taugt nur für Frauen.

Aus der Türkei

Der Rat einer Frau ist geringer an Wert,
aber wehe dem Mann, der ihn nicht
annimmt.
Aus Schottland

Des Weibes Unverstand
Rennt immer vor des Mannes weisem
Rat
Voraus. (Barak)

Schiller, Turandot, III, 6

Eine Frau fragt selten um Rat, ehe sie
ihr Hochzeitskleid gekauft hat.

The Campaign

Berate deine Tochter, so hast du ein
großes Werk getan, und gib sie einem
vernünftigen Manne.

Jesus Sirach, 7, 27

Eine Tochter, die noch unberaten ist,
macht dem Vater viel Wachens.

Jesus Sirach, 22, 4

Halse deine Tochter einem Manne auf,
und befreie dich von einer großen
Plage. Gib auch allen deinen Freunden
diesen Rat, und lebe sorgenfrei.

Buch des Kabus, 27

Erziehung

Es ist ausgemacht, daß die schlechte
Erziehung der Frauen viel mehr Unheil
anrichtet als die der Männer.

François de Fénelon,
Über die Erziehung der Mädchen

Ich würde der Mann nicht geworden
sein, der ich doch bin, wenn mich
das Frauenzimmer nicht vollends
zugestutzt hätte. (Chrysander)

G. E. Lessing, Der junge Gelehrte, 1, 2

Weiber sind die ersten Erzieherinnen
des menschlichen Geschlechtes.

Hippel, Über die Ehe

Man kann in den drei oder vier
zivilisierten Ländern Europas aus den
Frauen durch einige Jahrhunderte von
Erziehung alles machen, was man
will, selbst Männer, freilich nicht in
geschlechtlichem Sinne, aber doch in
jedem anderen Sinne. Sie werden unter
einer solchen Einwirkung einmal alle
männlichen Tugenden und Stärken
angenommen haben, dabei allerdings
auch deren Schwächen und Laster mit
in den Kauf nehmen müssen; so viel,
wie gesagt, kann man erzwingen.

Nietzsche, Menschliches, Allzumenschliches, Weib und Kind, 425

Wenn also die Tugenden von Mann und
Frau dieselben sein müssen, dann muß
auch die Ernährung und Erziehung für
beide Geschlechter unbedingt dieselbe
sein.

C. Musonius Rufus,
Ob man die Töchter ähnlich wie
die Söhne erziehen soll

Und wenn jemand will, daß weibliche
Pferde die Leistung der Pferde zu voller
Zufriedenheit vollbringen, dann kann
man sehen, daß sie nicht anders als die
männlichen dressiert werden. Und da
sollen bei den Menschen die Männer in
der Erziehung und Aufzucht eine Ausnahme bilden gegenüber den Frauen, als
ob nicht beiden Geschlechtern dieselben
Tugenden anerzogen werden müßten
oder als ob es möglich wäre, dieselben
Tugenden nicht durch die gleichen Erzie-
hungsmethoden, sondern durch andere
zu erwerben?

C. Musonius Rufus,
Ob man die Töchter ähnlich wie
die Söhne erziehen soll

Eine Frau zu erziehen heißt einem
Affen ein Messer in die Hand drücken.

Aus Indien

Die Herren der Frauen verlangen mehr
als einfachen Gehorsam und wandten
die ganze Macht der Erziehung an, um
ihren Zweck zu erreichen.

John Stuart Mill,
Die Hörigkeit der Frau, 1. Kapitel

Jene edlen, freigesinnten Frauen, welche
die Erziehung und Erhebung des weiblichen Geschlechts sich zur Aufgabe
stellen, sollen einen Gesichtspunkt nicht
übersehen: Die Ehe in ihrer höheren
Auffassung gedacht, als Seelenfreund-
schaft zweier Menschen verschiedenen
Geschlechts, also so, wie sie von der
Zukunft erhofft wird, zum Zweck der
Erzeugung und Erziehung einer neuen
Generation geschlossen, eine solche Ehe,
welche das Sinnliche gleichsam nur als
ein seltnes gelegentliches Mittel für einen
größern Zweck gebraucht, bedarf wahrscheinlich, wie man besorgen muß, einer
natürlichen Beihilfe, des Konkubinats.

Nietzsche, Menschliches, Allzumenschliches, Weib und Kind, 424

Erziehe dein Kind schon in den ersten
Jahren, die Frau jedoch gleich in den
ersten Stunden

Baschkirisch

Jede Frau wird von frühester Jugend an
erzogen in dem Glauben, das Ideal eines
weiblichen Charakters sei ein solcher,
welcher sich im geraden Gegensatz zu
dem des Mannes befindet; kein eigener
Wille, keine Herrschaft über sich durch
Selbstbestimmung, sondern Unterwer-
fung, Fügsamkeit in die Bestimmung
anderer.

John Stuart Mill,
Die Hörigkeit der Frau, 1. Kapitel

Es gibt doch nichts Schöneres,
als sich ein junges Ding zu erziehen,
ein Mädel mit achtzehn, zwanzig
Jahren ist biegsam wie Wachs. Einem
Mann muß es möglich sein, jedem
Mädchen seinen Stempel aufzudrücken.
Eine Frau will auch nichts anderes.

Adolf Hitler

Man hat gesagt, daß die Frauen ...
kein eigentliches Rechtsgefühl hätten,
daß sie leichter ihrem Gefühl als
ihrem Gewissen gehorchten ...
(Aber) nicht die Natur, sondern
die Erziehung hat diesen
Unterschied hervorgebracht.

Condorcet

Kindererziehung I.

Der erste Unterricht des Kindes sei nie
Sache des Kopfes, Sache der Vernunft!
Er sei ewig Sache der Sinne, Sache des
Herzens, Sache der Mutter!

Pestalozzi

Was man nicht mit der Muttermilch in
sich aufgenommen, das bringt einem
auch die Kuhmilch nicht mehr bei.

Tatarisch

Die beste Erziehungsmethode für ein
Kind ist, ihm eine gute Mutter zu
verschaffen.
Christian Morgenstern,
Aphorismen und Sprüche

... der Soldat wird kriegerisch, der
Dichter dichterisch, der Gottesgelehrte
fromm erziehen, – und nur die Mutter
wird menschlich erziehen.

Jean Paul, Levana oder Erzieh-Lehre,
Bd. 2, Bruchstück 4, K. 2, § 79

Wie oft ist es mir vor die Seele getreten,
daß von allen Wohltaten der erste
mütterliche Unterricht der größte und
bleibendste ist.
Graf von Moltke

Die Mutter bringt die Kinder zur Welt,
diese unterrichtet sie an ihrer Statt.

Amhara (Äthiopien)

Wen seine Mutter nicht lehrt, den lehrt
die Welt.
Aus Tansania

Wer sich nicht mit der Muttermilch an
das Gute gewöhnt hat, dem hilft später
auch der Stock nicht.
Aus Arabien

Mutterhand ist weich, auch wenn sie
schlägt.
Aus der Tschechoslowakei

Habt ihr recht erzogen, so kennt ihr
euer Kind. Nie, nie hat eines je seiner
rein- und rechterziehenden Mutter
vergessen.

Jean Paul, Levana oder Erzieh-Lehre,
Bd. 2, Bruchstück 4, K. 2, § 80

Es ist einfacher, eine Nation zu regiern,
als vier Kinder zu erziehen.

Sir Winston Churchill

Die erste Erziehung ist am wichtigsten, und diese erste Erziehung gebührt unstreitig den Fauen. Wenn der Schöpfer der Natur gewollt hätte, daß sie den Männern zukäme, würde er ihnen Milch zur Ernährung der Kinder gegeben haben.

Jean-Jacques Rousseau, Emile I

Ich wünsche jedem meiner Leser eine Frau, die ein tapferes Herz hat und ihre Heimat liebt und die ihre Kinder großziehen will – zu einem andern Schicksal, als dekoriert in einem Ackergraben zu verrecken.

Kurt Tucholsky, Der Krieg und die deutsche Frau, 1927

Kindererziehung II.

Wenn ich die Macht hätte, Gebräuche einzuführen, würde ich dem jungen Mädchen möglichst genau dieselbe Erziehung geben wie dem Knaben.

Stendhal, Über die Liebe, 2, 56

Kläre den Geist eines jungen Mädchens auf, forme seinen Charakter, kurz, gib ihm im wahren Sinne des Wortes eine gute Erziehung: Früher oder später nimmt es seine Überlegenheit über die andern Frauen wahr, wird eine Pedantin, das heißt das unangenehmste und heruntergekommenste Wesen auf der Welt. Es gibt keinen unter uns, der sein Leben nicht lieber mit einer Magd als mit einem Blaustrumpf verbrächte.

Stendhal, Über die Liebe, 2, 54

Jungen werden bei Mißerfolgen ermuntert, es noch mal zu versuchen, Mädchen werden getröstet.

Friedel Schreyögg

Nichts wird so sehr vernachlässigt wie die Erziehung der Mädchen. Dem Herkommen und der Laune der Mütter wird hierin oft alles überlassen; man setzt voraus, daß diesem Geschlechte nur wenig Unterricht zugewendet werden dürfe.

Fénelon

Der Frauen Liebe nährt das Kind;
Den Knaben ziehn am besten Männer.

Goethe, Elpenor, 1, 2

Wenn man einen jungen Burschen erzieht, erzieht man einen einzelnen Menschen. Wenn man ein Mädchen erzieht, erzieht man eine ganze spätere Familie.

Harold McIver

Man erzieht die Knaben zu Dienern und die Mädchen zu Müttern, so wird es überall wohl stehen.

Goethe

Ein Mädchen, dessen Geist nicht durch Untätigkeit erstickt noch dessen Unschuld durch falsche Scham verdorben ist, wird immer ein Wildfang sein ...

Mary Wollstonecraft, A Vindication of the Rights of Women

Ihr Eltern! Eure Jungen machen sich in der Hölle kaum schwarz; aber für eure Töchter und ihren schneeweißen Anzug ist kaum der Himmel gescheuert und sauber genug.

Jean Paul, Levana oder Erzieh-Lehre

Zur Kinderlehre wird's genügen,
Lehrt ihr das A und O verstehen,
Die Mädchen: einen Mann zu kriegen,
Die Buben: ihren Mann zu stehen.

Paul Heyse, Gesammelte Werke,
Gedichte, Spr.

Die Knaben kommen aus dem Augias-
stall des Welttreibens mit ein wenig
Stallgeruch davon. Jene aber (die Mädchen) sind zarte weiße Paris-Äpfel-
blüten, Stubenblumen, von welchen
man den Schimmel nicht mit der Hand,
sondern mit feinen Pinseln kehren muß.

Jean Paul, Levana oder Erzieh-Lehre,
Bd. 2, Bruchstück 4, K. 4, § 91

Ziehe einen Jungen mit Schlägen auf
und ein Mädchen mit Lob.

Aus Indien – Tamil

Einen Knaben aufziehen, ohne ihn zu
unterrichten, heißt einen Esel
großziehen;
ein Mädchen aufziehen, ohne es zu
unterrichten, heißt ein Schwein
großziehen.   *Aus China*

Der bald in die Steppe zieht, den der
Vater streng erzog; der stets auf dem
Ofen liegt, den die Mutter an sich zog.

Aus Usbekistan

Der vom Vater erzogene Sohn wird
Pfeile schnitzen, der von der Mutter
erzogene Schlafröcke zuschneiden.

Aus Kasachstan

Tüchtige Mutter erzieht träge Tochter.

Aus Island

Mitleidige Mutter zieht schmutzige
Tochter.   *Aus Spanien*

Vor aller Augen erziehe deinen Sohn,
hinter dem Rücken aller deine Frau.

Aus China

Ein kluges Mädchen von zehn Jahren ist
lebhafter und geistig durchgebildeter als
sein Bruder; mit zwanzig Jahren ist aus
dem jungen Burschen ein Mann von
Geist geworden und aus dem jungen
Mädchen eine große linkische Törin,
die schüchtern ist und Angst vor einer
Spinne hat. Schuld daran ist die Erziehung, die sie erhalten hat.   *Stendhal*

Wozu wird jedes achtbare Mädchen
erzogen? Irgendeines reichen Mannes
Gefallen zu erregen und von seinem
Gelde zu profitieren, indem es ihn
heiratet! (Frau Warren)

George Bernard Shaw,
Frau Warrens Gewerbe

Mädchenerziehung – manchmal:
Ein schöner Knix – und sonst nix …

Anita

Wir richten sie von Kindheit an auf die
Unternehmungen der Liebe ab, ihre
Grazie, ihr Putz, ihr Wissen, ihr Reden,
ihre ganze Erziehung sieht nur auf
dieses Ziel. Ihre Erzieherinnen stellen
ihnen nichts anderes als das Bild der
Liebe vor Augen, sei es auch nur, um es
ihnen durch diese ständige Vorstellung
zu verleiden …   *Montaigne*

Ich bestehe darauf, daß man jungen
Mädchen, die man gut erziehen will,
auch von der Liebe etwas sagen muß.

Stendhal, Über die Liebe, 2, 55

Lernen

Die Frau ist wie ein Wischblatt. Sie nimmt alles auf und gibt es verkehrt wieder.

Curt Goetz

Der Mann fragt Bücher, Freunde, Welterfahrung. Das Weib vernimmt des Herzens Offenbarung.

Geibel, Mann und Weib

Mühsames Lernen oder peinliches Grübeln, wenn es gleich ein Frauenzimmer darin hoch bringen sollte, vertilgen die Vorzüge, die ihrem Geschlechte eigentümlich sind, und können dieselben wohl um der Seltenheit willen zum Gegenstande einer kalten Bewunderung machen, aber sie werden zugleich die Reize schwächen, wodurch sie ihre große Gewalt über das andere Geschlecht ausüben.

Immanuel Kant, Beobachtungen, Gegen weibliche Gelehrsamkeit

Man glaubt in der Regel, ein Mädchen von Stande, welches man gut erziehen wolle, müsse Italienisch und Spanisch lernen, aber ich kann mir nichts Zweckloseres denken als dieses Studium, wenn ein Mädchen nicht dem Gefolge irgendeiner spanischen oder italienischen Prinzessin zugeteilt ist wie unsere Königinnen aus dem Hause Österreich und Medici. Überdies dienen diese beiden Sprachen nur dazu, gefährliche Bücher zu lesen, welche selbst geeignet sind, die Fehler der Frauen noch zu verschlimmern; bei diesem Studium ist weit mehr zu verderben als zu gewinnen.

Fénelon, Drittes Buch, Fortsetzung von den Pflichten der Frauen

Der Lerneifer der Frau ist ein Zeichen ihrer Unproduktivität.

Martin Kessel, Gegengabe

Sie (Tochter) muß einen Abscheu haben vor der Lektüre verbotener Bücher und nicht einmal die Ursache des Verbotes ergründen wollen. Sie soll lernen, mißtrauisch gegen sich selbst zu sein und die Klippen der Wißbegierde und der Selbstgefälligkeit zu fürchten: Sie mache sich zur Aufgabe, in aller Demut zu Gott zu beten, arm im Geiste zu werden, oft in sich selbst Einkehr zu halten, unwandelbar zu gehorchen, durch vernünftige und wohlwollende Leute selbst in ihren festesten Meinungen sich zurechtweisen zu lassen und zu schweigen, indem sie die andern reden läßt.

Fénelon, Rat an eine Dame von Stand wegen der Erziehung ihrer Tochter

… Doch möchte ich Latein nur Mädchen von tüchtigem Verstand und eingezogenem Wesen lernen lassen, welche in diesem Studium nichts anderes suchen wollen, als was es bezweckt, welche auf eitle Wißbegier verzichteten, was sie gelernt, für sich behielten und es nur zu ihrer Erbauung verwendeten.

Fénelon, Drittes Buch, Fortsetzung von den Pflichten der Frauen

Von unerfahrenen Frauen kann man viel lernen.

Casanova

In der Liebe sind die Frauen Gesellen und Meister, ohne daß sie jemals in die Lehre gegangen sind.

Aus Rußland

Ausbildung

Mit Grund glaubt man, daß es für eine
Frau nicht passe,
Wenn sie mit Studien bloß und
Büchern sich befasse.
Doch daß zum Guten sie der Kinder
Herz erzieht,
Den Haushalt überwacht, auf das
Gesinde sieht,
Daß sie voll Sparsamkeit ihr Wirt-
schaftsgeld verwaltet,
Das sei ihr Studienziel, wo sich ihr
Wert entfaltet. (Chrysal)

Molière, Die gelehrten Frauen, II, 7

Und wenn es nicht durch die Gewohnheit den Weibern verboten wäre, zu
studieren, so würden wir zu unserer
Zeit derer noch mehr gelehrte Frauen
zu sehen bekommen als unter den
gelehrtesten Männern. ... So folgt,
daß, wenn die Weiber so wie die
Männer studieren könnten, so würden
sie sich mindestens ebenso berühmt
in geist- und weltlichen Schriften
machen wie die Männer.

Agrippa von Nettesheim,
Von dem Vorzug des weiblichen vor
dem männlichen Geschlecht, § 43

Knaben können ins Freie und dürfen
ihre Lehrer begleiten, sie vermögen die
Dinge selbst aufzusuchen und zu studieren, die in der Welt geltenden Sitten
und Gebräuche kennenzulernen, verbunden mit ihren Kameraden genießen
sie nicht nur die Unterweisung durch
die Eltern, sondern es bieten sich ihnen
vielerlei Gelegenheiten, die Dinge
außerhalb des Hauses beobachten zu
können. Die Mädchen aber, die immer
im Innern des Hauses bleiben müssen
und nie ins Freie gelangen, haben
diese Möglichkeiten nicht.

Kaibara Ekiken

Wenn die Frau erst alle die Vorberei-
tungen gehabt hat, deren jetzt alle
Männer bedürfen, um Arbeiten von
wirklich bedeutender Originalität zu
liefern, dann wird es, gestützt auf die
Erfahrung, Zeit sein, über ihre Fähigkeit zur Originalität zu urteilen.

John Stuart Mill,
Die Hörigkeit der Frau, 3. Kapitel

Einer Frau genügt es, College oder
Universität mit einem Verlobungsring
abzuschließen, beim Mann reicht nicht
einmal ein Diplom.

Esther Vilar,
Der dressierte Mann

»Wennst im 6. Semester no' koan
Doktor hast«, hat der Vater zu seiner
studierenden Tochter gesagt, »nachher
muaßt'n selber macha!«

J. Fendl, Bayerisches Bauern-Brevier

Mit zehn Jahren verlassen die Knaben
das (Frauen-)Haus und werden außerhalb von einem Lehrer unterrichtet. ...
Die Mädchen verlassen vom zehnten
Jahr an nicht mehr die inneren Gemächer. Die Erzieherinnen unterweisen
sie in Grazie, in Wort und Haltung,
Fügsamkeit und Gelehrigkeit. Sie lernen
den Hanf behandeln, die Seidenfäden
und die Kokons schlichten, Gewänder
weben, Bänder weben und Schnüre
flechten. Sie lernen die Frauenarbeiten,
um für die Kleidung sorgen zu können.
Sie schauen beim Opfer zu und lernen
es, Wein, Sauce, Platten aus Bambus und
aus Holz, Salzgemüse und Essigeinge-
machtes richtig aufzustellen und bei den
Riten im Darbringen der Gaben behilf-
lich zu sein.

Konfuzius, Vom älteren
und jüngeren DAI – Das Buch der
Sitte. Die Lebensalter, Unterricht

Wir Männer wünschen, daß das Weib nicht fortfahre, sich durch Aufklärung zu kompromittieren: wie es Manns-Fürsorge und Schonung des Weibes war, als die Kirche dekretierte: mulier taceat in ecclesia! Es geschah zum Nutzen des Weibes, als Napoleon der allzu beredten Madame de Stael zu verstehen gab: mulier taceat in politicis! – und ich denke, daß es ein rechter Weiberfreund ist, der den Frauen heute zuruft: mulier taceat de muliere!

Friedrich Nietzsche, Jenseits von Gut und Böse, Unsere Tugenden, 232

Man verheiratet die Frauen, ehe sie etwas sind und sein können. Der Ehemann ist nur eine Art Handwerker, der den Leib der Frau plagt, ihren Geist formt und ihre Seele ausarbeitet.

Chamfort, Maximen VI

… studieren sie (die Frauen) aber kurzgeschoren in Zürich, so mögen sie meinetwegen auch in Männerhosen den Montblanc erklettern; Esel sind die, welche sie sich wieder herunterholen.

Wilhelm Raabe

Selbstbewußtsein

Es ist gar nicht zu verkennen, daß die Frau außerordentlich viel seltener ihr Frau-Sein aus dem Bewußtsein verliert als der Mann sein Mann-Sein.

Georg Simmel, Das Relative und das Absolute im Geschlechter-Problem

Flitter machen die Königin nicht aus. Man kann uns niedrig behandeln, nicht erniedrigen. (Maria)

Schiller, Maria Stuart

Frauen verzeihen eher, daß man ihre Liebe verletzt als ihr Selbstgefühl.

Alexandre Dumas d. J., Kameliendame

Es kotzt mich an, ewige Jugend vorzuheucheln. Es kotzt mich an, meine Intelligenz Lügen zu strafen, meinen eigenen Willen, mein Geschlecht. Ich weigere mich, Darsteller einer Frauenrolle zu sein. Ich bin eine Frau, kein Kastrat.

Germaine Greer

Wir Frauen sind nicht, was die Bücher und die Theaterstücke aus uns machen. Wir sind nicht wie im Film, und wir sind nicht wie im Radio. Wir sind nicht, was man ihnen allen sagt und was sie denken, daß wir sind. Wir sind wir selber.

Thornton Wilder, Wir sind noch einmal davongekommen

Feminismus ist keine Partei und keine Organisation, sondern Ausdruck eines Bewußtseins.

Alice Schwarzer

Die Tragödie des Patriarchats ist nicht nur die Selbstzerstörung des Mannes als Resultat seines Versuches, die Frau zu seiner Sklavin zu machen, sondern die Zerstörung des weiblichen Bewußtseins seiner selbst, die Ausmerzung aller Erinnerungen der Frau an ihre vorpatriarchalische Vergangenheit, die Blockierung der Erkenntnis, was sie einst war, heute ist und morgen wieder sein kann.

Ernest Borneman, Das Patriarchat

Ein Mann hat zwei Ich, eine Frau nur
eines und bedarf des fremden, um ihres
zu sehen. Aus diesem weiblichen
Mangel an Selbstgesprächen und an
Selbstverdopplung erklären sich die
meisten Nach- und Vorteile der
weiblichen Natur.
                          Jean Paul, Levana

»Ich bin keine Femme fatal, sondern
eine Femme banale.«
                          Marianne Sägebrecht

Ich sitze fest im Sattel, mich hat noch
keiner in den Sand gestreckt; auf den,
der's kann, bin ich neugierig.
                          Rosa Luxemburg,
                   an Mathilde Wurm, 1917

Die Frau verliert in der Liebe zu einem
ausgezeichneten Manne das Bewußtsein
ihres eigenen Wertes, der Mann kommt
erst recht zum Bewußtsein des seinen
durch die Liebe einer edlen Frau.
                          Marie von Ebner-Eschenbach

Das Wichtigste für eine Ehefrau ist ihr
sorgfältiges Make-up, das Korsett und
ihr Selbstbewußtsein. Mit diesen drei
Dingen bekommt sie jeden Mann
dahin, wo sie ihn haben will.
                          Jeannette Caulbert

Die unbegriffliche Natur des Weibes ist
aber, nicht minder als seine geringe
Bewußtheit, ein Beweis dafür, daß es
kein Ich besitzt.
                          Otto Weininger,
                   Geschlecht und Charakter,
            Die emanzipierten Frauen, Teil II

Achtet eine Frau sich mehr wegen der
Vorzüge ihrer Seele und ihres Geistes
als um ihrer Schönheit willen, so steht
sie über ihrem Geschlecht; schätzt sie
ihre Schönheit höher ein als Geist und
Seele, so ist sie ihrem Geschlecht treu;
schätzt sie aber Abkunft und Rang
höher ein als ihre Schönheit, so steht
sie außer und unter ihrem Geschlecht.
                          Chamfort, Maximen VI

… wenn Frauen jung und schön nur sind,
So haben sie die Gabe, es zu wissen.
(Jacques)
                          Shakespeare,
                   Wie es euch gefällt, II, 7

Ich bin keine Frau, die ihr Selbstbewußtsein aus dem Schwung
ihrer Augenbrauen herleitet.
                          Alice Schwarzer

Sowie das Weib zum denkenden
Selbstbewußtsein kommt, ist ihr
erster Gedanke ein neues Kleid.
                          Heinrich Heine, Deutschland, I. Zur
                   Geschichte der Religion, Vorrede

Entwicklung

Der Fortschritt vollzieht sich nicht
durch die Frauen, sondern trotz ihnen.
(…) Die Wissenschaft, die Vernunft,
die Gerechtigkeit, alles Beste des
Patrimoniums unserer Art ist bedroht
durch das Auftreten der Frau.
                          Amiel, Tagebuch

Die Frauen intrigieren im stillen immer
gegen die höhere Seele ihrer Männer;
sie wollen dieselbe um ihre Zukunft,
zugunsten einer schmerzlosen,
behaglichen Gegenwart, betrügen.
                          Nietzsche, Menschliches, Allzu-
                   menschliches, Weib und Kind, 434

Alle Frauen werden wie ihre Mütter,
das ist ihre Tragödie. Kein Mann wird
wie seine Mutter, das ist die seine.

Oscar Wilde,
Eine Frau ohne Bedeutung

Frauen müssen lernen, die fundamen-
talsten Vorstellungen über weibliche
Normalität in Frage zu stellen, damit
sie die Möglichkeiten zur Entwicklung
freilegen, die mittels Konditionierung
nach und nach verschüttet worden sind.

Germaine Greer,
Der weibliche Eunuch

Die Weiber sind gut, aber schwer werden
sie besser.
Jean Paul, Trümmer
eines Ehespiegels, Herbstblumine

Ein Weib, das ein »prachtvoller
Mensch« sein will, es wird faktisch
immer ein Affe des Mannes sein.
Also lassen wir auch hier das »Allzu-
menschliche«.

Max Scheler,
Mensch und Geschlecht

Ein Weib ist ein Komma, ein Mann ein
Punkt. Hier weißt, woran du bist; dort
lies weiter!
Hippel, Die Ehe

Aus Knaben werden Leute,
aus Mädchen werden Bräute.

Aus Deutschland

Guets Gänsli, boesi Gans.

Aus der Schweiz

Veränderung

Die Frauen ändern zwar manchmal ihre
Ansichten, aber nie ihre Absichten.

Curt Goetz

Die meisten Frauen setzen alles daran,
einen Mann zu ändern,
und wenn sie ihn dann geändert haben,
mögen sie ihn nicht mehr.

Marlene Dietrich

Höchst selten vermännlicht sich ein
Weib ohne eignen und fremden
Nachteil.
Christ. Ernst Karl Graf von
Betzel-Sternau, Weltansichten

Wein, Weiber und hohe Würden
verändern den ganzen Menschen.

Alter deutscher Spruch

Eine Frau kann einen Mann immer
nur dadurch anders machen, daß sie
ihn so lange quält, bis er alles Interesse
am Leben verloren hat.

Oscar Wilde, Lehren und Sätze
zum Gebrauch für die Jugend

Ich war Mädchen und war ein Graf,
ich verlobe mich und werde Kaiser,
ich verheirate mich, und ich werde
ein Dämon sein.
Aus Albanien

Vervollkommnung

Welches Ding in der Welt hat nur einen Schatten oder ein Tausendstel von der Vollkommenheit, die ihr an den Frauen zu finden wähnt?

Giacomo Leopardi,
Tasso und sein Spiritus familiaris

Denn als der Schöpfer an die Erschaffung des Weibes gekommen war, da stand er still, als wenn er nichts Vortrefflicheres zu erschaffen hätte als sie, und bei ihr findet sich alle Weisheit und Macht des Schöpfers vollkommen, ... Da nun das Weib zum letzten unter allen Kreaturen gebildet wurde, und das Ende und die Vollendung aller Geschöpfe Gottes, ja die Vollkommenheit der ganzen Welt ist, wer kann nun leugnen, daß sie nicht die allervortrefflichste unter allen Kreaturen sei.

Agrippa von Nettesheim,
Von dem Vorzug des weiblichen vor dem männlichen Geschlecht, § 6

Das vollkommene Weib ist ein höherer Typus des Menschen als der vollkommene Mann: auch etwas viel Selteneres. – Die Naturwissenschaft der Tiere bietet ein Mittel, diesen Satz wahrscheinlich zu machen.

Nietzsche, Weib und Kind, 377

In dem Weibe zeigt die Natur, was ihr bis jetzt gelungen ist, aus dem menschlichen Wesen zu machen; im Manne, was sie zu überwinden hatte, aber auch alles, was sie vorhat, aus dem menschlichen Wesen zu schaffen. Das vollkommene Weib aller Zeiten gibt uns die Müßigkeit des Schöpfers am siebenten Tage; die Ruhe des Künstlers in seinem Werke.

Nietzsche

Das Weib wollte die Natur zu ihrem Meisterstücke machen. Aber sie vergriff sich im Tone, sie nahm ihm zu fein. Sonst ist alles besser an euch als an uns. (Odoardo)

G. E. Lessing,
Emilia Galotti, V, 7

Zur Vollkommenheit fehlte ihr nur ein Mangel.

Karl Kraus, Sprüche und Widersprüche, Weib, Phantasie

Die vollkommene Frau hat einige kleine Disharmonien.

Maurice Chevalier

Der Don Juan sucht immer die Vollkommenheit, also etwas, was es auf Erden nicht gibt. Und die Frauen wollen es ihm, und auch sich selbst, immer wieder beweisen, daß er alles, was er sucht, auf Erden finden kann.

Ödön von Horváth,
Geschichten aus dem Wienerwald

Durch die Frau, und durch die Frau allein, kann der Mann der Isolierung entgehen, in die gerade seine Vollkommenheit ihn einzuschließen droht.

Teilhard de Chardin, Die Liebe baut physisch das Universum

Die sittliche Bedeutung der Ehe besteht darin, daß die Frau aufhört, Werkzeug natürlicher Triebe zu sein, und daß sie als ein an sich absolut wertvolles Wesen anerkannt wird, als die notwendige Ergänzung des individuellen Menschen, bevor er seine wahre Ganzheit erlangt hat.

Wladimir Solowjew,
Die Rechtfertigung des Guten – eine Moralphilosophie, 19. Kap.

Es ist keine Frage, daß bei allen
gebildeten Nationen die Frauen im
ganzen das Übergewicht gewinnen
müssen; denn bei einem wechsel-
seitigen Einfluß muß der Mann
weiblicher werden, und dann verliert
er; denn sein Vorzug besteht nicht in
gemäßigter, sondern in gebändigter
Kraft. Nimmt dagegen das Weib
von dem Manne etwas an, so gewinnt
sie; denn wenn sie ihre übrigen
Vorzüge durch Energie erheben
kann, so entsteht ein Wesen, das sich
nicht vollkommener denken läßt.

Goethe,
Die guten Weiber

Das herrschsüchtige Ungestüm des
Mannes und die selbstlose Hingegeben-
heit der Weiber ist ... übertrieben und
häßlich. Nur selbständige Weiblichkeit,
nur sanfte Männlichkeit ist gut und
schön.

Friedrich Schlegel,
Prosaische Jugendschriften

War sie auch kurz, so gab es doch eine
Zeit, wo man behaupten konnte, daß
lakonische Frauen männliche Kraft und
Selbständigkeit, lakonische Jünglinge
aber weibliche Bescheidenheit, Schamhaftigkeit und Sanftmut besaßen.

Friedrich Schlegel, Über die Diotima

XV. Kapitel

Tugend
Moral
Sittlichkeit
Sittsamkeit
Reinheit
Keuschheit
Unschuld
Wahrhaftigkeit
Ehre
Würde

Tugend

Durch die Betonung der sexuellen
Tugendhaftigkeit trug die christliche
Ethik zweifellos wesentlich dazu bei,
die Stellung der Frau zu erniedrigen.

Bertrand Russell, Ehe und Moral

Schönheitsfülle nicht,
o Weib, der Tugend Schätze sind es,
die das Herz
des Ehegatten fesseln!

Euripides, Andromache, 208

Ein schönes Weib ohne Tugend gleicht
den vergoldeten Pillen; einem schön
eingebundenen Buche, dessen Inhalt
nichts taugt; einem goldenen Becher, in
dem ein schlechter Landwein blinkt.

Abraham a Sancta Clara

Und etwas lebt noch in des Weibes Seele,
das über allen Schein erhaben ist und
über alle Lästerung – es heißt weibliche
Tugend. (Posa)

Schiller, Don Carlos

Groß ist's, der Tugend nachzustreben.
Das Weib dient ihr im stillen Leben
und in der Liebe sanftem Schoß.

Schiller, Iphigenie in Aulis

Nichts ist so tugendhaft wie das Ohr
einer verlassenen Frau.

Aus Frankreich

Menschlichkeit ist die Tugend
des Weibes,
Großmut die des Mannes.

Adam Smith, Theorie der
moralischen Empfindungen

... die Tugend des Mannes: so ist es
leicht zu sagen, daß dieses des Mannes
Tugend ist, daß er vermöge, die Angelegenheiten des Staates zu verwalten
und in seiner Verwaltung seinen Freunden wohl zu tun und seinen Feinden
weh, sich selbst aber zu hüten, daß ihm
nichts dergleichen begegene.
Willst du die Tugend des Weibes, so ist
auch nicht schwer zu beschreiben, daß
sie das Hauswesen gut verwalten muß,
alles im Hause gut im Stande haltend
und dem Manne gehorchen.

Platon, Menon, 3

Wenn das Weib männliche Tugenden
hat, so ist es zum Davonlaufen; und
wenn es keine männlichen Tugenden
hat, so läuft es selbst davon.

Nietzsche, Götzen-Dämmerung,
Sprüche und Pfeile, 28

Tugenden brauchet der Mann, er
stürzet sich wagend ins Leben,
Tritt mit dem stärkeren Glück in den
bedenklichen Kampf,
Eine Tugend genüget dem Weib, sie
ist da, sie erscheinet
Lieblich dem Herzen, dem Aug'
lieblich erscheine sie stets.

Schiller, Gedichte: Votivtafeln, Nr. 69

Weibliche Tugend oder Untugend ist
von der männlichen, nicht sowohl der
Art als der Triebfeder nach, sehr unterschieden. – Sie soll geduldig, er muß
duldend sein. Sie ist empfindlich, er
empfindsam.

Immanuel Kant, Anthropologie,
Der Charakter des Geschlechts

Das ist die Art der tugendhaften
Weiber, daß ewig sie mit ihrer Tugend
zahlen. Bist du betrübt, so trösten sie
mit Tugend, und bist du froh gestimmt,
ist's wieder Tugend, die dir zuletzt die
Heiterkeit benimmt, wohl gar die
Sünde zeigt als einz'ge Rettung.
(König)
Grillparzer,
Die Jüdin von Toledo, IV

Wohl dem, der ein tugendsam Weib
hat! Des lebet er noch eins so lang.
(Martin)
Goethe,
Götz von Berlichingen, I

Ein tugendhaftes Mädchen und ein
gebrochenes Bein müssen zu Hause
bleiben.
Aus Spanien

Warum verzeiht mir Amanda den
Scherz, und Almansaris tobet? Jene ist
tugendhaft, Freund, diese beweiset,
sie sei's.
Goethe und Schiller,
Fragmente Almansaris und Amanda

Weiber, die viel von Tugend und Treue
sprechen, gleichen Kindern, die, wenn
sie etwas haben und verbergen wollen,
von selbst rufen: »Ich hab's nicht.«
Karl Julius Weber,
Demokritos, II, 20

Wir sind Heldinnen, wenn wir
unsere Tugend noch sicher wissen –
wenn wir sie verteidigen, Kinder –
Furien, wenn wir sie rächen. (Julia)
Schiller, Die Verschwörung
des Fiesco zu Genua, IV, 12

An männlichen Tugenden übertrifft
sie mich weit.
Jawaharlal Nehru,
über seine Tochter Indira Gandhi

Für Männer geht Wissen über Tugend;
für Frauen ist Tugend: dem Wissen
entsagen.
Aus China

Eine tugendhafte Fau hat im Herzen
eine Fiber mehr oder weniger als die
anderen. Sie ist entweder dumm
oder erhaben.
Balzac, Physiologie der Ehe

Die Tugenden sind der Frauen
Spielzeug.
Aus Madagaskar

Bei Weibern gar ist sie (Tugend) nur
eine Art Koketterie,
die unsern Sieg versüßt. (Don Juan)
Christian Dietrich Grabbe,
Don Juan, II, 1

Moral

Männer philosophieren besser über das
menschliche Herz. Sie lesen aber bessser
im Herzen eines Mannes. Es ist die
Aufgabe der Frauen, gewissermaßen
die praktische Moral zu finden; unsere
ist es, sie in ein System zu bringen.
Jean-Jacques Rousseau, Emile

Der heutige Übergangszustand der
Geschlechtsmoral ist hauptsächlich auf
zwei Ursachen zurückzuführen, und
zwar erstens auf die Erfindung emp-
fängnisverhütender Mittel, und zweitens auf die Emanzipation der Frau.
Bertrand Russell, Ehe und Moral

Die Moralität des Weibes ist im Gefühl,
wie die des Mannes in der Vernunft
begründet.
Novalis, Fragmente

Ein Mann, der liebt, entdeckt die Moral.
Eine Frau, die liebt, vergißt sie.

Ben Jonson

Das Moralische in der Liebe ist ein
künstliches, von der Gesellschaft
erfundenes Gefühl, welches die Frauen
mit vielem Geschick und mit großer
Hingebung feiern, um ihr Reich zu
begründen und das Geschlecht, das
gehorchen sollte, zum herrschenden
zu machen.
Jean-Jacques Rousseau

Die moralisierende Frau ist ohne jeden
Reiz.
Oscar Wilde

Die Moral der Frau heißt Form.
Sigmund Graff,
Vom Baum der Erkenntnis

Moralische bürgerliche Eltern, die
mißtrauisch die Tugend ihrer Tochter
überwachen, stellen es ihrem Sohne sehr
bald frei, seine sexuellen Bedürfnisse zu
befriedigen. Sie lassen ihn sogar dazu
durch den Hausarzt animieren und
erhöhen zu diesem Zwecke sein
Taschengeld.
Manès Sperber,
Individuum und Gemeinschaft

Sittlichkeit

Von allen Dingen auf dieser Welt,
Die je der Sonne Licht erhellt,
Ist keine so selig wie das Weib,
Die stets ihr Leben und ihren Leib
Und ihre Sitten dem Maß ergibt,
Sich selber ehret und sich liebt.

Gottfried von Straßburg,
Tristan und Isolt

Aber dies tut nicht Geld, nicht Juwelen,
nicht Purpur, sondern alles das
(schmückt die Frau), was sie mit dem
Glanze der Ehrbarkeit, Unschuld und
Schamhaftigkeit umgibt.
Plutarch

Die Mütter mögen geruhen, ihre
Kinder selbst zu stillen, so werden die
Sitten von selber sich bessern, und die
Regungen der Natur werden in aller
Herzen wieder erwachen.

Jean-Jacques Rousseau, Emile

Wer Zwang uns auferlegt, bringt
selbst sich in Gefahr,
Denn unsere Ehre will ihr eigner
Wächter sein.
Die Lust zur Sünde, wird erst recht
in uns erweckt,
Wenn man sich müht, wie man sie uns
verwehren kann. (Lisette)
Molière,
Die Schule der Ehemänner, I, 2

Man darf das nicht vor keuschen Ohren
nennen, was keusche Herzen nicht
entbehren können.
Goethe,
Faust 1, Wald und Höhle

Und wenn alle Weiblichkeit Unsittlich-
keit ist, so muß das Weib aufhören
Weib zu sein, und Mann werden.

Otto Weininger,
Geschlecht und Charakter,
Die emanzipierten Frauen, Teil II

Willst du genau erfahren, was sich
ziemt,
so frage nur bei edlen Frauen an;
denn ihnen ist am meisten dran gelegen,
daß alles wohl sich zieme, was
geschieht.
Die Schicklichkeit umgibt mit
einer Mauer
das zarte, leicht verletzliche Geschlecht.
Wo Sittlichkeit regiert, regieren sie,
und wo die Frechheit herrscht, da
sind sie nichts.
Und wirst du die Geschlechter
beide fragen:
Nach Freiheit strebt der Mann;
das Weib nach Sitte. (Prinzessin)

Goethe, Torquato Tasso, II, 1

Alles erlaubt sich ein Weib, und es
dünkt unziemlich ihr gar nichts.

Decimus Junius Juvenalis,
Sat. Nr. 6, V. 457

Ich liebe die Männer, die eine Zukunft,
und Frauen, die eine Vergangenheit
haben.

Wilde,
Das Bildnis des Dorian Gray

Fehlender Respekt vor Frauen ist
immer das sicherste Zeichen von
Sittenentartung.

Montesquieu, Charles-Louis
de Secondat, Pensées Diverses,
(Gedanken und Urteile)

Wir Frauen kranken allerdings
An dieser Krankheit
(der Unersättlichkeit im Ehegenuß)
schlimmer als das Männerherz,
Allein die gute Sitte legt uns Zügel an.
(Andromache)

Euripides,
Andromache, V. 220-221

Sittsamkeit

Ihre Sittsamkeit ist Maske bloß,
Ein Schattenbild von Tugend, wenig
dauerhaft,
Die, wie man leichtlich feststellt, vor
dem Sonnenglanz
Des Goldes schwindet, wenn ein voller
Beutel winkt. (Mascarill)

Molière, Der Wirrkopf, III, 2

Ehrbarkeit mit Schönheit gepaart ist
wie eine Honigbrühe über Zucker.
(Probstein)

Shakespeare, Wie es euch gefällt, III, 3

Es gibt wenig sittsame Frauen, die ihres
Geschäftes nicht müde wären.

La Rochefoucauld

Vor allem Sanftmut ist's, was mich
an Frauen entzückt;
Doch deine Ehrbarkeit, begleitet
von Spektakel,
Macht mich am Ende noch verrückt.
(Merkur)

Molière,
Amphitryon, I, 4

Die Sittsamkeit der Frauen ist oft Liebe
zu ihrem Ruf und zu ihrer Ruhe.

La Rochefoucauld, Reflexionen

Als wenn die Resignation nicht ein
integrierter Bestandteil wäre dessen, was
man bei den Frauen »Anständigkeit«
nennt!

André Gide,
Die Falschmünzer, III, 10

Bei aller Sittsamkeit sei man nicht
minder sanft,
Denn mein Geschmack sind jene
Tugenddrachen nicht,
Die stets mit Klaun und Zähnen sich
verteidigen
Und kratzen, wenn man bloß das
kleinste Wörtchen wagt.
Der Herr bewahre mich vor solcher
Sittsamkeit!
Ich bin für Tugend, aber ohne Teufelei,
Und glaube, daß ein kaltes, ganz
entschiednes Nein
Auch den Verwegensten in seine
Schranken weist. (Elmire)

Molière, Tartüff, IV, 3

Es ist nichts Lieberes auf Erden
denn ein züchtiges Weib.

Jesus Sirach, 26, 19

Die Schönheit ist's, was stolz die
Weiber macht,
Die Tugend ist's, warum man sie
bewundert,
Die Sittsamkeit läßt göttlich sie
erscheinen. (York)
                              Shakespeare,
König Heinrich VI.,T. 3, I, 4

Sie (Frauenzimmer) haben sehr früh
ein sittsames Wesen an sich, wissen sich
einen feinen Anstand zu geben und
besitzen sich selbst; und dieses in einem
Alter, wenn unsere wohlerzogene
männliche Jugend noch unbändig,
tölpisch und verlegen ist.

Immanuel Kant, Beobachtungen

Nett wäre es, ein Weib,
Ein braves, heimzuführen, wenn man
irgendwo
In der Welt ein solches finden könnte.

Plautus, Miles gloriosus, 3, 1, 686

Eine anständige Frau ist ein
verborgener Schatz; wer ihn findet,
tut wohl, sich dessen nicht zu rühmen.

La Rochefoucauld,
Réflexions ajoutées, 21

Die Ehrbarkeit einer Frau besteht
nicht im Grimassenschneiden.
Es macht sich schlecht, wenn sie
sittsamer sein will als sittsam.
(Uranie)
                              Molière,
Die Kritik der Frauenschule, III

Reinheit

Die reine Frau ist wie ein frischer Quell,
Der uns entgegensprudelt klar und hell,
Wie eine lautre Gottesoffenbarung.

Friedrich von Bodenstedt,
Lieder des Mirza Schaffy,
Vermischte Gedichte und Sprüche, 38

Die reinen Frauen stehen im Leben
wie Rosen in dem dunklen Laub.

Julius Rodenberg, Die reinen Frauen

Auf reinen Frauen nur ruht das
Glück auf Erden.
Drum mag ihr Lob stets hoch
gepriesen werden.
Was Gott je schuf in diesem Leben,
Übergolden reine Frauen noch.

Reinmar von Zweter

Das Auge der Frau macht das
Zimmer rein.

Aus Holland

So wunderbar ist dies Geschlecht
gebildet, so vielfach ist's verschlungen
und verknüpft, daß keiner in sich
selbst noch mit den andern
sich rein und unverworren halten
kann. (Pylades)

> *Goethe*, Iphigenie auf Tauris, IV, 4

Jeder Maie kommt mit Schalle,
Die Vöglein singen alle,
Von mancher Farbe reich
Ist die Heide wonnegleich.
Das mag sich nicht vergleichen
Den süßen wonnegleichen
Reinen Frauen gut,
Die vor Falsche sind behut.

> *Christ. von Hamle*

Es gibt mehr Männer,
die von »reinen«, als von »unreinen«
Frauen verführt sind.

> *Ellen Key,*
> Über Liebe und Ehe:
> Die Evolution der Liebe

Mädchen und Gold sind desto weicher,
je reiner sie sind.

> *Jean Paul*, Blumen-, Frucht-
> und Dornenstücke

Die Ehefrau nimmt man wegen ihrer
Reinheit.
Das Kebsweib – wegen seiner
Schönheit.

> *Aus China*

Keuschheit

Aus Klugheit bestimmt der Mann
seine Frau zur Keuschheit, aber er
begnügt sich nicht mit der Regelung,
die er ihr auferlegt.

> *Simone de Beauvoir,*
> Das andere Geschlecht

Nicht immer sind es Mut und
Keuschheit, die die Männer mutig
machen und die Weiber keusch.

> *La Rochefoucauld,* Reflexionen

Welche Frau ist keutsch?
Die, über die der Skandal sich
fürchtet, zu lügen.
> *Bias von Priene,*
> nach: Septem Sapientium Sententiae

Keuschheit zu aller Frist
Die beste Morgengabe ist.

> *Sprichwort*

Viel reicher blühte die Erotik
Dann später in der Zeit der Gotik,
Doch gab's im Mittelalter auch
Für Frauen manchen üblen Brauch
Zum Beispiel war es ziemlich bitter:
Wenn in den Krieg zog so ein Ritter
Und traute nicht ganz seinem Weibe,
Ob sie inzwischen treu auch bleibe,
So sperrte er sie einfach zu,
Zog dann ins Feld voll Seelenruh.
Erwies sie trotzdem späterhin
Sich dann als Missetäterin,
So schickte sie ein solch erboster
Ehmann ins nächstbeste Kloster,
Wo sie, weil es so langeweilig,
Aus purem Stumpfsinn wurde heilig.

> *Eugen Roth,* Die Frau in der
> Weltgeschichte

Das Weib ist keusch in seinem
tiefsten Wesen.

> *Rob Hamerling,* Ahasver in Rom,
> Ges. 2, Das Bacchanal

Fast alle keuschen Frauen sterben jung
oder werden verrückt, gelähmt, ge-
schwächt zur Zeit ihrer Blutungen.
Sie haben daher alle einen bitteren,
herrschsüchtigen Charakter, der sie in
der Gesellschaft unerträglich macht.

*Donatien Alphonse François Marquis
de Sade, Die Geschichte der Juliette*

Durch Not muß keusch wohl sein
ein Weib,
Wenn keiner gehret ihren Leib.

*Freidank, Bescheidenheit, Nr. 37,
V. minne u. wîben*

Keusche Frauen sind häufig stolz und
hochmütig, als ob sie sich auf ihre
Keuschheit etwas zugute täten. Eines
der besten Unterpfänder für die
Keuschheit wie für den Gehorsam
des Weibes ist seine Überzeugung
von der Klugheit des Mannes.

Francis Bacon

Die Männer sollen, jung und alt,
Gut vaterländ'sch und tüchtig,
Und bieder sein, und kühn und kalt,
Die Weiber keusch und züchtig!

*Matthias Claudius,
Gedichte: Mein Neujahrslied*

Der Keuschheit Schloß wohl zu
verwahren,
war an Petulca ein Begehren.
Sie sagte: Fleiß will ich nicht sparen,
wann nur nicht soviel Schlüssel wären.

Logau, Auf Petulcam

Trau keinem weinenden Mann, und
noch weniger einer Frau, die von
ihrer Keuschheit spricht.

Aus Montenegro

Geistlicher Krieger, unkeusch
Mägdelin,
Mertzen blum legen wenig ehren in.

Alter Spruch

Keuschheit ist ebensowenig eine
Tugend wie Unterernährung.

Alex Comfort

Keuschheit und Schönheit liegen
schon lange im Streit.

Aus Deutschland

Es hilfft keyn Schön am weibesbild
wenn sie ist unkeusch, frech und wild.

Alter deutscher Spruch

Unschuld

Und Frauenunschuld, Frauenlieb',
Steht noch als höchstes Gut,
Wo deutscher Ahnen Sitte blieb
Und deutscher Jünglingsmut

*Theodor Körner,
Leier und Schwert, Trost*

Unschuld des Herzens ist das Erbteil
und der Schmuck des Weibes

Claudius, Vorrede

So Apfelblüt', als Mädchenwange,
je mehr in hellem Licht sie steht,
Je schneller die verschämte Farbe der
Knospenunschuld ihr vergeht.

*Wilhelm Müller, Gedichte, Epigramme,
1. Hundert, Nr. 74*

Die Unschuld des Mannes heißt Ehre.
Die Ehre der Frau heißt Unschuld.

Marie von Ebner-Eschenbach

Weibliche Unschuld und Reinheit im höchsten Sinne ist das Höchste und Heiligste auf Erden. Hier ist die Stufe, über welche das Göttliche zum Menschen herabsteigt.

Herder

Ein schönes Weib ohne Unschuld und Tugend ist ein Giftbaum voll Blätter, auf dem man vergebens auf Blüten und Frucht hofft.

Johann Gottfried von Herder, Liebeskind, Palmblätter

Ein twatsches Kind – Ihr seht's – gut, aber twatsch, blutjung, gefirmelt kaum; das schämt sich noch, wenn's einen Bart von weitem sieht. (Adam)

Heinrich von Kleist, Der zerbrochene Krug

Wie Männer Weiber lieben: Keusch und das Herz voll Sehnsucht doch; in Unschuld und mit der Lust doch, sie darum zu bringen. (Achilles)

Heinrich von Kleist, Penthesilea, 13

Schon manche Dirne hat's gebracht Ums grüne Kränzchen in dem Haar, Daß sie im Dorf die Schönste war.

Wilhelm Müller, Lieder d. Lebens u. d. Liebe, Nr. 3. Ländliche Lieder, D. Kranz

Eigentlich sollte Schönheit unschuldig und Unschuld sollte schön sein, aber in der Welt sind es verschiedene Dinge.

Matthias Claudius, Schönheit und Unschuld

Und diese Unzucht wird kein Ende nehmen, die Kirchweih wird entweiht und entheiligt durch diese Unzucht, solange Manns- und Weibspersonen sich nicht schämen, miteinander nach Haus zu gehen, solange sie Bekanntschaften machen, die zu nichts führen als zur Unzucht, solang keine größere Schamhaftigkeit, keine größere Liebe zur Ehrbarkeit und Unschuld das weibliche Geschlecht einnimmt.

Westermayer, Bauernpredigten, Von der rechten Art, Kirchweih zu halten

Wahrhaftigkeit

Man fordere nicht Wahrhaftigkeit von den Frauen, solange man sie in dem Glauben erzieht, ihr vornehmster Lebenszweck sei – zu gefallen.

Marie von Ebner-Eschenbach

Nichts ist von Anbeginn an dem Weibe fremder, widriger, feindlicher als Wahrheit – seine große Kunst ist die Lüge, seine höchste Angelegenheit ist der Schein und die Schönheit.

Friedrich Nietzsche, Jenseits von Gut und Böse

Freund! Wenn eine Frau deine Frage beantwortet – glaube ihr nicht; und wenn sie schweigt – glaube ihr noch weniger.

Aus Polen

Frauen sagen selten bewußt die Unwahrheit. Aber sie geben der Wahrheit gerne ein bißchen Make-up.

Laurence Olivier

Du sollst nicht falsch Zeugnis ablegen
für die Männer;
du sollst ihre Barbarei nicht
beschönigen mit Worten
und Werken.

Friedrich Daniel Ernst Schleiermacher,
Idee zu einem Katechismus der
Vernunft für edle Frauen.
Die zehn Gebote, IX

Frauen sagen immer die Wahrheit, aber
sie sagen sie niemals ganz.
Aus Italien

Auch eine dumme Ehefrau sagt
ihrem Manne nicht die Wahrheit.
Aus Rußland

Wer der Frau glaubt, betrügt sich. Wer
ihr nicht glaubt, wird betrogen.
Aus China

Wer Weibern glaubt, fängt Wind auf
mit der Hand,
Pflügt in das Meer und säet in den
Sand.
Martin Opitz, Epigramme

Glaube keiner Frau, wenn sie
auch tot ist.
Aus Spanien

Eine Dirne, die die Wahrheit spricht,
ist ein Wunder, so groß wie ein
viereckiges Ei.
Aus Japan

Weibliche Aufrichtigkeit ist ein Beweis
für äußerstes Desinteresse.
Nahr

Wahrheit redende Frau hat wenig
Freunde.
Aus Dänemark

Ehre

Die einzigen von der Welt
unbestrittenen Ehren, die einer Frau
zuteil werden können, sind diejenigen,
die sie im Reflex der Ehren ihres
Mannes genießt.
Marie von Ebner-Eschenbach

Ein weiblin oder meydlin hat nichts
mehr noch keinen größeren schatz
dann ihr ehr.
Alter deutscher Spruch

Jenes Volk ist das stärkste, jene Zeit
die glücklichste, in dem und in der die
Ehre der Weiber sich im Charakter der
Männer widerspiegelt.

K. Peltzer, An den Rand geschrieben

In eurer Liebe sei eure Ehre! Wenig
versteht sich das Weib sonst auf Ehre;
aber das sei eure Ehre, immer mehr zu
lieben als ihr geliebt werdet.
Nietzsche,
Von alten und jungen Weiblein

Ein Lieb' und nicht mehr
Wär' allen Frauen ein Ehr'.
Gottfried Keller, Gedichte

Ach Mädchen, behalt' deine Ehre fest
Als wie der Baum seine Äste;
Und wenn das Laub herunterfällt,
So trauern alle Äste.

Des Knaben Wunderhorn, Warnung

Die weibliche Ehre also ist die
allgemeine Meinung von einem
Mädchen, daß sie sich gar keinem
Manne, und von einer Frau, daß sie
sich nur dem ihr angetrauten hingegeben habe. Die Wichtigkeit dieser
Meinung beruht auf folgendem. Das
weibliche Geschlecht verlangt und
erwartet vom männlichen alles,
nämlich alles, was es wünscht und
braucht; das männliche verlangt vom
weiblichen zunächst und unmittelbar
nur eines. Daher mußte die Einrichtung getroffen werden, daß das
männliche Geschlecht vom weiblichen
jenes eine nur erlangen kann gegen
Übernahme der Sorge für alles und
zudem für die aus der Verbindung
entspringenden Kinder: Auf dieser
Einrichtung beruht die Wohlfahrt
des ganzen weiblichen Geschlechts.

Schopenhauer,
Aphorismen zur Lebensweisheit

Sie habe gefunden, daß die Gefahren,
die man für ihr Geschlecht befürchte,
nur eingebildet seien und daß die
Ehre eines Weibes, selbst unter
Straßenräubern, nur bei Schwäche
des Herzens und der Grundsätze
Gefahr laufe.

Goethe, Wilhelm Meisters
Wanderjahre, I, 5

Wenn es so etwas wie eine weibliche
Ehre überhaupt gäbe, würde man
sich nicht mit soviel Bravour von
Männern aushalten lassen.

Esther Vilar,
Das Ende der Dressur

Frauen haben keine Ehre, und sie
vermissen sie auch nicht. *Esther Vilar,*
Das polygame Geschlecht

Die Ehre des Mannes ist der Baustein
eines Volkes, die Ehre der Frau dagegen
der Baumeister.

K. Peltzer, An den Rand geschrieben

Die Ehre des Mannes besteht in der
Schätzung seiner selbst, die des
Weibes in dem Urteil anderer.

Immanuel Kant

Sehr schwach bestellt muß es um unsre
Ehre sein,
Wenn's not tut, daß man sie beständig
überwacht. (Lisette)   *Molière,*
Die Schule der Ehemänner, I, 2

Die Ehre einer alten Frau ist in ihren
Ohren verborgen.
Aus Nigeria

Mädchenehre ist ein blank geschliff'ner
Stahl;
Ein Hauch, und sie erblindet.

Christoph Martin Wieland

… das Weib ist des Mannes Ehre.

1. Korinther, 11, 7

Kein Weib, das seine Frauenehre
verloren hat, wird das weitere versagen.

Tacitus, Annalen, 4, 3

Die Ehre des Mannes besteht darin,
was die Leute denken,
des Frauenzimmers aber,
was sie sprechen.

Kant, Anthropologie, 2, Anhang

Würde

In erster Linie müssen wir auf unsere Würde bedacht sein; diese beruht vorzugsweise auf der Kleidung. Das wird gegenwärtig derart mißachtet, daß heutzutage kaum mehr unterschieden werden kann zwischen einer Adeligen und einer Bürgerin, einer Jungfrau und Witwe oder einer ehrbaren Matrone und einem Straßenmädchen. So sehr ist alle Scham geschwunden, daß jede sich herausnimmt, wozu sie Lust hat. (…) Schon längst mahnen die unerträglichen Zustände, in derlei Dingen bestimmte Richtlinien festzusetzen. Wir könnten dies leicht unter uns ausmachen, denn es geht nur das weibliche Geschlecht etwas an. (Cornelia)

Erasmus von Rotterdam,
Der Frauensenat

Ich ehre mir die Würde der Frauen;
aber damit sie Würde hätten, sollten
sie sich nicht alleine betten, sollten sich
an Männerwürde erbauen.

Goethe, Zahme Xenien

Willst du das Geheimnis wissen,
Das immer grün und unzerrissen
Den hochzeitlichen Kranz bewahrt?
Es ist des Herzens reine Güte,
Der Anmut unverwelkte Blüte,
Die mit der holden Scham sich paart …
Es ist der sanfte Blick der Milde
Und Würde, die sich selbst bewacht.

Schiller, Gedichte:
An Demoiselle Slevoigt

Nein, es ist erstaunlich,
Wie rasend unser feig Geschlecht (der
Weiber) doch ist!
Hat's einmal mit dem Vorurteil
gebrochen,
Stürzt es nach Wollust wie ein wildes
Tier,
Reißt alle Würde sich vom Angesicht
Und watet weltverachtet im Morast.
(Helene)

Emerich Madách,
D. Tragödie d. Menschen, Sz. 7

Um der Wahrheit die Ehre zu geben, hängt unsere Würde von den Männern ab: stellen wir sie bloß, was tun wir da anderes, als daß wir uns selbst entehren? Wenn wir auch nicht wenig Ursache haben, uns mit Recht zu beklagen, so ist doch, alles in allem genommen, unsere Lage angenehmer als die ihre. Um ein Vermögen zu erwerben, ziehen sie, oft mit Leib- und Lebensgefahr, über Land und Meer; im Krieg, wenn die Trompeten schmettern, stehen sie erzgepanzert in der Schlachtreihe, wir aber sitzen sicher zu Hause. Vergehen sie sich gegen die Gesetze, so wird streng mit ihnen ins Gericht gegangen; mit unserm Geschlecht hat man Nachsicht. Letzten Endes liegt es zum großen Teil an uns, daß wir angenehme Ehemänner haben. (Cornelia)

Erasmus von Rotterdam,
Der Frauensenat

Doch eine Würde, eine Höhe entfernte die Vertraulichkeit.

Schiller, Das Mädchen aus der Fremde

XVI. Kapitel

Bosheit
Selbstsucht
Anfechtung
Fehler
Laster
List + Tücke
Lüge
Schuld

Bosheit

Kaum eine Bosheit ist wie Frauen-
bosheit; das Los des Sünders treffe
auf sie.
Jesus Sirach, 25, 19

Die Beste unter ihnen steckt voll
Bosheit noch.
Uns zur Verdammnis wurde dies
Geschlecht erzeugt,
Auf ewig meid ich drum das falsche
Weibervolk,
Und freuen soll's mich, wenn der
Teufel alle holt. (Sganarell)

Molière, Die Schule der Ehemänner,
III,10

Wer ein böß weib hat,
der bedarf keins Teufels.
Christoph Lehmann,
Politischer Blumen-Garten, T. 2,
Weib, Nr. 31

Die Schlechtigkeit einer Frau macht ihr
Aussehen düster und verfinstert ihr
Gesicht wie das einer Bärin.
Jesus Sirach, 25, 17

Die Frau ist wie eine Kastanie –
auswendig schön, inwendig schlecht.
Aus Frankreich

... geht es zu des Bösen Haus,
Das Weib hat tausend Schritt' voraus.
(Hexenmeister)

Goethe, Faust I, Walpurgisnacht

Auch die beste Frau hat noch eine
Teufelsrippe in sich. *Aus Rumänien*

Je schlimmer das Weib,
Desto schöner die Kneip';
Und je schöner die Kneip'
desto schlimmer fürs Weib!
Inschrift im Ratskeller zu Wiesbaden

Alle Aphorismen über Frauen sind
notgedrungen boshaft. Um das Gute
an den Frauen zu schildern, benötigt
man viele Seiten.
André Maurois

Bedrücktes Herz und düsteres
Gesicht und ein wundes Herz:
eine böse Frau;
schlaffe Hände und zitternde Knie:
eine Frau, die ihren Mann nicht
glücklich macht.
Jesus Sirach, 25, 23

Ein böses Weib hat alle vier Elemente
in sich: in der Luft ist es eine Pestilenz,
in dem Wasser ein Krokodil (sic) auf
der Erde ein Drache, und in dem Feuer
ein eingefleischter Teufel.
Abraham a Sancta Clara,
Gehab dich wohl, 7, XI, 130

Man schlägt eher zehn Teufel in ein
böses Weib hinein als einen heraus.
Alter Spruch aus Deutschland

Ein böses Weib vermag selbst einen
Drachen in Schach zu halten.
Tatarisch

Lieber noch mit einer Schlange am
Leib als mit einem bösen Weib.
Aus Rußland

Ein einzig böses Weib lebt höchstens in der Welt: Nur schlimm, daß jeder seins für dieses einz'ge hält.

G. E. Lessing, Das böse Weib

Gleichwie aus den Kleidern Motten kommen, also kommt von Weibern viel Böses.

Jesus Sirach, 42, 13

Vor einem bösen Frauenzimmer laufen sogar noch die ausgekochtesten Teufel davon.

Aus Armenien

Das Böse, das von einer Frau dir zugefügt, ist schlimmer als das von einem Teufel.

Aus der Türkei

Selbstsucht

Weil sie nichts sind, beschränken eine Menge Frauen ihr Interesse leidenschaftlich auf ihr Ich allein, das sie derart aufblähen, daß sie es mit dem All verwechseln.

Simone de Beauvoir,
Das andere Geschlecht

Die Abneigung gegen das männliche Weib hat der Mann in sich zu überwinden; denn sie ist nichts als gemeiner Egoismus.

Otto Weininger,
Geschlecht und Charakter,
Die emanzipierten Frauen, Teil II

Die Weiber sind rechte Egoisten, indem man nur in ihr Interesse fällt, sofern sie uns lieben oder wir ihre Liebhaber machen oder sie zu uns zu Liebhabern wünschen. Eine ruhige, freie, absichtslose Teilnahme und Beurteilung fällt ganz außer ihrer Fähigkeit.

Goethe,
zu Riemer, 13.8.1807

Die Eifersucht einer Frau ist nichts anderes als verletzte Eigenliebe.

Anatole France

Die Schönheit macht selbstisch, und wer selbstisch ist, ist undankbar und treulos.

Theodor Fontane,
Schach von Wuthenow, 4

Anfechtung

Eine nie auf die Probe gesetzte Frau denkt stets von sich gut, und von dem Sieg zu leicht.

Jean Paul, Trümmer
eines Ehespiegels, Herbstblumine

Die Grabsteine der Tugend werden gewöhnlich beim Juwelier gekauft.

Oskar Blumenthal

Der Mann, der des Teufels ist, gibt ihm den kleinen Finger, das Weib den Handschuh.

Peter Sirius, Tausend-
undein Gedanken, Mann und Weib

Die meisten sittsamen Frauen sind verborgene Schätze, die nur in Sicherheit sind, weil man nicht nach ihnen sucht.

La Rochefoucauld, Reflexionen

Vor Nachahmung koketter Dämchen
sei gewarnt,
Von deren Flattersinn die ganze Stadt
erzählt,
Und flieh des bösen Feindes Lockun-
gen, das heißt,
Stopf dir das Ohr vor jedem blonden
Stutzer zu. (Arnolf)

> *Molière,* Die Schule der Frauen, III

Der Vater: Mein Töchterchen, du
weißt, Salomon sagt: Wenn dich die
bösen Buben locken, so folge ihnen
nicht.
Die Tochter: Aber, Papa, was muß
ich dann tun, wenn mich die guten
Buben locken?

> *Georg Christoph Lichtenberg*

Susannes Keuschheit wird von allen
hochgepriesen:
Das junge Weib, das jeder artig fand,
tat beiden Greisen Widerstand
und hat sich keinem hold erwiesen.
Ich lobe, was wir von ihr lesen,
doch räumen alle Kenner ein,
das Wunder würde größer sein,
wenn beide Buhler jung gewesen.

> *Friedrich von Hagedorn,* Susanna

Fehlt Ort und Zeit und fehlt der Mann,
der sie verführt,
So leben Frauen tugendhaft, wie
sich's gebührt.

> *Narájana,* Hitopadesa, 1, 5, 88

Klein-Dummdeifi ging vorüber,
witzig wie ein Nasenstüber,
doch ihr schnippisches Geschau
spielte Hochmut und verneinte
ungefragt, was ich nicht meinte.

> *J. Ringelnatz,* Klein-Dummdeifi

Himmel, welch eine Pein sie fühlt!
Sie hat so viel Tugend
immer gesprochen, daß ihr nun kein
Verführer mehr naht.

> *Heinrich von Kleist,*
> Die Reuige

Die spanischen Königinnen haben Müh
zu sündigen. (Domingo)

> *Schiller,* Don Carlos

»Definieren Sie Frau«, wurde Busch
gebeten. »Hauptlockvogel für die
Welt, günstigstenfalls auch für die
andere«, meinte er.
> *Wilhelm Busch*

Hochweise Männer gebieten,
Um sich vor Liebe zu hüten:
»Die Mädchen und Frau'n
Nicht anzuschau'n.«
Allein noch Weisere rieten,
um sich vor Liebe zu hüten:
»Die Mädchen und Frau'n
Recht anzuschau'n.«

> *Johann Christoph Friedrich Haug,*
> Epigramme

Frauen sind des Teufels Fangnetze.

> *Aus England*

Ein Weibsbild ist ein Gericht für die
Götter, wenn's der Teufel nicht
zugerichtet hat. Aber, mein Seel,
diese Hurensöhne von Teufeln
machen den Göttern viel Verdruß
mit den Weibern: Denn von jedem
Dutzend, das sie erschaffen, verderben
ihnen die Teufel sechse. (Bauer)

> *Shakespeare,*
> Antonius und Kleopatra, V, 2

Fehler

Warum könnt ihr Frauen uns nicht
lieben mit unseren Fehlern? Warum
stellt ihr uns auf ein monströses
Piedestal? Wir haben die Füße auf
der Erde, Frauen sowohl wie Männer,
doch wenn wir Männer Frauen lieben,
so lieben wir sie trotz ihrer Schwäche,
ihrer Fehler, ihrer Unvollkommenheit,
lieben sie, mag sein gerade deshalb
um so mehr. Nicht die Vollkommenen,
sondern die Unvollkommenen
bedürfen der Liebe. (Sir Robert
Chiltern)

Oscar Wilde, Ein idealer Gatte, II

Das edle Weib ist halb ein Mann, ja
ganz, erst ihre Fehler machen sie zu
Weibern. (Garceran)

Grillparzer, Die Jüdin von Toledo, III

Eine Frau, die ihre Fehler ihrem Manne
nicht zur Last zu legen versteht, die
mag nur niemals ihr Kind selber stillen;
sonst trinkt es die Dummheit mit der
Muttermilch. (Rosalinde)

Shakespeare, Wie es euch gefällt

Die Frau ist der annehmbarste
Naturfehler.   *John Milton*

Es gibt keinen Flachs ohne Abfall noch
eine Frau ohne Fehl.   *Aus Italien*

Kein Mädchen ohne Liebe;
Kein Jahrmarkt ohne Diebe;
Kein Bock ohne Bart;
Kein Weib ohne Unart.
                              Sprichwort

Dir (der Geliebten) steht alles gut,
Der Fehler wird durch dich zum
Schmuck erhoben.   *Shakespeare,*
                    Sonette, Abteilung 1, Nr. 36

Es gibt vielleicht Frauen ohne Fehler.
Aber es gibt sicher Frauen, deren
größter Reiz in der Vollkommenheit
ihrer Fehler liegt.   *Gustave Flaubert*

Je mehr Fehler im Sinne der
männlichen Wertung eine Frau
besitzt, desto mehr Glück hat sie
bei den Männern.   *Gina Kaus*

Und ihr, Geschlecht von Unter-
drückern, würdet ihr nicht die
Fehler, die man den Frauen vorwirft,
überbieten, wenn ihr euch durch eine
sklavische Erziehung für Automaten
hieltet, die zum Gehorsam gegenüber
einem Herrn bestimmt wären, den
euch der Zufall gäbe?

Charles Fourier, Über die Liebe und
Ehe, III, Die Fehler des Systems der
Unterdrückung der Liebe

Denkfaulheit, Oberflächlichkeit,
Starrsinn sind weibliche, Genußsucht,
Rücksichtslosigkeit, Roheit, sind
männliche, Trotz, Eitelkeit, Neugier
sind kindische Fehler.

Marie von Ebner-Eschenbach

Mancher Mann, der in ein Grübchen
verliebt ist, begeht den Fehler, das
ganze Mädchen zu heiraten.

Stephen Leacock

Wer Pferd und Frauen suchet ohne
Mängel, hat nie ein gutes Pferd im Stall,
im Haus nie einen Engel.

Aus Deutschland

Die Fehler der Mutter sind auch an den
Kindern ersichtlich.

Tamil

Auch des Mullahs Tochter hat
Fehler.

Tatarisch

Der geringste Fehler jener Frauen,
welche sich der Liebe hingegeben, ist,
daß sie sich der Liebe hingeben.

La Rochefoucauld,
Reflexions morales, 131

Laster

Die weiblichen Laster werden
verächtlicher als die männlichen,
weil jene öfter aus Schwäche,
diese öfter aus Stärke kommen.

Jean Paul,
Bemerkungen über den Menschen,
Herbstblumine

Ihr höhnt das Weib so lange, bis es
nicht
Der Tugend altehrwürd'ge Über-
lieferung
Von sich wirft ...
Dann seht ihr's mit geringschätzendem
Lächeln
Als niedrig Werkzeug eures Lasters an!
(Eva)
Emerich Madách,
D. Tragödie d. Menschen, Sz. 10

Sie fiel in Laster, und sie war eine
Hure. (Othello)

Shakespeare, Othello, V, 2

Jungfräuliche Seelen gibt es,
Die nach grüner Seife riechen.
Und das Laster hat zuweilen
Sich mit Rosenöl gewaschen

Heinrich Heine,
Atta Troll, 8

Ein Sittenrichter neuer Zeit,
Ihr Mädchen, schilt an euch das
Laster
Der Plaudersucht und Eitelkeit,
Der lächerliche Kritikaster!
Euch tadeln, daß ihr – Mädchen seid!

Johann Christoph Friedrich Haug,
Sinngedichte, Nachricht

Ich weiß nicht mehr, in welchem
Romane von Voltaire oder Diderot
dem Helden, als er ein Jüngling und
Herkules am Scheidewege war, die
Tugend sich stets darstellte in Gestalt
seines alten Hofmeisters, in der Linken
die Tabakdose, in der Rechten eine
Prise haltend und so moralisierend;
das Laster hingegen in Gestalt der
Kammerjungfer seiner Mutter.

Schopenhauer, Aphorismen
zur Lebensweisheit

Allhier liegt begraben eine äußerst
tugendsame
Jungfrau, Viktoria Schreiner war ihr
Name.
Sie trieb im Pfarrhaus die Kocherei,
doch sonst war sie von Lastern frei.
Wanderer, beuge dein weltliches Knie
und lebe rein und keusch wie sie!

Grabschrift

List + Tücke

Mächtlich Geschöpf voll Trug und List,
Weib, daß du so gleisend bist,
Höll' und Himmel liegt in dir
beisammen. (Golo)

Friedrich (Maler) Müller,
Balladen, Genovefa im Turm

Die Fallen der Weiber und der
Dummköpfe sind am schwersten zu
vermeiden.   *Aus China*

Sogar der Scheich ist der List und
Tücke einer Frau nicht gewachsen.

Haussa

Es ist ein Kraut, heißt mulier (Weib)
Davor hüt du dich semper (immer),
Es trüget dich fallaciter (tückisch);
Das glaube mir veraciter (wahrhaftig)!

Alter Spruch

Die List und Tücke einer Frau ergibt
eine Last für mehr als vierzig Esel.

Aus Kasachstan

Ist die Kraft des Weibes meist auch
sehr gering, so ist die List und
Tücke dafür um so größer.

Abchasisch (Türkei)

Lüge

Die ganze Welt ist eitel Truggefüge!
Willkommen Weib, du einzig
lebenswerte Lüge!

Spitteler, Olympischer Frühling

Das Weib steht wie unter einem Fluche.
Darum lügt die Frau stets, auch wenn
sie objektiv die Wahrheit spricht.

Otto Weininger,
Geschlecht und Charakter,
Die emanzipierten Frauen, Teil II

Die Weiber lügen, selbst wenn sie
schweigen.   *Jüdisch*

Eine Mauer aus Granit bilden die
gekonnten Lügen einer Frau, ein
kümmerliches Lehmfachwerk ergeben
die Notlügen eines Mannes.   *Telugu*

Was hätt' ein Weiberkopf erdacht, das
er nicht zu beschönen wüßte! (Saladin)

G. E. Lessing,
Nathan der Weise, III, 4

Was sind die Weiber elend in ihrem
ewigen, unbewußten Lügen, in dem auf
nichts sich beziehenden Putzen des
Leibes und jeder äußeren Faser!

Rahel (Antonie Friederike
Varnhagen von Ense)

Eine Frau soll man nicht beschwindeln,
wenn man nicht ganz sicher ist, daß es
nicht an den Tag kommt. (Ottokar)

Curt Goetz, Ingeborg

Die Lügen der Frauen unterscheiden
sich von den Lügen der Männer, wie
sich ein Florett von einem Kavallerie-
säbel unterscheidet.

Sacha Guitry

Ach, mich tötet ihr Gesinge
Von erlog'nen Liebesschmerzen.

Heinrich Heine, Die Harzreise

Eine Frau ist ehrlich, wenn sie keine
überflüssigen Lügen sagt.

Anatole France, Le Lys rouge, XX

Ausflüchte in Menge findest du
leicht: Du bist ein Weib.
(Andromache)

Euripides

Eine Frau hat eine Ausrede schneller
zu Hand als eine Schürze.

Aus Irland

Schuld

Wie lange wollen wir es noch
hinnehmen, daß der Ödipuskomplex
des Mannes unser Leben als Frau
regiert? Wie lange noch wollen wir es
hinnehmen, daß der Mann mit uns die
Schulden verrechnet, die er mit seiner
Mutter angehäuft hat?

Christiane Olivier, Jokastes Kinder

Das Weib ist die Schuld des Mannes.

Otto Weininger,
Geschlecht und Charakter, Teil II

Des Mannes Sünde bleibt auf der
Schwelle, die der Frau kommt ins
Haus hinein.

Aus Rußland

Die man findt oft selb schildig dran,
Das sich die frowen schinden lan
Und uß dem weg zu zytten gan.

Thomas Murner,
Narrenbeschwerung, Nr. 60,
Ein gutten magen haben

Selbst wenn du mit eigenen Augen
siehst, wie eine Frau sündigt, decke
es mit Erde zu.

Aus Indien, Tamil

Daß die Männer übel sind –
Die Frauen sind schuld daran;
's ist leider so.

Walther von der Vogelweide

Erst mit dem Verfall der Vorstellung
von der Sünde in neuester Zeit haben
die Frauen begonnen, ihre Freiheit
wiederzugewinnen.

Bertrand Russell, Ehe und Moral

Adam muß eine Eva ha'n,
Die er zeihe, was er getan.

Sprichwort

Wenn die Frau sündigt, ist der Mann
nicht unschuldig.

Aus Italien

Das Weib hat stets ein Recht, den
Gatten selbst dann zu verteid'gen,
wenn er schuldig ist. (Eva)

Emerich Madách,
D. Tragödie d. Menschen, Sz. 5

Wenn sich die huren schelten,
so kompt die schuld an tag.

Alter deutscher Spruch

XVII. Kapitel

Verzeihung
Strafe
Rache
Zucht
Prügel

Verzeihung

Eine Frau verzeiht alles – aber sie erinnert uns oft daran, daß sie uns verziehen hat.

Karl-Heinz Böhm

Lieben uns die Frauen, so verzeihen sie uns alles, selbst unsere Vergehen. Lieben sie uns nicht, so verzeihen sie uns nichts, selbst unsere Tugenden nicht.

Honoré de Balzac

Ein Weib sieht ihrem Gatten alles nach,
Wenn sie Vernunft hat. (Elektra)

Euripides, Elektra

Denn wer aus Liebeswahn sich gegen uns vergißt,
Dem bleibt Verteidigung aus diesem Anlaß offen:
Wer seiner Sinne nicht mehr Meister ist,
Darf noch am ehsten auf Verzeihung hoffen. (Alkmene)

Molière, Amphitryon, 11, 6

Die Mutter eines Mörders verzeiht und vergißt, die eines Erschlagenen nie.

Aus Arabien

Wer ein Mädchen um Verzeihung bittet, wenn er es geküßt hat, erhält keine.

Theodor Gottlieb von Hippel,
Über die Ehe, K. 1, Klagen über d. Vorurteile beim Heiraten, Traum zur Abhelfung

… viel verzeiht man einem schönen Weibe.

Rob Hamerling,
Ahasver in Rom, Ges. 3, Agrippina

Es gibt auch eine Satanie im weiblichen Verzeihen.

Max Frisch, Stiller

Ein ehebrecherisches Weib ist ein Schandpfahl ihres Geschlechts, und ihr verzeihen heißt ihre Schande teilen.

August von Kotzebue,
Menschenhaß und Reue, V, 5

Strafe

Das Kürzen des Kleides einer Frau war eine gebräuchliche Ehrenstrafe. Den Müttern unehelicher Kinder und Ehebrecherinnen schnitt man in der Öffentlichkeit vom unteren Teil des Kleides einen breiten Streifen weg. Kleidung war ja in erster Linie Schutz vor den Unbilden der Witterung, und die Verkürzung des Kleides bedeutete Preisgabe, Schutzlosigkeit und Schmach.

Wolfgang Schild, Tragen schimpflicher Tracht. Justiz in alter Zeit

Die Klapse, das rauhe Schütteln und die harten Worte, mit denen eine Mutter gewöhnlich die kleinen Vergehen – in Wirklichkeit nicht einmal Vergehen – ihres Kindes bestraft, sind im allgemeinen nur die Äußerungen ihrer schlecht beherrschten Leidenschaften, gehen viel mehr aus dem Reiz dieser Leidenschaften als aus dem Wunsche hervor, den Übeltäter zu bessern.

Spencer, Die Erziehung

Himmel, Herrgott, warum bestrafst
du uns arme Sünder so? Es gibt
doch schon genug Unrat. Warum
mußtest du auch noch die
Weiber in die Welt setzen.

Nikolai Gogol

Frauen sind die Geißeln des Teufels.

Aus Persien

Wen Gott strafen will, dem schenkt er
eine geltungsbedürftige Frau.

Lavater, Fragmente

Wir stecken doch Eltern auch wegen
Kindsmißhandlung ins Gefängnis,
warum nicht auch Crack-Mütter?

*Generaldirektor einer Chemiefabrik
in den USA*

Rache

So bös ist kein Schlang' in ihrem
Grimm, wenn man ihr auf den
Schwanz tritt, noch so schlimm wie
eine Frau, wenn sie in Wut gerät, weil
dann ihr Sinnen nur auf Rache geht.

Chaucer, Canterbury Tales

Jedes Ungemach, nur kein Ungemach
durch die zurückgesetzte Frau, jede
Rache, nur keine Rache durch die
Nebenfrau.   *Jesus Sirach, 25, 14*

In der Rache und in der Liebe ist das
Weib barbarischer als der Mann.

Friedrich Nietzsche,
Jenseits von Gut und Böse,
Sprüche und Zwischenspiele, 139

Aus Wut und Rache, von einem Tenor
betrogen zu sein, ist eine Frau bereit,
sogar einen Philosophen zu heiraten.

Aus Polen

Die Rachsucht einer Frau ist unerbittlich,
wenn Demütigung ihren Haß schärft.

Juvenal

Die lebenslängliche Rachsucht eines
Weibes, das auf Verführung gewartet hat.

Max Frisch

Mancher rächt an einer Frau durch
Gemeinheit, was er durch Torheit an
ihr gesündigt hat.

Karl Kraus, Beim Wort genommen

Zucht

Ferner schadet die zu schlaffe Zucht der
Weiber gleichmäßig der gewählten Staats-
form und dem Wohle des Gemeinwesens.

Aristoteles, Politik, 2, 9

Ein schönes Weib ohne Zucht ist wie
eine Sau mit einem goldenen Haarband.

Sprüche Salomos 11, 22

Die Frauen schlapfen daher, alles
baumelt an ihnen, auch die Seele.

Kurt Tucholsky,
Vier Sommerplätze

Eine schöne Frau hält sich selbst in
Schach, eine häßliche muß ihren Mann
bewachen.   *Abchasisch (Türkei)*

... die Frauen, gewohnt, sich jederzeit zu bändigen, behalten in den
außerordentlichsten Fällen immer noch
eine Art von scheinbarer Fassung.

Goethe,
Die Wahlverwandtschaften,
T. 1, K. 10

Ich ward geboren, dich zu zähmen,
Käthchen,
Dich aus 'nem wilden Käthchen zu
'nem Käthchen
Zu wandeln, zahm wie andre fromme
Käthchen. (Petruchio)
                                    Shakespeare,
Der Widerspenstigen Zähmung

Dem besten Weib tut
wie dem bösen
der Stachel gut.
                Aus Belgien (flämisch)

Es ist ausgemacht, daß Gott die Weiber
nur geschaffen hat, um die Männer zu
zähmen.
                                    Voltaire

... so gedeiht auch einzig in
Beschränkung,
In strenger Zucht die Frau zum
Glück des Hauses.
                Ernst Raupach,
D. Märchen im Traum, II, 4

Der Mann geht nach Geschäften aus,
Das Weib aber bleibt zu Haus;
Darum der Kinder Zucht geht an
Viel mehr das Weib als den Mann.

Spruch an einem Haus bei
Erpfendorf an der Ache

Prügel

Kommt dich die Lust an, deine Frau
zu verprügeln, dann brauchst du sie
nur zwingen wollen, daß sie dir die
Sonne herbeihole, um daran deinen
Durst zu löschen.
                        Aus Spanien

An einem haderhaften Weib
Bezähmt man anders nicht den Leib,
Als wenn man sie so lange schlägt,
Bis daß sie wieder kommt zurecht.

Sprichwort

Dein Weib magst du schlagen,
soviel du willst, solange der Stock
nicht dicker als dein Daumen ist.

Aus China

Ob schlechtes oder gutes Pferd –
es will den Sporn; ob gutes oder
böses Weib, es will den Stock.

Aus Frankreich

Ermahnt eure Frauen, wenn ihr eine
Rebellion befürchtet; laßt sie allein in
ihren Betten und schlagt sie.
                        Koran

Alles mit Maß, sagte der Schneider und
drosch seine Frau mit dem Metermaß.

Aus Belgien (flämisch)

Je mehr du deine Frau prügelst, desto
besser wird sie für dich kochen.

Aus Rußland

Er hatte im Prügeln eine Art von
Geschlechtstrieb, er prügelte nur
seine Frau.

Georg Christoph Lichtenberg

Es war einmal ein Männchen
– heijucheidi,
Das nahm sich einst ein Frauchen
– heijucheidi,
Das Männchen ging spazieren
– heijucheidi,
Und als es wieder heimkam
– heijucheidi,
Da leckte sie die Teller ab
– heijucheidi,
Da holte er den Besen
– heijucheidi,
Und schlug sie auf den Rücken
– heijucheidi,
Da holte sie die Polizei
– heijucheidi,
»Mein Mann hat mich geschlagen!«
– heijucheidi,
»Das mußt du halt ertragen!«
– heijucheidi,
Nun laßt uns alle fröhlich sein
– heijucheidi.

Aus einem belgisches Schulbuch,
»Fröhlich singen, zweites Lehrjahr«
(September 1989)

Einen Knochen für meinen Hund,
einen Stock für mein Weib.

Aus Ungarn

Schlage die Frau mit dem Hammer, und
sie wird wie Gold.

Aus Rußland

Man sagt, die wyber hondt ein art,
Wer an in die bengel (Prügel) spart
Und schlecht nit druff als in ein mist,
Das im kein dester hölder ist.

Thomas Murner, Narrenbeschwerung,
Nr. 9, D. lenden schmieren

Eine nicht geschlagene Frau ist wie ein
ungesalzener Kohl.

Aus Deutschland

Je dümmer und anspruchsvoller die
Ehefrau, desto dicker und länger muß
auch die Peitsche sein.

Kasachstan

Es ist besser, vom eigenen Mann
geschlagen zu werden, als von einem
Fremden geküßt.

Aus Albanien

Drisch deine Frau und dein Korn brav
durch, sagt Sancho, und alles wird
gutgehen.

Lichtenberg, Vermischte Schriften, III

Küsse, Schwüre, Scharwenzeln kannst
du von jedem Mann haben, Ohrfeigen
nur von einem Mann, der dich liebt.

Lukian, Hetärengespräche

Der Esel und die Frau sind nur mit
dem Stock zu bändigen.

Aus Spanien

Ein Spaniel, ein Weib und ein
Walnußbaum werden immer besser,
je mehr sie geprügelt werden.

Aus Frankreich

Schlägt der Mann die Frau, so schlägt
ihn dafür der Teufel; schlägt dagegen
die Frau ihren Mann, so gibt der
Herrgott ihr dafür Gesundheit.

Aus Rußland

Wen an eyn Weib legt die Hand,
Schlägt seyn eygen schand,
Weil er nicht baß beweisen kan,
Als an eym armen Weib der Man.

Reimspruch (16. Jh.)

Du gehst zu Frauen?
Vergiß die Peitsche nicht!

> *Friedrich Nietzsche,* Zarathustra I,
> Von alten und jungen Weiblein

Prügelt die Frau auch ihren Mann
nicht, so hat sie ihn dennoch unter
dem Pantoffel.

> *Aus Rußland*

Lieber noch von der Mutter hundert-
mal geschlagen werden als vom Vater
einmal eine Drohung vernehmen zu
müssen.

> *Aus Vietnam*

Durch der Mutter Faust werden keine
Knochen gebrochen.

> *Aus Rußland*

Schlägt der Vater den Sohn,
so bessert er ihn,
schlägt aber die Mutter die Tochter,
so verdirbt sie an ihr mehr als sie
bessert.

> *Aus Kasachstan*

Und schlägt die Mutter auch noch so
heftig zu, das Kind schreit dennoch
»Mama«.

> *Malaialám (Ceylon)*

Weiber sind wie Wildbret:
je mehr Schläge, je besser sind sie.

> *Aus Rumänien*

Bekommt das Kind keine Hiebe, fehlt
der Mutter die Liebe.

> *Aus Spanien*

XVIII. Kapitel

Recht
Gerechtigkeit
Gesetz

Recht

Die Tyrannei des Mannes hat unter
Verletzung jeden Rechts und unter
ungestrafter Nichtachtung der
natürlichen Gleichheit die Frau
ihrer Rechte beraubt, die sie bei ihrer
Geburt empfängt.

Agrippa

Eugenie: Bist du in deinem Hause
Fürst?
Gerichtsrat: Ich bin's, und jeder ist's,
der Gute wie der Böse.
Reicht eine Macht denn wohl in jenes
Haus,
wo der Tyrann die holde Gattin kränkt,
wenn er nach eignem Sinn verworren
handelt,
durch Launen, Worte, Taten jede Lust
mit Schadenfreude sinnreich unter-
gräbt?
Wer trocknet ihre Tränen? Welch
Gesetz,
welch Tribunal erreicht den
Schuldigen?
Er triumphiert, und schweigende
Geduld
senkt nach und nach verzweifelnd sie
ins Grab.
Notwendigkeit, Gesetz, Gewohnheit
gaben
dem Mann so große Rechte, sie
vertrauten
auf seine Kraft, auf seinen Biedersinn.

Goethe,
Die natürliche Tochter, IV, 2

Nie wird das zartere Geschlecht (die
Frauen)
Zum Amt der Richter passen.
Sie glauben schon, sie seien höchst
gerecht,
Wenn sie verdammen, ohne zu hassen.

Paul Heyse,
Spruchbüchlein, Frauen

Mann und Frau sind als gleich-
berechtigte Wesen erschaffen worden,
vom Schöpfer mit unveräußerlichen
Rechten begabt ... Die Regierung ist
nur dazu da, diese Rechte zu sichern ...
Der Mann macht aus der Ehefrau eine
bürgerliche Tote ... Er hat sich das
Vorrecht Jehovas angemaßt, der
einzig und allein den Menschen ihr
Betätigungsfeld zuweisen kann.

Quäkerinnen, 18.7.1840
Manifest auf der Tagung in Seneca Falls

Die Erfahrung in allen Ländern deutet
darauf hin, daß die Ausdehnung der
Vorrechte der Frau glückliche Ergeb-
nisse verspricht.

Charles Fourier,
Über die Liebe und Ehe, II,
Die Erniedrigung der Frauen
in der Zivilisation

Wo Familie und Privatvermögen die
unumstrittene Grundlage der
Gesellschaft sind, bleibt die Frau
vollkommen rechtlos.

Simone de Beauvoir,
Das andere Geschlecht

Von allen menschlichen Begabungen
liegt keine dem Weibe so fern wie der
Rechtssinn. Fast alle Frauen lernen, was
Recht ist, erst durch ihre Männer.

Treitschke,
Politik I, Die Familie

Der Rechtssinn ist ohne Zweifel stärker
in den Männern als in den Frauen ...
Aber an zähem und lebhaftem Rechtsgefühl stehen die Frauen den Männern
nicht nach.

Johann Kaspar Bluntschli,
Das moderne Völkerrecht

Man muß dem Weib keine Rechte,
nur Privilegien einräumen. Sie wollen
diese auch lieber als jene.

Hebbel, Tagebücher

Die Frauen haben heute sicher mehr
Rechte. Aber mehr Macht hatten sie
früher.

Charles Aznavour

Steht die Sünderin vor Gericht, so fällt
ihr Wort mehr ins Gewicht als das ihres
Mannes.

Sumerisch

Zu Athen verlor jede freie Person,
welche ihre Reize verkaufte, die
Bürgerrechte, und der Kuppler ward
am Leben gestraft; ja durch den
Ehebruch verloren die Frauen das
Recht, an den Festen der Bürgerinnen
teilzunehmen.

Friedrich Schlegel, Über die Diotima

Das älteste aller Frauenrechte ist das
Recht, sich zurückgesetzt zu fühlen.

Susanne von Paczensky,
Deutsches Panorama

Gerechtigkeit

Selbst abgesehen von aller Großmut
verlangt schon die einfache Gerechtigkeit, daß die Frau, wenn man ihr
nicht künstliche Vorteile zuwenden
will, doch auf jeden Fall nicht
künstlich benachteiligt werde.

Herbert Spencer,
Die Rechte der Frau

Das Richterschwert, womit der Mann
sich ziert, verhaßt ist's in der Frauen
Hand. Die Welt glaubt nicht an die
Gerechtigkeit des Weibes, sobald ein
Weib das Opfer wird. (Burleigh)

Schiller, Maria Stuart, I, 8

Die Frauen sind wohl mitleidig,
aber in allem, was Gerechtigkeit,
Redlichkeit und skrupulöse
Gewissenhaftigkeit anbetrifft,
stehen sie hinter dem Manne zurück.
Ungerechtigkeit ist der Hauptfehler
des Weibes.   *Arthur Schopenhauer*,
Parerga und Paralipomena

Wir dürfen von den Menschen nur
das ihnen Angemessene fordern –
so von den Frauen Liebe und nicht
Gerechtigkeit.

Ernst Jünger,
Tagebücher

Die Frauen sind mir vor allem deshalb
unsympathisch, weil sie ungerecht sind,
weil der Gerechtigkeitssinn ihnen nicht
angeboren zu sein scheint.

Anton Tschechow

Es gibt nur eine einzige Erniedrigung
für die Frau: die Ungerechtigkeit.

Jean Giraudoux,
Der Krieg in Troja

Kann man auch nur eine Spur
Gerechtigkeit in dem Los erblicken,
das die Frauen getroffen hat?

Charles Fourier, Über Liebe und
Ehe, II, Die Erniedrigung der
Frauen in der Zivilisation

Gesetz

Alle Gesetze sind von Alten und
Männern gemacht. Junge und Weiber
wollen die Ausnahme. Alte die Regel.

Goethe,
Wilhelm Meisters Wanderjahre, III,
Aus Makariens Archiv

Die Frauen haben durchaus nicht
unrecht, wenn sie die Regeln von sich
weisen, die in der Welt eingeführt sind,
haben sie doch die Männer ohne sie
gemacht.
Montaigne

Muß denn die Pflicht allen Charakteren
die gleichen Gesetze vorschreiben?
Sind denn die großen Gedanken,
die edlen Gefühle in dieser Welt nicht
eine große Verpflichtung derjenigen,
die ihrer fähig sind? Darf nicht jede
Frau, wie jeder Mann sich einen Weg
bahnen, der ihrem Charakter und ihren
Geistesgaben entspricht?

Madame de Staël

In fast allen Ländern hat sich die Grausamkeit des bürgerlichen Gesetzes
mit der Grausamkeit der Natur gegen
die Frau verbündet. Sie werden behandelt wie idiotische Kinder. Keine
Art Quälerei, die der Mann bei den
zivilisierten Völkern nicht straflos an
der Frau begehen könnte.
Frauen, ich beklage euch!

Denis Diderot

Die lateinischen Länder halten es wie
die orientalischen: Sie unterdrücken die
Frauen mehr durch die Strenge der
Sitten als durch die der Gesetze.

Simone de Beauvoir,
Das andere Geschlecht

Lex Salica
Vom Anrühren der Hand eines
Weibes

§ 1 Wenn ein freier Mann einer freien
Frau Finger oder Hand anrührt –
gerichtlich »Drücken« –, werde
er (600 Pfennige, die machen)
15 Schillinge zu schulden verurteilt.

§ 2 Wenn er den Arm anrührt – gerichtlich »Drücken« –, werde
er (1200 Pfennige, die machen)
30 Schillinge zu schulden verurteilt.

§ 3 Wenn er etwa die Hand auf den
Ellenbogen legt – gerichtlich
»Drücken am Oberarm« –, werde
er (400 Pfennige, die machen)
35 Schillinge zu schulden verurteilt.

§ 4 Wenn einer einem Weibe die Brust
anrührt – gerichtlich »bei der
Brust« –, werde er (1800 Pfennige,
die machen) 45 Schillinge zu
schulden verurteilt.

Kaufkraft des Geldes (nach Lex
Ribuaria): 1 Schilling = eine gehörnte
stehende gesunde Kuh; 12 Schillinge
= ein Pferd.

Justiz in alter Zeit

Eine Frau könnte wegen Ehebruchs
vor ein Geschworenengericht
kommen. Doch müßte dies Gericht
eine Erklärung über die sittliche
Unbescholtenheit des Gatten
abgeben.

Stendhal, Über die Liebe, 2, 58

Eine echte Frau wird nie Gesetze
beachten, wenn diese Gesetze ihren
Privatinteressen im Wege stehen. Sie ist
wesentlich gesetzlos.

Henry Louis Mencken,
Verteidigung der Frau

Daher ist es erforderlich, daß der
Gesetzgeber betreffs der Frau die
Bestimmung aufstelle, daß sie sich
verschleiere und zurückgezogen
lebe. Die Frau darf daher keine
gewinnbringenden Beschäftigungen
unternehmen, wie der Mann,
und aus diesem Grunde muß der
Gesetzgeber betreffs ihrer bestimmen,
daß sie allen Anforderungen des
Haushaltes entspreche nach den
Wünschen des Mannes.

Ibn Sina Avicenna

Jedoch als die Gesetze den Weibern
gleiche Rechte mit den Männern
einräumten, hätten sie ihnen auch eine
männliche Vernunft verleihen sollen.

Arthur Schopenhauer,
Über die Weiber, § 370

… als dagegen, wie man berichtet,
Lykurgos versuchte, auch die Frauen den
Gesetzen zu unterwerfen, da zeigten sie
sich widerspenstig, so daß er darauf
verzichtete.

Aristoteles,
Politik, Zweites Buch, 9

XIX. Kapitel

Aufgabe
Gehorsam
Zweck
Ideal

Aufgabe

…, wie ja auch die Besonnenheit des Mannes und diejenige der Frau eine andere ist (ein Mann würde feige wirken, wenn er in dem Sinne tapfer wäre, wie es die Frau ist, und umgekehrt eine Frau geschwätzig, wenn sie in dem Sinne zurückhaltend ist, wie es ein tüchtiger Mann sein soll.) So ist auch die Aufgabe im Haushalt für den Mann und die Frau verschieden: Der eine erwirbt, die andere verwaltet.

Aristoteles, Politik, Drittes Buch, 4

Ein Mann verlangt nicht, daß seine Frau ihn versteht. Das ist nicht ihre Aufgabe. Ihre Aufgabe ist, daß sie ein nettes Haus und nette Kinder hat und gelungene Parties gibt, zu denen er seine Freunde einladen kann.

Mary McCarthy, Sie und die anderen

Das Weib ist schon die schwierigste Aufgabe, die Gott dem Mann gestellt hat.

Emanuel von Bodmann, Tagebücher

Es gibt zweierlei Frauen. Die einen glauben, daß ihr Platz in der Welt das Bett sei, die anderen glauben: am Spülstein.

Sidonie-Gabrielle Colette

Die Erfüllung der häuslichen und mütterlichen Pflichten von seiten der Frau darf in der Regel wohl als ein ausreichendes Äquivalent für die Erwerbung des nötigen Einkommens durch den Gatten angesehen werden.

Herbert Spencer,
Die Rechte der Frauen

Was sol eynem bauren eyn zart megdlin? Ihm gehört eyn starcke bäurin, so ihm butter und käs machet.

Alter deutscher Spruch

Eine Frau zu sein ist eine schrecklich schwierige Aufgabe, weil sie es vor allem mit Männern zu tun hat.

Joseph Conrad

Ich habe mein Leben damit verbracht, das Leben Winstons auszupolstern.

Clementine Churchill

Denn die Aufgabe der Frau ist die passive Aufgabe, die der Erdboden hat, der nicht nur dem Baum hilft, daß er wachsen kann, sondern auch sein Wachstum in Schranken hält.

Rabindranath Tagore, Über die Frau

Gehorsam

»Siehe, jetzt eben ward die Welt vollkommen!« – also denkt ein jedes Weib, wenn es aus ganzer Liebe gehorcht. Und gehorchen muß das Weib und eine Tiefe finden zu seiner Oberfläche.

Friedrich Nietzsche, Zarathustra

Gehorsam ist des Weibes Pflicht auf Erden,
das harte Dulden ist ihr schweres Los,
durch strengen Dienst muß sie geläutert werden.

Schiller,
Die Jungfrau von Orleans

Das Weib, auch wenn ein schlechter
Gatt' ihr ward, es muß
Sich schmiegen, seinem Willen ohn'
Kampf und Streit.
                              Euripides,
                    Andromache, 213/14

Und wenn aus Pflichtgefühl heraus ein
Kriegsmann auch
Dem Hauptmann, der ihn führt,
Gehorsam leisten wird,
Die Kinder ihrem Vater, Diener
ihrem Herrn
Und seinem Klosterprior der
geringste Mönch,
Ist dies noch weit entfernt von der
Gelehrigkeit,
Dem untertänigen Gehorsam und
Respekt,
Den von der eignen Gattin jeder
Ehemann,
Ihr Herr und Oberhaupt,
das Recht zu fordern hat. (Arnolf)
                                Molière,
                  Die Schule der Frauen, III, 2

Die Frauen haben es auf dieser Erde
viel besser als die Männer. Ihnen sind
viel mehr Dinge verboten.
                            Oscar Wilde

Die Männer beanspruchen von den
Frauen nicht nur Gehorsam,
sondern auch Zuneigung.
                        John Stuart Mill,
                Die Hörigkeit der Frau, 1. Kapitel

... Ohne Rücksicht auf die tatsächlichen Fähigkeiten der einzelnen glaubt
der Mann, daß er das Recht hat zu
befehlen und die Frau die Pflicht zu
gehorchen.   *John Stuart Mill*

Höre, Tochter, sieh her und neige
dein Ohr,
vergiß dein Volk und dein Vaterhaus!
Der König verlangt nach deiner
Schönheit;
er ist ja dein Herr, verneig dich
vor ihm!
                          Psalm 45, 11f

Daß das Weib, seiner Natur nach, zum
Gehorchen bestimmt sei, gibt sich
daran zu erkennen, daß eine jede,
welche in die ihr naturwidrige Lage
gänzlicher Unabhängigkeit versetzt
wird, alsbald sich irgendeinem Manne
anschließt, von dem sie sich lenken und
beherrschen läßt; weil sie eines Herrn
bedarf. Ist sie jung, so ist es ein
Liebhaber; ist sie alt, ein Beichtvater.
                      Arthur Schopenhauer,
                    Über die Weiber, § 371

Der Frauen Zustand ist beklagenswert.
Zu Haus und in dem Kriege herrscht
der Mann,
und in der Fremde weiß er sich
zu helfen.
Ihn freuet der Besitz; ihn krönt der Sieg!
Ein ehrenvoller Tod ist ihm bereitet.
Wie eng gebunden ist des Weibes
Glück!
Schon einem rauhen Gatten zu
gehorchen,
ist Pflicht und Trost. (Iphigenie)
                      Goethe, Iphigenie, I, 1

Seht nach dem Stern der Liebe, meine
Kinder; aber du, schöne Jungfrau,
vergiß auch nicht den Stern des
kindlichen Gehorsams; es ist ein edler
Gestirn, folge ihm bis zur Entsagung –
in das Verderben jedoch darfst du ihm
nicht folgen.
                        Wilhelm Raabe,
                D. Leute a. d. Walde, ihre Sterne,
                Wege und Schicksale, Bd. 3

Die Pflicht, die der Vasall dem Fürsten
zollt,
die ist die Frau auch schuldig ihrem
Gatten.
Und ist sie trotzend, launisch, trüb'
und bitter
und nicht gehorsam billigem Gebot,
was ist sie als ein tückischer Rebell,
sünd'ger Verräter an dem lieben Herrn?
(Katharina)
Shakespeare,
Der Widerspenstigen Zähmung, V, 2

Wenn ein Vater kein Vater sein will,
muß die Tochter doch eine Tochter
sein.
Aus China

Der Ehegatte ist als wirklicher Herr
zu achten und zu verehren, ihm ist
willfährig zu sein.
Kaibara Ekiken,
Onna-Daigaku, § 2

Die Tochter muß gehorsam ihrem
Vater sein,
und gäb er ihr selbst einen Affen
zum Gemahl. (Dorine)
Molière, Tartüff, II, 4

Wer seiner Mutter nicht gehorcht, der
hat auch für seine Heimat nichts übrig.
Malaialám (Ceylon)

Wenn ich noch eine frein (heiraten)
sollte,
so wollte ich mir ein gehorsam Weib
aus einem Stein hauen; sonst hab ich
verzweifelt an aller Weiber Gehorsam.
Martin Luther,
Tischreden oder Colloquia, Nr. 47,
Tischreden v. Ehestande, § 77,
V. d. Weibern Ungehorsam

Je gescheiter der Ehemann, desto mehr
gehorcht auch die Ehefrau.
Aus Vietnam

Es gibt nichts Schwereres auf der Welt
als Frauen und Dienstboten in Gehorsam zu halten.
Aus Japan

Je größer der Gehorsam der Frau ist,
desto sicherer ist ihre Herrschaft.
Jule Michelet, D. Liebe, K. 4

Zweck

… Zweck der Natur bei Einrichtung der
Weiblichkeit war: (…)
1. die Erhaltung der Art,
2. die Kultur der Gesellschaft und Verfeinerung derselben durch die Weiblichkeit.
Immanuel Kant, Anthropologie,
Der Charakter des Geschlechts

Der Mann ist für das Weib ein Mittel:
Der Zweck ist immer das Kind.
Friedrich Nietzsche, Zarathustra, I,
Von alten und jungen Weiblein

Denn die Meinung der Philosophie in
diesem Stück ist ganz gewiß, daß der
Endzweck, welcher ein Künstler sich
vorstellt, das erste in seinen Gedanken,
aber das letze in seiner Ausübung sei;
so ist das Weib die erste Vorstellung
des Schöpfers unter allen Kreaturen
gewesen, weil sie die letzte Arbeit
seiner Hände ist …
Agrippa von Nettesheim
(Heinrich Cornelius),
Von dem Vorzug des weiblichen vor
dem männlichen Geschlecht, § 7

Wenn ich an die Frauen denke, an dieses schwache, unbeständige, launenhafte und unvollkommene Geschlecht, so scheint mir, daß die Natur, als sie die Frau schuf, ihr Zweckmäßigkeitsprinzip außer acht ließ.

Rabelais

Darum liegt es in der Weiber Natur, Alles nur als Mittel, den Mann zu gewinnen, anzusehn, und ihr Anteil an irgend etwas anderm ist immer nur ein simulierter, ein bloßer Umweg, d. h. läuft auf Koketterie und Äfferei hinaus.

Arthur Schopenhauer,
Über die Weiber, § 369

»Der Zweck heiligt die Mittel!« Dies muß sich der liebe Gott gedacht haben, als er das Weib erschuf.

Thomas Niederreuther,
Aphorismen

Geschlechtlich genommen ist die Frau eine Einrichtung der Natur, die den Zweck hat, ihr größtes Werk zu verewigen, der Mann: eine Einrichtung der Frau, die den Zweck hat, das Geheiß der Natur auf die wohlfeilste Art zu erfüllen.

George Bernard Shaw,
Mensch und Übermensch

Ideal

Wer nicht im Weibe das Ideale sieht, wo soll er es überhaupt noch sehen, da das Weib doch offenbar in seiner Blüte die idealste Erscheinung der Natur ist?

Hebbel,
Tagebücher, 1859

Der Mann hat das Weib geschaffen – woraus doch? Aus einer Rippe seines Gottes – seines »Ideals« ...

Friedrich Nietzsche

Der Mutter Natur hat es beliebt, die äußersten Grenzlinien der Schönheit und Häßlichkeit in dem weiblichen Körper zu vereinbaren. Das höchste Ideal der Schönheit ist ein Weib, und das höchste Ideal der Häßlichkeit ist auch ein Weib, und es ist eine demütigende Bemerkung für stolze Schöne, daß diese beiden Endpunkte gewöhnlich in einer nämlichen Person, wiewohl in ganz verschiedenen Epochen, zusammentreffen.

J. K. A. Musäus,
Die Rolandsknappen

Du sollst dir keine Ideale machen, weder eines Engels im Himmel noch eines Helden aus einem Gedicht oder Roman, noch eines selbstgeträumten oder phantasierten, sondern du sollst einen Mann lieben, wie er ist; denn die Natur, deine Herrin, ist eine strenge Gottheit, welche die Schwärmerei der Mädchen heimsucht bis ins dritte und vierte Zeitalter ihrer Gefühle.

Schleiermacher

Byrons Frauen sind gut. Es ist aber auch das einzige Gefäß, was uns Neuern noch geblieben ist, um unsere Idealität hineinzugießen. Mit den Männern ist nichts zu tun. Im Achill und Odysseus, dem Tapfersten und Klügsten, hat der Homer alles vorweggenommen.

Goethe,
zu Eckermann, 5.7.1827

Das Weib ist also in dem Maße Weib, wie es Bezauberung oder Ideal ist.

José Ortega y Gasset, Vom Einfluß der Frau auf die Geschichte

Ist aber's Weib, dies Ideal, dies hehre,
Verkörperte Gedicht, zu tief gefallen,
So wird's zur Fratze, die uns schaudern
macht. (Adam)
                        Emerich Madách,
            D. Tragödie d. Menschen, Sz. 14

Das weibliche Dasein bedeutet eine
Art von »fortgesetzter Kindheit«,
durch die die Frau vom »Idealtyp der
Rasse« getrennt ist. Diese biologische
Kindlichkeit drückt sich in intellek-
tueller Schwäche aus; die Rolle dieses
reinen Affektwesens ist die der Gattin
und Hausfrau; sie kann mit dem Mann
nicht in Wettbewerb treten: weder
Lenkung noch Erziehung kommen
ihr zu.
                              Auguste Comte

Ein wildes Mädchen ist ein eben
solches Unding wie eine betrunkene
Nachtigall; ein geziertes die Parodie
des mißhandelten Ideals.
              *Christ. Ernst Karl Graf von
            Bentzel-Sternau,* Weltansichten

Die ideale Frau ist jene, die den
idealen Gatten hat.
                    Newton Booth Tarkington

Frauen können Einfälle, Geschmack,
Zierlichkeit haben, aber das Ideale
haben sie nicht.
              Georg Wilhelm Friedrich Hegel,
                  Philosophie des Rechts, § 16

Was zieht im Theater? Was auf die
Frauen wirkt. Was gefällt den Frauen?
Was von ihrer Sache handelt. Was ist
ihre Sache? Was sie Liebe nennen. Jene
tugendhaften Frauen, welche die Theater beherrschen, haben ein Ideal: ihrem
Manne treu zu sein, ohne deswegen
ganz auf die Gefühle zu verzichten, die
man hat, wenn man ihm untreu ist.

                                Hermann Bahr
              an George Bernard Shaw, 1904

Die ideale Frau bleibt ihrem Gatten
treu, behandelt ihn aber so zärtlich,
als ob sie ihn betrüge.
                                  Sacha Guitry

Jede Frau erwartet von einem Mann,
daß er hält, was sie sich von ihm
verspricht.
                        Chariklia Baxevanos

Die westliche Menschheit hat sich nun
bald zwei Jahrtausende lang offiziell
zu weiblichen Idealen bekannt, und
das war gut, denn nur dank dieser
Erziehung im Frauengemach ist sie
halbwegs gezähmt worden.

                    Keyserling, Reisetagebuch eines
              Philosophen, 3 Indien, Mahabalipuram

Eine Frau soll aussehen wie ein junges
Mädchen, auftreten wie eine Lady,
denken wie ein Mann und arbeiten wie
ein Pferd.
                              Caroline K. Simon

XX. Kapitel

Mut
Leichtsinn
Vorsicht
Berechnung
Scham
Erröten
Furcht

Mut

O trüg' ich doch ein männlich Herz in
mir!
Das, wenn es einen kühnen Vorsatz
hegt,
Vor jeder andern Stimme sich verschließt. (Iphigenie)

> *Goethe,* Iphigenie auf Tauris, IV, 4

Des Sohnes Mut und Tapferkeit macht
auch ein altes Mütterchen noch einmal
jung.

> *Puschtu*

Ist die Liebe mit im Spiele,
Hat ja auch ein Mädchen Mut!

> *Theodor Körner,*
> D. Bergknappen, I, 6

Der Teufel selbst hat's dir gesagt,
Daß alles eine Mutter wagt.
(Genovefa)

> *Friedrich (Maler) Müller,*
> Balladen, Genovefa im Turme

Ich war, fuhr sie fort, eine der
Furchtsamsten, und indem ich mich
herzhaft stellte, um den andern Mut zu
geben, bin ich mutig geworden.

> *Goethe,*
> Die Leiden des jungen Werther

Die Liebe gibt dem sanften Weibe Mut,
Was Männer schaudern macht, mit
Lächeln zu ertragen.

> *Christoph Martin Wieland*

Ich seh, ein Weib wird bald zum Narrn
gemacht,
Wenn sie nicht Mut hat, sich zu widersetzen. (Katharina)

> *Shakespeare,*
> Der Widerspenstigen Zähmung

Ein Weib, vereinsamt, ist ein Nichts,
Ihm fehlt der Mut.

> *Äschylus,* D. Schutzflehenden, V, 375

Leichtsinn

Gäbe es noch keine frivolen Männer, so
würden sie (Frauen) nicht ruhen noch
rasten, bis sie deren herangebildet
hätten, denn unsere Leichtfertigkeit ist
in weit höherm Maße das Werk der
Frauen als umgekehrt.

> *Jean-Jacques Rousseau,* Emile, 2, 5

Das Herz einer leichtlebigen Frau
gleicht der Rose, von der jeder
Liebhaber ein Blatt abreißt. Dem
Gatten bleibt nur der Dorn.

> *Sophie Arnould*

Die Gesellschaft verwechselt die freie
mit der leichtsinnigen Frau.

> *Simone de Beauvoir,*
> Das andere Geschlecht

Sie setzte, wie, glaube ich, Crébillon
sagt, die Tugend mehr im Bereuen der
Fehler als im Vermeiden.

> *Georg Christoph Lichtenberg*

Dem tollen Weib gefällt die Schellen-
trommel mehr als die Haube.

> *Aus Spanien*

Demut hat stets die Weiber mehr
verführt als Übermut.

Paul Heyse, Die schlimmen
Brüder, III, 4

Lockere Frauen muß man das ganze
Jahr im Auge behalten, Diebe – jede
Nacht.

Aus China

Eine leichtfertige Frau kann man nicht
an die Zügel bekommen, eine sittsame
bedarf ihrer nicht.

Aus Frankreich

Weibliche Tugend, wie ward sie zum
Spott durch männlichen Leichtsinn!
Nur die vollendete Kraft ehret ein
zartes Gefühl.

Karl Gustav von Brinkmann,
Elegien und Arabesken

Das leichte Mädchen versenkt seinen
Körper in die bittere Welt.

Aus Japan

Eine flatterhafte Frau mag dereinst
eine gute Schwiegermutter abgeben.

Aus Korea

Vorsicht

Die Vorsichtige schreibt ihr Versprechen
auf eine Schiefertafel.

Aus China

Mädchen, hüte dich vor dem Versprechen eines Mannes, denn es läuft
wie ein Krebs.

Aus Spanien

Des Weibes Liebe hat ein Falkenauge.

Christoph Martin Wieland,
Geron. d. Adeliche

Wer die Frauen im allgemeinen liebt,
sollte aufpassen, nicht einer speziell zu
verfallen.

Stendhal

Merkt, es ist das Weib von Glas,
drum versucht beileibe nicht,
ob es ganz bleibt oder bricht;
möglich ist dies wie das.

Miguel de Cervantes Saavedra,
Der sinnreiche Junker
Don Quijote von der Mancha

Hüte dich vor einem guten Koch und
einer jungen Frau!

Aus Frankreich

Hüte dich vor der Vorderseite einer
Frau, der Hinterseite eines Maulesels
und allen Seiten eines Priesters.

Aus England

Fürchte dich vor Männern, die mit
lächelnden Lippen sprechen, nimm
dich aber auch in acht vor Frauen,
die mit ihren Tränen sprechen.

Turkmenisch

Ein bärtiges Weib grüße von weitem,
mit zwei Steinen in der Hand, nicht
nur mit einem.

Aus Spanien

Hüte dich vor Frauen mit Bärten und
vor Männern ohne Bärte.

Baskisch

Berechnung

Die Ausdrücke: Herz verschenken,
Gunst verschenken, sind wieder
poetische Blümchen. Kein Mädchen
schenkt ihr Herz weg, sie verkauft
es entweder für Geld oder Ehe oder
vertauscht es gegen ein anderes, wobei
sie Vorteil hat oder doch zu haben
glaubt.

Georg Christoph Lichtenberg

Keine Frau schließt eine Ehe aus
Berechnung. Alle haben das Glück, sich,
ehe sie einen Millionär heiraten, in ihn
zu verlieben.

Cesare Pavese,
Das Handwerk des Lebens

Man kann sicher sein, daß, wo immer
eine Frau irgend etwas nicht ganz
Unerhebliches in wissenschaftlichen
Dingen selbständig geleistet hat …,
dahinter stets ein Mann sich verbirgt,
dem sie auf diese Weise näherzukommen
trachtet.

Otto Weininger,
Geschlecht und Charakter,
Die emanzipierten Frauen Teil, II

Das zweckhafte Weib ist das
furchtbarste aller Zwitterwesen.

Walther Rathenau

Wilhelmine, Karoline,
's ist gesprungen wie gehupft,
Nur, daß hier die Unschuldsmiene,
dort dich die Routine rupft.

Frank Wedekind,
Morgenstimmung

Sie hat die lieb auff der seitten,
da mir die Taschen hanget.

Alter deutscher Spruch

Ein Weib hat immer ein Künstchen
bereit, wie den Geliebten sie rupft.

Ovid, Liebeskunst, 1, 418

Die Frauen, von denen die Männer
meinen, sie seien ihnen über den Weg
gelaufen, haben sich ihnen in den
meisten Fällen in den Weg gestellt.

Sigmund Graff,
Vom Baum der Erkenntnis

Berechnende Frauen werden lästig,
anständige langweilig. (Cecil Graham)

Oscar Wilde,
Lady Windermeres Fächer

Scham

… was die Scham ist, weiß doch nur
ein Weib!
Doch wird es frech, so ist es frecher
noch
Als selbst der frechste Faun,
und wird es lüstern,
Hat es das Recht der Unersättlichkeit!

Rob Hamerling, Ahasver in Rom,
Ges. 2, Das Bacchanal

Eine unverschämte Frau wird wie
ein Hund geachtet, eine schamhafte
fürchtet den Herrn.

Jesus Sirach, 26, 25

Gegen eine Schamlose verstärke die
Wache, damit sie keine Gelegenheit
findet und ausnützt. *Jesus Sirach,* 26, 10

Eine schamhafte Frau ist eine ganze
Stadt wert, ein schamhafter Mann
jedoch noch nicht einmal ein
Zicklein.
Aus Kurdistan

Das Weib hat so viel Grund zur Scham;
im Weibe ist so viel Pedantisches,
Oberflächliches, Schulmeisterliches,
Klein-Anmaßliches, Klein-Zügelloses
und Unbescheidenes versteckt – man
studiere nur seinen Verkehr mit
Kindern! –, das im Grunde bisher
durch die Furcht vor dem Manne am
besten zurückgedrängt und gebändigt
wurde. Wehe, wenn erst das Ewig-
Langweilige am Weibe – es ist reich
daran! – sich hervorwagen darf!
Friedrich Nietzsche,
Jenseits von Gut und Böse,
Unsere Tugenden, 232

Sollte es eine Wirkung des Scham-
gefühls sein oder ihrer tödlichen
Langeweile, daß die meisten Frauen
nichts so sehr am Manne schätzen
als die Frechheit? Oder halten sie
die Frechheit für Charakter?
Stendhal,
Über die Liebe, 1, 26, 1

Mit der Schönheit der Frauen nimmt
im allgemeinen ihre Schamhaftigkeit
zu.
Friedrich Nietzsche,
Menschliches Allzumenschliches,
Weib und Kind, 398

Ein Weib, das den Rock auszieht,
zieht die Schamhaftigkeit aus;
und dies könnte man insbesondere
vom Trauerrocke (der Witwe) sagen.
Theodor Gottlieb von Hippel,
Über d. Ehe, K. 8,
D. Witwer und Witwen

Eine junge Frau ohne Scham,
Ein Acker ohne Sam',
Ein junger Gesell ohne Zucht
Bringen selten gute Frucht.
Alter deutscher Spruch

Denn unverschämter als die Frau'n ist
kein Geschöpf zu finden. (Chorführer)
Aristophanes, Lysistrate, V, 369

Sie hatte so viel Schamgefühl, daß sie
errötete, wenn man sie bei keiner Sünde
ertappte.
Karl Kraus, Sprüche und
Widersprüche, Weib, Phantasie

Schäm dich! Es ist die billigste Art, sich
zu schminken.
Hebbel

Eine Frau ohne Scham – eine Speise
ohne Salz.
Aus Arabien

Alt ist das Wort, doch bleibet hoch
und wahr der Sinn:
Daß Scham und Schönheit nie
zusammen, Hand in Hand,
den Weg verfolgen über der Erde
grünen Pfad.
Tief eingewurzelt wohnt in beiden
alter Haß,
daß, wo sie immer irgend auch des
Weges sich
begegnen, jede der Gegnerin den
Rücken kehrt. (Phorkyas)
Goethe, Faust 2, III,
Vor dem Palaste des Menelaos

Die Gewalt ihrer Reize zu verdoppeln,
gab die Natur dem Weibe die Scham,
die holdseligste der Grazien.
Christoph Martin Wieland

Also soll auch ein züchtig Fraw
Den Leib nicht stellen auff die Schaw,
Sonder auß Scham sie diß verhüll,
Was die Natur lehrt halten still.

Joh. Friedrich Fischart,
D. Philosophisch Ehzuchtbüchlin,
D. Schiltkrot art v. eygenschafft

Eine Frau braucht sich für nichts zu
schämen: Ein Mann versucht immer
zu vergessen, wie schäbig er sich
benommen hat. (Mrs. Carghill)

T. S. Eliot,
Ein verdienter Staatsmann

In dem Gürtel bewahrt Aphrodite der
Reize Geheimnis:
Was ihr den Zauber verleiht, ist, was
sie bindet, die Scham.

Schiller, Der Gürtel

Mit dem Kleide ziehet das Weib auch
die Scham aus.

Herodot, 1, 8

Eine schamlose Frau zerstört die Scham,
eine anständige Frau hat Scheu auch vor
dem eigenen Mann.

Jesus Sirach, 26, 24

Eine Frau mit einer Männerstimme
besitzt keine Scham, ein Mann mit
einer Frauenstimme keine Kraft.

Aus Kasachstan

Die spätere unbefohl'ne, zumal
weibliche Schamhaftigkeit gleicht
dem Feigenbaume selber, welcher mit
seinen Feigenblättern nur erlaubte
süße Blüten und Früchte vor dem
Reifen, nicht verbot'nes Gift zudeckt.

Jean Paul, Levana oder Erzieh-Lehre,
Bd. 3, Bruchstück 6, K. 4, § 129

Erröten

Warum so errötet? Ich möchte heiraten.
Warum so bleich? Ich habe geheiratet.

Aus Rußland

Weh dem Manne, den weibliches
Erröten mutig macht! (Carlos)

Schiller, Don Carlos, II, 8

Ein Mädchen, das vor zu vielen
Dingen errötet, hat deren zu viele
kennengelernt.   *Aus China*

Wie willst du weiße Lilien
zu roten Rosen machen?
Küß eine weiße Galatee,
sie wird errötend lachen.

Logau, Frage

Erröten macht die Häßlichen so
schön und sollte Schöne nicht noch
schöner machen? (Saladin)

G. E. Lessing,
Nathan der Weise, V, 7

Furcht

Daß das Weib sich hervorwagt, wenn das Furcht-Einflößende am Manne, sagen wir bestimmter, wenn der Mann im Manne nicht mehr gewollt und großgezüchtet wird, ist billig genug, auch begreiflich genug; was sich schwer begreift, ist, daß eben damit das Weib entartet.

Friedrich Nietzsche,
Jenseits von Gut und Böse,
Unsere Tugenden, 239

Wenn ich mir ein junges unschuldiges Mädchen denke und nun einen Mann einen begehrlichen Blick auf sie heften lasse, so wird ihr angst.
Denke ich mir dagegen, daß ein Weib einen begehrlichen Blick auf einen unschuldigen jungen Mann heftet, so wird seine Stimmung nicht Angst sein, sondern höchstens eine mit Abscheu gemischte Beschämung, eben weil er mehr als Geist bestimmt ist.

Sören Kierkegaard,
Begriff der Angst, 2. Kapitel, § 3

Die bissigen Bemerkungen Schopenhauers gegen die Frauen verraten eine Entwertungstendenz, deren Intensität und Stärke genau seiner Angst vor den Frauen entspricht.

Manès Sperber, Individuum und
Gemeinschaft

Der einmal von einer Schlange Gebissene fürchtet sich auch vor dem bunten Halsband eines jungen Mädchens.

Tadschikisch

Einem Mannweib geht sogar der Tiger aus dem Weg.

Aus Korea

In allen Kulturen und heute noch flößt sie (Frau) dem Manne Grauen ein: Es ist das Grauen vor seiner eigenen körperlichen Zufälligkeit, die er in sie hineinprojiziert.

Simone de Beauvoir,
Das andere Geschlecht

Denn ich bin krank, empfänglich für die Furcht,
von Leid bedrängt und also voller Furcht,
bin Witwe, gattenlos, ein Raub der Furcht,
ein Weib, geboren von Natur zur Furcht. (Constanze)

Shakespeare, König Johann, III, 1

… das Weib aber fürchte den Mann!

Epheser, 5, 33

Vor alten Männern soll man Ehrfurcht, vor alten Weibern eher Furcht haben.

Aus Deutschland

Ein Weib ist immer sonst von Furcht erfüllt,
Zu feige zum Kampf und zittert, wenn das Eisen blitzt;
Doch sieht es angetastet sich im Ehebett,
Dann ist es aller Wesen blutgierigstes. (Medea)

Euripides, Medea, 3, 1, 263

Weiberfurcht hält Schritt mit ihrem Lieben:
In beiden gar nichts oder übertrieben.

Shakespeare, Hamlet, III, 2

Die Weiber sind am gefälligsten,
wenn sie Furcht haben; darum
fürchten sie sich auch so leicht.

Börne, Fragmente und
Aphorismen, 264

Das Weib hat mehr Angst als der
Mann … Angst ist hier ständig in
Richtung auf Freiheit zu nehmen.

Sören Kierkegaard,
Begriff der Angst, 2. Kapitel, § 3

XXI. Kapitel

Schwäche
Wille
Wankelmut
Fleiß
Faulheit

Schwäche

Die Weiblichkeiten heißen Schwächen.
Man spaßt darüber; Toren treiben
damit ihren Spott, Vernünftige aber
sehen sehr gut, daß sie gerade die
Hebezeuge sind, die Männlichkeit zu
lenken und sie zu jeder ihrer Absicht
zu gebrauchen.

Immanuel Kant,
Anthropologie, Der Charakter
des Geschlechts

»Schwachheit, dein Name ist Weib!«
so meint ein Dichter, ein großer:
Aber das Weibchen, es weiß:
Schwachheit, dein Name ist Mann!

Bauernfeld, Xenien:
Gegenseitige Schwäche

Das schwächere Geschlecht ist das
stärkere wegen der Schwäche des
stärkeren für das schwächere.

Verfasser unbekannt

Frauen sind nie stärker, als wenn sie
sich mit ihrer Schwäche wappnen.

Madame du Deffand

Die Schwachen, die mit ihrer Schwäche
umzugehen verstehen, sind stark. Das
ist das Geheimnis der Frauen und der
Entwicklungsländer.

Maurice Couve de Murville

Auch ohne Gegenliebe zu lieben,
ist Stärke bei dem Weibe und
Schwächlichkeit bei dem Mann.

Otto von Leixner,
Aus meinem Zettelkasten, Nr. 4,
Weib, Liebe, Ehe

Schlechtigkeit ist ein bedeutender
Charakterzug bei einer Frau. Von
jeher war sie die Waffe des Schwachen.
Und da sie immer ihrem Herrn
unterlegen ist, wie wollte sie sich gegen
die Unterdrückung ohne Lüge und
ohne Heuchelei wehren?

*Donatien Alphonse François
Marquis de Sade,*
Die Geschichte der Juliette

Die Weiber lieben die Stärke, ohne sie
nachzuahmen; die Männer die Zartheit,
ohne sie zu erwidern.

Jean Paul, Herbstblumine

Unerträglich, daß Weiber für
Weiberschwächen solche Luchsaugen
haben! (Lady)

Schiller,
Kabale und Liebe, IV, 6

Schwachheit, dein Name ist Weib.
(Hamlet)

Shakespeare, Hamlet

Große, starke Seelen sind selten
ärgerlich, desto mehr aber schwache
Männer und fast alle Weiber.

Karl Julius Weber

Schwach ist bei zarten Mädchen der
Leib, so ist auch der Geist schwach.

Publ. Ovidius Naso,
Heroiden B. 19, V. 7

Das Weib ist schwach und unterliegt
gar leicht
Der Macht des Augenblicks.

Ernst Raupach, Themisto, I, 5

Talbot: »Denn ein gebrechlich Wesen
ist das Weib.«
Königin: »Das Weib ist nicht schwach.
Es gibt starke Seelen
In dem Geschlecht – ich will in
meinem Beisein
Nichts von der Schwäche des
Geschlechts hören.«

Schiller, Maria Stuart, II, 3

So ist das Weib, der Schönheit holde
Tochter,
Das Mittelding von Macht und
Schutzbedürfnis;
Das Höchste, was sie sein kann nur als
Weib,
In ihrer Schwäche siegender Gewalt.
(Primislaus)

Franz Grillparzer, Lubussa, IV

Wille

Des Mannes Art ist Wille, des Weibes
Art Willigkeit – so ist es das Gesetz der
Geschlechter. Wahrlich! ein hartes
Gesetz für das Weib! Alle Menschen
sind unschuldig für ihr Dasein, die
Weiber aber sind unschuldig im
zweiten Grade.
Friedrich Nietzsche,
Die fröhliche Wissenschaft

Was eine Frau will, muß geschehen,
und sollte das Wasser den Berg
hinauffließen.
Aus Indien

Ein heiratswilliges Mädchen kannst du
auch dadurch nicht zurückhalten, daß
du es in Ketten legst.
Udmurtisch (Rußland)

Der Wille der Frau ist Gottes Wille.
Aus Frankreich

Kein Frauenzimmer will etwas, weil sie
es eben will; sie will es so und nur so;
aber sie will es nie so absolut, daß sie es
nicht sollte anders wollen können,
sobald sie es einmal anders will.

Bogumil Goltz, Zur Charakteristik
und Naturgeschichte der Frauen

Der Weiber Will' ist Wind, und Wind
springt um.
Paul Heyse,
D. Braut von Cypern, Ges. 4

O unermeßner Raum des Weiberwillens!

Shakespeare, König Lear

Die Mühlen gehen mit, die Frauen sogar
gegen den Strom.
Aus Finnland

Das Weib aber besitzt keinen freien
Willen, und so, kann ihm auch nicht die
Fähigkeit verliehen sein, Schönheit in
den Raum zu projizieren.
Otto Weininger,
Geschlecht und Charakter,
Die emanzipierten Frauen, Teil II

Der Wille des Mannes schafft erst die
Frau.
Otto Weininger,
Geschlecht und Charakter,
Die emanzipierten Frauen, Teil II

Der Wille des Manes ist auf das Werk
gerichtet –
Der Wille der Frau auf den Mann.

Ernst von Salomon

Was eine Frau durchsetzen will, das
nennt sie gut.
Frank Wedekind

Mit einem Mädchen, wie du willst;
mit einer Witwe, wie sie will.
Aus Polen

Er soll dein Herr sein.
Mose, 3, 16
»Dein Wille soll deinem Manne
unterworfen sein, und er soll dein
Herr sein.«
Luthers Übersetzung

Des Weibes Willen durch Gewalt und
List zu lenken, nur ein Dummer sich
vermißt.
Pedro Calderon de la Barca,
Abenteuer in fünf Stunden, 5, 3

Wankelmut

Etwas Wechselndes und Veränderliches
ist immer das Weib.
Varium et mutabile semper femina.
Vergil, Äneis 4, 569–570

Trau nicht des Mädchens fraulichem
Wort, trau nicht des Weibes traulichem
Wort,
Ihr Herz ward geschaffen auf
schwingendem Rad,
Wankelmuts Wohnung ist weibliche
Brust.
Havamal, Vers 86

Die Frau ist gar veränderlich
Töricht, wer auf die verlässet sich.
Victor Hugo,
Le Roi s'amuse, IV, 2 (Übernommen
von König Franz I. von Frankreich)

Längst lehrten uns, aus Tonnen und
von Thronen,
Der Narr Diogenes, die weisen
Salomonen,
Es sei des Weibes Herz kein zuverlässig
Gut
Und ihrer List nichts gleich als ihr
Wankelmut.
Christoph Martin Wieland,
Oberon, Ges. 6, Str. 70

Es ist schwer zu entscheiden, welches
ein verdrießlicheres Geschäft sei: die
Lichter putzen oder Weiber durch
Gründe belehren. Alle zwei Minuten
muß die Arbeit wiederholt werden.
Börne,
Fragmente und Aphorismen, 8

Sie wankt, sie zögert; kurz: sie ist eine
Frau.
Jean Baptiste Racine, Athalia

Die Frauen sind selten systematisch,
immer dem Augenblick unterworfen.
Denis Diderot, Über die Frauen

Vorschnell und töricht, echt wahrhaftes
Weibsgebild!
Vom Augenblick abhängig, Spiel der
Witterung,
des Glücks und Unglücks: Keins von
beiden wißt ihr je
zu bestehen mit Gleichmut!
(Chorführerin)
Goethe, Faust 2, III

Werd' ich auf Weibestugend baun,
Beweglich wie die Well'?
Schiller, Gedichte,
D. Gang nach d. Eisenhammer

Ein Weib, das einer deutschen Schlag-
uhr gleicht,
stets dran zu bessern, ewig aus den
Fugen,
die niemals recht geht, wie sie auch
sich stellt. (Biron)

Shakespeare,
Liebes Leid und Lust, III, 1

Fürstengunst, Aprilwetter, Frauenlieb
und Rosenblätter, Würfelspiel und
Kartenglück wechseln jeden
Augenblick.   *Aus Deutschland*

Ein Frauenherz ist unbeständiger
als ein Tropfen Wasser auf einer
Lotosblume.   *Aus Thailand*

Zwischen ein weibliches Ja und Nein
kannst du keine Nadel stecken.

Aus Rußland

Die Zeit, der Wind, die Frauen und das
Glück wenden und drehen sich wie der
wechselnde Mond.   *Aus Frankreich*

Fleiß

Da seh' ich dich, du Krone aller
Frauen,
In weiblich reizender Geschäftigkeit
In meinem Haus den Himmel mir
erbauen
Und, wie der Frühling seine Blumen
streut,
Mit schöner Anmut mir das Leben
schmücken
Und alles rings beleben und beglücken!
(Rudenz)

Schiller, Wilhelm Tell, III, 2

Huren und Diebe arbeiten am
fleißigsten.   *sagt man in Tanger*

Nicht schön soll das Mädchen sein,
sondern arbeitsam.

Udmurtisch (Rußland)

Eine Frau mit Schnurbart hilft das
Brot mitverdienen.   *Aus Spanien*

Hat die Frau die Schürze um, so hat
sie keine Zeit, schlecht zu sein.

Aus Bulgarien

Bei der Abfahrt ein gutes Pferd,
bei der Heimkehr eine wackere
Ehefrau, das ist eine Messe wert.

Tatarisch

Ich liebe überall die Arbeitsamkeit,
sie ist mir besonders an Frauen sehr
schätzenswert.

Wilhelm Freiherr von Humboldt,
Brief an eine Freundin 31.1.1825

Auch in der Erwartung des Geliebten
soll man nicht die ganze Nacht
hindurch am Spinnrad sitzen.

Aus Korea

Die Frau muß selber sein Magd,
Soll's gehen, wie es ihr behagt.

Aus Deutschland

Wenn die Frau die Kühe füttert, so
geben selbst die Hörner Milch.

Bauernregel

Du siehst geschäftig bei dem Linnen
Die Alte dort in weißem Haar,
Die rüstigste der Wäscherinnen,
Im sechsundsiebenzigsten Jahr.

Chamisso, Die alte Waschfrau

Ein Weib möchte immer alles gern
selber verrichten, aber zugleich immer
einen haben, dem es die Verantwortung
dafür in die Schuhe schieben könnte.

Raabe, Gedanken und Einfälle

Eine Frau, die fleißig ist wie eine
Biene, hat auch einen Stachel.

Aus Spanien

Waschen, bügeln, fegen, die Staub-
flöckchen unter den Möbeln hervor-
kehren – damit hält man zwar den Tod
auf, kommt aber nicht zum Leben.

Simone de Beauvoir

Es ist, als wenn die Weiber alles mit
eigenen Händen machten und die
Männer mit dem Handwerksgerät.

Friedrich Schlegel,
Athenäum-Fragmente

Eine Frau, die nichts zu tun hat, melkt
sogar eine Katze.

Telugu

Faulheit

Mägdlein, die gern in der Tür stahn,
Und viel Weißes in den Augen han:
Mich dünkt in meinen Sinnen,
Daß sie nicht gerne spinnen.

Alter Spruch

Eine müßige Tochter hegt gefährliche
Gedanken.

Aus Frankreich

Faule Frauen wollen alles auf einmal
schaffen.

Aus China

Wenn die Herrin faul ist in ihrem
Hause, arbeiten die Dienstboten mit
der Zunge.

Aus der Tschechoslowakei

Die tochter soll man nit lassen auf eyn
stülchen sitzen und finger spitzen,
sondern ihr zur arbeyt anhalten.

Alter deutscher Spruch

Müßige Mädchen, spinnen schlimme
Fädchen.

Aus Deutschland

XXII. Kapitel

Aufmerksamkeit
Arbeit
Beruf
Fähigkeit
Erfolg
Handel

Aufmerksamkeit

Männer können sich amüsieren, wann sie wollen, wo sie wollen oder überhaupt nicht: Mädchen fühlen sich zurückgestoßen ohne männliche Aufmerksamkeit und von allem ausgeschlossen, was nicht völlige Hingabe ist; und solange das so ist, werden sie sehr wahrscheinlich akademische Versager bleiben.

Germaine Greer,
Der weibliche Eunuch

Marchmont und ich sind sieben Jahre verheiratet, und er hat mir nicht ein einziges Mal gesagt, daß ich dekadent sei. Männer sind so verletzend unaufmerksam. (Mrs. Marchmont)

Oscar Wilde,
Ein idealer Gatte, I

Wenn ein Mädchen heiratet, tauscht es die Aufmerksamkeiten vieler Männer gegen die Unaufmerksamkeit eines einzigen ein.

Helen Rowland

Wer der Mutter gefallen will, der schmeichle ihrem Kind.

Aus Frankreich

Was immer die Männer anfangen, um den Frauen zu imponieren: in der Welt der Frauen zählen sie nicht. In der Welt der Frauen zählen nur die anderen Frauen.

Esther Vilar,
Der dressierte Mann

In Gesellschaft hören Männer einander zu – Frauen beobachten einander.

Aus Lettland

Zuhörende Menschen haben einen starken Willensausdruck in den Augen; es ist, als ob sie bei der Empfängnis, nach dem Rezept Whitmans, dem Fremden etwas Eigenes entgegensetzen, um nicht unterzugehen – die Frauen sehen meist weicher drein. Da horchen sie.

Kurt Tucholsky,
Die Einsamen

Arbeit

Für die Errichtung einer großen sozialistischen Gesellschaft ist es äußerst wichtig, die riesigen Frauenmassen zur Teilnahme an der produktiven Tätigkeit zu bewegen.

Mao Tse-tung,
Worte des Vorsitzenden, 31. Die Frau

Das soziale Wirken der Frauen muß gefördert werden, damit sie ihre spießbürgerliche Heim- und Familienpsychologie abstreifen.

Wladimir Iljitsch Lenin

Die Eheweiber rechnen ihre Arbeiten zu sehr als Opfer für den Ehemann auf, weil sie sich stets nur ins einzelne für ihn verteilen; indes seine Arbeit nur das Ganze – das Geld – gewinnt, und im allgemeinen das einzelne sich nicht so farbig vervielfacht.

Jean Paul,
Gedanken

Wenn der windel zu vil wird, so erdrückt man das kind.

Alter deutscher Spruch

Wir haben gesagt, die Frau sei, im
Gegensatz zum Mann, ein Mensch,
der nicht arbeitet. Man könnte hier die
Definition der Frau schon abschließen –
viel mehr läßt sich wirklich nicht über sie
sagen –, wäre nicht der Begriff Mensch
ein zu umfassender, zu ungenauer Begriff, um Mann und Frau damit gleichzeitig zu definieren.

Esther Vilar,
Der dressierte Mann

Die Befreiung der Frau wird erst
möglich, sobald diese auf großem,
gesellschaftlichem Maßstab an der
Produktion sich beteiligen kann und die
häusliche Arbeit sie nur noch in unbe-
deutendem Maße in Anspruch nimmt.
Und dies ist erst möglich geworden
durch die moderne große Industrie, die
nicht nur Frauenarbeit auf großer
Stufenleiter zuläßt, sondern förmlich
nach ihr verlangt.

August Bebel

Je mehr einer Frau die Betätigung in der
Gesellschaft auf dem Niveau ihrer
Fähigkeiten verwehrt wird, um so mehr
werden sich Hausarbeit und Ehefrauen-
und Mutterpflichten ausdehnen – und
um so mehr wird sie trachten, niemals
mit diesen Arbeiten fertig zu werden,
um nicht ganz unbeschäftigt zu sein.

Betty Friedan, Weiblichkeitswahn

Diejenigen Arbeiten, welche Frauen
vorzunehmen pflegen, haben noch das
Einladende und Reizende, daß sie
erlauben, dabei vielmehr in Empfindungen und Ideen zu leben.

Wilhelm Freiherr von Humboldt,
Brief an eine Freundin, 31.1.1825

Die berufstätigen Mütter sind die
einzigen wahren Proletarier unserer
Zeit.

D. F. Bridgewater

Um die Frauen zur Gratisarbeit zu
bringen, kann man ihnen nicht die
Schönheit und Mystik zum Beispiel
des Geschirrspülens preisen oder des
Wäschewaschens. Also predigt man
ihnen die Schönheit der Mutterschaft!

Simone de Beauvoir

Weib und Genie arbeiten nicht. Das
Weib war bisher der höchste Luxus der
Menschheit. In allen Augenblicken, wo
wir unser Bestes tun, arbeiten wir nicht.
Arbeit ist nur ein Mittel zu diesen
Augenblicken.

Friedrich Nietzsche,
Nachgelassene Werke.

Gehört sie (Mädchen) den höheren
Ständen an, so hat sie sich mit Hand-
arbeit nicht zu befassen: Sie wird also
nur einige Stunden täglich arbeiten,
weil man sagt, ohne zu wissen warum,
es zieme sich für die Frauen zu arbeiten; das wird aber in vielen Fällen nur
für den äußeren Schein sein, an eine
fortgesetzte Arbeit wird sie sich nicht
gewöhnen.

Fénelon

Denn bei den Arbeiten der Frauen wird
das stille Sein der Seele für sich viel
seltener durch die Arbeit gestört.
Beides geht nebeneinander fort, und
der Wert der Gedanken und Gefühle
wird mehr empfunden.

Wilhelm Freiherr von Humboldt,
Brief an eine Freundin, 19.7.1827

Der schwäbische Opa ist gestorben.
Man berät, ob der Leichnam bestattet
oder verbrannt werden soll. Oma
entscheidet: »Einäschern und in die
Eieruhr! Schaffe soll er!«

Verfasser unbekannt

Seit wann denn ist es den Frauen
erlaubt, ihr Geschlecht zu verleugnen
und zu Männern zu werden? ... (Die
Natur) hat der Frau gesagt: Sei Frau.
Die Sorge für die Kinder, die Einzel-
heiten des Haushalts, die verschiedenen
Sorgen der Mutterschaft, das ist ihr
Arbeitsbereich.

Chaumette
(Prokurator 1793) zu einer Delegation
von Frauen, die den Eintritt in den
Conseil général erzwungen haben

Selbst ein Büffel mit einem Pflug leistet
nicht das, was eine Frau zu leisten
vermag.

Assyrisch

Die Arbeit einer Frau ist niemals getan.

Margaret Thatcher

Die Frauen Chinas bilden eine
gewaltige Reserve an Arbeitskräften.
Man muß diese Reserve erschließen
und um den Aufbau eines großen
sozialistischen Landes kämpfen.

Mao Tse-tung, Worte des
Vorsitzenden, 31, Die Frau (1955)

Die Hausfrau auf- und niederwischt –
sie tut's für nischt und wieder nischt.

Juristen-Kalauer,
aus Deutschland

Ich bin geboren, um zu arbeiten.
Ich liebe es, zu arbeiten, ich kann
nicht ohne Arbeit sein.

Helena Rubinstein

Beruf

Jedes Frauenzimmer, das vom Weg des
Geschlechts in den männlichen Beruf
abirrt, ist im Weiblichen echter, im
Männlichen kultivierter als die Horde
von Schwächlingen, die es im aufge-
schnappten Tonfall neuer Erkenntnisse
begrinsen und die darin nur den eigenen Mißwachs erleben. Das Frauenzimmer, das Psychologie studiert, hat
am Geschlecht weniger gefehlt als der
Psycholog, der ein Frauenzimmer ist,
am Beruf.

Karl Kraus, Auswahl aus dem Werk,
Die Liebe und der Traum

Die erwerbstätigen Frauen tragen nach
der Statistik, und zwar in dem Maße,
als sie männliche Berufstätigkeit haben,
nur einen verschwindenden Bruchteil
zu den ehelichen und außerehelichen
Kindern bei.

Max Scheler,
Mensch und Geschlecht

Lehrerin in idyllischem Dorf mit
idealem Schulhaus, idealer Häuslichkeit, die Beruf nicht aufgeben will,
sucht Lebensgefährten, der Haushalt
führen kann. Angebote mit Bild
unter ...

Fränkischer Kurier, 1919

Der Beruf des Weibes, wenn es nichts
als Weib ist, besteht darin, das konkrete
Ideal (die Bezauberung, die Illusion)
des Mannes zu sein.

José Ortega y Gasset, Triumph des
Augenblicks – Glanz der Dauer

Respekt vor den Frauen, die sich männ-
lichen Berufen zuwenden! Aber keinen
»Beruf« zu haben wird doch immer des
Weibes höchster Beruf bleiben.

Peter Sirius, Tausendundein
Gedanken, Mann und Weib

Die Frauen, unablässig mit der Ernährung ihrer Kinder beschäftigt und
von ihren häuslichen Sorgen in Anspruch genommen, sind von all diesen
Berufen, die die menschliche Natur verderben und verrohen, ausgeschlossen.
Sie sind überall weniger roh als die
Männer. Das Körperliche verbindet sich
mit dem Moralischen, um die Fauen
von schweren Verbrechen fernzuhalten.
Ihr Blut ist sanfter, und sie neigen
weniger zu starken Getränken, die ver-
rohend wirken. Ein klarer Beweis dafür
ist die Tatsache, daß, wie wir an anderer
Stelle nachgewiesen haben, auf tausend
Opfer der Justiz, auf tausend Hin-
richtungen wegen Mordes kaum vier
Frauen kommen.

Voltaire,
Philosophisches Wörterbuch, Mensch

Die Mutter, die einen Beruf ausübt,
ist etwas völlig anderes als die Mutter,
deren Lebensaufgabe die Erziehung
der Kinder war. Der Beruf verdinglicht
ihre Gedanken. Dazu kommt noch
etwas anderes. Sie ist gleichberechtigt.
Sie strahlt, von Ausnahmen abgesehen,
nicht mehr die Liebe aus wie vorher.
Die Mutter bewahrte bisher ihre
Natur als Ganzes und strahlte sie
aus, durch ihre Sprache, ihre
Gebärden.

Max Horkheimer

Also kommt keine Tätigkeit, die
sich auf die Staatsverwaltung bezieht,
der Frau zu, weil sie Frau ist, dem
Manne zu, weil er Mann ist, Freund.
Die Anlagen sind unter die beiden
menschlichen Geschlechter gleichmäßig verteilt; dem Weibe sind
seiner Natur nach sämtliche Berufe
zugänglich, ebenso aber auch dem
Mann. Jedoch ist das Weib überall
schwächer als der Mann.

Platon, Staat, 5, 5, 455

Wenn sie (Frau) in einem Beruf wie
dem des Schullehrers Erfolg hat, verlassen ihn Männer beinahe gänzlich
oder werden zu solchen verzweifelten
Auswegen getrieben, wie etwa Gesetzen, die die Frauen für unfähig
erklären, im zweiten Schuljahr
amerikanische Geschichte zu unter
richten, so daß schon die bloße Ein-
führung dieser Abwehrmaßnahmen
sie in ihren eigenen Augen herab-
setzen muß.

Margaret Mead,
Mann und Weib, Die beiden
Geschlechter im heutigen Amerika

Man darf mit guten Gründen behaupten, die Berufe der Erziehung –
die von beiden Geschlechtern ausgeübt werden sollten – hätten gleich
viel, wenn nicht mehr verloren als
sie gewannen, als sich die Männer
nicht nur aus der Unterstufe zurück-
zogen, auf der weibliche Begabungen
dringend benötigt wurden, sondern
auch aus der Oberstufe, auf der
Knaben schwer darunter leiden,
daß sie ausschließlich von Frauen
unterrichtet werden. Die männlichen
Lehrer haben auf der Universität eine
Zuflucht gefunden und verteidigen
dort ihren Bereich eifersüchtig gegen
das Eindringen jeder Frau auch in
Gebiete, auf denen weibliche Einsicht
benötigt würde.

Margaret Mead,
Mann und Weib, Die beiden
Geschlechter im heutigen Amerika

Ein großer Teil der Gewerkschafts-
bewegung vertrat die Ansicht, daß
die einzige Lösung der »Frauenfrage«
darin bestände, den Männern so hohe
Löhne zu zahlen, daß die Frauen
wieder zu Kind und Küche zurückkehren könnten.

Ernest Borneman, Das Patriarchat

Die Neuzeit neue Sorgen schuf:
Die Frau drang ein in den Beruf,
Und sie erprobte ihre Kraft
In Politik und Wissenschaft.*
*Nichts gibt's, worum sie sich nicht
kümmert,
Schon wird das Vaterbild zertrümmert.

Eugen Roth,
Die Frau in der Weltgeschichte

Krankenschwester sind ausgebildete
Sklavinnen und als solche typische
Vertreterinnen des weiblichen Berufs-
modells.

Germaine Greer,
Der weibliche Eunuch

Jede kluge Privatsekretärin weiß, daß
man mit dem Mann seines, sagen wir,
Herzens nicht zusammenarbeiten soll:
Darunter leiden die Arbeit, der Teint
und die Liebe.

Kurt Tucholsky,
Die Dame im Vorzimmer

Die Krankenpflege entwickelte sich in
England aus der Sitte des Landadels,
die Töchter mit Schüsseln voller Hafer-
schleim und Kalbssülze zu den be-
dürftigen Kranken zu senden. Die
heroischen Taten Florence Nightingales
im Krimkrieg haben nicht ausgereicht,
diesen Beruf aus dem Amateurstatus
zu befreien.

Germaine Greer,
Der weibliche Eunuch

Das Amt der Ärztin, der Fürsorgerin,
der Lehrerin, der Krankenschwester sind
für die Frau nicht »Berufe« im Sinne des
Mannes, sondern Formen geistiger
Mutterschaft.

Gertrud von le Fort,
Die zeitlose Frau

Eine gute Privatsekretärin lenkt die Fäden
und die Arbeitseinteilung so, daß der
Chef und sie selber abends um fünf Uhr
fix und fertig sind.

Kurt Tucholsky,
Die Dame im Vorzimmer

In England wie in den meisten westlichen
Industriegesellschaften beherrschen die
Frauen zwei Berufe; den Lehrberuf und
die Krankenpflege; es läßt sich aus beiden
kein ermutigendes Bild für die Zukunft
ablesen.

Germaine Greer,
Der weibliche Eunuch

Eine gute Privatsekretärin ist unsichtbar,
unhörbar, nur wahrnehmbar, wenn sie
einmal nicht da ist.

Kurt Tucholsky,
Die Dame im Vorzimmer

Es gibt in der Welt kein sogenanntes
»Frauenrecht« auf Beruf und Berufung,
aber es gibt ein Kindesrecht der Welt auf
die Frau!

Gertrud von le Fort,
Die zeitlose Frau

Fähigkeit

Das durchschnittliche Weib ist für
den Kampf ums Dasein hinlänglich
ausgerüstet. Mit der Fähigkeit, nicht
empfinden zu müssen, hat es die Natur
für die Unfähigkeit zu denken reich
entschädigt.

Karl Kraus,
Sprüche und Widersprüche

Sobald eine Frau ihrem Mann ein Kind
schenkt, wächst ihre Fähigkeit, sich Sorgen zu machen: Sie hört mehr Einbrecher,
sie riecht mehr Verbranntes, im Theater
oder beim Tanz fragt sie sich, ob ihr
Mann seinen Armeerevolver im Kinder-
zimmer gelassen hat.

James Thurber

So sieht sich das Mädchen während seiner Erziehung und der Entwicklung seiner beruflichen Aussichten dem Zwiespalt gegenüber, daß es seine Fähigkeiten gerade so weit einsetzen muß, um als erfolgreich zu gelten, aber nicht als zu erfolgreich; daß es fähig genug sein muß, eine Stellung zu bekommen und zu behalten, doch ohne jene Art von Hingabe, die es entweder zu erfolgreich oder abgeneigt machen würde, für Heirat und Mutterschaft seine Stellung gänzlich aufzugeben.« »Zwei Schritte vorwärts und einen zurück« ist die Tanzvorschrift, der es zu gehorchen hat, oder es muß alle Konsequenzen tragen.

Margaret Mead,
Mann und Weib, Die beiden
Geschlechter im heutigen Amerika

So wie in einem langen Zeitraum die mathematische Begabung des Mannes vernachlässigt wurde und die Menschen eins, zwei, zwei und eins, und noch ein Hund zählten, oder sich darauf beschränken mußten, an den Fingern ihrer Hand abzuzählen, so haben wir die intuitiven Gaben der Frau brachliegen lassen, sie nicht ausgebildet und kultiviert.

Margaret Mead,
Mann und Weib, Die beiden
Geschlechter im heutigen Amerika

Es versteht sich von selbst, daß eine junge Dame nicht ohne Begleitung das Eis betritt. Kann sie mit Fertigkeit laufen, so darf sie sich nie dazu hinreißen lassen, ihre Fertigkeit zeigen zu wollen, und zu diesem Zwecke, wie die Herren, etwa gar rückwärts laufen. Einer Dame ist nur erlaubt, gleichmäßig den Raum auf und nieder zu laufen und ruhige Kreise zu ziehen.

Ebhardt,
Der gute Ton, 1882

Frauen sind imstande, viele Fragen und Probleme nicht nur genausogut zu lösen wie Männer, sondern sogar besser, und zwar wegen der Flexibilität ihres Denkens, aber ich denke trotzdem, daß die Hauptaufgabe der Frau in der Erziehung der Kinder besteht. Davon bin ich überzeugt.

Hohe Funktionärin im
Gesundheitsbereich der Ex-UdSSR

Weib ist höchstens verliebt, Mann liebt; und dumm und unwahr ist jene Behauptung lamentierender Frauen, das Weib sei wahrer Liebe fähiger als der Mann: im Gegenteil, sie ist ihrer unfähig.

Otto Weininger,
Geschlecht und Charakter,
Die emanzipierten Frauen, Teil II

Keine Frau kann zu gleicher Zeit ihr Kind und die vier Weltteile lieben, aber der Mann kann es.

Jean Paul

Eine tüchtige Frau kommt dem Mann zugute, ein tüchtiger Mann – der ganzen Welt.

Baschkirisch

Die schönen Weiber werden heutzutage mit unter die Talente ihrer Männer gerechnet.

Lichtenberg,
Lustige und satirische Bemerkungen

Für die vorzüglichste Frau wird diejenige gehalten, welche ihren Kindern den Vater, wenn er abgeht, zu ersetzen imstande wäre.

Goethe,
Wilhelm Meisters Wanderjahre III,
Aus Makariens Archiv

Wandelbarkeit ist die große Tugend der Frau. Wer ein echtes Weib hat, braucht keinen Harem.

Gilbert Keith Chesterton

Erfolg

1946 wurden in einer Rundfrage
der »Fortune« die Männer gefragt,
welches von drei gleich gutaus-
sehenden Mädchen ein Mann lieber
heiraten würde: ein Mädchen, das
niemals eine Stellung hatte, ein
Mädchen, das eine Stellung mit
bescheidenem Erfolg bekleidet hat,
oder ein Mädchen, das in einer
Stellung äußerst erfolgreich war.
Das Ergebnis war folgendes: 33,8 %
waren für das Mädchen mit bescheidenem Erfolg, 21,5 % für das mit
dem großen Erfolg, und nur 16,2 %
für das Mädchen, das niemals eine
Stellung hatte. (1)
Margaret Mead,
Mann und Weib, Die beiden
Geschlechter im heutigen Amerika

Eine Frau, die geliebt wird, hat immer
Erfolg.
Vicki Baum

Sicher verdanken einige Millionäre
ihren Erfolg ihren Frauen. Aber die
meisten verdanken ihre Frauen dem
Erfolg.
Danny Kaye

Was ich bin, habe ich dadurch erreicht,
daß ich ekelhaften Leuten zur rechten
Zeit gesagt habe, sie sollten sich zum
Teufel scheren!
Leslie Caron

Das kleine Mädchen, das den Ruf zum
Erfolg stärker hört als den Ruf seiner
künftigen Weiblichkeit und Mütterlich-
keit, vernimmt damit einen Ruf zur
Konkurrenz, der keine Grenzen gesetzt
sind.
Margaret Mead,
Mann und Weib, Die beiden
Geschlechter im heutigen Amerika

Es scheint, daß eine Frau mehr Aus-
sicht auf Erfolg hat, je höher sie ihre
Ziele schraubt und je ungewöhnlicher
sie in ihrer gewählten Umgebung ist.
Germaine Greer,
Der weibliche Eunuch

Marie Curie, der Frauen Stolz,
Das Radium aus Pech erschmolz:
Dürft da zu sagen sich erdreisten
Ein Mann, daß Frauen nicht viel
leisten?
Eugen Roth,
Die Frau in der Weltgeschichte

Frauen zeigen wenig Karriereehrgeiz,
sie sind »konkurrenzunfähig«, sie
bleiben familienorientiert auch dann,
wenn sie dauerhaft berufstätig sind.
Ulrike Prokop,
Weiblicher Lebenszusammenhang

Der Beginn einer Karriere ist ein
Geschenk der Götter. Der Rest ist harte
Arbeit.
Fritzi Massary

Ohne Wagnis gibt es keinen Erfolg. Für
eine Frau besteht das Wagnis darin, das,
was an ihr Frau ist, auch wirklich zu
zeigen.
Mistinguett

Die männliche Frau, die häßliche Frau,
kann als verkleideter Mann behandelt
werden, der man darum ihren Erfolg
vergibt. Doch für die weibliche Frau
gibt es kein Alibi; je weiblicher sie ist,
um so weniger kann man ihr verzeihen.
Margaret Mead,
Mann und Weib, Die beiden
Geschlechter im heutigen Amerika

Aber je erfolgreicher ein Mann in
seiner Stellung ist, desto sicherer ist
jedermann, daß er auch einen be-
gehrenswerten Ehemann abgeben
wird; je erfolgreicher eine Frau ist,
um so mehr fürchten die meisten Leute,
daß sie keine erfolgreiche Ehefrau sein
wird.

Margaret Mead,
Mann und Weib, Die beiden
Geschlechter im heutigen Amerika

Es ist oft gesagt worden, die Frau
ziehe sich gut an, um die Eifersucht
anderer Frauen zu erregen. Eine
solche Eifersucht ist allerdings ein
untrügliches Zeichen ihres Erfolgs.

Simone de Beauvoir,
Das andere Geschlecht

Niemand hat in dieser Welt wirklich
Erfolg, wenn er nicht Frauen hinter
sich hat, und die Frauen beherrschen
die Gesellschaft. (Lord Illingworth)

Oscar Wilde,
Eine Frau ohne Bedeutung, III

Mein Freund, um bei den Männern
Erfolg zu haben, muß man die Frauen
für sich gewinnen; und um die Frauen
für sich zu haben, muß man sie
kennen. Sie werden wissen, daß alle
Frauen falsch und Dirnen sind.

Chamfort,
Caractères et anecdotes
(Voltaire zu Abbé Mignot)

Die Leistung des Mannes ist das Werk,
die eigentliche Leistung der Frau
ist ihr Mann.

Martin Kessel, Aphorismen

Es gibt wenig Frauen, welche fähig
sind, den Mann um des Genius willen
zu lieben. Es ist die Person und der
Erfolg, was sie begehren.

Anselm Feuerbach,
Ein Vermächtnis

Die Männer hätten gern, ihre Frauen
wären weniger erfolgreich als sie
selber, damit sie ihnen damit ein
Gefühl der Sicherheit verschafften,
und zugleich sollten dieselben Frauen
erfolgreich sein und damit, gleichsam
stellvertretend, ihrem Wettbewerbs-
streben Genüge tun. (2)

Margaret Mead,
Mann und Weib, Die beiden
Geschlechter im heutigen Amerika

Der Weg zum Erfolg ist voll von Frauen,
die ihre Männer vorwärtsschieben.

Walter Harrison

Das einzige Kriterium, weshalb
Frauen bei der nordrhein-west-
fälischen SPD so weit oben landen,
ist, daß sie zwischen den Beinen
anders aussehen als ich.

Friedhelm Farthmann

Eine Frau, die die Stellung ihres
Mannes bei seinem Vorgesetzten
festigt, festigt auch ihre eigene im
Haus.

Otto Flake

Erfolg bei Frauen ist oft der Anlaß
übler Nachrede.

Walter Hasenclever

Handel

Alle Weiber sind Ware, mehr oder
weniger kostet sie den begierigen
Mann, der sich zum Handel ent-
schließt. Glücklich ist die Beständige,
die den Beständigen findet, einem nur
sich verkauft und auch nur einmal
gekauft wird.

Goethe, Epigramme

Ist nicht vielmehr das junge Mädchen
eine Ware, für jeden zum Verkauf
angeboten, der über ihren Erwerb
und das ausschließliche Eigentum an
ihr verhandeln will? Ist nicht ihre
Zustimmung zur Ehe Spott und
Hohn? Wird diese nicht durch die
tyrannische Macht der Vorurteile
erzwungen, die seit Kindheit auf ihr
lastet?

Charles Fourier,
Über Liebe und Ehe II,
Die Erniedrigung der Frauen
in der Zivilisation

Girls erscheinen in vielen Verklei-
dungen: als Spielkarten, Edelsteine,
Blumen, Zigarrensorten, Schnäpse,
Zeitungen, Schmetterlinge, Brief-
träger, Soldaten, Volkslieder, Gemüse
und dergleichen. Männer als Gemüse
könnte man sich nicht gut denken.
Offenbar ist die Frau besser geeignet,
eine Sache vorzustellen, als der Mann.

Alfred Polgar, Girls

Daunenfedern, Huren und gute
Ratgeber sind drei leichte Waren.

Aus Spanien

Ich betrachte mich keineswegs als
eine Ware, aber ich bin sicher, daß viele
Leute das tun.

Marylin Monroe

Um wieviel stiller ginge es in manchen
Familien zu, wenn sich alle Frauen
Männer kaufen könnten!

Kurt Tucholsky

In allen diesen Beziehungen ist die
Leitung einer Familie und eines
Haushalts ebensogut eine Geschäfts-
sache wie die Leitung eines Ladens
oder einer Wechselbank. Sie verlangt
Methode, Genauigkeit, Organisation,
Fleiß, Sparsamkeit, Ordnung, Takt,
Wissen und Fähigkeit, die Mittel den
Zwecken anzupassen. In dem allem
liegt das Wesen der Geschäftstüchtig-
keit. Und deshalb müssen Frauen,
welche die Angelegenheiten des
Hauses gut führen oder mit anderen
Worten ein glückliches Dasein schaffen
wollen, ebensowohl geschäftliche
Gewohnheiten pflegen, wie Männer
dazu verpflichtet sind, welche einen
Handel oder ein Gewerbe betreiben.

Smiles, Der Charakter

Man will sie (Mädchen) überreden,
sie trügen Ketten aus Blumen. Können
sie sich aber über ihre Erniedrigung
täuschen, selbst in von der Philosophie
aufgeplusterten Ländern wie England,
wo die Männer das Recht haben, ihre
Frau mit dem Strick um den Hals
auf den Markt zu führen und sie wie
ein Stück Vieh dem zu verkaufen,
der den Preis dafür zahlt?

Charles Fourier,
Über Liebe und Ehe II,
Die Erniedrigung der Frauen
in der Zivilisation

Schulden sind wie eine Frau, man wird
sie nie los.

Aus Persien

Ein Ruin kann drei Ursachen haben:
Frauen, Wetten oder die Befragung von
Fachleuten.

Georges Pompidou

So viel soziales Gewissen wird doch in
breiten Kreisen noch zu finden sein,
daß der Verbraucher solche Waren
zurückweist, die aus dem Blut, dem
Schweiß, der Tuberkulose, aus Kinder-
arbeit und der Arbeit schwangerer
Frauen herrührt. Namen nennen!
Namen nennen!

Kurt Tucholsky,
Heimarbeiter, 1928

Die Wirte und die Huren muß man
bezahlen, damit man ein andermal
wiederkommen darf.

Aus Deutschland

Ich begreife nicht, warum man
über geschäftstüchtige Frauen die
Nase rümpft. Meines Wissens ist
Geschäftstüchtigkeit kein sekundäres
männliches Geschlechtsmerkmal.

Jane Fonda

Die gegenständliche Umwelt der
Menschen nimmt immer rücksichts-
loser den Ausdruck der Ware an.
Gleichzeitig geht die Reklame daran,
den Warencharakter der Dinge zu
überblenden. Der trügerischen Verklärung der Warenwelt wiedersetzt
sich ihre Einstellung ins Allegorische.
Die Ware sucht sich selbst ins Gesicht
zu sehen. Ihre Menschwerdung feiert
sie in der Hure.

Walter Benjamin, Zentralpark

XXIII. Kapitel

Spiel
Reisen
Langeweile
Ruhe
Traum

Spiel

Sie ward geschaffen zum Spielzeug des
Mannes, seiner Kinderklapper, und so
muß es ihm in den Ohren klingen,
wenn immer er, der Vernunft müde,
amüsiert zu werden geruht.

Mary Wollstonecraft,
A Vindication of the Rights of Women

Ein Spielzeug sei das Weib,
rein und fein, dem Edelsteine gleich,
bestrahlt von den Tugenden einer Welt,
welche noch nicht das ist.

Friedrich Nietzsche,
Von alten und jungen Weiblein

Einer schönen Frau zuzusehen, die
sich anzieht, das ist so schön wie der
Anblick junger, spielender Raubtiere.
Alles geschieht im höchsten Ernst und
ist doch Spiel!   *Kurt Tucholsky*

Mit einem Mädchen hier zu Lande
ist's aber ein langweilig Spiel:
Zur Freundschaft fehlt's ihr am
Verstande,
zur Liebe fehlt's ihr am Gefühl.

Goethe, an Mademoiselle Oeser
zu Leipzig, 6.11.1768

O diese erhabene Vorsehung! Sie gibt
jedem sein Spielzeug: Die Puppe dem
Kinde, das Kind dem Mann, dem
Manne die Frau und die Frau dem
Teufel.   *Victor Hugo*

Ihr (Weiber) steht zum Spiel auf,
geht ins Bett zur Arbeit. (Jago)

Shakespeare, Othello, II, 1

Das Spiel, die Frömmigkeit und
die Schöngeisterei sind drei große
Hilfsmittel für die Frauen,
die nicht mehr jung sind.

Vauvenargues,
Réflexions et maximes, 451

Der Mann soll kein Schaustück der
Frau, sie kein Spielzeug für ihn werden.
Wo ein Wesen nur das andere für sich
und nach sich bilden will, muß dies
letztere zum toten Mittel verderben.

Friedrich Ludwig Jahn,
Deutsches Volkstum

Für die Frau ist die Ehe immer ein
Lotteriespiel. Für den Mann beginnt
mit der Heirat der unwiderrufliche
Abstieg.   *Frank Sinatra*

Die Ehe ist eine Lotterie, bei der die
Männer ihre Freiheit, die Frauen ihr
Glück aufs Spiel setzen.

Aus Frankreich

Frauen, die mit der Liebe tändeln,
und Kinder, die mit Messern spielen,
verletzen sich immer.   *Aus Persien*

Reisen

Die Reise erscheint uns allen etwas wie eine Frau, die auf uns zukommt. Eine Frau, die in der Menge verloren ist und die es zu entdecken gilt.

Antoine de Saint-Exupéry,
Dem Leben einen Sinn geben

Reisen zu zweit, das heißt einer Frau die Welt erobern.

Peter Bamm, Die kleine Weltlaterne

Es liegt kein Segen auf der Frau, die reist, und es liegt kein Segen auf dem Mann, der nicht reist.

Maurisches Sprichwort

»D' Fremde macht Leut«, hot's Mädle gsait und isch mit am Schubkarre voll Kind hoimkomme.

Aus dem Allgäu

Langeweile

Die Frau wird für den Mann zu etwas Langweiligem oder Aufreizendem, sobald er sie nicht mehr genießt, genau wie die Zigarette, deren Rauch wir eben noch genüßlich eingesogen haben, während der gleiche Rauch uns lästig wird, wenn er einer zu drei Vierteln aufgerauchten Zigarette entstammt, die wir weggelegt haben in der Absicht, sie nicht wieder anzurühren.

Henry de Montherlant, Erbarmen mit den Frauen, Die jungen Mädchen

Viele Menschen, namentlich Frauen, empfinden die Langeweile nicht, weil sie niemals ordentlich arbeiten gelernt haben.

Friedrich Nietzsche, Menschliches, Allzumenschliches, Weib und Kind, 391

Wie die längste Weile fleucht, kommt ein Mann zu uns gekreucht!

Friedrich Nietzsche, Jenseits von Gut und Böse, Unsere Tugenden, 237

Auch Schönheit langweilt mit der Zeit.

Aus Rußland

In Frauen wird man oft aus Langeweile verliebt – man weiß nichts mit ihnen weiter anzufangen.

Jean Paul

Wir hören im Tone höflicher Langeweile … selbst der brillantesten unter ihnen zu, da wir ja wissen, daß ihr Geist in mehr oder weniger glänzender Weise nur Ideen zurückstrahlt, die von uns kommen.

Claude Mauriac, Figaro littéraire

In der Liebe gibt es kein Mittelding. Wer die Frau nicht stark und mächtig umfängt, wird von ihr weder geachtet noch geliebt. Er langweilt sie, und Langeweile ist bei ihr nicht fern von Haß.

Jules Michelet, D. Liebe

Die Unwissenheit eines Mädchens verschuldet, daß es sich langweilt und nicht weiß, womit es sich ohne Schaden beschäftigen kann.

Fénelon

Verächtlich ist eine Frau, die Langeweile haben kann, wenn sie Kinder hat.

Jean Paul

Ruhe

Ich habe an einer anderen Stelle gesagt,
daß man bei der Frau des Westens eine
gewisse Ruhelosigkeit beobachtet, die
nicht ihrer wahren Natur entsprechen
kann. Denn Frauen, die besonderer
und gewaltsamer Anregung in ihrer
Umgebung bedürfen, um ihre Interessen
wachzuhalten, beweisen nur, daß sie die
Berührung mit ihrer eigenen wahren
Welt verloren haben.

Rabindranath Tagore,
Über die Frauen

Wer weiß, ob diese Abneigung der Frau
gegen das Beste nicht letzten Endes heilsam ist? Vielleicht ist ihre Rolle im Ge-
triebe der Geschichte die einer retardie-
renden Kraft gegenüber dem ruhelosen
Ungestüm, dem Drang nach Wechsel
und Fortschritt, der aus dem männlichen
Herzen bricht.
José Ortega y Gasset,
Die Liebeswahl, VI

Wo kein Zaun ist, wird das Grundstück
geplündert;
Und wo keine Frau ist, da wird er
seufzen und ruhelos umherirren.

Jesus Sirach, 36,30

Die Abgeschiedenheit spannt alle
Vermögen eines weiblichen, in sich
zarten und tiefen Gemüts höher,
läutert die Seele und zieht sie ab von
den kleinlichen, zerstreuen den
Rücksichten, worein Frauen leichter
verfallen als Männer.

Wilhelm Freiherr von Humboldt,
Brief an eine Freundin, Juli 1822

Weib, macht mir die Palmen nicht
verhaßt, worunter ich so gern sonst
wandle. (Tempelherr)
G. E. Lessing, Nathan der Weise

Gott schuf die Erde und ruhte einen
Tag; danach hat er die Frau erschaffen,
und seither hat er keine Ruhe mehr.

Aus Belgien, flämisch

Es legte Adam sich im Paradiese schlafen,
da ward aus ihm das Weib geschaffen.
Du armer Vater Adam du,
dein erster Schlaf war deine letzte Ruh.

Matthias Claudius

Das Weib überwindet immerdar mit
Ruhe den Mann, mit Ruhe ist es unter-
tan.
Lao-Tse, Tao-te-king, 2, 61

Wo eine Frau am Ort,
da ist die Ruhe fort.
Aus Frankreich

Wer ruhig leben will, darf nicht die
Schönste in der Stadt heiraten.

Aus Portugal

Ja! in schöner Frauen Armen
Höre, was die Klugheit spricht:
Freudig darf dein Herz erwarmen,
Deine Ruhe opfre nicht!

Theodor Körner, Gedichte, Nachtrag,
Ungedrucktes, Leichter Sinn

Traum

Wenn ich nur deiner Frau wie auch
der Frau von Stein die verwünschte
Aufmerksamkeit auf Träume weg-
nehmen könnte! Es ist doch immer das
Traumreich wie ein falscher Lostopf,
wo unzählige Nieten und höchstens
kleine Gewinnstchen untereinander
gemischt sind.
Goethe,
an Herder, 27.12.1788

Die Geschäftigkeit eines Mannes füllt
ihn gänzlich aus, während eine Frau,
selbst eine, die sehr beschäftigt ist,
durch alles, womit sie sich befaßt, an
etwas anderes erinnert wird, und dieses
andere ist ein Teil eines Traumes mit
offenen Augen.
Maude Hutchins,
Kabbala der Liebe

Wenn wir von Tassen, Dosen, Schach-
teln, Kasten, Schränken oder Ofen
träumen, träumen wir gewöhnlich
von Frauen. Zimmer im Traum sind
meistens Frauenzimmer. Gedeckte
Tische desgleichen.
Sigmund Freud

Die Männer träumen, wenn sie
schlafen.
Die Frauen träumen, wenn sie nicht
schlafen können.
Isa Miranda

Wenn Mann und Frau auch auf den
gleichen Kissen schlafen, so haben sie
doch ganz unterschiedliche Träume.
Aus der Mongolei

Ist es nicht besser, in die Hände eines
Mörders zu geraten als in die Träume
eines brünstigen Weibes?
Friedrich Nietzsche,
Zarathustra, I, Von der Keuschheit

Viele Frauen möchten mit Männern
träumen, ohne mit ihnen zu schlafen.
Man mache sie auf das Unmögliche
dieses Vorhabens nachdrücklich
aufmerksam.
Karl Kraus, Sprüche, Widersprüche,
Weib, Phantasie

XXIV. Kapitel

Lob
Kompliment
Schmeichelei
Bewunderung
Hochachtung
Ansehen
Ruhm
Tadel

Lob

Eu'r Lob ist unser (Weiber) Lohn;
eh' treibt ihr uns
Mit einem sanften Kusse
tausend Meilen,
Als mit dem Sporn zehn Schritt nur.
(Hermione)
Shakespeare,
Ein Wintermärchen, I, 2

Lob die junge Frau nicht, die du noch
nicht überwintert hast; wenn du sie
über einen Winter ernährt hast, dann
wirst du sie loben.
Aus Litauen

Ein Pferd kannst du nach einem Monat
loben, eine Frau erst nach einem Jahr.

Aus der Tschechoslowakei

Den Tag soll man erst am Abend loben
und die Ehefrau, wenn sie im Grabe
ruht.
Aus Schweden

Wird das Mädchen nur von der Mutter
gelobt, so laß es in Ruh und laufe weg;
wird es jedoch vom Nachbarn gelobt,
so eil herbei und geife zu.

Aus Armenien

Ist ein schönes Weib getreu,
Deren Lob sei immer neu!
Freidank, Bescheidenheit,
Nr. 37, V. mînne w. u. wîben

Wenn ich guter Frauen Lob gesungen,
Ward ich, war ich traurig, froh.
Walther von. der Vogelweide, Gedichte

Siehe! Von allen den Liedern nicht
eines gilt dir, o Mutter!
Dich zu preisen, o glaub's, bin ich zu
arm und zu reich.
Eduard Mörike,
Gedichte an meine Mutter

Kompliment

Es ist gefährlich, den Frauen ein
über das Übliche hinausgehendes
Kompliment zu machen, das ein
tieferes persönliches Interesse zu
verraten scheint, denn jede Frau
betrachtet ein solches Kompliment
als ein Versprechen, das den
betreffenden Mann verpflichtet,
sein Interesse ständig zu steigern.
Sigmund Graff,
Vom Baum der Erkenntnis

Wer Frauenschönheit recht ermißt,
Erwarb sich immer Preis und Dank.
Walther von der Vogelweide

Wenn ein Dichter eine schöne
Frau kennenlernt und ihr den
Hof macht, so sagt sie später:
»Ach, diese Art Leute lernt man
erst recht schätzen, wenn man
sie mal persönlich kennengelernt
hat!«
Wenn ein Dichter eine schöne
Frau kennenlernt und ihr nicht den
Hof macht, so sagt sie später:
»Es ist eine alte Geschichte,
solche Leute, mögen sie noch
so interessant sein, soll man doch
nie persönlich kennenlernen!«
(Splitter)
Peter Altenberg,
Mein Lebensabend

Es ist kein Kompliment für eine
ungetreue Frau, wenn der Gatte
glücklicher aussieht als der Liebhaber.

Chamfort

Das Hübscheste über Frauen sagen
nicht Frauen – Männer sagen es.

Kurt Tucholsky,
Auf dem Nachttisch

Frauen werden durch Komplimente
niemals entwaffnet. Männer stets.

Oscar Wilde, Ein idealer Gatte

Wenn ein Mann eine Frau zu seiner
Ehegefährtin macht, ist das das größte
Kompliment, das er ihr machen kann,
und es ist für gewöhnlich sein letztes.

Suriname (Niederländisch-Guayana)

Schmeichelei

Keine Schmeichelei ist für sie (Frau)
zu hoch oder zu niedrig. Sie werden
die höchste begierig verschlucken
und dankbar die niedrigste annehmen.
Du kannst ganz sicher einer jeden
von ihrem Verstande an bis herunter
auf den auserlesenen Geschmack
ihres Fächers schmeicheln. Unstreitig
Schönen oder unstreitig Häßlichen
schmeichelt man am liebsten wegen
ihres Verstandes. Den Durch-
schnittlichen schmeichelt man
mit größtem Erfolg wegen ihrer
Schönheit oder wenigstens wegen
ihrer Anmut. Denn jede, die nicht
schlechterdings häßlich ist, hält sich
für schön. Da sie es aber selten zu
hören bekommt, so ist sie um so
viel dankbarer gegen diejenigen,
die ihr es sagen.

Chesterfield, Briefe an seinen Sohn,
London 5.9.1748

Der Mann gehört zu den Jägern,
die am liebsten erst einen Vogel
mit Chloroform betäuben, ehe sie
die Flinte auf ihn richten. Jeder
Grünschnabel weiß, daß Mädchen
durch honigsüßes Gerede schwach
und hilflos werden.

Nina Farewell

Die Frau ist glücklich, wenn der
Geliebte sie mein kleines, mein liebes
Kind nennt. Die Männer wissen
sehr wohl, daß die Worte: »Du siehst
aus wie ein kleines Mädchen« zu
denen gehören, die am sichersten das
Herz der Frau rühren.

Simone de Beauvoir,
Das andere Geschlecht

Nichts wie die Schmeichelei ist so
gefährlich dir;
du weißt es, daß sie lügt, und dennoch
glaubst du ihr.
Friedrich Rückert

Ein Mann bewundert die Frau, die ihn
zum Denken bringt, aber er hält sich
von ihr fern; er schätzt die Frau, mit
der er lachen kann, liebt das Mädchen,
das ihn verletzt, und heiratet das Weib,
das ihm schmeichelt.

Verfasser unbekannt

Wenn wir auch der Schmeichelei keinen
Glauben schenken, der Schmeichler gewinnt uns doch.

Marie von Ebner-Eschenbach,
Aphorismen

Geht mir doch zum Henker;
pure Schmeichelkatzen seid ihr nur,
Und es steht auf festen Füßen jenes
altbewährte Wort:
»Weder mit den Ungeheuern kommt
man aus noch ohne sie!« (Chorführer)

Aristophanes,
Lysistrate, 4, 2, 1037

Wenn dein Weib dir schmeichelt, hat sie
Übles im Sinn.
Aus Rußland

Schmeichelnd kitzelt die Schlange, wo
sie sticht.
Shakespeare, Cymbeline

Ein schmeichelndes Kalb saugt zwei
Mütter aus.
Sprichwort

Sag's ihr mit Schmus!
Henry Ford

Fehlet dir die Schöne, so tu schöne.
Alter deutscher Spruch

… daß man die Weiber allemal,
Sie sei'n es oder nicht, kann »meine
Schöne« nennen.
Christian Fürchtegott Gellert, Fab. u.
Erz., B. 2, D. Unglück d. Weiber

Die einfachste Frau der Welt verlangt
selbst von dem bedeutendsten Manne
ein bißchen Schwindel, und die edelste
Liebe ist der Frau nichts, wenn sie
nicht aufgeputzt: Sie verlangen einmal
Schaustellung.
Balzac

Bewunderung

Zürnet nicht ihr Frauen, daß wir das
Mädchen bewundern: Ihr genießet des
Nachts, was sie am Abend erregt.
Goethe, Epigramme

Bewunderung verdient ein Wunder
wohl,
Doch scheint ein Weib kein echtes
Weib zu sein,
Sobald es nur Bewunderung verdient.
(Aschenbrödel)

August Graf von Platen-Hallermund,
Der gläserne Pantoffel, II

Die Tugend ist's, warum man
sie (Frauen) bewundert. (York)
Shakespeare,
König Heinrich VI., T. 3, I, 4.

Da die Frauen das bewundern
müssen, was sie lieben, gefallen
sich die Männer darin, der Geliebten
die Überlegenheit ihres Geistes zu
demonstrieren.
Madame de Staël

Frauen kommen, um zu sehen
und um gesehen zu werden.
Spectatum veniunt, veniunt
spectentur ut ipsae.
Ovid, Liebeskunst 1, 99

Wie die Verrückte in Hamlet die
Blumen verteilt ihr die Kränze unter
die »Männer der Zeit«, aber ihr seid bei
Verstand.
Hebbel,
Ophelia in der Literatur

Ein Mann geht aus dem Haus, um
Geschäfte zu machen, eine Frau – um
sich zu zeigen.

Aus Finnland

Bewundern ist und lieben eins beim
Weib, der mehr Bewunderte ist mehr
geliebt.

Gutzkow, Uriel Acosta 1, 1

Die Frauen bewundern einen Mann
wegen seiner Stärke, aber sie lieben ihn
wegen seiner Schwäche.

Beatrice Brown

Bewundert viel und viel gescholten.
(Helena)

Goethe, Faust II

Für das Wohlbefinden einer Frau sind
bewundernde Männerblicke wichtiger
als Kalorien und Medikamente.

Françoise Sagan

Ein großer Geist fühlt sich im Dunkeln
wohl.
Das Weib ist dazu da, gesehen zu
werden.

Frank Wedekind,
Der Stein der Weisen

Ein Mann darf alle Illusionen der Frau
zerstören, mit Ausnahme der einen,
durch die sie ihn bewundert.

Sigmund Graff,
Man sollte mal darüber nachdenken

Hochachtung

Wenn alles aufs Äußerste kommt, so
wird der Mann, dreist auf seine Verdienste, sagen können: Wenn ihr gleich
nicht liebt, so will ich euch zwingen,
mich hochzuachten, und das Frauenzimmer, sicher der Macht ihrer Reize,
wird antworten: Wenn ihr uns gleich
nicht innerlich hochschätzet, so
zwingen wir euch doch, uns zu lieben.

Kant, Beobachtungen über das
Gefühl des Schönen und Erhabenen, 3

Selbst die Ehefrau des ärmsten
Schweinehirten verdient noch mehr
Achtung als die Mätresse des Zaren.

Grusinisch

Man kann nicht hoch genug von den
Frauen denken, aber deshalb braucht
man noch nicht falsch von ihnen zu
denken.

Friedrich Nietzsche,
Nachlaß

Auf die Länge gefällt nur die Gesellschaft solcher Personen, in deren
Achtung immer mehr zu steigen uns
wichtig oder angenehm ist. Deshalb
sollten die Frauen, wenn sie nicht
wollen, daß ihre Gesellschaft nach
kurzer Zeit an Reiz verliere, sich
bemühen, so zu werden, daß es stets
ein erstrebenswertes Ziel bleibt, ihre
Achtung zu genießen.

Leopardi, Gedanken, 65

Selbst wenn ich ihre (Frauen) Sitten
verabscheue, möchte ich doch ihrer Gerechtigkeit Ehre erweisen. Es liegt mir
wenig daran, ob sie mich hassen, wenn
ich sie nur zwänge, mich zu achten.

Jean-Jacques Rousseau, Emile

Alle Völker, die Gesittung hatten,
haben die Frauen geachtet.

Jean-Jacques Rousseau, Emile

Wenn du von den Frauen sprichst, so
denke an deine Mutter.
Aus Spanien

Ich will, daß mein Verehrer Hochachtung
mir zollt
Und sich mit Freuden meiner Herrschaft
unterwirft. (Orante)
Moliere,
Die Plagegeister II, 4

Wer eine Nadel nicht aufhebt, achtet
sein Weib nicht.
Aus Spanien

Achte deine Frau, aber laß ja nicht
die Zügel aus den Händen.
Aus Kurdistan

Ansehen

Wer Freund' und Ansehn will erwerben,
Der dien' um eines guten Weibes Gruß!

Walther von der Vogelweide, Gedichte

Ein guter Mann ist überall im Lande
bekannt. Die gute Frau wird man nur
im Umkreis einer Tagesreise kennen.
Aus der Mongolei

Aber der Mann und mehr noch das
Weib, die angeklagt werden, etwas
getan zu haben, »was niemand tut«,
oder etwas unterlassen zu haben, »was
jeder tut«, werden zum Gegenstand
so wegwerfender Bemerkungen, als
ob er oder sie ein schweres sittliches
Verbrechen begangen hätten. Man
muß Titel oder sonst Rang besitzen
oder bei Leuten von Rang etwas gelten,
um sich, ohne in der Achtung zu
sinken, dem Luxus, einigermaßen nach
Belieben handeln zu dürfen, hingeben
zu können.
John Stuart Mill,
Über die Freiheit, 3

Bei beiden Geschlechtern hängt davon,
wie man die Jugend angewandt hat, das
Schicksal des hohen Alters ab; das wird
bei den Frauen schon früher wahr …
Eine fünfundvierzigjährige Frau gewinnt
nur Bedeutung durch ihre Kinder oder
ihren Liebhaber.
Stendhal,
Über die Liebe, 2, 56

Mit Töchtern kann man Staat, mit
Söhnen Ehre machen.
Aus Rußland

Das oft gesehene Mädchen ist Kupfer,
das ungesehene Gold.
Aus Rußland

Die beste Frau ist die, von der man am
wenigsten spricht.
Nach Thukydides 2, 45; Perikles
in einer Ansprache an die Witwen
der im Krieg gefallenen Athener

Das gute Weib ist ohne Ruf, weder
guten noch bösen.
Aus Spanien

Liebe soll Gedanken zeugen. In der
Sprache der Gesellschaftsordnung sagt
die Frau: Was werden Sie von mir
denken!
Karl Kraus,
Sprüche und Widersprüche,
Moral, Christentum

Ein wanderndes Mädchen ist immer
von schwankendem Rufe.
Goethe, Hermann und Dorothea, 7

Das Tor einer Witwe ist häufig von
Skandalen umrankt.
Aus China

Ruhm

Was ist für Keller, Haus und Herd
Dein Kranz, was Kunst und Ruhm mir
wert,
Die ich nicht messen kann und wägen? –
Frau Agnes keift; doch Dürer spricht:
Den Lorbeer, Freundin, sollst du nicht
Auf deine Küchenwaage legen,
Nicht mit der Myrte Stuben fegen.

Anastasius Grün, Gedichte, Sprüche

Aber, zufrieden mit stillerem Ruhme,
Brechen die Frauen des Augenblicks
Blume,
Nähren sie sorgsam mit liebendem
Fleiß,
Freier in ihrem gebundenen Wirken,
Reicher als er in des Wissens Bezirken
Und in der Dichtung unendlichem
Kreis.   *Schiller*

Indem ich Ruhm suchte, hoffte ich
immer, Liebe zu gewinnen.

Madame de Staël, Corinna

Der Ruhm des Mannes ist des Weibes
höchster Reiz;
Die Ehre seines Weibs des Mannes
höchster Geiz.
Friedrich Rückert,
D. Weisheit d. Brahmanen,
B. 16, Abteilung 3, Nr. 28

Rastlos strebet der Mann, sich der
Herrschaft Ruhm zu erkämpfen;
Aber den Ruhm bezwingt ruhig ein
liebendes Weib.

Karl Gustav von Brinckmann,
Elegien und Arabesken

Leicht zu gewinnender Ruhm ist's,
gläubige Mädchen zu täuschen.

Ovid, Heroiden, 2, 63

Was kann ruhmreicher sein, als einen
langen Lebensweg mit einer Frau
vereinigt zu sein, die niemals eines
unedlen Gedankens fähig war.

Winston Churchill über seine Frau

Tadel

Nehmt euch vor allem in acht, die
Gebrechen des Mädchens zu rügen.
Ja, es hat manchem genützt, daß er mit
Fleiß sie nicht sah.
Ovid,
Liebeskunst, 2, 641

Was wir verstehen, das können wir
nicht tadeln. (Prinzessin)
Goethe,
Torquato Tasso II, 1

Belehre deine Frau nicht im Beisein der
Kinder, deine Kinder nicht vor fremden
Leuten.   *Aus Rußland*

Man sagt fast jeder Frau etwas Hübsches,
wenn man eine andere Frau kritisiert.
Sigmund Graff

Als Ehefrau nicht glücklich wird, wer
schon als Mädchen räsoniert.
Aus Finnland

Beschimpf niemals eine Frau, die sündig
fällt!
Victor Hugo,
Le Chant du crépuscule

Einem alten Weib ist nichts mehr recht
zu machen, ja sogar ein Teufel macht es
nicht mehr lachen.   *Aus Rußland*

XXV. Kapitel

Bescheidenheit
Hingabe
Eitelkeit
Stolz

Bescheidenheit

»Ich bin nicht schön.« So sprach das Mädchen leise und überwand im stillen ihre Qual.
Und als sie nun in ihrer Schwester Kreis zurücktrat, war sie es zum erstenmal

Hebbel, Das Mädchen

Eine Frau ohne Bescheidenheit ist wie eine Suppe ohne Salz.

Suaheli

Auch sollen die Fauen sich anständig, bescheiden und zurückhaltend kleiden, nicht Haartracht, Gold, Perlen oder kostbare Kleider seien ihr Schmuck, sondern gute Werke; so gehört es sich für die Frauen, die gottesfürchtig sein wollen.

1 Tim. 2, 9

Die Bescheidenheit ist ein Zug, den Frauen bei ihren Liebhabern eher loben als lieben.

Richard Brinsley Sheridan

… der schönste Schmuck
Des Weibes ist Stillschweigen und Bescheidenheit. (Makaria)

Euripides,
Die Herakliden, V, 476–477

Wer steigen will, wenn auch durch wahre Verdienste, der lasse die Bescheidenheit fahren. Auch darin gleicht die Welt den Weibern: Mit Scham und Zurückhaltung erreicht man nichts bei ihr.

Leopardi, Gedanken, 24

Hingabe

In der Liebe gibt sich das Weib ganz hin und macht sie zum Zielpunkt seines Lebens, während der Mann seine Selbständigkeit dabei behauptet und anderweitige Zwecke verfolgt.

Karl Friedrich Burdach, Anthropologie für das gebildete Publikum

Ich habe schon so viel für dich getan, daß mir zu tun fast nichts mehr übrig bleibt. (Margarete)

Goethe, Faust I, Vers 3519f

Geben soll seliger sein als nehmen; aber in der Ehe soll das Weib, wenn es sein Alles hingibt, mehr als sein Alles zurückempfangen.

Paul Heyse,
Die Kinder der Welt

Es ist nichts Himmlischeres als ein weibliches Wesen, das sich dem geliebten Manne hingibt!

Goethe,
Wilhelm Meisters Lehrjahre

Wie die Mutter in der Stunde der Geburt ihr Leben rückhaltlos für das Kind einsetzt, so gehört auch ihr Leben nach der Geburt nicht mehr sich selbst, sondern eben dem Kinde.

Gertrud von le Fort, Die zeitlose Frau

Wie alle oft wider alles Vermuten bescheidenen Männer glaubte er, daß sie, da sie sich ihm geschenkt hatte, bereit sei, sich jedem Beliebigen zu schenken.

Henry de Montherlant, Erbarmen mit den Frauen, Die Aussätzigen

Es geht in der Welt nichts über die hingebende Liebe einer verheirateten Frau. Das ist eine Sache, von der ein verheirateter Mann keine Ahnung hat.

Oscar Wilde

Ich fühle, daß meine Liebe zu dir nicht eigennützig ist, nicht die Leidenschaft einer Liebhaberin, die alles dahingäbe, den erflehten Gegenstand zu besitzen. Fernando, mein Herz ist warm und voll für dich. Es ist das Gefühl einer Gattin, die aus Liebe selbst ihre Liebe hinzugeben vermag. (Cäcilie)

Goethe, Stella, V

Jede Sittenlehre predigt ihnen (Frauen), die Pflicht der Frau sei, für andere zu leben, sich selbst vollständig aufzugeben und keine andere Existenz als in und durch die Liebe zu haben, und die hergebrachte Sentimentalität behauptet sogar, daß dies der Zustand sei, welcher der eigentlichen Natur der Frau gemäß sei.

John Stuart Mill,
Die Hörigkeit der Frau, 1. Kapitel

Die Frau verliert ... sich und was sie hat von Herz und Glück in den Gegenstand hinein, den sie liebt.

Jean Paul, Levana, oder Erzieh-Lehre
Bd. 4, Bruchstück 4, K. 3, § 83

Eitelkeit

Die Eitelkeit, die man dem schönen Geschlechte so vielfältig vorrückt, wofern sie ja an demselben ein Fehler ist, so ist sie nur ein schöner Fehler. Denn zu geschweigen, daß die Mannspersonen, die dem Frauenzimmer so gerne schmeicheln, übel daran sein würden, wenn dieses nicht geneigt wäre, es wohl aufzunehmen, so beleben sie dadurch wirklich ihre Reize.

Immanuel Kant,
Beobachtungen über das Gefühl
des Schönen und Erhabenen, 3

Frauenzimmer sind einander viel ähnlicher als Männer. Sie haben in Wahrheit nur zwei Leidenschaften, Eitelkeit und Liebe. Das sind ihre allgemeinen Kennzeichen.

Chesterfield, Briefe an seinen Sohn,
London, 19.12.1749

Die Eitelkeit stürzt mehr Frauen in den Abgrund als die Liebe.

Marquise du Deffand

Eitelkeit ist eine persönliche Ruhmsucht: Man will nicht wegen seiner Eigenschaften, seiner Verdienste, Taten geschätzt, geehrt, gesucht werden, sondern um seines individuellen Daseins willen. Am besten kleidet die Eitelkeit deshalb eine frivole Schöne.

Goethe,
Maximen und Reflexionen, Nachlaß,
Über Literatur und Leben

Eine Frau ging hin, sich zu ertränken, inzwischen begann es zu regnen, und sie kehrte vor Angst, hierbei etwas naß zu werden, schleunigst wieder um.

Malaialám, Tamil

Die Eitelkeit der Weiber, selbst wenn sie nicht größer als die der Männer sein sollte, hat das Schlimme, daß sie sich ganz auf materielle Dinge wirft, nämlich auf ihre persönliche Schönheit und nächstdem auf Flitter, Staat, Pracht.

Arthur Schopenhauer,
Über die Weiber, § 371

Frauen, welche ihre Söhne besonders
lieben, sind meistens eitel und eingebildet,
Frauen, welche sich nicht viel aus ihren
Söhnen machen, haben meistens recht
damit, geben aber zu verstehen, daß von
einem solchen Vater kein besseres Kind
zu erwarten gewesen sei: So zeigt sich
ihre Eitelkeit.

Friedrich Nietzsche, Nachlaß,
Unschuld des Werdens, 1, 869

Weil die Töchter Zions hochmütig sind,
ihre Hälse recken und mit verführeri-
schen Blicken daherkommen, immerzu
trippelnd daherstolzieren und mit ihren
Fußspangen klirren, darum wird der
Herr den Scheitel der Töchter Zions
mit Schorf bedecken und ihre Schläfen
kahl werden lassen.
Jesaja, 3, 16

Eine Frau und ein Kamm: das gleiche
wie ein Holzhauer und ein Beil.

Aus Abessinien, Amhara

Die Weiber, sagt man, sind eitel von
Hause aus. Doch es kleidet sie, und sie
gefallen uns um so mehr.
Goethe,
Wilhelm Meisters Wanderjahre

Unerfahrene Mädchen schmeicheln sich
mit der Vorstellung, daß es in ihrer
Macht steht, einen Mann glücklich zu
machen; später lernen sie, daß es soviel
heißt als: einen Mann geringschätzen,
wenn man annimmt, daß es nur eines
Mädchens bedürfe, um ihn glücklich
zu machen. Die Eitelkeit der Frauen
verlangt, daß ein Mann mehr sei als
ein glücklicher Gatte.

Friedrich Nietzsche, Menschliches
Allzumenschliches, 1, 407

Eitelkeit ist die Klippe, an der die meisten
Großen, gar viele Gelehrte und alle
Weiber scheitern.
Karl Julius Weber,
Demokritos, D. Eitelkeit

Stolz

Nur auf ihren Mann und ihre Kinder
kann eine vernünftige und tugendhafte
Frau stolz sein; nicht auf sich selbst,
denn sie vergißt sich in jenen.

Johann Gottlieb Fichte,
Folgerungen auf das gegenseitige
Rechtsverhältnis beider Geschlechter
überhaupt im Staate, § 34

Stolzen Frauen kann die Eifersucht
gefallen, weil sie ihnen auf eine neue
Art ihre Macht zeigt.
Stendhal,
Über die Liebe, 1, 36

Einen Gesamtstolz auf sein Geschlecht
kennt das Weib nicht.

Wilhelm Raabe, D. Lar

Der Vogel ist stolz auf seine Flügel, die
Frau auf ihren Mann.
Grusinisch

Hochmütige Frauen verbergen ihre
Eifersucht aus Stolz.
Stendhal,
Über die Liebe, 1, 37

Man erlebt oft, daß schlechte Ehemänner
sehr gute Frauen haben, sei es, weil der
Wert der Besserung der Ehemänner dadurch im Preise steigt, sei es, weil die
Frauen einen Stolz in ihre Geduld setzen.
Stets macht man diese Beobachtung, wenn
sie, gegen der Verwandten Rat, selbst den
schlechten Gatten gewählt haben; denn
dann sind sie darauf aus, ihre eigene Torheit zu rechtfertigen.
Bacon, Essays, 8,
Von der Ehe und ledigem Stande

XXVI. Kapitel

Begehren
Bedürfnis
Zufriedenheit

Begehren

Ein Weib wird in sich selber wert,
Wenn der Besten einer sie begehrt.

Freidank, Bescheidenheit,
Nr. 37, V. minne u. wîben

Das Begehrtwerden ist ein so elemen-
tares Bedürfnis der Frauen, daß kein
kluger Ehemann es versäumen sollte,
seine Frau mit einem Kreis kontrollier-
barer Verehrer zu umgeben.

Sigmund Graff,
Vom Baum der Erkenntnis

Die Hausfrau, die zu sparen trachtet
Die kocht und wäscht, wird nicht
geachtet,
Nur die, die jung, hübsch, elegant,
Wird von den Männern anerkannt.
Kurzum. in Rom, wie überall,
Kam eines Tages der Verfall.

Eugen Roth,
Die Frau in der Weltgeschichte

Die Liebe, die die ew'ge Schönheit
in uns weckt,
Erstickt nicht unsre Sehnsucht nach
der irdischen,
Und ein Geschöpf, das makellos der
Himmel schuf,
Ergreift von unsern Sinnen allzu
leicht Besitz. (Tartüff)

Molière, Tartüff, III,.3

Heute sind die Weiber klüger als einst
Potiphar sein Weib,
Greifen selten nach dem Kleide, greifen
lieber nach dem Leib.

Friedrich von Logau, Deutsche
Sinn-Getichte, Potiphars Weib

Die Frau, von der sich die Männer
bis fast zuletzt das meiste versprechen,
ist die kalte.

Sigmund Graff,
Vom Baum der Erkenntnis

Es gibt Frauen, die, wo man bei ihnen
auch nachsucht, kein Inneres haben,
sondern reine Masken sind. Der Mann
ist zu beklagen, der sich mit solchen
fast gespenstischen, notwendig unbe-
friedigenden Wesen einläßt, aber gerade
sie vermögen das Verlangen des Mannes auf das stärkste zu erregen: Er
sucht nach ihrer Seele – und sucht
immerfort.

Friedrich Nietzsche,
Menschliches Allzumenschliches,
Weib und Kind, 405

Eine Frau ist um so begehrenswerter,
je stärker die Natur in ihr entfaltet und
je nachdrücklicher sie in ihr gebändigt
erscheint.

Simone de Beauvoir

Andre Frauen
Stopfen die Gier im Nähren:
Sie macht hungrig
Je mehr sie sättigt. Denn das Niedrigste
Schmückt sich in ihr, daß selbst die
heiligen Priester
Sie segnen, wenn sie geil ist. (Enobarbus)

Shakespeare, Antonius und Kleopatra

Die allgemeine Gefallsucht der Frauen
beruht auf der Passivität, zu der sie ihr
Geschlecht verurteilt hat. Wenn sie
auch nicht den Mann wählen können,
den sie selbst am heftigsten begehren,
so wollen sie wenigstens die Wahl unter
möglichst vielen heftig Begehrenden
haben.

Sigmund Graff,
Vom Baum der Erkenntnis

Je länger man ein Weib schmachten
läßt, desto mehr wächst die Liebe.
(Schelle)
Ernst Raupach,
D. Schleichhändler, II

So süß ist keine Liebesmelodie,
so frisch kein Bad,
so freundlich keine kleine Brust wie die,
die man nicht hat.
Kurt Tucholsky

Temperamentvolle Frauen sind mehr
begehrt als beliebt.
K. Peltzer,
An den Rand geschrieben

Ich habe in meinen Jünglingsjahren
Fälle genug erlebt, wo auf einsamen
Spaziergängen ein mächtiges Verlangen
nach einem geliebten Mädchen mich
überfiel und ich so lange an sie dachte,
bis sie mir wirklich entgegenkam. »Es
wurde mir in meinem Stübchen un-
ruhig«, sagte sie, »ich konnte mir nicht
helfen, ich mußte hierher.«
Goethe,
zu Eckermann, 7.10.1827

Der Mann begehrt die Frau nicht, weil
er sie schön findet; er wünscht, daß sie
schön sei, um sein Begehren zu rechtfertigen.
Henry de Montherlant,
Über die Frauen

Ein Mädchen begehrt nur einen Gatten,
und hat sie ihn, so begehrt sie alles.
Aus Frankreich

Der Anblick der Imhof hat mir
weh getan, da sie Dir so ähnlich ist
und doch nicht Du. Sie ist wie eine
Septime, die das Ohr nach dem
Akkorde verlangen macht.
Goethe, an Frau von Stein,
10.10.1785

Einmal seht ihr im Weibe nur das
Werkzeug eurer Begierde ...
Ein andermal stellt ihr das Weib als
Gottheit auf den Altar. (Luzifer)
Emerich Madách,
D. Tragödie d. Menschen

Bedürfnis

Wenn eine Frau betet, ist der Herrgott
in großer Verlegenheit, denn eine Frau
bittet ihn um 77 Dinge.
Aus Polen

Wenn die Sinne der Frau schweigen,
verlangt sie den Mann im Mond.
Karl Kraus,
Sprüche und Widersprüche

Die Wünsche des Mannes gehen zu
Fuß. Die Wünsche der Frau fliegen.
Aus Persien

Wenn schöne Weiber bitten, muß man
es schaffen doch,
Und schöne Weiber bitten, indem sie
schweigen noch.
Logau, Sinn-Getichte, 2, 3, 19

Wasser, Feuer und Frauen werden nie
»genug« sagen.
Aus Polen

Frauen und Brücken sind immer aus-
besserungsbedürftig.
Aus England

Der Landmann braucht Land,
der Edelmann Ehrungen,
der Soldat Krieg,
der Kaufmann Geld,
der Bauer Friede,
der Handwerker Arbeit,
der Maler Schönheit –
und Frauen die ganze Welt.

Aus Polen

Wenn du schnell Waser haben willst, so
schick nicht die alte Frau zum Strom.

Aus Ghana

Das Mädchen, das einen Mann sucht,
entspricht nicht einem männlichen
Bedürfnis: Es ruft es hervor.

Simone de Beauvoir

Zufriedenheit

Die Frau ist mit wenigem zufrieden.
Vorausgesetzt, daß die anderen noch
etwas weniger haben. *Alec Guinness*

Frauen, Priester und Hühner sind nie
zufrieden.

Aus den USA

Es gibt weder eine Frau noch ein Pferd
oder eine Kuh, denen nicht immer
etwas fehlt.

Aus Frankreich

Die Frau ist immer unzufrieden mit
ihrem Mann; der Mann aber ist es stets
mit seinem Vieh.

Aus Rußland, kasachisch

Was gibst du dir mit Lieb und Ehre
und andern Dingen so viele Pein!
Wenn ein tüchtiger S. nur wäre,
die Weiber würden sämtlich zufrieden
sein.   *Goethe,* Vermischte Gedichte

Du magst deine Frau dein ganzes Leben
lang auf dem Rücken tragen, aber wenn
du sie absetzt, wird sie sagen: »Ich bin
müde.«

Aus Montenegro

Ich fragte, welches Weib ich werde
wählen müssen,
Wenn ich zufrieden leben will?
Und wenn ich, ohne mich zu grämen –
»Oh!« fiel der Greis ihm ein, »da müßt
Ihr keine nehmen!«

Christian Fürchtegott Gellert,
Fab. u. Erz., Bd. 1, D. gute Rat. Schluv.

Und trotzdem rat ich: Lebt und liebt,
Es ist das Schönste, was es gibt!
Wer noch ein Herz hat, der verzichte
Auf alle Frauen der Weltgeschichte
Und hoffe, daß just er das könnte,
Was wenigen das Schicksal gönnte:
Mit seinem Glück, wär's noch so klein,
In seinem Kreis zufrieden sein!

Eugen Roth,
Die Frau in der Weltgeschichte

XXVII. Kapitel

Besitz
Reichtum
Geld
Schatz
Sparsamkeit
Verschwendung

Besitz

Es vergnügt sie, einen stolzen
Menschen, wie ich bin, an ihrem Fuß-
schemel angekettet zu sehen. Sie hat
weiter nicht auf ihn acht, solange er
ruhig liegt. Will er sich aber losreißen,
dann fällt er ihr erst wieder ein; ihre
Liebe erwacht wieder.

Goethe, an Ernst Wolfgang
Behrisch, 20.11.1767

Die Frau ist ein Eigentum, das man
kontraktlich erwirbt; sie ist bewegliches
Eigentum, denn der Besitz macht den
Rechtsanspruch aus; schließlich ist die
Frau genaugenommen nur ein Annex
des Mannes.

Honoré de Balzac,
Physiologie du Mariage

Denn die Bürger können ja auch
Frauen, Kinder und Besitz untereinander gemeinsam haben, wie es im
Staate Platons der Fall ist. Dort sagt
nämlich Sokrates, daß Kinder, Frauen
und Besitz gemeinsam sein sollen.

Aristoteles,
Politik, Zweites Buch, 1

Zu dem, was einer hat, habe ich Frau
und Kinder nicht gerechnet; da er von
diesen vielmehr gehabt wird. Eher
ließen sich Freunde dazu zählen: doch
muß auch hier der Besitzende im
gleichen Maße der Besitz des anderen
sein.

Arthur Schopenhauer,
Aphorismen zur Lebensweisheit

Die Frauen entschwinden im Augenblick, da wir sie sicher zu halten
meinen.

Jean Giraudoux, Amphitryon

Der Edelmann des Mittelalters
heiratet ein Lehngut, der Bürger der
frühen Moderne eine Mitgift. Könige
heiraten ganze Länder und konnten
sich durch geschickte Wahl ihrer
Bettgenossinnen ein Reich aufbauen.
Und die Frau verkörperte nicht nur
Besitz, sie war auch Besitz.

Aldous Huxley,
Ziele und Wege

Eine Frau gehört niemals gänzlich zu
dem, der sie nimmt.

Aus Kurdistan

Frauen lieben meistens einen
bedeutenden Mann so, daß sie ihn
allein haben wollen. Sie würden ihn
gern in Verschluß legen, wenn nicht
ihre Eitelkeit widerriete: diese will,
daß er auch vor anderen bedeutend
erscheine.

Friedrich Nietzsche,
Menschliches, Allzumenschliches,
Weib und Kind, 401

Die Ehefrau, das Vieh und den Reis
behalte für dich.

Aus Bengalen

Die Frau, das Pferd und das Schwert
dürfen gezeigt, aber nicht verliehen
werden.

Aus Großbritannien

Wer eine Frau hat, hat einen Aal beim
Schwanze.

Aus England

Sobald ein Weib uns gehört, gehören
wir ihm nicht mehr.

Montaigne, Essais, 3, 5

Er begriff, daß ein junges Weib nicht wie Juwelen und Perlen verwahrt werden könne; er wußte, daß sie vielmehr einem Garten voll schöner Früchte gleicht, die für jedermann so wie für den Herrn verloren wären, wenn er eigensinnig die Türe auf einige Jahre verschließen wollte.

Goethe, Unterhaltungen deutscher Ausgewanderter

In jeder Gesellschaft, in der die Frauen Eigentum der Männer sind, versuchen sie sich durch ihre Söhne zu rächen.

Leon Uris, Haddsch

Nur wenige können sich rühmen, ein Weib zu besitzen, das ihnen mit jedem Tage neu und doch so unentbehrlich ist wie die älteste, liebste Lebensgewohnheit.

Paul Heyse,
Die Kinder der Welt

Die Frau und der Garten wollen nur einen Besitzer.

Aus Spanien

Im Augenblick, da man eine Frau sein eigen nennt, ist sie es schon nicht.

Peter Altenberg

Sie zupfte mir das unsichtbare Fädchen vom Rockaufschlag, das allen Frauen dazu dient, ihr Eigentum kenntlich zu machen.

O. Henry

Eine gute Frau ist ein guter Besitz; er wird dem zuteil, der Gott fürchtet.

Jesus Sirach, 26, 3

Wer die Schönste für sich begehrt,
tüchtig vor allen Dingen
seh er nach Waffen weise sich um!
Schmeichelnd wohl gewann er sich,
was auf Erden das Höchste;
aber ruhig besitz er's nicht:
Schleicher listig entschmeicheln sie ihm,
Räuber kühnlich entreißen sie ihm;
dieses zu hindern, sei er bedacht!

Goethe,
Faust II, III, Innerer Burghof

Das Weib will genommen werden als Besitz, will aufgehen in dem Begriff »Besitz«.

Friedrich Nietzsche,
Die fröhliche Wissenschaft, 5. Buch

Die Schönheit einer Frau macht das Gesicht heiter,
Und sie zu besitzen, geht über jedes Verlangen, das der Mann hat
… Eher als allen andern Besitz erwirb dir ein ordentliches Weib,
Eine dir entsprechende Gehilfin und eine Stütze zur Erholung

Jesus Sirach, 36, 27

Jede Frau will jemand gehören. Ihre Persönlichkeit vollendet sich erst in der Eigentumsform.

Sigmund Graff,
Vom Baum der Erkenntnis

Reichtum

Die kostbar gekleidete Frau war
sozusagen die wandelnde Reklame für
den Reichtum und die soziale Stellung
ihres Eigentümers. …
Ich habe im vorstehenden Absatz die
Vergangenheitsform benützt. Tatsächlich ist jedoch diese Verbindung von
augenfälligem Aufwand mit Ehe – und
auch Ehebruch – noch charakteristisch
für unsere Gesellschaftsformen.

Aldous Huxley, Ziele und Wege

Laß nicht den Weibern dein Vermögen!

Spruch Salomos, 31, 3

Die Erwerber des Vermögens sind die
Männer, nicht die Weiber: … Sie bedürfen stets eines Vormundes; daher sie in
keinem möglichen Fall die Vormund-
schaft ihrer Kinder erhalten sollten.

Arthur Schopenhauer,
Über die Weiber, § 371

Männer schaffen Vermögen, und
Frauen erhalten es.   *Aus Italien*

I woaß a schöns Diendl,
Aber reich is es nit;
Was nutzt m'r der Reichtum,
Beim Geld schlaf i nit.

Tiroler Schnaderhüpfl

Durch ein Weib, das ich vor kurzem
Erst geehelicht, wurd' ich reich;
Liebe Brüder, hütet euch,
Macht nicht auch den dummen Streich;
Pluto ist der Gott des Reichtums,
Doch – der Hölle auch zugleich.

Ignaz Franz Castelli, Gedichte

Zwar leug'n ich nicht daß deines Vaters
Reichtum
Der erste Anlaß meiner Werbung war:
Doch werbend fand ich dich von
höher'm Wert
Als Goldgepräg und Beutel wohl
versiegelt.
Und deines Innern echte Schätze sind's,
Wonach ich einzig trachte. (Fenton)

Shakespeare,
Die lustigen Weiber von Windsor, III, 4

Oh, welchen Reichtum braucht der
Mann zu wünschen,
Der in der teuren Gattin eines Wesens
Sich darf erfreuen, das seinen Kummer
teilte
Und allen Grams Gedanken hold
verscheucht!   *Bhavabhuti,*
Uttara Rama Cheritra, II (Rama)

Weiberreichtum – Männersklaven.

Aus Portugal

Wenn eine Frau die Wahl hat zwischen
Liebe und Reichtum, versucht sie immer,
beides zu wählen.
Marcel Achard

Goldmacherei und Lotterie,
Nach reichen Weibern frei'n
Und Schätze graben, segnet nie,
Wird manchen noch gereu'n.

Gottfried August Bürger,
Gedichte, Der Raubgraf

Unerträglicher nichts als ein Weib
mit großem Vermögen.

Juvenal, Satiren, 2, 6

Nichts ist elender auf der Welt, als eine reiche Frau zu haben. *Aus Rußland*

Wird ein Sohn nach drei Töchtern geboren, so ist ihm bestimmt, ein Bettler zu werden; wird eine Tochter, nach drei Söhnen geboren, wird sie ein Königreich regieren.

Aus Indien, Bhojpuri

Ein wohlgefülltes Haus,
ein wohlgepflügtes Feld
und eine kleine Frau voll guten Willens,
das sind große Reichtümer.

Benjamin Franklin,
Des armen Richard Almanach

Die Frau liebt das Vermögen, der Mann die Gesundheit. *Tatarisch*

Wenn heute jemand reich ist, dann wirkt er auf Frauen genauso wie früher einer, der das Ritterkreuz hatte.

Günther Arzberger

Für den erfolgreichen Mann ist die Frau eine Art Litfaßsäule, die seinen Wohlstand plakatiert. *Gino Marchi*

Die Paläste der Großen sind voll von Frauen,
die Hütten der Armen voll von Kindern.

Aus China

Geld

Das schlechteste Weib ist fünfzig Piaster wert, und ein gutes nicht mit Geld zu bezahlen. *Aus Jugoslawien*

Man bezahlt die Frauen, daß sie kommen, und man bezahlt sie, daß sie verschwinden; das ist ihr Schicksal.

Henry de Montherlant, Erbarmen mit den Frauen, Die Aussätzigen

Schöne Mädchen tragen keine Börsen.

Aus Schottland

Eins gilt auch jetzt noch in der Welt:
Die schönen Frauen kosten Geld.
Und nördlich, südlich, westlich, östlich
Ist Kostenloses selten köstlich.

Eugen Roth, Die Frau in der Weltgeschichte

Mit Hunden fängt man Hasen,
mit Lob die Narren und mit Geld die Frauen. *Alter Spruch*

Was hilft Euch Schönheit, junges Blut?
Das ist wohl alles schön und gut,
allein man läßt auch alles sein;
man lobt Euch halb mit Erbarmen,
Nach Golde drängt, am Golde hängt
doch alles! Ach, wir Armen!
(Margarete) *Goethe,* Faust I

Frauen vereinfachen unseren Schmerz, verdoppeln unsere Freude und verdreifachen unsere Ausgaben.

James Saunders

Briganten verlangen Geld oder Leben, Frauen beides. *Samuel Butler*

Die Weiber denken in ihrem Herzen, die
Bestimmung der Männer sei, Geld zu
verdienen, die ihrige hingegen, es durch-
zubringen; womöglich schon bei Leb-
zeiten des Mannes, wenigstens aber nach
seinem Tode.
Arthur Schopenhauer,
Über die Weiber, § 366

Ist Gold die Braut, so wird die Ehe
selten gut.
Alter deutscher Spruch

Geld ist das einzige, was eine Frau
manchmal für sich behalten kann.

Jacques Tati

Laß das Schwein nicht an die
Kartoffeln und die Frau nicht ans Geld.

Aus Litauen

Die Mutter, die eine Tochter hat, bringt
die Hand nicht aus dem Geldbeutel.

Aus Armenien

Nicht Gold, nicht Edelstein können
ein Weib wahrhaft glücklich machen,
sondern nur das Gefühl, geliebt zu
werden, und darin sind sie alle gleich,
die Vornehmen und Geringen, die
Reichen wie die Armen.

Karl Gutzkow,
Gesammelte Werke

Das Geld in den Händen eines Weibes
hält sich nicht; das Kind in den Händen
eines Mannes gedeiht nicht.

Aus Indien, Telugu

Schatz

Ein Weib ist der höchste Schatz,
denn sie wird von Gott geschenkt,
hat viel Tugend und hält Treu und
Glauben.
Martin Luther,
Tischreden oder Colloquia, Nr. 43,
Tischreden v. Ehestande, § 128, Weiber

Des Volkes Kleinod ist ein kluger
und weiser Ratgeber;
die treffliche Gattin ist das Kleinod
des Hauses.
Aus der Mongolei

Die Frau ist im Unglück und in
Krankheit für den Gatten der größte
Schatz, wenn sie recht im Hause waltet,
sie besänftigt seinen Zorn und Unmut
und weiß ihn umzustimmen.

Euripides,
Fragmente, 822

Eine schöne Frau gefällt den Augen,
eine gute Frau dem Herzen;
die eine ist ein Kleinod, die andere
ein Schatz.
Une belle femme plaît aux yeux,
une bonne femme plaît au cœur;
l'une est un bijou, l'autre un trésor.

Napoleon I.,
Maximen und Gedanken

Eine gute Frau ist eine Krone wert.

Aus Frankreich

Oh, welch ein köstlich Kleinod ist eine
wahre Hausfrau! Wo sie wirkt und
schafft, da verwischen Jahrhunderte
nicht die Segensspuren.

Kotzebue,
Der Graf von Burgund

Sparsamkeit

… als in allerneusten Jahren
Das Weib nicht mehr gewohnt,
zu sparen,
Und, wie ein jeder böser Zahler,
Weit mehr Begierden hat als Taler,
Da bleibt dem Manne viel zu dulden,
Wo er nur hinsieht, da sind Schulden.
(Der Abgemagerte)

Goethe, Faust II, I

Die Frau im Haus, so selber wacht,
aus einem Pfennig zehne macht.

Alter deutscher Spruch

Der Mannes Wirtschaft ist Erwerben, die
des Weibes Sparen.

Immanuel Kant,
Anthropologie, Der Charakter
des Geschlechts

Wao de Frau gued wäthschoppt
(wirtschaftet), wäss (wächst) dat Speck
up'n Balken (Hausboden).

Sprichwort, münsterisch

Der Mann soll erwerben, das Weib soll
ersparen, damit kann das Weib den
Mann wohl reich machen, denn der
ersparte Pfennig ist besser denn der
erworbene.

Martin Luther,
Aus seinen Tischreden

Eyn heußlich weyb ist eyn gute
sparbüchse.

Alter deutscher Spruch

Der arme Teufel verläßt sich auf die
Sparsamkeit der Frau.

Aus Vietnam

Verschwendung

Was einem bösen Weib, 'nem Feind,
man in den Rachen wirft, das nenn'
ich Kosten.
Beim guten Gaste oder Freund
dagegen nenn' ich Gewinn, was man
für ihn verbraucht. (Liebhold)

Plautus, Der Maulheld, II, 1

Die Verschwenderische zündet eine
Kerze an, um ein Streichholz zu suchen.

Aus China

Eine Frau kann mit dem Fingerhut
mehr verschütten als der Mann mit
dem Eimer schöpfen.

Deutsches Sprichwort

Eine wohlhabende Frau, die den
Umgang mit Geld gewöhnt ist,
verwendet es auf kluge Art, aber eine
Frau, die nach ihrer Heirat zum ersten
Male über Geld verfügt, hat so starkes
Gefallen am Ausgeben, daß sie es mit
großer Verschwendung wegwirft.

Arthur Schopenhauer,
Aphorismen zur Lebensweisheit, III

Wenn der Mann gut verdient, gibt die
Frau gut aus.

Aus Holland

Eine fette Haushälterin macht
magere Testamentsvollstrecker.

Aus Frankreich

Das Weib kann aus dem Haus mehr in
der Schürze tragen, als je einfahren kann
der Mann im Erntewagen.

Friedrich Rückert,
Die Weisheiten des Brahmanen

Auch zehn arbeitsame Männer
bringen nicht ein, was ein
verschwenderisches Weib ausgibt.

Aus Arabien

XXVIII. Kapitel

Glück
Freude
Vergnügen
Scherz
Heiterkeit
Lachen

Glück

Kein anderes Glück mag uns auf Erden
als nur durch Frauenliebe werden;
doch auch als tiefsten Elends Grund
tu ich euch Frauenliebe kund.

Bhartrihari, Sanskrit, 1. Jh. v. Chr.

Größtes Glück auf Erden ist es, eine
Nacht zwischen einer schönen Frau
und einem schönen Himmel zu teilen.

Napoleon I.

Das Glück der Frauen kommt von den
Männern, aber das der Männer kommt
von ihnen selbst. Das einzige, was eine
Frau für einen Mann tun kann, ist sein
Glück nicht zu stören.

Henry de Montherlant, Erbarmen mit
den Frauen, Die jungen Mädchen

Ihr Frauen liebt ein wohlberechnet
Glück
Und ruhigen Genuß im tiefsten
Frieden;
Uns Männern aber gibt des Schicksals
Gunst
Den höchsten Preis, wenn es
unangemeldet,
Schnell, wie ein Blitz, in unsere Seele
schlägt. (Juranitsch)

Theodor Körner, Zriny, II, 8

Jede begrenzte Zeitspanne von Glück,
jedes Glück, von dem man von vornherein weiß, daß es rasch vorübergeht –
werden von der Frau weit genußvoller
ausgekostet, als ein Mann in ihrer Lage
es vermöchte.

Henry de Montherlant, Erbarmen mit
den Frauen, Die jungen Mädchen

Wer ein lebenslängliches Glück mit
einem schönen Weibe wünscht, gleicht
dem Trinker, der den Geschmack des
Weines dadurch dauernd zu genießen
sucht, daß er seinen Mund immer voll
davon behält.

George Bernard Shaw

Der Mann braucht zum vollkommenen
Glück einen zuverlässigen Freund, die
Frau eine zuverlässige Feindin.

Tennessee Williams

Des Mädchens Glück ist Ruhe und
Gelassenheit; des Jünglings Glück –
Bewegung und Verwegenheit.

Tschetschenisches Sprichwort

Wie eng gebunden ist des Weibes
Glück! (Iphigenie)
Goethe, Iphigenie

Schöne Mädchen haben meist kein
Glück, kluge Leute sehen meist
nicht gut aus.

Aus China

Das Weib trachtet unendlich mehr
danach, glücklich zu machen, als
glücklich zu sein.

Bogumil Goltz, Zur Charakteristik
und Naturgeschichte der Frauen

Wollten die Weiber immer wahrhaft
Weiber sein, sie wären immer mit
wahren Männern glücklich

*Christian Ernst Karl Graf von
Bentzel-Sternau*, Weltansichten

Bei an Weib Glück habn,
das kann jeder Bua,
aber mit an Weib glücklich sein,
da gehört viel dazua.

Rosegger, Am Tage des Gerichts

Dem Glücklichen stirbt die Ehefrau,
dem Unglücklichen verendet die Stute.

Grusinisch, serbisch

Ein Mann kann mit jeder Frau glücklich sein, solange er sie nicht liebt.

Oscar Wilde, Das Bildnis
des Dorian Gray

Nicht jene ist glücklich, die einen
Vater hat, sondern jene, die einen Mann
besitzt.

Aus Rußland

Das Glück des Mannes heißt: ich will. –
Das Glück des Weibes heißt: er will.

Friedrich Nietzsche,
Von alten und jungen Weiblein

Das Weib ist glücklich nur an
Gattenhand. (Mutter)

Grillparzer, Des Meeres und der
Liebe Wellen, I

Freude

Vom Freun die Fraun sind zubenannt;
Ihre Freud' erfreuet alles Land:
Wie wohl das Freuen der erkannte,
Der sie zum ersten Frauen nannte!

Freidank, Bescheidenheit,
Nr. 37, V. minne u wîben

Frauen sind genannt vom Freuen,
weil sich freun kann kein Mann
ohn' ein Weib, das stets vom neuen
Seel' und Leib erfreuen kann.

Rückert, Haus und Jahr,
Kleines Frauenlob

Wer Böses von den Frauen spricht,
Erkannte ihre Freuden nicht.

Freidank, Bescheidenheit,
Nr. 37, V. minne u.wîben

Wie kann es schon das Herz erfreun,
Wenn hold ein Weib auf einen sieht;
Doch wie muß dem zumute sein,
Dem andres noch von ihr geschieht!

Walther von der Vogelweide

Der Mann des Weibes Schutz und
Hort, das Weib des Mannes Zier, so
schwingen beide fort und fort der
Freude bunt' Panier!

Freiligrath, Köln und der Rhein

Ohne Diendl ohne Wein
Möcht' der Teufel Bua sein,
Ohne Wein is ka Schneid,
Ohne Diendl ka Freud.

Tiroler Schnaderhüpfl

Doch an rechter Freud' ist der ein Kind,
Dem sie nicht von Frauen wird
   gewährt.

Walther von der Vogelweide

Willst du ein gutes Weib zu deinem
Willen bereden
Und Freude bei ihr finden,
So verheiß ihr Holdes und halt es
traulich;
Des Guten wird die Maid nicht müde.

Havamal, 131

Ohne Frauen keine Freude.

Aus Persien

Wenn der Mann am Morgen aus dem
Hause geht, freut sich die Frau.

Aus der Mongolei

In der Natur ist keine
Freude so erhaben rührend
wie die Freude einer Mutter
über das Glück eines Kindes.

Jean Paul, Hesperus

Vergnügen

In einem Weiberrocke,
In einem Bienenstocke
Steckt Schaden und Genuß,
Ergetz und auch Verdruß.

Logau, Süßbitteres

Sonderlich im Punkt der Ehre
Gab kein Weib dem Mann Gesetze;
Durft' auch nie ihm solche geben;
Das Vergnügen ist ihr Feld.

Johann Gottfried von Herder,
D. Cid, B. 1, Ges. 12

Frauen: austauschbare Instrumente für
ein stets identisches Vergnügen.

Marcel Proust

Sie verkürzen sich die Zeit mit Kopf-
rechnen; er zieht die Wurzel aus ihrer
Sinnlichkeit, und sie erhebt ihn zur
Potenz.

Karl Kraus,
Sprüche und Widersprüche,
Weib, Phantasie

Warum suchen wir das Vergnügen bei
anderen Frauen? Weil die eigene nicht
die Kunst versteht, sich zu erneuern.

Beaumarchais

Zum Erholen sind sie da, darum bin
ich auch immer gegen die sogenannten
interessanten Weiber gewesen.

Arthur Schnitzler

Mit einer Schönen geht man nicht in
den Wald, um dort Holz zu holen.

Darginisch

's ist eine der größten Himmelsgaben,
so ein lieb Ding im Arm zu haben.
(Mephisto)

Goethe, Faust I, Vers 2947f

Eine Frau lieben, das heißt, die Vergnügen vorziehen, die sie uns gewährt, gegenüber den Leiden, die sie uns zufügt.

Verfasser unbekannt

Scherz

Frauenzimmr haben in der Regel
keinen Sinn für den Scherz. Sie goutie-
ren ihn nur, wenn sie gerade in lustiger
Stimmung sind.

Grillparzer, Aphorismen

»Wonach stinkt nur Ledas Ohr,
wenn sie eng sich an mich kuschelt?«
»Nach den Zoten, Diodor,
die du ihr ins Ohr getuschelt!«

Martial/Mostar, Die Ursache

Man kann beobachten, wie Männer
höherer Stände durch die Gesellschaft
niedrigstehender Mädchen sofort veranlaßt werden, die witzige Zote in die
einfache zurücksinken zu lassen.

Sigmund Freud, Der Witz,
Die Tendenz des Witzes

Mit Frauen soll man sich nie unter-
stehen zu scherzen. (Mephisto)

Goethe, Faust I

Eine Jungfrau, ein Auge und der
Glaube lassen nicht mit sich scherzen.

Aus der Schweiz

Scherze nicht mit Weib und Geld, denn
beides ist verfehlt.
Aus Spanien

Blumen sind dazu da, daß man sie
pflückt,
Mädchen – daß man mit ihnen scherzt.

Aus Vietnam

Nichts verdirbt eine Liebschaft so sehr,
wie ein Sinn für Humor auf seiten der
Frau.
Oscar Wilde,
Eine Frau ohne Bedeutung

Beim Landvolk oder im Wirtshaus des
kleinen Mannes kann man beobachten,
daß erst das Hinzutreten der Kellnerin
oder der Wirtin die Zote zum Vorschein bringt; auf höherer sozialer
Stufe erst tritt das Gegenteil ein, macht
die Anwesenheit eines weiblichen
Wesens der Zote ein Ende.

Sigmund Freud, Der Witz,
Die Tendenz des Witzes

Heiterkeit

»Seid lustig, seid lustig«, sprach Mar-
cus, »ihr Kinder! seid lustig, wie ich,
euer Vater, nicht minder!«
»Ei Vater, ei wisset, das beste Gelächter
ist, daß Ihr uns Männer gebt«, sprachen
die Töchter.

Logau, Von des Marci Töchter

Lustige Däns (Mädchen),
tamme (zahme) Hausfrauen.

Sprichwort, münsterisch

Liebe Tochter, halte dich also gegen
deinen Mann, daß er fröhlich wird,
wenn er auf dem Heimweg des Hauses
Spitzen sieht!

Luther, Tischreden, IV

Ein Weib kann lustig und doch ehrlich
sein. Spaß ist nicht Ernst. Wohl sprach
ein weiser Mund: Das stillste Wasser
hat den tiefsten Grund. (Frau Page)

Shakespeare, Die lustigen Weiber
von Windsor, IV, 2

Frohsinn des Weibes fesselt den Mann
länger als Schönheit.

Karl Julius Weber, Demokritos, I, 4

Ein Gemüt, das sich meist in Heiterkeit
erhält ist schon darum so schön, weil
es immer auch ein genügsames und
anspruchslose ist.

Wilhelm von Humboldt,
Briefe an eine Freundin, Februar 1835

Über nichts machen wir wohl größere
Fehlschlüsse und Fehltritte als über die
weibliche Heiterkeit.

Jean Paul, Kampaner Tal, Kap. 2

Die drei fröhlichsten Dinge auf
der Welt: ein Kätzchen,
ein Zicklein und eine junge Witwe.

Aus Irland

Lachen

Wie und wann eine Frau lacht, das ist
ein Merkmal ihrer Bildung: aber im
Klange ihres Laches enthüllt sich ihre
Natur, bei sehr gebildeten Frauen
vielleicht sogar der letzte unlösbare
Rest ihrer Natur.

Friedrich Nietzsche, Menschliches
Allzumenschliches, II, 276

Es gibt drei einander ähnliche Arten
von Lächeln: das der Toten, das einer
befriedigten Frau und das geköpfter
Tiere.

Henry de Montherlant,
Erbarmen mit den Frauen

Das Lächeln einer schönen Frau kann
ein ganzes Schloß ruinieren.

Aus Japan

Schönheit ist Macht, ein Lächeln ist ihr
Schwert.

Charles Reade

Büchsen, die nicht krachen,
Jungfern, die nicht lachen,
Vögel, die nicht singen,
Wer hat Lust zu diesen Dingen?

Alter Spruch

Ein Mädchen, das lacht, ist schon halb
gewonnen.

Aus Großbritannien

Das Lachen der Frau ist eine Angel, an
der sich schon viele gefangen haben.

Aus Italien

Männer reden, Frauen lächeln sich die
Seele aus dem Leibe.

Karin Michaelis

Ein Standbild lacht nicht. Götter
dürfen, bestenfalls, lächeln.

Friedrich Luft über Greta Garbo

Ja … warum lacht die Mona Lisa?
Lacht sie über uns, wegen uns, trotz
uns, mit uns, gegen uns –
oder wie –?

Kurt Tucholsky,
Das Lächeln der Mona Lisa

»Sauer macht lustig«, hot der Ma' gsait
und hot seim Weib d'Essiggutter an
Grind g'schmisse.

Aus dem Allgäu

Mit Humor kann man Frauen am
leichtesten verführen; denn die
meisten Frauen lachen gerne, bevor
sie anfangen zu küssen.

Jerry Lewis

Glaube keinem weinenden Mann noch
einer lachenden Frau.

Aus Indien, Tamil

Man merkt auf einmal, daß deutsche
Plastik lächeln kann. Eine Frau hat
kommen müssen, um es zu zeigen.

Julius Meier-Graefe
über Renée Sintenis

Das Lachen einer warmherzigen Mutter
ist ein Klang, der durch ein langes
Menschenleben forttönen kann.

Otto von Leixner, Aus meinem Zettelkasten, Erziehung und Selbsterziehung

XXIX. Kapitel

Gefahr
Übel
Unglück
Leid
Krankheit
Zorn
Fluch
Verderben
Klagen
Tränen

Gefahr

Vier Dinge sind, o Bruder, voll
Gefahr: ...
Dem Sultan nahn, den Bösen viel
vertrauen,
Nach Weltgut streben, umgehen mit
den Frauen.

Ferid-ed-dîn Attar Pend-nameh
(aus dem Persischen)

Die Frauen sind Fallen, die den
Menschen von allen Seiten belauern,
um ihn in das Nur-Endliche zu reißen.
Sie verlieren ihre Gefährlichkeit, wenn
man in eine Falle freiwillig hinein-
springt. Überwindet man aber diese
durch Gewöhnung, so öffnen sich
wieder alle weiblichen Fangeisen.

Franz Kafka

... die Lieb' allein
Macht sicher in Gefahr;
Sie gibt dem Weib auch Mannesleib
Und Mannesherz fürwahr.

Johann Gottfried von Herder,
Stimmen d. Völker in Liedern,
Abt. 2, Bd. 3, Nr. 11

Gefährlich sind nur Dinge, die du
auf die Dauer verträgst! Ein festes
Verhältnis, die Ehe und Mehlspeisen.
Fett und die Hure sind ungefährlich.

Peter Altenberg

Die ganze Welt ist mit Schlingen,
Fallen, Netzen und Gruben zur
Gefangennahme der Männer durch
die Frauen übersät.

George Bernard Shaw,
Brief an Arthur Walkley

Irrende Ärzte, schlecht aufbewahrte
Papiere und dreiste Weiber nehmen
einem das Leben.

Aus Spanien

Mit Frauen und Schießpulver ist es
gefährlich zu spielen.

Aus Spanien

Man soll euch Mädchen auf dem Lande
Wie Mädchen aus den Städten fliehen!

Goethe, Wilhelm Meisters
Wanderjahre

Der Mann, der die Gefahr und das
Spiel liebt, sieht es gar nicht ungern,
wenn die Frau sich in eine Amazone
wandelt, wofern er nur die Hoffnung
behält, sie zu überwinden.

Simone de Beauvoir,
Das andere Geschlecht

Wir sind die Frauen, vor denen die
Männer uns gewarnt haben.

Robin Morgan

Der Anblick miteinander sprechender
Frauen hat die Männer immer schon
beunruhigt; heute heißt er Umsturz
der Rangordnung.

Germaine Greer,
Der weibliche Eununch

Die Ehefrau eines Diebes hat stets die
Witwenschaft vor Augen.

Tamil

Die Frau ist kein Raubtier. Im Gegenteil: sie ist die Beute, die dem Raubtier auflauert.

José Ortega y Gasset

Frauen befinden sich dann in besonderer Gefahr, wenn sie sich männlichem Schutz anvertrauen.

Edmund Rehwinkel

Übel

Die Frauen sind das größte Übel, das Gott jemals geschaffen hat: wenn sie auch manchmal nützlich scheinen, so werden sie doch bald ihren Herren zum Verdruß. *Semonides aus Amorgos*

Es gab noch nie ein Übel ohne ein Weib an einem Ende. *Waliser Sprichwort*

Die Weiber sind ein schönes Übel.

sagten die alten Griechen

Wie aus dem Meer das Salz, so von der Frau das Übel. *Aus Spanien*

Behüte uns Gott vor Überschwemmung, Feuersbrunst und weiblicher Plage. *Grusinisch*

Frauen und Wind sind notwendige Übel. *Aus Schottland*

Viele Ungeheuer gibt es auf der Erde und im Meer, aber das größte aller Übel ist immer noch die Frau. *Menander*

Viele Buben, viel Segen Gottes –
Viel Mädchen, viel Unheil.

Aus Deutschland

Unglück

Ich war jung und hatte das große Unglück, sehr schön zu sein. Ach, mein Herr, es gibt schier kein größeres Unglück als dieses, weil keine Ruhe, kein Friede möglich ist, weil alles nach einem verlangt. *Clemens Brentano,* Die drei Nüsse

Weiber sind im Unglück größer als Männer vermöge der weiblichen Kardinaltugend Geduld; aber im Glück sind sie wieder kleiner kraft des weiblichen Kardinalverbrechens Eitelkeit.

Karl Julius Weber, Demokritos, D. Eitelkeit

Eine anständige Frau ist eine, die nicht (oder nicht mehr) imstande ist, mehr als nur einen Mann unglücklich zu machen. *Henry de Montherlant*

Welches Unglück, ein Weib zu sein! Und doch liegt das größte Unglück darin, daß das Weib es nicht faßt.

Sören Kierkegaard

Wer Glück hat, trifft einen Freund; wer Unglück hat, eine schöne Frau.

Aus China

Das größte häusliche Unglück, das
einem Manne begegnen kann, ist, wenn
seine Frau einmal gegen ihn recht hat,
nachdem er es ihr abgestritten. Dieses
einzige kleine Recht dient ihr wie ein
Fläschchen Rosenöl; damit macht sie
zwanzig Jahre alle ihr Geräte und
Gerede wohlriechend.

Ludwig Börne

Schöne Frauen ziehen das Unheil an.

Aus China

Frauen sind im Unglück weiser als
Männer.

Aus Großbritannien

Das Weib ist ein Unglück; aber kein
Haus sollte ohne dies Übel sein.

Aus Persien

Es gibt dreierlei Unglück: in der
Jugend den Vater, im mittleren Alter
die Frau zu verlieren, im Alter ohne
Sohn zu sein.

Aus China

In des Unglücks Rock hat sich der
gekleidet,
Der ihm (sich) nahm ein Weib
(heiratete), das Vernunft nicht leidet.

Friedrich von Logau, Deutsche
Sinn-Gedichte

Leid

Nach einem persönlichen Zwiespalt
und Zanke zwischen einer Frau und
einem Manne leidet der eine Teil am
meisten bei der Vorstellung, dem anderen weh getan zu haben; während jener
am meisten bei der Vorstellung leidet,
dem anderen nicht genug weh getan zu
haben, weshalb er sich bemüht, durch
Tränen, Schluchzen und verstörte
Mienen ihm noch hinterdrein das Herz
schwer zu machen.

Friedrich Nietzsche, Menschliches
Allzumenschliches, Weib und Kind, 420

Zum Leiden bin ich auserkoren.
(Königin der Nacht)

Mozart, Die Zauberflöte

Die Frau bedarf des Leidens. Nehmen
Sie ihr ihr Leid, und Sie bringen sie um,
oder wenigstens beinahe.

Henry de Montherlant, Erbarmen mit
den Frauen, Die Aussätzigen

In den Konzentrationslagern haben die
Frauen überall die Foltern und Qualen
leichter ertragen als die Männer. Und
dies nicht nur, weil die Frau mit
Schmerzen besser fertig wird als der
Mann, sondern auch, weil sie nicht auf
die moralische Notwendigkeit des
Zurückschlagens programmiert ist und
deshalb mit dem Streß des Nicht-
zurückschlagen-Könnens besser fertig
wurde als der Mann.

Ernest Borneman, Das Patriarchat

Nur die Frauen können leiden und
dazu lächeln, als ginge sie das gar
nichts an.

Alberto Moravia

Der Mann verbeißt die Wunde und er-
liegt an der Narbe. Das Weib bekämpft
den Kummer selten und überlebt ihn
doch.

Jean Paul,
Leben des Quintus Fixlein

Wo gibt's Jammergraus,
Welchen du nicht bereits schufest,
O Bett der Frau'n, Quell des Leids?
Wahrlich, unsäglich Weh'
Brachtest du schon der Welt!

Euripides, Medea V, 1290–1292

Frauenmünze heilt viel Leid,
wer sie braucht mit Maß und Zeit.

Logau, Münze wider Traurigkeit

So du aber freiest, sündigest du nicht;
und so eine Jungfrau freiet, sündiget sie
nicht;
doch werden solche leibliche Trübsal
haben.

Paulus, 1, Korintherbrief, 7, 28

Das Mädchen wird unter Tränen zur
Frau und unter Stöhnen zur Mutter.

Henry de Montherlant, Erbarmen mit
den Frauen, Die jungen Mädchen

Not lehrt alte Weiber springen.

Deutsches Sprichwort

Die Weiber haben größere Schmerzen
als die, worüber sie weinen.

Jean Paul, Flegeljahre, T. 4, Nr. 54

Weh der Frau, die nicht im Falle der
Not ihren Mann zu stellen vermag.

Marie von Ebner-Eschenbach

Krankheit

Die Ehe hat unter den heutigen kulturellen Bedingungen längst aufgehört,
das Allheilmittel gegen die nervösen
Leiden des Weibes zu sein; und wenn
wir Ärzte auch noch immer in solchen
Fällen zu ihr raten, so wissen wir doch,
daß im Gegenteil ein Mädchen recht
gesund sein muß, um die Ehe zu »vertragen«, und raten unseren männlichen
Klienten dringend ab, ein bereits vor
der Ehe nervöses Mädchen zur Frau zu
nehmen.
Sigmund Freud,
Die »kulturelle« Sexualmoral
und die moderne Nervosität

Hysterie ist die geronnene Milch der
Mutterschaft.

Karl Kraus

Sechs Männer geben einem Arzte
weniger zu tun als eine Frau.

Aus Spanien

Zufriedenheit schützt selbst vor
Erkältung. Hat je sich ein Weib, das
sich gut bekleidet wußte, erkältet? –
Ich setze den Fall, daß es kaum
bekleidet war.
Friedrich Nietzsche,
Götzen-Dämmerung,
Sprüche und Pfeile, 25

Schöne Weiber kursierten unter den
Belagerern Neapels,
hinsank das Heer an Syphilis.

Reiner Kunze

Gewisse Weltweiber benutzen in
gewissen Fällen ihre körperliche
Ohnmacht wie Muhammed seine fal-
lende Sucht – auch ist jene diese –,
bloß um Offenbarungen, Himmel,
Eingebungen, Heiligkeit und Proselyten zu erhalten.

Jean Paul, Noten, Des Feldpredigers
Schmelzle Reise nach Flätz

Marquis: Und warum nennen Sie sie (Frau) krank?
Chevalier: Weil sie es von Natur aus ist. Zuerst ist sie krank wie alle Tiere, wenn sie heranwachsen. Dann kommen die bekannten Symptome, unter denen sie jeden Monat sechs Tage leidet. Das macht den fünften Teil ihres Lebens aus. Dann kommt die Schwangerschaft und die Zeit, in der sie stillt – genau betrachtet zwei lange und schwere Krankheiten. Den Frauen ist also gleichsam nur ein Lichtblick der Gesundheit inmitten beständiger Krankheit vergönnt. Ihren Charakter beeinfluß dieser gewöhnliche Zustand sehr. Sie sind zärtlich und anziehend wie fast alle Kranken, jäh und launisch wie die Kranken. (...) Wir pflegen sie, wir interessieren uns für sie, wir versuchen sie zu zerstreuen, zu unterhalten, dann lassen wir sie wieder in ihren Zimmern, um sie dann wieder zu besuchen, zu liebkosen, und dann ... Marquis: Sprechen Sie es nur aus, bleiben Sie nicht auf halbem Wege stehen.
Chevalier: Ja, wir versuchen sie zu heilen, indem wir ihnen eine neue Krankheit bringen.

Ferdinando Galiani,
Dialog über die Frauen

Es ist kein Weib so krank, daß es nicht könnte auf dem Rücken liegen.

Aus Rußland

Zehn alte Damen, elf Krankheiten.

Aus Deutschland

Ist der Mann krank, so verlottert die Familie, ist die Frau krank, so versiegt die Liebe.

Aus Japan

Wenn es tatsächlich einen generellen Unterschied in der Fähigkeit der Schmerztoleranz zwischen den Geschlechtern geben sollte, dann ist es zweifellos so, daß die Männer ungleich wehleidiger als die Frauen sind. Sie haben nur gelernt, ihre Wehleidigkeit zu verbergen, halten es für eine Ehrensache, daß man es ihnen nicht anmerkt, indes die Bedingungen den Frauen nahelegten, umgekehrt ihre Wehleidigkeit zu exibitionieren.

Manès Sperber,
Individuum und Gemeinschaft

Das kranke Weib insonderheit: Niemand übertrifft es in Raffinements, zu herrschen, zu drücken, zu tyrannisieren. Das kranke Weib schont dazu nichts Lebendiges, nichts Totes, es gräbt die begrabensten Dinge wieder auf. (Die Bogos sagen: »Das Weib ist eine Hyäne.«)

Friedrich Nietzsche,
Zur Generalogie der Moral,
Was bedeuten Asketische Ideale 14

Zorn

Der Zorn der Männer entlädt sich in Gewalttätigkeiten. Der Zorn der Frauen entlädt sich in Dummheit.

Henry de Montherlant,
Erbarmen mit den Frauen

Kein größern zorn man ienant spürt,
Da so ein wibsbild zornig würt;
Die wütet wie ein löwin studt,
Der man die jungen nämen dut.

Sebastian Brant, D. Narrenschif,
Nr. 64, V. bosen wibern

Ein zornig Weib ist gleich getrübter
Quelle,
unrein und sumpfig, widrig, ohne
Schönheit: Und ist sie so, wird keiner,
noch so durstig,
sie würdigen, einen Tropfen draus zu
schlürfen. (Katharina)

Shakespeare,
Der Widerspenstigen Zähmung

Ein bißchen Zwang ist allen (Weibern)
sehr willkommen.
Sie tun wer weiß wie blöd. Um Gottes
willen
Soll man auf hundert Schritt nicht nahe
kommen,
Und doch erzürnt sie nichts so sehr im
stillen,
Als wenn man ferne bleibt.

Paul Heyse, Das Feenkind, Ges. 2

Der zürnende Mann ragt wenigstens
mit dem Kopfe über die Wolken seines
Zornes hinaus, das eheliche Gewitter
grollt nur unter seinen Füßen; die Frau
aber steht mit dem Kopfe unter dem
donnernden Gewölke, und kein Strahl
des Friedens beleuchtet ihr finsteres
Gesicht.
Ludwig Börne,
Erz. Reisen, verm. Aufsätze, Nr. 17,
Über das Schmollen der Weiber

Natürlich find' ich's, daß die Frauen
Zorn ergreift,
Wofern um andre Bräute buhlt der
Ehgemahl. (Jason)

Euripides, Medea, 4, 1, 909

Eyn zornig fraw und eyn löcherichte
pfann seynd schedlich in eym hauß.

Alter deutscher Spruch

Also soll eins Weibs
Zorn und Gall
Unschädlich sein zu jedem fall.
Nur dienen zu Heyl der
Haußhaltung
Und förderung des Gsinds verwaltung.
Johann Friedrich Fischart,
D. Philosophisch Ehzuchtbüchlin,
D. Schiltkrot art v. eygenschaft

Jähzornige Frauenzimmer, gleich wie
Männer auch, sind weniger schlimm als
stille Wasser, welche tief. (Kreon)

Euripides, Medea, 319

Kein Gift ist schlimmer als Schlangen-
gift, kein Zorn schlimmer als Frauen-
zorn.
Jesus Sirach, 25, 15

Der meisten Schönen Zorn gleicht ihrer
Zärtlichkeit;
Sie dauern beide kurze Zeit.

Christian Fürchtegott Gellert,
Fab. u. Erz., B.1, Chloris

Wenn der Mann zornig ist, dann
schweigt die kluge Frau.

Aus Italien

Die böse Tochter mag die Mutter
schweigen heißen – den zornigen Sohn
bringt sie nicht zum Verstummen.

Sumerisch

Der Zorn der Mutter gleicht dem
Märzenschnee: soviel davon auch fallen
mag, er schmilzt sogleich wieder.

Tschetschenisch

Nie sollte man sich auch nur schweigend erzürnen über langes Ausbleiben der Frau, weil ja hinterher so oft die besten Gründe dafür kommen oder kommen können.

Jean Paul, Gedanken

Wie wenig doch bedarf es, daß sich erzürnt ein stolzes Weib!

D. Nibelunge Nôt,
Aventiure 14, 866

Fluch

Daß das Weib ein großer Fluch, ist klar genug
Aus diesem Umstand: unter Morgengabe schickt
Ihr eigner Vater, der sie zeugt' und auferzog,
Die Braut von hinnen, um des Fluches los zu sein. (Hippolytos)

Euripides, Hippolytos, V, 627–629

Verflucht der Vater, so tut er es bei seinem Barte; verwünscht aber die Mutter, so ist der Fluch ihrer Lippen begleitet vom Segen ihrer Brust.

Grusinisch

Eine Mutter kann des eig'nen Busens Kind,
Das sie mit Schmerz geboren, nicht verfluchen. (Isabella)

Schiller, Die Braut von Messina,
Säulenhalle

Des Vaters Segen bauet den Kindern Häuser, aber der Mutter Fluch reißt sie nieder.

Jesus Sirach, 3, 11

Ein mütterlicher Segen fegt selbst die Flüche von sieben Popen hinweg.

Aus Armenien

Verderben

Schon die Freundschaft ist gefährlich; aber die Ehe ist noch gefährlicher, denn die Frau ist und bleibt das Verderben des Mannes, wenn er ein dauerndes Verhältnis mit ihr eingeht.

Sören Kierkegaard, Entweder – Oder
Ein Lebensfragment

Wie mancher große Geist voll mächtiger Gedanken und hochfliegender Entwürfe
Ging schon zugrund' in eines Weibes Armen!

Ernst Raupach,
Die Hohenstaufen,
Kaiser Friedrich II., T. 1, III, 2

Das Weib, als geborene Götzendienerin, verdirbt den Götzen – den Gatten.

Friedrich Nietzsche, Nachgelassene Werke, Unschuld des Werdens

Wegen einer Frau kamen schon viele ins Verderben, sie versengt ihre Liebhaber wie Feuer.

Jesus Sirach, 9, 8

Ja, ihr macht gemein das Weib, dann tretet ihr's in Staub.

Rob Hamerling, Ahasver in Rom,
Ges. 2., Das Bacchanal

Man brachte einen Jüngling
zu einem weisen Mann und sagte: »Siehe, das ist einer, der durch die Weiber
verdorben wird!«
Der weise Mann schüttelte den Kopf
und lächelte. »Die Männer sind es«, rief
er, »welche die Weiber verderben: und
alles, was die Weiber fehlen, soll an den
Männern gebüßt und gebessert werden,
– denn der Mann macht sich das Bild
des Weibes, und das Weib bildet sich
nach diesem Bilde.«

Friedrich Nietzsche,
Die fröhliche Wissenschaft

Wer tollem Weibe glaubt und es
 umwirbt,
Sich Habe, Leib und Seele bald
verdirbt.

Altfranzösisches Sprichwort, 13. Jh.

Herrlich Geschöpf! Verdammnis
packe mich,
Lieb ich dich nicht! Und wenn ich
dich nicht liebe,
Dann geht die Welt zugrund. (Othello)

Shakespeare, Othello, III, 2

Klagen

… jede Frau, die über Vernachlässigung
durch ihren Mann klagt, ist eine Ehe-
brecherin oder mindestens auf dem
Wege, eine zu werden.

Hans Groß, Objektiv. d. psychische
Tätigkeit d. Vernommenen,
Unterscheidendes Moment Nr. 1.
Allgemein Differenzierendes. Einzelne
Eigenschaften der Frau, Beurteilung

Das Element der Frauen: in allen
Lebenslagen zu lästern und zu klagen.

Aus Persien

Mache nicht unerträglich den Schmerz
durch ewiges Klagen!

Sophokles, Elektra

… Männer sind die Rächer,
Ihr seid die Klageweiber der Natur.
(Ruppert)
Heinrich von Kleist,
D. Familie Schroffenstein, I, 1

… übel stimmt
Der Weiber Klage zu dem
Tun der Männer. (Wallenstein)

Schiller, Wallensteins Tod, III, 6

Das Weib will stets, man soll die
Gunst erraten,
Sie will im Spiele durch Verlust gewinnen,
Will sich das Recht der Klage
vorbehalten.

Ludwig Tieck, Kaiser Oktavianus

Tränen

Die Perlen, welche eine Braut zur
Heirat trägt, sind Tränen, die sie
vergießen wird.
Aus Spanien

Die Tränen der Mutter füllen einen
Fluß, die der Ehefrau bestenfalls ein
Bächlein.
Aus Rußland

… mir ist unleidlicher nichts als Tränen
der Weiber,
Leidenschaftlich Geschrei, das heftig
verworren beginnet,
Was mit ein wenig Vernunft sich ließe
gemächlicher schlichten.

Goethe, Hermann u. Dorothea, Urania

Niemals fehlt es Frauen an einer Träne
bei ihren Schalkheiten, niemals an einer
Entschuldigung ihres Unrechts.

Goethe, Wilhelm Meisters
Wanderjahre, I, 5

O Teufel, Teufel!
Wenn eine Saat aufging' aus Weiber-
tränen,
Von der würd' jeder Tropfen ein
Krokodil. (Othello)

Shakespeare, Othello, IV, 1

Mich hat das unglücksel'ge Weib
Vergiftet mit ihren Tränen.

Heinrich Heine, Buch der Lieder:
Die Heimkehr

Die Tränen, die unendlichen,
Der überbliebenen, der verlassenen
Frau
Zählt keine Nachwelt, und der Dichter
schweigt
Von tausend durchgeweinten Tag und
Nächten (Iphigenie).

Goethe, Iphigenie auf Tauris

Wohin man sich auch immer kehrt,
Nie darf man frei sich wähnen;
Der Mann gebietet mit dem Schwert,
Das Weib befiehlt mit Tränen.

Josef Freiherr von Auffenberg,
Gedichte

O Frauenträne, Zauber voll Gefahr,
Unwiderstehlich du und wunderbar,
Du Wehr der Schwachen, welche, wenn
es gilt,
Schirmt oder herrscht, zugleich ihr
Speer und Schild.

George Gordon Lord Byron.
Der Korsar, Ges. 2, Abschnitt 15, V, 9

… welchen Mann, er sei auch zehnmal
ein Barbar,
Weiß nicht ein Weib durch Tränen zu
bewegen?

Christian Fürchtegott Gellert,
Fabeln und Erz., B. 2.
Das Unglück der Weiber

Teures Weib, gebiete deinen Tränen.

Schiller, Hektors Abschied

Weich und tränensüchtig ist der Frauen
Herz. (Medea)

Euripides, Medea

Viele Frauen schießen mit Tränen wie
der Jäger mit Blei.

Ninon de Lenclos

Frauen haben stets eine Schachtel
Tränen in der Tasche.

Aus Italien

Die Frauen haben dreierlei Tränen:
des Leids, der Ungeduld und des
Betrugs.

Aus Holland

Weinen ist die Zuflucht der gewöhnlichen Frauen, aber der Ruin der
hübschen.

Oscar Wilde,
Lady Windermeres Fächer

Hinken beim Hunde und Tränen bei
den Frauen, wer will dem trauen?

Aus Spanien

Aufs Weinen verläßt sich das Weib, aufs
Lügen der Dieb.

Serbisch

Frauen sind zu Tränen gar geneigt.
(Aias)

Sophokles, Aias

Die Tränen einer Witwe werden vom
ersten Wind getrocknet.

Aus Spanien

Weibertränen sind kein Wasser,
sondern Fischnetze.

Aus Rußland

Eine Frau, die weint, ist geradeso
zu erbarmen wie eine Gans, die
barfuß läuft.

Aus Großbritannien

Die Stärke der Frau liegt allein in ihren
Tränen.

Aus Bengalen

Weibertränen – Jahrmarktsware.

Aus Rußland

Die reiche Witwe weint nur mit dem
einen Auge, mit dem anderen winkt sie.

Aus Spanien

XXX. Kapitel

Dulden
Geduld
Behüten
Versorgung

Dulden

»Sag', welchen Strahlenschein«,
sprach einst ein Cherubim,
»Soll wohl die Frau, der Schöpfung
Krone, tragen?«
Erwartend stand das Weib! Und sieh',
der Herr gab ihm
Die Kraft zum stillen Dulden und
Entsagen.

Gertrud Triegel, In stiller Stunde,
Frauen, Liebe, Freundschaft,
Des Weibes Krone

Erlaubt sich das Weib das Geringste, so
leidet die Ehre des Mannes dabei; je
mehr sich aber der Mann erlaubt, je
niederträchtiger er sie behandelt, und
sie erträgt das Ding alles als stille Dulderin, desto mehr Ehre macht es ihr. Es
gibt gar nichts Ausgezeichneteres für
ein Weib, als wenn sie im Renommee
als stille Dulderin ist. (Lorenz)

Nestroy, Die verhängnisvolle
Faschingsnacht, II, 2

… zum Dulden ist das Weib geschaffen.

Theodor Körner,
Knospen, Brutus' Abschied

Die erste und wichtigste Eigenschaft
einer Frau ist Sanftmut. Geboren,
um einem Manne zu gehorchen, der
unvollkommen und voller Fehler ist,
muß sie frühzeitig lernen, Ungerechtigkeit und Unrecht zu ertragen und zu
erdulden, ohne sich zu beklagen.

Jean-Jacques Rousseau

Wenn du manches an mir dulden mußt,
so ist es billig, daß ich auch wieder von
dir leide. Es ist auch so viel besser, daß
man freundlich abrechnet, als daß man
sich immer einander ähnlichen will
und, wenn das nicht reüssiert, einander
aus dem Wege geht.

Goethe an Charlotte von Stein,
Februar 1789

Geduld

Geduld: eine weibliche Tugend, weil sie
nicht Kraft zum Widerstande aufbietet,
sondern das Leiden (Dulden) durch
Gewohnheit unmerklich zu machen
hofft.

Immanuel Kant

Der Teufel hat das Suchen erfunden
und seine Großmutter das Warten.

Aus Spanien

Das Weib ist nicht das passive, sondern
das abwartende Geschlecht.

Hans Lohberger

Die geduldige Frau brät einen Ochsen
mit dem Brennglas.   *Aus China*

Die Weiber schieben gern auf, und die
Männer fahren gern zu; bei jenen gewinnt man durch Geduld, bei diesen,
z. B. bei Ministern, durch Ungeduld.

Jean Paul, Siebenkäs, Bd. 2

Leichtsinn und Geduld, zwei weibliche
Haupteigenschaften.

Morgenstern, Stufen,
Psychologisches

Wer nicht durch das Ehejoch gekro-
chen ist, kennt die Tugend der Geduld
nur halb, welche die Weiber besser
lehren als selbst lernen.

Karl Julius Weber, Demokritos, II, 21

Gehorsam und Geduld wächst nicht
gern in der Weiber Garten.

Christoph Lehmann,
Politischer Blumen-Garten, T. 1,
Glück, Nr. 57

Behüten

Der Frau ist es aufzuerlegen, daß sie
im Hause strenge behütet werde; denn
sie ist leichtfertig in der Liebe und
selbstsüchtig. Zugleich aber ist sie mehr
der Gefahr ausgesetzt, sich betrügen
zu lassen, und leistet weniger dem
Verstande Gehorsam.

Ibn Sina Avicenna,

Wie sehr ein Weib behütet sei,
Ihr sind doch die Gedanken frei.

Freidank, Bescheidenheit, Nr. 37,
Von minne u. wîben.

Ganz ehrlich: stets bleibt es bedenklich,
wenn ein Weib
Nur unter Zwang sich nicht vom
Tugendpfad entfernt. (Arist)

Molière, Die Schule der Ehemänner I, 2

Kannst du den Regen aufhalten und
die Blüte nur eine einzige Stunde ver-
längern? Oder den Apfel bewahren,
daß ihn kein Wurm sticht? Ebensowenig bist du imstande, deine Tochter zu
verschließen, wenn sie ausgehen will.

Theodor Gottlieb von Hippel,
Über die Ehe

Keine Hut ist also gut,
Als die ein Weib sich selber tut.

Freidank, Bescheidenheit, Nr. 37,
Von minne u. wîben

Ein hübsches Mädchen zu bewachen,
Wenn's in die Sommermonde schon,
Ist unter allen schlimmen Sachen
Die allerschlimmste Kommission.
(Schwalbe)
Theodor Körner,
D. Nachtwächter, Sz. 2

Die bösen Frau'n man hüten soll,
Die guten hüten selbst sich wohl.

Freidank, Bescheidenheit, Nr. 37,
Von minne u. wîben

Der hüt der heuschreck an der sunn
Und schüttet wasser in ein brunn,
Wer hütet, das sin frou blib frum.

Sebastian Brant, D. Narrenschif,
Nr. 32, V. frouen hueten

Vil narrentag und selten gut
Hat, wer sin frouen hüten dut;
Dan welch wol wil, die dut selb recht,
Welch übel wil, die macht bald
schlecht.

Sebastian Brant, D. Narrenschif,
Nr. 32, V. frouen hueten

... doch, wie man's auch treibe,
Hut ist verloren am Weibe,
Denn auf Erden lebt kein Mann,
Der eine Schlimme hüten kann.

Gottfried von Straßburg,
Tristan und Isolt

Doch für töricht muß ich halten
Daß man wahren will ein Mädchen,
Will es selber sich nicht wahren. (Ines)

Calderon, Der Richter von Zalamea, I

Nicht leicht zu hüten ist des Gartens
reife Frucht.

Äschylus, Die Schutzflehenden, 999

Leichter kann man noch sieben Mörder
verbergen als eine einzige Tochter
behüten.

Lakisch, Daghestan

Ein junges Mädchen im Haus muß
gleich einem Tiger behütet werden.

Aus China

Versorgung

Ein Zeichen für die Klugheit der Weiber ist es, daß sie es fast überall verstanden haben, sich ernähren zu lassen,
wie Drohnen im Bienenkorbe. Man er-
wäge doch aber, was das ursprünglich
bedeuten will und warum die Männer
sich nicht von den Frauen ernähren
lassen. Gewiß weil die männliche Eitelkeit und Ehrfurcht größer als die weibliche Klugheit ist; denn die Frauen haben es verstanden, sich durch Unterordnung doch den überwiegenden
Vorteil, ja die Herrschaft zu sichern.
Selbst das Pflegen der Kinder könnte
ursprünglich von der Klugheit der
Weiber als Vorwand benutzt sein, um
sich der Arbeit möglichst zu entziehen.
Auch jetzt noch verstehen sie, wenn sie
wirklich tätig sind, zum Beispiel als
Haushälterinnen, davon ein sinnever-
wirrendes Aufheben zu machen, so
daß von den Männern das Verdienst
ihrer Tätigkeit zehnfach überschätzt zu
werden pflegt.

Friedrich Nietzsche,
Menschliches, Allzumenschliches,
Weib und Kind

Was schert mich Weib, was schert mich
Kind? (...)
Laß sie betteln gehn, wenn sie hungrig
sind.
Heinrich Heine, Romanze,
Die Grenadiere, Buch der Lieder,
Abschnitt Junge Leiden

Jene Mädchen, welche allein ihrem
Jugendreize die Versorgung fürs ganze
Leben verdanken wollen und deren
Schlauheit die gewitzten Mütter noch
mehr soufflieren, wollen ganz dasselbe
wie die Hetären, nur daß sie klüger und
unehrlicher als diese sind.

Friedrich Nietzsche, Menschliches
Allzumenschliches, I, 404

Überblicken wir alle bekannten
menschlichen Gesellschaften, so finden
wir überall irgendeine Form der Familie, irgendwelche beständigen Einrich-
tungen, aufgrund derer Männer den
Frauen helfen, für die Kinder zu sorgen, solange sie klein sind. Der spezifisch menschliche Aspekt der Sache
liegt nicht in dem Schutz, den der
Mann den Frauen und Kindern ange-
deihen läßt – das haben wir mit den
hochentwickelten Tieren gemein. Er
liegt auch nicht darin, daß der Mann
ein herrenmäßiges Besitzrecht über
Frauen ausübt, um deren Gunst er mit
anderen Männern kämpft – das haben
wir ebenfalls mit den Affen gemein.
Die Besonderheit liegt vielmehr in dem
nährenden Verhalten des Mannes, der
überall bei menschlichen Wesen Nahrung für Frauen und Kinder herbeischaffen hilft.

Margaret Mead, Mann und Weib,
Das nährende Verhalten des Mannes

Sie war allein und ernährte sich mit
Brot und Linsen; sie heiratete und
ernährte sich alsdann mit Linsen und
Brot.

Arabisch

Eine Frau wird einen Mann immer nur
so weit beeindrucken wollen, daß er bei
ihr bleibt und sie – im weitesten Sinn
allerdings – ernährt.

Esther Vilar, Der dressierte Mann

Der Freigeist wird immer aufatmen,
wenn er sich endlich entschlossen hat,
jenes mutterhafte Sorgen und Bewachen,
mit welchem die Frauen um ihn walten,
von sich abzuschütteln. Was
schadet ihm denn ein rauherer Luftzug,
den man so ängstlich von ihm wehrte,
was bedeutet ein wirklicher Nachteil,
Verlust, Unfall, eine Erkrankung, Ver-
schuldung, Betörung mehr oder weniger
in seinem Leben, verglichen mit der Un-
freiheit der goldenen Wiege, des Pfauen-
schweif-Wedels und der drükkenden
Empfindung, noch dazu dankbar sein zu
müssen, weil er wie ein Säugling gewartet und verwöhnt wird? Deshalb kann
sich ihm die Milch, welche die mütterliche Gesinnung der ihn umgebenden
Frauen reicht, so leicht in Galle verwandeln.

Friedrich Nietzsche,
Menschliches Allzumenschliches,
Weib und Kind 429

Es ist lächerlich und ungerecht, daß
unsere Frauen auf Kosten unseres
Schweißes und unserer Arbeit faulen-
zen sollen. Wenn der Mann den Stoff
herbeischafft, so verlangt die Natur
selbst, daß die Frau für die Form sorge.

Montaigne, Essais 3, 9

Denn harte Knechtschaft und Schande
ist es, wenn eine Frau ihren Mann
ernährt.

Jesus Sirach, 25, 22

Man muß die Kinder doch versorgen
und sonderlich die armen Mägdelein;
wir dürfen nicht sorgen, daß sich ein
anderer ihrer annehmen wird.

Martin Luther, Tischreden oder
Colloquia, Nr. 48, Tischreden v. Tode,
§ 9 D. Martin Luthers tröstliche Reden
in seiner Tochter Krankheit und
Begräbnis

Wären die Weiber so beflissen auf die
Schönheit der Männer, so würden endlich der Regel nach die Männer schön
und eitel sein – wie es jetzt der Regel
nach die Weiber sind. Es zeigt die
Schwärmerei und vielleicht die höhere
Gesinnung des Mannes, daß er das
Weib schön will. Es zeigt den größeren
Verstand und die Nüchternheit der
Weiber (vielleicht auch ihren Mangel an
ästhetischem Sinne), daß die Weiber
auch die häßlichsten Männer annehmen;
sie sehen mehr auf die Sache, das
heißt hier: Schutz und Versorgung, die
Männer mehr auf den schönen Schein,
auf Verklärung der Existenz, selbst
wenn diese dadurch mühseliger werden
sollte.

Friedrich Nietzsche, Nachlaß,
Unschuld des Werdens, 1, 868

Das Mädchen muß durch Ehe versorgt
werden, so saß es auf der Stange, hatte
auf den Mann zu warten. Oder fing mit
List und sich selber als Köder Männer
ein, blieb auch dann unmündig, ohne
Jagdschein.

Ernst Bloch, Kampf ums neue Weib

XXXI. Kapitel

Beziehung
Umgang
Gemeinschaft
Gesellschaft
Emanzipation
Frauenbewegung
Gleichberechtigung
Ordnung
Anpassung
Verstellung

Beziehung

Deine auf Liebe gegründete Herrschaft
wird lange dauern, wenn du deine
Liebesbeziehungen selten und kostbar
machst und lebst, ihren Wert zu würdigen. Willst du deinen Mann fortwährend zu deinen Füßen sehen, so
halte ihn immer in einiger Entfernung
von deiner Person, paare aber deine
Strenge mit Bescheidenheit, und lasse
sie nicht etwa launisch erscheinen.
Zeige dich ihm zurückhaltend, aber
nicht eigensinnig. Hüte dich, daß du
dich seiner Liebe zu selten hingibst,
flöße ihm durch deine Liebesbezeu-
gungen Liebe zu dir ein und Achtung
durch deine Weigerung. Bringe es
dahin, daß er die Keuschheit seiner
Frau ehren muß, ohne Ursache zu haben, sich über ihre Kälte zu beklagen.

Jean-Jacques Rousseau, Emile, 2, 5

Das patriarchalische Liebesleben und
damit die Familie ist auf dem Objekt-
sein der Frau aufgebaut. Was der Le-
bensplan jedes Neurotikers in seiner
Beziehung zu den Mitmenschen ist –
daß sie ihm nämlich nur Objekt sein
sollen –, das war Wirklichkeit in der
Beziehung des Mannes zur Frau.

Manès Sperber, Individuum
und Gemeinschaft

… und die große Erneuerung der Welt
wird vielleicht darin bestehen, daß Mann
und Mädchen sich, befreit von allen
Irrgefühlen und Unlüsten, nicht als
Gegensätze suchen werden, sondern als
Geschwister und Nachbarn und sich
zusammentun werden als Menschen …

Rainer Maria Rilke, Briefe
an einen jungen Dichter

Das Verhältnis von Mann und Weib ist
kein anderes als das von Subjekt und
Objekt.

Otto Weininger

Der Mann kann der Frau gegenüber
wenig mehr denn Begehren empfinden,
das der Frau lästig ist; die Frau kann
dem Mann gegenüber wenig mehr denn
Zärtlichkeit empfinden, die dem Mann
lästig ist.

Henry de Montherlant,
Erbarmen mit den Frauen,
Die jungen Mädchen

… In der normalen Geschlechtsverbin-
dung (durch Liebe) hilft der Mann dem
Weib bewundern, dieses dem Mann lieben, oder der Mann hilft dem Weibe
in sich zur Mannheit, dieses dem Mann
in sich zur Weibheit. Wogegen in der
abnormen (lieblosen) Geschlechtsver-
bindung das Weib dem Manne zur
Schlange, der Mann dem Weibe zum
luziferischen Hoffartsgeist hilft.

Franz Xaver von Baader

… Denn jedes Weib ist eine Eva und
eine Ave (Maria) zugleich, und es ist
größtenteils das Werk des Mannes, ob
die eine, oder ob die andere dieser zwei
Gestalten in ihr sich herauskehrt.

Franz Xaver von Baader

Eine Frau erträgt es in gewissen
Verhältnissen, daß ein Mann sie von
seiner Liebe zu einer andern unterhält,
aber es muß der ganze Akzent auf der
Liebe liegen und nicht auf dem Gegenstand der Liebe.

Hugo von Hofmannsthal, Dichter und
Leben, Blätter für die Kunst

Offenbar ist das typische Verhalten
dieses: Die Erfüllung des sexuellen
Begehrens hat die Intention, den Mann
aus der Beziehung zu lösen, die Frau an
die Beziehung zu binden.

Georg Simmel, Das Relative und das
Absolute im Geschlechter-Problem

Eine dauernde Bindung zu einer
Frau ist nur möglich, wenn man im
Theater über dasselbe lacht.
Wenn man gemeinsam schweigen kann.
Wenn man gemeinsam trauert.

Gottfried Benn

Das Warenhausmädchen, die Steno-
typistin wird nicht geheiratet, sondern
zum erotischen Freiwild der Männer
oberer Schichten.

Manès Sperber, Individuum
und Gemeinschaft

Was den Verkehr zwischen Mann und
Frau so anregend macht, das sind die
zahlreichen Nebengedanken, die zwischen Männern als störend und ge-
schmacklos, zwischen Mann und Weib
als angenehm empfunden werden.

Chamfort, Maximen, VI

Blamier mich nicht, mein schönes Kind,
und grüß mich nicht unter den Linden;
wenn wir nachher zu Hause sind,
wird sich schon alles finden.

Heinrich Heine, Buch der Lieder,
Die Heimkehr

Die einzige Art, wie man sich zu einer
Frau verhalten kann, ist, sie zu lieben,
wenn sie hübsch ist, und eine andere zu
lieben, wenn sie es nicht ist.

Oscar Wilde

Weib, was habe ich mit dir zu schaffen?

Jesus zu Maria, Joh. 2, 4

Behandle die Frauen mit Nachsicht!
Aus krummer Rippe ward sie geschaffen,
Gott konnte sie nicht ganz gerade
machen.
Willst du sie biegen, sie bricht.

Goethe

Es ist, als ob das Weib der dunkle
Grund wäre, auf dem im Vordergrunde
der helle Mann hin und her geht, aber
vom dunklen Grunde gehoben und
getragen.

Jeremias Gotthelf, Geld und Geist

Umgang

Die Weiber verlangen das Größte und
das Kleinste zugleich; sie fordern Liebe
und auch, daß man artig gegen sie sei.

Ludwig Börne, Eine Mill.
Scheidemünze

Der Umgang mit Frauen ist das
Element guter Sitten.

Goethe, Maximen und Reflexionen

Frauen leben in der Hoffnung, daß
Männer, die mit Geld gut umgehen
können, auch gut mit Frauen
umgehen werden.

Jean-Paul Sartre

Männer werden ohne Frauen dumm,
und Frauen welken ohne Männer.

Anton Tschechow

Die vertrautesten Bekanntschaften, Verbindungen und Freundschaften erfordern zu ihrer Erhaltung einen gewissen Grad gesitteten Wesens. Wenn Männer und Frauen oder ein Mann und seine Geliebte, welche die Nächte sowohl als auch die Tage miteinander zubringen, allen Anstand völlig beiseite setzen, so wird ihre Vertraulichkeit bald in grobe Gemeinheit ausarten, die unfehlbar Ekel und Verachtung hervorbringen wird.

Chesterfield,
Briefe an seinen Sohn, 3.11.1749

Im Umgang mit Männern lernt der Mann sich selber kennen, im Umgang mit Frauen die Welt.

Ludwig Strauss, Dichtung u. Schriften

Jeder Umgang, der nicht hebt, zieht nieder und umgekehrt; deshalb sinken gewöhnlich die Männer etwas, wenn sie Frauen nehmen, während die Frauen etwas gehoben werden. Allzu geistige Männer bedürfen ebensosehr der Ehe, als sie ihr wie einer widrigen Medizin widerstreben.

Friedrich Nietzsche, Menschliches Allzumenschliches, II, 394

In vielen Gesellschaften werden Mädchen vor der Pubertät und Frauen nach dem Klimakterium sehr weitgehend wie Männer behandelt.

Margaret Mead, Mann und Frau, Der weibliche Zyklus

Man soll die Männer so nehmen, wie sie sind, und die Frauen, wie sie sein möchten.

Frank Wedekind

Altes Holz verbrauch' am Herde, Und das junge wirf in Ofen; Gib dich ab mit jungen Weibern Und mit alten Philosophen!

August Graf von Platen-Hallermund,
Gedichte, Verm. u. Gelegenheitsgedichte Spr. u. Bilder

Wir waren bisher so artig gegen die Frauen. Wehe, es kommt die Zeit, wo man, um mit einer Frau verkehren zu können, ihr vorerst auf den Mund schlagen muß.

Friedrich Nietzsche, Nachlaß, Unschuld des Werdens ,1,971

Der Meister sprach: »Mit Weibern und Knechten ist doch am schwersten auszukommen! Tritt man ihnen nahe, so werden sie unbescheiden. Hält man sich fern, so werden sie unzufrieden.«

Konfuzius, Gespräche, Lun Yü, Buch XVII, § 25, Frauen und Knechte

Deinen Pelz klopf aus mit Hitze, dein Weib jedoch mit Sanftmut.

Aus Rußland

Ein Mann spricht nicht über Angelegenheiten der inneren Gemächer, eine Frau nicht über äußere Angelegenheiten. (...) Auf den Straßen gehen die Männer rechts und die Frauen links ...

Konfuzius, Vom älteren und jüngeren DAI – Das Buch der Sitte, Verkehr der Geschlechter

Pflegst du dein Vieh nicht, so läuft es dir davon; hegst du deine Frau nicht, so läuft auch sie dir fort.

Karakalpakisch (Usbekistan)

Und ihr, Jünglinge und Jungfrauen,
meidet allen gefährlichen Umgang, alle
nächtlichen Zusammenkünfte, alles
nächtliche Beisammensein – das alles
führt zu Werken der Finsternis, zur –
Hölle. Eure jungfräuliche Würde, ihr
Jünglinge und Jungfrauen, muß euer
Stolz sein, euer kostbarstes Kleinod,
euer bestes Heiratsgut, euer Liebstes
auf der Erde.

Westermayer, Bauernpredigten,
Vom Jungfernkränzchen

Das Weib und die Gitarre muß man gut
zu stimmen wissen.

Aus Spanien

Junge Mädchen haben darauf zu achten, daß sie im Gespräch mit Herren
dieselben nie berühren, was bei lebhafter Unterhaltung ja oft unwillkürlich
geschieht. Eine fernere strenge Regel
ist, einzelner Körperteile sowie mancher intimer – das deutsche Wort erschöpft hier nicht ganz den Sinn –
Kleidungsstücke niemals Erwähnung
zu tun.   *A. Franz*, Der gute Ton, 1892

Wer mit frouen hat vil credentz (vertrauten Umgang)
Dem würt verbrent sin concientz.

Sebastian Brant, D. Narrenschif,
Nr. 13, V. Bulschaft

Wer mit Frauen umgeht, weint immer
und singt immer.

Aus Spanien

Alle Frauen wünsch' ich weit hinweg
von mir,
Sowohl in Unglückstagen als in froher
Zeit.
Denn toll und ausgelassen sind sie stets
im Glück,
In Furcht ein größeres Übel nur für
Haus und Stadt. (Eteokles)

Äschylus, Die Sieben
vor Theben, V, 170–173

Lieber fange eine Schlange und sauge
ihr Gift, als daß du mit eines andern
Weib Umgang pflegst.

Aus Indien

Wo zum Weib Du nicht die Tochter
wagen würdest zu begehren,
halte Dich zu wert, um gastlich in dem
Hause zu verkehren.

Theodor Storm, Für meine Söhne

Der Verkehr mit einer Mutter, die endlos nur widerspricht, muß schließlich
unerträglich werden, selbst wenn sie die
besten Absichten hat.

Diderot, Die Marquise de Claye

Gemeinschaft

Die Frauen wissen nichts von Verhältnissen der Gemeinschaft. Nur durch
ihren Mann hängen sie mit Staat, Kirche, Publikum etc. zusammen. Sie
leben im eigentlichen Naturstande.

Novalis, Schriften

In den meisten zivilisierten Gemeinschaften ist den Frauen jede Berührung
mit der Welt und dem Geschäftsleben
versagt geblieben. sie wurden künstlich
dumm und uninteressant gehalten.

Bertrand Russell, Ehe und Moral

Hiermit nun, sprach ich (Sokrates), und
mit dem übrigen Vorhergegangenen
hängt meiner Meinung nach zusammen
folgende Einrichtung. ... Daß diese
Weiber alle allen diesen Männern gemeinsam seien, keine aber irgendeinem
eigentümlich beiwohne, und so auch
die Kinder gemeinsam, so daß weder
ein Vater sein Kind kenne noch auch
ein Kind seinen Vater. ... Ich denke
nicht, sprach ich, daß man über die
Nützlichkeit streiten werde, daß es
nicht ganz vorzüglich gut sein müßte,
wenn die Frauen gemeinsam wären und
die Kinder gemeinsam, wenn es nur
möglich wäre; aber darüber, denke ich,
ob es möglich ist oder nicht, wird der
meiste Streit entstehen.

Platon, Politik, Siebtes Buch

Die Frau ist unmittelbarer als der Mann
auf den einzelnen Menschen ausgerichtet, ihr Interesse liegt weniger als das
des Mannes im Grundsätzlichen und
bei den abstrakten Fragen.

Arnold Gehlen, Die Stellung der Frau
in der Gesellschaft von heute

Die Männer denken mehr auf das
einzelne, auf das Gegenwärtige,
und das mit Recht, weil sie zu tun,
zu wirken berufen sind; die Weiber
hingegen mehr auf das, was im Leben
zusammenhängt, und das mit gleichem
Rechte, weil ihr Schicksal, das Schicksal
ihrer Familien an diesen Zusammenhang geknüpft ist und auch gerade
dieses Zusammenhängende von ihnen
gefördert wird.

Goethe,
Die Wahlverwandtschaften, I, 1

Es ist merkwürdig, daß das weibliche
Geschlecht in Ansehung dessen, was
das gemeine Beste betrifft, völlig gleichgültig sei; daß, ob sie gleich nicht immer in Ansehung einzelner Personen,
die sie kennen, lieblos sind, doch die
Idee vom Ganzen ganz und gar keine
bewegende Kraft hat; solange das noch
unangetastet bleibt, was ihre besondere
Neigung interessiert, so sehen sie den
Lauf der Dinge, wie er geht, ohne daß
er sie anficht.

Immanuel Kant, Nachlaß

Gesellschaft

Ein Weib kann sich selbst nicht treu
sein in unserer heutigen Gesellschaft,
die eine ausschließlich männliche
Gesellschaft ist – mit Gesetzen, die von
Männern geschrieben sind, und
mit Anklägern und Richtern, die die
weibliche Handlungsweise vom
männlichen Standpunkt aus beurteilen.

Henrik Ibsen, Entwurf zu Nora

Die Gesellschaft! Wie verhärtet sie das
Herz, wie frivol macht sie den Geist!
Wie macht sie uns dafür leben, was man
von uns sagen wird!

Madame de Staël, Corinne, 7

Unsere Gesellschaft betrachtet die
Frau nicht als Wert an sich, sondern
als Mittel zur Befriedigung männlicher
Bedürfnisse.

George Bernard Shaw,
The Womanly Woman

Sowohl in England als in Amerika, wo
der industrielle Typus im gesellschaftlichen Aufbau am höchsten entwickelt
ist, hat die gesetzliche Stellung der Frau
eine höhere Ausbildung erreicht als auf
dem Kontinent, wo das kriegerische
Wesen sich schärfer ausprägt.

Herbert Spencer,
Die Rechte der Frau

Die Reihenfolge der Rangordnung (auf Bali) ist interessant: Zuerst kommen die Unverheirateten, die definitionsgemäß unvollkommen sind, mit Ausnahme des brahmanischen Mädchens, das aus eigenem Entschluß Priesterin geworden und deshalb von der Ehe befreit ist (das heißt, sie hat einen Stand erreicht, der normalerweise nur von wenigen Brahmanenfrauen in der Ehe erreicht wird, und sie kann nicht mehr weiter steigen; Heirat im weltlichen Sinn würde einen Schritt zurück bedeuten). Dann kommen die Verheirateten, die nur Mädchen gezeugt haben; dann die kinderlosen Verheirateten und schließlich die Verheirateten, die wenigstens ein männliches Kind gezeugt haben.

Margaret Mead, Mann und Weib,
Nötigung zur Vaterschaft

Wie auch immer die zukünftige Gesellschaft aussehen mag, in der Frauen und Männer endlich jene Erfüllung finden werden, die das Patriarchat ihnen rund fünf Jahrtausende lang versagt hat, eines ist sicher: Es kann nie wieder eine Kultur der Monogamie, nie wieder der Familie, nie wieder des Einzelhaushalts einer einzelnen Frau mit einem einzelnen Manne und ihren Kindern sein.

Ernest Borneman, Das Patriarchat

Es gibt viele primitive Gesellschaften, in denen die Rezeptivität alles ist, was von den Frauen erwartet oder verlangt wird, in denen die kleinen Mädchen von ihren Müttern und aus der Art, wie ihre Väter ihren Kopf tätscheln oder sie zart an sich drücken, lernen, daß man von Frauen erwartet, rezeptiv und nicht aktiv oder ausdrücklich sexuell zu sein.

Margaret Mead, Mann und Frau,
Erwartete Rezeptivität

Eines der bedeutendsten Merkmale der neuen Stadt-Gesellschaft war, daß sie sich auf das Prinzip der patriarchalischen Herrschaft gründete, zu deren Wesen das Prinzip der Kontrolle gehört: das Prinzip der Herrschaft über die Natur, über die Sklaven, über Frauen und Kinder.

Erich Fromm, Anatomie der
menschlichen Destruktivität

Ist es nicht Zeit, daß unter uns Frauen eine Revolution beginnt? Sollen wir immer nur vereinzelt sein? Werden wir nie an der Gestaltung der Gesellschaft tätigen Anteil nehmen? Die Frau ist frei geboren und von Rechts wegen dem Manne gleich. Die Frau trägt ebenso wie der Mann zum Vermögen des Staates bei.

Olympe de Gouges

So enden wir schließlich bei dem widerspruchsvollen Bild einer Gesellschaft, die ihre Tür den Frauen weit geöffnet hat, ihnen aber gleichzeitig sagt, daß der Erfolg schädlich sei – für ihre eigenen Heiratschancen und für die überholten Männer.

Margaret Mead, Mann und Weib,
Die beiden Geschlechter im
heutigen Amerika

Einfach gesagt, müssen Männer es als Kinder lernen, Kinder zeugen und aufziehen zu wollen und eine Gesellschaft aufrechtzuerhalten, in der Kinder ebenso gepflegt wie gegen Feinde geschützt werden. Andererseits müssen die Frauen es lernen, Kinder ausschließlich unter sozial vorgeschriebenen Bedingungen haben zu wollen.

Margaret Mead, Mann und Weib,
Frauen verrichten Männerarbeit

Beim Ausgang der Revolution genießt die
Frau die Freiheit der Anarchie. Als sich
aber die Gesellschaft von neuem organi-
siert, wird sie wieder erheblich versklavt.

Simone de Beauvoir,
Das andere Geschlecht

Was vermag man über eine Frau in
der Gesellschaft? Nichts! In der
Einsamkeit? Alles!

Jules Michelet,
Die Liebe, K. 4

Emanzipation

Das Sexmonopol von Männern über
Frauen sichert ihnen gleichzeitig das
emotionale Monopol (Frauen verlieben
sich selbstverständlich nur in Männer),
das soziale Monopol (Frauen sind zur
sozialen Anerkennung auf die Ehe,
mindestens aber auf die Männerbezie-
hung angewiesen) und das ökonomi-
sche Monopol (Frauen akzeptieren
»aus Liebe zum Mann« Gratisarbeit im
Haus und Zuverdiener-Jobs im Beruf).
Darum kann nur die Erschütterung des
männlichen Sexmonopols von Grund
auf die Geschlechterrolle ins Wanken
bringen.
Alice Schwarzer

Kurz, die Emanzipation des Weibes ist
eine Sache und Frage der allgemeinen
Gerechtigkeit und Gleichheit, die jetzt
die Menschheit anstrebt, eine Bestre-
bung, deren sie sich rühmt, aber vergeblich, wenn sie davon das Weib
ausschließt.
Ludwig Feuerbach,
Brief an Wilhelm Bolin

Abgesehen von allen anderen Verände-
rungen, die eintreten müssen, damit die
Frau sich wirklich emanzipiere, ist es
auch notwendig, daß der Mann sich sei-
nerseits von seiner Männerideologie
emanzipiert. Befreite Frauen sind vereinsamt, wenn sie es mit Männern zu
tun haben, die sich nicht befreit haben.

Manès Sperber, Individuum
und Gemeinschaft

Falls die Emanzipation nur oder
hauptsächlich darin besteht, daß die
Frau an dem gesellschaftlich bestehenden Berufssystem, an der gesellschaftlich bestehenden Teilung der Arbeit
ihren Anteil hat, größeren Anteil als zuvor, dann heißt das nur, daß die Frau im
gleichen Maße auch an der Repression,
die in dieser gesellschaftlichen Teilung
der Arbeit sich ausdrückt, Anteil hat,
das heißt, daß sie jetzt derselben Repression ausgesetzt ist, der früher der
Mann als Berufstätiger ausgesetzt war.
In diesem Sinne kann man in einer noch
repressiven Gesellschaft von einer wirklichen Emanzipation der Frau nicht
sprechen, weil hier die Emanzipation
nie über die gesellschaftliche Repression
hinausgeht.
Herbert Marcuse

Wenn das Wort eines Philosophen, daß
das Familienleben die innere Geschichte der Nation sei, auch in der politischen Praxis zu Ehren und Anerkennung gekommen ist, dann ist die echte
»Emanzipation der Frauen« vollzogen.

Wilhelm Heinrich Riehl, Die Familie

Das Streben der Weiber nach Emanzipation ist wie ein ewiger Ruf, daß sie
von der Natur um drei Unzen Gehirn
betrogen worden sind. Sie glauben eben
immer, beim Krämer zu stehen.

Arthur Schnitzler, Kleine Sprüche,
Freundschaft, Frauen

Die weiblichen Demagogen sind gebildete Frauen, Blaustrümpfe, die ihr Geschlecht verleugnen, vornehme Damen, die monatelang in den Logen der Parlamente zuhörten, weil sie zu Hause nichts zu thun hatten. Eine Frau, die an die Gleichstellung ihres Geschlechts mit den Männern denkt, muß bereits sehr viele confuse Bücher gelesen haben. Von selber verfällt eine deutsche Frau noch nicht auf den Gedanken der »Emanzipation der Frauen.«

Wilhelm Heinrich Riehl, Die Familie

Wenn Frauen eine sichtbare Besserung ihrer Bedingungen erreichen wollen, müssen sie, soviel scheint sicher, die Heirat verweigern. Man kann von keinem Arbeiter erwarten, daß er einen Vertrag auf Lebenszeit unterschreibt: täte er das, könnte sein Arbeitgeber jeden Anspruch auf besseren Lohn und bessere Bedingungen in den Wind schlagen.

Germaine Greer,
Der weibliche Eunuch

Kann im Weibe der kategorische Imperativ* … lebendig werden? Wird sich das Weib unter die sittliche Idee, unter die Idee der Menschheit stellen? Denn einzig das wäre Frauen-Emanzipation.

* Kategorischer Imperativ von Kant: »Handle nur nach derjenigen Maxime, durch die du zugleich wollen kannst, daß sie ein allgemeines Gesetz werde.«

Otto Weininger, Geschlecht und Charakter, Die emanzipierten Frauen, Teil II

Wenn Frauen unter Emanzipation die Übernahme der maskulinen Rolle verstehen, sind wir in der Tat verloren.

Germaine Greer,
Der weibliche Eunuch

»Emanzipation des Weibes« – das ist der Instinkthaß des mißratenen, das heißt gebäruntüchtigen Weibes gegen das wohlgeratene – der Kampf gegen den »Mann« ist immer nur Mittel, Vorwand, Taktik. Sie wollen, indem sie sich hinaufheben, als »Weib an sich« als »höhers Weib«, als »Idealistin« von Weib, das allgemeine Rang-Nivau des Weibes herunterbringen; kein sichereres Mittel dazu als Gymnasial-Bildung, Hosen und politische Stimmvieh-Rechte. Im Grunde sind die Emanzipierten die Anarchisten in der Welt des »Ewigweiblichen«, die Schlechtweggekommenen, deren unterster Instinkt Rache ist.

Friedrich Nietzsche, Ecce Homo,
Warum ich so gute Bücher schreibe, 5

Die Befreiung der Frau kann nur durch die Befreiung von der Geschlechtlichkeit erfolgen. Einerlei welche Rechte sie sich erkämpft, einerlei wie weit es ihr gelingt, die Vorurteile gegen sie abzubauen, einerlei wie weit die Angleichung der Löhne beider Geschlechter fortschreitet, drei biologische Benachteiligungen bleiben vorerst noch erhalten: Menstruation, Schwangerschaft, Verwundbarkeit der Mammae. Ehe wir nicht alle drei beseitigt haben, kann es keine Gleichheit der Geschlechter geben.

Ernest Borneman,
Das Patriarchat

Wenn es eine Emanzipation der Frauen gibt, so ist es die, daß sie sich einen Schmuck, der ihre Stirn zieren könnte, nicht rauben lassen, daß sie jenes Zepter der Gesellschaft, welches ihnen die moderne Bildung seit einem Jahrhundert überantwortet, nach wie vor in Händen halten.

Karl Gutzkow, Skizzenbuch

Es verrät Korruption der Instinkte –
noch abgesehen davon, daß es schlechten Geschmack verrät –, wenn ein Weib
sich gerade auf Madame Roland oder
Madame de Staël oder Monsieur George
Sand beruft, wie als ob damit etwas zugunsten des »Weibs an sich« bewiesen
wäre. Unter Männern sind die Genannten die drei komischen Weiber an sich –
nichts mehr! – und gerade die besten
unfreiwilligen Gegen-Argumente gegen
Emanzipation und weibliche Selbst-
herrlichkeit.

Friedrich Nietzsche, Jenseits von Gut
und Böse, Unsere Tugenden, 233

Jeder Versuch einer Befreiung der
Frauen wird sich darum kollektiv und
auch individuell direkt gegen männliche
Privilegien richten müssen, das heißt,
auch gegen den eigenen Mann.

Alice Schwarzer

Die Emanzipation der Frau ist ein
Bestandteil der demokratischen Bewegung. Sie beginnt mit der Französischen
Revolution, die … das Erbrecht zugunsten der Töchter änderte.

Bertrand Russell, Ehe und Moral

… je näher die Frau, organisch sowohl
wie psychologisch, dem Arbeitsprozeß
kommt, desto geringer wird die Lustfähigkeit. Wenn man dem weiter nach-
geht, dann würde das heißen, daß die
Berufsemanzipation der Frau in der bestehenden Gesellschaft – und ich unter-
streiche: in der bestehenden Gesellschaft – auch negativ zurückwirkt auf
die Lustfähigkeit. Aber das ist eine
äußerst zwiespältige, problematische
Sache, weil es natürlich nie so formu-
liert werden darf, als ob man nun gegen
die Berufsemanzipation der Frau sei.

Herbert Marcuse

Trotz aller Modernität, trotz der
– halben – Emanzipation ist's der Frau
aufgegeben, die weibliche Rolle als eine
der männlichen unterlegene und un-
selbständige anzuerkennen.

Manès Sperber, Individuum
und Gemeinschaft

Die wichtigste Methode bei der
Befreiung der Frau ist die Ablegung
von Zwanghaftigkeit und Zwängen und
die Einsetzung des Lustprinzips.

Germaine Greer,
Der weibliche Eunuch

Frauenbewegung

Die Frauenbewegung reicht also immer
noch dazu aus, eine partiale Utopie zu
bilden, so wie sie in den bisherigen
Gesamtutopien eine gebildet hat.

Ernst Bloch, Kampf ums neue Weib

Die Frauen waren gerade dabei, die
Startrampe zu erklimmen, als ein
großes Unglück sie ereilte: Freud.

Benôit Groult, Ainsi soit-elle

Der Radikalismus der bürgerlichen
Frauenbewegung, der sich im Kampf
gegen den Mann erschöpft und dabei
übersieht, daß es »den« Mann überhaupt
nicht gibt, sondern nur den vom Patriarchat geformten, seiner eigentlichen
Natur bereits entfremdeten Mann, ist
ein oberflächlicher, ein nur scheinbarer
Radikalismus, weil er dem Patriarchat
nichts Kreatives gegenüberzustellen
vermag.

Ernest Borneman, Das Patriarchat

Eine Frau, die sich irgendeiner Bewegung anschließt, die von ihrem Gatten mißbilligt wird, macht sich zur Märtyrerin, ohne dabei die Möglichkeit zu haben, ein Apostel zu werden, denn ihr Mann kann ihrem Aposteltum einen gesetzlichen Riegel vorschieben. Man kann daher nicht erwarten, daß die Frauen selbst sich der Emanzipation ihres Geschlechts widmen sollen, ehe nicht eine beträchtliche Anzahl von Männern vorbereitet ist, sich mit ihnen zu dem Unternehmen zu verbinden.

John Stuart Mill

Erst wenn die Frauenbewegung dem Patriarchat ein geschlossenes, in jeder Hinsicht vom Männerrecht emanzipiertes Weltbild entgegenzustellen hat, kann sie hoffen, nicht nur bürgerliche, sondern auch proletarische Frauen, vor allem aber auch die proletarischen Männer für sich zu gewinnen, denn ohne deren Unterstützung ist und bleibt sie eine entwurzelte Minderheit, die nie einen Deut an der Realität der Klassengesellschaft ändern wird.

Ernest Borneman, Das Patriarchat

Heute hat die Frauenbewegung ihre Ziele weithin erreicht – wir stehen nicht mehr ihrem Kampf, sondern dessen Resultaten gegenüber.

Gertrud von le Fort,
Die Frau in der Zeit

Frauen sind kriegerischen Einflüssen noch mehr ausgesetzt als Männer. Wer auf den Sieg der Frauenbewegung rechnete zur Sicherung des Friedens, befand sich im Irrtum.

Romain Rolland, Tagebuch 1914–1919

Die materiellen Voraussetzungen zur Rebellion sind nur wenigen Frauen gegeben. Verachten sich die Frauen also? Keineswegs: Sie betrügen sich selbst, indem sie sich einreden, … daß die reine und erhebende Qualität der Liebe … das Leben der Frau exaltiert. Diejenigen, die Ideale zerstören wollen, werden meist als Feinde der Gesellschaft denunziert, aber in Wirklichkeit reinigen sie die Welt von Lügen.

George Bernard Shaw,
The Womanly Woman

Die organisierten Frauenbefreierinnen sind eine Minorität mit großer Publicity; wo immer ein feministisches Thema diskutiert wird, sieht man die gleichen Gesichter.

Germaine Greer,
Der weibliche Eunuch

Die Auflehnung der Frau gegen die beherrschende Stellung des Mannes ist eine Bewegung, die im rein politischen Sinne praktisch abgeschlossen ist, im weiteren Sinne aber noch in den Anfängen steckt.

Bertrand Russell, Ehe und Moral

In der Antike auch beginnen
Die ersten Frauenrechtlerinnen.
Es schwuren, keinen Mann zu schonen,
Die kriegerischen Amazonen.
Eins leuchtet uns dabei nicht ein:
Sie sollen hübsch gewesen sein –
Hat doch das weibliche Geschlecht,
Sofern es hübsch ist, immer recht!

Eugen Roth,
Die Frau in der Weltgeschichte

Gleichberechtigung

Befragen wir die Erfahrung, so werden wir die Ursache in ihrer (Frau) Schwäche erblicken. Denn nirgends ist es vorgekommen, daß Männer und Frauen nebeneinander regierten, sondern überall auf der ganzen Erde, wo Männer und Frauen leben, sehen wir, daß die Männer regieren und die Frauen regiert werden und daß beide Geschlechter bei diesem Verhältnis in Eintracht leben. Wären die Frauen von Natur den Männern gleichwertig und würden sie an Seelenstärke und Geist, worin die menschliche Macht und damit das Recht besteht, ebenso tüchtig sein, so müßte es doch unter so vielen und so verschiedenen Völkern einige geben, wo beide Geschlechter nebeneinander auf gleichem Fuß, und andere, wo Frauen die Männer regierten und so erziehen, daß sie ihnen geistig untergeordnet sind. Da dies aber nirgends der Fall ist, so darf man entschieden behaupten, daß Frauen von Natur nicht das gleiche Recht haben wie Männer, sondern ihnen nachstehen, weshalb es eine Unmöglichkeit ist, daß beide Geschlechter in gleicher Weise regieren, geschweige denn, daß Männer von Frauen regiert werden.

Benedict Spinoza

Wenn man also Männer und Frauen zunächst nur als selbständige Glieder einer Gesellschaft betrachtet, die beiderseitig so gut als möglich für sich selbst zu sorgen haben, so ergibt sich, daß den Frauen billigerweise keinerlei Einschränkungen hinsichtlich ihrer Beschäftigung, ihres Berufs oder irgendeiner andern Laufbahn, die sie einzuschlagen wünschen könnten, auferlegt werden dürfen.

Herbert Spencer, Die Rechte der Frau

Zuvörderst beruht die günstige Meinung für das gegenwärtige System, welches das schwächere Geschlecht dem stärkeren gänzlich unterordnet, nur auf Theorie, denn man hat niemals mit einem andern nur einen Versuch gemacht, so daß also die Erfahrung in diesem Falle durchaus kein Urteil abzugeben vermag.

John Stuart Mill,
Die Hörigkeit der Frau, 1. Kapitel

Die Weiber werden ebensogut wie die Männer geköpft; warum sollen sie nicht auch Bürgerkronen verdienen können, warum sollen ihnen nicht die Mittel gegeben, die Bahnen geöffnet werden, solche zu verdienen?

Ludwig Feuerbach,
Brief an Wilhelm Bolin

Das Stimmrecht der Frau … ist das Grab der glücklichen Ehe, Frauen stimmen mit den Männern auch in vielen anderen Dingen als in politischen nicht überein, in ihren religiösen Auffassungen zum Beispiel. Warum legt man ein so großes Gewicht gerade auf die Verschiedenheit politischer Ansichten zwischen Eheleuten? Diesen unwürdigen und unmündigen Zustand gilt es zu beenden. Das Frauenstimmrecht wird dabei nicht nur auf die Gesetzgebung Einfluß nehmen, sondern auch ein neues selbstbewußtes Geschlecht hervorbringen.

Hedwig Dohm

Gleichberechtigung zwischen Mann und Frau ist nur möglich, wenn die Frau sich unterordnet.   *Martial*

Echte Gleichberechtigung von Mann und Frau kann nur innerhalb des Prozesses der sozialistischen Umwandlung der ganzen Gesellschaft verwirklicht werden. (1955)

Mao Tse-tung

»Gleichberechtigung« in der patriarchalischen Gesellschaft bedeutet stets Angleichung an die Wertmaßstäbe des Patriarchats, und diese zerstören nicht nur die Frau, sondern auch den Mann selber, weil das Patriarchat nicht nur die Diktatur des Mannes über Frau und Kind, sondern auch die Ideologie eines ausbeuterischen Produktionssystems ist, das alle Beteiligten korrumpiert: nicht nur die Unterdrückten, sondern auch die Unterdrücker, nicht nur die Ausgebeuteten, sondern auch die Ausbeuter.

Ernest Borneman,
Das Patriarchat

Die Sowjetunion kennt keine Frauenfrage mehr, weil sie die Arbeiterfrage gelöst hat; wo Herr und Knecht aufhören, verschwindet auch die Unterschicht: Weib.

Ernst Bloch,
Kampf ums neue Weib

Es wird der Sieg nicht von dem Lande weichen, wo Frau und Mann im Recht sich gleichen.

Sowjetrussisch

Statt Recht auf selbstgewählte Liebe, freies Leben kam die Öde des Büros, meist mit untergeordneter Stellung dazu. Kaum war das Stimmrecht errungen, so hatte das Parlament weniger zu sagen als je zuvor; kaum gingen den Frauen die Hörsäle auf, so begann die Krise der Wissenschaft.

Ernst Bloch

Solange also die Frauen nicht in gleicher Zahl und Bedeutung im Heere und in der Kriegsflotte tätig sind wie die Männer, kann offenbar vom ethischen Standpunkt aus die Frage von den gleichen sogenannten »politischen Rechten« der Frauen erst dann aufgeworfen werden, wenn wir einmal den Zustand eines ewigen Friedens erreicht haben.

Herbert Spencer,
Die Rechte der Frau

Moderne Frauenrechtlerinnen sind nicht mehr wie ihre Kolleginnen vor dreißig Jahren darauf aus, den »Lastern« der Männer zu Leibe zu gehen, sondern fordern viel eher, daß man auch ihnen erlaubt, was den Männern erlaubt ist.

Bertrand Russell,
Ehe und Moral

Das in den bisherigen Männergesellschaften so wenig erklärte, so wenig über die bloße Familie hinaus bestimmte Geschlechtswesen Weib tritt als Problem auch hinter der ökonomischen-sozialen Befreiung wieder hervor.

Ernst Bloch,
Kampf ums neue Weib

Die Frauenquote ist ein schlechter Krückstock in der Demokratie, diese Ansicht vertrete ich auch heute noch. Aber wenn die anderen Wege versagen, greift man auch zu einem Krückstock …

Rita Süssmuth

Nichts hat das Weib teurer erkauft als ihre Gleichstellung mit dem Mann; denn während sie früher verehrt wurde, wird sie nun nur anerkannt.

K. Peltzer, An den Rand geschrieben

Der Kampf um gleiche Rechte ist sogar
ein Symptom von Krankheit: Jeder Arzt
weiß das. – Das Weib, je mehr Weib es
ist, wehrt sich ja mit Händen und Füßen
gegen Rechte überhaupt: Der Naturzu-
stand, der ewige Krieg zwischen den
Geschlechtern gibt ihm ja bei weitem
den ersten Rang.

Friedrich Nietzsche, Ecce Homo,
Warum ich so gute Bücher schreibe, 5

Wer keine Frauenquote will, muß die
Frauen wollen.
Rita Süssmuth

Eine Frau, gleichgestellt, wird überlegen.
Sokrates

Die Gleichberechtigung der Frau
verstößt gegen das göttliche Sitten-
gesetz.
Würmeling

Sobald der Mann die Gleichberechtigung der Frau anerkennt, betrachtet er
sie nicht mehr als sein Eigentum.
Nicolai G. Tschernyschewski, Traum

Die Frauen sind Menschen und müssen
als solche behandelt werden, auch wenn
sie selbst das nie wollen würden. Frau
und Mann haben gleiche Rechte.

Otto Weininger,
Geschlecht und Charakter,
Die emanzipierten Frauen, II

Ordnung

Ordnung – das ist das Ideal der gebundenen Form, und Ordnung ist das einzige unpersönliche Ideal des Weibes,
und vielleicht erklärt es der nicht bloß
im Haushalt bestätigte Ordnungssinn
der Frauen, daß sie als Herrscher sich
nicht so übel bewährt haben und nach
Stuart Mill die bestgeordneten Staaten
Indiens zumeist von Frauen regiert
werden.
Carl Joel,
Die Frauen in der Philosophie

Bei Nacht geht sie nur mit Laterne. Die
Seidenraupenzucht und das Spinnen und
Weben besorgt sie, und die Haustiere
zieht sie innerhalb des Hauses auf. Das
heißt ihre Zuverlässigkeit. Dadurch
bringt sie die weiblichen Geisteskräfte in
Ordnung.
Konfuzius,
Vom älteren und jüngeren DAI –
Das Buch der Sitte, Mann und Frau

Eine unordentliche Ehefrau braucht
einen blinden Mann.
Aus Daghestan

Es gibt ein gutes Prinzip, das die
Ordnung, das Licht und den Mann,
und ein schlechtes Prinzip, das das
Chaos, die Finsternis und die Frau
geschaffen hat.
Pythagoras

Heiraten ist der immer neue männliche
Versuch, das Unordenbare zu ordnen;
bei diesem Anlasse wird der jeweils in
Frage kommenden Frau noch bessere
Gelegenheit gemacht, das ewig gleiche
Chaos ins Leben ihres Mannes einzu-
schleppen; womit der Ordnungsver-
such auf Null ausgeht.

Heimito von Doderer

Es ist auffallend, daß der Sinn für die
Reinlichkeit eine ganz besondere Bedeutung in Holland, wo die Frauen frigide
sind, und in den puritanischen Ländern
annimmt, die den Freuden des Körpers
ein Ideal der Ordnung und Sauberkeit
entgegenstellen.
Simone de Beauvoir,
Das andere Geschlecht

Anpassung

Der Mann macht sich das Bild des Weibes, und das Weib bildet sich nach diesem Bilde.

Friedrich Nietzsche

Der Mann hat Geschmack für sich, die Frau macht sich selbst zum Gegenstande des Geschmacks für jedermann.

Immanuel Kant, Anthropologie, Der Charakter des Geschlechts

Weiber werden aus Liebe ganz zu dem, als was sie in der Vorstellung der Männer, von denen sie geliebt werden, leben.

Friedrich Nietzsche, Menschliches, Allzumenschliches, Weib und Kind, 400

Nichts in der Welt ist so unvorteilhaft für eine Frau wie ein nicht anpassungs- fähiges Gewissen.

Oscar Wilde, Lady Windermeres Fächer

Eine Frau, die sich nicht anpaßt, entwertet sich sexuell und infolge- dessen sozial, da die Gesellschaft sich die sexuellen Werturteile zu eigen gemacht hat.

Simone de Beauvoir, Das andere Geschlecht

Arbeitest du, so füge dich dem Willen deines Arbeitgebers, schläfst du, so passe dich deinem Manne an.

Aus Vietnam

Die Frauen sind Schuhe; wenn man sie lange trägt, werden sie Pantoffeln.

Aus Deutschland

Das Weib in der Kirche eine Heilige; ein Engel auf der Straße; eine Ziege auf dem Felde; zu Hause eine Elster.

Aus Spanien

Verstellung

Die Natur hat den Frauen nur ein Mittel gegeben, sich zu verteidigen und zu schützen: die Verstellung. Diese ist ihnen angeboren und ihre Verwendung so natürlich wie für das Tier die Anwendung seiner Waffen; ja, sie fühlt sich hierbei bis zu einem gewissen Grade im Recht.

Schopenhauer, Parerga undParalipomena

Außer Haus – der reinste Engel, daheim – der ausgekochteste Teufel.

Tamil

... das weibliche Geschlecht, das bekanntlich zum französischen Nationalcharakter eine gewisse Wahl- verwandtschaft hat, weil es die Eitel- keit und die Neigung zu Verstellung und Komödienspielen mit ihm teilt.

Eduard von Hartmann, Phänomenologie des sittlichen Bewußtseins

's ist keine wüst und dumm, die nicht dazu
So wüstes Zeug wie Weise und Schöne tu. (Jago) *Shakespeare,* Othello, II, 1

Daraus, daß dir eine Frau ihre Leiden
sanft und resignierend erzählt, ziehe
keinen Schluß, daß sie sie so ertragen
hat.
Jean Paul,
Trümmer eines Ehespiegels,
Herbstblumine

Eine Frau kann zuweilen einem Manne
ihre Liebe zu ihm vollständig verbergen, und umgekehrt kann ein Mann
einer Frau Liebe vorheucheln, doch nur
wenn er nicht anderweitig wirklich
liebt.
La Bruyère, Caractères, 1, 11

Die Weiber spielen auf der Bühne die
Rolle der An- und Verstellung viel besser
als die der Aufrichtigkeit, denn jene ist
Rolle in der Rolle, diese nur Rolle. Doch
oft scheinen sie sich uns vorher verstellt
zu haben, bloß weil sie sich nur nachher
zu schnell veränderten, ja meistens wird
selber das Verstellen Verändern und
Schein sein.
Jean Paul,
Bemerkungen über den Menschen,
Herbstblumine

Ach, jede Frau zu jeder Frist
spielt immer das, was sie nicht ist!
Gerade das erfahrene Mädchen
spielt gern das kleistisch-keusche
Käthchen; die sinnenheiß die Lulu spielt,
zeigt sich beim Lieben tiefgekühlt;
die Du gerührt als Gretchen siehst,
die ist ein Biest!
Hermann Mostar,
In diesem Sinn Dein Onkel Franz,
Fünfte Epistel

Frauen müssen eine Menge Dinge zu
fühlen vorgeben, die sie tatsächlich
nicht fühlen. (Frau Warren)
George Bernard Shaw,
Frau Warrens Gewerbe

Solang sie schön sind, tun sie garstig;
Und sind sie garstig, tun sie schön.
Altklug gebärden sich die Jungen
Und jugendlich die Ältlichen.
Rückert, Erbauliches und
Beschauliches aus dem Morgenlande,
Die Schönen von Bagdad

Ich wollte lieber bei Löwen und
Drachen wohnen denn bei einem
bösen Weibe. Wenn sie böse wird,
so verstellet sie ihre Gebärde und
wird so scheußlich wie ein Sack. Ihr
Mann muß sich ihrer schämen., und
wenn man es ihm vorwirft, so tut es
ihm im Herzen wehe.
Jesus Sirach, 25, 22

Manche Menschen äußern schon eine
Gabe, sich dumm zu stellen, ehe sie
klug sind; die Mädchen haben diese
Gabe sehr oft.
Georg Christoph Lichtenberg

Wo du mißtraust und des Mannes
freundliche Miene
Dir verdächtig dünkt, da rat' ich dir
dennoch,
Wie gläubig zu lächeln und glimpflich
zu reden,
Was du selbst nicht glaubst. Mit
gleicher Münze
Heißt das geziemend den Heuchler
bezahlen.
Hâvamâl, Edda

Doch ach – ein armes Mädchen muß,
Muß Wahrheit schon verstecken.
Viel lieber tot zehntausendmal,
Als meine Lieb' entdecken!
Johann Gottfried von Herder,
Stimmen d. Völker in Liedern,
Abt. 2, Bd. 3, Nr. 20

»Nein« sagt ein Mädchen, weil's die
Sitte will,
und wünscht, daß es der Freier deut'
als »Ja«.

Shakespeare,
Die beiden Veroneser

Un an aufrichtig's Diendl.
Kann i nimmer derfrag'n,
I glab', es hat alle
Der Scheuer (Hagel) derschlag'n.

Tiroler Schnaderhüpfl

O wie so trügerisch sind Weiber-
herzen,
mögen sie klagen, mögen sie scherzen,
oft spielt ein Lächeln um ihre Züge,
oft fließen Tränen – alles ist Lüge!

F. M. Piave,
Rigoletto 4, II, Oper von Verdi

Tut mädchenhaft, sagt immer nein
und nehmt.

Shakespeare, König Richard III.

XXXII. Kapitel

Gunst
Vertrauen
Verehrung
Freundschaft
Freunde
Treue
Untreue
Trennung

Gunst

Gar viele Dinge sind in dieser Welt,
die man dem andern gönnt und gerne
teilt;
jedoch es ist ein Schatz, den man allein
dem Hochverdienten gerne gönnen
mag,
ein anderer, den man mit dem Höchst-
verdienten
mit gutem Willen niemals teilen wird.
Und fragst du mich nach diesen beiden
Schätzen:
Der Lorbeer ist es und die Gunst der
Frauen. (Antonio)

Goethe,
Torquato Tasso, III, 4

Die Frauen geben wenig auf ein
schönes Gesicht; was sie verführt,
ist Kraft und Mut. Intellektuelle
Eigenschaften üben keinen unmittelbaren Einfluß auf sie. Dummheit ist
durchaus kein Hindernis in der
Erlangung der Weibergunst.

Arthur Schopenhauer,
Pererga und Paralipomena

Das ist Weibergunst! Erst brütet sie
mit Mutterwärme unsere liebsten
Hoffnungen an, dann, gleich einer
unbeständigen Henne, verläßt sie das
Nest und übergibt ihre schon keimende
Nachkommenschaft dem Tod und der
Verwesung. (Weislingen)

Goethe,
Götz von Berlichingen, II, Bamberg

Der Frauen Gunst wird nicht so leicht
verscherzt. (Leonore)

Goethe,
Torquato Tasso, IV, 2

Frauengunst – war nie umsonst.

Aus Deutschland

Mit dem Gewähren der Liebesgunst
steht es, wie ich gleich zu Anfang sagte:
Es ist an und für sich weder schön noch
häßlich, ist also nicht ein Gegenstand
einfacher Beurteilung, sondern in
schöner Weise vollzogen ist es schön, in
häßlicher dagegen häßlich. (Pausanias)

Platon, Das Gastmahl, 10

Ist es schon hart genug, daß wir den
Mann,
den übermütgen, zum Herrn uns
geben,
so liegt doch Trost darin, daß wir uns
selbst
mit freier Wahl und Gunst an ihn
verschenken. (Adelma)

Schiller, Turandot, III, 2

Vertraue dich der See, dem Fraun-
zimmer nicht,
Dieweil kein Glas so bald als dessen
Gunst zerbricht.
Es gibt kein gutes Weib, gibt's eines
oder zwei,
So weiß ich nicht, wie Böses mal gut
geworden sei.

Martin Opitz, Epigramme

Juwelen sprechen oft mit stummer
Kunst.
Gewinnen mehr als Wort des Weibes
Gunst. (Valentin)

Shakespeare, Die beiden Veroneser

Ich seh' wohl, daß man Herrengut und
Weibesgruß (Frauengunst)
Gewaltiglich und ungestüm sich jetzt
erwerben muß.

Walther von der Vogelweide

Der eine kann das Unglück nicht,
der andre nicht das Glück verdauen.
Durch Männerhaß verdirbt der eine,
Der andre durch die Gunst der Frauen.

Heinrich Heine,
Poetische Nachlese, 3, 24

Wer bei Frauen will Gunst behalten,
leg nie's Gesicht in ernste Falten.

Aus Deutschland

Nur der verdient die Gunst der Frauen,
der kräftigst sie zu schützen weiß.
(Faust)
Goethe, Faust II, III

Eine Frau vergißt sogar die Gunst-
bezeigungen, die ein Mann von ihr
erhalten hat, wenn sie ihn nicht mehr
liebt.
La Bruyère,
Charaktere, 3, Von den Frauen

Vertrauen

Wer einer Frau Vertrauen schenkt,
ist verloren. Sogar die beste führt
immer nur eine Bosheit im Schilde.
Die Bestimmung dieses Geschlechtes
besteht darin, die ganze Welt zu
ruinieren.
Molière

Vertrauen kann man nur einer Frau,
mit der man sonst nichts anfangen
kann.
Curt Götz

Lieber will ich einem Holländer
meine Butter, dem Walliser meinen
Käse, einem Irländer meine Aquavit-
flasche und einem Diebe meinen
Wallach, den Paßgänger, zu reiten
anvertrauen als meine Frau sich
selbst. (Fluth)
Shakespeare, Die lustigen Weiber
von Windsor, II, 3

Gott hat seiner Mutter nicht alles
gesagt.
Aus Irland

Öffne dein Herz auch dann nicht
deiner Frau, wenn sie dir bereits sieben
Kinder geboren hat.
Aus Japan

Man sollte niemals einer Frau trauen,
die einem ihr wahres Alter sagt. Eine
Frau, die einem das sagt, würde einem
alles sagen.
Oscar Wilde,
Eine Frau ohne Bedeutung

Kann man Vertrauen zu einer Frau
haben, die einen selber zum Mann
nimmt?
Curt Götz

Doch ist ein Narr, wer traut der Lieb:
ob blond, ob braun sind ihre Haare.
Glücklich, wer fern von ihr verblieb.
François Villon, Doppelte Ballade
über dasselbe Thema

Großen Herren und schönen Frauen
soll man gern dienen, wenig trauen.
Georg Rollenhagen, Froschmeuseler

London ist voll von Frauen, die ihren
Männern vertrauen. Man kann sie
sofort erkennen. Sie sehen so unglück-
lich aus. (Lady Windermere)
Oscar Wilde,
Lady Windermeres Fächer, II

Je mehr Du Deinem Mann Freiheit
läßt, je mehr Du darin Deine Gefühle
und Dein Vertrauen offenbarst, desto
liebenswerter wirst Du ihm erscheinen
und desto anhänglicher wird er Dir
sein.
Kaiserin Maria Theresia

Wem du dein Pferd anvertraust,
dem vertraue auch deine Frau an.
Abchasisch

Frauen mißtrauen Männern im allgemeinen zu sehr und im besonderen zu
wenig.
Gustave Flaubert,
Briefe an Louise Colet

Väter, hinfort traut euren Töchter nie
Nach äußerlichem Tun!
Shakespeare, Othello

Wer sich auf eine Frau verläßt, verläßt
sich auf einen Dieb.
Hesiod

Vertrau keinen bösen Weibern, aber
verlasse dich noch weniger auf gute!
Aus Spanien

Verlaß dich nicht allzusehr auf dein
Pferd, deinen Hund, deine Waffe und
dein Weib.
Tatisch (Daghestan u. Aserbeidschan)

Wer einem Weib vertraut, watet in einer
Pfütze aus Entenmist.
Aus Indien

Mädchenrede vertraue kein Mann noch
der Weiber Worte!
Hâvâmal, Edda

Verehrung

Männer können lieben, was unter
ihnen steht, Wertloses, Unsauberes,
Ehrloses. Wir Frauen verehren, wenn
wir lieben. (Lady Chiltern)
Oscar Wilde, Ein idealer Gatte, I

Die Geschlechter mögen einander
necken, schließlich aber soll der Mann
das Weib ehren, weil er aus des Weibes
Schoß stammt.
Friedrich Theodor Vischer,
Auch einer

Wenn Männer aufhören, Charmantes
zu sagen, hören sie auch auf,
Charmantes zu denken. (Mrs. Erlynne)
Oscar Wilde,
Lady Windermeres Fächer, II

Ich habe immer besonders gern
Frauen gemalt, weil ich sie verehre.
Ich zeichne ihre Schönheit mit Be-
geisterung und ihre häßlichen und
bösen Aspekte mit Verständnis. Für
mich ist die Frau nicht ein Objekt
der Zuneigung, sondern der wahre
Inhalt des Lebens. Ich habe mich
immer daran begeistert, die ewige
Schönheit der Jugend in allen ihren
Erscheinungsformen zu gestalten.
Pablo Picasso

An der schönen Herrin sprangen ihre
Hunde empor wie seine Gedanken
und legten sich ihr zu Füßen wie seine
Wünsche.
Karl Kraus, Auswahl aus dem Werk,
Die Liebe und der Traum

Das Mütterliche verehrt mir. Der Vater
ist immer nur ein Zufall.

Friedrich Nietzsche,
Nachlaß, Unschuld des Werdens, 1, 499

Wenn du die Braut geehrt, so ehre nun
auch die Gattin! *Aus Finnland*

Darum wisset, daß man Ehr'
Allen Frauen soll erweisen,
Doch den besten stets noch mehr.

Walther von der Vogelweide

Die Frauen lieben die Keckheit im
Gewande der Verehrung.

Sigmund Graff

Eine junge Frau hat weniger Verehrer
als ein reicher Mann, der auf gute Tafel
hält. *Vauvenargues,*
Réflexions et maximes, 448

Wer schlecht von seiner Frau spricht,
entehrt sich selbst. *Aus Schottland*

Ehret die Frauen! sie flechten und weben
Himmlische Rosen ins irdische Leben.

Schiller, Würde der Frauen

Wo Frauen geehrt werden, sind die
Götter zufrieden. *Aus Arabien*

Die Frauen ehret nur, wer selber
ehrenwert,
und verachtet nur, wer selbst
verachtenswert. *Aus Arabien*

Gleichmütig zuschaun, wie man seiner
Frau hofiert,
Ist heutzutag selbst in den besten Kreisen
Brauch. (Sganarell)

Molière, Sganarell, 17

Freundschaft

Die Frauen empfinden für einen Mann
rascher Liebe als Freundschaft. Freund-
schaftsgefühle stellen sich meistens erst
ein, wenn der Stern der Liebe unterge-
gangen ist. Das Gefühl, das sich dann
bei der Frau entwickelt, ist der Abend-
dämmerung zu vergleichen, die klärend
der Mittagsflut folgt. *Persichetti*

Frauen können recht gut mit einem
Manne Freundschaft schließen; aber um
diese aufrechtzuerhalten – dazu muß
wohl eine kleine physische Antipathie
mithelfen. *Friedrich Nietzsche,*
Menschliches, Allzumenschliches,
Weib und Kind, 390

Die meisten Frauen sind darum so
wenig empfänglich für Freundschaft,
weil sie reizlos ist, wenn man die Liebe
erlebt hat. *La Rochefoucauld,*
Reflexionen

Die Frauen geben der Freundschaft nur
das, was sie der Liebe entlehnen.

Chamfort,
Maximen und Gedanken

Die Frauen gehen in der Liebe weiter
als die meisten Männer; aber die Männer sind größer in der Freundschaft.

La Bruyère,
Caractères, Kap. III

Wohin du nur gehst, mache dir die Frauenzimmer zu Freundinnen; und das wird mit wenig Mühe geschehen können. Frage sie um Rat wegen deines Benehmens, melde ihnen deine Zweifel und Bedenklichkeiten! Trag aber große Sorge, dir kein Wort von ihrer Erfahrung entfahren zu lassen! Denn Erfahrung setzt Alter voraus, und den Verdacht des Alters vergibt kein Frauenzimmer, sie sei auch noch so sehr bei Jahren.

Chesterfield, Briefe an
seinen Sohn, London, 11.1.1750

Freundschaft zwischen Frauen ist nur ein Waffenstillstand.

Aus Frankreich

Die Grenze der Freundschaft zwischen Frauen liegt bei der Schneiderin.

K. Peltzer,
An den Rand geschrieben

Eine innige Freundschaft kann man nicht mit vielen haben … Wenn also die Ehefrau nur einen einzigen Mann hat, dagegen der Mann mehrere Frauen, so wäre die Freundschaft hier keine edle, sondern gewissermaßen eine sklavische.

Thomas von Aquin,
Daß die Ehe nur zwischen einem
und einer bestehen muß, Kap. 124

Was ist's, das Freundschaft und Liebe zerstört? – Geiz bei Großen, Eigendünkel bei Gelehrten, Schamlosigkeit bei Weibern und Lüge bei Männern.

Büzri Deschumhur,
Das Buch der Glücklichen

Frauen von Freunden zerstören die Freundschaft.

Kurt Tucholsky,
Frauen von Freunden

Freunde

Junge Frauen haben ein Mißgeschick mit den Königen gemeinsam: Sie haben keine Freunde. Glücklicherweise fühlen sie dieses Unglück nicht mehr als die Könige: Die Größe der einen und die Eitelkeit der andern berauben sie des Gefühls dafür.

Chamfort,
Maximen und Gedanken, 6

Man hat bestenfalls drei Freunde im Leben: den Vater, die Mutter und eine getreue Ehefrau.

Aus Rußland

Drei treue Freunde: ein altes Weib, ein alter Hund und bares Geld.

Aus den USA

Mit deinen jungen Freunden ist es aus, nimmst eine junge Frau du dir ins Haus.

Aus Rußland

Wer mein Weib tröstet, sorgt für mein Fleisch und Blut. Wer für mein Fleisch und Blut sorgt, liebt mein Fleisch und Blut. Wer mein Fleisch und Blut liebt, ist mein Freund: Ergo wer meine Frau küßt, ist mein Freund. (Narr)

Shakespeare,
Ende gut, alles gut, I, 3

Ich glaube, wir sind seit vierzig Jahren gute Freunde, weil wir uns immer gleichgültig waren.

Madame du Deffand
zu Pont de Veyle

Er ist nicht mehr unser Freund: er ist
ihr Mann.

Kurt Tucholsky,
Frauen von Freunden

So ist ein Weib der beste Freund, den's
gibt,
falls ihr sie nicht geliebt habt oder
liebt.

Lord Byron, Don Juan, 14, 93

So treuen Freund (Hausfreund) ich
nicht begehr',
Daß gern mit meinem Weib Verkehr
Er wollte haben in Unehren;
Von dem werd' ich geschwind mich
kehren.

Freidank, Bescheidenheit

Der beste Freund einer Frau ist nicht
der Diamant, sondern der Scheidungs-
anwalt.

Zsa Zsa Gabor

Treue

Was ein weiblich Herz erfreue
In der klein'n und großen Welt?
Ganz gewiß ist es das Neue,
dessen Blüte stets gefällt.
Doch viel werter ist die Treue,
Die auch in der Früchte Zeit
Noch mit Blüten uns erfreut.

Goethe, Gedicht,
Antwort bei einem gesellschaftlichen
Fragespiel, Die Dame

Treue kann man den Frauen ansehen:
sie sehen allesamt so ehrlich unglücklich aus.

Oscar Wilde

Zuvörderst gehört hierher, daß der
Mann von Natur zur Unbeständigkeit in
der Liebe, das Weib zur Beständigkeit
geneigt ist.

Arthur Schopenhauer,
Metaphysik der Geschlechtsliebe

Weil beim Mann auf Genuß Verdruß
folgen muß, muß folgen, daß beim
Weib auf Treue Reue folgt.

Karl Kraus,
Sprüche und Widersprüche,
Pro domo et mundo,
Vom Weib, Von der Moral

Ihr Vorsatz, als ein braves Weib zu
leben, hängt
Nur von dem Wert des Gatten ab, den
man ihr gibt.
Und wenn das Volk auf manchen
Mannes Stirne zeigt,
Hat dieser seine Frau meist selbst so
weit gebracht;
Denn Ehemännern von solch ganz
bestimmter Art
Die Treue zu bewahren, ist oft wirklich
schwer. (Dorine)

Molière, Tartüff, II, 2

Geh! Ihr seid der Frauen nicht wert!
Wir tragen die Kinder unter dem
Herzen, und so tragen die Treue wir
auch. Aber ihr Männer, ihr schüttet
mit eurer Kraft und Begierde auch die
Liebe zugleich in den Umarmungen
aus!

Goethe, Römische Elegien, VII

Schön blau son die Berg,
Schön grien is' der Wald,
Daß's Maderl omm treu wär',
Selb hört ma nit bald.

Steirisches Schnaderhüpfl

Eyn jeder bewar die thür seynes mun-
des für der so in seynen armen schläfft.

Alter deutscher Spruch

Und Diendl, dei' Treu
Steht drauß'n auf der Frei,
Is von Falschheit umzäunt,
Daß ka' Sunn einischeint.

Tiroler Schnaderhüpfl

Sah wer jemals treu ein Pferd, ein Weib,
ein Schwert?
                                          Aus Persien

Dein rechter Brauch, o Weiblichkeit,
Hat stets die Treue zum Geleit.

Wolfram von Eschenbach, Parzival, III

Kleyn kinderscheisze ist der best kitt für
weybertreu.
                          Alter deutscher Spruch

Wie kann man die Liebe einer Frau
behalten?
Indem man sie nicht zurückgibt.

Aus den USA

Wer traut auf Weibertreu,
Der trügt sich sehr,
der büßt es schwer
Mit mancher späten Reu'.
                                                Herder,
         Das nußbraune Mädchen (schottisch)

Willst du Treue, so vertrau'!
Dem Verrat kein Riegel wehrt.
Die du hüten mußt, die Frau,
ist des Hütens nicht mehr wert.

Anastasius Grün, Sprüche

Untreue

Die Unbeständigkeit in der Liebe ist
eine große Schande und ein Fleck
an der Ehre. Sie ist für die Frau ein
unvergleichliches Übel. Für den
Mann ist sie jedoch nicht in demselben Maße eine Schande. Sie ist
vielmehr ein Grund des Neides;
der Neid ist jedoch nichts, was der
Beachtung wert wäre. Er beruht nur
auf Verführung des Teufels.

Ibn Sina Avicenna

Wenn ein Mann ungetreu ist, so ist es
unrecht; wenn es aber eine Frau ist,
unnatürlich und gottlos.

Theodor Gottlieb von Hippel.
Über die Ehe, K. 4, Über die Treue
in der Ehe, Die Weiber

Männer und Frauen sind nur mit
Willen ungetreu.
                                          Goethe,
Wilhelm Meisters Wanderjahre, I, 5

Der Mann tut durch Untreue seiner
Frau ein Unrecht, die Frau, indem sie
untreu ist, dem Mann einen Schimpf.
Die Frau eines untreuen Mannes
bedauert man; über den Mann einer
untreuen Frau spottet man.

Grillparzer, Aphorismen

Ist der Mann untreu, so ist es, als
spuckte er vom Haus auf die Straße;
ist die Frau untreu, ist es als spucke
man von der Straße ins Haus.

Aus China

Eine ungetreue Gattin ist wie ein fremder
Mensch im Haus.
                                          Aus Rußland

Du verklagest das Weib, sie schwanke
von einem zum andern!
Tadle sie nicht: Sie sucht einen beständigen Mann.
                          Goethe, Entschuldigung

Wo find ich eine Schäferin auf dieser
Welt,
Die treu und ewig liebt? Ach, treulos
sind sie alle,
Und unterm Sammetpfötchen steckt
die spitze Kralle.
O unbeständig, falsch Geschlecht,
Wer findet sich in eur'm Herzen je zu-
recht?
Molière,
Der Bürger als Edelmann, I, 2

Man sol wol zehen menner finden,
die ihrer Weiber liederlich vergessen
können, da kaum eyne gefunden wird,
so ihres Mannes vergisset.
Alter deutscher Spruch

Ja, ein Mädchen ist sie! Und die sich
geschwinde dem einen gibt, kehret sich
auch schnell zu dem andern herum.
Goethe, Alexis und Dora

Hier kosen sie, dort schaun sie hin,
den dritten haben sie im Sinn,
und sie betrügen alle drei:
Das ist der Weiber Liebestreu.
Bhartrihari, Sprüche, I, 81

Wie wenig Verlaß ist auf eine Frau, die
sich auf einer Treue ertappen läßt! Sie
ist heute dir, morgen einem andern
treu.
Karl Kraus,
Sprüche und Widersrpüche

Ohne Noth wird die (Frau) bewacht,
Die auf Untreu nie gedacht;
Nur vergebens wird bewacht,
Die auf Untreu hat gedacht.
Friedrich von Logau,
Deutsche Sinn-Getichte, Weiberhut

Trennung

Eine Frau, von der du dich nicht
trennen kannst, darfst du auch nicht
schmähen.
Tscherkessisch

Außer daß man seine Frau zurecht-
weist, kann man auch den Sattelgurt
festziehen.
Aus der Mongolei

Geht sie dir nicht zur Seite, trenn sie von
deinem Leib!
Jesus Sirach, 25, 26

Sogar der bloße Schatten einer Frau,
von der du dich trennen willst, scheint
dir widerlich und unausstehlich.
Singhalesisch

Mit Frauen muß man, wenn sie lange
fort waren, Feste des Nichtwieder-
erkennens feiern.
Karl Kraus,
Sprüche und Widersprüche

Eine Frau, die begreift, daß sie den Flug
ihres Mannes hemmt, soll sich trennen
– warum hört man von diesem Akt der
Liebe nicht?
Friedrich Nietzsche, Nachgelassene
Werke, Unschuld des Werdens

Brüder sind wie Arme und Beine, mit
denen man zeitlebens verbunden bleibt;
ein Weib aber gleicht einem Kleid:
gefällt es dir nicht mehr, so kaufst du
dir eben ein neues.
Aus China

Der Jüngling küßt,
wenn er des Mädchens denkt, die eigne
Hand,
Die sie ihm drückte, als sie von ihm
schied,
Der Mann braucht etwas mehr.
(Kandaules)
Hebbel,
Gyges und sein Ring, III

XXXIII. Kapitel

Eigensinn
Verachtung
Nachrede
Haß
Feindschaft
Beleidigung
Streit
Kampf
Waffen

Eigensinn

Eine Frau ist der widersinnigste Guß
aus Eigensinn und Aufopferung, der
nur vorkommen kann. Sie läßt sich
für Ihren Mann wohl den Kopf
abschneiden, nicht aber die Haare.

Jean Paul

Der Eigensinn einer Frau ist auf eine
ganz wunderliche Art befestigt. Der
Graben ist hinter dem Walle, und hat
man die steilsten Einwendungen
erstiegen und glaubt, jetzt wäre alles
geschehen, entdeckt man erst, daß das
Schwerste noch zu tun sei.

Ludwig Börne,
Fragmente und Aphorismen

Was ist so arg, das nicht, um sich
genugzutun, ein Weib die Stirne hat
zu wagen.   *Wieland,* Oberon

Der Mann hat sein Ziel und das Weib
seinen Sinn.   *Christian Morgenstern,*
Stufen, 1918

Oft bilden Frauen sich ein, Initiative
ergriffen zu haben, wenn sie das
Gegenteil von dem tun, was der Mann
von ihnen verlangt.   *Jean Gabin*

Beschenke Frauen, ehre sie, sei offen,
dienstbar immerhin,
Versuch's mit Gründen, mit Gewalt –
du beugst nicht ihren starren Sinn.

Narájana, Hitopadesa, 2, 6, 104

Safran kannst du nicht hecheln und die
Frauen nicht überzeugen.
Aus Polen

Die dumme, eigensinnige Frau geht
mit einer Hutschachtel in See.

Aus China

Ein Weib bleibt stets auf einem Sinn,
den sie gefaßt. Du rechnest sicherer
auf sie, im guten wie im bösen.
(Pylades)

Goethe, Iphigenie auf Tauris, II, I

Seid ihr nicht wie die Weiber, die
beständig zurück nur kommen auf
ihr erstes Wort, wenn man Vernunft
gesprochen stundenlang?

Schiller, Wallensteins Tod

Was helfen euch dreimalhundert-
tausend gutbewaffnete Gründe? Die
Weiber, als hätten sie mit dem Bösen
ein Bündnis geschlossen, sind gründefest; es dringt keiner durch.

Ludwig Börne,
Verm. Aufsätze, Nr. 17,
Über das Schmollen der Weiber

Der am meisten entwickelte Sinn der
Frauen ist der Eigensinn.

Aus Deutschland

Wenn's Weib de Kopf aufsetzt,
setzt der Ma' de Huet auf.

Aus dem Allgäu

Verachtung

Je verdorbener ein Zeitalter, desto mehr
Verachtung der Weiber.
Jean Paul,
Levana, 2, 4, 3, 84

Bei einem zwingenden Anlaß – mögen
Weiber sterben: Es wär schade, sie für
nichts wegzuwerfen. Freilich bei der
Wahl zwischen ihnen und einer großen
Sache sollten sie für nichts geachtet
werden. (Enobarbus)
Shakespeare,
Antonius und Kleopatra

Man weiß, das Volk taugt aus dem
Grunde nichts.
Geschnürten Leibs, geschminkten
Angesichts.
Nichts haben sie Gesundes zu
erwidern,
Wo man sie anfaßt, morsch an allen
Gliedern. (Mephisto)
Goethe, Faust II, II

Schlechte Frauen beunruhigen mich.
Gute langweilen mich. Das ist der
einzige Unterschied zwischen ihnen.
Oscar Wilde,
Lady Windermeres Fächer

Hat man eine erste Demütigung stillschweigend hingenommen, wird man
künftig mit weiteren rechnen müssen.
Die Verachtung wächst, und die Skrupel unserer Widersacher schwinden
dahin. Wie eine Dirne sinken wir von
Stufe zu Stufe.
Jonathan Swift

Die Ehefrau ist kein Stiefel, den man einfach auszuziehen kann.
Aus Rußland

Die Ehefrau ist kein Flicklappen,
den man ohne weiteres abreißen und
durch einen anderen ersetzen kann.
Gagausisch, Ukraine

Wenn ich ein Mann wäre, und ich wäre
gerne einer, würde ich die heutigen
Frauen verachten. Dieser unweibliche
Ehrgeiz, diese ekelhafte Geschäfts-
tüchtigkeit.
Coco Chanel

Die Weiber selber haben im Hinter-
grunde aller persönlichen Eitelkeit
immer noch ihre unpersönliche
Verachtung – für »das Weib«.
Friedrich Nietzsche,
Jenseits von Gut und Böse

… daß die Frauen die natürlichen
Richter der Verdienste der Männer
sind. Wer möchte schon von den
Frauen verachtet werden? Niemand
auf der Welt, selbst der nicht, der sie
nicht mehr lieben will.
Jean-Jacques Rousseau, Emile

Ja, ich weiß, wie behaglich ein
Weibchen im Hause sich findet,
das ihr eignes Gerät in Küch und
Zimmern erkennet
und das Bette sich selbst und den Tisch
sich selber gedeckt hat.
Nur wohl ausgestattet möcht ich im
Hause die Braut sehn;
denn die Arme wird doch nur zuletzt
vom Manne verachtet,
und er hält sie als Magd, die als Magd
mit dem Bündel hereinkam.
Goethe, Hermann und Dorothea, 2

Nachrede

Nicht größre Schmähung einer Frau
man spendt',
Als wenn man sie alt oder häßlich
nennt.

> *Ariost,* Orlando furioso, XX, 120

Meistens steht man erst im Mittelpunkt
einer Party, wenn man gegangen ist.

> *Zsa Zsa Gabor*

Kein Gift in einer grünen Schlange
Rachen oder in einer gelben Hornisse
Stachel ist so gefährlich, ja tödlich wie
das in eines bösen Weibes Zunge.

> *Aus China*

Wenn zwei Damen auf dem Kanapée
recht nahe aneinanderrücken, nicht
mit den Hüften, sondern mit den
Gesichtern, den einen Fuß unter dem
Hintern, dann will ich nicht der sein,
den sie gerade handhaben.

> *Karl Julius Weber,*
> Demokritos, II, 19

Der Name des Weibes heißt Verleum-
dung. (König)

> *Schiller,* Don Carlos, III, 2

Selbst ein fünfzigzüngiger Mann kann
sich mit einer einzüngigen Frau beim
Schmähen nicht messen.

> *Aus Ceylon*

Frauen und Hühner sollen nicht
allein spazierengehen; das Huhn wird
aufgefressen, über die Frau wird
geredet.

> *Aus Brasilien*

Und man kommt ins Gered',
wie man sich immer stellt. (Marthe)

> *Goethe,* Faust

Wer von Weibern übel redt,
Der weiß nicht, was sein Mutter tät.

> *Christoph Lehmann,*
> Politischer Blumen-Garten,
> T. 2, Weib, Nr. 1

Denn sich wechselseitig nur giftig
anzuschwärzen, ist der Frauen Lust.

> *Euripides*

Gern von Frauenskandal reden, tut
dem Himmel weh und der Vernunft.

> *Aus China*

Haß

Das Weib verbirgt seine Liebe vierzig
Jahre, aber Haß und Widerwillen verbirgt es nicht einen Tag.

> *Aus Arabien*

Die Hölle kennt keine Wut wie die
einer verschmähten Frau.

> *Aus England*

... wer die Weiber haßt, wie kann der
leben!

> *Goethe,*
> Wilhelm Meisters Lehrjahre

Frauen hassen einander, aber sie
nehmen sich gegenseitig in Schutz.

> *Diderot*

Das Weib lernt hassen in dem Maße, in dem es zu bezaubern – verlernt.

Friedrich Nietzsche,
Jenseits von Gut und Böse

Ich hasse dich weit mehr, als es ein Wort beschreibt.
Einst hab ich dich geliebt, doch nun sollst du empfinden,
Wozu der Haß ein Weib, das man beschimpfte, treibt. (Alkmene)

Molière, Amphitryon, II, 6

Wer die Weiber haßt, ist im Grunde galanter gegen sie, als wer sie liebt; denn jener hält sie für unüberwindlich, dieser hofft noch, mit ihnen fertig zu werden. *Goethe,* zu Riemer, 6.9.1810

Du bist ein Weib, Ihr haßt keinen, der euch hofiert. (Weislingen)

Goethe, Götz von Berlichingen, IV

Wenn die Frau den Mann haßt, ist das Leben selber ihr verhaßt. (Helena)

Euripides

Weiberliebe und Weiberhaß kennen kein Maß.

Aus Deutschland

Im Zustande des Hasses sind Frauen gefährlicher als Männer, zuvörderst weil sie durch keine Rücksicht auf Billigkeit in ihrer einmal erregten feindseligen Empfindung gehemmt werden, sondern ungestört ihren Haß bis zu den letzten Konsequenzen anwachsen lassen, sodann weil sie darauf eingeübt sind, wunde Stellen (die jeder Mensch, jede Partei hat) zu finden und dorthinein zu stechen: wozu ihnen ihr dolchspitzer Verstand treffliche Dienste leistet (während die Männer beim Anblick von Wunden zurückhaltend, oft großmütig und versöhnlich gestimmt werden).

Friedrich Nietzsche,
Menschliches Allzumenschliches,
Weib und Kind, 414

Gewaltig ist das Mutterherz.
Man kann auch, wenn das Kind uns Böses angetan,
doch nimmer hassen, was man selbst gebar. (Klytämnestra)

Sophokles, Elektra, 763

Feindschaft

O ihr, die ihr glaubt, an euren Gattinnen und Kindern habt ihr einen Feind; so hütet euch vor ihnen.

Koran, 64,
Der gegenseitige Betrug, 14

Wenn Weiber quer in unsere Unternehmungen treten, ist unser Feind im freien Feld sicherer als sonst in der Burg. (Götz)

Goethe, Götz von Berlichingen, IV

Wer eine Frau, die ihm bis zu einem gewissen Grad entgegengekommen ist, nicht in die Arme nimmt, macht sie zuverlässig zu seiner Todfeindin.

Sigmund Graff,
Vom Baum der Erkenntnis

Zwischen Männern ist von Natur bloß Gleichgültigkeit; aber zwischen Weibern ist schon von Natur Feindschaft.

Arthur Schopenhauer,
Über die Weiber, § 368

Der Hund – mein Freund;
die Frau – mein Feind;
der Sohn – mein Herr.
                        Aus Spanien

Der schlimmste Feind der Frau ist die
Frau.
                        Henry de Montherlant

Überschreitet eine zweite Frau die
Schwelle, so schleppt sie zugleich
auch Zwietracht mit ins Haus.
                        Karakalpakisch

Tausend Männer können in Eintracht
zusammen leben; zwei Frauen können's
nicht, auch wenn sie Schwestern sind.
                        Aus Indien

Wo zehn Frauen sich niederlassen
heute, entsteht schon morgen ein
Gerichtsgebäude.
                        Aus Bengalen

Hat man zwei Frauen im Haus, so ist
ein Hund ganz und gar überflüssig.
                        Tschetschenisch

Eine schlechte Frau im Haus ist immer
noch besser als zwei gute.
                        Aus Armenien

Geld, Ackerfeld und Frauen verursachen
die meisten Feindschaften.
                        Aus Indien

Eine schöne Frau wird von allen
häßlichen befeindet.
                        Aus China

Eine Frau wünscht niemals ihrem
Feinde Böses, sondern das Allerschlimmste.
                        Aus Polen

Ein Weiberfeind ist auch ein
Menschenfeind.
                        Jean Paul

Beleidigung

Wir Frauenzimmer sollten billig jede
Beleidigung, die einer einzigen von uns
erwiesen wird, zu Beleidigungen des
ganzen Geschlechts und zu einer allgemeinen Sache machen. (Marwood)
        Lessing, Miß Sara Sampson, IV, 8

Die Leidenschaft, das Kind, das Weib
streichle man wieder mit der Rechten,
wenn man sie mit der Linken gekränkt
hat.
                        Talmud

Wenn eine Frau über eine Beleidigung
lächelt, so hat sie alles Schamgefühl
verloren, oder sie ist ihrer Rache sicher.
                        Aus China

Wenn Lästerzungen die Frauen
kränken!
Man kann nicht schlimm genug von
den schlimmen,
Nicht gut genug von den guten
denken.
        Paul Heyse, Spruchbüchlein, Frauen

Der ausgelassenste Bube ist zu
verzagt,
uns etwas Beschimpfendes zuzu-
muten,
wenn wir ihm nicht selbst ermunternd
entgegengehen. (Lady)
        Schiller, Kabale und Liebe, IV, 7

Sei größer als dein Geschlecht!
Vergiß Beleidigungen!
Tu', was vor dir kein Weib getan –
nach dir kein Weib mehr tun wird!
(Carlos)
    Schiller, Don Carlos, IV, 15

Hüte dich, wahllos einzustimmen,
Um die Königin zu treffen, beleidigt
sie die Frau.
(Königin Elisabeth zu Maria Stuart)
    Stefan Zweig, Maria Stuart

Streit

Lange vor Helenen war – ein Weibchen
der Gegenstand und Zunder wilder
Fehden.
Nam fuit ante Helenam cunnus
deterima belli – Cause.

    Horaz, Satiren, 1, 3

Wer Frieden liebt, meide die Frauen als
eine Hexenküche ewigen Streites und
Mühen.

    Petrarca, De vita solitaria, 2, 3, 3

Kaum gibt es einen Prozeß, in dem
nicht ein Weib den Streit veranlaßt hätte.
Nulla fere causa est, in qua non
femina litem moverit.

    Juvenal, Satiren, 6, 242f

Das Schelten ist für die Weiber, das
Bessermachen für die Männer. (Ernst)

    Hebbel, Agnes Bernauer, III, I

Die Frau ist grimmig, wenn sie greift,
ist ohne Schonung, wenn sie rauft.
(Eilebeute)
    Goethe,
  Faust II, IV, Auf dem Vorgebirg

Wenn die Schürzen sich streiten, ist der
Bär geborgen.
    Aus Norwegen

Noch niemals gab es Streit ohne eine
Frau.
    Aus Albanien

Zwei Hähne lebten in Frieden, als eine
Henne kam
Und schon der Streit den Anfang
nahm.
    La Fontaine,
  Fabeln: Die beiden Hähne

Solange die Frau bei der Wäsche zu tun
hat, kriegt der Mann kein gutes Wort.
    Aus Holland

Wo eine Frau im Haus, bleibt auch der
Streit nicht aus.
    Aus Frankreich

Mit einem schlechten Arbeiter hast du
ein Jahr lang deinen Ärger und deine
Not, mit einer zänkischen Frau – dein
ganzes Leben lang.
    Aus China

Hier liegt begraben mein Weib,
Gott sei Dank;
Sie hat ewig mit mir zankt,
Darum lieber Erlöser, geh von hier,
Sonst steht sie auf und zankt mit dir.

    Grabschift, Hall

Eim rinnend tach zu winters frist
Ist glich ein frou, die zänkisch ist;
Hell und vägtüfel (Hölle und Teufel)
hat genug,
Wer mit einr solchen züht im pflug.

    Sebastian Brant, D. Narrenschif,
    Nr. 64, V. bosen wibern

Macht das Weib einen Fehlgriff – es wird gestritten und gezankt, steht die Suppe nicht zur rechten Zeit auf dem Tisch – es wird gestritten und gezankt; arbeitet das Weib nicht wie eine Magd – es wird gestritten und gezankt; erfüllt das Weib nicht alle und jegliche Launen des Ehemannes – es wird gestritten und gezankt. Auch ist die alte Manier, wie der Ehemann als Bursche einst im Wirtshaus gerauft hat, nicht verlernt; daher greift er nach Stuhl und Stecken und weiß auch seine Faust gegen das unglückliche Eheweib dergestalt zu handhaben, daß dieses oft mit Beulen und Wunden bedeckt und geradbrecht am ganzen Leibe, tagelang die Folgen der erlittenen Mißhandlung fühlend, einherwankt.

Westermayer, Bauernpredigten,
Vom Raufen und Prozessieren

Reiz' ja keinen Mandarin, keinen Kunden und keine Witwe.   *Aus China*

Gewöhnlich aber ist eine Weibsperson die Veranlassung zu Raufhändeln. Eifersucht ist es, die die Hand in Bewegung setzt, daß sie nach Stock und Messer greift. Eine unzüchtige Weibsperson also kostet nicht selten ein Menschenleben. Wer denkt hier nicht an Johannes den Täufer und die Herodias?
Westermayer,
Bauernpredigten, Von der
rechten Art, Kirchweih zu halten

Ein zänkisches Weib ist der Schiffbruch des Mannes.   *Aus Norwegen*

Das Mädchen, das keinen Mann gefunden, ist ganz bestimmt mehr zänkisch als tugendsam.   *Abchasisch, Türkei*

Man hoffe nie, mit einer Frau sich zu vertragen, mit der man sich als Braut gezankt hat.
Jean Paul, Gedanken

Es ist besser, wohnen im Winkel auf dem Dach, denn bei einem zänkischen Weibe in einem Hause beisammen.
Sprüche Salomos, 21, 9

Xanthippe hieß die wohl zu Unrecht als zänkisch verschriene Frau des Sokrates.
Daß der Gatte Xanthippes ein so großer Philosoph geworden, ist merkwürdig. Während allem Gezänk noch denken! Aber schreiben konnte er nicht, das war unmöglich: Sokrates hat kein einziges Buch hinterlassen.

Heinrich Heine,
Gedanken und Einfälle, 5

Dem Mann, der mit Weibern zankt, darf die Zunge nicht mit Grütze verbrannt sein.
Aus Finnland

Sein zänkisch Käthchen!
Der schlimmste Nam' aus allen für ein Mädchen! (Gremio)

Shakespeare,
Der Widerspenstigen Zähmung, I, 2

An Wodka leidest du einen Tag, an engen Schuhen ein Jahr, an einer zänkischen Ehefrau dein ganzes Leben.

Aus Korea

Bei einem bissigen Hund bleiben die Nachbarn weg, bei einer zänkischen Ehefrau die Freunde und Verwandten.

Aus Vietnam

Jede, die als Mädchen zankt, schlägt als Frau.
Deutsches Sprichwort

Leichter geht man im alltäglichen
Gezänk der Familie unter als
beim Durchschwimmen des Meeres.

Telugu

Das zänkische Frauenzimmer sperrte
den Hund in den Keller und fing an
selbst zu kläffen.

Grusinisch, Aserbeidschan

Kampf

Um Liebe kämpft ein Mann wohl mit
den Waffen;
wir sind, um euch zu werben, nicht
geschaffen. (Helena)

Shakespeare, Ein Sommernachtstraum

Wer mit eym weib kämpffet, der ist
übel dran: gewinnt er, so wird sie ihm
feind, verleurt er, so spottet sie ihm;
darum ist schweigen das best.

Alter deutscher Spruch

Eines der wirksamsten Verführungsmit-
tel des Bösen ist die Aufforderung zum
Kampf. Er ist wie der Kampf mit Frauen,
der im Bett endet.
Franz Kafka

Die wirkliche Arena für den Krieg der
Geschlechter ist, trotz aller öffentlichen
Gemeinheiten, der häusliche Herd: Hier
wird gnadenlos gekämpft.

Germaine Greer, Der weibliche Eunuch

Früher haben die Frauen auf ihrem
eigenen Boden gekämpft. Da war
jede Niederlage ein Sieg. Heute
kämpfen sie auf dem Boden der
Männer. Da ist jeder Sieg eine
Niederlage.

Coco Chanel zu Georg Stefan Troller,
Pariser Gespräche, 3

Daß sie aber auch Wehrfähigkeit
im Kampfe mit der Waffe besitze,
das hat das Geschlecht der Amazonen
bewiesen, das viele Völker durch
Gewalt der Waffen unterworfen hat.
Wenn aber die anderen Frauen in
dieser Hinsicht zu wünschen übrig-
lassen, so ist die Ursache hiervon
mehr Mangel an Übung als
mangelhafte Naturanlage.

C. Musonius Rufus,
Ob man die Töchter ähnlich wie
die Söhne erziehen soll

Waffen

Schilt nicht, o König, unser arm
Geschlecht!
Nicht herrlich wie die euern,
aber nicht unedel
sind die Waffen eines Weibes.
(Iphigenie)

Goethe, Iphigenie

Das Schmollen ist eigentlich das
Aufprotzen der weiblichen Artillerie;
wer bereits öfter beschossen wurde,
fühlt sich schon versucht, bei der
bloßen Veranstaltung die weiße
Fahne auszustrecken.

Benzel-Sternau

Mit guten Waffen ist ausgerüstet, wer
an eine gute Frau verheiratet ist.

Aus Frankreich

Kluge Sanftmut ist des Weibes unwider-
stehlichste Waffe. *August von Kotzebue,*
Die Belagerung von Saragossa

Unsere Lanzen sind nur Stroh,
gleich schwach wir selbst, schwach wie
ein hilfloses Kind. (Katharina)

Shakespeare,
Der Widerspenstigen Zähmung, V, 2

… was haben gegen Weiber
Wir, die Männer, wohl für Waffen?
Deshalb dann regieren sie.

Johann Gottfried von Herder,
Der Cid, V. 1, Ges. 12

Kleider sind die Waffen, womit
die Schönen streiten und die sie,
gleich den Soldaten, dann nur von sich
werfen, wenn sie überwunden sind.

Jean Paul

Die Waffe der Frau ist traditions-
gemäß ihre Zunge, und die oberste
revolutionäre Taktik ist stets die
Verbreitung von Information. Die
Frauen müssen sich heute wie ehedem
weigern, bescheiden und falsch zu sein,
denn der Wahrheit dient man nicht
durch Verstellung. Frauen, die sich
einbilden, die Welt durch Schmeichelei
und Möse zu manipulieren, sind
Narren. Sich solcher Taktik zu
bedienen, heißt Sklaverei.

Germaine Greer,
Der weibliche Eunuch

XXXIV. Kapitel

Erste Liebe
Liebe
Lieben
Geliebte
Geliebter
Liebhaber
Liebeswerbung
Koketterie
Liebesleidenschaft
Zärtlichkeit
Kuß
Beischlaf
Wirkung der Liebe
Eifersucht
Rivalität
Liebesleid
Ende der Liebe

Erste Liebe

Bei den Gazellen und Hirschen auf der Flur beschwöre ich euch, Jerusalems Töchter: Stört die Liebe nicht auf, weckt sie nicht, bis es ihr selbst gefällt.

Das Hohelied, 2, 7

Der Liebe erster Ruf
Ergreift die Mädchenseele mädchenhaft,
Wie sie den Jüngling jugendlich begeistert,
Daß er nach Kampf und kühner Tat verlangt. (Eva)

Theodor Körner, Zriny, II, 1

Glücklich, wem in erster Liebe
Die Geliebte sich ergeben,
Wem sie in der ganzen Fülle
Gab das unberührte Leben.

Theodor Storm, Gedichte,
Glücklich, wem in erster Liebe

Unter allen Torheiten, die ein Mädchen begeht, ist immer ihre erste Liebe eine der größten.

August von Kotzebue

Wenn ich so mit ansehe, was aus drei meiner Jugendgöttinnen geworden ist! Der Herr hat alles wohlgemacht; ihm sei Preis und Dank gebracht!

Karl Julius Weber, Demokritos, II, 4

Bei den ersten Liebschaften lieben die Frauen den Geliebten; bei den späteren lieben sie die Liebe.

La Rochefoucauld

Männer wollen immer die erste Liebe einer Frau sein. Das ist ihre plumpe Eitelkeit. Wir (Frauen) möchten eines Mannes letzte Liebe sein.

Oscar Wilde,
Eine Frau ohne Bedeutung

Liebe

Meine liebe Mrs. Cheveley, Sie waren schon immer viel zu gescheit, um etwas von Liebe zu wissen. (Lord Goring)

Oscar Wilde,
Ein idealer Gatte, III

Eine aufrichtige Metaphysikerin von achtzehn bis vierzig Jahren ist so selten wie eine Schönheit von siebzig bis achtzig. Gar Damen von Welt prüfen nicht die Herzen, sondern die Nieren, und ihre Liebe wohnt Parterre. Sie teilen höchstens ihre Liebe in abgemessene Teile, damit der schöne Roman länger dauere.

Karl Julius Weber, Demokritos, V, 4

Ein Weib ohne Liebe gleicht einem geborgten Kleid.

Suaheli

Was ist Liebe?
Die Einheit von Denken und Sein.
Sein ist das Weib, Denken der Mann.

Ludwig Feuerbach,
Briefe an Bertha Löw in Bruckberg

Nur das Weib weiß, was Liebe ist, in Wonne und Verzweiflung. Bei dem Manne bleibt sie zum Teil Phantasie, Stolz, Habsucht.

Karl Immermann, Münchhausen

Die Abgötterei, welche die Frauen mit
der Liebe treiben, ist im Grund und ursprünglich eine Erfindung der Klugheit,
insofern sie ihre Macht durch alle jene
Idealisierungen der Liebe erhöhen und
sich in den Augen der Männer als immer
begehrenswerter darstellen. Aber durch
die jahrhundertelange Gewöhnung an
diese übertriebene Schätzung der Liebe
ist es geschehen, daß sie in ihr eigenes
Netz gelaufen sind und jenen Ursprung
vergessen haben. Sie selber sind jetzt noch
mehr an der Enttäuschung, welche fast
notwendig im Leben jeder Frau eintreten
wird – sofern sie überhaupt Phantasie
und Verstand genug hat, um getäuscht
und enttäuscht werden zu können.

Friedrich Nietzsche, Menschliches Allzumenschliches, Weib und Kind, 415

Liebe bleibt Liebe. Eine Königin liebt
nicht edler als eine Bettlerin und eine
Philosophin nicht edler als eine dumme
Bauersfrau. Es ist Maus wie Mutter.

G. E. Lessing, Dämon oder
die wahre Freundschaft

Schwerlich kennt die Frau unter der
Liebe etwas Größeres als die Liebe –
der Mann kennt mitten darunter noch
seine Lieblingsarbeit, seine Philosophie
als das Größere. Bei ihr ist sie Ziel, bei
uns ist sie Spaliergewächs an den
Schranken zum Ziel.

Jean Paul, Trümmer eines Ehespiegels,
Herbstblumine

Liebe ist die Lebensgeschichte einer
Frau, und eine Episode im Leben des
Mannes.   *Madame de Staël,*
Über den Einfluß der Leidenschaften

Liebe ist heftiger als Selbstliebe; denn
man kann auch eine Frau lieben, die
einen verachtet.   *Vauvenargues,*
Nachgelassene Maximen

»Die Liebe muß sein platonisch,«
der dürre Hofrat sprach.
Die Hofrätin lächelt ironisch,
und dennoch seufzet sie: »Ach!«
Der Domherr öffnet den Mund weit:
»Die Liebe sei nicht zu roh,
sie schadet sonst der Gesundheit.«
Das Fräulein lispelt: »Wieso?«
Die Gräfin spricht wehmütig:
»Die Liebe ist eine Passion!«
und präsentiert gütig die Tasse
dem Herrn Baron.

Heinrich Heine, Buch der Lieder,
Lyrisches Intermezzo, 50

Die Frau glaubt, die Liebe vermöge
alles, nicht nur die ihrige, sondern auch
die, die der Mann ihr entgegenbringt
und die sie stets überschätzt; sie behauptet mit beredter Zunge, die Liebe
habe keine Grenzen; der Mann sieht die
Grenzen der Liebe, die der Frau zu ihm
und die der seiner zu ihr, deren ganze Arm-
seligkeit er kennt.

Henry de Montherlant, Erbarmen mit
den Frauen, Die jungen Mädchen

Wie könnte ich an deiner Liebe zweifeln,
da ich der meinigen mir so innig bewußt
bin! (Melusina)
            Grillparzer, Melusina, II

Liebe bleibt die Krone für ein edles
Weib.   *Euripides,* Andromache, 241

Eure Liebe zum Weibe und des Weibes
Liebe zum Manne: Ach, möchte sie doch
Mitleiden sein mit leidenden und ver-
hüllten Göttern! Aber zumeist erraten
zwei Tiere einander.
                        Friedrich Nietzsche,
Zarathustra, I, Von Kind und Ehe

In jeder Art der weiblichen Liebe kommt
auch etwas von der mütterlichen Liebe
zum Vorschein.

Friedrich Nietzsche, Menschliches Allzumenschliches, Weib und Kind, 392

Lieben

Die Weiber möchten auf der einen
Seite lieben und auf der andern geliebt
werden und so beide Pole ihres
Magneten beschäftigen. Wir wissen es;
sie tun es unbewußt.

Goethe, zu Riemer, 2.7.1810

Nichtverliebte Menschen können
nicht verstehen, wieso ein intelligenter
Mann wegen einer ganz gewöhnlichen
Frau leiden kann. Das ist, als ob man
überrascht ist, daß jemand der Cholera
zum Opfer fällt wegen einer so un-
bedeutenden Kreatur, wie es der
Kommabazillus ist.

Marcel Proust, Auf der Suche
nach der verlorenen Zeit

Denn gleich dem Eppich, welcher
sendet
Den Trieb bis in der Ulme Mark
Und mit ihr lebt und mit ihr endet,
Liebt eine Frau bis zum Sarg.
Sie lebt von ihres Liebsten Leben,
Stirbt, wenn sie auf die Bahr' ihn
heben.

Karl Immermann,
Tristan und Isolde

Frauen wollen geliebt werden. Männer
wollen im Grunde nicht geliebt werden, oder nur im individuellen Aus-
nahmefall (die Frau ist in der Liebe zu
Hause, der Mann zu Gast).

Sebastian Haffner

Ein ernstlich Verliebter ist in
Gegenwart seiner Geliebten verlegen,
und ungeschickt und wenig ein-
nehmend.

Immanuel Kant, Anthropologie

Wir (Weiber) lieben, wenn wir fliehen,
wir lieben, wenn wir drohn,
Und wenn wir uns, wie du, in spröden
Mienen üben. (Phyllis)

Karl Christian Gärtner,
Die geprüfte Treue

Die Frau will lieben, der Mann will
sein.

Henry de Montherlant

Liebe mich im schwarzen Kleid, im
weißen wird mich jeder lieben.

Aus Rußland

Bei einer Frau, die nicht liebt, bleiben
die Lippen kalt.

Aus der Mongolei

Werden junge Burschen von den
Mädchen nicht geliebt, so liebt
sie auch der Herrgott nicht.

Udmurtisch

Wer sich an Weibern tut vergaffen,
ist ein Schaf und wird zum Affen.

Aus Deutschland

Eine verliebte Frau ist eine Sklavin,
die ihre Ketten von ihrem Geliebten
tragen läßt.

Etienne Rey

Verliebst du dich, so findest du auch
eine Meerkatze schön; liebst du aber
nicht, so läßt dich auch eine Lotosblume kalt.

Aus China

Geliebte

Was ist eine Geliebte? Eine Frau, bei der man alles vergißt, was man sonst auswendig weiß, das heißt alle Fehler ihres Geschlechts.

Chamfort (Nicolas Sébastien Roch)

Wo man die Geliebte sucht, sind Ungeheuer selbst willkommen. (Mephisto)
Goethe, Faust

In den Augen des Liebenden werden Pockennarben zu Grübchen.
Aus Japan

Wenn sie (Geliebte) das Haupt bewegt und die Hand hebt, so schreibt sie den Grazien Gesetze vor.

Bogumil Goltz, Zur Charakteristik und Naturgeschichte der Frauen

Dein (Geliebte) Arm ist meiner Unrast Wiege,
Vom Mohn der Liebe süß umglüht;
Und jeder deiner Atemzüge!
Haucht mir ins Herz ein Schlummer-lied!
Ferdinand Freiligrath, Zwischen d. Garben, Eigenes Ruhe in d. Geliebten

Ich habe dich (Geliebte) – das ist die Fülle!
Ich habe dich – mein Wünschen ruht!
Ferdinand Freiligrath, Zwischen d. Garben, Eigenes Ruhe in d. Geliebten

Der Weg zur Geliebten ist dornenlos.
Aus Kamerun

Bis zum Meer für einen Bruder;
durch das Meer für eine Geliebte.
Aus Bulgarien

Für das Geliebte leiden ist so süß!
Grillparzer, Sappho, IV, 2

Solange du nicht deine Seele opferst, erringst du auch nicht die Geliebte.
Aus Kurdistan

So wähl' dir eine jüngere Geliebte, sonst hält unmöglich deine Liebe stand. Denn Mädchen sind wie Rosen: Kaum entfaltet, ist ihre holde Blüte schon veraltet. (Herzog)
Shakespeare, Was ihr wollt, II, 4

Eine Geliebte wählt man nicht, sie bricht über einen herein.
Claude Anet

Wer über die Geliebte im Liebesrausch sich neigt,
Gleicht einem Sterbenden, der meist sein Grab liebkost.

Baudelaire, Les Fleurs du mal, Hymna à la beauté

Sara Sampson, meine Geliebte! Wieviel Seligkeiten liegen in diesen Worten! Sara Sampson, meine Ehegattin! Die Hälfte dieser Selig-keiten ist verschwunden, und die andre Hälfte wird verschwinden. (Mellefont)

G. E. Lessing, Miß Sara Sampson IV, 2

Nicht um die Geliebte weine, die du verloren, sondern um die, die dir geblieben
ist.
                    Peter Altenberg, Fechsung

Wer seine Geliebte allzuoft besucht,der
wird sehr bald schon an der Tür auf eine
saure Miene stoßen.
                                Aus Kurdistan

Nicht die Geliebte, die entfernt ist,
sondern Entfernung ist die Geliebte.
                                    Karl Kraus,
                   Sprüche und Widersprüche

Mannsräuschlein nannte man im
siebzehnten Jahrhundert gar aus-
drucksvoll die Geliebte.
                                        Goethe

Eine Geliebte aufgeben, zeugt von
erlahmter Phantasie.
              Hugo von Hofmannsthal, Dichter und
                    Leben, Blätter für die Kunst

Habt ihr wohl bemerkt, daß die
Frauen, die äußerlich euren Geliebten
gleichen, Sympathie für euch empfinden?
              Brüder Concourt, Tagebuch 12.7.1867

Eine Frau muß wie eine Geliebte
behandelt werden, und nicht nur
dann und wann aus einer Laune
heraus, sondern ständig.
                        Henry de Montherlant

Geliebter

Ein liebendes Weib ist in hohem Maße
das Geschöpf des Geliebten, und je
bedeutender der Geliebte ist, in desto
höherem Maße ist sie das: Ist es doch
die höchste Seligkeit des Mannes, sich
selbst in der Geliebten wiederzufinden.
                    Paul Ernst, Erdachte Gespräche

Für viele Frauen ist der Geliebte ein
Spiegel, in dem sie sich selbst
bewundern.
                                    Fernandel

Auch am Geliebten kann die Geliebte
zugrunde gehen.
                            Aus der Mongolei

Eine große Liebe läßt sich durch die
Wirklichkeit des Geliebten nicht
stören.
                            Hannah Arendt

Für den Geliebten reißt man sich auch
noch die Ohrringe aus.
                                Aus Rußland

Du sollst keinen Geliebten haben
neben ihm: aber du sollst Freundin
sein können, ohne in das Kolorit der
Liebe zu spielen und zu kokettieren
oder anzubeten.
        Friedrich Daniel Ernst Schleiermacher,
                   Idee zu einem Katechismus
              der Vernunft für edle Frauen, 1

Heißer ist stets die Glut, wenn die
Liebende fern dem Geliebten.
Immer zur Hand sein macht minder
geschätzt den Gemahl.
                        Properz, Elegien 2, 33

Kennst du nicht den Abgrund,
so spring auch nicht über die
Schlucht;
weißt du nicht, ob treu ist der Geliebte,
so öffne ihm auch nicht dein Herz.
                            Aus der Mongolei

Die Mehrzahl der Frauen beweint den Tod ihres Geliebten nicht so sehr, weil sie ihn geliebt haben, als deshalb, um liebenswerter zu erscheinen.

La Rochefoucauld,
Réflexions morales, 362

Ein Apfelbaum unter Waldbäumen ist mein Geliebter unter den Burschen. In seinem Schatten begehre ich zu sitzen. Wie süß schmeckt seine Frucht meinem Gaumen!

Das Hohelied, 2, 3f

Liebhaber

Nur schürzenjägerische Lebemänner interessieren sich unablässig für die Frau, weil die Neugier – die die Seele des Begehrens ist – bei ihnen unablässig wach ist: Daher zeigen sich die Frauen, selbst durchaus ernst zu nehmende Frauen, ihnen gegenüber stets nachsichtig.

Henry de Montherlant, Erbarmen mit den Frauen, Die jungen Mädchen

Eine Frau sollte einen prosaischen Gatten haben und sich einen romantischen Liebhaber nehmen.

Stendhal, Über die Liebe

Dem Liebhaber glaubt ein Mädchen immer mehr als der Mutter.

Goethe, Kunst, die Spröden zu fangen

Der Ehemann will sich bei seiner Gattin, der Liebhaber bei seiner Geliebten eine Statue errichten.

Simone de Beauvoir,
Das andere Geschlecht

Schöne Mädchen geben ihren einst schlecht behandelten Liebhabern oft durch häßliche oder unwürdige Ehemänner eine zwar späte, aber ausreichende Genugtuung. *La Bruyère*

Was man auch sagen mag, die Liebhaber drängen sich nur da auf, wo man sie gerne sieht. Es gibt so eine gewisse süßliche Miene, die sie anlockt wie der Honig die Fliegen; aber eine anständige Frau versteht sich darauf, wie man solche Herren ohne Umschweife verjagt. (Georges Dandin)

Molière, Georges Dandin, II, 4

Sehr wenige Frauen haben Grundsätze. Die meisten werden nur von ihrem Herzen geleitet, und ihre Tugend hängt von der Gesinnung ihrer Liebhaber ab.

La Bruyère, Charaktere,
Von den Frauen

Ein Schlag vom Liebhaber ist eine Rosine. *Aus Arabien*

Eine Frau hält den Liebhaber für besser als den Mann;
1. weil sie diesen hat;
2. weil jener idealisch, dieser wirklich vorschwebt;
3. weil jener gibt, dieser fordert, jener nimmt und dankt und dieser gibt und Dank fordert;
4. weil sie jenen kürzer kennt;
5. weil jener verspricht, dieser nur hält,
6. weil sie den Mann lieber haben würde, sobald sie den Liebhaber heiratete. *Jean Paul,* Gedanken

Was gibt es Schöneres, als mit einem
jungen Mann und einem alten Rotwein
gemeinsam die Schwelle des gehobenen
Niveaus zu verlassen.

Stephanie Werger

Junge Liebhaber sind wie der
Camembert: Wenn sie reif werden,
laufen sie einem davon.

Françoise Rosay

Männer halten selten einen Beruf aus,
von dem sie nicht glauben oder sich
einreden, er sei im Grunde wichtiger als
alle anderen. Ebenso ergeht es Frauen
mit ihren Liebhabern.

Friedrich Nietzsche, Menschliches
Allzumenschliches, I, 492

Jede Frau, die einen Liebhaber nimmt,
denkt mehr darüber nach, wie andere
Frauen diesen Mann sehen, als wie er
ihr selbst erscheint.

Chamfort, Maximen VI

Don Juan ist nicht der Mann,
der die Frauen liebt, sondern der
Mann, den die Frauen lieben.

Ortega y Gasset

Es ist angenehm, der Liebhaber einer
verheirateten Frau zu sein, weil sie
abends nach Hause gehen muß.

André Roussin, Schule der Gatten

Heiraten ist eine Verpflichtung, einen
Liebhaber nehmen ein Luxus.

Simone de Beauvoir,
Das andere Geschlecht

Verlange nicht, daß dein Weib sehr
schön sei, denn die meisten Schönen
wünschen sich Liebhaber zu halten.

Buch des Kabus, 26

Abgedankte Liebhaber sind die besten
Freunde, wenn man sie menaschieren
kann.

Goethe, Fragment eines
Romans in Briefen

Liebeswerbung

Hat er sie am Brunnen getroffen, wenn
sie Wasser schöpfte, und gesagt: Lieb'
Mädel, wer bist du?
Hat er sich an den Pfeiler gestellt, wenn
sie aus der Mette kam, und gefragt:
Lieb' Mädel, wo wohnst du?
Hat er sich bei nächtlicher Weile an ihr
Fenster geschlichen und, indem er ihr
einen Halsschmuck umgehängt, gesagt:
Lieb' Mädel, wo ruhst du? Ihr hochhei-
ligen Herren, damit war sie nicht zu ge-
winnen! Den Judaskuß erriet unser
Heiland nicht rascher als sie solche
Künste. (Theobald)   *Kleist,*
Das Käthchen von Heilbronn, I, 1

Ein weiblich Herz
Voll treuer Neigung bietet sich nicht an.
Erraten will es sein und alles nur
Der unbestochnen Wahl der Liebe
danken. (Helene)   *Emanuel Geibel,*
Echtes Gold wird klar im Feuer, IV

Besonders lernt die Weiber führen;
es ist ihr ewig Weh und Ach
so tausendfach aus einem Punkte zu
kurieren,
und wenn ihr halbwegs ehrbar tut,
dann habt ihr sie all unterm Hut

Goethe, Faust

Nichts weiß ein liebend Mädchen, bis
sie weiß,
allein das Unerreichte steh' im Preis;
daß nie, erhört, das Glück so groß im
Minnen,
als wenn Begier noch fleht, um zu
gewinnen. (Cressida)

Shakespeare, Troilus und Cressida

Es ist ein ungemein süßer Genuß,
durch unablässige Werbung das Herz
einer jungen Schönheit zu gewinnen,
tagtäglich die kleinen Fortschritte zu
beobachten, die man darin macht,
durch leidenschaftliche Tränen und
Seufzer die unschuldige Schamhaftigkeit einer Seele zu bekämpfen, die sich
nur zögernd ergibt; Schritt für Schritt
den schwachen Widerstand niederzu-
ringen, den sie uns leistet, die Skrupel
zu besiegen, die sie sich zur Ehre an-
rechnet, und sie sachte dahin zu führen,
wo wir sie gerne haben wollen.
(Don Juan)   *Molière,* Don Juan, I, 2

Ist es nicht jedem auf den ersten Blick
schon klar,
Um welchen Preis man heute Männer-
herzen fängt?
Sie reden keinem ein, der all den
Rummel kennt,
Daß ihr Gemütswert nur die Menge an
sich zieht!
Daß man in reiner Herzensliebe für sie
glüht
Und jeder Ihrer hohen Tugend nur
hofiert!
Auf Ausflucht solcher Art fällt
niemand mehr herein,
Die Welt ist ja nicht blind. (Arsinoe)

Molière, Der Menschenfeind, III, 5

Der Mann jagt der Frau nach, bis sie
ihn erwischt.   *Aus den USA*

Ein Mensch wollt sich ein Weib
erringen,
doch leider konnt's ihm nicht gelingen.
Er ließ sich drum, vor weitern Taten,
von Fraun und Männern wohl beraten:
»Nur nicht gleich küssen, tätscheln,
tappen!«
»Greif herzhaft zu, dann muß es
schnappen!«
»Laß deine ernste Absicht spüren!«
»Sei leicht und wahllos im Verführen!«
»Der Seele Reichtum lege bloß!«
»Sei scheinbar kalt und rücksichtslos!«
Der Mensch hat alles durchgeprobt:
Hat hier sich ehrenhaft verlobt;
hat dort sich süß herausgeplaudert;
hat zugegriffen und gezaudert;
hat Furcht und Mitleid auferweckt;
hat sich verschwiegen, sich entdeckt;
war zärtlich kühn, war reiner Tor:
Doch wie er's machte   er verlor.
Zwar stimmte jeder Rat genau,
doch jeweils nicht für jede Frau.

Eugen Roth,
Ein Mensch, Erfolgloser Liebhaber

Eine Liebeserklärung ist wie die Eröff-
nung beim Schach: Die Konsequenzen
sind unabsehbar.   *Hans Söhnker*

Du sollst von den Heiligtümern der
Liebe auch nicht das kleinste mißbrauchen: denn die wird ihr zartes Gefühl
verlieren, die ihre Gunst entweiht und
sich hingibt für Geschenke und Gaben,
oder um nur in Ruhe und Frieden
Mutter zu werden.

Friedrich Daniel Ernst Schleiermacher,
Idee zu einem Katechismus
der Vernunft für edle Frauen,
Die zehn Gebote, 2

Die Frauen nähern sich uns durch
Ausweichen.   *Sigmund Graff*

Sei auf keinen Fall so süß, daß man
dich sogleich verschluckt, aber auch
nicht so bitter, daß man dich sofort
wieder ausspuckt.

Aus Kurdistan

Geh den Weibern zart entgegen,
du gewinnst sie, auf mein Wort
Und wer rasch ist und verwegen,
kommt vielleicht noch besser fort.
Doch wem wenig dran gelegen
scheinet, ob er reizt und rührt,
der beleidigt, der verführt.

Goethe, Antworten bei
einem gesellschaftlichen Fragespiel,
Der Erfahrene

Wenn ein verliebter Tor uns ein
Geständnis macht,
Soll unsere Ehre sich in Harnisch
werfen drum?
Muß gleich zu ihrem Schutz das Auge
Flammen sprühn,
Die Lippe schäumen wegen solcher
Nichtigkeit? (Elmire)

Molière, Tartüff, IV, 3

Das Geschlecht vermag die ernsteste
Verbindung aufzuopfern, sobald ihm
ein Vornehmer oder Offizier zum
Zeitvertreib den Hof macht, und wäre
er der armseligste Mensch. Wie viele
Verbindungen sind nicht zurück-
gegangen während der vielen und
langen Einquartierungen! Eitelkeit
macht mehr Weiber fallen als Sinnlichkeit und Liebe.

Karl Julius Weber, Demokritos, IV, 17

Das Weib man immer bitten soll;
Ihr aber steht Versagen wohl.

Freidank, Bescheidenheit,
Von minne u. wîben

Wenn ein Mann einer Frau verspricht,
sie ewig zu lieben, dann setzt er voraus,
daß sie immer liebenswert bleiben wird.

Michel de Montaigne

Frauen verteidigen sich, indem sie
angreifen, und greifen an, indem sie
sich ergeben.

Oscar Wilde

Wie sehr man auch das holde Liebes-
joch ersehnt,
Scheut man sich doch geraume Zeit, es
zu gestehn.
Man sträubt sich anfangs, aber unsere
Miene zeigt
Zu deutlich, daß das Herz die weiße
Fahne hißt,
Daß unser Mund zwar nein der Ehre
wegen sagt,
Doch daß die Weigrung meist
Gewährung schon verheißt. (Elmire)

Molière, Tartüff, IV, 5

Eine Frau, die ihr »Nein« begründet,
hat es bereits halb zurückgenommen.

Sigmund Graff

Liebe einzuflößen ist das unaufhörliche
Bestreben der Weiber.

Ludwig Börne, Fastenpredigt

Sie ist ein Weib, drum darf man um sie
werben. Sie ist ein Weib, drum kann
man sie gewinnen. (Demetrius)

Shakespeare, Titus Andronicus, II, 1

Der Sultan winkt – Zuleima schweigt
und zeigt sich gänzlich abgeneigt.

Wilhelm Busch, Bildergeschichten,
Die Entführung aus dem Serail

Man gewinnt mehr, wenn man
Mädgen etwas für sich tun lässet,
als wenn man etwas für sie tut.

Jean Paul,
Trümmer eines Ehespiegels,
Herbstblumine

Solange sie uns lieben, nennen sie
uns Señoras; wenn sie uns dann
haben, so lieben sie uns nicht mehr.

Aus Spanien

Ganz gewinnt eine Frau nur der, der
eine Spur ihres Mitleids gewinnt.

Jean Giraudoux, Amphitryon

Mit der Mutter soll beginnen, wer die
Tochter will gewinnen.

Aus Deutschland

Eine Frau, die parlamentiert (verhan-
delt), ist schon halb gewonnen.

Aus England

Die Männer ergreifen die Gelegenheiten, die Frauen schaffen sie.

Sigmund Graff

Von den Frauen siegt nicht, die
nachrennt, nicht, die davonläuft,
sondern es siegt, die wartet.

Elias Canetti

Koketterie

… denn wo der echte Mann und Adam
erscheint, ist die Kokette eben nur
Weib und Eva.

Bogumil Goltz, Zur Charakteristik und
Naturgeschichte der Frauen

Junge Frauen, die nicht kokett, und
alte Männer, die nicht lächerlich erscheinen wollen, dürfen von der Liebe
niemals so reden, als ob sie daran beteiligt sein könnten.

La Rochefoucauld, Reflexionen

Die Koketterie der Frauen ist eine Art
von Notwehr. Sie gleichen mit ihrer
Hilfe den Nachteil, nicht wählen zu
dürfen, wieder aus, indem sie einen
möglichst großen Kreis von Verehrern
und Bewerbern um sich sammeln,
unter denen sie wählen können. Die
Koketterie ist ihre Form der Initiative.

Sigmund Graff

Koketterie ist der Grundzug im
Charakter der Frauen. Daß sie nicht
immer geübt wird, beruht auf Furcht-
samkeit oder in seltenen Fällen auf
vernünftiger Überlegung.

La Rochefoucauld, Reflexionen

Wenn eine Frau wahrhaft liebt,
hört sie augenblicklich auf, kokett
zu sein.

Sigmund Graff,
Vom Baum der Erkenntnis

Das ist zum Schluß die Zuflucht der
Koketten stets,
Denn die Verehrer fliehn zu sehn ist
hart für sie.
Verbittert, im Gefühl erzwungner
Einsamkeit,
Bleibt ihr die Rolle nur der Tugend-
wächterin. (Dorine)

Molière, Tartüff, I, 2

Aus der Koketten wird eine Plaudertasche: Sie beobachtet, bespricht, sie kompensiert ihre Untätigkeit, indem sie mit Kritiken und Ratschlägen um sich wirft.

Simone de Beauvoir,
Das andere Geschlecht

Kokette sind Wetterfahnen, die sich erst fixieren, wenn sie verrosten. Rosen, wovon jeder Liebhaber ein Blättchen nimmt; dem guten Manne bleiben bloß die Dornen und der Butzen.

Karl Julius Weber, Demokritos II, 20

Einer echten Koketten ist es eine Kleinigkeit, während ihr Gesicht nach dem ersten Anbeter sieht, die Füße des zweiten unter dem Tische zu finden, des dritten Hand zu berühren und, ist noch ein vierter da, ihr Gespräch so einzurichten, daß er durch eine »partie du discours« sich gleichfalls für den Günstling hält.

Karl Julius Weber, Demokritos II, 20

Welches Vergnügen ist es, in einer Koketten zu sehen, wie sie sich sträubt und bäumt und wendet und nicht über die Linie hinüber will, die die alte Frau von der jungen scheidet.

Lichtenberg, Schriften

Liebesleidenschaft

Die Mehrzahl der Frauen ergibt sich eher aus Schwäche als aus Leidenschaft: Daher kommt es, daß unternehmungslustige Männer gewöhnlich eher zum Ziele gelangen als die andern, obwohl sie nicht liebenswerter sind.

La Rochefoucauld,
Unterdrückte Maximen

Wir glauben den Männern! In den Augenblicken der Leidenschaft betrügen sie sich selbst. Warum sollten wir nicht betrogen werden? (Mme. Sommer)

Goethe, Stella, II

Den Mann treibt Leidenschaft, die Frau Leidenschaften, jenen ein Strom, diese die Winde; jener erklärt irgendeine Kraft für monarchisch und läßt sich regieren von ihr, diese, mehr demokratisch, läßt umgehend befehlen.

Jean Paul, Levana oder
Erzieh-Lehre, Bd. 2

Immer enthüllt erst die Leidenschaft in einer Frau die innere Seele, immer erst in der Liebe und im Leiden erreicht sie das eigene Maß.

Stefan Zweig, Maria Stuart

Vergebens widersetzt sich selbst das schönste Weib
Dem Überdruß, wenn erst der Rausch verflogen ist.
Ich wiederhol's: Ein überschäumendes Gefühl,
Der Taumel und der Schwung der Jugend, all das schenkt
Im Anfang uns wohl Nächte voller Seligkeit;
Indessen dieses Glück ist wenig dauerhaft.
Die Leidenschaft verlangsamt ihren Lauf, und ach!
auf heißer Nächte Lust folgt grauer Tage Gram. (Anselmo)

Molière, Der Wirrkopf, IV, 4

Aber das Weib ist nicht immer nur
Heuchlerin, wenn sie nach Liebe
Schmachtet und in der Umarmung des
Manns den Leib an den Leib preßt,
Während sie saftige Küsse mit saugen-
der Lippe ihm darreicht;
Denn oft tut sie's von Herzen so gern,
und sie sucht im Genusse
Wechselwirkung und reizt zum Ziele
des Rennens zu kommen.

Lukrez (Carus Lucretius),
Gemeinsamkeit der Liebesempfindung

Ich sah ihn, ich errötete, erblaßte
bei seinem Anblick, meinen Geist
ergriff
unendliche Verwirrung; finster ward's
vor meinen Augen, mir versagt die
Stimme.
Ich fühlte mich durchschauert und
durchflammt,
der Vernus furchtbare Gewalt erkannt'
ich
und alle Qualen, die sie zürnend
sendet.
Durch fromme Opfer hofft' ich sie zu
wenden;
ich baut'ihr einen Tempel, schmückt'
ihn reich.
Ich ließ der Göttin Hekatomben fallen;
im Blut der Tiere sucht' ich die
Vernunft,
die mir ein Gott geraubt. (Phädra)

Schiller, Phädra, I, 3

Die Frauen setzen uns vor allem in
Erstaunen in der Liebesleidenschaft, in
Anfällen von Eifersucht, im Über-
schwang der Mutterliebe, in den
Augenblicken des Aberglaubens, der
Art, wie sie auf Massenpsychosen
reagiern: Sie können schön sein wie die
Engel Klopstocks oder fürchterlich
wie Miltons Teufel.

Denis Diderot, Über die Frauen

Lahm ist die Zunge und ein
feines Feuer rinnt über die
Haut, nichts mehr vermag das
Auge zu sehen.

Mir aber schreckt es das Herz im
Busen; denn wenn ich nur flüchtig,
blicke zu dir hinüber, dann
bricht mir die Stimme.

Dröhnen ist in den Ohren, und der
Schweiß rinnt herab, Zittern befällt
den Leib,
ich bin bleicher als Gras, dem Tod nah
schein ich, Agallis.

Sappho

Temperamentvolle Frauen halten sich
bedeutend länger, wenn man sie nachts
auf den Frigidaire legt; sie bleiben auf
diese Weise schmackhaft und be-
könmmlich in jeder Jahreszeit.

Kurt Tucholsky, Werbung

Man kann von einer Frau alles haben,
wer jedoch auf Mütterlichkeit hofft,
darf keine Leidenschaft erwarten.

Lawrence Durrell

Frauen, gewöhnt an Männerliebe,
Wählerinnen sind sie nicht,
aber Kennerinnen!
Und wie goldlockigen Hirten
vielleicht schwarzborstigen Faunen,
wie es bringt die Gelegenheit,
über die schwellenden Glieder
voll erteilen sie gleiches Recht.

Goethe, Faust II, III

… wenn Verstand und Leidenschaft in
einem so zarten Wesen (Mädchen)
kämpfen, so haben wir zehn Beispiele
für eines, daß die Leidenschaft den Sieg
davonträgt. (Leonato)
Shakespeare,
Viel Lärm um nichts, II, 3

Dies Lodern, Tochter, mehr leuchtend
als erwärmend und erloschen selbst im
Versprechen, während es geschieht,
nehmt keineswegs für Feuer!
(Polonius)
                    Shakespeare, Hamlet, I, 4

Überfällt dich der Schlaf, so suchst du
nicht lange nach einem Kissen; erfaßt
dich die Liebe, so fragst du nicht lange
nach Schönheit.
                                 Tschetschenisch

Eine Frau darf keine eigene Leidenschaft haben; sie muß Ernst und
Scherz, Tiefsinn und Lachen mit
ihrem Manne teilen.
          Plutarch, Moralische Abhandlungen,
                    Pflichten d. Ehegatten, K. 14

Unter allen Leidenschaften steht den
Frauen die Liebe noch am besten.
                    La Rochefoucauld, Reflexionen

Zärtlichkeit

Was das häusliche und innere Verhältnis anbelangt, gibt notwendig
die Zärtlichkeit des Mannes ihr alles
und mehr zurück, als sie verloren
hat.
              Johann Gottlieb Fichte,
          Folgerungen auf das gegenseitige
          Rechtsverhältnis beider Geschlechter
          überhaupt im Staate, § 34

Die ehelichen Tugenden und Liebens-
würdigkeiten des besten Mannes
bleiben ein Dilettantismus im Vergleich mit der aufopfernden Zärtlichkeit eines edlen Weibes.
                         Bogumil Goltz,
                    Zur Charakteristik und
          Naturgeschichte der Frauen

Wer ein witzroutiniertes Frauenzimmer zur Ehe nimmt, kommt gegen
sie nicht auf. Und was ist das für ein
fluchwürdiges Verhältnis, wenn man
die Person, der unsere Zärtlichkeit
gewidmet sein soll, profan abtrumpfen
oder sich von ihr selbst mit Übermut
traktieren lassen muß!
                         Bogumil Goltz,
                    Zur Charakteristik und
          Naturgeschichte der Frauen

Wenn der Mann sich allzu zärtlich
seinem Weibe nähert, so hat er im
geheimen sie gekränkt!
          Christian Friedrich Hebbel,
                    Gyges und sein Ring

Eine Frau zu gut liebkosen heißt
in einen Korb sch ... n und ihn
sich dann auf den Kopf setzen.
                              Montaigne

Eine Hand wird zusehends schöner,
wenn man sie streichelt.
                         Peter Altenberg

Ein jeder, dem gut und bieder
das Herz ist,
Liebt sein Weib und pflegt sie
mit Zärtlichkeit.
                    Homer, Illias, IX, 341/342

Kind! Mutter-Zärtlichkeit ist eigenes
Gewächse
Wer zärtlicher als sie dir tut, ist eine
Hexe.

                    Rückert, Die Weisheit des Brahmanen

Es ist so viel unverbrauchte Zärtlichkeit in Hotelzimmern,
wo sie allein liegen:
ein Mann, oder eine Frau, oder ein
angebrochenes junges Mädchen –
in leiser Lächerlichkeit liegen wir allein.

Kurt Tucholsky

Frauen scheinen weniger der Liebe im
eigentlichen Sinn zu bedürfen als der
Zuneigung und der Zärtlichkeit.

Henry de Montherlant

Für einen greisen Vater gibt's nichts
Holderes als eine Tochter. Höher
zwar ist Knabensinn, doch minder
hold zu Zärtlichkeit. (Iphis)

Euripides,
Die Schutzflehenden, 119

Frauen und Maultiere
gehorchen besser dem Kosen
als dem Tosen.

Aus Griechenland

Kuß

Der Kuß ist eine eigentümliche Beziehung: von keinerlei Nutzen für einen,
doch vollendete Wonne für zwei. Der
kleine Junge bekommt ihn für nichts,
der junge Mann muß dafür lügen, der
alte Mann muß ihn kaufen. Der Kuß ist
das Recht des Babys, das Vorrecht des
Liebenden, die Maske des Heuchlers.
Einem jungen Mädchen bedeutet er
Vertrauen, einer verheirateten Frau
Hoffnung, einer alten Jungfer Mitleid.

Skipper
(zitiert nach Prochnow, I)

Du kennst das Gold am Glanze,
die Jungfrau an dem Kranze;
das Weib ist wie ihr Mund:
Wie frisch sie leb' und blühe,
wie heiß sie lieb' und glühe,
das tut ihr Kuß dir kund.

Leopold Schefer, Das Lied vom Kusse

Die Braut verdient sich mehr mit einem
Kuß um Gott
als alle Mietlinge mit Arbeit bis in'n
Tod.
Angelus Sibelius,
Cherubinischer Wandersmann

Als sich aus Eigennutz Eliese
dem muntern Koridon ergab,
nahm sie für einen ihrer Küsse
ihm anfangs dreißig Schäfchen ab.

Am andern Tag erschien die Stunde,
daß er den Tausch viel besser traf.
Sein Mund gewann von ihrem Munde
schon dreißig Küsse für ein Schaf.

Der dritte Tag war zu beneiden:
Da gab die milde Schäferin
um einen neuen Kuß mit Freuden
ihm alle Schafe wieder hin.

Allein am vierten ging's betrübter,
indem sie Herd und Hund verhieß
für einen Kuß, den ihr Geliebter
umsonst an Elies' überließ.

Friedrich von Hagedorn, Die Küsse

Das Weib wird durch den Kuß ganz
Herz vom Scheitel bis zur Fußsohle.
Da ist keine Fiber, kein Nerv, der nicht
jubelte oder – jammervoll zuckte.

Karl Immermann, Münchhausen

Es gehört Erfahrung dazu, wie eine
Anfängerin zu küssen.

Zsa Zsa Gabor

Der Kuß eines keuschen Weibes
ist das Zeichen, womit die Natur
ihren Segen sprüht.

August von Kotzebue,
D. Verleumder, III, 5

Ein schönes Gesicht lockt jedermann
zum Küssen.

Hindi

Ach dürft' ich fassen
und halten ihn,
Und küssen ihn,
So wie ich wollt'.
An seinen Küssen
Vergehen sollt'! (Gretchen)

Goethe, Faust I

Wann eyne zuvil küßt
kömpt sie bald ins bett.

Alter deutscher Spruch

Diendl laß dir koa Bussl geb'n,
Bussl geb'n Moaln (Flecken),
Die kann dir koa' Dokter
und koa Bader mehr hoaln.

Tiroler Schanderhüpfl

Mädchen in ihres Vaters Haus zu
küssen ist ein Brauch; sie in deinem
eigenen Haus zu küssen, ist ein
Verbrechen.

Aus Kurdistan

Küsse kein häßliches Mädchen – sie
wird damit prahlen.

Jüdisch

Man meint, ein abgestohlner Kuß sei
minder angenehm?
Der Kuß wird süßer, wenn man schaut,
wie sie so schön sich schäme,
Und was man leichte haben kann, ist
selten sehr bequeme.

Friedrich von Logau, Deutsche Sinn-
Getichte, Ein geraubter Kuß

Es küßt sich so süße die Lippe der
zweiten,
Als kaum sich die Lippe der ersten
geküßt.

Goethe, Gedichte,
Lieder, Wechsel, Schlußvers

Welcher Mann oder Frau zwei Mäuler
küßt, dem stinkt eines.

Christoph Lehmann, Politischer
Blumen-Garten, T. 1, Ehestand, Nr. 54

Weiberlippen sind geschaffen
Mehr zum Küssen als zu Klaffen.

Friedrich von Logau,
Das Weib schweige

Geist wird nie den Mund ersetzen,
Der sich feurig küssen läßt.

Emanuel Geibel,
Gedichte und Gedenkblätter,
Lieder aus alter und neuer Zeit, Nr. 16

Ein Kuß, den Lesbia mir reichet,
Den kein Verräter sehen muß
Und der dem Kuß der Tauben gleichet,
Ja, so ein Kuß, das ist ein Kuß.

Gotthold Ephraim Lessing,
Schriften, Lieder, Bd. 1

Beischlaf

Solche Bewegungen machen die Huren
nur, denen daran liegt,
Daß nicht schwanger sie werden,
gehindert sei die Befruchtung,
Nebenbei auch sie den Mann noch
mehr anreizen zur Wollust;
Dinge, die unsere Frauen durchaus
nicht haben vonnöten.

Lukrez (Lucretius),
Von der Natur der Dinge, 4, 1252ff

Wenn ich bei Marulla liege,
wägt sie, ehe ich sie kriege,
sorgsam in gewandter Hand,
was sie immer gern umspannt,
und dann nennt sie mir ganz schlicht
das Gewicht
bis aufs Gramm genau.
Hab ich, was ich will, bekommen,
sagt sie, auch im Rechnen schlau,
um wieviel es abgenommen.
Welche Frau!

Martial/Mostar, Seltene Kunst

Die Woche zwier
der Weiber Gebühr,
schadet weder mir noch dir.
Macht' s Jahr hundertundvier.

Martin Luther

Die Frau, mit der man nicht schläft –
die liebt man.
Charles Baudelaire

Wir sind ja keine albernen Keuschheits-
fasler; wenn man ein Weib braucht,
wird man schon ein Weib finden, ohne
darum Ehen zu brechen und Ehen zu
gründen.
Friedrich Nietzsche,
Nachlaß, Unschuld des Werdens 1, 993

Zu diesem Ende nun ist die Ehrenmaxi-
me des ganzen weiblichen Geschlechts,
daß dem männlichen jeder uneheliche
Beischlaf durchaus versagt bleibe, damit jeder einzelne zur Ehe, als welche
eine Art von Kapitulation ist, gezwungen und dadurch das ganze weibliche
Geschlecht versorgt werde.

Arthur Schopenhauer,
Aphorismen zur Lebensweisheit, IV

Umb der hurerey willen sol eyn
jeglicher seyn eigen weib han und eyn
jegliche ihren eigen mann.

Alter deutscher Spruch

Hier lieget ein sehr schön, doch geiles
Weib begraben.
Wünscht ihr nicht, daß sie Ruh soll in
der Erde haben!
Sie hat dem Himmel gleich zu werden
sich geübt
und nichts als stetige Bewegung
mehr geliebt.

Martin Opitz, Grabschrift

Um eines Weibes Unglück voll zu
machen, kommt nachts zu ihr auch
noch ein Eunuch ins Bett.

Aus Korea

Beischlafen ist gut, aber man muß sich
nicht mit der Bettlade fangen lassen.

Aus Holland

Nichts ist trauriger als eine Frau,
die sich aus anderen Gründen auszieht
als für die Liebe.

Juliette Gréco

Seit den primitiven Zivilisationen bis
auf unsere Tage hat man es immer so
verstanden, daß das Bett für die Frau
ein »Dienst« ist, für den sich der Mann
durch Geschenke und durch die Sicherung ihres Unterhalts erkenntlich zeigt.

Simone de Beauvoir,
Das andere Geschlecht

Sie sagte sich: Mit ihm schlafen, ja –
aber nur keine Intimität!

Karl Kraus, Sprüche und
Widersprüche, Weib, Phantasie

Wer seiner Frau Zwang antut, bleibt
ohne Kinder.

Aus Arabien

… Frauen, deren Betätigungsdrang
nachts keine rechte Stütze findet, am
Tage häufig rabiat werden …

Kurt Tucholsky, Mädchenhandel in
Buenos Aires

Olympia schläft unter diesem Stein,
wie sie nur selten schlief: allein.

Hofmannswaldau, Grabschrift

Wirkung der Liebe

Überall, wo Du auch wandelst,
schaust Du mich zu allen Stunden,
und je mehr Du mich mißhandelst,
treuer bleib ich Dir verbunden.
Denn mich fesselt holde Bosheit,
wie mich Güte stets vertrieben.
Willst Du sicher meiner los sein,
mußt Du Dich in mich verlieben.

Heinrich Heine,
Neue Gedichte, Clarisse, 2

Daß Titania auch einen Esel herzen
kann, wollen die Oberone nie verstehen, weil sie dank einer geringeren
Geschlechtlichkeit nicht imstande
wären, eine Eselin zu herzen. Dafür
werden sie in der Liebe selbst zu Eseln.

Karl Kraus, Sprüche und
Widersprüche, Weib, Phantasie

Deut' mir eins der Liebe Werke,
ob Verlust sie, ob Gewinn?
Gibt dem Weibe Männerstärke
und dem Manne Weibersinn. (Zanga)

Grillparzer,
Der Traum, ein Leben, I

Die Liebe vermindert die weibliche
Feinheit und verstärkt die männliche.
(Titan)

Jean Paul,
Die zehn Verfolgungen des Lesers

Wenn ein Mann sein Weib liebt, so ist
sie ihm die Schönste und Liebste.

Martin Luther,
Deutsche Schriften, 35, 208

Der Mann mag das Geliebte laut
begrüßen, geschäftig für sein Wohl
liebt still das Weib. (Rhamnes)

Grillparzer, Sappho, I, 1

Die Verschmähten lieben am meisten.

Aus Montenegro

Das vollkommene Weib zerreißt,
wenn es liebt.

Friedrich Nietzsche, Ecce homo,
Warum ich so gute Bücher schreibe, 5

Wir sind kalt, stolz, hoch, klar, klug,
wenn wir verdienen, Weiber zu heißen,
und alle diese Vorzüge legen wir euch
zu Füßen, sobald wir lieben.

Goethe, Wilhelm Meisters
Lehrjahre, IV, 20

Eine Frau ist nicht immer glücklich
mit dem, den sie liebt. Aber sie ist
immer unglücklich mit dem, den sie
nicht liebt.
Claude Tillier

Wir machen die Männer zu Göttern,
und sie verlassen uns. Andere machen
sie zu Scheusalen, und sie kriechen und
sind ergeben. (Lady Windermere)

Oscar Wilde, Lady Windermeres Fächer

Durch Frauenliebe wird hienieden
dem Mann das höchste Glück beschieden.
Doch kann sie auch dem Mann auf Erden,
zur Quelle tiefsten Elends werden.

Bharthihari

Eifersucht

Frauen merken es einem Manne leicht
an, ob seine Seele schon in Besitz genommen ist; sie wollen ohne Neben
buhlerinnen geliebt sein und verargen
ihm die Ziele seines Ehrgeizes, seine
politischen Aufgaben, seine Wissenschaften und Künste, wenn er eine Leidenschaft zu solchen Sachen hat. Es sei
denn, daß er durch diese glänze – dann
erhoffen sie, im Falle einer Liebesver-
bindung mit ihm, zugleich einen Zu-
wachs ihres Glanzes; wenn es so steht,
begünstigen sie den Liebhaber.

Friedrich Nietzsche, Menschliches Allzumenschliches, Weib und Kind, 410

Die Eifersucht ist allen Frau'n ins Blut
gepflanzt, und Nebenbuhlerinnen trifft
ihr ärgster Haß.

Euripides, Andromache, 181

Man ist nie eifersüchtiger, als wenn
man in der Liebe anfängt zu erkalten.
Man traut dann der Geliebten nicht
mehr, weil man dunkel fühlt, wie wenig
einem selbst mehr zu trauen ist.

Grillparzer, Aphorismen

Was die Eifersucht der Frauen betrifft,
so sind sie mißtrauisch; sie setzen sehr
viel mehr aufs Spiel als wir; sie haben
der Liebe mehr zum Opfer zu bringen,
haben viel weniger Mittel der Ablen-
kung, haben vor allem viel weniger
Mittel, die Handlungen ihres Liebha-
bers nachzuprüfen. Eine Frau fühlt sich
entwürdigt durch die Eifersucht; es
sieht ja aus, als liefe sie einem Manne
nach; sie glaubt sich lächerlich zu machen vor ihrem Liebhaber, der gerade
über ihre liebetollsten Aufwallungen
spotten könnte; das muß sie zur Grausamkeit treiben, und sie kann doch ihre
Nebenbuhlerin nicht mit gesetzlichen
Mitteln töten.

Stendhal, Über die Liebe

Eifersucht ist so alt wie die Menschheit;
als Adam einmal spät heimkam, fing
Eva an, seine Rippen zu zählen.

Aus Belgien, flämisch

Bei Weibern ist die Liebe so oft eine
Tochter als die Mutter die Eifersucht.

Ludwig Börne, Schriften,
Dramaturgische Blätter

Weiber sind zum Zürnen hurtig,
und ihr Zorn ist nicht zu sagen,
wenn der Mann aus ihrer Küche
Feuer will in fremde tragen.

Friedrich Frhr. von Logau,
Fraueneifer

Das gift'ge Schrei'n der eifersücht'gen
Frau
Wirkt tödlicher als tollen Hundes
Zahn.

Shakespeare,
Komödie der Irrungen

Es gibt keinen roten Pfeffer, der nicht
scharf ist; es gibt keine liebende Frau,
die nicht eifersüchtig auf ihren Mann
ist.
Aus Indochina

Häßliche Frauen sind immer eifersüchtig auf ihren Mann, schöne niemals.

Oscar Wilde, Eine Frau
ohne Bedeutung

Der eifersüchtige Mann ist ein zorniger
Löwe; er ist edel, und nur der Hunger
zwingt ihn, seine Beute zu zerreißen.
Das eifersüchtige Weib ist eine erboste
Schlange; sie ist eitel, und die Lüstern-
heit allein verführt sie zum Stechen.

Ludwig Börne, Aufsätze, Nr. 25,
Fastenpredigt über die Eifersucht

Ihr Eifersüchtigen, die ihr ein Mädchen
plagt,
Denkt euren Streichen nach, dann habt
das Herz und klagt!

Goethe, D. Laune des Verliebten, Sz. 9

Die Eifersucht macht den Mann
dumm, lächerlich und setzt ihn in
der Liebe und Achtung des Weibes
herab; das Weib macht sie geistreicher, liebenswürdiger, und sie
steigert die Empfindung des
Mannes.

Ludwig Börne, Aufsätze, Nr. 25,
Fastenpredigt über die Eifersucht

Kein Weib hält übrigens ihren Mann
für echt klug, wenn er eifersüchtig ist;
er habe dazu Ursache oder nicht.

Hippel, Über die Ehe, IV

Sei nicht eifersüchtig gegen die Frau an
deiner Brust, damit sie nicht auf böse
Gedanken gegen dich selbst kommt.

Jesus Sirach, 9, 1

Keine Frau leidet unter der Eifersucht
des Mannes, den sie liebt.

Curt Goetz, Dreimal täglich

Eine Frau, die nicht eifersüchtig wird,
ist wie ein Ball, der nicht springt.

Aus Japan

Der Mann ist eifersüchtig, wenn
er liebt; die Frau auch, ohne daß sie
liebt: weil so viele Liebhaber, als von
anderen Frauen gewonnen werden,
doch ihrem Kreise der Anbeter
verloren sind.

Immanuel Kant, Der Charakter des
Geschlechts

Rivalität

Keine Frau billigt ihrer Rivalin den Entschuldigungsgrund »Liebe« zu, sondern sieht bei ihr nur dieselben infamen Mittel, durch die sie, von der Liebe beschwingt, selbst zum Ziel gelangt ist.

Sigmund Graff,
Vom Baum der Erkenntnis

Verheiratete Frauen, auch wenn sie sich untereinander nicht lieben, stehen doch stillschweigend miteinander, besonders gegen junge Mädchen, im Bündnis.

Goethe, Die Wahlverwandtschaften

Wenn zwei Frauen nebeneinandersitzen, zieht es

Marlene Dietrich

Das Problem für politisch tätige Frauen sind nicht die Männer. Das Problem sind die anderen Frauen. Dort spürt man den stärksten Widerstand.

Christine Richards

Ein Frauenzimmer, das eine andere leidenschaftlich geliebt sieht, bequemt sich gern zu der Rolle einer Vertrauten. Sie hegt ein heimlich, kaum bewußtes Gefühl, daß es nicht unangenehm sein müßte, sich an die Stelle der Angebeteten leise, leise gehoben zu sehen.

Goethe, Wilhelm Meisters Wanderjahre

Es ist der Männer wegen, daß Frauen einander nicht leiden können.

Aus Frankreich

Eine Frau ohne Rivalin altert schnell.

Charles Baudelaire

Den Aufstieg einer Frau zu einer höheren Position hemmt nicht der Chef, sondern seine Sekretärin.

Lore Lorentz

Entwöhne, Geliebte, von dem Gatten dich
und unterscheide zwischen mir und ihm!
Sie schmerzt mich, diese schmähliche Verwechslung,
und der Gedanke ist mir unerträglich,
daß du den Laffen bloß empfangen hast,
der kalt ein Recht auf dich zu haben wähnt! (Jupiter)

Heinrich von Kleist, Amphitryon, I, 4

Welcher Gewinn wäre es fürs Leben, wenn man dies früher gewahr würde, zeitig erführe, daß man mit seiner Schönen nie besser steht, als wenn man seinen Rivalen lobt. Alsdann geht ihr das Herz auf, jede Sorge, euch zu verletzen, die Furcht, euch zu verlieren, ist verschwunden; sie macht euch zum Vertrauten, und ihr überzeugt euch mit Freuden, daß ihr es seid, dem die Frucht des Baumes gehört, wenn ihr guten Humor genug habt, anderen die abfallenden Blätter zu überlassen.

Goethe, Maximen und Reflexionen, Nachlaß, Über Literatur und Leben

Eine Frau ist erledigt, wenn sie Angst vor ihrer Rivalin hat.

Madame Dubarry

Zwei Tigerinnen in einem Haus sind besser als zwei Herrinnen.

Aus Persien

Liebesleid

Sie war doch sonst ein wildes Blut;
nun geht sie tief in Sinnen,
trägt in der Hand den Sommerhut
und duldet still der Sonne Glut
und weiß nicht, was beginnen.
Steigend immer mehrt sich ihre Angst.
Bald stürzt sie sich im heftigen Gefühl
auf ihre Kinder, badet sie in Tränen
als brächt es Lindrung ihrem großen
Schmerz,
und plötzlich stößt sie sie mit Grauen
weit
von sich, das Herz der Mutter ganz
verleugnend.
Sie schweift umher mit ungewissem
Schritt,
ihr irrer Blick scheint uns nicht mehr
zu kennen. (Panope)

Schiller, Phädra, V, 5

Daß sich der Liebste von uns wendet,
ist nicht das Ärgste, was uns wider-
fährt.
Nein, daß ihm unser Herz, geblendet,
Und hilflos, immer noch gehört.

Molière, Der eingebildete Kranke, III, 2

Meine Ruh ist hin, mein Herz ist
schwer. (Gretchen)

Goethe, Faust I, Vers 3374

An der Frau erlebt man nicht nur die
Enttäuschung, die sie uns bereitet, sondern auch jene, die wir ihr bereiten.

Peter Altenberg

Mit Deinen schönen Augen
hast Du mich gequält so sehr
und hast mich zugrunde gerichtet:
Mein Liebchen, was willst Du mehr?

Heinrich Heine, Buch der Lieder,
Die Heimkehr, 62

Hoffnungslose Liebe macht den Mann
kläglich und die Frau beklagenswert.

Marie von Ebner-Eschenbach

Jeder Jüngling sehnt sich, so zu lieben,
Jedes Mädchen, so geliebt zu sein:
Ach, der heiligste von unsern Trieben,
Warum quillt aus ihm die grimme Pein?

Goethe, Vermischte Gedichte,
Aus den Leiden des jungen Werthers

Bei Mädchen, die durch Liebesunglück
gebeizt sind, wird ein Heiratsvorschlag
bald gar. (Sickingen)

Goethe, Götz von Berlichingen, III

Ende der Liebe

Seine Liebe war ewig. Als seine Frau
starb, nahm er eine andere.

Wilhelm Busch

Sobald man in der Liebe die Ketten
spürt, begreift man, daß es enden muß.

Aus Frankreich

Die Liebe stirbt niemals an Hunger,
wohl aber an Übersättigung.

Ninon de Lenclos

Man wird der Weiber gar bald satt.
(Clavigo)

Goethe, Clavigo, I

Die Liebe einer Frau kannst du dir
durch mancherlei verscherzen: durch
Vertrauen und durch Mißtrauen, durch
Nachgiebigkeit und durch Tyrannei,
durch zu viel und durch zu wenig Zärtlichkeit, durch alles und durch nichts.

Arthur Schnitzler, Aphorismen
und Betrachtungen

Wenn Liebe das Schulmeistern anfängt,
hat sie bald Ferien.

Peter Sirius, Tausendundein
Gedanken, Liebe und Ehe

Die Lüge tötet die Liebe. Aber die
Aufrichtigkeit tötet sie erst recht.

Ernest Hemingway

Seider (seit dem) i g'heirat han,
Ist die Lieb aus;
Jetzt han i die Predig
Und Vesper im Haus.

Kärntner Schnaderhüpfl

Die männliche Liebe erlischt leicht im
Nichts-als-Liebe, das der Frau das
Alles ist.

Ernst Bloch, Die fremde Stimme

Der Mann weiß nicht, wie er Schluß
machen soll.
Die Frau weiß nicht, wann sie Schluß
machen soll.

Helene Rowland

XXXV. Kapitel

Brautwerbung
Braut
Gattenwahl I.
Gattenwahl II.
Hochzeit
Heirat
Geldheirat
Heirat alten Mann
Mitgift
Jungfräulichkeit
Alte Jungfer
Polygamie

Brautwerbung

Es ist nichts leichter als auf Freien
reisen. Man lebt auf fremde Kosten, tut
sich gütlich, legt sich dem künftigen
Schwäher in das Haus, und mancher
jüngre Sohn und Krippenreiter, der alle
seine Staaten mit sich führt im Mantel-
sack, lebt bloß vom Körbeholen.
(Truffaldin)
Schiller, Turandot, II, I

Hinunter soll kein Mann die Blicke
wenden,
hinauf zur höchsten Fraue kehr er sich!
Gelingt es ihm, sie zu erwerben, schnell
geebnet zeigt des Lebens Pfad sich ihm.

Goethe, Die natürliche Tochter, IV, 4

Zwei Dinge ebnen dem Brautwerber
alle Wege und öffnen ihm alle Tore: ein
Sack voll Geld und ein Sack voller
Lügen.
Aus Aserbeidschan

Im Haus des Liebchens sei der Werber
darauf bedacht,
Daß er sich jeden dort zu seinem
Gönner macht,
Und daß ja keiner ihm im Wege möge
stehen,
Pflegt er den Hofhund selbst um
Freundschaft anzugehen. (Henriette)

Molière, Die gelehrten Frauen, I, 3

Wo eine Braut, dort auch ein Heirats-
vermittler.
Aus Rußland

Wenn jeder eine hübsche Braut sucht,
was soll aus den häßlichen werden?

Jüdisch

Schönheit wird nur vom Kennerblick
gekauft,
nicht angebracht durch des Verkäufers
Prahlen. (Prinzessin)
Shakespeare,
Liebes Leid und Lust, II, 1

Ein Ehrenmann nimmt nie zu elter-
lichem Zwang
Die Zuflucht, auch wenn ihm die
Werbung selbst mißlang.
Ein Wesen, das man liebt, soll ohne
Widerstreben,
Statt Opfer nur zu sein, als ein
Geschenk sich geben. (Henriette)

Molière, Die gelehrten Frauen, V, 1

Wer Weiber kaufen sol,
Der kauft gemeinlich wol,
Wenn er kauft nach Gerüchte
Und nicht nur nach Gesichte.

Friedrich von Logau,
Deutsche Sinn-Getichte, Heirathen

Findet sich ein Alters- und Standesge-
nosse als Werber, gib ihm deine Tochter, ohne ein Brautgeld zu fordern.

Aus Usbekistan

Wer niedriger steht als du, um dessen
Tochter freie; wer aber höher steht als
du, dem gib die deine nicht.

Aus der Türkei

Wer um ein Mädchen wirbt,
muß lügen und kosen;
wer um eine Witwe freit:
herunter mit den Hosen!

Aus Deutschland

Die Jungfern, welche zu dem Frein
Die Freier selbst will laden,
Wo diese nicht verlegen sein,
So haben sie doch Schaden.

Friedrich von Logau, Deutsche Sinn-
Getichte, Tüchtige Waar

Meine Meinung ist, daß immer die
Frauen den Männern den Antrag
machen und nicht wir den Frauen.

Oscar Wilde, Lehren und Sätze zum
Gebrauch für die Jugend

Braut

Wie wenige Ehen würden überhaupt
zustande kommen, wenn der Bräutigam so klug wäre, sich einmal recht
nach dem Spiel umzutun, das seine
kleine Geliebte, die so schamhaft, so
unerfahren scheint, bereits vor der Ehe
getrieben! Wie wenige schon geschlos-
sene Ehen würden von Dauer sein,
wenn die Nachlässigkeit oder Dummheit der Männer diese nicht blind
machte dem Treiben ihrer Frauen gegenüber! Man nennt dies Torheit, und
mit Recht; doch ist es dieselbe Torheit,
durch deren Macht die Frau dem Manne, der Mann der Frau gefällt, so daß
am Ende das Haus ruhig und das eheliche Leben ungestört bleibt.

Erasmus von Rotterdam,
Lob der Torheit

Was verschlägt es denn ihm, ob er die
Karolin frisch aus der Münze oder vom
Bankier bekommt? Tröst' er sich mit
dem hiesigen Adel: Wissentlich oder
nicht – bei uns wird selten eine Mariage
geschlossen, wo nicht wenigstens ein
halb Dutzend der Gäste – oder der
Aufwärter – das Paradies des Bräuti-
gams geometrisch ermessen kann.
(Präsident)

Schiller, Kabale und Liebe, I, 5

Weinende Braut, lachende Frau; lachende Braut, weinende Frau.

Aus Rußland

Wie soll die Braut sein, arm oder reich?
Sie soll sanft, gläubig, lenkbar und vor
allem frischen Herzens sein; das übrige
ist Nebensache.

Jules Michelet, Die Liebe

Man zieht der Braut mit ihrem Kleide
Die Maske von der Häßlichkeit;
Legt Sanftmut und Gefälligkeit,
Mit ihrem Brautgewand beiseite ...

Butler, Hudibras, 3, 1, 735

Bezaubernd schön und liebe war sie
noch als Braut, häßlich und bös
jedoch, kaum ward sie getraut.

Aus Rußland

Verhüllte Vergangenheit der Braut
bringt, wenn nicht die Sonne, so doch
die Brautnacht an den Tag.

Aus Korea

Schön war der Fuchs – bis man ihn er-
schlagen; schön war auch die Braut –
bis man sie zur Frau genommen.

Aus der Mongolei

Goldige Braut – lehmige Schwiegermutter.

Tamil

Mädchen! frohlocke nicht im Braut-
kleid. Ach, wieviel Leid steckt
dahinter!
Aus Arabien

Braut: eine Frau, die eine schöne
Glückserwartung hinter sich hat.
Ambrose Bierce

Für die Braut Musik und Schönheit;
für die Frau Hunger und Durst.
Aus Estland

Halbmast flaggt das Haus, aus dem als
Braut die Tochter auszieht; Fahnen der
Freude flattern über dem, in das sie
einzieht.
Udmurtisch

Was eine junge Braut berührt, verbrei-
tet Wohlgeruch.
Aus Malta

Ist die Braut häßlich, was hat dann die
Schönheit der Eltern für einen Sinn!
Puschtu

Im väterlichen Haus läuft auch die
stolzeste Braut barfuß.
Aus Armenien

Jede Braut wird für ihren Bräutigam
geboren.
Aus Rußland

Liegt die Braut noch in der Wiege, so
soll der Bräutigam schon alt genug sein,
um reiten zu lernen.
Aus Rußland

Fluch, wer die Braut verläßt!
Theodor Körner, Leier und Schwert

Bei der Braut war'n hundertundein
Freier, doch kam es nicht zur Hoch-
zeitsfeier.
Aus Rußland

Studentenbraut – ward niemals getraut.
Sprichwort

Ich bin, offen gesagt, keine Freundin
langer Verlöbnisse. Sie geben Brautleu-
ten Gelegenheit, ihren Charakter schon
vor der Hochzeit zu entdecken, was,
wie ich meine, niemals ratsam ist.
(Lady Bracknell)
Oscar Wilde, Bunbury, III

Wenn ein unberührtes Mädchen mit einem Mann verlobt ist und ein anderer
Mann ihr in der Stadt begegnet und
sich mit ihr hinlegt, dann sollt ihr beide
zum Tor dieser Stadt führen. Ihr sollt
sie steinigen, und sie sollen sterben, das
Mädchen, weil es in der Stadt nicht um
Hilfe geschrien hat, und der Mann, weil
er sich die Frau eines andern gefügig
gemacht hat.
Buch Deuteronomium 22, 23–25

Gattenwahl I.

Ein Müßiggänger heiratet eine Frau, bei der er Kurzweil findet. Ein Schöngeist heiratet eine Frau, die »ihn versteht«, mag sie noch so wenig von der Welt verstehen, wenn sie nur ihn versteht … Das alles sind Egoisten zweiten Ranges. – Wer da weiß, was eine Frau als Frau ist, was eine Frau in dieser Welt sein kann … der sucht keine Frau, die zu ihm in irgend relativen Beziehungen steht, sondern die selber etwas ist: Entfaltung, Pracht, Größe, große Ansprüche und große Empfindungen, die Fähigkeit, in hohem Maße glücklich zu sein. Dann ist er seines eigenen Glückes gewiß.

Frank Wedekind

Reich muß sie sein, das ist ausgemacht; verständig, oder ich mag sie nicht, tugendhaft, oder ich biete gar nicht auf sie; schön, oder ich sehe sie nicht an; sanft, oder sie soll mir nicht nahe kommen; edel, oder ich nehme sie nicht und gebe man mir noch einen Engel zu; angenehm in ihrer Unterhaltung, vollkommen in der Musik: Und wenn sie das alles ist, so mag ihr Haar eine Farbe haben, wie es Gott gefällt.

Shakespeare, Viel Lärm um nichts, II, 3

Als sich die Menschen über die Erde hin zu vermehren begannen und ihnen Töchter geboren wurden, sahen die Gottessöhne, wie schön die Menschentöchter waren, und sie nahmen sich von ihnen Frauen, wie es ihnen gefiel.

Genesis, Noah und die Sintflut, 6, 1–2

Sieh auf die Mutter, bevor du dich mit der Tochter verlobst!

Aus Indien

Deinen Acker habe in der Nähe, deine Frau aber nimm aus der Ferne.

Aus Arabien

Ein Mädchen aus gleichem Stande heirate; denn nimmst du eine aus vornehmem Geschlecht, erhältst du Herren und nicht Verwandte.

Kleobulus

Sehr intelligente Menschen sollen sich eine primitive und dumme Frau nehmen. Sehen Sie, wenn ich nun noch eine Frau hätte, die mir in meine Arbeit reinredet! In meiner freien Zeit will ich meine Ruhe haben.«

Adolf Hitler

Hol dir ein Pferd von einem reichen Gut und eine Frau von einem armen.

Aus Estland

Denn wer aus einem vornehmeren Stande heiratet, wird nicht sowohl ein Ehemann, sondern unvermerkt ein Sklave der Mitgift.

Plutarch, Moralische Abhandlungen Erziehung, K. 13

Es ist entschieden besser, du nimmst ungesehen eine Braut vornehmer Herkunft als eine, deren Schönheit dich geblendet hat.

Aus Kasachstan

Wenn du eine Frau nimmst und wenn du ein Pferd kaufst, so schließe die Augen und befiehl dich Gott!

Aus Italien

Männlein Adam war älter als Fräulein Eva;
wähle dir keine Gehilfin, die älter ist als
du! Weiber verbleichen zeitiger als wir.

Theodor Gottlieb von Hippel, Über die
Ehe, K. 7, Zum Besten der Jünglinge

Wer's aber mit sich selbst gut meint, der
nehme
Ja eine Gattin, die gefällig ist
Und sanften Herzens – oder lieber
keine! (Agamemnon)

Schiller, Iphigenie in Aulis, III, 4

Bei der Wahl seiner ersten Frau darf
man sich gewisse Nachlässigkeiten erlauben. Bei der Wahl seiner Witwe aber
sollte man keinen Fehler machen.

Sacha Guitry

Überwintere nicht auf einem offenen
Platz, und nimm auch keine fremde
Frau.

Aus der Mongolei

Kaufe das Pferd nicht mit den Augen
eines Fußgängers, und nimm auch
die Frau nicht mit den Augen eines
Witwers.

Turkmenisch

Erst blick der Stute ins Maul, und dann
schau auf die Hufe, wenn du das Füllen
kaufen willst; erst schau der Mutter
aufs Maul, und dann blick ihr ins Auge,
wenn du die Tochter nehmen willst.

Aus Daghestan

Suche dir deine Frau nicht beim
Tanzen, sondern bei der Erntearbeit
im Feld!

Aus der Tschechoslowakei

Wähle deine Frau, wenn sie die Nacht-
mütze aufhat.

Gälisch

Eine Frau und eine Wassermelone
wählt der Zufall aus.

Aus Frankreich

Brich keine unreifen Beeren, und nimm
auch kein unbekanntes Mädchen.

Aus Rußland

Bevor du die Braut erwählst, erkundige
dich erst über deren Mutter.

Aus Arabien

Das Mädchen wähle mit dem Auge
eines Alten, das Pferd jedoch mit dem
eines Jungen.

Aus Armenien

Beim Schein einer Kerze wählt man
weder Diamanten noch Frauen aus.

Jüdisch

Frauen und Ochsen aus deinem Orte.

Aus Italien, Toskana

Heirate ein schönes Weib, und du
heiratest Verdruß.

Aus Liberia

Man soll nur schöne Frauen heiraten.
Sonst hat man keine Aussicht, sie
wieder loszuwerden.

Danny Kaye

Wer ein übersehenes Mädchen heiratet,
der bekommt eine auserlesene Frau.

Aus Finnland

Brauchst du ein Haus – nimm ein
fertiges! Brauchst du ein Weib – nimm
kein fertiges!

Aus Bulgarien

Gattenwahl II.

Dame von 18 Jahren aus einer der
ältesten adeligen Familien, reizend wie
Helena, häuslich wie Penelope, wirt-
schaftlich wie die Kurfürstin Anna,
geistreich wie die Frau von Staël,
liebenswürdig wie die Ninon Lenclos,
eine Sängerin wie die Frau von Marra,
eine Tänzerin wie die Cerito, eine
Pianistin wie die Clara Schumann,
eine Violinistin wie die Minanollo, eine
dramatische Künstlerin wie die Bertand,
eine Bildhauerin wie die Marie von
Orleans, keusch wie die Lucretia, wohl-
tätig wie die heilige Elisabeth, patrio-
tisch wie die Gräfin Plater und im Besitz eines disponiblen Vermögens von
3 Mill. Thalern, sucht einen Lebensgefährten, wo möglichst einen Post-
sekretär, um ihm die wenig freien
Augenblicke seines angestrengten
Berufs zu versüßen. Nähere Auskunft
auf frankierte Briefe.

Eßlinger Tagblatt, 1853

Doch muß es, was man gern vergißt,
ein Wagnis heißen.
Mit Mitteln der Gewalt ein Herz an
sich zu reißen.
Ein Mann läuft leicht Gefahr (das liegt
wohl klar am Tag),
Wenn er ein Mädchen freit, das ihn
nicht leiden mag,
Und oft geschieht es dann, daß sie zur
Rache schreitet
Und ihrem Eheherrn das Schlimmste
zubereitet. (Henriette)

Molière, Die gelehrten Fauen V, 1

Ich konnte mich nur an einen Mann
binden, der dasselbe verabscheute wie
ich: die Rechte, die brave Gesinnung,
die Religion.

*Simone de Beauvoir über Jean Paul
Sartre,* Der Lauf der Dinge

Es ist eine tägliche Erscheinung: Just
bei den schönsten Mädchen fällt es so
schwer, daß sie einen Mann bekommen.
Dies war schon im Altertum der Fall,
und wie bekannt, sind alle drei Grazien
sitzengeblieben.

Heine, Gedanken und Einfälle

In Frankreich wie in Amerika bringen
Mütter, ältere Schwestern, Frauenblät-
ter den jungen Mädchen ganz unge-
schminkt die Kunst des Männer-
»Fangs« bei, analog der Praxis des
Fliegenfangs. *Simone de Beauvoir,*
Das andere Geschlecht

Wähle doch das Weib sich einen ältern
stets! *Shakespeare,* Was ihr wollt, II, 4

Das Mädchen sucht den klugen Mann,
der Jüngling – die schöne Frau.

Aus Vietnam

Werde ja nicht die Frau eines Esels, bist
du es aber versehentlich dennoch
geworden, so trage alsdann auch des
Esels Last. *Aus Persien*

Keine Frau trägt gerne ein Kleid, das
eine andere abgelegt hat. Mit Männern
ist sie nicht so wählerisch.

Françoise Sagan

Die Weisen sagen uns: Suche für deine
Tochter einen Mann, aber suche für
deinen Sohn keine Frau.

Aus Arabien

XXXV. Kapitel

Eine gute Frau inspiriert den Mann,
eine geistvolle fesselt ihn,
eine schöne begeistert ihn
und eine teilnehmende bekommt ihn.

Verfasser unbekannt

Läßt du der Tochter selbst die Wahl,
läuft sie dem ersten besten Trommler
oder Bettelmusikanten nach.

Aus der Türkei

Die Mädels sind doch sehr interessiert,
ob einer fromm und schlicht nach
altem Brauch.
Sie denken, duckt er da, folgt er uns
eben auch. (Mephisto)

Goethe, Faust

Lieber noch die Magd eines tüchtigen
Menschen als die Frau eines einfältigen.

Telugu

Notfalls sucht sich der Brunnen den
Eimer.

Malaiisch

Man nimmt ein falsches Kleid, ein
Hausgerät; doch einen Mann greift man
im Finstern.

Heinrich von Kleist,
Amphitryon, II, 4

Dem Allzuschlauen mangelt es an Reis,
die Allzuschöne findet keinen Mann.

Aus Bengalen

Ein Mädchen darf nicht suchen, es darf
nur finden, und, lieber Gott, wie selten
findet der, der nicht sucht.

August von Kotzebue, D. Verleumder

Man kann anderen Leuten erklären,
warum man seinen Mann geheiratet
hat, aber sich selbst kann man das nicht
erklären.

George Sand

Eine Frau, die einen Ehemann sucht, ist
das gewissenloseste aller Raubtiere.

G. B. Shaw, Mensch und Übermensch

Hochzeit

Wie kann der Priester segnen, wenn das
Ja der holden Braut nicht aus dem Herzen quillt. Er soll nicht Widerwärtges
aneinander zu immer neu erzeugtem
Streite ketten.

Goethe, Die natürliche Tochter, V, 7

Der schlechteste Esser beim Hochzeits-
mahl ist die Braut.

Aus Spanien

In der Hochzeitsnacht legt sich die
Ehefrau nicht splitternackt zu ihrem
Mann.

Aus Korea

Weine, weine nicht, o Mädchen!
Wenn du bei dem Brautschmuck
weinest,
Weinest du dein ganzes Leben.

Johann Gottfried von Herder,
Stimmen der Völker

Gar oft ist das »Ja« am Traualtar das
letzte freundliche »Ja«, das die Huldin
ausspricht.

Karl Julius Weber, Demokritos, II, 19

Die Frau weint vor der Hochzeit und
der Mann danach.

Aus Polen

Heirat

Es gibt fünf Gründe, aus denen man ein Mädchen nicht heiratet:
Ein Mädchen aus einer aufrührerischen Familie heiratet man nicht;
ein Mädchen aus einer zuchtlosen Familie heiratet man nicht;
ein Mädchen aus einer Familie, in der mehrfach Verbrechen vorgekommen sind, heiratet man nicht;
ein Mädchen aus einer Familie mit üblen Krankheiten heiratet man nicht;
die älteste Tochter eines Mannes, der seine Frau verloren hat, heiratet man nicht.

Konfuzius, Vom älteren und jüngeren DAI – Das Buch der Sitte

»Da ich in den Jahren des Kampfes glaubte, es nicht verantworten zu können, eine Ehe zu gründen, habe ich mich nun vor Beendigung dieser irdischen Laufbahn entschlossen, jenes Mädchen zur Frau zu nehmen, das nach langen Jahren treuer Freundschaft aus freiem Willen in die schon fast belagerte Stadt hereinkam, um ihr Schicksal mit dem meinen zu teilen. Sie geht auf ihren Wunsch als meine Gattin mit mir in den Tod. Er wird uns das ersetzen, was meine Arbeit im Dienst meines Volkes uns beiden raubte.«

Adolf Hitler

Es zeigt die Schwärmerei und vielleicht die höhere Gesinnung des Mannes, daß er das Weib schön will. Es zeigt den größeren Verstand und die Nüchternheit der Weiber (vielleicht auch ihren Mangel an ästhetischem Sinne), daß sie auch die häßlichen Männer annehmen; sie sehen mehr auf die Sache.

Friedrich Nietzsche, Unschuld des Werdens I, 868

Einen Ungeliebten heiraten heißt, sich lebendigen Leibes ins Grab legen.

Aus Rußland

Auf einem kahlen Berg säen heißt auch noch das Samenkorn verlieren; eine bloße Schönheit heiraten bedeutet sich vollends ruinieren.

Tamil

Um der Schönheit willen heiraten ist ebensoviel, als um der Rose willen ein Landgut kaufen. Ja, das letztere wäre noch vernünftiger, denn die Rosenzeit kommt doch jährlich wieder.

August von Kotzebue, D. Intermezzo

Man heiratet ein Weib in einer ganz anderen Absicht, als um von ihr seinen Lebensunterhalt zu empfangen; aber es gibt Zeiten, wo es doch aus diesem Grunde geschieht.

Meng-tse, 2, 4,

Frauen sind die Geliebten der Männer in der Jugend, die Gefährtinnen auf der Höhe des Lebens, die Pflegerinnen im Alter. Auf diese Weise kann ein Mann zu jeder Zeit eine Rechtfertigung für seine Heirat finden.

Francis Bacon

Aus Liebe und Vernunft zu frein,
wie sollt' das nicht dasselbe sein?
Da es doch nichts so Vernünftiges gibt,
als eine zu freien, die man liebt.

Paul Heyse, Spruchbüchlein

Ein Sohn, der heiratet, gibt seiner Frau einen Kontrakt und seiner Mutter die Scheidung.

Jüdisch

Heiraten ist, als stecke man eine
Schlange in seine Tasche.

Aus Afrika, Bantu

Es war ein großer Mann des Altertums,
der das Weib ein Ungeheuer der Natur
nannte und doch heiratete.

Theodor Gottlieb von Hippel, Über die
Ehe, Zum Besten der Jünglinge

(Heiraten) das heißt, Nachtigallen zu
Hausvögeln machen. (Don Juan)

Christian Dietrich Grabbe,
Don Juan und Faust, III, 3

Heiraten heißt für'ne Frau soviel wie im
Winter ins Wasser springen: Hat sie's
einmal getan – dann denkt sie ihr Leb-
tag daran. *Maxim Gorki*, Nachtasyl

Mutter, was ist Heiraten?
Spinnen, Kinder kriegen und Weinen.

Aus Portugal

Zum Heiraten gehören immer zwei:
ein Mädchen und seine Mutter.

Aus Mexiko

Wer seine Tochter einem Mann gibt,
den sie haßt,
Trägt vor dem Himmel Schuld, wenn
sie in Sünde fällt. (Dorine)

Molière, Tartüff, II, 2

Die meisten Frauen wählen ihr Nacht-
hemd mit mehr Verstand als ihren
Mann. *Coco Chanel*

A niglnaglneues Häusl,
A niglnaglneues Bett
Und a niglnaglneues Diendl',
Sonst heirat' i net.

Salzburger Schnaderhüpfl

Vielleicht heirat' ich's doch noch; da
muß aber in Kontrakt hinein, daß ich s'
umbringen darf.

Nestroy, Lady und Schneider,
II, 26, Heugeignx

Am Tag, an dem du deine Frau heiratest, heiratest du auch deine Kinder.

Aus Irland

Die keine Schwiegermutter und keine
Schwägerin hat, ist gut verheiratet.

Aus Portugal

Er heiratete sie, weil sie ihn liebte; sie
liebte ihn, weil er sie heiratete.

Jean Paul

Für die Frau ist es besser, den Mann zu
heiraten, von dem sie geliebt wird, als
den Mann zu nehmen, den sie selbst
liebt.

Aus Arabien

Freien geht vor Tanzen, sagte das
Mädchen und nahm einen Lahmen.

Aus Deutschland

Verheirate eine Tochter, so hast du ein
großes Werk fertig gebracht.
Und einem verständigen Manne gib sie
zur Frau.

Jesus Sirach, 7, 25

Geldheirat

Weh dem Manne, der ein Weib des
Geldes wegen nimmt,
Der die reiche Alte der nackten Jungen
vorzieht.
Hat sie ihn in ihrer Macht, dann ist er
ihr Sklave;
Die Hexe hält ihn bei dem Bart, und
durch ihre Teufelskunst
Verwandelt sie ihn in einen geduldigen
Esel.

Hatifi, Gedichte

Das Leid, das man verborgen wahrt,
ist leicht zu ertragen;
Doch meiner Frau Gesicht und Art
verrät mich, nicht mein Klagen:
Ihr Geld ist gut, sonst alles schlecht;
seid klug, hier könnt ihr's sehen:
Ich dien wie ein gefangner Knecht.

Caecilius, Plocium, 143

Wer ein Weib um des Geldes willen
heiratet, bekommt ungeratene Kinder.

Talmud

Ein Frauenzimmer, das einen jungen
Menschen des Geldes wegen heiratet,
setzt sich selbst zur Konkubine herab.

Theodor Gottlieb von Hippel,
Über die Ehe, 7

Geldheirat: Er hat vom Schwiegervater
ein gutes Stück Brot gekriegt, aber ein
schlechtes Stück Fleisch dazunehmen
müssen.

Wilhelm Busch

Die Braut wird vom Geld verführt.

Aus Arabien

Mit zwanzigtausend Talern bar besitzt
ein Mann
Wie der genügend Reiz, daß du ihn
lieben kannst;
Mit solcher Summe, dafür bürg ich dir,
ist er,
Wie er auch immer sonst sein mag, ein
Ehrenmann. (Gorgibus)

Molière, Sganarell, I

Heirat alten Mann

Solange das Mädchen jung und schön,
will es sich nur'nen jungen Burschen
auserkoren;
ist beides aber längst verloren, so
nimmt es gerne auch' nen alten Toren.

Aus Vietnam

Wenn sich in Amors Reich
Siebzehn mit achtzig paaren
Sind sie zwar nicht an Jahren,
Aber an Tollheit sich gleich.

Johann Christoph Friedrich Haus,
Sinngedichte

Lieber noch ein zerschlissenes Hemd
am Leibe und dafür einen jungen Ehemann als ein seidenes Hemd und einen
alten Ehemann.

Aus Kurdistan

Wenn man einen Alten höflich und
glimpflich um das Leben bringen will,
so soll man ihm ein junges Weib geben.

Kaiser Friedrich III.

Junges Weib ist altem Mann das Post-
pferd zum Grabe.

Aus Deutschland

Wenn ein Alter eine junge Frau nimmt,
so wird er jung und sie alt.
                                Jüdisch

Junge Rebe muß verdorren, kommt sie
neben alten Knorren.
                                Bauernregel

Ob du einen Alten heiratest oder einen
Bettler, es ist ein und dasselbe Unglück.
                                Tamil

So ist die Heirat eines jungen Mädchens
mit einem bejahrten Manne immer mißlich, und doch habe ich sie recht gut
ausschlafen sehen.

                Goethe, Wilhelm Meisters
                                Lehrjahre, 4, 4

Nimmt ein alter Mann ein junges Weib,
hat er auch schon das Leichenhemd am
Leib.
                                Aus Frankreich

Wer sechzig Jahre alt und heiratet eine
junge Frau, der lädt den Tod zu Gast.

                        Christoph Lehmann,
                Politischer Blumengarten, I, 31

Ist eine junge Frau einem alten Manne
angetraut, so ist sie nicht Weib, nicht
Jungfer, nicht Witwe und nicht Braut.

                                Aus Rußland

Ein junges Weib bei eym alten Mann
ist des tags ein Eheweib
und des nachts ein Wittib.

                        Alter deutscher Spruch

Heiratet ein alter Esel eine junge Gans,
so ernten sie mehr Spott als Freude.

                                Aus Rußland

Ein alter Kerl und eine junge Frau, das
gibt eine Herde Kinder.

                                Aus Polen

Mitgift

Nicht umsonst bereitet durch manche
Jahre die Mutter viele Leinwand der
Tochter von feinem und starkem
Gewebe;
nicht umsonst verehren die Paten ihr
Silbergeräte, und der Vater sondert im
Pulte das seltene Goldstück: Denn sie
soll dereinst mit ihren Gütern und
Gaben jenen Jüngling erfreuen, der sie
vor allen erwählt hat.

                Goethe, Hermann und Dorothea, 2

Bei sechs Töchtern kommt auch der
Radscha an den Bettelstab.
                                Tamil

Du kennst ja nicht der heut'gen Män-
ner Sinnesart:
Eine jede findet hier, wenn noch so
schlecht ihr Ruf,
Doch ihren Mann, und keine Schande
rechnet man
Als Schande an, wenn Mitgift da ist.
(Saturio)
                Plautus, Persa, 3, 1, 366

Verlangt dein Kind ein Freier,
der wenig nach der Mitgift fragt,
so denke, was das Sprichwort sagt:
Sehr wohlfeil ist sehr teuer.

        G. E. Lessing, An einen geizigen Vater

Eine arme Frau kann dich genauso
quälen wie eine reiche, sagte der Freier,
als er sich nach der Mitgift erkundigte.

Jüdisch

Die Mitgift der Braut ist oft die eigentliche Braut.
          Malaialàm (Sri Lanka)

Hat man jemals etwas Tyrannischeres
gesehen als diese Gewohnheit, der man
die Väter unterwerfen will; etwas
Frecheres und Lächerlicheres, Geld
anzuhäufen mit großer Arbeit, eine
Tochter mit Sorgfalt und Zärtlichkeit
zu erziehen, um das eine wie das andre
dem erstbesten Mann zu überlassen?
(Sganarell).

   Molière, Der Liebhaber als Arzt, I, 5

Auch eine große Mitgift ergibt noch
keinen Ehemann.
                    Aus Rußland

Dem die Frau bleibt ewig fremd
und auch kein Glück bereitet,
den nur des Vaters Mitgift
zur Heirat hat verleitet.
                  Aus Armenien

Die Mitgift, die eine Frau ins Haus
bringt, ist eine Glocke: Sooft du daran
vorbeigehst, schlägt dir der Klöppel ins
Gesicht.
                  Aus Armenien

Wer ein Weib ihrer Mitgift wegen
nimmt, bereut es am Tage darauf durch
das Übel, das daraus entspringt.

                    Aus Spanien

Die beste Mitgift ist die fehlende
Schwiegermutter.
                    Aus Rußland

Mit gift'gem Weib ist lebenslang
gequält,
wer sich ein Weib der Mitgift wegen
wählt;
Denn Gift bleibt Gift, von welcher Art
es sei,
und solche Hochzeit ist Giftmischerei.

   Hoffmann von Fallersleben, Mitgift

Ich habe eine Hexe mit einer Mitgift
geheiratet. Ich habe sie wegen ihrer Fel-
der und ihres Hauses genommen, und
das, o Apollon, ist das schlimmste von
allen Übeln! ...
                    Menander

Des Weibes große Gift ist recht des
Mannes Gift,
das nicht den Leib so sehr als seine
Freiheit trifft.

   Logau, Eine stattliche Mitgift

Drey ding seindt schad eins Mans,
Ohn Milch ein Zieg, ohn Schmaltz ein
Gans,
Ein Weib ohn Morgengab;
Hüt dich fur sulche hab!   *Alter Spruch*

Wie, wenn man, um Ehestands-
proselyten zu machen, das Gesetz der
Babylonier erneuerte, das jedem, der
ein schönes, reiches Weib heiratete,
eine Taxe auflegte, womit man dann
haßliche, arme Madchen ausstattete?

                 Karl Julius Weber,
                 Demokritos II, 4

Jungfräulichkeit

Das Jungfrauentum brütet Grillen wie
ein Käse Maden, zehrt sich ab bis auf
die Rinde und stirbt, indem sich's von
seinem eigenen Eingeweide nährt.
Überdem ist das Jungfrauentum wunderlich, stolz, untätig, aus Selbstliebe
zusammengesetzt, welches die verpön-
teste Sünde in den Zehn Geboten ist.
Behaltet's nicht! Ihr könnt gar nicht anders als dabei verlieren. Leiht es aus!
Im Lauf eines Jahrs habt Ihr zwei für
eins. Das ist ein hübscher Zins, und das
Kapital hat nicht sehr dadurch abgenommen. (Parolles)

Shakespeare, Ende gut, alles gut, I, 1

Schaut einmal, ihr Landleute, ihr könn-
tet es so schön haben, einen herrlichen
Flor von Jungfrauen könnte jede Pfarrei aufweisen, wenn ihr nur die einzige
Gelegenheit meiden wolltet – das ab-
scheuliche Herumziehen bei Tag und
bei Nacht und die höllischen nächtlichen Zusammenkünfte. Ja, da wäre es
eine Freude, das Fest der unbefleckten
Empfängnis zu feiern, da könnte man
ein schönes Engelamt halten, wobei die
Jünglinge und Jungfrauen der ganzen
Pfarrei, als der schönste Schmuck und
die Zierde derselben, in jungfräulichem
Gewande erscheinen könnten!

Westermayer, Bauernpredigten,
Vom Jungfernkränzchen

Eine Jungfrau über dreißig wird dreimal täglich vom Teufel versucht.

Aus Spanien

Halte, traumversonnener Jüngling,
nicht jedes erwachsene Mädchen für
eine ahnungslose Jungfrau.
Aus Korea

Was verliert man mit Freuden?
Ein Kranker sein Fieber,
ein geplagter Ehemann sein Weib,
ein Spieler seine Schuld
und ein Mädchen – seine Jung-
frauschaft.
Franz Grillparzer

Die Jungfrau ist ein ewiges, weibliches
Kind. Ein Mädchen, das nicht mehr
wahrhaftes Kind ist, ist nicht mehr
Jungfrau.
Novalis

Noch nie ward eine Jungfrau geboren,
daß nicht vorher ein Jungfrauentum
verloren ward. Das, woraus Ihr besteht,
ist Stoff, um Jungfrauen hervorzubringen. Euer Jungfrauentum, einmal verloren, kann zehnmal wieder ersetzt werden; wollt Ihr's immer erhalten, so
geht's auf ewig verloren. Es ist ein zu
frostiger Gefährte: Weg damit!
(Parolles)

Shakespeare, Ende gut, alles gut, I, 1

Das Jungfrauentum gleicht einem
Selbstmörder und sollte an der Heer-
straße begraben werden, fern von aller
geweihten Erde, wie ein tollkühner
Frevler gegen die Natur. (Parolles)

Shakespeare, Ende gut, alles gut, I, 1

Die Partei des Jungfrauentums nehmen
heißt seine Mutter anklagen, welches
offenbare Empörung wäre. (Parolles)

Shakespeare, Ende gut, alles gut, I, 1

Ein Nein ist nicht immer ein Nein im
Munde einer Jungfrau.
Aus Schweden

Denkt, wie gesund die Luft, wie rein
sie um dies Jungfernstift muß sein!
Seit Menschen sich besinnen,
starb keine Jungfrau drinnen.

G. E. Lessing, Auf das
Jungfernstift zu …

Spiegel, Glas und Jungfern nimm stets
dir vor dem Bruch. *Aus Rußland*

Es sind nicht alle Jungfrauen, die einen
Kranz tragen. *Aus Deutschland*

Alle Mädchen sind Jungfern, solange
sie der Bauch nicht verrät.

Aus Deutschland

Die jungfräuliche Seele ist eine reife
Rose, aus der, sobald ein Blatt gezogen
ist, leicht alle gepaart nachfallen.

Jean Paul

Die Jungfräulichkeit ist ein Geheimnis,
das die Männer um so aufregender finden, je leichtlebiger sie selber sind.

Simone de Beauvoir,
Das andere Geschlecht

Für die Frau, welche ihre Jungfräulichkeit nicht als Wert auf Gott bezogen erkennt, bedeutet Ehe- und Kinderlosigkeit in der Tat eine tiefe Tragik.

Gertrud von le Fort,
Die Frau in der Zeit

Es gibt eine gewisse Jungfernschaft der
Seele bei den Mädchen und eine moralische Entjungferung; diese findet bei
vielen schon sehr frühzeitig statt.

Georg Christoph Lichtenberg

Vorwitz macht Jungfern teuer.

Aus Deutschland

Alte Jungfer

Man müßte an verschiedenen Punkten
Frankreichs und in armen Dörfern
dreißig Stifte für alte Jungfern einrich-
ten. Die Regierung würde diese Anstal-
ten mit Ansehen umgeben, um ein
wenig das traurige Gemüt der armen
Mädchen zu trösten, die hier ihr Leben
vollenden. Man müßte ihnen all den
bunten Tand der Würden umtun.

Stendhal, Über die Liebe, 2, 58

So scharf der Pfeffer auch sein mag, er
wird doch nie zum Salz; so sehr eine alte Jungfer auch kokettieren mag, sie
wird doch nie mehr zu einem liebrei-
zenden Mädchen. *Aus Kirgisien*

Sexuell erfolglose Frauen, sogenannte
alte Jungfern, sind es zumeist nicht deshalb geblieben, weil sie zuwenig anziehend waren, sondern weil sie vor dem
sexuellen Erlebnis Angst hatten.

Manès Sperber, Individuum und
Gemeinschaft

Eine alte Jungfer ist nicht mehr wert als
ein nicht angekommener Brief.

Aus Ungarn

Die schöne Blume wurde rot vor
Scham, als sie an die Brust der alten
Jungfer kam. *Aus Rußland*

Gleich den Bienen um die erste Früh-
lingsblume schwärmen alte Jungfern
um den letzten Witwer ringsherum.

Aus Rußland

Ein alter Junggeselle ist ein Höllen-
prügel, eine alte Jungfer eine Taube
vom Himmel.

Aus Estland

Polygamie

Wenn man sich über die Ansprüche der
Sitte einmal in Gedanken hinwegsetzt,
so könnte man wohl erwägen, ob nicht
Natur und Vernunft den Mann auf
mehrfache Verheiratung nacheinander
anweist, etwa in der Gestalt, daß er zuerst im Alter von zweiundzwanzig Jahren ein älteres Mädchen heiratet, das
ihm geistig und sittlich überlegen ist
und seine Führerin durch die Gefahren
der zwanziger Jahre (Ehrgeiz, Haß,
Selbstverachtung, Leidenschaften aller
Art) werden kann. Die Liebe dieser
würde später ganz in das Mütterliche
übertreten, und sie ertrüge es nicht nur,
sondern förderte es auf die heilsamste
Weise, wenn der Mann in den dreißiger
Jahren mit einem ganz jungen Mädchen
eine Verbindung eingige, dessen Erziehung er selber in die Hand nähme. –
Die Ehe ist für die zwanziger Jahre ein
nötiges, für die dreißiger ein nützliches,
aber nicht nötiges Institut: für das spätere Leben wird sie oft schädlich und
befördert die geistige Rückbildung des
Mannes.

Friedrich Nietzsche,
Menschliches, Allzumenschliches,
Weib und Kind, 421

Hast du fünf Frauen im Haus, so mußt
du auch in fünf verschiedenen Zungen
sprechen.

Aus Ghana, Aschanti

Sechzig Königinnen (hat Salomo), achtzig Nebenfrauen und Mädchen ohne
Zahl.

Das Hohelied, 68

Über die Polygamie ist gar nicht zu
streiten, sondern sie ist als eine überall
vorhandene Tatsache zu nehmen, deren
bloße Regulierung die Aufgabe ist. Wo
gibt es denn wirkliche Monogamisten?
Wir alle leben, wenigstens eine Zeit
lang, meistens aber immer, in Polygamie. Da folglich jeder Mann viele
Weiber braucht, ist nichts gerechter, als
daß ihm freistehe, ja obliege, für viele
Weiber zu sorgen. Dadurch wird auch
das Weib auf ihren richtigen und natürlichen Standpunkt als subordiniertes
Wesen zurückgeführt …

Arthur Schopenhauer

In modernen Gesellschaften, in denen
Polygamie nicht mehr sanktioniert
wird und die Frauen nicht mehr von
der Welt abgeschlossen werden, begegnen wir einem neuen Problem: dem
Wettkampf der Frauen um die Männer.

Margaret Mead, Mann und Frau,
Wettkampf der Frauen um den Mann

Eines Tages Qual: Branntwein trinken –
Eines Lebens Qual – zwei Frauen
nehmen.

Aus Rußland

Wieviel Kontrahenten? Die Polyandrie
ist lächerlich und vielfach verderblich.
Und schon weil sie unstatthaft ist, ist
die Polygamie ein Unrecht gegen die
Frau.

Franz Brentano, § 122
Von der Ehe

Ich kann mir denken, daß einem mit vier Frauen die körperliche und geistige Vollkommenheit des weiblichen Geschlechts beschieden wäre: Mit der Seele der ersten, dem Geist der zweiten, der Treue der dritten und der Schönheit der vierten.

Joseph von Ligne

Die Hauptfrau heiratet man ihrer Tugend, die Nebenfrau ihrer Schönheit wegen.

Aus China

Wenn Heiraten Frieden stiften können, so sollte man den Großen die Vielweiberei erlauben.

Georg Christoph Lichtenberg,
Vermischte Schriften

Die Polygamie drückt das Weib zur Sklavin und Buhlerin herab.

Franz Brentano, § 122
Von der Ehe

XXXVI. Kapitel

Ehe
Ehepflichten
Ehefrau
Ehemann
Ehepaar
Ehestreit
Ehebruch
Ehescheidung
Zweite Ehefrau
Witwe

Ehe

Liebe ist der Einklang von Bedürfnis
und Empfindung, das Glück in der Ehe
beruht auf einer völligen seelischen
Übereinstimmung der Gatten. Daraus
geht hervor, daß ein Mann, um glücklich zu sein, sich gewisser Regeln der
Ehe und des Zartgefühls befleißigen
soll. Nachdem er die Wohltat des sozialen Gesetzes genossen hat, welches das
Bedürfnis heiligt, soll er den geheimen
Gesetzen der Natur gehorchen und
Empfindungen erblühen lassen. Wenn
er sein Glück darin finden will, geliebt
zu werden, muß er aufrichtig lieben:
Nichts widersteht einer wahren Leidenschaft. Leidenschaftlich sein heißt aber
ständig begehren. Kann man immer
seine Frau begehren? »Ja.«

Balzac, Physiologie der Ehe

O der unbeugsame unbezähmte Mann!
Was hab ich nicht getragen und gelitten
in dieser Ehe unglücksvollem Bund!
Denn gleich wie an ein feurig Rad
gefesselt,
das rastlos eilend, ewig, heftig treibt,
bracht' ich ein angstvoll Leben mit ihm
zu,
und stets an eines Abgrunds jähem
Rande
sturzdrohend, schwindelnd riß er mich
dahin. (Herzogin)

Schiller, Wallensteins Tod, III, 3

Das Band der Ehe sollte nur der Tod
lösen. Ja, nicht einmal der Tod. In älte-
ster Zeit folgte die deutsche Witwe, wie
bis in unsere Tage herein die indische,
dem Gatten ins Grab, ein Brauch, der
sich im Norden viel länger erhielt als in
Deutschland.

Johann Scherr, Geschichte
deutscher Kultur und Sitte

Wie unterschieden sich Matronen
Von Dirnen, die im Spinnhaus wohnen,
Die züchtige Begleiterin
Dianens von der Buhlerin,
Wenn nicht das Eheband dem Weibe
Den Rang vor feilen Metzen gäbe?

Samuel Butler, Hudibras, 3, 1

Man bringt die Tugend eines Mäd-
chens in Gefahr,
Wenn man sie mit Gewalt zu einer
Ehe zwingt. (Dorine)

Molière, Tartüff, II, 2

Der Grund, warum so wenige Ehen
glücklich sind, ist, daß die jungen
Damen ihre Zeit damit verbringen,
Netze zu machen statt Käfige.

Jonathan Swift, Thoughts on
various subjects

Was gewisse Ehen so kompliziert, ist,
daß eine Frau heimlich ihren Mann
doch liebt.

Ernst Freiherr von Feutersleben

Der Ehestand ist gut bestellt,
Wo jedes Teil sein Zepter hält.
Die Frau regiere Herz und Topf,
Der Mann den Becher und den Kopf!

Wilhelm Müller, Gedichte,
Epigramme, Geteilte Gewalt

Mancher gryfft yetz zu der ee,
Hett er syn frow erkennet e,
Er nem sy für ein frowen han.

Thomas Murner, Narrenbeschwerung,
Nr. 70, Über d. seil werffen

Zehn Jahre lang waren sie Kinder, dann
wurden sie verheiratet, und es liebte der
Mann dreißig Jahre seine Frau nicht,
und sechzig Jahre liebte die Frau ihren
Mann nicht.
Aus Indien, Telugu

Zwanzig Jahre Romantik machen eine
Frau zu einer Ruine, zwanzig Jahre Ehe
machen sie fast zu einem öffentlichen
Gebäude.

Oscar Wilde, Lehren und Sätze zum
Gebrauch für die Jugend

Soll die Ehe lang bestahn,
sei blind das Weib und taub der Mann.
Aus Deutschland

Die Frauen sollten gemeinsam sein;
die Ehe ist nichts wert.
Diogenes von Sinope, Fragment, 53

In einer guten Ehe ist wohl das Haupt
der Mann,
jedoch das Herz das Weib, das er nicht
missen kann.
Rückert, Weisheiten des Brahmanen

Dirndl, wanns d' heiratst,
Tue's wol betracht'n;
Denn der Ehstand is lang,
Und was tust denn aft'n (danach)?
Kärtner Schnaderhüpfl

Die Ehe, eine Institution, auf der heutzutage die Gesellschaft beruht, gibt uns
(Frauen) allein ihre ganze Last zu
spüren: für den Mann die Freiheit, für
die Frau die Pflichten.
Balzac, Eine Frau von dreißig Jahren

Bigamie: eine Frau zu viel.
Monogamie: dasselbe.   *Oscar Wilde*

Ehepflichten

In schöne Zirkel stets zu laufen,
Wie sie das Ding seit neustem taufen,
Hilft dazu mit, den Frauen die Köpfe
zu verdrehn.
Man sollte so was nicht gestatten;
Des Mannsvolks Ränkespiel hat es nur
abgesehn
Auf die Beschimpfung ihrer Gatten.
(Ehestandsregel 8)

Molière, Die Schule der Frauen, III, 2

Eine jegliche Person in der Ehe soll ihr
Amt tun, das ihr gebührt. Der Mann
soll erwerben, das Weib aber soll er
sparen.
Martin Luther,
Tischreden vom Ehestande

Kommen welche mit Geschenken,
denen weise sie die Tür,
Denn sie kann sich leichtlich denken:
Wer was schenkt, will was dafür.
(Ehestandsregel 6)

Molière, Die Schule der Frauen, III, 2

Sie mache Schluß mit dem Verdrehn
der Augen!
Fort Eiweiß, Puder, Schminke, Laugen,
Und was Verschönerung des Frätz-
chens nur betrifft!
Die Ehre leidet hierbei immer,
Und alle Sorgen solcher Frauenzimmer
Sind für den Ehemann ein tödlich
wirkend Gift. (Ehestandsregel 3)

Molière, Die Schule der Frauen, III, 2

Der Ehestand ist keine Tändelei, mein
Kind,
Die Würde einer Frau schließt strenge
Pflichten ein,
Und du wirst ihrer nicht teilhaftig –
merk dir das –,
Damit du zügellosem Sinnentaumel frönst.
Zur Unterwürfigkeit ist dein Geschlecht
bestimmt,
Und alle Macht ruht nur bei Trägern
eines Barts. (Arnolf)

Molière, Die Schule der Frauen, III,2

Es gibt der ehelichen Pflichten gewiß
mehrere; dahin gehört auch die für die
Frau, daß sie schlechterdings den Beweis von dem Wert ihres Mannes dem
Manne selbst überläßt, ihm implicite
glaubt, allenfalls nur mit gesundem
Menschen-verstand hier und da mode-
riert. Des Mannes Pflicht ist zu glauben, daß das Weib das treueste in der
Welt sei, sobald sie es sagt.

G. Chr. Lichtenberg, Schriften

Sich putzen darf sie überhaupt
Nur, wenn's der Ehemann erlaubt,
Der, wie's ihm zusteht, frei mit ihr darf
schalten;
Auch ihre Schönheit kümmre ihn allein,
Dabei soll's unerheblich sein,
Ob andre sie für häßlich halten.
(Ehestandsregel 2)

Molière, Die Schule der Frauen, III, 2

Beim Ausgang soll sie stets den Schleier
sittsam senken
Und ihre Blicke nicht auf andre Män-
ner lenken;
Wenn sie dem eignen Mann gefallen
soll,
Verzichte sie auf fremden Beifalls Zoll.
(Ehestandsregel 4)

Molière, Die Schule der Frauen, III, 2

Gäste mögen ihr nur frommen,
Wenn sie zu dem Gatten kommen,
Andre gehn sie gar nichts an;
Denn Besucher, die scharwenzeln
Und die gnäd'ge Frau umtänzeln,
Ärgern ihren Ehemann.
(Ehestandsregel 5)

Molière, Die Schule der Frauen, III, 2

Welches Weib würde sich den ehelichen
Pflichten unterziehen wollen, wenn sie
wüßte oder bei sich bedächte, wie ge-
fahrvoll und schmerzhaft die Entbindung, wie beschwerlich die Erziehung
der Kinder sei.

Erasmus von Rotterdam,
Lob der Torheit,

Karten in die Hand zu nehmen
Sollte jede Frau sich schämen;
Hat Fortuna sich verschworen
Und ging alles erst verloren,
Kann's geschehn, daß sie zuletzt
Sich aufs Spiel gar selbst noch setzt.
(Ehestandsregel 9)

Molière, Die Schule der Frauen, III, 2

Landpartien an Sommertagen
Samt frivolen Festgelagen
Soll sie sich entziehn mit Fleiß;
Denn der Gatte, höchst verdrießlich,
Zahlt, wie jeder Kluge weiß,
Ja die ganze Zeche schließlich.
(Ehestandsregel 10)

Molière, Die Schule der Frauen, III, 2

Schreibzeug, Tinte, Feder bleiben
Ihr nach gutem Brauche fern;
Überlasse sie das Schreiben
Gänzlich drum dem Eheherrn.

Molière, Die Schule der Frauen, III, 2

Möge jede, die in Züchten,
Sich des Ehebetts erfreut,
Eingedenk sein ihrer Pflichten
Trotz Verderbnis unser Zeit,
Weil sie ihr Mann für sich und nicht für
andre freit. (Ehestandsregel 1)

Molière, Die Schule der Frauen, III, 2

Und wie die Klosterschülerin
Auswendig alle Ordensregeln lernen
muß …
Gilt ähnliches für sie, die in die Ehe
tritt. (Arnolf)

Molière, Die Schule der Frauen, III, 2

Ehefrau

Aber auch ihr, ihr Eheweiber, die ihr
durch allerhand Reden Zwietracht und
Unfrieden im Haus und in der Nach-
barschaft stiftet, die ihr dem Mann, der
das Brot hart verdienen muß, wenn er
nach Hause kommt, kaum einen guten
Blick schenken und kein Wort reden
mögt, ihr, die ihr meint, alles muß
gerade nach eurem Kopf gehen und wie
ihr es euch einbildet, muß es gerade
geschehen, ihr, die ihr euren Kindern
allen Unfug gestattet, und wenn der
Vater mit Strenge über den ungeratenen
Sohn oder die leichtfertige Tochter ein-
ziehen will, den Mantel eurer Affen-
liebe vorhaltet, daß ja keine unsanfte
Berührung das Schoßkind treffe, ihr,
die ihr gleichgültig seid, wenn sie alle
Jahre von der Fremde mit der Frucht
ihrer Ausschweifungen beladen heim
kommen, ihr seid heute auch da und
wollt beichten und den Ablaß gewinnen? Laßt euch nicht täuschen! Bessert
euch zuvor, werdet friedsamere Eheweiber, sorgsamere Hausmütter – wo
nicht, so geht weg vom Beichtstuhl und
laßt euch ausstreichen aus der Bruderschaft; ihr macht ihr keine Ehre; solche
Mitglieder kann sie nicht brauchen.

Westermayer, Bauernpredigten,
Vom Sinn der Bruderschaft

Des Pferdes Pracht und Zier: der Sattel,
des Lebens Glück und Zierde: die Ehefrau.

Aus der Mongolei

Ein schnödes Weib als Haus- und Bett-
genossin
Gewährt fürwahr ein kaltes Liebesglück. (Kreon)

Sophokles, Antigone

Je älter die Ehefrau und die Kasserolle,
desto besser.

Aus Japan

Besenfürstin, Windelkönigin, Spar-
büchslein, Küchenkaiserin …, die
ihrem Mann nach seinem Geschmack
kocht und ihm das Seine zusammen-
hält.

Johann Fischart

Denn ich habe dich geheiratet, um dich
in Gott und nach dem Bedürfnis meines Herzens zu lieben und um in der
fremden Welt eine Stelle für mein Herz
zu haben, die all ihre dürren Winde
nicht erklären und an der ich die Wärme des heimatlichen Kaminfeuers finde, an das ich mich dränge, wenn es
draußen stürmt und friert; nicht aber
um eine Gesellschaftsfrau für andere
zu haben.

Bismarck, Brief an seine Gattin,
14.5.1851

Eine schlechte Ehefrau ist sechzig Jahre
Mißernte.

Aus Japan

Ehefrauen können wohl Unglück, aber
nicht Glück vertragen.
                        Aus China

Eine verheiratete Frau ist wie der
Schneidezahn eines Elefanten; man
muß davon wegbleiben.
                Aus dem Senegal

Ein guter Ochse erweist sich im
Gespann, eine gute Ehefrau an der
Wiege.
                        Aus Armenien

Eine gute Ehefrau ist eine Mauer aus
Granit, eine böse ein ewiger Fluch auf
deinem Haupt.
                        Aus Rußland

Ehemann

Dein Eh'mann ist dein Herr, ist dein
Erhalter,
dein Licht, dein Haupt, dein Fürst. Er
sorgt für dich
und deinen Unterhalt, gibt seinen Leib
mühseliger Arbeit preis zu Land und
Meer,
wacht Nächte durch in Sturm und Tag'
in Kälte,
wenn du im Hause warm und sicher
ruhst,
und fordert zum Ersatz nicht andern
Lohn als Liebe, freundlich Blicken und
Gehorsam:
Zu kleine Zahlung für so große Schuld.
(Katharina)

            Shakespeare, Der Widerspenstigen
                        Zähmung, V, 2

Ach ja, so sind die Ehemänner nun
einmal:
Erlaubte Lust fällt ihnen mit der Zeit
zur Last.
Am Anfang sind sie reinste Wunder-
knaben zwar,
Und ihrer Lieberglut kommt nichts auf
Erden gleich;
Doch nur zu bald scheint ihnen unsre
Liebe schal,
Und andre heimsen ein, was uns zu
Recht gehört. (Frau Sganarell)

            Molière, Sganarell, V

»Wer hat den Kindern das Rodeln
verboten?
Wer schimpft den ganzen Tag nach
Noten?
Wessen Hemden muß ich stopfen und
plätten?
Wem passen wieder nicht die Betten?
Wen muß man vorn und hinten
bedienen?
Wer dreht sich um nach allen
Blondienen?
Du!«
            Kurt Tucholsky, Ehekrach

Glauben Sie denn, man vermöchte
gewisse Ehemänner zu lieben? Man
nimmt sie, weil man es nicht hindern
kann und von Eltern abhängig ist,
deren Augen dabei nur auf das Geld
schauen, aber man behandelt diese
Männer auch danach und schätzt sie
keinen Deut höher ein, als sie es
verdienen. (Angelika)

            Molière, Georges Dandin, III, 5

Den Ehemann zu wechseln wie das
eigne Hemd.
Das wäre höchst bequem, und manche
kenn ich auch,
Die damit ganz wie ich zufrieden
würden sein. (Frau Sganarell)

            Molière, Sganarell, V

Der Ehemann sollte bei allem Tadeln und Befehlen an seine Frau vorzüglich bedenken, daß ihr – da sie sich untergeordnet und unterwürfig dem Recht oder der Gewalt fühlt – alles viel härter vorkommt.

Jean Paul, Gedanken

… nichts Schönres gibt's,
Als wenn bei Nacht ein Mann an unserer Seite liegt,
Und sei's auch nur, damit man jemand bei sich weiß,
Der einem »Gott segne es« wünscht, wenn man mal niest. (Zofe)

Molière, Sganarell, II

Der Archäologe ist der beste Ehemann; denn je älter die Frau wird, desto interessanter wird sie für ihn.

*Agatha Christie
(verh. mit einem Archäologen)*

Es ist eine merkwürdige Sache um die Tyrannei der Herren Ehemänner, und ich finde es von ihnen wirklich reizend, daß sie von uns verlangen, wir sollten allen Freuden abgestorben sein und nur noch für sie leben. Darüber kann ich nur lachen und will so jung nicht sterben. (Angelika)

Molière, Georges Dandin, II, 4

Er soll dein Herr sein.

1. Mose, 3, 16

Liebe deinen Gemahl wie einen Freund und fürchte ihn wie einen Feind.

Aus Spanien

Unsere Ehemänner würdigen niemals irgend etwas an uns. Wir können nur auf die anderen hoffen.
(Mrs. Marchmont)

Oscar Wilde, Ein idealer Gatte, I

Mich dünkt, wenn jede täte, wie sie sollte,
Zum Teufel jagte sie den Ehemann, den Wicht,
Denn viel taugt auch der beste nicht.
(Kleanthis)

Molière, Amphitryon, II, 5

Wir haben perfekte Ehemänner geheiratet und sind dementsprechend bestraft dafür. (Mrs. Marchmont)

Oscar Wilde, Ein idealer Gatte, I

Sieben Kinder halten keinen Ehemann, aber viel Einsicht hält ihn.

Aus Madagaskar

Alle loben so gern ihren Seligen auf Kosten des Lebenden, daß dieser endlich selbst wünschen muß, der Selige möchte noch leben.

Karl Julius Weber, Demokritos

Ehepaar

Ein tugendhaftes Weib,
Ein edler Mann sind sich einander alles;
Verwandte, Freunde, Reichtum, Leben,
Liebe,
Kurz alles, was das Herz sich wün-
schen mag.

Bhavabhuti, Malati und Madhava, VI

In dem ehelichen Leben soll das ver-
einigte Paar gleichsam eine einzige
moralische Person ausmachen, welche
durch den Verstand des Mannes und
den Geschmack der Frauen belebt
und regiert wird.
Immanuel, Kant,
Beobachtungen über das Gefühl
des Schönen und Erhabenen

Es gibt Eheleute, die ihr Glück auswärts suchen, und in ihrem Hause liegt
es aufgebahrt, scheintot. Auferstehen
würde es durch den Ruf eines einzigen
liebevollen Wortes, aber dieses Wort
wird nicht gesprochen.

Rosegger, Heimgärtners Tagebuch

Bräute lispeln, Weiber kreischen –
Wie verändert ist die Stimme! –
Bräutigam streichelt,
Ehemann geißelt –
Wie verändert sind die Hände.

Aus Finnland

Einträchtige Eheleute vermögen selbst
das gesamte Wasser des Stillen Ozeans
auszuschöpfen.
Aus Vietnam

Der Mann ist des Weiwes Haupt un de
Fra de Nachtmitz drauf.

Mitteldeutscher Spruch

Die Stärke eines Bootes liegt in der
Tüchtigkeit des Steuermanns, die
Stärke einer Frau in der Tüchtigkeit des
Ehemanns.
Aus Vietnam

Wenn die Ehegatten nicht beisammen
lebten, würden die guten Ehen häufiger
sein.

Friedrich Nietzsche, Menschliches
Allzumenschliches, Aphorismen, 393

Bei einem schlechten Pferd altert der
Hauswirt frühzeitig, bei einer schlechten Ehefrau der Ehemann.

Baschkirisch (Ural)

Der Gatte der Frau ist der Mann;
Der Gatte des Mannes ist sein Ge-
schäft.
Aus Indien, Punjab

Eine Ähre nur: der Ehemann, ein
Speicher voller Korn: das Eheweib.

Tamil

Wie der Reiter, so auch sein Sattelzeug,
wie der Ehemann, so auch seine Gattin.

Aus der Mongolei

Eine stille, ernsthafte Frau ist übel
daran mit einem lustigen Mann, ein
ernsthafter Mann nicht so mit einer
lustigen Frau.
Goethe, zu Riemer

Die Ehefrau hat mit ihrem Gatten auch
unter freiem Himmel ein Obdach.

Aus Spanien

Nur ein Narr mischt sich in die
Angelegenheiten von Eheleuten ein.

Aus Usbekistan, karakalpakisch

Ohne Mann hat der Kopf keine Haube,
ohne Weib das Haus kein Dach.

Aus Rußland

So wie ein edles Pferd oft einen dummen Reiter tragen muß, so muß auch
eine kluge Frau nicht selten mit einem
dummen Mann zusammenleben.

Aus China

Ehestreit

Wenn die Frau die Tür schlägt und der
Mann sie sacht schließt, gibt es wenn
nicht eine Musterehe, so doch eine
erträgliche. Schlagen sie beide die Tür,
so ist das freilich schon so etwas wie
die »Hölle auf Erden«. Schlägt der
Mann sie und die Frau schließ sie sacht,
dann ist's manchmal der Himmel,
aber manchmal auch die Langeweile
auf Erden.

W. Raabe, Gedanken und Einfälle

Mir wäre es fast lieber, meine Frau
versuchte, mich in einem wütenden
Moment einmal im Jahre zu erdolchen,
anstatt mich jeden Abend übellaunig zu
empfangen.

Stendhal, Über die Liebe, II, 55

Mich verlassend und die Kinder
Lief mein Weib in alle Welt.
Hundert Louisdor dem Finder,
Welcher – sie behält!

Johann Christoph Friedrich Haug,
Sinngedichte

Wärst du ein wenig minder Frau von
Ehre
und rissest mir dafür die Ohren nicht
mit deinem ew'gen Zänkerein ab!
(Merkur)

Heinrich von Kleist, Amphitryon, I, 5

Eur Mann, der sich 'ne Widerspenstige
nahm,
Mißt meines Mannes Kreuz nach
seinem Gram. (Witwe)

Shakespeare, Der
Widerspenstigen Zähmung

Es gibt drei Dinge, die eine Frau aus einem Nichts hervorzaubern kann: einen
Hut, einen Salat und einen Ehekrach ...

Mark Twain

Streite am Abend nicht mit deiner Frau,
da du alsdann des Nachts über alleine
schlafen mußt.

Aus China

Streite dich nicht mit der Matte, auf der
du schlafen willst.

Aus dem Sudan

Die meisten Differenzen in der Ehe
beginnen damit, daß eine Frau zuviel
redet und ein Mann zuwenig zuhört.

Curt Goetz

Viele Zänkereien in der Ehe kommen
davon, daß man fordert, der Gatte sollte die Liebe erraten, die man auszuspre-
chen zu stolz und schamhaft ist.

Jean Paul, Gedanken

Wer haußfried wil haben,
der thu, was die fraw wil.

Aus Deutschland

Ein Brand allein kann nicht brennen,
ein Weib allein nicht schelten.

Aus Norwegen

Ehebruch

Der Mann nämlich kann, bequem, über hundert Kinder im Jahre zeugen, wenn ihm eben so viele Weiber zu Gebote stehen; das Weib hingegen könnte, mit noch so vielen Männern, doch nur ein Kind im Jahr … zur Welt bringen. Daher sieht er sich stets nach andern Weibern um; sie hingegen hängt fest dem einen an: Denn die Natur treibt sie, instinktmäßig und ohne Reflexion, sich den Ernährer und Beschützer der künftigen Brut zu erhalten. Demzufolge ist die eheliche Treue dem Manne künstlich, dem Weibe natürlich, und also Ehebruch des Weibes, wie objektiv, wegen der Folgen, so auch subjektiv, wegen der Naturwidrigkeit, viel unverzeihlicher als der des Mannes.

Arthur Schopenhauer, Metaphysik
der Geschlechtsliebe

Gerade Aphrodite war es,
Die schamlos mit dem feschen Ares –
Der freilich herrlich, Glied um Glied –
Dem eignen Mann, dem garstigen Schmied,
Versuchte Hörner aufzusetzen:
Der aber fing in starken Netzen
Das lästerlich verbuhlte Paar,
Und splitternackend, wie es war,
Gab er's der eignen Ehr Verächter,
Preis dem homerischen Gelächter.

Eugen Roth, Die Frau in der
Weltgeschichte

Wer mit einer verheirateten Frau Ränke schmiedet, verpfändet sein Leben.

Aus Spanien

Frühmorgens kam Jesus wieder in den Tempel, und alles Volk kam zu ihm, und er setzte sich und lehrte es. Aber die Schriftgelehrten und Pharisäer brachten eine Frau zu ihm, im Ehebruch ergriffen, und stellten sie in die Mitte dar und sprachen zu ihm: »Meister, diese Frau ist auf frischer Tat im Ehebruch ergriffen worden; Moses aber hat uns im Gesetz geboten, solche zu steinigen. Was sagst du?« Das sprachen sie aber, um ihn zu versuchen, auf daß sie eine Sache wider ihn hätten. Aber Jesus bückte sich nieder und schrieb mit dem Finger auf die Erde. Als sie nun anhielten, ihn zu fragen, richtete er sich auf und sprach zu ihnen: »Wer unter euch ohne Sünde ist, der werfe den ersten Stein auf sie.«

Johannes 8, 2

Schämt sich noch jemand des Ehebruchs, nachdem es so weit gekommen ist, daß kein Weib einen Mann hat, außer um einen andern zum Ehebruch zu reizen? Züchtigkeit gilt für einen Beweis von Häßlichkeit. Man findet keine, die so elend, so gemein wäre, daß sie nicht an einen und den andern ihre Stunden verteilte und der Tag nicht zu kurz wäre, bis sie bei allen herumkommt; daß sie nicht mit einem ausführe, bei einem andern übernachte.

Seneca, Von den Wohltaten, 3, 16

Aus der Prunkpaläste Reich
Nahm ihren Anlauf diese Pest der Frauenwelt (der Ehebruch).
(Phädra)

Euripides, Hippolyt

Nie sah man Dich nach andren
schauen,
selbst das Gerücht sagt Dir nichts nach.
In Deinem Dienste stehn nur Frauen,
kein Fremder darf in Dein Gemach.

Von Keuschheit hielt ich Dich
durchdrungen,
und Deinem Gatten galt mein Neid –
da fand ich Dich einst eng
umschlungen
mit einer jungen Magd. Zu zweit.

Nun ja, ich laß Dir Deine Schwächen.
Doch eines zeigt Dein Beispiel an:
Man kann durchaus die Ehe brechen
auch ohne Mann.

Martial/Mostar, Einer anderen Ehefrau

O wolle Gott ein abgekürztes Leben
den unfolgsamen Ehegatten geben,
und böse alte, die ihr Geld verstecken,
Gott laß schleunigst an der Pest verrecken! (The Wife of Bath's Tale)

Geoffrey Chaucer,
The Canterbury Tales, 2385

Dein Herz schwärmt nur für Frauen
voll falscher Zärtlichkeiten,
Die auf das löbliche Talent sich klug
verstehen,
Mit Liebesschmeichelein den Gatten zu
verleiten,
Geduldig dem Besuch des Hausfreunds
zuzusehen. (Kleanthis)

Molière, Amphitryon, I, 4

Das Verbot des Ehebruchs schützt im
Gesetz des Mosis einseitig die Rechte
des Mannes, während die Frau gegen
keinerlei fremde Liebe des Mannes, ja
auch nicht vor Nebenfrauen, geschützt
ist.

Franz Brentano, § 122 Von der Ehe

Eine Frau wird doch nicht so viel
Rücksicht auf die Gesellschaft nehmen,
daß sie den Ehebruch immer begeht,
den ihr die Leute nachsagen?

Karl Kraus, Sprüche und
Widersprüche, Moral, Christentum

Jesus aber spricht beiden das Recht auf
Treue zu, nicht nur das Weib begeht ein
Unrecht, wenn es die Ehe bricht, auch
der Mann.

Franz Brentano, § 122 Von der Ehe

Mit der Einzelehe treten zwei mächtige
gesellschaftliche Charakterfiguren auf,
die früher unbekannt waren: der ständige Liebhaber und der Hahnrei …
Neben der Einzelehe und dem Hetäris-
mus wurde der Ehebruch eine unver-
meidliche gesellschaftliche Einrichtung
– verpönt, hart bestraft, aber ununter-
drückbar.

Friedrich Engels

Wenn einer seinem Weibe beischläft mit
dem Gedanken, es sei die eines andern,
so ist er ein Ehebrecher, obgleich jene
keine Ebebrecherin ist.

Seneca, Von der Stärke des Weisen, 7

Wenn eine Frau ihren Mann mit dessen
bestem Freund betrügt, so beruht das
hauptsächlich darauf, daß Männer selten ihre Feinde nach Hause mitbringen.

Marcello Mastroianni

Der Mann traf seine Frau im Ehebruch.
»Freund«, rief sie ihm entgegen, »ich
wollte mich bloß überzeugen, daß du in
allen Dingen einzig bist.«

F. Hebbel, Tagebuch, 21.9.1846

So sprach mir ein Weib: »Wohl brach
ich die Ehe, aber zuerst brach die Ehe
mich!«

Friedrich Nietzsche, Zarathustra, III,
Von alten und neuen Tafeln, 24

Wer eynn kalten hert hat,
der wärmt sich gern in frembden
küchen.
                              Alter deutscher Spruch

Ein kluges Weib macht ihren Feund
auch zum Freund des Mannes.

Karl Julius Weber, Demokritos

Ehe ist vielfach nur der Kontrakt, auf
dessen Bruch die Unterhaltspflicht als
Konventionalstrafe steht.

Karl Jaspers, Die geistige
Situation der Zeit

Ehescheidung

Es gibt drei Gründe, aus denen eine
Frau nicht versstoßen werden darf.
Wenn sie nach der Heirat niemand hat,
zu dem sie sich flüchten könnte, entläßt
man sie nicht. Wenn sie mit ihrem
Mann die dreijährige Trauerzeit um Vater und Mutter zusammen verbracht
hat, verstößt er sie nicht. Wenn sie mit
ihrem Mann gemeinsam Armut und
Niedrigkeit getragen und er reich und
vornehm geworden ist, verstößt er sie
nicht.

Konfuzius, Vom älteren und
jüngeren DAI – Das Buch der Sitte,
Drei Gründe gegen Ehescheidung

Diese Festigkeit in der Ehe hängt ab
von der Frau, und der Gesetzgeber
muß dafür sorgen, daß es nicht in ihrer
Gewalt liegt, die Trennung herbeizu-
führen; denn sie ist in Wahrheit von
schwachem Verstande und leicht dazu
geneigt, der Leidenschaft und dem
Zorne zu gehorchen.

Ibn Sina Avicenna

Ich bin eine hervorragende Haushälterin. Jedes Mal, wenn ich einen Mann
verlasse, behalte ich das Haus.

Zsa Zsa Gabor

Es gibt sieben Gründe, aus denen ein
Mann seine Frau entläßt. Wenn sie den
Eltern (des Mannes) nicht folgt, entläßt
er sie. Wenn sie keinen Sohn hat, entläßt er sie. Wenn sie zuchtlos ist, entläßt er sie. Wenn sie eifersüchtig ist,
entläßt er sie. Wenn sie eine böse
Krankheit hat, entläßt er sie. Wenn sie
zuviel redet, entläßt er sie. Wenn sie
stiehlt, entläßt er sie.

Konfuzius, Vom älteren und
jüngeren DAI – Das Buch der Sitte,
Sieben Gründe der Ehescheidung

Wenn einer seine Frau aus Abneigung
verstößt (spricht der Herr, Israels Gott),
dann befleckt er sich mit einer Gewalt-
tat, spricht der Herr der Heere. Nehmt
euch also um eures Lebens willen in
acht und handelt nicht treulos!

Maleachi 2, 16

Die Scheidung bringt den Frauen
Schmach. (Medea)

Euripides, Medea, 236

Eifersucht der Gattin ist der Schlüssel
zur Scheidung.

Aus Arabien

Die Frau soll sich vom Mann nicht trennen – wenn sie sich aber trennt, so bleibe sie unverheiratet oder versöhne sich wieder mit dem Mann –, und der Mann darf die Frau nicht verstoßen.

1. Korinther 7,10

Die Ehe ohne Scheidung, die christliche Ehe, ist für den Mann eine Ungeheuerlichkeit. Die Widernatur an sich.

Henry de Montherlant,
Erbarmen mit den Frauen,
Der Dämon des Guten

Zweite Ehefrau

Doch ich verabscheu' jede, die, des vor'gen Manns
Beim neuen Bund vergessend, einen andern liebt. (Andromache)

Euripides, Die Troerinnen, V, 662–663

Das, was die Bande zweiter Ehe flicht, ist schnöde Sucht nach Vorteil, Liebe nicht.
Es tötet noch einmal den toten Gatten, dem zweiten die Umarmung zu gestatten.   *Shakespeare,* Hamlet, III, 2

Das erste Weib kommt von Gott, das zweite von Menschen, das dritte vom Teufel.

Jüdisch

Meine erste Frau war meine Frau, die zweite mein Herr, die dritte meine Ikone.

Aus Bulgarien

Die zweite Ehefrau – ein bloßer Flicklappen.

Aus Armenien

Lieber noch jung sterben als eine zweite Frau zu sein.

Aus Vietnam

Die erste Frau fürchtet den Mann, die zweite Frau fürchtet der Mann.

Aus Serbien

Ein Mann, der sich einen zweiten Anzug kauft, denkt dabei bereits an die zweite Frau.

Aus Persien

Die erste Frau scheuert die Bank, die zweite setzt sich darauf.

Aus Deutschland

Wenn ein Mann sich wieder verheiratet, so ist es, weil er seine erste Frau anbetet.

Oscar Wilde

Sooft ein Mann sich auch verheiraten mag, er heiratet ein Weib der gleichen Art.

Aus Korea

Witwe

Eine dralle Witwe muß entweder wiederverheiratet, begraben oder in ein Kloster gesperrt werden.

Aus Spanien

In ihrem unstillbaren Schmerz bei Tag und Nacht nimmt eine Witwe zur Not auch einen unheilbaren Junggesellen.

Aus Korea

Eine Frau aber, die wirklich eine Witwe ist und allein steht, setzt ihre Hoffnung auf Gott und betet beharrlich und inständig bei Tag und Nacht.

1. Timotheus 5, 5

Einer Witwe ist nichts anständiger, als daß sie es bis ans Ende ihres Lebens bleibe und den Witwenstuhl nicht verrücke, ich möchte sagen, neu beschlagen lasse.

Theodor Gottlieb von Hippel,
Über die Ehe, K. 8,
Die Witwer und Witwen

Der Witwenstand ist ein betrübter Orden. *Christian Fürchtegott Gellert,*
Fabeln und Erzählungen, Bd.2

Eine Witwe ist ein Haus ohne Dach.

Aus Estland

Verflucht sei, wer das Recht der Witwe beuget! *5. Mose* 27, 19

Vor der Tür einer Witwe gibt es viele Redereien. *Aus China*

Eine Witwe ist ein niedriger Zaun, über den alles springt. *Aus Deutschland*

Der jungen Witwen aber entschlage dich; denn wenn sie geil geworden sind wider Christum, so wollen sie freien … Daneben sind sie faul, schwätzig und vorwitzig und reden, das nicht sein soll.

1. Timotheus 5, 11–13

Den Kummer der Witwe versteht nur eine Witwe. *Aus Korea*

Es ist nicht schwer, die Netze einer Witwe zu zerreißen. *Aus Nigeria*

Eine Witwe versäumt keinen Tanz.

Aus Afrika

Nichts bringt mehr Kummer und mehr Leid, als wenn man junge Witwen freit.

Aus Rußland

Wozu soll ich eine Witwe heiraten? Sterbe ich, so bin ich im Jenseits erst recht ohne Weib. *Aus Rußland*

Wenn man alt werden will, darf man keine Witwen heiraten. Es gibt Frauen, die zur Witwenschaft geboren sind, und es ist sehr traurig, daß ihre Männer sterben müssen, damit sie ihr Schicksal erfüllen können.

Bertrand Russell, in einem Interview

Wer eine Witwe mit drei Töchtern heiratet, heiratet vier Diebe.

Aus Spanien

Blumen werden an Witwen blühen! Maden werden an Witwern brüten.

Aus Japan

Lieber ein Leben lang unverheiratet als einen Monat verwitwet. *Aus Arabien*

XXXVII. Kapitel

Menstruation
Fortpflanzung
Schwangerschaft
Abtreibung

Menstruation

Die mit dem Blutfluß behaftete Frau
verdirbt die Ernten, verödet die Gärten,
richtet die Saaten zugrunde, bringt die
Früchte zum Abfallen und tötet die
Bienen; berührt sie den Wein, so wird
Essig daraus; die Milch verdirbt und
gerinnt ...
Plinius, Kulturgeschichte

Hat eine Frau Blutfluß und ist solches
Blut an ihrem Körper, soll sie sieben
Tage lang in der Unreinheit ihrer Regel
verbleiben. Wer sie berührt, ist unrein
bis zum Abend. Alles, worauf sie sich
in diesem Zustand legt, ist unrein, alles,
worauf sie sich setzt, ist unrein.
Buch Levitikus 15, 19–21

Unzweifelhaft besteht die Tatsache, daß
das Fleisch verdirbt, wenn es von Frau-
en berührt wird, die ihre Regel haben.
*Mitglied der Englischen
medizinischen Gesellschaft,*
British Medical Journal 1878

Man muß die jungen Damen des
Hauses und auch die Freundinnen, die
zu ihnen kommen, ersuchen, an gewissen Tagen des Monats nicht durch den
Keller zu gehen: Sonst gärt der Most
nicht.
Ein Gärtner in Anjou
(zitiert nach Simone de Beauvoir,
Das andere Geschlecht)

Fortpflanzung

Aber noch nicht zufrieden damit, daß
sie ihre Kinder nicht mehr stillen, gehen die Frauen in ihren Wünschen sogar so weit, gar keine Kinder mehr zu
bekommen: Die Folgen davon sind nur
zu natürlich. Sind der Mutter ihre
Pflichten erst lästig, dann findet man
auch bald Mittel, sie gänzlich abzuschütteln ... Diese Unsitte, an welche
sich noch andere Ursachen der Entvöl-
kerung reihen, deutet uns das Schicksal
an, das Europa bevorsteht. Die Wissenschaften, die Künste, die Philosophie
und die Sitten, welche es hervorruft
und erzeugt, werden es früher oder
später in eine Wüste verwandeln.
Jean-Jacques Rousseau, Emile, 1

... (Weiber) die Fruchtspeicher der
Menschheit, die Nachschöpferinnen
Gottes.
Jean Paul, Levana oder Erzieh-Lehre

Es gibt zwei Mutterleiber; der eine ist
der göttliche, der andere der menschliche. Es gibt zwei Welten; die eine ist
die göttliche, die andere die menschliche. Der menschliche Mutterleib nun
ist die Menschenwelt, und diese ist das
Geburtsorgan des Weibes, aus diesem
werden die Geschöpfe geboren. Darum
soll man sich auch eine schöne Gemahlin suchen, indem man denkt: »Mein
Ich soll in schöner Gestalt erstehen.«
Darum soll man auch seine Gemahlin
zu hüten suchen, indem man denkt:
»In meinem Mutterleib, in meiner Welt,
soll kein anderer erstehen.«
Rigveda, Kauschîtaki Upanischad,
Dschaiminîja-Brâhmana, 1, 17, 1

Fruchtbar kann nur sein, wer befruchtet
wird. Liebe trägt Früchte, Frauen
befruchten, Reisen, Bücher.
Kurt Tucholsky

Ich wünsche wohl, daß jemand den Satz aufstellte – verblümt ist er in vielen Schriften über die Frage schon oft ausgesprochen: »Es ist notwendig für die Gesellschaft, daß die Frauen heiraten und Kinder gebären; sie werden das aber mit ihrem freien Willen nicht tun, also ist es notwendig, daß man sie dazu zwinge.« Der Fall wäre damit doch in das rechte Licht gesetzt. … Eine vielleicht noch zutreffendere Illustration der Sache ist die Matrosenpresse: »Wir brauchen absolut Seeleute, um unser Land zu verteidigen. Es kommt aber oft vor, daß sie sich nicht freiwillig anwerben lassen, folglich müssen wir die Macht haben, sie mit Gewalt dazu zu pressen.« Wie oft ist diese Logik angewendet worden! Wie oft würde sie noch angewendet werden, befände sich nicht eine schwache Stelle darin! Es läßt sich nämlich darauf erwidern: »Bezahlt die Matrosen nach dem redlichen Wert ihrer Arbeit.

John Stuart Mill, Die Hörigkeit
der Frau, I. Kapitel

Bei der Ehe ist es nicht auf geistreiche Unterhaltung, sondern auf die Erzeugung der Kinder abgesehen: Sie ist ein Bund der Herzen, nicht der Köpfe. Es ist ein eitles und lächerliches Vorgeben, wenn Weiber behaupten, in den Geist eines Mannes sich verliebt zu haben, oder es ist die Überspannung eines entarteten Wesens – Männer hingegen werden in der instinktiven Liebe nicht durch die Charaktereigenschaften des Weibes bestimmt; daher so viele Sokratesse ihre Xantippen gefunden haben.

Arthur Schopenhauer, Welt als Wille
und Vorstellung, II, 4, Kap. 44

Schön ist zwar die Rose, aber sie trägt keine Früchte.

Aus der Türkei

Wo immer es möglich ist, daß kleine Mädchen zusammen unter einem Baum sitzen und von ihrer Zukunft plaudern und eine davon entschlossen sagt: »Ich will eine Nonne werden und eine gefältelte Haube tragen und für hundert Kinder sorgen« oder »die Kranken pflegen« oder »unterrichten« oder »den ganzen Tag beten«, hat die Gesellschaft eine Ausdrucksmöglichkeit gefunden, innerhalb deren die Frauen ihre Fortpflanzungstätigkeit ohne Schaden für sich selbst verleugnen können.

Margaret Mead, Mann und Weib,
Kinderlosigkeit als Berufung

Die meisten Menschen haben bei ihrer Ehe nur die Fortpflanzung, den Besitz, das Kind im Auge. Aber weder die Fortpflanzung noch der Besitz noch das Kind stellen das Glück dar. Das crescite et multiplicamini schließt keine Liebe ein. Von einem Mädchen, das man in vierzehn Tagen vierzehnmal gesehen hat, von Gesetz wegen, um des Königs, um der Gerechtigkeit willen Liebe zu verlangen, ist eine Absurdität, die zu den meisten Vertretern der Prädestination paßt.

Balzac, Physiologie der Ehe

Die Verbindung von ganz Jungen ist für die Kinderzeugung schädlich. Denn bei allen Lebewesen sind die Kinder von zu jungen Eltern schwächlich, überwiegend weiblich und von unansehnlicher Gestalt … Es ist auch im Hinblick auf die Zucht besser, wenn die Mädchen in etwas höherem Alter verheiratet werden. Denn die jungen Frauen sind, wie man meint, im Beischlaf gar zu zügellos … So ist es richtig, die Mädchen etwa mit achtzehn und die Männer etwa um siebenunddreißig Jahre herum zu verheiraten.

Aristoteles, Politik, Siebtes Buch, 16

Wenn eine Frau durch sorgfältige Wahl ihres Gatten und ihrer Ernährung einen Bürger mit ausgebildeten Sinnen, gesunden Organen und einer guten Verdauung hervorbringen kann, sollte ihr für diesen natürlichen Dienst entschieden eine so große Belohnung zugesichert werden, daß sie willens wäre, ihn zu wiederholen.

George Bernard Shaw,
Der Katechismus des Umstürzlers

Und damit nichts nachbleibt, was den Ruhm ihres Geschlechts vermehren könne, so sehen wir ja, wie die Natur sie dem männlichen vorgezogen, wegen der Fortpflanzung des menschlichen Geschlechts, wo wir uns auf die Meinung des Galeni und Avicenna berufen, welche behaupten, daß sie viel mehr als der Mann zur Zeugung beitrage.

Agrippa von Nettesheim, Von dem
Vorzug des weiblichen vor dem
männlichen Geschlecht, § 15

Die Liebe des Mannes sinkt merklich, von dem Augenblick an, wo sie Befriedigung erhalten hat: Fast jedes andere Weib reizt ihn mehr als das, welches er schon besitzt: Er sehnt sich nach Abwechslung. Die Liebe des Weibes hingegen steigt von eben jenem Augenblick an. Dies ist eine Folge des Zwecks der Natur, welche auf Erhaltung und daher auf möglichst starke Vermehrung der Gattung gerichtet ist.

Arthur Schopenhauer,
Metaphysik der Geschlechtsliebe

Der Obstbaum, der kein Obst bringt,
Gilt für unfruchtbar.
Wer untersucht den Boden?

Bertolt Brecht,
Me-ti, Buch der Wendungen

Hingegen erregen übermäßig fette Weiber unsern Widerwillen: Die Ursache ist, daß diese Beschaffenheit auf Atrophie des Uterus, also auf Unfruchtbarkeit deutet; welches nicht der Kopf, aber der Instinkt weiß.

Arthur Schopenhauer,
Metaphysik der Geschlechtsliebe

Weil im Grunde die Weiber ganz allein zur Propagation (Fortpflanzung) des Geschlechts da sind und ihre Bestimmung hierin aufgeht, so leben sie durchweg mehr in der Gattung als in den Individuen …

Arthur Schopenhauer,
Über die Weiber, § 367

Einzelne ausgezeichnete Männer sollten bei mehreren Frauen Gelegenheit haben, sich fortzupflanzen; und einzelne Frauen, mit besonders günstigen Bedingungen, sollten auch nicht an den Zufall eines Mannes gebunden sein.

Friedrich Nietzsche, Nachgelassene
Werke, Unschuld des Werdens

In der Mutterschaft vollendet die Frau ihr physiologisches Schicksal. In ihr liegt ihre »natürliche« Berufung, da ihr ganzer Organismus auf die Fortpflanzung der Art ausgerichtet ist.

Simone de Beauvoir,
Das andere Geschlecht

Die Natur hat der mütterlichen Liebe die Erhaltung aller Wesen anvertraut, und um den Müttern ihre Belohnung zu sichern, hat sie diese unter die Vergnügungen gesetzt, selbst die mit diesem köstlichen Gefühl verbundenen Plagen.

Chamfort, Maximes et pensées, 6

Wie könnte einer Feind der Frau sein –
sie sei, wie sie wolle? Mit ihren Früchten
wird die Welt bevölkert, darum läßt Gott
sie lange leben, auch wenn sie noch so
garstig wäre.   *Theophrastus Paracelsus,*
                            Mensch und Schöpfung

Daß auf jedem andern Weg der Mensch
Sich zeugte seinesgleichen, und es keine
Fraun
Auf Erden gäbe: glücklich wäre rings
die Welt!(Jason)

Euripides, Medea, 2, 4, 573

Schwangerschaft

Schwangere Frauen müssen für ihren
Körper Sorge tragen, indem sie nicht
untätig bleiben und nicht zu wenig
essen … Ihr Gemüt aber sollen sie von
Sorgen frei halten; denn das werdende
Kind nimmt vieles von der es tragenden
Mutter an, wie die Pflanzen von dem
Erdreich, in dem sie wurzeln.

Aristoteles, Problemata, 10, 13

… jauchze, die du nicht schwanger bist!

Jesaias 54, 1

Alles am Weibe ist ein Rätsel,
und alles am Weibe hat eine Lösung:
sie heißt Schwangerschaft.

Friedrich Nietzsche,
Also sprach Zarathustra,
Von alten und jungen Weiblein

Man weiß, wie wichtig es ist, Schwan-
geren harmonische Verhältnisse zu
schaffen. Sollte es anders sein mit der
Menschheit, die sich fortwährend im
Zustande der Mutterschaft befindet?

Christian Morgenstern,
Stufen, Literatur, 1912

Conceptio est amentium, non amantium.
Schwanger werden die Dummen,
nicht die Galanten.   *Terenz*

Zu Kindern kommen die Maiden leichter als zu Männern.   *Aus Schweden*

Wacht auf, ihr Frauen!
Nieder mit kirchlichem Größenwahn!
Wacht auf, ihr Frauen!
Ihr krümmt euch vor Schmerzen,
und in euer Ohr
tönt heulend der Unternehmerchor:
»Tragt es aus! Tragt es aus!«

Kurt Tucholsky, Die Leibesfrucht

Der donnernde Himmel ohne Regen
gleicht dem geschwängerten Mädchen
ohne Hochzeit.   *Aus der Mongolei*

Der verfluchte Kerl, rief sie, hat mich in
gesegnete Umstände gebracht!

Karl Kraus, Sprüche und
Widersprüche, Moral, Christentum

Es weiß die gesegnete Frau meist sehr
genau, von wem der Segen; der ahnungslose Mann jedoch glaubt fest, er
wäre der Segensspender.   *Aus Korea*

Vom Reden allein wird man nicht
schwanger.   *Jüdisch*

Wassersucht ist schwer zu heilen.
Manchmal kümmt sie Jungfern an;
diese trägt man auf dem Armen,
bis sie selbsten laufen kann.

Friedrich von Logau, Wassersucht

Ich glaube, alle Empfängnisse sind
unbefleckt!
                    George Bernard Shaw

Willst du dein Wyb soll schwanger syn,
schick sie ins Bad und geh nit hin!

Goethe, Parabolisch

Mit Schreien ist da nichts getan. –
Könnte die Zarin aus dem Schoß der
Kammerfrau gebären, sie täte es.

Aus Deutschland

Abtreibung

Wenn die Frauen ein Gefühl für ihre
wahren Rechte und Freiheiten besäßen,
würden sie sich mit der ganzen Leiden-
schaftlichkeit ihres Geschlechts dagegen auflehnen, daß ihnen der Staat ver-
bietet, ein zu ihrem Körper gehörendes
embryonales Wesen töten zu lassen, solang er sich erlaubt, dasselbe zur schönsten Menschenblüte herangewachsene
Wesen zwanzig oder dreißig Jahre später gegebenenfalls in einen Krieg zu
schicken und dort töten zu lassen.

Sigmund Graff

Daß es Gesetze gibt, die die Abtreibung verbieten, daß es heute noch –
und nun erst in Deutschland! – fromme
Juristen, starre Juristen, beschränkte Juristen gibt, die in das nächste, geradezu
schmähliche Strafgesetz auch diesen
verbrecherischen Paragraphen hinein-
schustern, ist hart. Dagegen anzukämp-
fen, ist für einen anständig gesinnten
Menschen Pflicht.

Kurt Tucholsky, Auf dem Nachttisch

Der niederträchtigste Fruchtabtreiber
ist der, welcher versucht, den Charakter
eines Kindes zu formen.

George Bernard Shaw,
Katechismus für Umstürzler

Das einzige Bedenken gegen die ersatz-
lose Streichung des Abtreibungspara-
graphen scheint mir darin zu bestehen,
daß die Masse das, was der Staat nicht
mehr bestraft, für eine allgemeine Emp-
fehlung hält.

Sigmund Graff

Die Männer haben die Tendenz, die
Abtreibung auf die leichte Schulter zu
nehmen. Sie betrachten sie als eines der
zahlreichen Malheure, denen eine übel-
wollende Natur die Frauen ausgesetzt
hat.

Simone de Beauvoir,
Das andere Geschlecht

Dieselben Rechte will ich wie die
Reichen,
die ungestraft zum Abtreiber
schleichen –
Warum will mich denn keiner befrein?
Laßt mich schrein –!
Laßt mich schrein –!

Kurt Tucholsky, Die Leibesfrucht

Die Gegner der Geburtenkontrolle
können entweder nicht rechnen oder
sind mit Krieg, Seuchen und Hungers-
not als dauerndem Zubehör des
menschlichen Lebens einverstanden.

Bertrand Russell, Skepsis

Jede Frau, die etwas unternimmt, um nicht so viele Kinder zur Welt zu bringen, wie sie könnte, macht sich ebenso vieler Morde schuldig, ebenso wie die Frau, die sich nach der Empfängnis zu verletzen versucht.

Hl. Augustin

Es muß übrigens darauf hingewiesen werden, daß die Gesellschaft, die so heftig bestrebt ist, die Rechte des Embryos zu verteidigen, sich um die Kinder nicht mehr kümmert, sowie sie auf der Welt sind.

Simone de Beauvoir,
Das andere Geschlecht

XXXVIII. Kapitel

Kinder
Tochter
Sohn
Eltern
Vater
Mutter
Mutterliebe
Mutter – Tochter
Mutter – Sohn
Stiefmutter
Familie
Schwiegermutter

Kinder

Zu Pflegerinnen und Erzieherinnen unserer ersten Kindheit eignen die Weiber sich gerade dadurch, daß sie selbst kindisch, läppisch und kurzsichtig, mit einem Worte, zeitlebens große Kinder sind: eine Art Mittelstufe zwischen dem Kinde und dem Manne, als welcher der eigentliche Mensch ist.

> *Arthur Schopenhauer,* Parerga und Paralipomena, II, Über die Weiber

Als aus Eden verbannt untröstlich Eva sich härmt,
schenkte der Herr ihr das Kind, daß sie der Tränen vergaß.   *Emanuel Geibel*

Ein Kind ohne Mutter ist wie eine Blume ohne Regen.
> *Tamil*

Lahm und gebrechlich wird das Kind, wo viele Kinderfrauen sind.
> *Aus Weißrußland*

Bei sieben Kinderfrauen wächst das Kind ohne Augen auf.   *Aus Rußland*

Wer dem Kind die Nase wischt, küßt der Mutter die Backen.
> *Aus Deutschland*

Die Schwester der Wunschträume ist für den Knaben die kleine Schwester, über die man ohne Anstrengung siegen kann.   *Margaret Mead,*
> Mann und Frau, Die beiden Geschlechter im heutigen Amerika

Die Ammen sagen von Töchtern: ein schönes Kind; von Knaben: ein starkes Kind.

> *Theodor Gottlieb von Hippel,* Über die Ehe, Zum Besten der Jünglinge

Der Sohn ist eine Stütze des Vaters, die Tochter eine Zierde des Hauses.
> *Baschkirisch*

Frauen sind nur Kinder von etwas größerem Wuchs.
> *Lord Chesterfield*

Dein Sohn ist dein Sohn für heute, aber deine Tochter ist deine Tochter für immer.
> *Aus Irland*

Wer Töchter hat, hat eine Familie; wer Söhne hat, hat Fremde.
> *Aus der Tschechoslowakei*

Wenn die Mutter das Kind einen Bastard nennt, so kannst du ihr glauben.
> *Jüdisch*

Es ist die Schwester wohl bereit, für den Bruder zu sterben, jedoch der Bruder nicht für seine Schwester.
> *Aus Rußland*

Fällt die jüngere Schwester, so richtet sie die ältere wieder auf; fällt aber die ältere, so lacht die jüngere sie nur aus.
> *Aus Vietnam*

Die eigene Schwester läßt er verhungern, der Schwester seiner Frau jedoch schleppt er den Reis in der Dämmerung scheffelweise ins Haus.

Aus Bengalen

Dein Sohn ist für dich, deine Tochter – für die anderen.

Aus Arabien

Besser noch eine blinde Schwester als gar keine.

Tscherkessisch

Tochter

Eine Tochter ist für einen Vater ein beunruhigender Schatz. Aus Besorgnis für sie findet er nachts keinen Schlaf: solange sie klein ist, daß sie nicht verführt werde; wenn sie erwachsen ist, daß sie nicht verhure; wenn sie mannbar ist, daß sie nicht sitzenbleibe; wenn sie alt ist, daß sie nicht Zauberei treibe.

Babylonischer Talmud, Sanhedrin

Mein Sohn, wache streng über deine Tochter, damit sie dich nicht in schlechten Ruf bringt, kein Stadtgespräch und keinen Volksauflauf erregt, dich nicht beschämt in der Versammlung am Stadttor. Wo sie sich aufhält, sei kein Fenster, kein Ausblick auf die Wege ringsum. Keinem Mann zeige sie ihre Schönheit, und unter Frauen halte sie sich nicht auf.

Jesus Sirach, 42, 11f

Hast du drei Töchter im Haus, so bleibt es sich gleich, ob du bei offenen Türen schläfst oder auch nicht, denn sie nehmen ja doch einst alles mit.

Aus Korea

Erwachsene Töchter sind wie ein Sack geschmuggelten Zuckers im Haus.

Aus China

Wer Töchter hat, ist immer ein Hirte.

Aus Spanien

Ein Haus voll Töchter ist ein Keller voll sauren Bieres.

Aus Holland

D' Töchter sind a fahrigi Hab.

Aus der Schweiz

Eine in die Fremde gegebene Tochter gleicht einem in die Berge geschossenen Pfeil.

Aus der Mongolei

Töchter und tote Fische sind keine Lagerware.

Aus Schottland

Es weht durch off'ne Tür der Wind ins Haus, in dem viel Töchter sind.

Aus Korea

Reicher Leute Töchter und armer Leute Kälber kommen bald an den Mann.

Aus Deutschland

Und hätt' ein Armenier auch hundert blinde Töchter, er brächte sie dennoch alle an einem einzigen Tage los.

Aus Persien

Wem der Teufel ein Ei in die Wirtschaft gelegt hat, dem wird eine hübsche Tochter geboren.

Schiller, Kabale und Liebe

Iß den Fisch, während er frisch ist, und
verheirate deine Tochter, solange sie
jung ist!
Aus Dänemark

Wer nur eine Tochter hat, macht ein
Wunder aus ihr.
Aus Frankreich

Die ältere Tochter ist die Tante der
Kleinen.
Aus Vietnam

Wer eine Tochter besitzt, altert
schneller.
Aus der Mongolei

Sohn

Wenn sie von meinen Werken sprechen,
nennen sie mich ein Genie. Nein, Mütterchen, ich besitze zu wenig solcher
Eigenschaften, die das Genie ausmachen! Darum bitte ich Sie, Mütterchen,
nennen Sie mich niemals so. Sagen Sie
nur ganz einfach: »Er ist ein guter
Sohn.« Das wird für mich das schönste
Lob sein.
Nikolai Gogol, an seine Mutter

Mütter sind leicht eifersüchtig auf die
Freunde ihrer Söhne, wenn diese be-
sondere Erfolge haben. Gewöhnlich
liebt eine Mutter sich mehr in ihrem
Sohne als den Sohn selber.
Friedrich Nietzsche, Menschliches
Allzumenschliches, Weib und Kind, 385

Bekommst du keinen Sohn, bleibst du
ohne Obdach.
Tschetschenisch

Der Wunsch nach dem Sohn ist der
Vater vieler Töchter.
Karl Schiller

Von einer liederlichen Frau bekommst
du einen schlechten Sohn.
Sumerisch

Der frühverstorbene Sohn war schon
immer das Genie der Familie.
Aus Japan

Ein Sohn, der seinen Eltern widerspricht, wird seiner Schwiegermutter
nicht widersprechen.
Aus dem Sudan

Wer dem Schwiegersohn Geld leiht,
bekommt entweder kein Geld zurück
oder die Tochter.
Aus Nordamerika

Eltern

Mütter, seid Väter! möchte man zurufen,
und: Väter seid Mütter!
Jean Paul, Levana
oder Erzieh-Lehre, Bd. 2

Nicht ohne Vater, nur ohne Mutter
ist das Kind ein Waisenkind.
Baschkirisch

Das Weib, sobald es ein Kind hat, liebt
den Mann nur noch so, wie er selbst
das Kind liebt.
Friedrich Hebbel, Tagebücher

Der Vater liebt das Kind nur, solange
die Mutter bei ihm bleibt.
Aus dem Kongo

Es kommt vielleicht nicht selten vor,
daß edel- und hochstrebende Menschen ihren härtesten Kampf in der
Kindheit zu bestehen haben: etwa dadurch, daß sie ihre Gesinnung gegen
einen niedrig denkenden, dem Schein
und der Lügnerei ergebenen Vater
durchsetzen müssen oder fortwährend,
wie Lord Byron, im Kampfe mit einer
kindischen und zornwütigen Mutter
leben. Hat man so etwas erlebt, so
wird man sein Leben lang es nicht ver-
schmerzen, zu wissen, wer einem eigentlich der größte, der gefährlichste
Feind gewesen ist.

Friedrich Nietzsche,
Menschliches Allzumenschliches,
Weib und Kind, 422

Meine Mutter war Sportlehrerin, mein
Vater Zahnarzt. Ich habe schlechte
Zähne und kann gut rennen.

Herbert Achternbusch

Gäb' es nur einen Vater auf der Erde,
wir beteten ihn an; gäb' es aber nur eine
Mutter, wir würden sie verehren und
lieben und auch anbeten.

Jean Paul, Levana
oder Erzieh Lehre, Bd. 2

Ein schlechter Ehemann ist zuweilen
ein guter Vater, aber eine schlechte
Gattin ist nie eine gute Muter.

Aus China

Vater

Scharfsinnig macht er offenbar,
Welch Weib des Kindes Mutter war:
Doch, wird es seine Weisheit wagen,
Den Vater manches Sohn's zu sagen?

Abraham Gotthelf Kästner,
Sinngedichte und Einfälle

Ach, Mutter!
Von Herzen dank' ich dir für meinen
Vater. (Bastard)

Shakespeare, König Johann, II, 1

Meine Mutter, die sagt's, er sei mein
Vater; aber selber
Weiß ich's nicht; denn von selbst weiß
niemand, wer ihn gezeuget.

Homer, Odyssee, I, 216/217

Die Mütter geben unserm Geiste
Wärme und die Väter Licht.

Jean Paul, Der Jubelsenior

Den höchsten Platz in der Hierarchie
der Liebesbeziehungen müßte man
sicherlich der Liebe des Vaters zum
Sohn einräumen, wenn es diese Liebe
gäbe.*

* Aber es gibt sie nicht, oder kaum: Der
Mann ist zu beschäftigt und überdies zu
schwerfällig, um sich, für gewöhnlich, anders um seinen Sohn zu kümmern als auf
eine plumpe und zerstreute Weise. Jungen
werden wahrhaft nur von ein paar geboren-
en Erziehern und ein paar Päderasten von
der guten Art geliebt.
So daß wir also in der Liebe der Mutter zur
Tochter die vollkommenste Form der Liebe
eines Menschen zum andern erblicken.

Henry de Montherlant,
Erbarmen mit den Frauen,
Die Aussätzigen

Immer liebt eine Mutter die Kinder
mehr als der Vater. Denn sie weiß, daß
es ihre Kinder sind, für die Vaterschaft
gibt es keine Gewißheit.

Euripides, Fragmente, 1015

Mutter

Alles, was schön ist, alles, was heilig,
Nennet das Wort dir: eine Mutter!
Alles, was Liebe, alles, was Güte,
Das ist ein Hort mir: meine Mutter!
Laß dir dies Trost sein, alles dein
Leiden
Nimmt sie hinfort dir: deine Mutter!
Alles was Leid heißt, trostlos
entbehren,
klingt in dem Wort dir: keine Mutter!

Ricarda Huch, Gedichte, II, Mutter

Die Mutter trägt im Leibe
Das Kind dreiviertel Jahr;
Die Mutter trägt auf Armen
Das Kind, weil's schwach noch war;
Die Mutter trägt im Herzen
Die Kinder immerdar.

Friedrich von Logau,
Sinngedichte, Meine Mutter

Kein Tempel ist schöner als die eigene
Mutter.
Tamil

Es ist nichts reizender, als eine Mutter
zu sehen mit einem Kinde auf dem Arme, und nichts ehrwürdiger, als eine
Mutter unter vielen Kindern.

Goethe, Wilhelm Meisters
Lehrjahre, VIII, 7

Hast du die Mutter gesehn, wenn sie
süßen Schlummer dem Liebling kauft
mit dem eigenen Schlaf und für das
träumende sorgt, mit dem eigenen Leben ernährt die zitternde Flamme und
mit der Sorge selbst sich für die Sorge
belohnt?

Schiller, Der philosophische Egoist

Ihr wollt recht stark geliebt sein,
Weiber, und recht lange und bis in den
Tod;
nun so seid Mütter eurer Kinder!

Jean Paul, Levana
oder Erzieh-Lehre, Bd. 2

Der gemeine Mann nennt sein Weib,
sobald sie ihm mehr als ein Kind geschenkt hat, »Mutter«. Dieser Titel gilt
ihm mehr als Weib.

Theodor Gottlieb von Hippel,
Über die Ehe, 1

Die Milch der Mutter ist geheiligt.

Aus der Mongolei

Niemand ist so ganz und gar blind wie
die eigne Mutter.
Aus Japan

Liebst du deine Mutter, so schimpfe
auch nicht auf die Mutter eines anderen
Menschen.
Abchasisch

Niemand kommt an der Muttermilch
vorbei.
Malaiisch

So arm deine Mutter auch sein mag,
geh nicht von ihr fort, denn du wirst
nie eine andere finden.

Aus Ghana, Aschanti

Eine Mutter läßt sich mit keinem
anderen Wesen vergleichen.

Aus dem Kongo

Selbst in einem heißen Bad ist es ohne
Mutter noch kalt.
Aus Finnland

Es gibt keine schlechte Mutter und
keinen guten Tod.
Jüdisch

Von Natur wird es kein Volk geben, in
dem die Kriegslust schreit, solange es
eine Mutter gibt.
Carl Joel, Wandlungen

Die beste Amme ersetzt keine Mutter.
Aus Deutschland

Gott konnte nicht überall sein, darum
machte er die Mutter.
Jüdisch

Die Frauen mögen nur erst wieder
Mütter werden, bald werden die Män-
ner auch wieder Väter und Gatten sein.
Jean-Jacques Rousseau, Emile, 1

Was man von der Mutter hat, das sitzt
fest und läßt sich nicht ausreden.
Wilhelm Raabe, Erzählungen
nach dem großen Kriege

Ein einziges auf Erden ist nur schöner
und besser
Als das Weib – das ist die Mutter.
Leopold Schefer, Laienbrevier

Der Baum lebt von der Wurzel, der
Menschen Wurzel aber ist die Mutter.
Aus der Mongolei

Mutterliebe

Über die Muttergefühle im allgemeinen
ist so lange von Männern, die darin unbewußt das Mittel zu ihrer einigen
Vormachtstellung sahen, gefühlsduseli-
ge Sabberei ergossen worden, daß
beträchtliche Anstrengungen erforderlich sind, um zu ergründen, was die
Frauen tatsächlich in dieser Hinsicht
empfinden.
Betrand Russell, Ehe und Moral

Die Mutterliebe durchgreift mit
tausend Wurzelzweigen das ganze
weibliche Herz, sie zieht alles Blut,
sogar das verdorbene, in sich an und
wächst und verdrängt jede Neben-
pflanze und blüht endlich ganz allein
auf dem umflochtenen Boden.
Jean Paul

Die Mutterliebe, sieh' das ist der
Pflichtteil
Von Liebesglück, den jeder Kreatur
Auswirft die kargende Natur – der Rest
Ist Schein und Trug.
Rob Hamerling, Ahasver in Rom,
Ges. 2, Das Bacchanal

Der Mutter Lieb' ist mächtig; wenn ihr
Böses auch
Geschah, sie kann nicht hassen, den ihr
Schoß gebar. (Klytämnestra)
Sophokles, Elektra, 754/755

Die größte Liebe ist Mutterliebe; dann
die Liebe eines Hundes und danach die
einer Geliebten.
Aus Polen

Der Mutter kommt kein kühlender
Schatten gleich, der Mutter kommt keine Zuflucht gleich, der Mutter kommt
kein Schutz gleich, der Mutter kommt
keine an Liebe gleich.

Mahâbhârata, Götter- und
Heldenepos der Inder, Buch 12

Ihm ruhen noch im Zeitenschoße
die schwarzen und die heitern Lose.
Der Mutterliebe zarte Sorgen,
bewachen seinen goldnen Morgen.

Schiller, Das Lied von der Glocke

Mutterliebe! man nennt dich des
Lebens Höchstes!
So wird denn
Jedem, wie schnell er auch stirbt,
dennoch sein
Höchstes zu teil!

Friedrich Hebbel, Gedichte,
Epigramme und Verwandtes, Nr. 2

Zu viel Mutterliebe schadet den
Kindern.
Sprichwort

Keine menschliche Analyse kann jenen
rätselhaften Geheimsinn erklären, mit
dem die Mütterlichkeit jede Not des
Kindes und jede Heilkraft errät, das
auch nicht einmal ein Kind, sondern ein
hilfsbedürftiger Mensch sein kann.

Carl Joel, Wandlungen

Die Mutter liebt die Kinder mehr als
der Vater; denn sie weiß, daß es ihre
Kinder sind. Dieser glaubt es nur.

Menander

An verblendeter Mutterliebe sind mehr
Menschen zugrunde gegangen als an
der gefährlichsten Kinderkrankheit.

Leixner, Aus meinem Zettelkasten,
Erziehung und Selbsterziehung

Die ganze alte Welt erhebt die mütterliche Liebe über die väterliche.

Jean Paul, Levana
oder Erzieh-Lehre, Bd. 2

Mutter – Tochter

Die Haltung der Mutter gegenüber ihrer großjährigen Tochter ist sehr geteilt:
In ihrem Sohn sucht sie einen Gott, in
ihrer Tochter findet sie ein Double.

Simone de Beauvoir,
Das andere Geschlecht

Die Tochter einer guten Mutter wird
die Mutter einer guten Tochter.

Aus den USA

Was die Mutter spinnt, das webt die
Tochter.
Aus Bulgarien

Die Tochter zieht oft der Mutter
Mantel an (wird wie die Mutter).

Aus Irland

Die Tochter ist wie die Mutter.

Hesekiel 16, 44

Glücklich die Mutter, die eine Tochter
geboren hat! Ein Junge ist der Sohn der
Schwiegermutter.   *Bantu-Weisheit*

Wie Maria selber ist, solche Tochter
erzieht sie.
Aus Spanien

Wie der Baum, so die Birne;
Wie die Mutter, so die Dirne.

Aus Deutschland

Die Gewohnheiten der Mutter sind ein
Schnittmuster für die Tochter.

Tscherkessisch

Mutter – Sohn

Du kennst ja des Weibes (als Stief-
mutter) Gesinnung!
Immer sucht sie den Mann, der ihr
beiwohnt, zu bereichern;
Aber die vorigen Kinder und ihrer
Jugend Geliebten
Kennt sie nicht mehr.

Homer, Odyssee, Ges. 15, V, 20–23

Wie der Weber, so auch das Gewebe,
wie die Mutter, so auch der Sohn.

Tamil

Liebe Mutter, wenn Du mir schreibst,
Du fühlst Dich arm und gedemütigt, so
zerreißt Du mir das Herz. Gott sei vor,
solange ich ein Haar auf dem Haupte
habe, daß meine Mutter das sagen soll.

Anselm Feuerbach,
An seine Mutter

Eine verspielte Frau bringt einen
nichtsnutzigen Sohn zur Welt; eine allzu kräftige Kuh ein buckliges Kalb.

Aus Kirgisien

Was ist denn eine Mutter für ihren
Sohn? Der Spiegel seiner Ohnmacht
von gestern oder von morgen.
(Holofernes)

Friedrich Hebbel,
Judith und Holofernes, 4

Mit der Mutter und ihren Söhnen
krönt sich die herrlich vollendete Welt.
Selbst die Kirche, die göttliche stellt
nicht
Schöneres dar auf dem himmlischen
Thron;
Höheres bildet selber die Kunst nicht,
die göttlich geborne,
als die Mutter mit ihrem Sohn.

Schiller, Die Braut von Messina, I, 3

In höchster Gefahr schreit auch ein
alter Mann noch nach der Mutter.

Tscherkessisch

Die Mutter wird stärker vom Söhnchen
als vom Vater beherrscht.

Jean Paul, Gedanken

Dann ist er alt geworden,
dann ist er elend geworden,
dann ist die Welt für ihn leer,
wenn er die Mutter verloren hat.

Mahâbhârata, Buch 12

Das Mutterherz ist der schönste und
unverlierbare Platz des Sohnes, selbst
wenn er schon graue Haare trägt – und
jeder hat im ganzen Weltall nur ein einzig solches Herz.

Adalbert Stifter

Stiefmutter

Verfolgt die zweite Mutter doch Stief-
kinder stets mit giftigen Blicken, einer
wilden Schlange gleich.

Euripides, Alkestis, 309

Eine Stiefmutter muß jedermann, wenn
sie auch eine gute ist, teuer bezahlen.

Seneca

Der Witwer findet leicht ein Weib, aber
die Waisen finden schwer eine Mutter.

Aus Deutschland

Eine brave Mutter gibt ihrem Stief-
kinde ein gleich großes Stück Kuchen
wie ihrem eigenen Kinde. Aber sie gibt
es auf eine andere Art.

Ludwig Börne, Kritiken, 35

Aus dem Hause vertreibt einen die
Stiefmutter, aus dem Walde der Bär.

Aus Rußland

So viel es weiße Krähen gibt, soviel gibt
es gute Stiefmütter.

Aus Jugoslawien

Wer eine Stiefmutter hat, hat auch
einen Stiefvater.

Aus Deutschland

Wer eine Stiefmutter hat,
hat den Teufel am Herd.

Aus Frankreich

Wer eine Stiefmutter hat, mag trauern,
solange er lebt!

Aus Holland

Familie

Die moderne Einzelfamilie ist gegründet auf die offene und verhüllte Haus-
sklaverei der Frau … Er ist in der
Familie der Bourgeois, die Frau
repräsentiert das Proletariat.

Friedrich Engels,
Der Ursprung der Familie

Unsere Familie ist die beste Organisa-
tionsform des Patriarchats und seine
verläßlichste Garantin.

Manès Sperber, Individuum
und Gemeinschaft

Der Ursprung des Flusses ist die Quelle, der Born der Familie die Mutter.

Aus der Mongolei

Das beste Altersheim ist die Familie.

Heinrich Lübke, in einer Ansprache

So sehnt sich der unruhigste Vagabund
zuletzt wieder nach seinem Vaterlande
und findet in seiner Hütte, an der Brust
seiner Gattin, im Kreise der Kinder, in
den Geschäften zu ihrer Unterhaltung
die Wonne, die er in der weiten Welt
vergebens suchte.

Goethe, Werther, 1. Buch

Ist der Vater fünfmal in der Woche
weg, dient dies dem allgemeinen Wohl.
Ist die Mutter aber einmal in der Woche weg, hält man das Wohl der Familie
für gefährdet. *Hanna-Renate Laurien*

Schwiegermutter

Die Schwiegermutter ist gegen die
Schwiegertochter und die Schwieger-
tochter gegen die Schwiegermutter zum
Verdachte geneigt.

Aus Arabien

Eine Schwiegermutter ist bitter und
wäre sie auch von Zucker.

Aus Spanien

Man schlägt den Hund und meint die
Schwiegermutter.

Aus Korea

Für Menschen und Tiere, ja fürs ganze
Haus ist die Schwiegermutter Gift und
Graus.

Aus Bengalen

An dem Tag, an dem du nackt herum-
läufst, triffst du bestimmt deine
Schwiegermutter.

Suaheli

Aber auch nicht eine von allen Schwie-
germüttern lobt die Schwiegertochter
und umgekehrt.

Aus Vietnam

Für die Vorzüge der Schwiegertochter
ist die Schwiegermutter auf beiden
Augen blind.

Aus Korea

Glücklich das Weib, das den Sohn einer
schon verstorbenen Mutter heiratet.

Aus Schottland

Solange noch die Schwiegermutter lebt,
kann niemals Friede sein im Haus.

Decimus Junius Juvenal

Wer seine Schwiegermutter totschlägt,
wird geköpft. Das ist ein uralter verständlicher Brauch. Wer aber Hundert-
tausende umbringt, erhält ein Denkmal.

Erich Kästner

Die beste Schwiegermutter ist die, auf
deren Rock die Gänse weiden.

Aus Deutschland

Belehre die Schwiegertochter, kaum
daß sie die Schwelle des Hauses überschritten.

Aus Japan

Auch die jüngste Braut wird dereinst
eine alte Schwiegermutter.

Aus Rußland

Die liebreiche Frau hat in jeder
Siedlung neun Schwiegermütter.

Aus Korea

Es kommt die Zeit, und aus der
Schwiegertochter wird eine noch
schlimmere Schwiegermutter,
als es die ihre war.

Aus Korea

Lieber zugrunde gehen als mit der
Schwiegermutter zusammenleben.

Aus Arabien

Der Schwiegermutter, die sich um
alles kümmert, gebührt ein Drittel der
Schläge, die für die Frau bestimmt sind.

Aus Abessinien

Der Schwiegermutter liebstes Söhnchen
ist der Schwiegersohn.
                                   Aus Rußland

Die böse Schwiegermutter hat auch
hinten Augen und Ohren.
                                   Aus Rußland

Wer die Schwiegermutter nicht prügelt,
muß im Jenseits Hasen hüten.
                                   Aus Rußland

Die Mutter tadelt die Tochter, aber der
Schwiegertochter macht sie Vorwürfe.
                                   Aus Jugoslawien

Man schlägt die Katze und meint die
Schwiegertochter.
                                   Aus der Tschechoslowakei

In jeder Schwiegertochter steckt ein
Stücklein Schwiegermutter.
                                   Jüdisch

Geraten Schwiegermutter und Schwiegertochter in Streit, so gerät der Mann
zwischen zwei Mühlsteine.
                                   Aus Armenien

Die Schwiegertochter ist der Zahn-
stocher der Schwiegermutter.
                                   Aus Lappland

XXXIX. Kapitel

Hausfrau
Häuslichkeit
Dienstpersonal

Hausfrau

Und drinnen waltet die züchtige
Hausfrau, die Mutter der Kinder,
und herrschet weise
im häuslichen Kreise
und lehret die Mädchen
und wehret denKnaben
und reget ohn' Ende
die fleißigen Hände
und mehrt den Gewinn
mit ordnendem Sinn
und füllet mit Schätzen die duftenden
Laden
und dreht um die schnurrende Spindel
den Faden
und sammelt im reinlich geglätteten
Schrein
die schimmernde Wolle, den schneeig-
ten Lein,
und füget zum Guten den Glanz und
den Schimmer und ruhet nimmer.

Schiller, Das Lied von der Glocke

Haus ohne Mann, Haus ohne Rat;
Haus ohne Frau, Haus ohne Staat.

Aus Deutschland

Ich brauch, daß mein Haus gedeiht:
Eine Frau, vergnügt und gescheit,
Eine Katz, die auf Büchern sich rollte,
und Freunde zu jeder Zeit
ohne die ich nicht leben wollte.

Guillaume Apollinaire, Die Katze

Im Hause herrscht stets das Klima, das
die Frau mitbringt und ist.

José Ortega y Gasset,
Signale unserer Zeit

Die Frau macht das Haus des Mannes
zum Himmel oder zur Hölle.

Aus Kroatien

Wenn der Mann sich mit äußeren
Verhältnissen quält, wenn er die Besitz-
tümer herbeischaffen und beschützen
muß, wenn er sogar an der Staatsverwaltung Anteil nimmt, überall von
Umständen abhängt und, ich möchte
sagen, nichts regiert, indem er zu regieren glaubt, immer nur politisch sein
muß, wo er gern vernünftig wäre, wo er
redlich zu sein wünschte; wenn er um
des Zieles willen, das er nie erreicht, das
schönste Ziel, die Harmonie mit sich
selbst, in jedem Augenblick aufgeben
muß: Indes herrscht eine vernünftige
Hausfrau im Innern wirklich und
macht einer ganzen Familie jede Tätigkeit, jede Zufriedenheit möglich.

Goethe, Wilhelm Meisters
Lehrjahre, VII, 6

Sie äußerte oft, daß eine Frau, die das
Hauswesen recht zusammenhalte,
ihrem Manne jede kleine Phantasie
nachsehen und seiner Rückkehr jederzeit gewiß sein könne.

Goethe, Wilhelm Meisters
Lehrjahre, VII, 6

Das weib ist des manns hauß,
dann er ist nirgend daheim
als bey seinem weib.

Alter deutscher Spruch

Das Weib ... habe das Regiment im
Hause, doch des Mannes Recht und
Gerechtigkeit ohne Schaden!

Martin Luther, Tischreden
oder Colloquia, Nr. 43

Die Frau ist der Schlüssel zum Haus.

Aus Rußland

Mein Gott, wie weilt dein Geist doch
auf gemeinem Grund!
Wie müßtest du mich tief in deiner
Rolle dauern,
Im Haushalt eingepfercht allmählich
zu versauern.
Als wäre auf der Welt das höchste
Glück und Gut
Ein Götze von Gemahl und eine
Kinderbrut. (Armande)

Molière, Die gelehrten Frauen, I, 1

Denn durch das Schaffen des Mannes
kommt in der Regel Geld ins Haus,
durch das Wirtschaften der Frau aber
geht das meiste drauf.

Xenophon, Wirtschaftslehre, 3

Das Haus steht nicht auf der Erde,
sondern auf dem Weibe.

Aus Jugoslawien

Der Mann ist der Herr des Hauses, im
Hause aber soll nur die Frau herrschen.

Marie von Ebner-Eschenbach

Die Hausfrau hat ihr Licht vom Manne
wie der Mond von der Sonne.

Aus Dänemark

Sie ist mein Landgut, ist mein Haus
und Hof, mein Hausgerät, mein Acker,
meine Scheune, mein Pferd, mein Ochs,
mein Esel, kurz mein alles. (Petruchio)

Shakespeare, Der Widerspenstigen
Zähmung, III, 2

Eine gute Hausfrau ist der beste
Hausrat.

Aus Dänemark

Ein Haus ohne Frau ist eine Wiese
ohne Tau.

Aus den USA

Die Hausfrau auf- und niederwischt,
sie tut's für nischt und wieder nischt!

Juristenkalauer

Was eine Mühle ohne Wasser, das ist
ein Haus ohne Frau.

Aus Armenien

Die rechte Hausfrau ist zugleich eine
Sklavin und eine Dame.

Aus Bosnien

Also sind Haußfrawen keine Haußfrawen, sondern Außfrawn, wenn sie
drauß schawn.

Johann Friedrich Fischart,
D. Philosophisch Ehzuchtbüchlin,
D. Schiltkröt art v. eygenschafft

Eine unfähige Hausfrau gleicht einer
lebenslänglichen Mißernte.

Aus Japan

Eine gute Hausfrau steht noch vor der
Dämmerung auf.

Tamil

Häuslichkeit

Sokrates fand eine Frau, wie er sie brauchte – aber auch er hätte sie nicht gesucht, falls er sie gut genug gekannt hätte: So weit wäre auch der Heroismus dieses freien Geistes nicht gegangen. Tatsächlich trieb ihn Xanthippe in seinen eigentümlichen Beruf immer mehr hinein, indem sie ihm Haus und Heim unhäuslich und unheimlich machte: Sie lehrte ihn, auf den Gassen und überall dort zu leben, wo man schwätzen und müßig sein konnte, und bildete ihn damit zum größten athenischen Gassen-Dialektiker aus: der sich zuletzt selber mit einer zudringlichen Bremse vergleichen mußte, welche dem schönen Pferde Athen von einem Gotte auf den Nacken gesetzt sei, um es nicht zur Ruhe kommen zu lassen.

Friedrich Nietzsche, Menschliches Allzumenschliches, Weib und Kind, 433

Der Mann ist der eigentliche Vagant des Daseins, vorbestimmt für den Kampf mit allen Gewalten des Schicksals. Er ist immer der Fremdling, der ewig »Unbehauste«, der nach der Heimat zwar verlangt, aber sie nie von sich allein aus zu finden vermag. Das Wesen des Weibes aber ist gewissermaßen das naturhafte Daheim und Amzielsein.

Peter Wust, Die Dialektik des Geistes

Der Mann gehört auf den Marktplatz, die Frau ins Haus.
Aus Spanien

Im Hause, wo die Gattin sicher waltet,
Da wohnt allein der Friede, den vergebens
Im Weiten du da draußen suchen magst.

Goethe, Die natürliche Tochter, IV, 2

In einer Welt, in welcher alles schwankt, bedarf es eines festen Punktes, auf den man sich stützen kann. Dieser Punkt ist der häusliche Herd; der Herd aber ist kein fester Stein, wie die Leute sagen, sondern ein Herz, und zwar das Herz einer Frau.

Jules Michelet, Die Liebe, K. 2

Ehre sei ihr; ich neige mich tief vor ihr wie vor einer Königin. ... wo die Königin nicht Häuslichkeit besitzt, ist sie doch bloß eine mäßige Madam.

Sören Kierkegaard, Das Frauenideal

Darum hält sich die Frau den ganzen Tag innerhalb der Tore der Innengemächer auf. Sie begibt sich zu keiner Beerdigung, die über hundert Li weit ist (damit sie nicht auswärts übernachten muß).

Konfuzius, Vom älteren und jüngeren DAI – Das Buch der Sitte, Mann und Frau

Weiber sollen sein wie eine Stadtuhr, so pünktlich, und nicht wie eine Stadtuhr: nicht alles laut verkünden; sie sollen sein wie die Schnecken, so häuslich, und doch nicht wie die Schnecken: nicht alles auf dem Leibe tragen.

Immanuel Kant, Werke

Glauben Sie mir eines: Jede Frau, die ihren engen Kreis verlassen, die herbes Schicksal, tolle Laune, heißes Fühlen, ein starker Geist aus ihren Grenzen trieb, die findet nirgends mehr einen Halt.

Ada Christen, Faustina

Also solls Hauß und die Haußhaltung
Sein des Weibs Zuflucht, Auffenthal-
tung.
> *Johann Friedrich Fischart,*
> D. Philosophisch Ehzuchtbüchlin,
> Hausschneck

Da seh ich dich, du Krone aller Frauen,
in weiblich reizender Geschäftigkeit,
In meinem Haus den Himmel mir
erbauen
Und, wie der Frühling seine Blumen
streut,
Mit schöner Anmut mir das Leben
schmücken
Und alles rings beleben und beglücken.
> *Schiller,* Wilhelm Tell, III, 2

Das Weib ist in den engsten Kreis gebannt: Wenn die Blumenzwiebel ihr
Glas zersprengt, geht sie aus.
> *Friedrich Hebbel,* Tagebücher, 1836

Eyn unheußlich weib verzehrt des
manns schweis.
> *Alter deutscher Spruch*

Ein häuslich Weib ist ihrem Manne
eine Freude und macht ihm ein fein
ruhiges Leben.
> *Jesus Sirach,* 26, 2

Dem Manne ziemt es, draußen wohl zu
schalten;
Doch hübsch im Hause sitz' und still
das Weib!
> *Äschylus,* Sieben gegen Theben

Häuslichkeit ist des Weibes Weltgeschichte.
> *Ludwig Börne,* Gesammelte Schriften

Ein tugendhaftes Weib aber soll im
Gegenteil meistens nur mit ihrem
Manne gesehen werden, in dessen
Abwesenheit aber das Haus hüten und
sich verbergen.
> *Plutarch,* Ehevorschriften, § 9

In diesem Punkt war man zur Zeit der
Väter klug:
Sie meinten, eine Frau besitze Geist
genug,
Wenn er nur mindestens zu solcher
Höhe schweife,
Daß sie den Unterschied von Hos und
Wams begreife.
Die Frau las damals nicht, sie handelte
gescheit,
Den Haushalt pflegte sie, nicht die
Gelehrsamkeit.
Zwirn, Nadel, Fingerhut, das waren
ihre Waffen,
Um damit Heiratsgut der Tochter zu
schaffen. (Chrysal)
> *Molière,* Die gelehrten Frauen, II, 7

Also soll auch ein Ehefraw meiden,
Was sie von Häuslichkeit will scheiden.
> *Johann Friedrich Fischart,*
> D. Philosophisch Ehzuchtbüchlin,
> Hausschneck

Hundert Männer können ein Lager
bereiten, aber um ein Heim zu schaffen, braucht es eine Frau.
> *Aus China*

Glücklich, wem der Gattin Treue
Rein und keusch das Haus bewahrt!
Denn das Weib ist falscher Art
Und die Arge liebt das Neue!
> *Schiller,* Gedichte, Das Siegesfest

Frauens un Öwens söllt nich alltid
utgaohn.
Norddeutsches Sprichwort

Weib und Schaf gehören nach Hause,
bevor es nachtet.
Aus Spanien

Des Weibes Weg – vom Ofen bis zur
Schwelle.
Aus Rußland

Das Heim ist das Gefängnis des
Mädchens und das Zuchthaus der Frau.
George Bernard Shaw

Dienstpersonal

Genäschige Mägde machen aufmerk-
same Haufrauen.
Bauernregel

Die Ehefrau ist keine Dienstmagd und
die Dienstmagd keine Ehefrau.
Tamil

Wenn die Magd genascht hat, bekommt
die Katze Prügel.
Bauernregel

Das ist gewiß! Die Magd, wo sie wird
Frau im Haus,
die schicket ihre Mägd' im ärgsten
Regen aus.
Friedrich Rückert,
Weisheit des Brahmanen

Wenn die Mägde feine Schuhe tragen,
so haben die Kühe wenig Fett.
Bauernregel

Von Müllers Henn und Witwers Magd
ward selten Hungernot geklagt.

Aus Deutschland

Wer mit der Magd tändelt, macht sie
zur Herrin seiner Frau.
Bauernregel

Eines Mannes Diener mag ein Jahr
leben, der Sklave einer Frau stirbt in
sechs Monaten.
Aus Persien

Die Dienstmädchen küssen die Kinder
und schütteln sie mit Heftigkeit, wenn
sie von einer Mannsperson beobachtet
werden, hingegen präsentieren sie sie in
der Stille, wenn Frauenzimmer auf sie
sehen.
Georg Christoph Lichtenberg

Es ist kein hoffertiger Bild, denn wann
eyn magt eyn fraw wird.

Alter deutscher Spruch

In deinen Diensten beschäftige keine
hübschen Mägde. Die Familie ist
sittsam, in der keine hübschen Mägde
gehalten werden.
Aus China

Heiraten zwischen gebildeten Männern
und Dienstmädchen oder Haushälterinnen nehmen selten ein gutes Ende.

Bogumil Goltz,
Zur Charakteristik und
Naturgeschichte der Frauen

XL. Kapitel

Reize
Betören
Spröde
Verführung
Eroberung
Entführung
Abenteuer
Wollust
Sexualität
Frigidität
Prostitution
Huren
Hetären
Hexen

Reize

Staub lieber als ein Weib sein, das nicht
reizt! (Penthesilea)

Heinrich von Kleist, Penthesilea, 9

Darin besteht ja die Teufelei weiblicher
Reize, daß sie einen zwingen, sein eigenes Verderben herbeizusehnen.

G. B. Shaw, Mensch und Übermensch

Sieh', es ist die Frau
Der Sauerteig im großen Brei der
Schöpfung,
Ein Reiz, ein allbelebend Element,
Das, gleich dem Feuer, segensvoll er-
wärmt
Oder vernichtet. Jenem ist die Frau
Ein tödlich Gift, dem wieder Arzenei.

Prinz Emil von Schönaich-Carolath,
Dichtungen, Die Sphinx

Ein Mädchen sollte imstande sein, mit
ihren Reizen einem Manne seine Ruhe
zu rauben, daß kein anderes Vergnügen
mehr Geschmack für ihn hätte, und es
stehe nicht in seiner Gewalt, sich diesem
Zug zu widersetzen, dem Manne, der
Armut, Hunger, Verachtung seines Ver-
dienstes ertragen, ja seiner Ehre wegen
in den Tod gehen kann? Das glaube
ich ewig nicht. Dem Gecken wohl,
dem weichlichen Schwachen, der nie in
irgend etwas Widerstand versucht hat,
oder dem Wollüstling, der höhere
Vergnügen des Geistes nicht kennt.

Lichtenberg, Über die Macht der Liebe

Allein je reizender die losen Mädchen
sind,
Um desto weniger kann man ihr Herz
erwerben.
Chr. Fürchtegott Gellert,
Fabeln und Erzählungen

Die Schönheit, die reizt, weckt selten
Liebe.

José Ortega y Gasset, Triumph des
Augenblicks, Glanz der Dauer

Wer unsern Reizen huldigt, kann
Doch nie und nimmer uns mißfallen.
(Isidora)
Molière, Der Sizilier, V, 6

Ich hing an Ihrem Reiz, mein Seufzen
zeigte klar,
Wie fest und stark mein Herz an Sie
gefesselt war.
Doch sehnte ich mich auch vor Liebe
schier zu Tode,
In Ihren Augen war der Sieg nur
Episode. (Clitander)
Molière, Die gelehrten Frauen, I, 2

Ein Dekolleté sollte kein optischer
Selbstbedienungsladen sein.

Ruth Leuwerik

Mit bloßen Reizen, leiblichen oder
geistigen, in der Ehe zu fesseln hoffen,
ohne das Herz und ohne die Vernunft,
welche allein anknüpfen und festhalten,
heißt eine Blumenkette oder einen
Blumenkranz aus bloßen Blumen ohne
ihre Stengeln machen zu wollen.

Jean Paul, Der Komet

Eine Frau von hohem Stande besitzt
für mich Reize, die mich völlig aus dem
Häuschen bringen, und für diese Ehre
wäre ich bereit, alles auf der Welt
hinzugeben. (Herr Jourdain)

Molière, Der Bürger
als Edelmann, III, 6

Wenn Frauen sich schön anziehen, sind
sie wahrscheinlich der Ansicht, die
Männer hielten sie unbekleidet für
genauso reizvoll.

Christian Dior

Prahle nicht mit den Reizen deiner
Frau, sondern mit ihren Taten.

Aus Rußland

Die reizlose Frau ist immer
auf ihren Gatten eifersüchtig.
Die reizvolle Frau ist es niemals.

Oscar Wilde

Frauen, die wenig Reize haben, neigen
besonders zur Tugendhaftigkeit.

Pablo Picasso

Betören

Als Zeus Europen lieb gewann,
nahm er, die Schöne zu besiegen,
verschiedene Gestalten an,
verschieden ihr verschiedlich anzuliegen.
Als Gott zuerst erschien er ihr,
dann als ein Mann und endlich als ein
Tier.
Umsonst fleht er als Mann
in schmeichelhaftem Ton:
Verachtung war der Liebe Lohn.
Zuletzt – mein schön Geschlecht,
gesagt zu deinen Ehren!
ließ sie – von wem? –
vom Bullen sich betören.

G. E. Lessing, Auf die Europa

Der Liebsten Thränen sind's, die oft
den klügsten Mann
Bethören, daß er schwarz von weiß
nicht sondern kan.

Friedrich von Logau, Deutsche Sinn-
Getichte, Mädchenthränen

Selbst ein Elefant verwickelt sich in ein
Frauenhaar.

Aus Rußland

Wein und schöne Mädchen sind zwei
Zauberfädchen, die auch die erfahrenen
Vögel gern umgarnen.

Friedrich Rückert, Östliche Rosen,
Die zwei Mächte

Aber tief muß uns empören,
was wir von der Leda lesen –.
Welche Gans bist du gewesen,
daß ein Schwan dich könnt' betören.

Heinrich Heine,
Letzte Gedichte: Mythologie

Wen Helena paralysiert,
der kommt so leicht nicht zu Verstande.
(Mephistopheles)   *Goethe,* Faust II, 2

Der Mann hat hauptsächlich deshalb
einen Kopf, damit eine Frau ihn verdrehen kann.

Jacques Prèvert

Denn nach der Jungfraun schöngestal-
teter Zierlichkeit pflegt jeder, der vorübergeht, den Zauberpfeil des Blicks zu
senden, vom Verlangen süß berauscht.
(Danaos)

Äschylus, Die Schutzflehenden, 1003/5

Mit Gebärden, Scham und Grollen,
Lächeln, Reden, Scherz und Schmollen,
Mit gewandten Liebesblicken
Wissen Weiber zu berücken.

Peter von Bohlen, Bhartriharis, Spr.

Evenäpfel locken noch
Manchen Adam unters Joch,
Wo er nichts von Paradeis,
Nur von lauter Hölle weiß.

Friedrich von Logau,
Deutsche Sinn-Getichte, Evenäpfel

Wenn sie streben zu gefallen,
Sind dem Fallen nah die Frauen.

Friedrich Rückert,
Chinesisches Liederb.

Und wenn das Herz dich zu dem
Weibe zieht,
so fragst du nicht, ob sie der Frauen
Erste,
das Mal auf ihrem Hals wird dir zum
Reiz,
ein Fehler ihrer Zunge scheint Musik.
(Rudolf)

Franz Grillparzer,
Ein Bruderzwist
in Habsburg

Spröde

»Warte nur noch eine kleine Weile«,
sprach die Spröde, »sowie aus dem
Zigeuner ein Pope geworden ist, sollst
du alles von mir haben.«

Gagausisch (GUS)

Es ist kein Weib so spröd im weiten
Weltenrund,
Das nicht nach Liebe lechzt im tiefsten
Herzensgrund.
Ob ihre Hoffart über Mond und Sterne
fliege,
Geschieht's, um den zu suchen, dem sie
unterliege.

Carl Spitteler, Olympischer Frühling

Verzweifelt nicht, ihr Jünglinge, wenn
eure Mädchen spröde sind! Niemals hat
noch die Kälte der mütterlichen Lehren
ein weibliches Herze so zu Eise gehär-
tet, daß es der alles erwärmende Hauch
der Liebe nicht hätte zerschmelzen
wollen.

Goethe, Kunst, die Spröden zu fangen

Völlige Sprödigkeit ohne Abneigung ist
bei Frauen unmöglich.

La Rochefoucauld

Sie hielt sich fern und angelte nach mir
und schürte meine Glut durch Sprödigkeit, wie jede Hemmung in der Liebe
Bahn die Liebe nur entflammt.
(Bertram)

Shakespeare, Ende gut, alles gut, V, 3

Frauen bedienen sich der Sprödigkeit,
um ihre Schönheit zu schmücken und
aufzuputzen.

La Rochefoucauld

Uns allen bleibt das Alter nicht erspart,
doch ist's
Zum Sprödesein mit zwanzig Jahren
etwas früh. (Climene)

Molière, Der Menschenfeind, III, 5

Bei Mädchen ist er gern mit Tändelei
zufrieden,
er redet Sentiments und ist nicht zu ermüden,
doch wenn nur eine Frau ein wenig
spröde tut,
so wundert er sich sehr und greift nach
seinem Hut. (Sophie)

Goethe, Die Mitschuldigen, I, 4

Verführung

Man genießt eine außerordentliche
Süßigkeit, wenn man durch hundert
Huldigungen das Herz einer jungen
Schönen verführt, von Tag zu Tag die
kleinen Fortschritte, die man macht,
sieht, durch Gefühlsausbrüche, durch
Tränen und Seufzer, die unschuldige
Scham einer Seele, welche sich mit
Mühe wehrt, zu bekämpfen, Schritt für
Schritt die kleinsten Hindernisse, die
sie uns entgegensetzt, zu bezwingen,
die Skrupel, aus denen sie sich eine Eh-
re macht, zu besiegen, und sie schließ-
lich sachte dorthin zu führen, wohin
wir Lust haben und sie haben wollen.
(Don Juan)
Molière, Don Juan, I, 2

Eva verführte den Adam; ich nehm's
ihr wahrlich nicht übel,
Daß sie die Schlafkapp' zog endlich
dem Frömmler vom Kopf.
… Ja! wir sollten den Tag, wo Eva
verführte den Adam
Feiern mit Dank; denn sie tat's ja nur
aus Liebe zu uns.

Ludwig Feuerbach, Exempel von den
glorreichsten und edelsten Taten
der Weiber, 1. Sündenfall

Wenn also die Geschichte der Genesis
ganz gegen alle Analogie das Weib den
Mann verführen läßt, so ist dies doch
bei näherer Überlegung völlig in der
Ordnung; denn jene Verführung ist
eben eine weibliche Verführung, da
Adam doch eigentlich nur durch Eva
von der Schlange verführt wurde. Wenn
sonst von Verführung die Rede ist, so
ist im Sprachgebrauch (beschwatzen,
betören und so weiter) immer dem
Manne die Superiorität zuerkannt.

Sören Kierkegaard,
Begriff der Angst, 2. Kapitel, § 3

Nicht die Heirat ist es, was die meisten
deiner Anbeter von dir wollen, liebes
Mädchen, nein, nur das Geschlecht
ist's, was sie an dir wollen, nur ein
Werkzeug sollst du sein zur Befriedigung ihrer Lust; haben sie dich verführt, dann legen sie den Schafspelz ab
und lachen dich aus. Darum hütet euch,
noch mal bitte ich euch, vor diesen
Wölfen, die von außen in Schafsklei-
dern zu euch kommen.

Westermayer, Bauernpredigten,
Von schlechten Kameraden

Die Technik der weiblichen Verführung
steht auf einem unendlich höheren
Niveau als die der männlichen Verführung, deshalb auch kann der Mann
an sein Heldentum glauben. In der Tat
ist er so lächerlich wie jeder von seinen
Sklaven beherrschte Herrscher. Es ist
Sklavenkunst, daß er es nicht immer
merkt.

Manès Sperber,
Individuum und Gemeinschaft

Wenn ein Mann einem unberührten
Mädchen, das noch nicht verlobt ist,
begegnet, sie packt und sich mit ihr
hinlegt und sie ertappt werden, soll der
Mann, der bei ihr gelegen hat, dem Vater des Mädchens fünfzig Silberschekel
zahlen, und sie soll seine Frau werden,
weil er sie sich gefügig gemacht hat.
Er darf sie niemals entlassen.

Buch Deuteronomium 22, 28, 29

(sie) ließ ihn die Verachtung spüren,
Die der, wärs auch ein Prinz, verdient,
Der sich, die Tugend zu verführen,
Aus Niederträchtigkeit erkühnt.

Christian Fürchtegott Gellert,
Fabeln und Erzählungen

Die Frau verführt zum Guten wie zum Bösen, verführt aber immer.

Jüdisch

Eins unzüchtigen weibs lieblichs züngelin,
falsch mündelin und listigs hertzlin
seynd lauter feuerpfeil,
die auch ein ald und kalt hertz
anzünden und zum lappen machen
könn – drumb hüt dich.

Alter deutscher Spruch

Denn zuerst wurde Adam erschaffen, danach Eva. Und nicht Adam wurde verführt, sondern die Frau ließ sich verführen und übertrat das Gebot. Sie wird aber dadurch gerettet werden, daß sie Kinder zur Welt bringt, wenn sie in Glaube, Liebe und Heiligkeit ein besonnenes Leben führt.

1. Timotheus 13f

Frauen benützen Parfüm, weil die Nase leichter zu verführen ist als das Auge.

Jeanne Moreau

Wo Verführung einwirkt, stört sie regelmäßig den natürlichen Ablauf der Entwicklungsvorgänge.

Sigmund Freud,
Über die weibliche Sexualität

Die Freud ist lange nicht so groß,
als wenn Ihr erst heraus, herum,
durch allerlei Brimborium,
das Püppchen geknetet und zugericht't
wie's lehret manche welsche Geschicht.
(Mephistopheles)

Goethe, Faust I, Straße

Wenn einen Fehltritt Frauen getan,
des Mannes Bitt' war schuld daran.
Auch ein Mann dasselbe täte,
wenn man ihn so innig bäte.

Freidank, Bescheidenheit

Man pflegt zu sagen, die beste Zeit, eine Frau zu verführen, sei, wenn sie sich mit ihrem Manne überworfen hat.
(Römer)

Shakespeare, Coriolanus, IV, 3

Eroberung

Glaubt mir, der Frauen größter Ehrgeiz ist,
Den Männern Liebe einzuflößen.
All ihr Bemühn ist darauf nur gerichtet;
Und selbst die Stolzeste verschmäht es nicht,
Sich der Eroberungen zu freuen,
Die ihre Augen ihr verschaffen.
(Isidora)

Molière, Der Sizilier, V, 6

Eine Frau ist nur dankbar für ihre erste und ihre letzte Eroberung.

Lord Byron

Wenn nur die Frauen nicht die Männer so verzögen!
Gleich bilden sie sich ein, man komme schon entgegen;
Sie stellen jedes Herz sich als erobert vor,
Und daß man widersteht, begreift kein solcher Tor.

Theodor Körner, Der grüne Domino

Frauen wollen nicht nur erobern, sie wollen auch erobert werden.

W. M. Thackeray, Die Virginier

Mir genügt die leichte Ehre nicht, ein Herz
zu fesseln, welches Tausende gewannen.
Den Mut zu brechen, welchen nichts gebeugt,
ein Herz zu rühren, welches nie gefühlt,
den stolzen Mann als Siegerin zu fesseln,
der nicht begreift, wie ihm geschieht, umsonst
sich seinem Joch entwindet, das er liebt,
das lockt mich an. (Aricia)

Schiller, Phädra, II, 1

... es gibt nichts Süßeres, als über den Widerstand eines schönen Wesens zu triumphieren; ich habe in dieser Hinsicht den Ehrgeiz von Eroberern, die ständig von Sieg zu Sieg stürmen und ihren Wünschen keine Grenzen setzen können. (Don Juan)

Molière, Don Juan, I, 2

Was an den Frauen nur Beute und Raub zu sein vermag, befriedigt auf die Dauer nicht. Im Zuge der Verfeinerung entsteht beim Mann der Wunsch, die Beute möge sich ihm aus eigenem Antrieb ergeben.

José Ortega y Gasset,
Vom Einfluß der Frau
auf die Geschichte

Er ist ein Gott und weiß die volle Wahrheit.
Nicht preisgegeben habe ich meine Ehre:
Sie ward besiegt. (Kleopatra)

Shakespeare,
Antonius und Kleopatra

Weine, Weib, und du wirst siegen.

Calderon, Titel eines seiner Stücke

Er ist ja schon tot: Durchbohrt von einer weißen Dirne schwarzem Auge, durchs Ohr geschossen mit einem Liebesliedchen, seine Herzensscheibe durch den Pfeil des kleinen blinden Schützen mitten entzweigespalten. (Mercutio)

Shakespeare, Romeo und Julia, II, 4

Bei Frauen zwar hat nach wie vor
Noch ziemlich Glück der reine Tor,
Der nicht lang fragt und blindlings tappt,
Sobald er merkt: Es hat geschnappt!

Eugen Roth,
Die Frau in der Weltgeschichte

Es schoß ein leeres Wort zum Zeitvertreib ins Blaue und doch fiel darob ein Weib.

Nietzsche,
Der unfreiwillige Verführer

Frauen, die sich zu schnell erobern lassen, organisieren den Widerstand später im Untergrund. *Jean-Paul Belmondo*

Am Anfang widersteht eine Frau dem Ansturm des Mannes, und am Ende verhindert sie seinen Rückzug.

Oscar Wilde

Eine kluge Frau sagte mir einst: Die Männer sind sich ohne weiteres klar darüber, was sie bei uns erreicht haben; aber was sie alles bei uns nicht erreicht haben, davon haben sie meistens keine Ahnung.

Arthur Schnitzler

Die Weiber siegen im Erliegen.

Aus Deutschland

Entführung

Ich mag die Frauen nicht, die den Mädchenhandel bekämpfen. Erstens gibt es keinen. Es gibt nämlich den nicht, den sie bekämpfen, gibt diese lächerlichen Filmereignisse nicht, wie sie in Berlin erst jüngst in den Kinos gezeigt worden sind, es gibt die unschuldigen Opfer kaum, und diese Bewegung hat etwas peinlich Puritanisches, Zukurzgekommenes, Vermurkstes.

Kurt Tucholsky,
Mädchenhandel in Buenos Aires

Wenn ich nochmals eine Frau entführen sollte, würde ich den Gatten mitnehmen.

Franz Liszt

»Raub dir das Weib, für das dein Herze fühlt!« So denkt der Mann; das Weib raubt nicht, es stiehlt.

Friedrich Nietzsche, Gedichte und Sprüche: Mann und Weib

Aber Hektor! Du kennst doch die Frauen ebenso gut wie ich. Sie willigen nur ein, wenn man Gewalt braucht. Aber dann mit Begeisterung. (Paris)

Giraudoux, Kein Krieg in Troja, I, 4

Verschiedene Seufzer. –
Einige Männer haben über die Entführung ihrer Frauen geseufzt, die meisten darüber, daß niemand sie ihnen entführen wollte.

Friedrich Nietzsche

Daß ein Mädchen gegen ihren Willen verschleppt wird, kommt wohl überhaupt nicht vor – das sind Wunschträume schlafloser alleinliegender Damen.

Kurt Tucholsky, Mädchenhandel in Buenos Aires

Abenteuer

»Ihr Menschen, liebet euren Nächsten stets!«
befiehlt der Kirche heiliges Gesetz.
Seht, wie gehorsam ihm die fromme Suse ist:
Sie liebet immer den, der ihr der nächste ist.

Castelli, Nächstenliebe

Der Widerstand, den eine Frau leisten wird, läßt sich berechnen. Er ist gleich dem Quotienten aus den Wünschen der Frau und der Angst vor dem schlechten Ruf, multipliziert mit der Chance, das Ganze geheimzuhalten.

John Osborne

In Rom ist keine Débauche mit ledigen Frauenzimmern, aber desto hergebrachter mit verheirateten. Umgekehrt ist es in Neapel.

Schiller, an Christian Gottfried Körner, 7.9.1788

Man zählt den ersten Liebeshandel einer Frau nur dann, wenn sie sich auf einen zweiten eingelassen hat.

La Rochefoucauld

Bedauernswert die Frau, die nichts zu bereuen hat.

Jeanne Moreau

Sie auch, von welcher du nicht dachtest, sie wollte, sie will.
Und wie dem Mann der geheime Genuß, so gefällt er dem Mädchen.

Ovid, Liebeskunst, 1, 274

Frauen, die niemals eine Liebschaft gehabt haben, mag es geben. Frauen, die nur eine einzige gehabt haben, gibt es kaum.

La Rochefoucauld, Reflexionen

Es ist nit alles spuk,
was in euer tochter kammer gehet.

Alter deutscher Spruch

Nach einem Wochenende mit einem Mann sehen viele Frauen traurig aus, weil etwas passiert ist. Aber noch mehr Frauen sehen traurig aus, weil nichts passiert ist.

Sidonie-Gabrielle Colette

Die Frauen bringen jedes Abenteuer um seinen Duft, indem sie dem flüchtigen Erlebnis Dauer gewähren wollen.

Oscar Wilde

Mancher ließ sein schönes Weib zu Hause sitzen,
Um einer Bestie auswärts nachzujagen.

Rojas, Garcia von Castagnar, II, 1

Wollust

Man hatte den Eindruck, als koitiere er die Masse. Und umgekehrt: als koitiere die Masse ihn. Aus der tausendfachen, gehemmten Menge brach plötzlich unbewußt die Lust an der Exibition hervor. Die Frauen, von ihren Männern vernachlässigt, erlebten den ersten Grad der Befriedigung. Es war ein Orgasmus sondergleichen.

Walter Hasenclever über Adolf Hitler

An wen sollte also wohl die Rhetorik der Liebe ihre Apologie der Natur und der Unschuld richten als an alle Frauen, in deren zarten Herzen das heilige Feuer der göttlichen Wollust tief verschlossen ruht und nie ganz verlöschen kann, wenn es auch noch so sehr verwahrlost und verunreinigt wird?

Friedrich Schlegel, Lucinde

Geile Mütter, feile Töchter.

Aus Holland

Mädchen, fürchtet rauher Leute buhlerische Wollust nie!
Die im ehrfurchtsvollen Kleide viel von unschuldsvoller Freude reden, Mädchen, fürchtet die!

Goethe, Ziblis

Verfügte die Frau über eine ebenso lebhafte Imaginationskraft wie der Mann, so hätte die Wollust längst den Planeten überflutet, und die Menschheit wäre verschwunden, in Wonne vergehend.

José Ortega y Gasset, Triumph des Augenblicks, Glanz der Dauer

Begierden, Lust- und Schmerzgefühle von vielfachster Art wirst du vornehmlich bei den Kindern, Weibern und Sklaven finden, auch bei der geringwertigen Masse der sogenannten Freien.

Platon, Staat, 4.8.431
(Sokrates zu Glaukon) (431 B–C)

Weibeslust liegt neben der männlichen
wie ein Epos neben einem Epigramm.

Karl Kraus, Sprüche und Widersprüche
Pro domo et mundo.
Vom Weib, von der Moral

Die Frauen sind sinnlicher als die Männer, aber sie wissen weniger um ihre
Sinnlichkeit.

Friedrich Nietzsche, Nachgelassene
Werke, Unschuld des Werdens

Welche (Witwe) aber in Wollüsten
lebet, die ist lebendig tot.

1. Timotheus 14, 17

Der Mann wertet die Lust nach der
Stärke, die Frau nach der Tiefe und der
Tor nach der Dauer.

K. Peltzer, An den Rand geschrieben

Sexualität

Wer eine neue Sexualmoral aufbauen
will, sollte sich in erster Linie nicht die
Frage nach der Regelung der Beziehungen zwischen den Geschlechtern
vorlegen, sondern die, ob es gut oder
schlecht ist, wenn Männer, Frauen wie
Kinder über alle geschlechtlichen Dinge künstlich in Unwissenheit gehalten
werden. Ich stelle diese Frage an den
Anfang, weil Unkenntnis des Ge-
schlechtslebens für jeden Menschen
höchst nachteilig ist.

Bertrand Russell,
Marriage and Morals, 8

Vom Geschlechtsleben des kleinen
Mädchens wissen wir weniger als von
dem des Knaben. Wir brauchen uns
dieser Differenz nicht zu schämen; ist
doch auch das Geschlechtsleben des er-
wachsenen Weibes ein dark continent
für die Psychologie.

Freud, Laienanalyse, G. W. XIV, S. 241

Sexuelle Aufklärung ist insoweit berechtigt, als die Mädchen nicht früh
genug erfahren können, wie die Kinder
nicht zur Welt kommen.

Karl Kraus

Sie (Männer) haben sich die ganze Sexualität einfallen lassen, und wir haben
dazu geschwiegen. Wenn wir uns unsere eigene erfinden, dann müssen sie die
ihre ganz neu überdenken. Die Männer
lieben die Frauen nicht, noch nicht: Sie
suchen sie, sie begehren sie, sie besiegen
sie – sie lieben sie nicht. Aber die
Frauen, die hassen sich!

Annie Leclerc, Parole de femme

Nur der Mythos vom vaginalen Orgas-
mus (und damit von der Bedeutung der
Penetration) sichert den Männern das
Sexmonopol über Frauen. Und nur das
Sexmonopol sichert auch Männern das
private Monopol, das das Fundament
des öffentlichen Monopols der
Männergesellschaft über Frauen ist.

Alice Schwarzer

Das Grundprinzip von »Sex als Belohnung« ist bei allen Frauen gleich: Sie
bieten sich dem Mann an, indem sie ihre Reize betonen, machen ihn lüstern,
und wenn er dann brav seine Dressur-
kunststückchen vorzeigt, schenken sie
sich ihm.

Esther Vilar, Der dressierte Mann

Die Frau ist ein Puppe: Ob sie weint, schmollt oder lacht, läuft oder ruht, sie ist eine Puppe. Sie ist ein Idol, geformt aus der Verknüpfung von Linien und Maßen, ausgestattet mit den Zügen befriedigter Impotenz. Sie muß jung sein, ihr Körper haarlos, ihr Fleisch blühend, und sie darf kein Geschlechtsorgan haben. Die Frau ist zum weiblichen Eunuchen degradiert.

Germaine Greer,
Der weibliche Eunuch

Der Sex ist für eine alleinstehende Frau eine starke Waffe, um das zu erreichen, was sie vom Leben verlangt, nämlich einen Ehemann oder ständige männliche Gesellschaft. Für sie ist der Sex eine wichtigere Waffe als für eine verheiratete Frau, die noch andere Dinge hat, die ihr helfen, wie zum Beispiel das Gesetz.

Helen Gurley Brown,
Sex und ledige Mädchen

Ehefrauen so gut wie Prostituierte , die ihren Lebensunterhalt durch Preisgabe ihrer sexuellen Reize verdienen, geben sich nicht mehr nur dann hin, wenn ihr eigener Instinkt es verlangt. Das hat dem Liebesspiel großen Eintrag getan, und gerade das Liebesspiel bildet die naturgemäße Sicherung der sexuellen Leistungsfähigkeit.

Bertrand Russell,
Marriage and Morals, 4

Vor allem anderen macht Abhängigkeit vom Mann Frauen unfähig, sexuelle Lust zu empfinden. *Alice Schwarzer*

Die meisten Fälle von nervöser Schlaflosigkeit gehen auf sexuelle Unbefriedigung zurück. *Sigmund Freud*

Wie will ich schließlich den Frauen vorwerfen, daß sie auf den Mann warten? Der Mann will auch nichts anderes als sie. Es gibt keinen Mann, welcher sich nicht freuen würde, wenn er auf eine Frau sexuelle Wirkung ausübt. Der Haß gegen die Frau ist immer nur noch nicht überwundener Haß gegen die eigene Sexualität.

Otto Weininger, Taschenbuchnotiz

Der Mann konnte stets mehrere Frauen haben, die eine legal, die anderen illegal oder zumindest inoffiziell. Die Frau aber hatte bestenfalls einen Mann, und da dieser sie wegen der angeborenen Grenzen seiner Potenz kaum je befriedigen konnte, wäre es um so dringlicher gewesen, ihr das zu gönnen, was sie benötigte: mehrere Männer.

Ernest Borneman, Das Patriarchat

Daß die alten Philosophen Griechenlands und Roms für die Interessen der Frauen nichts übrig hatten, erstaunt gar nicht, da alle diese Redner völlig der Homosexualität verfallen waren, die sie in der schönen Antike zu hohen Ehren gebracht hatten.

Charles Fourier, Über Liebe und Ehe,
III, Die Fehler des Systems
der Unterdrückung der Liebe

Die Sexualität der Frau besiegt alle Hemmungen der Sinne, überwindet jedes Ekelgefühl. Manche Gattin würde sich mit der Trennung vom Tisch begnügen. *Karl Kraus,*
Sprüche und Widersprüche

Ich liebe die Männer nicht, weil es Männer sind, sondern weil es keine Frauen sind. *Christine von Schweden*

Frauen vergessen leicht ihre privilegierte Stellung auf sexuellem Gebiet. Sie sind von dem Trauma befreit, auf Kommando potent sein zu müssen.

Susanna Kubelka, Endlich über vierzig

Im unverdorbenen Weibe äußert sich kein Geschlechtstrieb, sondern nur Liebe, und diese Liebe ist der Naturtrieb des Weibes, den Mann zu befriedigen.   *Johann Gottlieb Fichte*

Der die Frau zur Passivität verdammende Koitus ist für Männer die unkomplizierteste und bequemste Sexualpraktik.   *Alice Schwarzer*

Die Sexualrenommisterei ist eines der häufigsten und zugleich charakteristischsten Symptome der Angst vor der Frau.   *Manès Sperber,*
Individuum und Gemeinschaft

Bis vor kurzer Zeit nahm man von allen anständigen Frauen an, daß sie sich Kinder wünschen, die Sexualität jedoch hassen.

Bertrand Russell, Ehe und Moral

Der Mann hat das Weib geschaffen und schafft es immer neu, solange er noch sexuell ist.

Otto Weininger, Geschlecht und
Charakter, Die emanzipierten Frauen

Der Zustand der sexuellen Erregtheit bedeutet für die Frau nur die höchste Steigerung ihres Gesamtdaseins.

Otto Weininger, Geschlecht und
Charakter, Die emanzipierten Frauen

Tänzerinnen haben die Sexualität in den Beinen, Tenöre im Kehlkopf. Darum täuschen sich die Frauen in den Tenören und die Männer in den Tänzerinnen.   *Karl Kraus*

Es gibt keine Seelenruhe für ein Frauenpaar, das beschlossen hat, allein zu leben. Alles ist ihnen vergönnt, nur nicht das eine – Frieden.

Sidonie-Gabrielle Colette

Du irrst, meine Liebe, ein Kollektiv von Eunuchen ersetzt keinen Mann.

Wieslaw Brudzinski,
Katzenjammer, Aphorismen

Frigidität

Die Frigidität ist so häufig, daß man vermuten muß, daß sich in ihr etwas Wichtiges manifestiert.

Manès Sperber, Individuum
und Gemeinschaft

Frigidität ist kein körperliches Unvermögen. Sie ist ein Gemütszustand, der heilbar ist.
Helen Gurley Brown

Verwundern Sie sich nicht, wenn Sie lesen, daß die Frigidität ein angeborener Zug der Frauenseele sei und zur biologischen Tragödie der Frau gehöre. Solche Auffassungen passen aufs beste in den Kram des Mannes.

Manès Sperber, Individuum
und Gemeinschaft

Es ist wirklich für den Uneingeweihten ganz unglaublich, wie selten sich normale Potenz beim Manne und wie häufig sich Frigidität bei der weiblichen Hälfte der Ehepaare findet, die unter der Herrschaft unserer kulturellen Sexualmoral stehen, mit welchen Entsagungen, oft für beide Teile, die Ehe verbunden ist und worauf das Eheleben, das so sehnsüchtig erstrebte Glück, sich einschränkt.

Sigmund Freud

Frigidität bei Hausfrauen resultiert hauptsächlich aus dem Entzug von Vergnügen als Bestrafung, obwohl das niemand zugibt.

Germaine Greer,
Der weibliche Eunuch

In der Nymphomanie wird der Mann »übermannt«, in der Frigidität wird er sozusagen entmannt.

Manès Sperber, Individuum und Gemeinschaft

Prostitution

Die Perserkönige ließen ihre Gattinnen an ihren Festen teilnehmen. Sobald jedoch der Wein sie ordentlich erhitzte und sie der Wollust völlig freien Lauf lassen mußten, schickten sie sie in ihre Gemächer zurück, um sie an ihren unmäßigen Gelüsten nicht teilnehmen zu lassen, und ließen an ihrer Stelle Frauen kommen, denen sie solche Achtung nicht schuldig waren.

Michel Eyquem de Montaigne

Gebrennte farb und kaufte lieb,
die schmilzt dahin
gleich wie ein dieb.

Altdeutscher Spruch

Unter den Frauen Israels soll es keine sakrale Prostitution geben, und unter den Männern Israels soll es keine sakrale Prostitution geben.

Buch Deuteronomium, 23, 18f

Von allen Ursachen der Prostitution ist keine wirksamer als die Arbeitslosigkeit und das Elend, die unausbleiblichen Folgen unzureichender Löhne.

Parent-Duchâtelet

Die Notwendigkeit der Prostitution ergibt sich aus dem Umstand, daß viele Männer unverheiratet oder durch Reisen von ihren Frauen getrennt sind, dabei aber keineswegs gewillt, enthaltsam zu bleiben. Da jedoch die Frauen der wohlanständigen bürgerlichen Gesellschaft nicht zu haben sind, wurde eine besondere Klasse von Frauen dazu ausersehen, der Befriedigung jener männlichen Nöte zu dienen, die die Gesellschaft sich zwar schämt offen anzuerkennen, aber doch fürchtet, ganz unberücksichtigt zu lassen. Die Prostituierte bietet nicht nur den Vorteil, in jedem beliebigen Augenblick verfügbar zu sein, sondern zudem die Gewähr, daß sie, die ja kein Dasein außerhalb ihres Berufes führt, sich nie unliebsam bemerkbar macht, so daß der Mann, der sie aufsucht, nachher mit ungeschmälerter Würde zu seiner Frau, seiner Familie und seiner Kirche zurückkehren kann. Die Ärmste selbst ist aber von allen verachtet, obwohl sie die Tugend unserer Frauen und Töchter sowie die angebliche Reinheit der Geistlichkeit schützt und schirmt, und gilt allgemein als Auswurf der Gesellschaft und darf mit gewöhnlichen Menschen nur »geschäftlich« zusammenkommen.

Bertrand Russell, Marriage and Morals

Der einzige Unterschied zwischen denen, die sich durch die Prostitution, und denen, die sich durch die Ehe verkaufen, liegt im Preis und in der Dauer des Vertrages.

Marro, La Puberté

Jede Prostitution niederer Art ist nur möglich, wenn es sich für die Mädchen nicht zu arbeiten lohnt.

Kurt Tucholsky, Mädchenhandel in Buenos Aires

Wenn der Verkehr mit Prostituierten zur Gewohnheit wird, hat er oft einen schlechten inneren Einfluß auf den Mann, der dann leicht zu der Ansicht kommt, er brauche sich die Sympathien einer Frau nicht zu gewinnen, um den Geschlechtsverkehr mit ihr zu vollziehen. Außerdem wird ein Mann mit den herkömmlichen Moralanschauungen leicht Verachtung für jede Frau empfinden, mit der er verkehrt. In der Ehe wirkt sich eine solche Gemütsverfassung oft auf das verhängnisvollste aus, sowohl wenn sie dazu führt, die ehelichen Beziehungen der Prostitution anzugleichen, wie wenn im Gegenteil getrachtet wird, sie so radikal wie möglich davon zu unterscheiden.

Bertrand Russell, Marriage and Morals

Offensichtlich ist es notwendig, einen Teil der Frauen zu opfern, um den andern Teil zu retten und einem Schmutz von noch widerwärtigerer Natur vorzubeugen.

Bernard de Mandeville

Die Prostituierte ist ein Sündenbock. Der Mann lädt auf sie seine Schändlichkeit ab und verleugnet sie dann.

Simone de Beauvoir,
Das andere Geschlecht

Die Liebe einer Schnepfe hängt von den Gaben ihres Kunden ab.

Telugu

Allerdings ist es ein objektiver Übelstand, daß es Prostituierte gibt und Nachfrage nach ihnen, allein ganz abzustellen wird er niemals sein; so wie die Menschennatur einmal beschaffen ist, kann kein Versuch, den außerehelichen Geschlechtsverkehr zu unterdrücken, glücken, wird jeder aufgehobene Übelstand durch einen neuen, häufig schlimmeren ersetzt. Ist es da nicht besser, dem Übel dadurch zu begegnen, daß man ihm, wie in Japan, den Charakter eines solchen nimmt?

Keyserling, Reisetagebuch eines Philosophen, 6, Japan, Kioto

Um die Sauberkeit von Palästen zu sichern, braucht man Ablaufrinnen.

sagen die Kirchenväter

Solange die geschlechtliche Reinheit der »anständigen Frauen« als etwas Lebenswichtiges angesehen wird, muß die Institution ergänzt werden, die man ruhig als einen Teil davon bezeichnen kann – ich meine die Prostitution.

Bertrand Russell,
Marriage and Morals, 11

Huren

Seid mir willkommen, süße
Buhlerinnen; denn ihr allein verschönt
uns noch die Welt!
Ihr lasset uns im Augenblick gewinnen,
was Prüderie uns jahrelang verhält.
Was sie nicht fühlt, sie weiß es zu
ersinnen,
wie selbstgefällig froh sie sich verstellt,
von Eva her geschaffen zum Betrügen,
sie kleidet nichts so gut, als wenn sie
lügen.
                    Goethe, Das Tagebuch

Huren haben oft fromme Kinder.

                    Aus Italien

Wär ich ein häusliches Weib und hätte,
was ich bedürfte,
treu sein wollt ich und froh, herzen
und küssen den Mann.
So sang unter andern, gemeinen Liedern
ein Dirnchen mir in Venedig, und nie
hört ich ein frömmer Gebet.
Goethe, Venezianische Epigramme, 72

Scheidet die öffentlichen Dirnen aus dem
Schoße der Gesellschaft aus, so wird die
Sittenlosigkeit sie durch Unordnung
jeglicher Art erschüttern. Die Dirnen
sind für eine Stadt, was die Kloake für
einen Palast – ein unsauberer und von
üblen Düften durchzogener Ort.
                    Hl. Thomas

Spuck einer Hure ins Gesicht, und sie
wird sagen: Es regnet.   *Jüdisch*

Die Huren auf der Straße benehmen
sich so schlecht, daß man daraus auf
das Benehmen der Bürger im Hause
schließen kann.
                    Karl Kraus, Nachts, Eros

In angelsächsischen Ländern sehen die
Dirnen aus, als ob sie mit der Sünde
zugleich die Höllenstrafe mitlieferten.

Minima Moralia, Reflexionen aus dem
                    beschädigten Leben

Was sind denn diese anderes, als wirkliche Menschenopfer auf dem Altare
der Monogamie.

                    Arthur Schopenhauer,
                    über die Freudenmädchen

Dafür, daß die Frau nicht mehr zur
Dirne zu werden braucht, verliert sie
die Fähigkeit, Geliebte zu sein.

                    Max Horkheimer,
                    Emanzipation als Anpassung

Die Huren sind ehrlich und tun, was
ihnen lieb ist, und ruinieren nicht den
Mann durch das »Band der Ehe« –
diese Erdrosselung.

                    Friedrich Nietzsche, Nachlaß,
                    Unschuld des Werdens, 1, 903

Gehe in ein Bordell und lerne, daß
zwischen teurem und billigem Vergnügen kein Unterschied ist. (Diogenes)

                    Plutarch, über Kindererziehung

Die »große Hure« ist das apokalyptische
Bild der Endzeit.

                    Gertrud von le Fort, Die ewige Frau

Bei Huren und bei Tisch darf man
nicht schüchtern sein.   *Aus den USA*

Unterdrückt die öffentlichen Dirnen,
und die Gewalt der Leidenschaften
wird alles über den Haufen werfen.

Ill. Augustin

Griechische Denker nahmen mit Huren
vorlieb. Germanische Kommis können
ohne Damen nicht leben.

Karl Kraus, Sprüche und Widersprüche, Moral, Christentum

Hetären

Dem Leben der Hetären Europas fehlt
der Lieblichkeitsreiz, welchen echter
Frohsinn besitzt. Geächtet, erscheinen
sie verbittert, sofern sie nicht von Haus
aus stumpfe Tiere sind; sie sind zu bewußt, zu besorgt, um wirklich heiter zu
sein, daher wirkt ihre Fröhlichkeit ag-
gressiv; und ihre Liebe steht, wie groß
ihre Kunst auch sei, doch immer im
Zeichen des Gemeinen.

Keyserling, Reisetagebuch eines
Philosophen, 6, Japan, Kioto

In der Hetäre finden die Mythen der
Männer ihre bestrickendste Verkörpe-
rung: Mehr als jeder andere Körper, als
jedes andere Bewußtsein wird sie zum
Idol, zur Ideenspenderin, zur Muse.

Simone de Beauvoir,
Das andere Geschlecht

Das Hetärentum folgt der Menschheit
bis in ihre Zivilisation wie ein dunkler
Schatten, der über der Familie liegt.

Jacques Jean Marie de Morgan

Die milesische Aspasia war es vorzüglich, welche die attischen Hetären lehrte, sich durch Geist und Schönheit Unabhängigkeit, durch die feinste Kultur
aber öffentliche Achtung zu erwerben;
sie, deren Umgange die größten Männer ihres Zeitalters ihre schönste Bildung verdankten.

Friedrich Schlegel, Über die Diotima

In Kriegszeiten stellt niemand mehr
kämpferischen Patriotismus zur Schau
als die großen Kokotten. Durch den
Adel ihrer Gesinnungen, die sie affektieren, hoffen sie, sich zum Niveau von
Gräfinnen zu erheben.

Simone de Beauvoir,
Das andere Geschlecht

Auch eine Hetäre konnte einer als etwas Schädliches tadeln und was man
sonst dergleichen hegt und pflegt, wobei sich aber doch immer findet, daß es
für den Augenblick sehr angenehm ist.

Platon, Phaidros, 17

Wir haben die Hetären für die Vergnügungen des Geistes, die Pallaké für das
Vergnügen der Sinne, und die Gattin,
um uns Söhne zu schenken.

Demosthenes

Die unabhängigsten Frauen des griechi-
schen Altertums waren nicht die Hausmütter und auch nicht die niedrigen
Prostituierten, sondern die Hetären.

Simone de Beauvoir,
Das andere Geschlecht

Kokotten tun sich die Ehre an, auf ihre
Freunde eifersüchtig zu sein, um zu
verbergen, daß sie auf die anderen
Frauen neidisch sind.

La Rochefoucauld,
Réflexions morales, 406

Das große Unglück der Hetäre besteht
darin, daß ihre Unabhängigkeit nicht
nur die verlogene Kehrseite von tausend Abhängigkeiten darstellt, sondern
daß diese Freiheit selbst negativer
Natur ist.
Simone de Beauvoir,
Das andere Geschlecht

Ein Buch herauszugeben, kann nur
für eine Kokotte ohne Nachteil sein;
kann die Menge sie wegen ihres Standes
verachten, so wird sie sie wegen ihres
Talentes in den Himmel erheben und
sich dadurch für sie einnehmen lassen.
Stendhal, Über die Liebe, 2, 55

Hexen

Die Figur der Hexe, die mit erschrek-
kender Gleichförmigkeit in der ganzen
Welt anzutreffen ist, bei Zivilisierten wie
bei Unzivilisierten, in den fernsten Win-
keln des Dschungels wie auf den Kreuz-
wegen Europas, ist eine Frau, die auf
einem Besenstiel oder einem abgeschälten
Zweig davonreitet und ihre leere Haut
bei ihrem Gatten läßt, um ihm vorzutäu-
schen, sie sei noch da. Es ist nicht ohne
Bedeutung, daß wir kein solch ständig
wiederkehrendes Bild von dem Mann
haben, der magisch Unheil anrichtet.
Margaret Mead, Mann und Weib,
Frauen beim Hexentanz

Der bald die Zauberin umarmt, über
den sich keine Frau erbarmt.
Tamil

Denn wenn es keine Hexen gäbe, wer
Teufel! möchte Teufel sein! (Mephisto)
Goethe, Faust

Die meisten Fälle von Roheit, von Treu-
losigkeit, von gebrochenen Heiratsver-
sprechen usw., unter denen die Frau zu
leiden hat, rühren daher, daß der Mann,
auch wenn die Frau nett und liebevoll
ist, in ihr, tatsächlich und getarnt oder
noch nicht ausgebildet, aber als Anlage
vorhanden, die Hexe zu erblicken
vermeinte.
Henry de Montherlant,
Erbarmen mit den Frauen

Aber hat uns diese Aufklärung mit
ihrer Verstandesmäßigkeit nicht auch
etwas genommen, das untrennbar mit
dem Bild der Hexe verbunden ist und
uns deshalb bis heute in solchem Maße
fasziniert, nämlich Sinnlichkeit, Unmit-
telbarkeit, Phantasie, Irrationalität,
Naturverbundenheit, Weiblichkeit?
Etwas, das es gilt, wiederzugewinnen?
Sollten wir nicht auch anknüpfen an die
Erfahrung, die den eigentlichen ge-
schichtlichen Ort der Hexe ausmacht,
wo es deutlich wurde, daß es der
Mensch ist, der gut und böse, vernünftig und unvernünftig ist? Deshalb sollte
es für Menschen nur Menschliches
geben und keinen Grund dafür, irgend
etwas Menschliches zu verteufeln.
Vielleicht können wir von der Hexe
lernen!
Wolfgang Schild, Die Ordnung und
ihre Missetäter, Justiz in altr Zeit

Weiber sind Hexen, so große wie kleine.
(Stille)
Shakespeare, König
Heinrich IV., 2. Teil, IV, 3

Dies ist die Hexe, welche Mädchen
drückt,
Die auf dem Rücken ruhn, und ihnen
lehrt
Als Weiber einst die Männer zu
ertragen. (Mercutio)
Shakespeare, Romeo und Julia, I, 4

Als typische Hexenmerkmale wertet man Eigenschaften, die man punktuell zusammenfaßte, nämlich die Abneigung gegenüber Männern, die Nichtbeachtung kirchlicher Feiertage, auffallende Merkmale, wie Triefaugen, rotes Haar, bestimmte Muttermale, Abneigung gegenüber Kochen und Waschen, Sichumkehren bei Kirchen und Kreuzen.

Friedrich Merzbacher, Hexen und
Zauberei, Justiz in alter Zeit

Das Bild der Hexe, die lebende Dinge tötet, die die Kinder auf die Kehlen schlägt, bis sie sterben, durch deren Blick allein Kühe ihre Kälber verlieren und frische Milch sofort gerinnt, ist eine Darstellung der menschlichen Furcht vor dem, was der Menschheit durch eine Frau angetan werden kann, die gewollt oder gezwungen sich weigert, Kinder zu gebären, Kinder zu pflegen. Sie wird für fähig gehalten, dem Begehren des Mannes zu widerstehen und so das Band mit dem Leben an sich zu verschleiern.

Margaret Mead, Mann und Weib,
Frauen beim Hexentanz

Die weibliche Magie ist in der Patriarchalfamilie weitgehend domestiziert.

Simone de Beauvoir,
Das andere Geschlecht

Alle Talmi-Frauen, alle Frauen vom Typus Vamp, die »großen Kokotten«, die Frauen, bei deren Anblick der Pöbel Mund und Nase aufsperrt, alle Frauen, die ihre Fotos in den Zeitschriften erscheinen lassen, all das, was ich unter der Bezeichnung »Frauen, denen man am liebsten eine knallen möchte« zusammenfasse – alle derartigen Frauen sind hexenhafte Vetteln.

Henry de Montherlant,
Erbarmen mit den Frauen

Ich bin eine unabhängige Hexe und arbeite für jeden, der mich bezahlt.

Kongo-Zauberin Mama Onema

Eine Hexe sollst du nicht am Leben lassen.
Exodus 22, 17

XLI. Kapitel

Staat
Macht
Herrschaft
Herrschen
Regieren
Politik
Einfluß
Militär
Krieg
Deutschland
Amerika
Frankreich
Andere Länder

Staat

Wenn man zugeben muß, daß eine Frau
die Welt verderbt hat, so ist nichts mehr
imstande, den Staaten zu schaden als
dieses Geschlecht ... Die besten Gedanken der Frauen sind fast immer
schlecht, und sie lassen sich von Leidenschaften leiten, die gewöhnlich in
ihrem Geiste den Platz der Vernunft
ausfüllen.

Kardinal Richelieu,
Politisches Testament

Im Effekt unterscheidet sich eine Herrschaft von Generälen kaum von dem,
was man von alters her Weiberwirt-
schaft nennt. Wenn die kühlen diszipli-
nierten Herren mit den silbernen Tres-
sen selbsttätig zu politisieren anfangen,
so sieht das nicht viel anders aus, als
wenn liebenswürdige Wesen, deren Intelligenz im Uterus sitzt, den Staat nach
ihrem Gusto ausstaffieren.

Carl von Ossietzky, Rechenschaft

Hat der deutsche Reichsgedanke einmal
die Anerkennung der deutschen Weiblichkeit gewonnen, dann ist er unzer-
sörbar und wird es bleiben.

Otto von Bismarck zu Damen a. Baden,
Hessen u. d. Pfalz (30. März 1894)

So ist es notwendig, die Kinder und die
Frauen im Hinblick auf die Staatsver-
fassung zu erziehen, sofern es für die
Tüchtigkeit des Staates etwas ausmacht,
daß auch die Kinder und die Frauen
tüchtig seien.

Aristoteles, Politik, Erstes Buch, 13

Eine Frau im Parlament ist wie eine
Rose, viele wie Unkraut.

Michael Horlacher

Staat und Kirchen können nur zwei
Möglichkeiten dulden: Ehe oder
Prostitution, und in den meisten Fällen
ist ihnen die Liebe außerhalb dieser
beiden Gehege verdächtig.

Heinrich Böll,
Die Freiheit der Kunst,
Dritte Wuppertaler Rede

Das Versprechen, sich nie zu verheiraten,
wäre sonach die ausschließende Bedingungen, unter welcher der Staat einem
Weibe ein Amt übertragen könnte.

Johann Gottlieb Fichte, Folgerungen
auf das gegenseitige Rechtsverhältnis
beider Geschlechter überhaupt
im Staate, § 37

Die Republik, diese Republik tut nichts
für, aber alles gegen den Pazifismus,
und Schule, Kino, Kirche und Presse
bearbeiten die Frauen, daß Rote-Kreuz-
Damen herauskommen oder gar noch
Muffigeres.

Kurt Tucholsky, Der Krieg
und die deutsche Frau

Ebenso ist die Zügellosigkeit der
Frauen der Absicht der Verfassung und
der Glückseligkeit des Staates schädlich. Wie nämlich Mann und Frau Teile
des Hauses sind, so ist anzunehmen,
daß auch der Staat nahezu halbiert
wird in die Gruppe der Männer und
die der Frauen, so daß es in allen Staaten, wo die Lage der Frauen schlecht
geordnet ist, darauf hinausgeht, daß
die Hälfte des Staates ohne Gesetzgebung bleibt. Dies ist in Sparta
wirklich der Fall.

Aristoteles, Politik, Zweites Buch, 9

Macht

So hoch Frauen ihre Männer ehren, so ehren sie doch die von der Geselllschaft anerkannten Gewalten und Vorstellungen noch mehr: Sie sind seit Jahrtausenden gewohnt, vor allen Herrschenden gebückt, die Hände auf die Brust gefaltet, einherzugehen, und mißbilligen alle Auflehnungen gegen die öffentliche Macht.

Friedrich Nietzsche,
Menschliches Allzumenschliches

Die Manner in China sind gewöhnlich drei zusammenhängenden Machtstrukturen (der staatlichen Macht, der Sippenmacht und der Macht der Religion) unterworfen ... Die Frau ist außer den drei genannten Mächten auch noch dem Mann unterworfen (Macht des Ehemannes).

Mao Tse-tung, Worte des
Vorsitzenden, 31. Die Frau

Aber weil die Männer in ihrem Stolz auf Macht angefangen haben, lebendige Dinge und menschliche Beziehungen zu verspotten, so schreien eine große Anzahl von Frauen sich heiser, um zu beweisen, daß sie nicht Frauen sind, wenn sie Macht und Organisation vertreten.

Rabindranath Tagore, Über die Frau

Hatten nämlich die Frauen ihre größte Macht in der Sitte, wonach werden sie greifen müssen, um eine ähnliche Fülle der Macht wiederzugewinnen, nachdem sie die Sitte aufgegeben haben?

Friedrich Nietzsche, Menschliches,
Allzumenschliches, Weib und Kind, 425

Die Mentalität der Frauen kommt den Diktatoren entgegen. Sie haben eine Schwäche für die Stärke und begeistern sich leichter für das Recht der Macht als für die Macht des Rechts. Es liegt auf der Hand, daß sie die Achillesferse der Freiheit sind.

Sigmund Graff

Die größte Gewalt über einen Mann hat die Frau, die sich ihm zwar versagt, ihn aber in dem Glauben zu erhalten versteht, daß sie seine Liebe erwidere.

Marie von Ebner-Eschenbach

Und endlich ist die Zeit gekommen, wo die Frau eingreifen und diesem rücksichtslosen Lauf der Macht ihren Lebensrhythmus mitteilen muß.

Rabindranath Tagore, Über die Frau

Für die Frau ist nun die Gelegenheit gekommen, ihr Haupt zu erheben; die Macht des Mannes gerät von Tag zu Tag mehr ins Wanken. Kurzum, das ganze bestehende feudal-patriarchalische Gedankengut und System gerät mit dem Anschwellen der bäuerlichen Macht ins Wanken. (1927)

Mao Tse-tung, Worte des
Vorsitzenden, 31. Die Frau

Das Schmollen der Weiber ist nichts als ein Guerillakrieg, den sie gegen die konzentrierte Macht der Männer führen, ein Krieg, in dem sie immer siegen.

Ludwig Börne, Verm. Aufsätze:
Über das Schmollen der Weiber

Herrschaft

Mein Vater ist ein Mann, der oft und
viel verspricht,
Allein, was er beschließt, hat leider
kaum Gewicht.
Der Himmel schuf ihn weich, so daß er
unverdrossen
Im Grunde doch nur tut, was seine
Frau beschlossen
Und angeordnet hat; sie führt das
Regiment,
Das, unumschränkt, im Haus bloß
einen Willen kennt.

Molière, Die gelehrten Frauen, I, 3

Die Ehe ermuntert den Mann zu einer
launenhaften Herrschsucht. Der Versuch zu beherrschen ist ganz allgemein
geradezu unwiderstehlich. Wenn man
das Kind der Mutter, die Frau dem
Mann ausliefert, pflegt man die Tyrannei auf Erden.

Simone de Beauvoir,
Das andere Geschlecht

Wo die Mönch' und Pfaffen raten, wo
die Landsknecht' sieden und braten, wo
die Weiber haben das Regiment, da
nimmt es selten ein gutes End.

Rollenhagen, Froschmeuseler, 3,1

Wenn eine Frau die Hosen anhat, hat
sie ein Recht darauf.   *Aus den USA*

So ist es gekommen, daß, wenn auch auf
den Gebieten des natürlichen Lebens
das Weib noch den Thron behauptet,
den die Natur ihr zuerkannt, auf gei-
stigem Gebiet der Mann seine eigene
Herrschaft errichtet und ausgedehnt
hat.

Rabindranath Tagore,
Über die Frau

Da winkt der Schwanz ohne Kopf, wo
das Weib sich die Herrschaft nimmt.

Aus Island

Die Frau ist eine Festung – der Mann
ihr Gefangener.

Aus Kurdistan

Der Weiber Regiment hat von Anfang
der Welt nie nichts Gutes ausgerichtet.

Martin Luther, Tischreden oder
Colloquia, Nr. 43, Tischreden vom
Ehestande, § 127, Weiber-Regiment

The first blast of trumpet against the
monstrous regiment of women.

John Knox

Eine Frau, deren erste Triebfeder die
Herrschsucht ist, ist eines jeden Ver-
brechens fähig.

Christoph Martin Wieland, Julia

Herrschen

Die Frau will herrschen, der Mann be-
herrscht sein. (Vornehmlich vor der
Ehe. Daher die Galanterie der alten
Ritterschaft.)   *Immanuel Kant*

Eine Frau ist das Mächtigste auf Erden,
und in ihrer Hand liegt es, den Mann
dahin zu leiten, wo Gott ihn haben
will.   *Ibsen*, Frau Inger auf Oestrot, 3

Das weibliche Geschlecht hegt ein eignes inneres unwandelbares Interesse,
von dem es nichts in der Welt abtrünnig gemacht; im äußern geselligen Verhältnis hingegen lassen sie sich gern
und leicht durch den Mann bestimmen,
der sie eben beschäftigt, und so, durch
Abweisen wie durch Empfänglichkeit,
durch Beharren und Nachgiebigkeit,
führen sie eigentlich das Regiment, dem
sich in der gesitteten Welt kein Mann
zu entziehen wagt.

Goethe, Die Wahlverwandtschaften, 7

Wenn ich ein Frauenzimmer kennen-
lerne, gebe ich nur darauf acht, wo sie
herrscht; denn daß sie irgendwo herrsche, setze ich voraus. Ich finde durch-
gängig: Die Tätige, zum Erwerben,
zum Erhalten Geschaffene ist Herr im
Hause; die Schöne, leicht und ober-
flächlich Gebildete Herr in großen Zir-
keln; die tiefer Gebildete beherrscht die
kleinen Kreise.

Goethe, Die guten Weiber

Wenn die Frau regiert, trotz offenkun-
diger Unwürdigkeit, trotz einer Unfähigkeit auf ihrem ureigenen Gebiet,
wovon ihr Mangel an Klarsicht, ihre
Urteilsschwäche, ihre kindischen
»Kniffe« Zeugnis ablegen, so geschieht
das also nur durch die Dummheit des
Mannes.   *Henry de Montherlant,*
Erbarmen mit den Frauen, Epilog

Wenn ein kluger Mann der Frau
befiehlt,
dann sei es um ein Großes gespielt;
will die Frau dem Mann befehlen,
so muß sie das Große im Kleinen
wählen.   *Goethe, sprichwörtlich*

Sich von einem Weibe beherrschen
lassen, ist für einen Mann die ärgste
Schmach.
Demokritos

Ich würde in der Sprache der Galanterie (doch nicht ohne Wahrheit) sagen:
Die Frau soll herrschen und der Mann
regieren; denn die Neigung herrscht
und der Verstand regiert.

Immanuel Kant, Anthropologie,
Der Charakter des Geschlechts

Die Männer lenken das Land, doch die
Frauen lenken die Männer. In Italien
herrscht das geheime Mutterrecht.

Luigi Barzini

Der im doch laßt ein menlin machen
Und gloubt, was im das Wyb glosiert,
So sy in by der nasen fiert,
Der ist zu löffel holtz geschickt.

Thomas Murner, Narrenbeschwerung,
Nr. 8, Löffel schnyden

Eine hübsche Wirtin zügelt mehr Gäste
als sieben rotköpfige Kellner.

Aus Österreich

Wehe dem Hause, in dem das Weib die
Katze und der Mann die Maus ist.

Aus Rußland

Eine herrschsüchtige Frau ist der Mann
ihres Mannes.   *Aus Persien*

Wo die Frau im Haus regiert, ist der
Teufel Hausknecht.

Aus Deutschland

Regieren

Was die Tätigkeit des Regierens anbetrifft, so dürfte sich wohl, selbst bei den
elementarsten Zuständen, und wären
sie nur auf die Leitung der Familie beschränkt, zeigen, daß das weibliche Geschlecht dazu noch weniger geeignet
ist; denn die Natur der Arbeit verlangt
hier ein Aufmerken auf eine Gesamtheit sehr verwickelter Verhältnisse, bei
denen keines vernachlässigt werden
darf, und daneben eine größere Unabhängigkeit des Geistes von den Leidenschaften; mit einem Wort, mehr Vernunft.

Auguste Comte, 7. Kapitel: Soziale
Statik oder Theorie von der natürlichen
Ordnung der Gemeinschaften

… das eheliche Verhältnis (so steht es
dem Manne zu), über die Frau und die
Kinder zu regieren, über beide als über
Freie, aber nicht in derselben Weise,
sondern über die Frau als Statsmann
und über die Kinder als Fürst. Denn
das Männliche ist von Natur zur Leitung mehr geeignet als das Weibliche
(wenn nicht etwa ein Verhältnis gegen
die Natur vorhanden ist).

Aristoteles, Politik, Erstes Buch, 12

Es ist eine erstaunliche Tatsache, daß
sich Frauen stets den Männern überlegen zeigten, wenn sie auf dem Thron
ihre natürlichen Gaben frei entfalten
und entwickeln konnten. Ist nicht allgemein bekannt, daß auf acht freie und
unvermählte Herrscherinnen sieben
kamen, die ruhmvoll regiert haben,
während auf acht Könige in der Regel
sieben schwache Herrscher entfallen!

Charles Fourier, Über Liebe und Ehe,
III, Die Fehler des Systems der
Unterdrückung der Liebe

Vielleicht fragt jemand, ob die Frauen
von Natur oder erst durch menschliche
Satzung unter der Gewalt der Männer
stehen. Ist das letztere der Fall, so
nötigt uns kein vernünftiger Grund, die
Frauen von der Regierung auszu-
schließen.

Spinoza

Die Königinnen lieben schlecht. Ein
Weib, das lieben kann, versteht sich
schlecht auf Kronen. (Prinzessin)

Schiller, Don Carlos, II, 8

Man würde Frauen besser die Leitung
des Staates als die einer Familie anvertrauen. Denn sowie man ihr Gelegenheit gibt, ist die Frau ebenso vernünftig,
ebenso rührig wie der Mann.

Montesquieu

Damen will ich bloß an die Meinung einer Dame, die ihrem Verstande große
Ehre macht, an die Königin Christine
erinnert haben: »Frauen sollten niemals
regieren.« Wer nicht schützen kann,
soll auch nicht herrschen.

Karl Julius Weber, Demokritos, II, 16

Es ist gegen die Vernunft, daß die Frau-
en Herr im Hause sind … aber nichts
spricht dagegen, daß sie Reichen gebieten.

Montesquieu

Was ist denn aber für ein Unterschied,
ob die Weiber geradezu den Staat regieren oder ob die, welche ihn regieren, sich
von den Weibern beherrschen lassen?

Aristoteles, Politik, Zweites Buch, 9

Die Athener regieren die Griechen.
Ich regiere die Athener; du, mein Weib,
regierst mich; und dein Sohn regiert
dich.
(Nach Plutarch, Themistokles zu
Eurybiades, als dieser ihn nicht zu
Worte kommen ließ.)

Themistokles

Der Mann ist geschaffen, über die Natur zu gebieten, das Weib aber, den
Mann zu regieren. Zum ersten gehört
viel Kraft. Zum anderen viel Geschick-
lichkeit.

Immanuel Kant

Wenn Weiber ein Dorf regieren, wird
es vom Vollmond bis zum Neumond
schon zur Wüste.

Aus Indien

Das salische Gesetz, das der Frau die
Thronbesteigung untersagt, ist auf der
Tatsache begründet, daß ein Land,
wenn eine Frau auf dem Thron sitzt,
von Männern regiert wird, während,
wenn ein Mann auf dem Thron sitzt,
das Land von Frauen, also gut regiert
wird.

George Bernard Shaw

Männer regieren die Welt, Frauen regieren die Männer.

Aus Spanien

Stehen Frauen an der Spitze der Regierung, so ist der Staat in Gefahr, denn sie
handeln nicht nach den Anforderungen
der Allgemeinheit, sondern nach zufäl-
liger Neigung und Meinung.

Georg Wilhelm Friedrich Hegel,
Philosophie des Rechts, § 166

Politik

Die revolutionäre Frau muß ihre Feinde erkennen, die Ärzte, Psychiater, Ge-
sundheitsinspektoren, Priester, Ehebe-
rater, Polizisten, Beamten und sanften
Reformer, alle jene Autoritäten und
Dogmatiker, die sie mit Warnungen
und Ratschlägen bedrängen. Sie muß
ihre Freunde erkennen, ihre Schwestern, und in ihren Zügen die eigenen
suchen.

Germaine Greer,
Der weibliche Eunuch

… weil Frauen, wie oft gesagt wird,
sich nicht um Politik kümmern, soweit
ihre Persönlichkeit nicht dazu in Frage
kommt, nimmt man frischweg an, sie
hätten von Natur ein geringeres
Interesse an dem Gemeinwohl als die
Männer.

John Stuart Mill, Die Hörigkeit
der Frau, I. Kapitel

Hätten aber Königin Elisabeth oder
Königin Victoria nicht den Thron geerbt, so würde man ihnen auch nicht
das kleinste Teilchen einer politischen
Wirksamkeit anvertraut haben, in welcher sich doch die erstere den bedeutendsten Staatslenkern ebenbürtig
gezeigt hat.

John Stuart Mill, Die Hörigkeit
der Frau, III. Kapitel

Da die Männerwelt die Frau unter allen
Umständen dem politischen Leben
fernhalten wollte, machte sie sich das
Argument der überlegenen weiblichen
Tugend zunutze und behauptete
scheinheilig, daß die rücksichtslosen
Praktiken der Politik mit deren Tugend
unvereinbar seien.

Bertrand Russell,
Unpopuläre Betrachtungen

Die Bischöfe haben ihre Synoden, die Mönchsherden ihre Privatkonzilien, die Soldaten ihre Appelle, selbst die Diebe ihre Winkelversammlungen, und schließlich halten sogar die Ameisen ihre Zusammenkünfte ab. Unter allen Lebewesen kommen allein wir Frauen nicht zusammen.

Erasmus von Rotterdam,
Der Frauensenat

Andere Ereignisse haben die politischen Umwälzungen zwar ebenfalls beeinflußt, aber keine andere Ursache bestimmt so rasch sozialen Fortschritt oder Niedergang wie die Änderung des Loses der Frauen.

Charles Fourier, Über Liebe und Ehe,
II, Die Erniedrigung der Frauen
in der Zivilisation

Nach einem chinesischen Sprichwort verwandeln sich Berge in Gold, wenn Brüder zusammenarbeiten. Es muß nicht Gold sein, und es geht auch nicht ohne Schwestern ...

Richard von Weizsäcker, Ansprache
zur deutschen Einheit 3. Okt. 1990

Ich sehe in der häuslichen Tradition der deutschen Mutter und Frau eine festere Bürgschaft für unsere politische Zukunft als in irgendeiner Bastion unserer Festungen.

Otto von Bismarck,
an deutsche Frauen am 19.4.1894

Auch in der Politik gilt, daß Salome auf ihrem Teller keinen pensionierten Kopf wünscht. Interessiert ist sie nur an Köpfen von Leuten in Amt und Würden.

Franz Vranitzky

Ob bei dem Bau eines Panzergrabens zehntausend russische Weiber an Entkräftung umfallen oder nicht, interessiert mich nur insoweit, als der Panzergraben für Deutschland fertig wird.

Heinrich Himmler,
Rede in Posen am 4.10.1943

Weibliche Politiker repräsentieren immer noch weibliche Interessen, zumeist jedoch die Interessen abhängiger Frauen, die vor leichten Scheidungen und allen möglichen Casanova-Privilegien geschützt werden möchten.

Germaine Greer,
Der weibliche Eunuch

Immer haben Frauen in der Politik die gefährliche Eigenschaft, bloß mit Nadelstichen ihre Rivalin zu verwunden und Gegensätze durch persönliche Bosheiten zu vergiften.

Stefan Zweig, Maria Stuart

Halten die Frauen fest zur Politik, so halte ich die Politik für gesichert, nicht bloß für den Augenblick, sondern auch für die Kinder, welche von den Frauen erzogen werden.

Otto von Bismarck zu Damen aus
Schlesien in Friedrichsruh,
13. Mai 1895

Die Frau ist weder politisch noch geistig, noch ökonomisch ein sichtbarer Faktor von irgendwelcher Tragweite.

C. G. Jung

Die Politik der Weiblichkeit besteht darin, daß sie jederzeit und sofort ans Mögliche denkt.

Martin Kessel

So haben also Mann und Weib dieselbe
Natur, vermöge deren sie geschickt
sind zur Staatshut, außer inwiefern die
eine schwächer ist, die andere stärker?
– So zeigt es sich. –

Platon, Politeia, 5. Buch

Lassen wir die Frauen doch nur politisieren! Sie werden gewiß ebensogut wie
die Männer Politiker sein, nur Politiker
anderer Art, vielleicht selbst besserer
Art als wir.

Ludwig Feuerbach

Die Frau auf dem Thron ist in erster
Linie die Pflegerin und Hüterin ihres
Volkes.

Gertrud von le Fort, Die zeitlose Frau

Ohne die Frauen gibt es keine wirkliche Massenbewegung.

Wladimir Iljitsch Lenin

Das einzig Männliche an der CDU ist,
daß wir die Frauen anziehen.

Ludwig Erhard

Einfluß

Der Einfluß des Weibes ist unauffällig,
weil er nicht abgegrenzt, weil er allge-
genwärtig ist. Es muß im weiblichen
Wesen ein atmosphärisches Element
geben, das von der gleichen allmählichen Wirkung ist wie das Klima.

José Ortega y Gasset, Triumph des
Augenblicks, Glanz der Dauer

Jedermann trägt ein Bild des Weibes
von der Mutter her in sich. Davon wird
er bestimmt, die Weiber überhaupt zu
verehren oder sie geringzuschätzen
oder gegen sie im allgemeinen gleichgültig zu sein.   *Friedrich Nietzsche*

Wie das Licht, einfach weil es Licht ist,
ohne alle Mühewaltung und Absicht
die Dinge erhellt und aus ihnen den
Gesang der Farben hervorlockt, so
bewirkt die Frau das, was sie bewirkt,
ganz von ungefähr und allein dadurch,
daß sie da ist, vorhanden ist, Strahlen
aussendet.

José Ortega y Gasset, Vom Einfluß
der Frau auf die Geschichte

Das Huhn ist es, das den Hahn krähen
läßt.

Aus Japan

Hinter jedem großen Mann stand im-
mer eine liebende Frau, und es ist viel
Wahrheit in dem Ausspruch, daß ein
Mann nicht größer sein kann, als die
Frau, die er liebt, ihn sein läßt.

Pablo Picasso

Frauen inspirieren uns zu großen
Dingen und hindern uns dann, sie
auszuführen.

Alexandre Dumas der Jüngere

Die Frau, die ihren Mann nicht beeinflussen kann, ist ein Gänschen. Die
Frau, die ihn nicht beeinflussen will –
eine Heilige.

Marie von Ebner-Eschenbach

Die Frau ist das, was der Mann aus ihr
macht.   *Honoré de Balzac*

Der Mann ist der Kopf, die Frau der
Hals; wo sie den Kopf haben will, dort-
hin dreht sie ihn auch.
Tatarisch

Das Eingreifen der Mutter ist schädlicher, als ihr völliger Verzicht es hätte
sein können.
Herbert Spencer

Die Hand, die die Wiege bewegt, bewegt die Welt.
Aus Spanien

Cherchez la femme!
(Sucht die Frau [die dahinter steckt]!)
Alexandre Dumas der Ältere,
Les Mohicans de Paris

Militär

Die Befreiung der Frauen vom Militär-
dienst ist nicht etwa auf irgendeine
natürliche Nichteignung zurückzuführen ... sondern auf die Tatsache, daß
sich Gemeinwesen ohne eine große
Zahl von Weibern nicht ergänzen
können.
George Bernard Shaw,
Warum für Puritaner

Wer Frauen in der Bundeswehr nur die
Laufbahn des Militärmusik- und Sa-
nitätsdienstes öffnet, degradiert sie zu
Posaunenengeln und zu Statistinnen in
der Hardthöhenklinik des Doktor
Stoltenberg.
Rainer Brüderle

Ein Mädchen, das einen Soldaten heira-
tet, macht keine schlechte Partie. Ein
Soldat versteht zu kochen, kann nähen,
muß gesund sein. Und das Wichtigste:
Er ist gewöhnt zu gehorchen!
Charles de Gaulle

Wenn ein Mann neuvermählt ist, muß
er nicht mit dem Heer ausrücken. Man
soll auch keine andere Leistung von
ihm verlangen. Ein Jahr lang darf er frei
von Verpflichtungen zu Hause bleiben
und die Frau, die er geheiratet hat, erfreuen.
Buch Deuteronomium 24, 5

»Ein Soldat muß sein Leben teuer verkaufen«, sprach der junge Leutnant und
nahm sich ein reiches Mädchen zur
Frau.
Aus Schweden

Auch die wohlanständige und behütete
Tochter wird zur Straßendirne, wenn
fremde Truppen das Land beherrschen.
Aus Korea

Ein Soldat ist besser akkommodiert
ohne Frau.
Shakespeare, König Heinrich IV.,
Zweiter Teil, III, 2

Krieg

Im Kampf gegen den Krieg sollten die
Frauen die Führerinnen sein. Es ist die
ihnen gemäße Aufgabe.
Mahatma Gandhi

Hätten wir nur alle solche Weiber, daß
die Männer mit den Weibern in den
Krieg gehen könnten.
Shakespeare, Antonius und Kleopatra

Wir dürfen uns aussuchen, wer unangenehmer und gefährlicher ist: die mit der Erotik der Uniform leicht durchsetzte Gutsfrau, deren Rätsel auch der nachmals so patriotische Ludwig Thoma nachgespürt hat, weil ja, so sagte er, die Liebe zur bunten Uniform nicht verständlich sei, maßen jener sie sich immerhin dabei auszöge – oder die fein gebildete Demokratenfrau, die Fichte zitiert und Arndt; die das Schlachtfeld von Verdun besucht und darüber leitartikelt – und die, kommts zum Klappen, Sohn und Brüder und Gatten »aus Disziplin« für das Volksganze in den Dreck hetzt, so daß sie nachher mit Armstümpfen und zerschossenen Unterkiefern und leeren Augenhöhlen nach Hause kommen.

Kurt Tucholsky, Der Krieg und die deutsche Frau

Die gegen Messena zu Felde liegenden Spartaner, die geschworen hatten, vor Beendigung des Krieges nicht nach Hause zu kehren, schickten Jünglinge, die diesen Eid nicht geschworen hatten, mit Empfehlungsschreiben an ihre Weiber mit der Bitte, die Republik nicht aussterben zu lassen. Und die guten Weiber, von gleichem Patriotismus beseelt, machten den Empfehlungen alle Ehre.
Sie lieferten die Parthenier oder Jungfernkinder, die man aber später zuviel neckte, und so zogen sie ab und gründeten Tarent in Unteritalien.

Karl Julius Weber, Demokritos, V, 9

Mutig, unbekümmert, spöttisch, gewalttätig – so will uns die Weisheit: Sie ist ein Weib und liebt immer nur einen Kriegsmann.

Friedrich Nietzsche, Also sprach Zarathustra, Vom Lesen und Schreiben

Du, Mutter in der Normandie und Mutter in der Kraine, du, Mutter in Frisko und London, du am Hoango und am Mississippi, du, Mutter in Neapel und Hamburg und Kairo und Oslo – Mütter in allen Erdteilen, Mütter in der Welt, wenn sie morgen befehlen, ihr sollt Kinder gebären, Krankenschwestern für Kriegslazarette und neue Soldaten für neue Schlachten, Mütter in der Welt, dann gibt es nur eins:
Sagt nein, Mütter, sagt nein!

Wolfgang Borchert, Gedichte

Amarillis meint es gut, daß sie fleißig Kinder bringet,
seit ihr Mann im Kriege lebt und daselbst um Ehre ringet:
Denn sie bringt mit Kinderzeugen soviel möglich wieder ein,
was der Mann im Krieg erwürget.
Schlage er nur tapfer drein!

Johann Grob (1643–1697), Kinder ohne Mann

Und weil Frauen Männerwerk, mit dem sie sich einmal befassen, meist viel ernster nehmen als Männer und weil die Frauen selten skeptisch sind, so glaubten diese da und opferten Kinder und Gatten und konnten gar nicht genug bekommen.

Kurt Tucholsky, Der Krieg und die deutsche Frau

Jene deutschen Mütter, die ernsthaft und kleingehirnig ausriefen: »Ich bedaure nur, nicht noch einen Sohn zu haben, damit ich ihn dem Vaterlande geben kann« – dieses Geschmeiß von Eltern ist mitschuldig an dem Mord von Hunderttausenden.

Kurt Tucholsky, Der Krieg und die deutsche Frau

Die alten mutterrechtlichen Völker der
Ägäis, die zum Erstaunen der patriarchalischen Griechen jede der einwan-
dernden Horden durchmarschieren
ließen, sie sogar versorgt und sich mit
den Einwanderern gepaart haben, leben
im Blut der Griechen, in ihrer Kultur
und ihrer Kunst, ihrer Mythologie und
ihrer Religion weiter, während die
Griechen einander in endlosen Kriegen
zerfleischten, bis das ganze Volk zer-
mürbt, dezimiert, vernichtet in die
Hände der Römer fiel.

Ernest Borneman, Das Patriarchat

Mögen sich also immer die Frauen unserer Hüter entkleiden und mögen teilnehmen am Kriege und an der übrigen
Obhut über die Stadt und mögen anderes nicht verrichten. Hiervon aber wollen wir das Leichtere den Weibern zu-
teilen vor den Männern, wegen des Geschlechtes Schwäche. Ein Mann aber,
welcher lacht über entkleidete Frauen,
die sich des Besten wegen auf diese Art
üben ... weiß ... nicht. worüber er
lacht, noch was er tut.

Platon, Politeia, 6

Obwohl in jedem Land mit Frauen-
wahlrecht das weibliche Geschlecht
auch nominell für Kriege so verant-
wortlich ist wie das männliche, hält die
Mehrzahl der Frauen sich keineswegs
für Schreibtischtäter, sondern für
Pazifisten.

Esther Vilar, Das polygame Geschlecht

Leider besteht einer der Schrecken des
Krieges, auf den nie energisch genug
hingewiesen wird, darin, daß die
Frauen dabei immer davonkommen.

Henry de Montherlant, Erbarmen mit
den Frauen, Die jungen Mädchen

Wenn alle Mütter ihren Söhnen den
rechten Zeigefinger abschneiden, dann
werden die Armeen in der ganzen Welt
ohne Zeigefinger Krieg führen ... Wenn
sie ihren Söhnen das rechte Bein ampu-
tieren – nun, so werden die Armeen
einbeinig sein ... Und wenn sie ihnen
die Augen ausstechen, dann werden die
Armeen aus Blinden bestehen. Aber
Armeen wird es geben, und im Hand-
gemenge werden sie einander mit ta-
stenden Fingern an die Kehle fahren ...
(Hektor)

Jean Giraudoux, Kein Krieg in Troja

Demokos: Feig nenne ich es, wenn
man nicht den Tod für das Vaterland
jeder anderen Todesart vorzieht.
Hekuba: Auf diese Floskel habe ich
gewartet. Die läßt sich der Dichter
nicht entgehen.
Andromache: Man stirbt immer für
sein Vaterland. Würdig, tätig, weise
sein Dasein verbringen, heißt auch für
sein Vaterland sterben.

Jean Giraudoux,
Kein Krieg in Troja, I, 6

Wie schäm' ich mich, daß Frau'n so
albern sind!
Sie künden Krieg und sollten knien
um Frieden.
O, daß sie herrschen, lenken, trotzen
wollen,
wo sie nur schweigen, lieben, dienen
sollen! (Katharina)

Shakespeare, Der Widerspenstigen
Zähmung, V, 2

Der Türk und der Ruß,
Die zwoa gehn mi nix an.
Wenn i nur mit der Gretel
Koan Kriegshandl han.

Kärntner Schnaderhüpfl

Wenn im Brustton sittlicher Entrüstung
erklärt wird, daß Engländer »nicht gegen Frauen und Kinder Krieg führen«,
müssen wir der Wahrheit die Ehre geben und eingestehen, daß Engländer,
ebenso wie alle Völker, in der Tat doch
solchen Krieg führen.

Norman Angell, Die Früchte des
Sieges, Anhang, 2

Es ist ja freilich süß im Hochgefühl des
Sieges,
Wenn den geliebten Mann des Ruhmes
Lorbeer ziert,
Jedoch wie leicht geschieht's im
Würfelspiel des Krieges,
Daß, wenn's das Schicksal so verhängt,
man ihn verliert. (Alkmene)

Molière, Amphitryon, I, 3

Der Mann soll zum Kriege erzogen
werden und das Weib zur Erholung des
Kriegers: Alles andre ist Torheit.

Friedrich Nietzsche, Von alten und
jungen Weiblein

Krieg wird Zeitvertreib
Bei solchem Hauskreuz und verhaßtem
Weib.

Shakespeare, Ende gut, alles gut, II, 3

Der Krieg ist weniger eine Schmach der
Männer, die ihn führen, als der Frauen,
die ihn dulden. *Sigmund Graff,*
Vom Baum der Erkenntnis

Kommt der Feind ins Land, so müssen
auch die Frauen kämpfen.

Aus Vietnam

Das Weib bedarf in Kriegesnöten des
Beschützers.

Schiller, Die Jungfrau von Orleans,
Prolog

Allzu süße Früchte – die mag der
Krieger nicht. Darum mag er das Weib;
bitter ist auch noch das süßeste Weib.

Friedrich Nietzsche, Von alten und
jungen Weiblein

Wer im Altertum von Besiegtsein
sprach, sprach von der Frau; um einen
besiegten Feind zu demütigen, brand-
markten gewisse Völkerschaften ihn
mit einem Dreieck, dem Zeichen für
das weibliche Geschlechtsteil.

Henry de Montherlant,
Erbarmen mit den Frauen,
Die Aussätzigen

Das ist der Frauen feine Kriegskunst,
Daß sie, den Kampf ablehnend, dennoch siegen.

Ernst Raupach, Die Schule des Lebens

Babies satisfactorily born!

Geheimmeldung, mit der Präsident
Truman der Abwurf der ersten Atom-
bombe mitgeteilt wurde.

Deutschland

Die deutsche Ehe ist keine wahre Ehe.
Der Ehemann hat keine Ehefrau, sondern eine Magd und lebt sein isoliertes
Hagestolzleben im Geiste fort, selbst
im Kreis der Familie. Ich will darum
nicht sagen, daß er der Herr sei, im Gegenteil, er ist zuweilen nur der Bediente
seiner Magd, und den Servilismus verleugnet er auch im Hause nicht.

Heinrich Heine, Aphorismen und
Fragmente

Man muß auch die deutschen langweili-
gen Frauen mit in den Kauf nehmen:
welche zugleich trägen, mit sich zufriedenen Geistes als auch lebhaft, empfindlich und nachträgerisch sind. Aber
auch ihnen sagt man nach, daß sie in
außerordentlichen Lagen stark wie
Löwinnen sind und fein genug, um
durch ein Nadelöhr zu kriechen.

Friedrich Nietzsche, Nachlaß,
Unschuld des Werdens, 891

Ein echtes, deutsches Weib! Vor jedem
Blick
Aus eines Mannes Aug' wird sie aufs
neu'
Zur Jungfrau und verschließt sich in sich
selbst!   *Friedrich Hebbel,* Genoveva

Was geht in diesen Deutschen vor, für
die das Blutopfer eine Art mystischer
Trance ist? Es muß an ihren Frauen
liegen.   *Walter Hasenclever,* Auswahl

Helf mir Gott – ich schwöre,
Daß das deutsche Weib
Besser ist als andere Frauen.

Walther von der Vogelweide, Gedichte

Von allen Mädchen in der Welt
Das deutsche mir am besten gefällt,
Ist gar ein herzig Veilchen;
Es duftet, was das Haus bedarf,
Ist nicht, wie Rose, dornenscharf
Und blüht ein artig Weilchen.

Georg Phil. Schmidt von Lübeck,
Lieder, Deutsches Lied

Daß Goethe von der Elsässerin
Friederike geliebt wurde, ist für die
Deutschen etwas wie eine symbolische
Annexion des Elsaß.

Simone de Beauvoir,
Das andere Geschlecht

Ein liederliches, sittenloses Nest,
Fanatismus, Grobheit, Kälbertreiben,
voll Heil'genbilder, Knödel, Radi-
weiber.

Gottfried Keller, über München 1843

Seine Braut ist aus Bayern – also den
Anblick halbbekleideter Männer
gewöhnt.

Kurt Tucholsky, Es ist heiß in Hamburg

Lächelnde Weiber! Plappern immer,
Wie Mühlenräder stets bewegt!
Da lob ich Deutschlands
Frauenzimmer,
Das schweigend sich zu Bette legt.

Heinrich Heine

Ich kann mir nicht vorstellen, daß es einen Amerikaner gibt, der nicht beein-
druckt ist von dem Charme, dem Geist
und der Haltung der deutschen Frauen.

George Mc.Ghee

Sie sind ein feindliches Volk, die Frauen
– wie das deutsche Volk.

Cesare Pavese, Das Handwerk des
Lebens

Ich bin ein deutsches Mädchen!
Mein Aug' ist blau und sanft
mein Blick.

Klopstock, Oden: Vaterlandslied

Amerika

So muß also der amerikanische Knabe
während seiner ganzen Kindheit, daheim und in der Schule, mit Mädchen
in Wettbewerb stehen, die ihm bei allen
Dingen, für die man gelobt wird, eine
Nasenlänge voraus sind – wie zum Beispiel nur dafür Lob erteilt wird, daß
man für sich selbst einsteht, nicht aber
dafür, daß man kämpft. Die Sportarten
mit enger Beziehung zu körperlicher
Kraft und Verwundbarkeit sind das
einzige Gebiet, von dem weibliche
Konkurrenz ausgeschlossen ist, und sie
dienen, und sei es auch nur auf den
Seiten der Zeitung, amerikanischen
Knaben und Männern als faszinierende
Ausflucht.

Margaret Mead, Mann und Weib,
Die beiden Geschlechter
im heutigen Amerika

Wenn amerikanische Frauen zu Stellungen von Macht und Rang aufsteigen,
haben sie große Schwierigkeiten, ihre
männlichen Untergebenen mit dezen-
tem Feingefühl zu behandeln – denn
sind das keine Versager, wenn sie unter
ihnen stehen? –, und, soweit sie sich
weiblich fühlen möchten, scheuen sie
mit Entsetzen davor zurück, mehr Geld
zu verdienen als ihre Ehemänner; soweit sich aber ihre eigene Konkurrenz-
lust gegen das andere Geschlecht entwickelt hat, reiben sie dem Gatten den
eigenen Erfolg immer wieder unter die
Nase.

Margaret Mead, Mann und Weib,
Die beiden Geschlechter
im heutigen Amerika

Amerikanische Männer müssen zum
mindesten einen Teil ihres Gefühls
männlicher Selbstachtung dazu gebrauchen, die Frauen in Dingen des Geldes
und der Stellung zu besiegen. Und
amerikanische Frauen stimmen mit
ihnen darin überein und neigen dazu,
einen Mann zu verachten, der von
einer Frau überholt wird.

Margaret Mead, Mann und Weib,
Die beiden Geschlechter
im heutigen Amerika

Aus anderen Kulturen wissen wir, wie
die Mutter, die ihr Haupt vor der ge-
bieterischen Männlichkeit ihres vier-
jährigen Söhnchens beugt, ihn ermutigt,
sich als Mann sicher zu fühlen, und
gleichzeitig – insoweit sie ihrer kleinen
Tochter als Vorbild dient – der Tochter
negative Einstellungen zu ihrer weiblichen Rolle einflößt. Doch in Amerika
wird das kleine Mädchen von einem
nachgiebigen, auf keiner Disziplin
bestehenden Vater verhätschelt und
verwöhnt und wird dadurch wirklich
seiner selbst sehr sicher.

Margaret Mead, Mann und Weib,
Die beiden Geschlechter
im heutigen Amerika

Wenn die Amerikanerin so lieben
könnte, wie die Deutsche glaubt, daß
die Französin es täte – dann würde
sich die Engländerin schön freuen. Sie
hätte einen herrlichen Anlaß, sich zu
entrüsten.

Kurt Tucholsky

Nur drei Dinge interessieren das amerikanische Volk: erstens Krieg und Frieden – das interessiert Männer und Frauen – zweitens die Wirtschaft – die interessiert nur die Männer – drittens Brustkrebs – das interessiert nur die Frauen.

Lyndon B. Johnson

»Für alle kleinen Mädchen«, lautet die Inschrift eines New Yorker Süßigkeiten-Schaufensters, und »Für brave kleine Jungen«.

Margaret Mead,
Mann und Weib, Die beiden
Geschlechter im heutigen Amerika

Es ist kennzeichnend, daß für das amerikanische Mädchen der ältere Mann mehr die Züge des Opfers, des Zucker-Daddy trägt als die des Ausbeuters. Väter sind mit ihren Töchtern sehr nachsichtig, lassen sie gern länger aufbleiben und kaufen ihnen Süßigkeiten außer der Reihe. Mütter müssen dauernd aufpassen und zusehen, daß ihre Töchter nicht verwöhnt werden.

Margaret Mead,
Mann und Weib, Die beiden
Geschlechter im heutigen Amerika

Frankreich

In Frankreich geht die Trennung von den Frauen aus, und das ist nicht zu verwundern, da sie wenig Temperament besitzen und nur Huldigungen verlangen. Werden ihnen diese von den Gatten nicht mehr zuteil, so kümmern sie sich wenig um seine Person. In anderen Ländern geht dagegen die Trennung vom Manne aus, und auch das kann nicht auffallen, weil die Frauen zwar treu, aber auch zudringlich sind und folglich, weil sie mit ihrem geschlechtlichen Verlangen lästig fallen, schließlich ermüden und Unlust erwecken.

Jean-Jacques Rousseau, Emile, II, 5

Es gibt auch kein Land, wo die eifersüchtigen Ehemänner in so geringer Zahl wären wie in Frankreich. Ihre Ruhe ist nicht auf das Vertrauen gegründet, das sie in ihre Frauen setzen, sondern im Gegenteil auf die schlechte Meinung, die sie von ihnen haben.

Montesquieu,
Lettres persanes, 55, 4. Absatz

In Frankreich gleichen die Frauen gar zu sehr einander. Alle sind auf die gleiche Art hübsch, kommen auf die gleiche Art in ein Zimmer, schreiben, lieben, verzanken sich auf die gleiche Art. Man mag sie noch so oft wechseln, man glaubt stets, es mit derselben zu tun zu haben.

Henry de Montherlant, Erbarmen mit
den Frauen, Die jungen Mädchen

Sie erzählt mir ein bißchen aus ihrem Leben, und zwar mit einer sehr französischen Schlichtheit, die mir nach den ewigen romantischen Geschichten die einem deutsche Jungfrauen von sich erzählen, eine Erholung bedeutet.

Henry de Montherlant, Erbarmen mit
den Frauen, Die jungen Mädchen

Je erlesener sich die Französin die Glieder bekleidet, um so lieber, mein Freund, steigt sie dir nackt ins Bett.

Maximilien Delmar

Man braucht nur auf einer Schachtel Streichhölzer die Worte »Französisches Fabrikat« zu sehen, um zu wissen, daß sie nicht brennen. Genauso ist es mit den französischen Mädchen.

Henry de Montherlant, Erbarmen mit den Frauen, Der Dämon des Guten

Brunetière hat recht, Frankreich hat keinen Hamlet und keinen Faust, aber dafür die Briefe der Mme. de Sévigné.

Carl Joel, Die Frauen in der Philosophie

Die Herrschaft des Weibes hat es getan, daß Frankreich in seinem philosophischen Jahrhundert keine Philosophen, wohl aber die glänzendsten philosophischen Schriftsteller aller Zeiten hervorgebracht.

Carl Joel, Die Frauen in der Philosophie

Es besteht ein geheimer Herzensbund zwischen dem gallischen und dem weiblichen Geiste, und die Eigenheit der französischen Philosophie liegt im Stempel des Feminismus.

Carl Joel, Die Frauen in der Philosophie

Der französische Geist hat sich in das Weib eingelebt, in sein seelisch durchaus einheitliches, erzpersönliches Empfinden, in all seine Vorzüge und all seine Fehler.

Carl Joel, Die Frauen in der Philosophie

Die weibliche Geisteskultur hat Frankreich vor zerrissenen Seelen bewahrt, daß selbst seine Skeptiker nicht Melancholiker sind, sondern Sanguiniker mit satirischem Lächeln.

Carl Joel, Die Frauen in der Philosophie

Andere Länder

Die Japaner, die unter den Barbaren am fleißigsten, tapfersten und ehrenwertesten sind, sind hinsichtlich ihrer Frauen am wenigsten eifersüchtig und am nachsichtigsten. Daher reisen die chinesischen Bonzen nach Japan, um der Liebe nachzugehen, die ihnen ihre scheinheiligen Sitten verbieten.

Charles Fourier, Über Liebe und Ehe, II. Die Erniedrigung der Frauen in der Zivilisation

Die Frauen sind wie die Öfen. Die deutschen Öfen wärmen besser als die französischen Kamine. Aber daß man hier das Feuer lodern sieht, ist angenehmer.

Heinrich Heine

Eine Italienerin, eine Spanierin, die nimmt man bei den Schultern, und dann brennt sozusagen schon alles lichterloh; eine Französin hingegen hat einen langsamen Start, es kostet schon einigen Aufwand, ihr Lust zu schenken: Ich rechne für gewöhnlich mit einem halben Jahr Lehrzeit.

Henry de Montherlant, Erbarmen mit den Frauen

Die Schamhaftigkeit der Engländerinnen ist der Stolz ihrer Gatten. Aber wie unterwürfig auch eine Sklavin sei, ihre Gesellschaft wird bald zur Last. Daher für die Männer die Notwendigkeit, sich jeden Abend trübselig zu betrinken.

Stendhal, Über die Liebe, 2, 45

Ich habe genug von den asiatischen Frauen. Ihre Umarmungen kleben; ihre Küsse sind Einbrüche, ihre Worte ebenso viele Schluckbewegungen, um uns zu verschlingen. Wenn sie sich entkleiden, ist es, als ob sie ein Gewand anlegen würden, das noch überladener ist als alle anderen: nämlich ihre Nacktheit. Und ihre Schminke scheint nur dazusein, damit sie auf uns abfärbt – und sie tut das auch. Kurz und gut: Man ist ihnen entsetzlich nahe. Helena aber – auch in meinen Armen ist Helena weit von mir. (Paris)

Giraudoux, Kein Krieg in Troja, I, 4

Die Serbin ist ihrem Manne treu. Die Rumänin ist ihren Männern nicht treu. Die Französin macht ihren Mann anstandshalber zu cocu. Die Berlinerin will es ganz genau wissen. Die Sächsin wirtschaftet, daß das Bett kracht. Und die Bernerin versteht gar nicht, worum man sie gebeten hat.

Kurt Tucholsky, Nationales

Die Europäer beugen ihre Knie bis zum Boden, wenn sie eine Frau heiraten, und brauchen ein ganzes Leben, um wieder hochzukommen.

Reza Schah Pahlevi

In Frankreich wird ein Mann, der sich für eine Frau ruiniert, bewundert; in England hält man ihn für einen Verrückten. Was der Engländer für Liebe hält, reicht gerade aus, um die Rasse fortzupflanzen.

William Somerset Maugham

Wir, die Russen, geben für eine Flasche Wodka die schönste Frau her.

Abraham Terz

England ist das Paradies der Frauen, das Fegfeuer der Männer und die Hölle der Pferde.

Aus Italien

Wie sehr der Frauen gute Sitten
In Rom im Lauf der Zeit gelitten,
Man unschwer aus den Versen sieht
Des Martial, Horaz, Ovid;
Auch Juvenal, Terenz, Tibull,
Beweisen, daß Moral gleich Null.

Eugen Roth, Die Frau in der
Weltgeschichte

Wir sind hier nicht in Polen – der Mann gilt hier mehr als die Frau.

Aus Rußland

Nach dem Sündenfall vergißt der Franzose eine Frau, der Engländer heiratet sie, der Rumäne verschafft ihr einen Mann, der Deutsche fängt einen Prozeß mit ihr an, und der Amerikaner heiratet sie vorher.

Kurt Tucholsky, Nationales

Mit Italien lebt man wie mit einer Geliebten: heute im heftigen Zank, morgen in Anbetung – mit Deutschland wie mit einer Hausfrau, ohne großen Zorn und ohne große Liebe.

Arthur Schopenhauer,
Brief aus Florenz, 29 10.1822

In Europa sind die Juden die älteste und reinste Rasse. Deshalb ist die Schönheit der Jüdin die höchste.

Friedrich Nietzsche, Nachgelassene
Werke

Die Türken haben schöne Töchter, und diese scharfe Keuschheitswächter; wer will, kann mehr als eine frein: Ich möchte schon ein Türke sein.

G. E. Lessing, Lieder: Die Türken

XLII. Kapitel

Sprache
Wort
Klarheit
Beredsamkeit
Gespräch
Schweigen
Verschwiegenheit
Neugier
Geschwätzigkeit
Rechthaberei

Sprache

Eine zähe, wahre oder vorgebliche, Gleichgültigkeit all dem vulgären Straß des falschen Sublimen entgegensetzen, der falschen Distinktion des Geistes, dem Alkovenidealismus, der gesellschaftlichen Liebeskonvenienz, der Dreigroschenoper, zu der die Tugend wird, wenn ein Frauenhirn sie konzipiert, und bis über beide Ohren grinsen, wenn die Frau uns einen Flegel nennt, weil wir behaupten, es gebe eine Sprache, die wir nicht verstünden.

Henry de Montherlant,
Erbarmen mit den Frauen, Epilog

Es ist hübsch, daß in mehreren Sprachen, bei Völkern, deren Sitten sehr einfach sind und die der Natur am nächsten kommen, »eine Frau erkennen« »bei ihr schlafen« heißt, als ob man sie sonst nicht kennte. Wenn die Patriarchen diese Entdeckung gemacht haben, so waren sie fortgeschrittener, als man glaubt.

Chamfort, Maximen, VI

Wenn eine Frau sagt »jeder«, meint sie: jedermann. Wenn ein Mann sagt »jeder«, meint er: jeder Mann.

Marie von Ebner-Eschenbach

Zum Befehlen oder Gebieten brauche ich gern die deutsche, im Frauenzimmer gern die französische, im Rat die italienische Sprache.

Karl V.

Es ist unserer Weiblichkeit nur allzu schlecht bekommen, daß wir andere an unserer Stelle haben reden lassen und uns selbst in einer anderen Sprache als der unseren versucht haben.

Christiane Olivier, Jokastes Kinder

Die Frau verkörpert die allgemeine Kastration, die das Lebewesen durch die Sprache erfährt; als penisloses Mangelgeschöpf verkörpert sie vollkommenen Sprachverlust.

Robert Pujol, La Mère au féminin

Brüllt ein Mann, ist er dynamisch.
Brüllt eine Frau, ist sie hysterisch.

Hildegard Knef

Die Fehler, die die Damen beim Sprechen machen, sind oft unwiderstehlich.

Georg Christoph Lichtenberg

Wort

Worte sind die Töchter der Erde
und Taten die Söhne des Himmels.

Aus Indien, Hindi

Der Tod, eine Frau und ein Taubstummer haben immer das letzte Wort.

Aus China

Ich habe nichts als Worte, und es ziemt
Dem edlen Mann, der Frauen Wort zu achten. (Iphigenie)

Goethe, Iphigenie auf Tauris, V, 3

Der Mund einer Frau ist ein Nest böser Worte.

Aus China

Eines Mannes Wort ist wie ein Pfeil,
das einer Frau wie ein gebrochener
Fächer.

Aus China

Der Mann kann reden, was er will; das
Wort ist für ein richtiges Frauenzimmer
keine geistige Macht. Sie hört nicht auf
Gründe, sie gelten ihr als unausstehliche Zumutung, als eine Beeinträchtigung ihres Gefühls und ihrer Herrschaft durch weiblichen Instinkt.

Bogumil Goltz, Zur Charakteristik
und Naturgeschichte der Frauen

Der Mann, der nur 'ne Zung' hat, ist
kein Mann,
Des Wort nicht jedes Weib gewinnen
kann.

Shakespeare,
Die beiden Veroneser, III, 1

Der Frauen Wort – ein schlechter Hort.

Aus Indien, Hindi

Wenn eine Frau zwei Worte sagt, nimm
das eine und laß das andere bleiben.

Aus Nigeria

Nimm den Ehefrauen das letzte Wort
und erinnere die Ehemänner an ihr
erstes.
Bergische Volkszeitung,
31.12.1864, Wünsche an das neue Jahr

… wyben, die lychtfertig wörter tryben.

Thomas Murner,
Narrenbeschwerung, Nr. 66,
Ein gebiß ynlegen

Wer einen Aal beim Schwanz und
Weiber faßt bei Worten,
wie feste der gleich hält, hält nichts an
beiden Orten.

Friedrich von Logau, Weiber-Verheiß

Wer eine Frau beim Wort nimmt, ist ein
Sadist.
Jeanne Moreau

Klarheit

Ihr Mannspersonen müßt doch selbst
nicht wissen, was ihr wollt! Bald sind
es die schlüpfrigsten Reden, die buhler-
haftesten Scherze, die euch an uns gefallen, und bald entzücken wir euch,
wenn wir nichts als Tugend reden und
alle sieben Weisen auf unseren Zungen
zu haben scheinen.

G. E. Lessing, Miß Sara Sampson, II, 3

Die Blüten des Feigenbaumes, die
weiße Krähe, des Fisches Fluß im Wasser mag man sehen, aber nicht, was in
einer Frau vorgeht.

Aus Indien, Sanskrit

So wie wir eine Frau erblicken, ist es
uns, als stünde uns ein Wesen gegenüber, dessen inneres Menschentum – im
Gegensatz zu unserem eigenen … sich
durch das Merkmal der Verschwommenheit auszeichnet.

José Ortega y Gasset, Der Mensch
und die Leute

Es fehlt dem weiblichen Körperbau,
dem Ausdruck, dem Tun der letzte
Druck, die rechte Schneide, das Weib
ist undeutlich wie halbverwischte
Schrift an Leib und Seele.

Friedrich Theodor Vischer, Ästhetik

Wenn die Weiber auch von Glas wären,
sie würden doch undurchsichtig sein.

Aus Rußland

Neben der Verschwommenheit ist das
zweite Merkmal im Erscheinungsbild
der Frau ihr niedrigerer vitaler Rang
auf der menschlichen Ebene.

José Ortega y Gasset, Der Mensch und
die Leute

Wo Weiber sind, da ist Verwirrung.

Aus Indien

Ein Mann, der dich gesehen, irrt nicht
mehr. (Gerichtsrat)

Goethe, Die natürliche Tochter, IV, 2

Das Bild der heutigen Frau ist weithin
problematisch, seine Wesensschau wird
erschwert durch die anmaßende und
brutale Herrschaft der Sensation.

Getrud von le Fort,
Die Frau in der Zeit

Frauen sind das irrige Symbol von vielen irrigen Dingen.

Frank Sinatra

Beredsamkeit

Den Nächsten zu einer guten Meinung
verführen und hinterdrein an diese
Meinung des Nächsten gläubig glauben: wer tut es in diesem Kunststück
den Weibern gleich?

Friedrich Nietzsche, Jenseits von
Gut und Böse, Sprüche und
Zwischenspiele, 148

Eine großsprecherische und zungenfertige Frau erscheint wie eine schmet-
ternde Kriegstrompete. Ein jeder
Mann, der dazu schweigen muß,
muß sein Leben in Kriegsunruhen
verbringen.

Jesus Sirach, 26, 27

Schmuck ist wenig Reden für das Weib;
etwas Schönes ist ja auch Schmuckes
Schlichtheit.

Demokrit, Fragmente, 274

Verbiet' den Frauen das Reden, und sie
sterben alle in acht Tagen.

Aus Österreich

Das Flüstern einer schönen Frau hört
man weiter als den lautesten Ruf der
Pflicht.

Pablo Picasso

Zuviel plauschen die Weiber erst,
wenn sie alt sind. Wenn sie jung sind,
verschweigen sie einem zuviel.

Johann Nepomuk Nestroy, Der alte
Mann mit der jungen Frau, II, 7

Lieber die schönsten Zähne nicht
gezeigt, als alle Augenblicke das Herz
darüber springen lassen!

G. E. Lessing,
Minna von Barnhelm, II, 1

Wißt Ihr nicht, daß ich ein Weib bin?
Wenn ich denke, muß ich sprechen.
(Rosalinde)

Shakespeare,
Wie es euch gefällt, III, 2

Die Stärke einer Frau besteht in einer
Menge Worte.

Aus Afrika

Wenn ein Mann eine kluge Rede hält,
sagt man: »Eine gute Rede.«
Wenn eine Frau eine gute Rede hält,
sagt man: »Eine kluge Frau.«

Hans Kasper, Nachrichten und Notizen

Von einer Frau kann man alles erfahren,
wenn man keine Fragen stellt.

William Somerset Maugham

Schalkhafter Mädchen Zunge kann
zerschneiden wie allerfeinst geschliffner
Messer Klingen das kleinste Haar.

Shakespeare, Liebes Leid und Lust, V, 2

»Von dir kann unsere Tochter die
scharfe Zunge nicht geerbt haben«, sagte der Mann, »denn du hast sie noch.«

Aus Italien

Die Zunge ist das allerletzte Mittel
einer Frau, um sich ihrem Manne
verständlich zu machen. *Aus England*

Die Zunge eines Weibes ist ärger als ein
türkischer Säbel. *Aus Jugoslawien*

Eine Frauenzunge ist nur drei Zoll
lang, aber sie kann einen sechs Fuß
hohen Mann umbringen. *Aus Japan*

Das Weib soll sich nicht um die Rede
mühen; denn das ist abscheulich.

Demokrit, Fragmente, 110

Wie ein sandiger Aufstieg für die Füße
eines Greises ist eine zungenfertige
Frau für einen stillen Mann.

Jesus Sirach, 25, 20

Sie sprach so viel, daß ihre Zuhörer davon heiser wurden. *Kurt Tucholsky*

Fürsten und schöne Frauen – je weniger sie reden, desto mehr sagen sie.

Aus China

Gespräch

Die Männer hören auf einen Mann wegen dem, was er sagt, Frauen nicht. Denen ist es ganz gleich, was er gesagt hat.
Sie hören zu wegen dem, was er ist.

William Faulkner

Muntere Scherze sind die Zierde
löblicher Sitten und anmutiger
Gespräche, und ihrer Kürze wegen
stehen sie den Frauenzimmern besser
an als den Männern.

Boccaccio, Decamerone, 1. Tag

Die Frauen gewöhnen uns, die trocken-
sten und dornigsten Probleme noch
liebenswürdig und klar zu behandeln.
Man spricht sie dauernd an, will von
ihnen gehört werden, man fürchtet, sie
zu ermüden und zu langweilen.

Denis Diderot, Über die Frauen

Über das Weib soll man nur zu Männern reden.

Friedrich Nietzsche, Zarathustra, I,
Von alten und jungen Weiblein

Wie ich denn mit honetten Mädchen
am ungernsten zu tun habe. Ausgeredet
hat man bald mit ihnen, hernach
schleppt man sich eine Zeitlang herum,
und kaum sind sie ein bißchen warm
bei einem, hat sie der Teufel gleich mit
Heiratsgedanken und Heiratsvor-
schlägen, die ich fürchte wie die Pest.
(Calos)
Goethe,
Clavigo, I, Clavigos Wohnung

Die Frauen haben eine bedeutende
Unterhaltungsgabe und wissen Ränke
mit aller Lebhaftigkeit zu führen. Die
unverhüllte Eitelkeit der Frauen, die
man als eitel kennt, ist viel weniger zu
fürchten als jene ernste und verfeinerte
Eitelkeit, welche sich der Schöngeisterei zuwendet, um durch einen Schein
gediegener Vorzüge zu glänzen.
Fénelon, Rat an eine Dame von Stand
wegen der Erziehung ihrer Tochter

Von Frauen spricht man nicht. Man
beschäftigt sich mit ihnen.
Napoleon I.

Gibt es jemanden, mit dem du dich
weniger unterhalten könntest als mit
deiner Frau? –
Fast niemanden.
Xenophon, Hauswirtschaft, III, 1

Man soll sich beim Eingehen einer Ehe
die Frage vorlegen: Glaubst du, dich
mit dieser Frau bis ins Alter hinein gut
zu unterhalten? Alles andere in der Ehe
ist transitorisch, aber die meiste Zeit
des Verkehrs gehört dem Gespräch an.
Friedrich Nietzsche

Frauen aus besseren Schichten glauben,
etwas existiere nicht, wenn es unmöglich ist, in guter Gesellschaft davon zu
sprechen.
Friedrich Nietzsche

Mit Frauen führe ich gern einen
Monolog. Aber die Zwiesprache mit
mir selbst ist anregender.
Karl Kraus, Sprüche und
Widersprüche, Weib, Phantasie

Geistreiche Gespräche mit Männern
ergeben Einklang, mit den Frauen
Zusammenklang. Jene befriedigen,
diese entzücken.
Joubert

Eine gute Frau ist wie ein gutes Buch:
unterhaltsam, anregend, belehrend.
Ich wollte, ich könnte mir eine ganze
Bibliothek leisten.
Honoré de Balzac

Schweigen

Glücklich leben die Zikaden; denn sie
haben stumme Weiber.
Xenarchos

Eine Gottesgabe ist eine schweigsame
Frau, unbezahlbar ist eine Frau mit
guter Erziehung.
Jesus Sirach, 26, 14

Eyn still weib liebt man umb und
umb.
Altdeutscher Spruch

Die Frauen sind die besten, mit denen
man am wenigsten spricht.
Karl Kraus, Sprüche und
Widersprüche, Weib, Phantasie

… also gibt es von Natur mehrere Arten von Herrschendem und Dienendem. Denn anders herrscht der Freie über den Sklaven, das Männliche über das Weibliche und der Erwachsene über das Kind. Der Sklave besitzt das planende Vermögen überhaupt nicht, das Weibliche besitzt es zwar, aber ohne Entscheidungskraft, das Kind besitzt es, aber noch unvollkommen. Es gilt also überall, was der Dichter vom Weibe sagt: »Dem Weibe bringt das Schweigen Zier«, aber für den Mann trifft dies nicht mehr zu.

Aristoteles

Durch einer Nadel Öhr
Ein Schiffsseil durchzuzwingen,
Ist wahrlich nicht so schwer,
Als eine Frau zum Schweigen nur zu
bringen.

*August von Kotzebue, D. Leiden d.
Ortenbergischen Familie*

Das Huhn hat gefälligst zu schweigen, solange der Hahn kräht.

Aus Frankreich

Ein Weib, das nichts spricht, ist in der Regel dumm, beim Mann ist der Fall oft umgekehrt.
*Karl Julius Weber,
Demokritos, 4, 19, Der Schwätzer*

… wo die Frau schweigt, hat sie schweres Unrecht.

*Leopold Schefer, Laienbrevier,
Okt., Nr. 25*

Denn es wird besonders der Frau viel leichter, nachzugeben und still zu schweigen, wenn sie recht, als wenn sie unrecht hat.
Jean Paul, Siebenkäs

Es steht der Frau nicht gut an, den Mund zu öffnen, außer beim Essen.

Aus Albanien

Also soll ein Weib hören mehr
Denn reden, welchs jr ist ein Ehr.
*Johann Friedrich Fischart,
D. Philosophisch Ehzuchtbüchlin,
Hausschneck, Schneckenhaus*

Möchtest du aber Macht sein, o Weib, laß mich dir anvertrauen, auf welche Art. Lerne das Schweigen; und lehre das Schweigen!

Sören Kierkegaard, Das Frauenideal

Eine junge Frau sollte in ihrem Hause nur ein Schatten und ein Echo sein.

Aus China

Verschwiegenheit

Verborgen und verschwiegen Sach sind in eyns weibs munde verschlossen wie wasser im Sieb.
Altdeutscher Spruch

Gib deine Liebe deiner Frau und dein Geheimnis deiner Mutter.
Aus Irland

Nur zwei Dinge behält die Frau verbissen für sich: ihr Alter und was sie selbst nicht weiß.

Aus Bulgarien

Vertrau der Frau ein Geheimnis an, aber schneide ihr die Zunge ab.
Jüdisch

Euch, ihr Frauen, ist's eigen:
Nichts bei meinem Eid
Wißt ihr zu verschweigen,
Als wie alt ihr seid.

> *Johann Christoph Friedrich Haug,*
> Gedichte

Ich weiß, man traut uns Weibern wenig
Gutes zu
Und nennt uns schwatzhaft allesamt –
und wohl mit Recht.
Man sagt, noch kein Jahrhundert bis
zum heut'gen Tag
Hab' jemals ein verschwiegenes Weib
hervorgebracht.

> *Plautus,* Aulularia, 2, 1, 132

Der Mann ist leicht zu erforschen, die
Frau verrät ihr Geheimnis nicht; obgleich anderes (wegen ihrer Redselig-
keit) schlecht bei ihr verwahrt ist.

> *Immanuel Kant,* Anthropologie,
> Der Charakter des Geschlechts

Ein Mann bewahrt das Geheimnis eines
andern besser als sein eigenes; eine
Frau, andererseits, bewahrt ihr eigenes
Geheimnis besser als ein fremdes.

> *Jean de la Bruyère,* Über die Frauen

Kein Mann sollte ein Geheimnis vor
seiner Frau haben. – Sie wird es in
jedem Falle herausfinden.

> *Oscar Wilde,* Ein idealer Gatte

Männer sind verschwiegen in Angelegenheiten des Verstandes, Weiber in
denen des Herzens.

> *Johann Jakob Mohr,* Gedanken über
> Leben und Kunst

Auch Frauen können Geheimnisse verschweigen. Aber sie können nicht verschweigen, daß sie Geheimnisse verschweigen.

> *William Somerset Maugham*

Neugier

Ich glaube, man kann nicht abstreiten,
daß Frauen im Durchschnitt dümmer
sind als Männer. Ich glaube, dies ist
hauptsächlich auf die Tatsache zurückzuführen, daß ihre sexuelle Wißbegier
mit mehr Erfolg abgedrosselt wurde.

> *Bertrand Russell,* Ehe und Moral

Und eine neugierige Frau ist imstande,
einen Regenbogen herumzudrehen, um
zu sehen, was dahinter ist.

> *Aus China*

Du weißt, wie groß die Neugier einer
Frau ist. Fast so groß wie die eines
Mannes.

> *Oscar Wilde,* Ein idealer Gatte

Denn immerfort sind vornean die
Frauen,
Wo's was zu gaffen, was zu naschen
gibt. (Geiz)

> *Goethe,* Faust II, I

Man weiß, wie's Weiber machen:
Sie visitieren gern und sehn der
Fremden Sachen
und ihre Wäsche gern.

> *Goethe,* Die Mitschuldigen, III, 1

Die Männer heiraten, weil sie müde
sind, die Frauen, weil sie neugierig sind.
Beide werden enttäuscht.

> *Oscar Wilde,* Eine Frau ohne
> Bedeutung

Geschwätzigkeit

Warum sollen wir nicht über die Männer reden dürfen, wie uns der Schnabel gewachsen ist, da sie doch beständig über uns sprechen? Wenn mein Titus in Gesellschaft besonders gut in Stimmung ist, erzählt er, was er des Nachts mit mir getrieben hat und was ich gesagt habe, und nicht selten erfindet er vieles dazu. (Katharina)

Erasmus von Rotterdam,
Der Frauensenat

Wenn wirklich die Griechen die Weiber nicht ins Schauspiel gelassen haben; so taten sie demnach recht daran; wenigstens wird man in ihren Theatern doch etwas haben hören können.

Arthur Schopenhauer,
Über die Weiber, § 369

Die Palme des Schwatzens bleibt nur einmal dem (weiblichen) Geschlecht; Horazens Lalage (Plappern) ist einer der schönsten Weibernamen.

Karl Julius Weber, Demokritos,
Der Schwätzer

Ist den Frauen doch eingepflanzt
Die Lust, den Jammer, den sie leiden, allezeit
Im Munde und auf der Zunge
zu führen.

Euripides, Andromache, 93/95

Der Frauen Kraft und Stärke liegt allein in ihrer Geschwätzigkeit. *Haussa*

Alle Nachrichten sind Weiber.

Reiner Kunze

Wer oft sein Herz ausschüttet, darf sich nicht wundern, daß es allmählich leer wird.

Ruth Leuwerik

Die Zunge des Mannes ist wie Regen nach der Trockenheit. Die Zunge der Frau ist wie Regen nach der Regenzeit.

Aus Gabun

Es gibt Frauen, die stundenlang von Dingen reden, denen sie sprachlos gegenüberstehen.

Verfasser unbekannt

Unter Konversation versteht die Frau die Kunst, andere nicht zu Worte kommen zu lassen. *Alfred Polgar*

Die Geschwätzigkeit ist den Frauen ebenso eigen wie dem Maulesel die Furcht.

Amhara (Äthiopien)

Wenn nur drei Weiber zusammenkommen und ein Zigeuner dazu, ist schnell ein Jahrmarkt beisammen.

Aus der Mongolei

Zwei Frauen machen ein Gericht, drei ein groß Geschnatter, vier einen ganzen Markt. *Aus Frankreich*

Wenn die Weiber sonst mit niemand schwatzen können, plaudern sie mit dem lieben Gott. *Aus Italien*

Über die Brücken geschwätziger Wei-
berzungen kommt das Unglück ins
Haus.
Aus China

Bey den weibern ist des schwatzens
hohe schul.
Altdeutscher Spruch

Weibermund hat keinen Sonntag.
Aus Togo

Das Mundwerk einer Frau macht nie
Ferien.
Aus Nordamerika

Eher wird einer Nachtigall der Gesang
als dem Weibe die Worte ausgehen.
Aus Spanien

Das Schwert einer Frau wird niemals
rosten.
Assyrisch

Rechthaberei

Ein Mann, der sich im Gespräch mit
seiner Frau widerlegt fühlt, fängt
sogleich an, sie zu überschreien: Er will
und kann beweisen, daß ihm immer,
auch wenn er falsch singt, die erste
Stimme gebührt.
Marie von Ebner-Eschenbach

Das Mädchen ist durch Liebe und Achtung lenksam bis zur Willenlosigkeit,
aber gleichauf gleich die größte Recht-
haberin der Welt.
Franz Grillparzer

Ein vernünftiger Mann widerspricht
nicht seiner Frau. Er wartet, bis sie es
selbst tut.
Humphrey Bogart

Ihr Weiber! Wer euch belehren will,
beschwört das Feuer. (Napoleon)

Christian Dietrich Grabbe,
Napoleon oder Die hundert Tage, III

Wenn die Alte alles besser weiß, soll sie
es doch besser machen.
Aus Ghana

XLIII. Kapitel

Schönheit
Vergängliche Schönheit
Häßlichkeit
Anmut/Charme
Attraktivität

Schönheit

Mein lieber Sohn, sieh nur die Menge um dich her, und du wirst erfassen, was Helena ist! Sie ist eine Art von Absolution. Sie beweist all diesen Greisen, die sie umlauern und die ihre weißen Haare auf den Zinnen der Stadt flattern lassen – dem Räuber, dem Mädchenhändler, dem Entgleisten, der sein Leben verpfuschte –, daß sie alle im geheimsten ihrer Herzen zu einer Forderung berechtigt waren: Es ist die Schönheit! Wenn Schönheit ihnen immer so nahe gewesen wäre, wie es Helena heute ist, dann hätten sie ihre Freunde nicht bestohlen, ihre Töchter nicht verschachert, ihr Erbe nicht versoffen. Helena bedeutet ihnen: Ihre Gnade, ihre Vergeltung und ihre Zukunft. (Priamus)

Giraudoux, Kein Krieg in Troja, I, 6

Es gibt zwei Arten von Schönheit: Lieblichkeit und Würde. Lieblichkeit ist die weibliche Form und Würde die männliche.

Cicero, Über die Pflichten

Das männliche Geschlecht ist glücklicher und neidloser als das weibliche; weil jenes im Stande ist, zweierlei Schönheiten mit ganzer Seele zu fassen, männliche und weibliche; hingegen die Weiber lieben meistens nur die eines fremden Geschlechtes.

Jean Paul, Die unsichtbare Loge

Jede Frau, die wir zum ersten Male sehen, läßt in uns die Hoffnung wach werden, sie könnte vielleicht die schönste sein.

José Ortega y Gasset, Triumph des Augenblicks – Glanz der Dauer

Jünglingsschönheit verhält sich zu Mädchenschönheit wie Ölmalerei zu Pastell.

Arthur Schopenhauer, Neue Paralipomena, § 480

Daß man als schön sie preist, laß ich bei Frauen gelten, den Männern steht es schlecht: Es klingt zu weich und fast wie Schelten.

Walther von der Vogelweide, Das rechte Lob

Ein Mann besitzt Schönheit in seinen Vorzügen und eine Frau Vorzüge in ihrer Schönheit.

Aus Spanien

O Frauenschönheit! Vieles ist zu preisen
An dir, in ewig unerschöpften Weisen;
Das ist dein Schönstes: daß in deiner Nähe
Auch wilde Sünderherzen weicher schlagen,
Daß ein Gefühl sie faßt mit dunklem Wehe
Aus ihrer Unschuld längst verlornen Tagen.

Nikolaus Lenau, Faust, D. Maler

Schönheit war und ist so Adelsbrief als Doktorhut den Weibern.

Franz Grillparzer, Weh dem, der lügt!, II

Das höchste aber von allen Gütern ist der Frauen Schönheit.

Schiller, Die Jungfrau von Orleans, III, 3

Schönheit: die Macht, womit eine Frau
einen Liebhaber bezaubert und einen
Ehegatten in Schrecken hält.

Ambrose Bierce

Schönheit war die Falle meiner Tugend!

Schiller, Gedichte:
Die Kindesmörderin

An den Frauen schätze ich vor allem
die Schönheit, und in der Geschichte
der Menschheit: die Kultur, die in
Teppichen, in gefederten Kutschen und
in der Gedankenschärfe zum Ausdruck
kommt.

Anton Tschechow

Ebenso relativ wie hell und dunkel ist
die Schönheit. So gibt es keine schöne
Frau, überhaupt keine, weil man nie
sicher ist, daß nicht eine noch viel
schönere auftritt, die die vermeintliche
Schönheit der ersten ganz zuschanden
macht.

Paul Klee, Tagebücher

Das Weib ist vollkommen schön, das
den Kopf aus Prag, den Busen aus
Österreich, den Rücken aus Brabant,
die weißen Schenkel und Hände aus
Köln, die Füße vom Rhein, die Scham
aus Bayern und den Hintern aus
Schwaben hat.

Heinrich Bebel

Das größte Glück ist dir einzig
beschert:
Der Schönheit Ruhm, der vor allen sich
hebt.
Dem Helden tönt sein Name voran,
drum schreitet er stolz;
doch beugt sogleich hartnäckigster
Mann
vor der allbezwingenden Schöne den
Sinn.

Goethe, Faust II, III

Wie die Sonne aufstrahlt in den
höchsten Höhen, so die Schönheit
einer guten Frau als Schmuck ihres
Hauses. Wie die Lampe auf dem
heiligen Leuchter scheint, so ein
schönes Gesicht auf einer edlen Gestalt. Wie goldene Säulen auf silber-
nem Sockel sind schlanke Beine auf
wohlgeformten Füßen.

Jesus Sirach, 26, 16f

Mit der Schönheit deiner Frau
kannst du dich nicht zudecken.

Aus Litauen

Schönheit sollte besteuert werden,
und jede schöne Frau sollte ihre Steuer
selbst festsetzen. Eine solche Steuer
würde gerne gezahlt und hätte die
besten Wirkungen.

Dean Swift

Wenn eine Frau eine andere schön
findet, kann man darauf schließen,
daß sie sich selbst für noch schöner
hält. Ebenso wie ein Dichter die
Verse eines anderen nur dann zu
loben pflegt, wenn er sie schlechter
findet als die eigenen.

Jean de la Bruyère

Sehr schöne Mädchen finden keine
Freundin, ja, keine Begleiterin. Zu
Stellen als Gesellschafterinnen tun sie
besser, sich gar nicht zu melden: Denn
schon bei ihrem Vortritt verfinstert
sich das Gesicht der gehofften neuen
Gebieterin, als welche, sei es für sich
oder für ihre Töchter, einer solchen
Folie keineswegs bedarf.

Arthur Schopenhauer,
Paränesen und Maximen

Vergängliche Schönheit

Es spricht die kalte Schönheit auch
aus dir,
die nichts erzeugt als ihren eignen Willen,
so schön zu sein, und jeder beuget ihr
den eignen Sinn, ihn mit ihr auszufüllen.
Sie wandelt ewig sich nur schaffend hier,
und nie kann sie die fremde Sehnsucht
stillen.
Sie blickt in sich, sich selbst so schön
erbauet;
dann sie erlischt, wenn sie ins Leben
schauet.

Clemens Brentano,
Stanzen an seine Schwester Sophie

Diendle, dei' Schönheit
Geht wol a' schon zum End
Wie's Blüeml auf'n Feld,
Wanns der Reif amal brennt.

Tiroler Schnaderhüpfl

Mädchen sind wie Rosen, kaum entfaltet, ist ihre holde Blüte schon veraltet.

Shakespeare, Was ihr wollt

Große Schönheit ist in der Ehe, meiner
Ansicht nach, eher ein Übelstand als
wünschenswert. Sie verliert infolge
des Besitzes gar schnell an Wert. Nach
Verlauf von sechs Wochen hat sie in
den Augen des Besitzers keinen Reiz
mehr, aber ihre Gefahren dauern,
solange sie besteht.

Jean-Jacques Rousseau, Emile, 2, 5

Nichts ist trauriger als das Leben einer
Frau, die es nicht verstanden hat, mehr
als nur schön zu sein; denn nichts ist
vergänglicher als Schönheit. Nur ganz
wenige Jahre trennen die schöne Frau
von der, die es nicht mehr ist.

Fontenelle

Schönheit ist wie eine Leibrente;
wenn die Schönheit stirbt, so hört die
Zahlung auf, und sie stirbt immer jung.

August von Kotzebue

Häßlichkeit

Der Freier könnte eine gute Heirat
machen, wenn er nur über eine Warze
im Gesicht oder eine Zahnlücke seiner
Geliebten wegsehen könnte. Es ist aber
eine besondere Unart unseres Atten-
tionsvermögens, gerade darauf, was
fehlerhaft an anderen ist, auch unwillkürlich seine Aufmerksamkeit zu
heften.

Immanuel Kant,
Anthropologie, I, 1, 3

Ob sie tugendhaft war, weiß ich
nicht; aber sie war immer häßlich,
und Häßlichkeit bei einem Weibe ist
schon der halbe Weg zur Tugend.

Heinrich Heine

Es steht einer Häßlichen wol, daß
sie alle stücke schönheit an sich hat,
nur seynd sie versatzet und stehen an
unrechten örtern.

Altdeutscher Spruch

Es gibt keine häßlichen Frauen; es gibt
nur gleichgültige.

Helena Rubinstein

Denn einer häßlichen Frau bringt es
Ehr, wenn sie mehr wegen der Den-
kungsart als wegen der Schönheit
geliebt wird.

Plutarch, Moralische Abhandlungen,
Pflichten d. Ehegatten, K. 25

Körperliche Vorzüge kommen bei Männern nicht sehr in Betracht; wiewohl man sich doch behaglicher neben einem kleinern als neben einem größeren fühlt. Demzufolge also sind, unter Männern die dummen und unwissenden, unter Weibern die häßlichen allgemein beliebt und gesucht: Sie erlangen leicht den Ruf eines überaus guten Herzens; weil jedes für seine Zuneigung, vor sich selbst und vor andern, eines Vorwandes bedarf.

Arthur Schopenhauer,
Paränesen und Maximen

Wenn ein Übermaß von Häßlichkeit nicht Widerwillen erregte, so würde ich sie einem Übermaß von Schönheit vorziehen, denn in kurzer Zeit existiert weder die eine noch die andere für den Ehemann, da sich für ihn die Schönheit in eine Unannehmlichkeit, die Häßlichkeit aber in einen Vorteil verwandelt. Aber freilich ist eine Häßlichkeit, die abstoßend wirkt, ein großes Unglück; statt daß sich das Gefühl des Widerwillens, welches sie einflößt, vermindern sollte, steigert es sich fortwährend und geht endlich in Haß über. Eine solche Ehe wird zur Hölle; lieber tot als so verheiratet sein.

Jean-Jacques Rousseau, Emile, 2, 5

Mit einer häßlichen Frau lebt sich's oft hübsch. Sie überschüttet uns mit den ihr entgangenen Zärtlichkeiten, und der Glut ihrer Umarmungen ist anzumerken, daß sie sich an den Männern, die sie verschmäht haben, erbarmungslos rächt.

Sigmund Graff

Häßliche Frauen und dumme Mädchen sind unschätzbare Kostbarkeiten.

Aus China

Ich muß doch die Bemerkung machen, daß die schönen lange nicht so gefährlich sind wie die häßlichen. Denn jene sind gewohnt, daß man ihnen den Hof macht, letztere aber machen jedem Mann die Kur und gewinnen dadurch einen großen Anhang.

Heinrich Heine, Briefe über
Deutschland

Eine schöne Frau gehört der Welt, eine häßliche dir allein.

Aus Indien, Marathi

Auch schmutziges Wasser löscht das Feuer.

Aus Zaire

Die häßlichen Frauen altern besser als die hübschen, denn sie gehen vom Schatten in die Dunkelheit

Francis Croisset

Eine Frau, die nicht häßlich sein kann, ist nicht schön.

Karl Kraus, Sprüche und
Widersprüche, Weib, Phantasie

Die häßlichste der Jungfern auszusteuern,
Beschloß der Magistrat; allein
Sosehr es wimmelte von Freiern,
Nicht eine wollte häßlich sein!

Johann Christoph Friedrich Haug,
Sinngedichte

Für das Kind ist die Mutter nicht häßlich.

Aus Dahome

Keine Mutter hat ein häßliches Kind.

Jüdisch

Anmut/Charme

Was ist an einer Frau das Vollkommene?
Es ist die Anmut.

> *Li Yü*, Die vollkommene Frau

Kraft erwart' ich vom Mann, des
Gesetzes Würde behaupt' er;
aber durch Anmut allein herrschet
und herrsche das Weib.
Manche zwar haben geherrscht durch
des Geistes Macht und der Taten,
aber dann haben sie dich, höchste
der Kronen, entbehrt.
Wahre Königin ist nur des Weibes
weibliche Schönheit:
Wo sie sich zeige, sie herrscht,
herrschet bloß, weil sie sich zeigt.

> *Schiller*, Die Macht des Weibes

»Was ist gut?« fragt ihr. Tapfer sein ist
gut.
Laßt die kleinen Mädchen reden: »Gut
sein ist, was hübsch zugleich und
rührend ist.«

> *Friedrich Nietzsche*,
> Also sprach Zarathustra,
> Vom Krieg und Kriegsvolke

Anmut machet schön das Weib,
Das macht die Schönheit nimmermehr,
sie leiht Anmut nie dem Leib.

Mittelhochdeutsch:
Liebe machet schoene wîp,
Desn mac diu schoene niht getuon, sin
machet niemer lieben lîp.

> *Walther von der Vogelweide*

Trügerisch ist Anmut, vergänglich die
Schönheit; nur eine gottesfürchtige
Frau verdient Lob.

> *Sprüche 31, 30*

Die Anmut steht der Schönheit bei.
Baß als Gestein dem Golde tut.

Mittelhochdeutsch:
Diu liebe stêt der schöene bî
Baz danne gesteine dem golde tuot.

> *Walther von der Vogelweide*

Schönheit ohne Anmut ist ein Angel-
haken ohne Köder.

> *Ninon de Lenclos*

Die Anmut der Frau entzückt ihren
Mann, ihre Klugheit erfrischt seine
Glieder.

> *Jesus Sirach*, 26, 13

Bei einer bezaubernden Frau ist das
Geschlecht eine Herausforderung,
keine Verteidigung.

> *Oscar Wilde*

Die liebenswürdigste der Frauen wird
immer auch die schönste sein.

> *August von Kotzebue*,
> Die neue Frauenschule

Sie war nicht liebenswürdig, wenn sie
liebte, und das ist das größte Unglück,
das einem Weibe begegnen kann.

> *Goethe*,
> Wilhelm Meisters Lehrjahre, VII, 7

Eine schöne Frau wird von mir bemerkt. Eine charmante bemerkt mich.

> *Gary Cooper*

Attraktivität

Eine Frau ist wie ein Buch, das immer, mag es gut oder schlecht sein, zunächst durch das Titelblatt gefallen muß. Wenn dieses nicht interessant ist, so erweckt es keine Lust zum Lesen, und diese Lust steht genau im Verhältnis zu dem erweckten Interesse.

Giovanni Giacomo Casanova, Chevalier de Seingalt, Memoiren

Kann man mir sagen, was einer Frau daran liegt, ob ein Mann ein großer Mathematiker, ein großer Künstler, ein großer Politiker ist? Und so fort; alle spezifisch männlichen Talente und Taten, welche die Kultur geschaffen und fortgebildet haben und die Begeisterung der Männer wecken, haben an sich keine Macht, die Frau anzuziehen.

José Ortega y Gasset, Die Liebeswahl, VI

Gegenüber sehr atttraktiven Frauen ist meist der Mann der Schutzbedürftige.

Oscar Wilde

Die Frauen können nicht begreifen, daß es Männer gibt, die in bezug auf sie uninteressiert sind.

Vauvenargues, Réflexions et maximes, 720

Frauen forschen lange und aufmerksam im Spiegel, Männer forschen lange und aufmerksam in Büchern; das Ziel ist das gleiche: sich schöner werden zu sehen.

Hugo von Hofmannsthal, Dichter und Leben, Blätter für die Kunst

In der Ehe gefallen die Männer den Weibern länger als umgekehrt; um nur unter vielen Gründen einen anzugeben, so verlieren die Männer in der Ehe weniger an Schönheit, weil sie nur wenige hineingebracht.

Jean Paul, Trümmer eines Ehespiegels, Herbstblumine

XLIV. Kapitel

Kunst
Literatur
Gedicht/Drama
Schauspielkunst
Musik
Tanz

Kunst

Göttlich nennst du die Kunst?
Sie ist's …
Aber das war sie, mein Sohn, eh' sie
dem Staat noch gedient.
Willst du nur Früchte von ihr, die kann
auch die Sterbliche zeugen;
Wer um die Göttin freit, suche in ihr
nicht das Weib.
                    Schiller, Gedichte:
              Archimedes und die Schüler

Venus bleibt wesentlich gleich schön,
ob sie auch schlafend dargestellt wird,
ja, dann ist sie vielleicht sogar am
schönsten, und doch ist das Schlafen
eben Ausdruck für die Abwesenheit
des Geistes. Soll hingegen ein Apollo
dargestellt werden, so ginge das nicht
an, ihn schlafen zu lassen, ebensowenig
wie einen Jupiter. Apollo würde dadurch unschön, Jupiter lächerlich.
                    Sören Kierkegaard,
              Begriff der Angst, 2. Kapitel, § 3

Ich weiß nicht, ob ich nicht lieber
ein wohlgeformtes Kind aus dem
Schoße der Musen als aus dem meiner
Frau haben wollte. Es wird wenig
poesiebegeisterte Männer geben, die
nicht lieber Vater der Äneis als des
hübschesten Kindes in ganz
Frankreich wären.

                    Montaigne, Essais, 2, 8

Bedeutende Künstler hatten vor ihr
revolutionäre Szenen gemalt und
gezeichnet, hatten leidenschaftdurch-
flammte Barrikadenkämpfer und
Märtyrer dargestellt. Käthe Kollwitz
schaffte etwas ganz Neues. Sie sprach
das Wort Revolution aus und weinte
dabei.
                    Erich Knauf

Das Leben ahmt die Kunst weit mehr
nach als die Kunst das Leben. Die
Griechen mit ihrem hurtigen, künst-
lerischen Instinkt haben dies sehr
wohl erkannt. Darum stellen sie in das
Brautgemach die Bildsäule des Hermes
oder des Apoll, auf daß dieses junge
Weib Kinder gebäre von solchem
Liebreiz wie die Werke der Kunst,
auf die der Blick der Frau in ihren
Verzückungen und Qualen fiel.

                    Oscar Wilde

Die Frau:
Verschönern Sie, ich bitte, keinen
Zug, mein treues Bild nur wünsch'
ich ganz allein.
Der Mann:
Die Ähnlichkeit, Herr Maler, ist genug,
sie treu zu malen wird unmöglich sein.

                    Castelli, Das Porträt

Die interpretierende Kunst ist immer
näher beim Weiblichen.   *Max Frisch*

Das Naturell der Frauen ist so nah mit
Kunst verwandt.

          Goethe, Faust II, I, Weitläufiger Saal

Mit mehr Fug könnte man das weibliche Geschlecht das unästhetische nennen. Weder für Musik noch Poesie,
noch bildende Künste haben sie wirklich und wahrhaftig Sinn und Empfänglichkeit: sondern bloße Äfferei, zum
Behuf ihrer Gefallsucht, ist es, wenn sie
solche affektieren und vorgeben.

                    Arthur Schopenhauer,
                    Über die Weiber, § 369

Die Frauen haben durchaus keinen
Sinn für die Kunst, wohl aber für die
Poesie. Sie haben keine Anlage zur
Wissenschaft, wohl aber zur Philosophie. An Spekulation, innerer An-
schauung des Unendlichen fehlt's ihnen
gar nicht, nur an Abstraktion, die sich
weit cher lernen läßt.

Friedrich Schlegel, Fragmente, 102

Männliche Künstler sind in ihrem Verhältnis zu Frauen entweder Anbeter
oder Angeber, sie sind Ingmar Bergman
oder Norman Mailer – auf gleicher
Ebene findet man sie so gut wie nie.

Esther Vilar, Das polygame Geschlecht

Die Frauen im allgemeinen lieben keine
Kunst, verstehen keine Kunst, und haben
kein Genie.   *Jean-Jacques Rousseau*

Der Hauptgrund der Verschiedenheit
in den Kunsturteilen der Männer und
denen der Frauen liegt darin, daß letztere in der Regel keiner Abstraktion
fähig sind und nur das bewundern
können, was sie zugleich auch völlig
billigen.

Franz Grillparzer, Tagebücher, 1821

Die Frauen lieben nicht die Kunst, sondern diejenigen, die um die Kunst viel
Lärm machen.
                          Anton Tschechow

Wenn nichts zu tun ist, habe ich nichts,
was ich zwischen mein Verlangen zu
Dir legen kann, als die Kunst.

Goethe, an Charlotte von Stein,
20.3.1782

Da Logik und Ethik ausschließlich
beim Manne sich geltend machen, so
war von vornherein wahrscheinlich,
daß die Frauen mit der Ästhetik nicht
auf besserem Fuße stehen würden.

Otto Weininger,
Geschlecht und Charakter,
Die emanzipierten Frauen, T. II

Wenn ein Künstler einer liebevollen
Frauenseele sagt, daß er mannigfache
Anregungen brauche, so erwidert sie:
»Du hast doch deine Kunst!« Wenn
er erwidert, daß eben seine Kunst
Anregungen erheische, fühlt sie:
»Deine Kunst?! Die Welt wird auf
den Schmarrn verzichten können.«

Peter Altenberg

Literatur

Alles, was Männer über die Frauen
geschrieben haben, muß verdächtig
sein, denn sie sind zugleich Richter
und Partei.   *Poulain de la Barre*

Das Schreiben war mein stummer
Schrei, ich schrieb nur, weil ich mich
befreien mußte.
                          Nelly Sachs

Die gesamte christliche Literatur bemüht
sich darum, die Abneigung, die der Mann
gegen die Frau verspürt, ins Unerträgli-
che zu steigern.   *Simone de Beauvoir,*
Das andere Geschlecht

Françoise Sagan schreibt keine Romane
mehr – sie verfaßt Schecks.

L'Express, 1965

Romane und andere Leserein haben
schon manches gute Mädchen zur
Schwärmerin und endlich zur alten
Jungfer gemacht, wie jene Lebenspoesie
manchen Jüngling zum Misanthropen,
wenn die Übermacht der Wirklichkeit
ihn aus seinen höheren Regionen her-
abstürzte, wo ein prosaischer Mensch
aufrecht geblieben wäre. Phantasie
wirkt Schwindel.

Karl Julius Weber, Demokritos, I, 7

Das Literatur-Weib, unbefriedigt, auf-
geregt, öde in Herz und Eingeweide,
mit schmerzhafter Neugierde jederzeit
auf den Imperativ hinhorchend, der aus
den Tiefen seiner Organisation »aut
liberi« flüstert: das Literatur-Weib, gebildet genug, die Stimme der Natur zu
verstehen, selbst wenn sie Latein redet,
und andererseits eitel und Gans genug,
um im geheimen auch noch französisch
mit sich zu sprechen: »Je me verrai, je
me lirai, je m'extasierai et je dirai:
Possible, que j'ai eu tant d'esprit?«

Friedrich Nietzsche,
Götzen-Dämmerung, Streifzüge
eines Unzeitgemäßen, 27

Gebührte aber nicht den gelehrten
Frauen diese Schmach? Der Sklave, der
seinen Herrn nachäffen will, verdient
nur einen Blick der Verachtung von
ihm. Was brauchte sie den eitlen
Ruhm, ein Buch zu schreiben, ein paar
Bände den Millionen unnützer Bücher
hinzuzufügen? Die Frauen hätten keine
Schriftsteller, sondern Befreier hervorzubringen, politische Spartakusse, Genies, die die Mittel verabredeten, ihr
Geschlecht aus der Erniedrigung
hervorzuheben.

Charles Fourier, Über Liebe
und Ehe, III, Die Fehler des Systems
der Unterdrückung der Liebe

Die Schriften der Frauen sind alle
frostig, aber doch hübsch wie sie selber.
Man lasse sie auch noch so geistvoll
geschrieben sein, es ist doch keine Seele
und kein Leben darin, tausendmal eher
wird man vernünftige Gedanken als die
Sprache der Leidenschaften darin finden. Die Frauen wissen nicht einmal
die Liebe selbst zu beschreiben und zu
fühlen. Einzig Sappho, soviel ich
weiß ...

Jean-Jacques Rousseau,
Brief an D'Alembert

Ich las die ersten lettres d'un voyageur:
wie alles, was von Rousseau stammt,
falsch, gemacht, Blasebalg, übertrieben.
Ich halte diesen bunten Tapeten-Stil
nicht aus; ebensowenig als die Pöbel-
Ambition nach generösen Gefühlen.
Das Schlimmste freilich bleibt die
Weibskoketterie mit Männlichkeiten,
mit Manieren ungezogener Jungen. –
Wie kalt muß sie bei alledem gewesen
sein, diese unausstehliche Künstlerin!
Sie zog sich auf wie eine Uhr – und
schrieb ... Kalt, wie Hugo, wie Balzac,
wie alle Romantiker, sobald sie dichte-
ten! Und wie selbstgefällig sie dabei
dagelegen haben mag, diese fruchtbare
Schreib-Kuh, die etwas Deutsches im
schlimmen Sinne an sich hatte, gleich
Rousseau selbst, ihrem Meister, und
jedenfalls erst beim Niedergang des
französischen Geschmacks möglich
war! – Aber Renan verehrte sie.

Friedrich Nietzsche über George Sand,
Götzen-Dämmerung, Streifzüge eines
Unzeitgemäßen

Laßt die Damen mir zufrieden; daß sie
schreiben, find' ich rätlich,
Führt die Frau die Autorfeder, wird sie
wenigstens nicht schädlich.

Heinrich Heine, Reisebilder,
Norderney

Frau von Sévigné hat in mehreren hundert Briefen immer mit einer anderen Wendung ausgedrückt, wie sehr sie ihre Tochter liebe. Man sollte nicht glauben, daß das Herz so viel Geist hat.

Ludwig Börne

So eine Frau muß alles in Romanform schreiben. Bald ist's Sartre, bald Algren, bald Koestler. Da geht jede Liebe durch die Schreibmaschine.

Arthur Koestler, über Simone de Beauvoir

Ein beträchtlicher Teil meiner Leserschaft besteht aus konservativ denkenden alten Damen. Pastorenwitwen. Sie sind heutzutage weniger prüde als Backfische.

Günter Grass

Wenn ich in einem Buch eine Lieblingsfigur sterben lassen mußte, bin ich sehr oft in Tränen ausgebrochen. Ich habe dann meist ein Stück Brot mit Gänseschmalz gegessen, um darüber hinwegzukommen. Ein bescheidener Leichenschmaus, der seinen Zweck erfüllt.

Selma Lagerlöf

Das Buch, in dem die Frau schreiben will, das einzige Buch, ist das Herz des Mannes.

Jules Michelet, Die Liebe, Einleitung

Das vollkommene Weib begeht Literatur, wie es eine kleine Sünde begeht: zum Versuch, im Vorübergehn, sich umblickend, ob es jemand bemerkt und daß es jemand bemerkt ...

Friedrich Nietzsche, Götzen-Dämmerung, Sprüche und Pfeile, 20

Ob eine Frau schreiben soll? Wenn sie Zeit hat; wenn sie Talent hat; wenn's ihr Mann befiehlt – wird's eheliche Pflicht sogar –, wenn er's leidet, gerne sieht; wenn es sie von Schlechterem abhält usw. – und sie muß es, wenn sie ein großer Autor ist.

Rahel (Antonie Friederike Varnhagen von Ense)

Orpheus führte seine Euridike aus der Tiefe des Orkus, aber wo ist der Orpheus, der die seinige je von der Höhe des Parnasses wieder herabgebracht hätte in die irdische Küche und ihren Keller, zu Nadel, Faden und Kinderstube?

Karl Julius Weber, Demokritos, II, 22

Verschont mit Schriften uns, Ihr allerliebsten Puppen!
Zum mündlichen Geschwätz leihn wir Euch gern das Ohr.
Kocht, wenn's nicht anders ist, kraftlose Wassersuppen,
nur setzet sie uns nicht in Euren Büchern vor!

Karl Julius Weber, Demokritos, II, 22

Ach! Eine Frau, die zu der Feder greift,
Gilt als ein solch anmaßendes Geschöpf,
Daß sie den Frevel niemals sühnen kann!

Lady Winhilsea

Man kann Liebhaber eines Weibes sein, das ein Buch geschrieben hat, aber Ehemann ist man besser von solchen, die Suppen, Hemden, Strümpfe oder Menschen liefern.

Karl Julius Weber, Demokritos, II, 22

Übersetzungen gleichen den Frauen:
Sind sie treu, so sind sie nicht schön,
und sind sie schön, so sind sie nicht
treu!
Carl Bertrand,
Vorrede zu seiner Dante-Übersetzung

Wo ist sie, die Frau, in all den Räumen,
die der Mann durchmißt, in all den
Bildern und Szenen, die er in den
literarischen Gehegen und Eingren-
zungen konstruiert?
Hélène Cixous,
Le nom d'Oedipe, Avignon

Eine, die mit Vitriol umgeht, ist auch
imstande, zur Tinte zu greifen.
Karl Kraus, Sprüche und
Widersprüche, Weib, Phantasie

Der Kochlöffel von Lindenholz!
Rühriges Weiblein!
verbleibe dein Stolz!
Besser dir steht er
als die Gansfeder.
Justinus Kerner, Dichtungen,
Humoristisches, Kochlöffel und Feder

Gedicht/Drama

Dichter werden sein! Wenn endlich die
unendliche Hörigkeit der Frau zerbro-
chen sein wird, wenn sie für sich und
durch sich leben wird, wenn der – bisher so grauenhafte – Mann sie endlich
entlassen hat, wird auch sie zum Dichter werden! Die Frau wird das Unbe-
kannte finden! Wird ihre Ideenwelt von
unserer verschieden sein? Sie wird selt-
same, unergründliche, abstoßende, ent-
zückende Dinge finden, wir werden sie
entgegennehmen, sie begreifen.
Arthur Rimbaud, Brief an
Pierre Demeny vom 15.5.1871

Mir ist es allemal angenehm, wenn ich
von einer neuen Dichterin höre. Wenn
sie sich nur nicht nach den Gedichten
der Männer bildeten, was könnte nicht
da entdeckt werden!
Georg Christoph Lichtenberg,
Aphorismen

… der einzige männliche Lyriker von
heute.
Karl Kraus,
über Else Lasker-Schüler

Nein, nein, ich mag nicht diese
Geisteskoryphän,
Denn eine Frau, die dichtet, weiß
mehr, als ihr nützt.
Molière, Die Schule der Frauen, I, 1

All' deine poetischen Siebensachen,
Ich schätze sie nicht ein Pfifferlein;
Nicht sollen die Frauen Gedichte ma-
chen,
Sie sollen versuchen, Gedicht zu sein.
Oskar Blumenthal,
V. d. Bank d. Spötter, Einer Dichterin

Der Poesie der Dichter bedürfen die
Frauen weniger, weil ihr eigenstes
Wesen Poesie ist.
Friedrich Schlegel

Die Frauen werden in der Poesie eben-
so ungerecht behandelt wie im Leben.
Die Weiblichen sind nicht idealisch,
und die idealischen sind nicht weiblich.
Friedrich Schlegel,
Athenäum-Fragmente

Überhaupt haben die Dilettanten und besonders die Frauen von der Poesie sehr schwache Begriffe.

Johann Peter Eckermann,
Gespräche mit Goethe (18. Jan. 1825)

In Persien sind die Damen von der Poesie ausgeschlossen. Sie sagen: Wenn die Henne krähen will, so muß man ihr die Kehle durchschneiden.

Georg Christoph Lichtenberg,
Aphorismen

Es dichtet in mir.

Else Lasker-Schüler

Ob Weiber mögen Verse schreiben?
Dies Ding zu fragen lasse bleiben,
Wer Sinnen hat; denn sollten Sinnen
Nicht auch die Weiber brauchen
können?

Friedrich von Logau, Deutsche
Sinn-Getichte, Poetinnen

Schauspielkunst

Was also tut eine Schauspielerin, die es zu etwas gebracht hat – ?
Sie achtet mit minütiöser Sorgfalt darauf, daß keine neben ihr besteht. Sie beißt sie alle weg: die Schönen, die Begabten, die Grotesk-Komischen, die Langbeinigen, die Beliebten.

Kurt Tucholsky, Das

Früher träumte jede einigermaßen begabte Schauspielerin davon, eines Tages ein Star zu werden. Heute ist es genau umgekehrt: Wir haben eine Unmenge Stars, aber kaum eine von ihnen denkt auch nur im Traume daran, eine Schauspielerin zu werden.

Sir Laurence Olivier

Nach vielen Kopien traf ich das Original.

Gunther Sachs, über Brigitte Bardot

Halb Göttin, halb Tier.

Gregor von Rezzori,
über Brigitte Bardot

Die Schauspielerin ist die potenzierte Frau, der Schauspieler der reduzierte Mann.

Karl Kraus

Das Publikum will Schauspielerinnen haben, weil es alle Schauspielerinnen für unanständig hält.

George Bernard Shaw

Sie war eine dicke Bäuerin mit Chanel Nr. 5 – der Traum eines jeden Burschen.

Yves Montand, über Marilyn Monroe

Ich bin nur eine Schauspielerin und mache den Leuten etwas vor.

Eleonore Duse

Der schönen Aktrice rechnet man immer ein wenig den Geist ihrer Rolle zu ihrem.

Jean Paul, Trümmer eines Ehespiegels,
Herbstblumine

Greta Garbos Gesicht war das verlorene Paradies, aus dem Mann und Frau
sich selbst vertrieben hatten. Das
Schmerzhafte und doch Mühelose dieser Schönheit zeugte von einem Zustand, in dem alle Erdenreste durch die
Liebe verwandelt schienen.

Friedrich Sieburg, Die Lust am
Untergang

Nur Komiker haben noch diese
Naivität der Ausschließlichkeit, die
sonst Frauen vorbehalten ist.

Kurt Tucholsky, Das

Sie vermochte es, ein weibliches Göt-
terbild in eine sonst gottlose Epoche zu
stellen.

Friedrich Luft ,über Greta Garbo

Musik

Ich sage noch ein Wort für die ausge-
suchtesten Ohren: Was ich eigentlich
von der Musik will. Daß sie heiter und
tief ist wie ein Nachmittag im Oktober.
Daß sie eigen, ausgelassen, zärtlich, ein
kleines süßes Weib von Niedertracht
und Anmut ist …

Friedrich Nietzsche, Ecce homo:
Warum ich so klug bin, 7

Und wären Mädchen noch so blöde,
und wären Weiber noch so spröde:
Doch allen wird so liebebang,
bei Zaubersaiten und Gesang.

Goethe, Der Rattenfänger

In der Liebe, ganz abgesehen von allen
Seelenstimmungen, ist die Frau gewissermaßen eine Leier, die ihre Geheimnisse nur dem offenbart, der sie als
Meister zu spielen weiß.

Honoré de Balzac, Ehekatechismus

Die Behauptung, es sei unmöglich,
immer dieselbe Frau zu lieben, ist so
abgeschmackt, wie wenn man sagen
wollte, ein berühmter Künstler brauche
mehrere Violinen, um ein Musikstück
zu spielen und eine Zaubermelodie zu
schaffen.

Honoré de Balzac, Die Prädestinierten

Eine vielgespielte Geige klingt besser.
(Von Frauen gesagt)   *Livländisch*

Dur ist das handelnde, männliche
Prinzip, Moll das leidende, weibliche.

Robert Schuman

Bei den Damen kommt man mit
Chopin viel weiter als mit Mozart.

Arthur Rubinstein

Verkehr nicht mit einer Saitenspielerin,
damit du nicht durch ihre Töne
gefangen wirst.   *Jesus Sirach*, 9, 4

… eine der merkwürdigsten Künst-
lerinnen, die ich je erlebt habe. Sie
brachte ihren Geist in die dümmste
Operette und machte dadurch Unwahr-
scheinliches wahr.

Alma Mahler-Werfel,
über Fritzi Massary, Mein Leben

Singende Frauen sind um eine Oktave
selbstbewußter, dümmer und an-
maßender als Tenöre.

Kurt Tucholsky, Zwei Lärme

Gleich dem Piano-Forte möchte man
sie (die Frauen) Pianissimo-Fortissimi
nennen; so unverfälscht und stark geben sie die Extreme des Zufalls wieder.

Jean Paul, Levana oder Erzieh-Lehre,
Bd. 2, Bruchstück 4, K. 3, § 82

Eine singende Frau braucht einen
Mann.

Aus Albanien

Und das hat mit ihrem Singen die
Lorelei getan.   *Heinrich Heine,* Lied:
Ich weiß nicht, was soll es bedeuten?

Musik ist der Schlüssel zum weiblichen
Herzen.

Johann Gottfried Seume, Der Vorteil

Tanz

Tanzen ist eine wundervolle Übung für
die Mädchen. Sie lernen dabei am ehe-
sten vermuten, was der Mann tun wird,
bevor er es wirklich tut.

Christopher Darlington Morley

Es gehört nicht unter die Schwärmerein
Werthers, wenn er schwört, daß sein
Mädchen nie mit einem andern walzen
solle. Wenn das Paar sich eng um-
schlingt, Knie an Knie, Brust an Brust,
Aug in Auge, die Hand des Mädchens
auf der Schulter des Jünglings und die
seinige noch traulicher auf schwellenden, runden Hüften ruht, muß da
nicht Phantasie und Sinnlichkeit rege
werden?

Karl Julius Weber, Demokritos, VI, 14

Wer syn tochter frumm wil hon,
Der laß sy an kein dantze gon!

Thomas Murner, Narrenbeschwerung,
Nr. 50, Zu dantz stellen

Glaube mir gar und ganz,
Mädchen, laß deine Bein' in Ruh!
Es gehört mehr zum Tanz
Als rote Schuh.

Goethe, Gedichte: Sprichwörtlich

Es gibt nämlich, meine lieben Landleute, noch ganz andere Tänze, als ihr
könnt, und ganz andere Stellungen,
Manieren und Gebärden beim Tanzen,
als bei euch Brauch ist; es gibt Tänzerinnen, die in der ganzen Welt herum-
reisen und sich durch ihr Tanzen in
einer Stunde zwanzig- bis dreißigtausend Gulden verdienen; versteht ihr
mich? Ich sage es nochmals, zwanzig-
bis dreißigtausend Gulden; aus dem
könnt ihr schon abnehmen, daß die
Künste einer Tänzerin den Leuten
wenigstens den Verstand verrücken
können, sie um ihr Geld bringen; allein
das wäre noch das wenigste, wenn die
Künste einer Tänzerin keinen größeren
Schaden machen würden. Aber so
haben die Tänzerinnen schon anderes
Unheil gestiftet.

Westermayer, Bauernpredigten,
Von der Schändlichkeit des Tanzens

So haben die Künste einer Tänzerin
den Herodes verleitet, daß er während
des Gastmahls den Blutbefehl erteilte,
dem Johannes das Haupt abzuschlagen,
was selbst die abscheulichsten Tyrannen
nicht getan haben.

Westermayer, Bauernpredigten,
Von der Schändlichkeit des Tanzens

Ihr alle, die ihr euch wünscht, eine
Balletteuse zur Geliebten zu haben,
hofft nur nicht, daß sie sich euch je
hingeben wird! Glaubt es mir: Eine
Balletteuse gibt sich nur auf der Bühne
hin!
Edgar Degas

Eine Frau, sei sie noch so alt, wenn
sie Feuer fängt, will sie tanzen.
Aus Kreta

Sie begann mit dem Reigen der
Göttinnen und endete mit dem Tanz
der Hexe.
Tamil

Ein Mädchen wird beim Tanz ver-
schönert, rote Wangen, ein Mund, der
lächelnd haucht, gesunkne Locken
hangen um die bewegte Brust, ein
sanfter Reiz umzieht den Körper
tausendfach, wie er im Tanze flieht,
die vollen Adern glühn, und bei des
Körpers Schweben scheint jede Nerve
sich lebendiger zu heben.

Goethe, Die Laune des Verliebten, 8

In der Kohle ist kein Körnchen Weiß,
in der geneigten Tänzerin kein Funken
Liebe.
Telugu

Wenn eine Tänzerin gut gewachsen ist
und einen Venus-Körper hat, der nicht
aus Sachsen ist;
und wenn sie tanzt, daß nur der
Rhythmus so knackt,
und wenn sie ein ganzes Theater bei
allen Sinnen packt;
und wenn das Leben bunt ist
hierzulande –:
das ist eine Schande.

Kurt Tucholsky, Apage,
Josephine, Apage

Der Bua, der sei Diendl
Bom' Tanz'n nit halst,
Kimmt mer vor wie die Bäurin,
Dä die Nudel' nit schmalzt.

Kärntner Schnaderhüpfl

Mädchentänze schicken sich nicht für
alte Weiber.
Aus Rußland

So will ich Mann und Weib: kriegs-
tüchtig den einen, gebärtüchtig das
andere, beide aber tanztüchtig mit
Kopf und Beinen.
Und verloren sei uns der Tag, wo nicht
einmal getanzt wurde! Und falsch heiße
uns jede Wahrheit, bei der es nicht ein
Gelächter gab!

Friedrich Nietzsche, Also sprach
Zarathustra, Vom Geist der Schwere, 23

XLV. Kapitel

Philosophie
Geschichte
Wissenschaft

Philosophie

Ersehne, statt als Magd des Mannes nur
zu zählen,
Mit der Philosophie dich lieber zu ver-
mählen,
Mit ihr, die uns vom Druck der niedern
Welt befreit,
Mit ihr, die der Vernunft der Herrschaft
Zepter leiht.
Denn unsern Sinnentrieb hält sie nur
im Verliese,
Der, ungebändigt, sonst uns zu den
Tieren stieße.
Sie ist das helle Licht, das, hehrer
Schönheit voll,
In jedem Augenblick des Daseins
leuchten soll;
Doch was als wichtigste Beschäftigung
tagtäglich
So vielen Frauen gilt, bezeichn ich als
höchst kläglich.

Molière, Die gelehrten Frauen, I, 1

Nie wieder hat ein Grieche solche
Macht geübt über die Frauenseele, nie
wieder sie derart aus dem Dunkel ihrer
häuslichen Existenz hervorgezogen
zum geistigen Mitleben, nie wieder,
weil nie wieder in Hellas ein Prophet
aufstand gleich Pythagoras.

Carl Joel, Die Frauen in der
Philosophie

Ein philosophisches System in ge-
schlossenem Gesamtzusammenhang
aus einem Prinzip zu entwickeln und
es als Denkmal in der Geschichte des
menschlichen Geistes aufzustellen,
ist bis jetzt einer Frau so wenig gelungen als ein Epos oder Drama von
Bedeutung für die Weltliteratur.

Moritz Carriere,
Gesammelte Werke,
Die Frauen und die Philosophie

»Aber wahrhaftiger Gott!« sagen gewisse Leute, »die Frauen, die bei den
Philosophen in die Lehre gehen, die
werden meist selbstgefällig und dreist!
Das ist ganz unvermeidlich, wenn sie
ihren Haushalt im Stich lassen und sich
mitten unter den Männern bewegen
und sich üben, Reden zu halten, spitz-
findige Beweise zu führen und Trug-
schlüsse zu widerlegen, während sie zu
Hause sitzen und spinnen sollten!« –
Demgegenüber bin ich der Meinung,
daß die Frauen, die Philosophie studieren, ebensowenig wie die Männer die
ihnen obliegende Arbeit im Stiche lassen und nur noch studieren sollten …

C. Musonius Rufus, Daß auch Frauen
philosophieren sollten

Wollte man danach scherzweise die
philosophische Gesamtleistung der
Frauen auf einen mathematischen Ausdruck bringen, so gewänne man die
Ziffer 0,0006.

Carl Joel, Die Frauen in der
Philosophie

Die Philosophie ist ein Frauenzimmer;
wenn sie keinen Grund mehr anzugeben weiß, fällt sie in Ohnmacht.

Moritz Gottl. Saphir, Humoristische
Abende

Man wird am wenigsten Philosophinnen suchen bei den Griechen, diesen
Frauenverächtern, deren hohe Kultur
so empfindlich das beliebte Argument
der Emanzipationstheoretiker stört,
daß die Stellung der Frau stets ein
Gradmesser der Kultur sei.

Carl Joel, Die Frauen in der
Philosophie

Das philosophiegeschichtliche Lexikon von Noack zählt mehr als 1500 Philosophen in Spezialartikeln auf, darunter nur 13 Frauen.

Carl Joel, Die Frauen in der Philosophie

Die männliche Eifersucht hat sich immer gegen weibliche Schriftsteller gewandt, die Philosophie hat sie von den akademischen Ehren ferngehalten und sie schimpflich in die Küche zurückgeschickt.

Charles Fourier, Über Liebe und Ehe

Wie sich der Philosoph als Mensch zum Weibe stellt, ist meist nur ein eklatantes Beispiel, ein Symptom dafür, wie er sich als Denker zur Welt stellt.

Carl Joel, Philosophenehen

Und wenn die Philosophie über die Fehler der Frauen spottet, dann kritisiert sie sich selbst. Sie ist es, die diese Fehler durch ein Gesellschaftssystem hervorgebracht hat, das deren Fähigkeiten von Kindheit an und während des ganzen Lebens einschnürt und sie dazu zwingt, zum Betrug zu greifen, um der Natur zu folgen.

Charles Fourier, Über Liebe und Ehe, III, Die Fehler des Systems der Unterdrückung der Liebe

Aber sosehr auch Griechenlands weibliche Kultur wohl ihre schönsten Blüten zeitigte in diesen Pythagoreerinnen, das Beste, was die Geschichte der Philosophie von ihnen sagen kann, ist: Sie waren des Meisters treue Schülerinnen.

Carl Joel, Die Frauen in der Philosophie

So stehen wir nun vor den antiken Philosophinnen. Von keiner einzigen ist uns eine Schrift erhalten. Vielleicht ist es Zufall; vielleicht ist aber auch hierin die Weltgeschichte das Weltgericht, daß sie uns Plato und Aristoteles erhalten und das Erbe minder großer Denker uns geraubt.

Carl Joel, Die Frauen in der Philosophie

Es ist an dem Werke der Mme. de Staël die philosophische Hauptleistung, daß sie die deutschen Metaphysiker als Mystiker mißverstanden und dadurch für Frankreich entdeckt hat.

Carl Joel, Die Frauen in der Philosophie

Die Schriften weiblicher Philosophen verschwinden wie Tropfen im Meer der Philosophie, und selbst unsere gründlichsten, mehrbändigen Darstellungen der Geschichte der Philosophie gedenken der Philosophinnen insgesamt entweder gar nicht oder nur mit wenigen Zeilen.

Carl Joel, Die Frauen in der Philosophie

Die Philosophie sucht nur das Allgemeine, das Weib stets das Persönliche.

Carl Joel, Die Frauen in der Philosophie

Das Weib und die Philosophie sind zunächst einander fremd, ja feindlich. Die Philosophie atmet ganz im Denken, das Weib lebt ganz in der Empfindung.

Carl Joel, Die Frauen in der Philosophie

Der philosophische Einfluß des Weibes
zielt wieder auf ein Ineinander von
Seelischem und Sinnlichem, er zieht
den Geist ins Sensuelle herab und adelt
die Frivolität durch Geist.

Carl Joel, Die Frauen in der
Philosophie

Es ist kaum zu viel gesagt: das Weib ist
die treibende Seele, ist das Schicksal,
das Licht und Schatten gebende Prinzip
für die französischen Philosophen.

Carl Joel, Die Frauen in der
Philosophie

Und so stehen wir wieder vor der auf-
fallenden Tatsache, daß die weibliche
Philosophie nichts Selbständiges ist.

Carl Joel, Die Frauen in der
Philosophie

Die erwachende Neuzeit sieht das
Weib in neuer Gestalt der Philosophie
die Hand reichen, das Weib als Fürstin
wird Schülerin und Schützerin der
Philosophie.

Carl Joel, Die Frauen in der
Philosophie

Es gab nie eine große Philosophin, und
die Philosophie des Weibes als Selbst-
ausdruck weiblichen Wesens ist immer
noch ungeschrieben.

Carl Joel, Die Frauen in der
Philosophie

Für den Philosophen sind die Frauen
der Triumph des Stoffes über den
Geist, genau wie die Männer der Triumph des Geistes über die Moral sind.

Oscar Wilde, Eine Frau ohne
Bedeutung

Geschichte

Die glücklichsten Frauen, wie die
glücklichsten Nationen, haben keine
Geschichte.   *George Eliot,* Adam Bede

Wäre die Nase der Kleopatra kürzer gewesen, hätte das Antlitz der Erde ein
anderes Aussehen bekommen.
Pascal

Unglaublicherweise sind manche Leute
blind genug, um zu meinen, die Frau
könnte durch Wahlrecht und Doktor-
grad auf die Weltgeschichte ebenso
nachhaltig einwirken, wie sie es vermöge jener magischen Kraft der Bezauberung bereits tut.

José Ortega y Gasset, vom Einfluß der
Frau auf die Geschichte

Wie viele Intrigen treffen wir in der
Geschichte, wie manchen Umsturz von
Gesetz und Sitten, wie viele Kriege und
gegen die Religion gerichtete Neuerun-
gen, wie viele Staatsumwälzungen,
welche die Zügellosigkeit der Frauen
veranlaßt hat!
Fénelon

Die gesamte Geschichte der Frauen
ist von den Männern gemacht worden.
Ebenso wie es in Amerika kein
schwarzes Problem, sondern nur ein
weißes gibt, ebenso wie der Anti-
semitismus nicht ein jüdisches Problem
ist, sondern unser Problem, so ist
auch das Frauenproblem stets nur
ein Problem der Männer gewesen.

Simone de Beauvoir,
Das andere Geschlecht

Erst das Weib ohne Rasse, das Kinder nicht haben kann oder will, daß nicht mehr Geschichte ist, möchte die Geschichte der Männer machen, nachmachen. Und umgekehrt hat es einen tiefen Grund, wenn man die antipolitische Gesinnung von Denkern, Doktrinären und Menschheitsschwärmern als altweiberhaft bezeichnet. Sie wollen die andere Geschichte, die des Weibes, nachmachen, obwohl sie es nicht – können.

O. Spengler, Untergang des Abendlandes, II, 4: Der Staat, 1, 403, Fußnote

Wenn ich Weltgeschichte lese und irgendeine Tat oder Erscheinung mich frappiert, so möchte ich manchmal das Weib sehen, das als geheime Triebfeder dahintersteckt (als Agens mittels- oder unmittelbar). – Die Weiber regieren, obgleich der Moniteur nur Männer verzeichnet –, sie machen Geschichte obgleich der Historiker nur Männernamen kennt.

Heinrich Heine, Gedanken und Einfälle, 5: Frauen: Liebe und Ehe

Im gegenwärtigen Stadium der Geschichte ist die Kultur fast ausschließlich männlich; es ist eine Kultur der Macht, welche die Frau abseits in den Schatten gedrängt hat. Daher hat diese Kultur ihr Gleichgewicht verloren und taumelt nur von einem Krieg zum anderen.

Rabindranath Tagore, Über die Frau

Leider ist der spezifische Einfluß der Frau auf die Geschichte noch immer ein unbearbeitetes Kapitel, ein Thema, über das keiner Bescheid weiß.

José Ortega y Gasset, Vom Einfluß der Frau auf die Geschichte

Man sehe die Geschichte, und man wird finden, daß, wenn gleich die Weiber nicht regierten, alles doch durch sie regiert ward.

Theodor Gottlieb von Hippel, Über die Ehe, K. 5, Über die Herrschaft in der Ehe

Wissenschaft

Die Frau als Mathematikerin – ist denn das eine mögliche Figur? Nicht nur möglich, sondern eine gar nicht seltene und, so erstaunlich es klingt, die beste Figur, welche die Frau auf dem Felde der Wissenschaft überhaupt gemacht hat.

Carl Joel, Die Frauen in der Philosophie

Kein Weib hat wirkliches Interesse für die Wissenschaft, sie mag es sich selbst und noch so vielen braven Männern, aber schlechten Psychologen, vorlügen.

Otto Weininger, Geschlecht und Charakter, Die emanzipierten Frauen, T. II

Denn was wäre seltener als eine Frau, welche wirklich wüßte, was Wissenschaft ist? Die besten nähren sogar im Busen gegen sie eine heimliche Geringschätzung, als ob sie irgendwodurch ihr überlegen wären. Vielleicht kann dies alles anders werden, einstweilen ist es so.

Friedrich Nietzsche, Menschliches Allzumenschliches

Die ganze angewandte Mathematik vermag kein Werkzeug zu erfinden, das soviel vermag wie das, welches die Mediceische Venus mit der linken Hand bedeckt.

Karl Julius Weber, Demokritos, II, 18

Bisher war glücklicherweise das Aufklären Männersache, Männer-Gabe – man blieb damit »unter sich«; und man darf sich zuletzt, bei allem, was Weiber über »das Weib« schreiben, ein gutes Mißtrauen vorbehalten, ob das Weib über sich selbst eigentlich Aufklärung will – und wollen kann …

Friedrich Nietzsche,
Jenseits von Gut und Böse

Die Erforschung der abstrakten und spekulativen Wahrheiten, die Prinzipien und Axiome der Wissenschaften, alles, was auf die Verallgemeinerung der Begriffe abzielt, ist nicht Sache der Frauen. Ihre Studien müssen sich auf das Praktische beziehen. Ihre Sache ist es, die Prinzipien anzuwenden, die der Mann gefunden hat.

Jean-Jacques Rousseau,
Emile

Der Inhalt der großen Wissenschaft des Frauenzimmers ist vielmehr der Mensch, und unter den Menschen der Mann. Ihre Weltweisheit ist nicht Vernünfteln, sondern Empfinden.

Immanuel Kant, Beobachtungen,
Gegen weibliche Gelehrsamkeit

Allen rechten Frauen geht Wissenschaft wider die Scham. Es ist ihnen dabei zumute, als ob man damit ihnen unter die Haut – schlimmer noch! unter Kleid und Putz gucken wolle.

Friedrich Nietzsche, Jenseits von
Gut und Böse, Sprüche und
Zwischenspiele, 127

Ich weiß nicht, wie das kommt, aber wie ein Sattel sich nicht für einen Ochsen schickt, so schicken sich die Wissenschaften nicht für eine Frau.

Erasmus von Rotterdam, Colloquia,
Der Abt und die gebildete Frau

Weibliche Chemiker und Wissenschaftler können den Nobelpreis gewinnen, wenn sie in der Forschung tätig sind, aber es ist unwahrscheinlich, daß sie Leiter eines Forschungsinstitutes werden.

Germaine Greer,
Der weibliche Eunuch

Wollen Sie mehr über die Weiblichkeit wissen, so befragen Sie ihre eigenen Lebenserfahrungen, oder wenden Sie sich an die Dichter, oder Sie warten, bis die Wissenschaft Ihnen tiefere und besser zusammenhängende Auskünfte geben kann.

Sigmund Freud,
Neue Folge, G.W. XV

Stichwortverzeichnis

Autoren- und Quellenverzeichnis

Gleim, Johann Wilhelm Ludwig, 1719
Ermsleben/Sachsen – 1803 Halber-
stadt, Dichter 40
Goebbels, Joseph, 1897 Rheydt – 1945
Berlin (Selbstmord), dt. Politiker und
Journalist, nach dem 20. Juli 1944
»Generalbevollmächtigter für den
totalen Kriegseinsatz« 52
Gogol, Nikolai Wassiljewitsch,
1809–1852, Novellen, Romane,
Komödien 207, 410
Goltz, Bogumil, 1801 Warschau – 1870
Thorn, Schriftsteller, philosophische,
ethnographische Studien, Reisebilder 25, 140, 146, 150, 162, 233,
347, 353, 356, 424, 463
Gombrowicz, Witold, 1904 Maloszyce
bei Krakau – 1969 Vence, poln.
Schriftsteller, Tagebücher 58, 88
Gorki, Maxim 376
Goethe, Johann Wolfgang von, 1749
Frankfurt/Main – 1932 Weimar 24,
30, 34, 44, 46, 47, 49, 50, 51, 52, 57,
59, 61, 67, 69, 71, 83, 86, 94, 97, 99,
100, 106, 111, 112, 117, 125, 127, 132,
136, 139, 149, 151, 157, 167, 168, 176,
184, 187, 188, 189, 191, 195, 196, 198,
199, 208, 212, 214, 219, 221, 224, 227,
234, 243, 246, 250, 253, 258, 259, 260,
261, 264, 265, 266, 269, 270, 272, 273,
275, 277, 280, 282, 283, 288, 296, 300,
307, 310, 324, 325, 329, 330, 331, 334,
335, 336, 337, 339, 341, 346, 347, 348,
349, 350, 352, 354, 355, 358, 361, 362,
363, 364, 368, 374, 378, 392, 404, 412,
416, 420, 422, 427, 428, 430, 433, 439,
441, 447, 462, 464, 466, 468, 473, 476,
480, 481, 486, 487, 488
Gottfried von Straßburg, um 1200 Epos
»Tristan« 188, 301
Gotthelf, Jeremias (eigentl. Albert
Bitzius), 1797 Murten – 1854 Lützelflüh (Kt. Bern), Schweizer Erzäh-
ler, Pfarrer in Lützelflüh, Romane
307
Gotzkow, Karl 276
Goetz, Curt, 1888 Mainz – 1960 Berlin,
Romane, Komödien, Schauspieler 81,
142, 178, 182, 203, 325, 362, 393

Gouges, Olympe de, Dame Aubry
(eigentl. Marie Olympe Gouze), »Les
Droits de la Femme« 1792 311
Grabbe, Christian Friedrich, 1801–1836
Detmold, Dramen 15, 28, 126, 131,
135, 152, 160, 187, 376, 470
Grabschrift, Hall 339
Graff, Sigmund, 1898 Roth bei Nürn-
berg – 1979 Erlangen, Schriftsteller,
Dramen, Aphorismen 60, 99, 115,
116, 153, 188, 226, 256, 259, 261, 268,
273, 327, 337, 351, 352, 353, 363, 404,
445, 455, 475
Grass, Günter, 1927 Danzig, Schrift-
steller, Zeichner, Bildhauer, Gedichte,
Romane 483
Grasshoff, Fritz, 1913 Quedlinburg,
Maler, Schriftsteller 127
Gréco, Juliette 359
Greene, Graham, 1904 Berkhamstedt,
engl. Schriftsteller, Kriminalgeschich-
ten 49
Greer, Germaine, 1939 Melbourne,
Australien, Prof. Warwick, »Der
weibliche Eunuch« 45, 78, 79, 82, 83,
126, 127, 128, 129, 130, 167, 168, 180,
182, 238, 242, 244, 288, 313, 314, 315,
341, 342, 435, 437, 449, 450, 494
Griechisches Sprichwort 69, 357
Grillparzer, Franz, 1791–1872 Wien 17,
32, 56, 85, 102, 142, 155, 187, 201,
233, 281, 282, 330, 345, 347, 360, 361,
380, 428, 470, 472, 481
Grob, Johann, 1643 Enzeschwyl/St.
Gallen – 1697 Herisau, Epigramme
453
Groß, Hans, 1847 Graz – 1915, österr.
Strafrechtslehrer, Begründer der
wissenschaftl. Kriminalistik und
Förderer der Kriminalpsychologie 124
Groult, Benoîte, 1920, Journalistin,
frz. Schriftstellerin, Romane, Mitbe-
gründerin der frz. Frauenzeitschrift
»Magazine« 314
Grün, Anastasius (eigentl. Anton Alex-
ander Graf von Auersperg), 1806
Laibach – 1876, Dichter, liberaler
Politiker 261, 330

Bitte beachten Sie die
folgenden Seiten

»In den Sprichwörtern
sitzt das Gewissen
des Volkes.«

W. H. Riehl

Sechstausend Sprichwör-
ter aus Deutschland und
der ganzen Welt, die – nach
Themenkreisen gegliedert
– die Lebenserfahrung und
die Weisheit der Völker
spiegeln.

Herbig

*Das bewährte
Standardwerk in einer
Sonderausgabe*

Die wichtigsten Daten
aus Politik, Literatur, Musik, Religion und Philosophie, Wissenschaft und
Wirtschaft in chronologi-
scher Gegenüberstellung
– mit einem Register von
mehr als 55000 Stichwor-
ten.

Herbig